中国精算师资格考试用书

个人寿险与年金精算实务

Actuarial Practice on Individual Life Insurance and Annuity

主编　林　红
主审　丁　昶

中国财政经济出版社

图书在版编目（CIP）数据

个人寿险与年金精算实务/林红主编．—北京：中国财政经济出版社，2011.4
中国精算师资格考试用书
ISBN 978－7－5095－2808－2

Ⅰ．①个…　Ⅱ．①林…　Ⅲ．①人寿保险－精算学－资格考试－自学参考资料
Ⅳ．①F840.62

中国版本图书馆CIP数据核字（2011）第047899号

责任编辑：张　军　　　　责任校对：张　凡
封面设计：耕者设计　　　版式设计：兰　波

中国财政经济出版社出版
URL：http：//www.cfeph.cn
E－mail：cfeph@cfeph.cn

社址：北京市海淀区阜成路甲28号　邮政编码：100142
发行处电话：88190406　财经书店电话：64033436
涿州市新华印刷有限公司印刷　各地新华书店经销
787×1092毫米　开　35印张　849 000字
2011年5月第1版　2011年5月涿州第1次印刷
定价：122.00元
ISBN 978－7－5095－2808－2/F·2382
（图书出现印装问题，本社负责调换）
本社质量投诉电话：010－88190744

中国精算师资格考试教材

编审委员会

总　　序

ZONGXU

精算起源于保险业，是保险公司经营不可或缺的核心技术之一。保险公司只有运用精算技术进行保险产品定价、准备金评估、风险管理等，才能在科学基础上实现保险业务的稳健经营，有效防范风险。

我们常说的精算，包括三个方面，即：精算理论技术、精算规则和精算师资格认证。

精算理论是对保险业务经营中各种不确定因素和风险规律的认识，精算技术以精算理论为指导，是精算工作中对各种不确定因素和风险进行识别、评估、定价、处置等所采用的方法、技术，包括所使用的数学模型、数学工具等。随着保险业经营实践的发展和人们认识的深化，精算理论技术也在不断发展。精算理论技术属于学术研究的范畴，可以存在不同的观点和流派，各种不同观点和流派之间的讨论、交流，可以促进精算理论技术的发展。

精算规则，是保险监管机关制定或认可的关于精算工作应当遵循、遵守或采用的原则、方法、标准、制度等规范。制定精算规则，以精算理论技术为基础，又要综合考虑一定时期的经济环境、保险业发展状况和风险特征、精算技术力量、监管政策的要求等多种因素。

精算工作需要专业人员从事，精算师就是具备精算的知识、技能，从事精算工作的专业技术人员。虽然精算师的从业范围不限于保险业，但主要还是在保险及相关行业就职（如对保险公司的精算报告进行审核的会计师事务所，为保险公司服务的精算咨询公司等）。在保险公司中，精算师责任重大。因此，必须经过资格认证，才能担任精算师（如同律师、注册会计师需要资格认证）。在国外，精算师资格的取得一般有两种方式：一种是通过专业资格考试取得，另一种是经过学历教育后取得，但主流是通过考试取得。在发达国家，精算师有自己的专业团体——精算师协会，一般由精算师协会组织资格考试，对通过考试的人授予精算师资格。

精算理论技术、精算规则、精算师资格认证三者相互联系，密不可分：精算理论技术是基础，制定精算规则、考试认证精算师，均以精算理论技术为基础，精算规则是精算师从事精算实务的直接依据。

我国自1980年恢复办理国内保险业务之后，曾长期缺乏精算专业人才，既没有制定精算规则，也没有建立自己的精算师资格考试认证制度。1988年南开大学在北美精算协会的支持下开办精算专业教育，此后国内又有多所大学开办精算专业教育，培养了一批精算人才。由于当时中国没有精算师资格认证制度，这些国内学习精算的人员主要是考取北美和英国等国外的精算师资格。1992年，国内的保险市场对外开放，外资保险公司进入国内市场，一些具有国外资格的精算师到国内工作。

1995年颁布并施行的《中华人民共和国保险法》中，要求寿险公司必须聘用经金融监管部门认可的精算专业人员，建立精算报告制度。《保险法》首先要求寿险公司聘用精算师、建立精算报告制度，是因为：第一，精算起源于寿险业务经营，精算技术在寿险业的应用较为成熟；第二，寿险业务期限长，风险更具隐蔽性，对精算技术的运用更为迫切和重要；第三，在精算专业人员严重不足、精算规则空白的条件下，同时要求寿险业和非寿险业聘用精算专业人员、建立精算报告制度，难以实现。

为此，当时的保险监管部门——中国人民银行保险司于1997年10月启动了“中国精算制度建设”研究项目，决定建立中国的精算师资格考试认证制度，并逐步制定精算规则。中国的精算师资格考试认证制度，主要借鉴北美精算协会的考试体系，把精算师资格分为准精算师和精算师两个阶段，分别设立考试课程，通过准精算师考试课程的，授予准精算师资格，在获得准精算师资格基础上，再通过精算师资格考试的课程，授予精算师资格。在课程设置、考试内容、难度等方面，均力求达到与发达国家的精算师考试相当的水平。在制度设计、拟定考试大纲、教材编写过程中，得到国际精算团体的大力支持和帮助。1998年11月，中国保监会成立之后，继续推进精算制度建设。2000年，中国精算师资格考试开考，与此配套的教材也陆续出版发行。中国保监会1999年发布了关于寿险公司的精算规定，建立了寿险公司精算规则体系的基本框架。

2002年10月《保险法》进行了第一次修改，于2003年1月1日起施行。修改后的《保险法》把聘用经金融监管部门认可的精算专业人员，建立精算报告制度的要求扩大到非寿险公司。因此，经过论证、筹备后，自2004年开始进行非寿险精算师的资格考试认证，称为中国精算师（非寿险方向），与此相适应，以前的精算师则称为中国精算师（寿险方向）。同时关于非寿险精算的规则也由中国保监会陆续制定发布。

2007年，中国精算师协会成立，组织精算师资格考试是协会的重要职能之一。协会设立了考试教育委员会，负责精算师资格考试和后续教育事宜（此前是由中国保险行业协会的精算工作委员会负责精算师资格考试）。

中国精算师资格考试施行10年来，通过考试认证了一批中国精算师和中国准精算师，取得了一定成绩，积累了一定经验。目前已在北京、上海、天津、广州等15个城市设立了考试中心，并在香港、加拿大滑铁卢大学设立了2个海外考试中心，每年春秋两季举办考试。

随着国内保险市场的发育、精算技术的发展及国际精算界的变革，原有的考试体系已不完全适应。为此，中国精算师协会于2009年决定对中国精算师资格考试认证体系进行调整，并于2011年实施。调整的基本内容是：精算师资格考试仍分为准精算师和精算师两个阶段；在准精算师阶段，不再区分方向，对原寿险和非寿险两个方向的考试课程进行整合，考生通过8门必考的准精算师考试课程，并经过职业道德培训后，可获得中国准精算师资格；精算师则继续分为寿险和非寿险两个方向，有3年以上工作经历的准精算师，通过5门精算师考试课程，并经过职业道德培训后，可获得中国精算师（寿险方向）或中国精算师（非寿险方向）的资格，5门精算师考试课程，既有必考的，也有选考的，具体科目，因寿险和非寿险方向有所不同。

对于在旧考试体系下已经通过的考试科目，如何转换为新考试体系的相应科目，也进行了研究，制定了转换规则。

为编写新考试体系的教材，中国精算师协会成立了教材编审委员会。教材编写力图贯彻国际性、先进性和实用性三个原则。国际性是指，鉴于中国精算师协会已正式申请加入国际精算师协会，因此精算师资格考试必须符合国际精算师协会的要求，达到国际精算师协会的标准。所以，在课程设置、课程内容、必考科目等方面，均以国际精算师协会的要求为标准。先进性是指，尽可能把精算理论技术的最新成果包括在这套教材之中。实用性是指，教材内容紧密联系国内保险业的实际，考虑国内精算人员需要掌握的知识和技能。

教材的具体编写实行主编负责制。教材编审委员会研究、协调、决定教材编写中的重大事项，确定各门课程的主编和主审人员，指定协调人对若干相关课程的内容调整、取舍和进度进行协调。教材初稿完成后，不仅由主审进行审阅，而且组织保险公司的相关人员进行试读，提出修改意见。教材的主编、主审、试读人员，都是在保险业、精算界具有业务专长、经验较为丰富、具有一定影响力的人员。可以说，这套教材的编写，是集中了行业的智慧和力量，凝结着组织协调人员、编审人员、试读人员的心血。

尽管如此，我们仍不认为这套教材已经尽善尽美。由于经验不足、认识水平有限，也由于时间仓促，教材在某些方面还显粗糙，还存在许多可改进、待完善之处。我们希望在教材投入使用之后，听取专家、考生和社会各界人士的意见，将来进一步修订。

回顾中国精算师资格考试10年来的历程，是在保险监管机关的领导下，在保险业、有关高等院校及社会各界的积极参与下，在国际精算组织的支持下，不断发展、完善，取得进步的。在此，我谨代表中国精算师协会，对多年来关心、支持、参与、帮助中国精算事业发展的有关领导、专家和广大的精算专业人员表示真诚的敬意和感谢！

中国精算师协会　会长

2010 年 11 月 15 日

编写说明

BIAN XIE SHUO MING

2009年8月，我接受了“中国精算师考试教材编审委员会”的委托，主持编写《个人寿险及年金精算实务》。编委会将一本教科书的撰写工作交由一群此前并无教材编写经验的在职精算师来完成，可能有其特殊的考虑，于我个人而言，则是十分的焦虑和不安。在随后的两个月里，我和我的同事张敏、乞宁经过反复讨论，撰写了内容大纲。在教材的结构和完整性方面，我们借鉴了“北美精算师学会”考试有关教材的框架设计，但在内容方面，则力图真实地反映当前国内寿险行业精算日常工作的实际情况和需求。

鉴于本书的定位，我们力邀十多位在国内外工作的精算师参与教材编写工作，他们来自于寿险公司、国际会计师事务所和精算咨询公司，在各自擅长的领域具有十分丰富的实际工作经验。在这一年多的时间里，他们除了完成繁重的日常工作外，利用宝贵的业余时间进行写作，几易其稿，力求精益求精。其间有几位精算师被派驻海外工作，他们仍然不辱使命，按时完成了写作任务。

特此向下列参与编写工作的精算师们表示衷心感谢！

陈海峰、刘宛音（第1章），虞健（第2章），乞宁（第3章、第9章第1节），何永豪（第4章），张晓宇（第5章、第7章），王娟娟（第6章），魏靖（第8章），魏广胜（第9章第2节、第3节和第14章），邱嘉敏（第9章第4节、第5节），袁晓斌（第9章第6节），海欧（第9章第7节），陈曦（第10章），张敏（第11章），张会娜（第12章），梁伏霖（第13章）。

中国保监会人身险监管部精算处处长丁昶先生担任本书的主审，在本书的编写和修改过程中给予了很多宝贵的建议和意见。平安人寿保险公司的魏春平先生作为外部试读者，向我们提供了非常有价值的详尽的试读报告。此外，在项目成立初期，我们也得到了普华永道会计师事务所蒋华华女士的大力协助，使得我们在很短的时间内落实了部分参与写作的人员。

各位编写者提供了大量实例，为本书增色不少。为确保计算无误，我的同事陈恒、叶剑平和姚嘉祺对所有的实例计算作了认真校验，邵万琦、郑鹏伟、韩琦和孙慧娜作为内部试读者，也提供了不少修改意见。

张敏和乞宁除了参与两个章节的写作工作之外，还承担了大量的编审、编务和联络沟通工作，若没有他们的辛勤付出，本书恐难以按时付梓！

请允许我对上述所有为本书编撰工作付出心血和汗水的同行、同事表示最诚挚的感谢。

在完成撰写、修改工作，书稿即将交付出版社之际，我们的心情可谓充满欣喜，我们完成了曾经自以为是不可能完成的事情。这是一本由一群年轻的中国精算师写给工作伙伴和有兴趣加入精算行业的朋友们的书，文字虽然有些青涩，但却饱含真诚分享的愿望。

最后，感谢读者选择本书，并欢迎提出宝贵的意见和建议。

林红

2011年2月19日

目　录

第一篇　个人寿险与年金精算实务概述

第二篇　个人寿险与年金产品定价

第三篇　个人寿险与年金产品评估和寿险公司财务与风险管理

第一篇　个人寿险与年金精算实务概述

第1章　个人寿险与年金产品开发管理

学习目的

- □ 了解如何对客户需求进行分析整理、搜集市场信息、制定产品策略
- □ 了解产品开发的可行性分析、产品形态的选择，以及制约产品开发的因素、常用的产品定价模型、产品定价原则、定价方法
- □ 了解产品上市的市场推广、产品管理所涉及的主要工作

产品对于保险公司业务发展的重要性是不言而喻的。衡量一个保险公司是否成功的指标也往往和产品有关，如开发的产品是否满足客户的需求，产品的销售方式是否有效，针对产品的客户服务是否到位，产品中承诺的保险利益能否兑现。可见，产品是保险公司运作的核心。要开发出适合市场需求的保险产品，首先要准确地把握市场需求，同时要结合公司自身的特点，发挥公司的自身优势。

§1.1　产品初期调研

保险产品的开发和创新不能靠闭门造车、凭空杜撰，而需要经过充分的市场调查和研究，从客户的需求出发，结合市场环境和保险公司的自身情况，同时需要考虑有关法律法规的限制。产品初期调研的目的是开发出适合市场需求，同时风险可控的保险产品，使保险业务得到长期、可持续的发展。

1.1.1　客户需求分析

客户的需求是设计保险产品的出发点。随着社会的发展，客户需求也趋于多元化。不同客户群体对于保险的需求有所不同，而同一个客户处在不同人生阶段对于保险的需求也会有所改变。因此在产品开发前期有必要对不同客户进行分类和区隔，并进而分析不同类别客户的不同保险需求，

使得产品的开发有的放矢。

需要强调的是，对于客户的区隔和分类并不是市场调研的最终目的，市场调研的目的是使保险产品的市场定位更加有效。因此，在对客户分类时应该注意以下几点：（1）所分类别的客户群对于保险需求明显有别于其他客户群；（2）所分类别的客户群是比较稳定的，在数量上具有一定的规模；（3）所分类别的客户群是保险公司的销售人员可以接触到的；（4）所分类别的客户群是有保险需求和购买保险产品能力的。

我们可以采用不同的分类标准对客户进行区隔，常见的方法有以下几种：

（1）按不同地理区域划分。比如，在经济发达地区，客户支付保费的能力较强，因此一些高端的保险产品也容易被接受；而在经济欠发达地区，更多的客户则可能倾向于购买小额的保险产品。

（2）按目标客户自身的情况划分。客户自身的情况包括年龄、受教育程度、职业、价值观或收入水平等，通常来说这些因素会导致客户对于保险产品需求的差异。

（3）按目标客户的风险承受能力划分。大致来说可以分为风险厌恶型、风险喜好型和中等风险承受能力的客户。风险厌恶型的客户比较注重保证利益，倾向于购买保证利益相对较高的传统产品。风险喜好型的客户愿意承担较高风险，以追求较高的回报，如投资连结保险可能会被这个群体的客户接受。中等风险承受能力的客户则介于前两者之间，他们愿意承担风险，但要有一定的最低保证，分红或万能产品比较适合这类客户的需求。

（4）按目标客户群的购买习惯划分。比如，有的客户是通过和保险营销员反复沟通了解产品的特性，再决定是否投保；有的客户习惯于在固定的营业网点购买产品，如银行、邮局或保险公司设置的专门柜台；而有的客户会选择通过网络了解并购买保险产品。

以上列举的是常见的客户群体的分类标准。在实际操作中可以考虑采用单一标准或多元标准进行市场区隔。比如，按被保险人的年龄分类，这种分类标准比较简单，通过这种方式分类后得到的客户类别数较少。但是因其分类标准较粗，一般来说它所形成的每一类别客户群体的数目较多，如少儿保险客户群体、老年保险客户群体等，这样的区隔方法会导致每一类客户的需求特征不够突出。比如，对于少儿保险客户群体来说，不同地区、不同消费水平、不同风险接受程度的少儿客户对于保险的产品需求又会有较大的差异，单一标准的分类方式无法体现这些差异。

为了解决这一问题，我们实际在对客户分类时，可以采用多元标准进行分类，即采用多个分类标准对客户群进行细分，比如，将上述提到的少儿保险客户群体再细分为注重少儿意外、少儿健康保障或注重少儿教育储蓄型的客户，进而又可以将每类客户再细分为高端客户群体或普通消费群体的客户群，等等。采用多元标准可以使各类目标客户的需求特点更加鲜明，帮助保险公司在产品设计时更有针对性。当然多元分类也有其缺点，如果分类标准“过多”会造成所分的客户类别很多，导致公司需要设计开发大量的产品满足每类客户的需求，而每一类客户群体数量相对较少，使得产品开发的效率有所降低。

在实务操作中要根据具体情况，把握好客户分类标准的尺度。通过市场区隔了解目标客户群体独特的保险需求特点，同时也避免分类过细，确保每个类别的客户具有较多的数量，使得保险公司能够有效地针对每类客户的特点设计出适合其需求的产品。

1.1.2 市场信息搜集和分析

随着中国金融业的开放，保险公司的数量迅速增加。1992 年以前，经营人寿保险的公司只有中国人民保险公司、太平洋保险公司和平安保险公司三家；从 1992—1999 年寿险公司增加到了 12 家，其中中资保险公司 7 家、外资保险公司 5 家（包括外国独资和中外合资的保险公司）；从 2000—2010 年，寿险公司增加到了 54 家，其中中资 27 家、外资 27 家。

保险公司数量的迅速增加势必形成保险市场的竞争。激烈的竞争一方面有利于产品的发展创新，另一方面也容易造成同类产品的价格竞争。激烈的市场竞争使得同类产品的费率不断降低。保险公司如果为了争夺市场份额，在产品定价时降低利润要求，或采取不合理的定价假设压低费率，必将导致两败俱伤，这种过度的价格竞争对于保险业的发展是不利的。避免过度价格竞争的一个重要方法是寻求产品的差异化，这就要求产品开发人员在产品开发初期加强市场信息的搜集工作，着重了解市场上同类产品的主要特点，包括产品的保障期限、保险保障利益、生存给付、满期给付、领取方式、交费方式、费率以及投保年龄、销售方式甚至销售话术等。通过搜集信息和对市场同类产品进行分析，才能独辟蹊径，才能在产品开发时力求体现产品设计的差异化，避免产品的雷同而导致单纯的价格竞争。

产品的差异化可以是多方面的，如目标客户群体的差异化、产品设计的差异化、销售渠道的差异化、销售话术的差异化。以针对养老储蓄的保险产品为例，我们列举了一些常见的差异化设计：

（1）养老年金累积期的差异化：如即期年金，递延年金；

（2）养老年金给付方式的差异化：如一次性领取，按年或按月领取；

（3）养老年金给付金额的差异化：如平准年金给付，递增年金给付、变额年金、指数年金；

（4）养老年金给付条件的差异化：如保证领取期限的年金（Annuity Certain），以生存为条件的纯年金给付；

（5）保费交付的差异化：如趸缴、短期缴费、长期缴费；

（6）销售渠道的差异化：如代理人渠道、经纪人渠道、银行渠道、直接销售。

以上列举的是目前保险市场上常见的养老年金产品的差异化设计，产品开发人员可以提出其他方面的创新设计。总之在产品开发前期应该注重搜集竞争对手的产品信息，对其进行全面的分析比较，再结合对客户需求的分析，从而设计出具有独特卖点的保险产品，避免产品形态的雷同。

在对竞争对手的产品进行比较分析时要采用客观和全面的标准，不能采用简单的指标来判定产品的“优劣”。比如，在对同类产品进行比较分析时，满期回报率（Yield to maturity）是一个常用的指标，但事实上满期回报率只能反映出产品某方面的特征，不能将其作为一个全面的客观的衡量标准，这是因为：

（1）保险产品除了具有储蓄功能外，还提供了各种风险保障利益，这些利益单靠满期回报率是无法反映和衡量的；

（2）满期回报率只反映了整个保险期间保单储蓄部分的收益情况，并不反映保险利益给付时间是否满足客户的实际需求；

（3）一些新型产品如分红保险、万能保险和投资连结产品含有不确定的保险利益，这些利益无法用满期回报率衡量。

由此可见，在进行产品的比较和分析时，应该对产品的各项利益作全面分析。而采用简单的单一指标，则无法得出客观的比较和分析结果。

回顾中国寿险业各阶段的发展，我们可以很明显地看到，保险产品的发展速度随着保险业的激烈竞争而日趋提高。1992 年以前中国寿险业还没有开放，保险公司的产品种类比较单一，主要是团体保险，加上意外伤害保险和传统的简易人身保险（即两全保险）；1992—1999 年，中国的寿险市场逐步开放，产品的形态得到了较快发展，特别是传统寿险产品得到了较快的发展，在原来两全保险的基础上加上了固定生存返还的寿险产品，而在产品的开发上更有针对性，如出现了针对少儿教育、养老年金和普通投资储蓄型产品；在这一阶段末，还出现了将保险利益和银行的储蓄利率挂钩的利差返还型产品；2000 年后，分红保险、投资连结保险、万能保险快速发展起来，随后一些重大疾病保险和长期的医疗保险也开始占据越来越大的市场份额，可见日趋激烈的市场竞争会促使保险公司分析研究，调整策略，而这也将成为保险产品快速发展的催化剂。

1.1.3 产品开发策略

1. 明确产品开发的目的

制定适合的产品开发策略要考虑诸多因素，如市场的变化，客户的需求，公司自身的产品设计能力、核保、核赔和系统管理能力、投资能力、风险管理能力等。其中首要问题是明确产品开发的目的。将产品开发的目的和公司的长远目标有效结合起来，使开发的产品符合公司发展的方向，才能使得产品开发出来后能被销售团队有效地推广和销售。

不同的公司对未来发展目标的设定可能有所不同。就提供的保险利益而言，有的公司将未来发展的重点专注于某一方面的保险业务，如投资型的保险、年金保险或健康保险等；而有的公司则注重于各类产品的全面发展，能够全面满足不同客户的需求。就目标客户而言，有的公司锁定单一的目标客户群体，如主要针对中青年白领阶层、儿童客户、女性客户或中老年客户；而有的公司将目标定在满足各阶层客户群体的保险需求。从销售渠道方面来看，有的公司将发展的重点放在单一的销售渠道上，如代理人渠道、银行保险渠道、电话直销渠道或者网络销售；而有的公司则希望通过多渠道并进的方式开展保险业务。产品开发的目的应该服务于公司设定的长期发展方向。

2. 市场分割和市场分析

分析客户的需求，对客户群进行分类、比较和分析，目的是为了选择适合公司发展的目标市场，并以此作为产品开发的方向。在确定目标市场时，我们通常要考虑以下几个方面：

（1）目标市场的规模。我们选择的目标市场应该拥有足够数量的客户群体，该目标市场应有一定的发展潜力，并且公司的销售渠道应该可以接触到这些目标客户。需要指出的是目标市场并不是定得越大越好，因为大规模的目标市场也容易成为竞争对手的目标，围绕同一目标客户群体的激烈竞争可能导致盈利空间的下降。因此在考虑市场规模的同时，也要平衡市场竞争以及市场未来的发展潜力等因素。

（2）目标市场的吸引力。影响目标市场吸引力的主要因素是竞争程度以及该目标客户的购买能力。一般来说竞争程度相对较低的，且客户的需求和购买力较高的市场适合作为公司的目标市场。比如，20 世纪 90 年代末，中国的资本市场得到了初步的发展，已经逐步形成了一个新的客户群体，他们不满足于保费和保险利益在保单签发时就固定的传统寿险产品，他们能够接受投资连结保险、万能保险和分红保险等不同风险程度的新型产品。在当时的市场情况下，这部分客户对保险公司来说是具有吸引力的，原因是该客户群体的规模已经达到了相当的数量，而这部分市场尚未开发，因此竞争程度较低，市场潜力很大。随着各保险公司纷纷推出形态相似的新型保险产品，该市场的竞争越来越激烈，市场吸引力有所下降。这就需要保险公司开拓新的目标市场，或者对当前的目标市场作进一步细分，寻求独特的、具有吸引力的目标市场。

（3）目标市场与公司发展方向和资源相匹配。具有吸引力的和具有潜在发展空间的目标市场未必对于所有公司都适合。各保险公司应该从自身的经营策略和所拥有的资源等因素出发确定各自合适的目标市场。例如我们所提到的投资连结保险虽然在20世纪90年代末拥有较大的发展潜力，但如果公司将发展目标设定为提供各类寿险、意外和健康等保险保障，则选择投资连结保险的潜在客户未必适合该公司的发展方向，至少不应将这类产品作为产品开发的重点；此外，从公司资源方面还应该考虑销售队伍培训能力、系统管理能力和投资能力等是否适合立即涉足这一目标市场。

3. 目标客户

保险公司选择开发何种保险产品需要考虑的首要因素是选择的目标市场，其次是营销组合策略，最后是竞争策略。只有当一家保险公司明确了自己的竞争地位，准确地选择适合自己的目标市场，才可能取得成功。

以下我们列举一些常见的目标客户市场：

（1）针对雇员的团险市场。这类客户的主要需求是各种风险保障，如普通寿险、工伤等意外险、简单的住院门诊手术等医疗健康保险以及提供雇员未来退休保障的企业补充养老保险。

（2）针对相对富裕阶层的个险市场。这类高端客户又可以按收入或家庭净资产水平进一步细分，如小康阶层、高收入阶层和超高端阶层等。这一目标客户群体所跨的行业和年龄层次比较广泛，不同的客户对于保险的需求差别也较大，因此保险公司通常要开发许多不同种类的产品满足这一群体的需求。此外，针对这类客户群体的销售渠道也比较多，通过代理人、经纪人公司、银行、电脑网络等都可能接触到这一阶层的客户。富有阶层对于保障的需求较一般阶层更高，其支付保险费的能力也比较强，因此大额的定期寿险、全面的健康保险计划以及高额的年金保险等都比较适合这一群体。这类客户对于保险的理解更深，对风险承受能力也较强，因此分红、万能和投资连结保险等新型产品能为这一客户群体所接受。

（3）针对单亲家庭的个险市场。这一市场比较注重家庭支柱的保险保障，因此寿险、意外和健康类等各类保障型产品适合该类客户群体。

（4）针对单身人士的个险市场。由于没有家庭负担，这部分人群对于寿险保障的需求相对较低，而比较注重投保个人的健康保障和养老保险。

（5）针对少儿的个险市场。在中国，由于独生子女政策的推行，父母对于子女的关爱有加。在保险方面，父母往往首先考虑为子女投保。少儿对于保险保障的需求主要体现在意外保障、住院、医疗、疾病健康保障等方面。由于未成年人一般不是家庭经济收入的来源，因此未成年人一般不应该购买高保额的定期寿险。而教育年金保险则是少儿寿险市场的重点。未来社会的竞争加剧，对于教育水平的要求会不断提高，社会经济的发展也会使得教育成本逐年提高，因此近几年来不少保险公司开发了针对少儿教育的年金产品，这些产品在少儿寿险市场上已占有较高的比重。

产品开发人员在选择各自公司的目标市场时应考虑多种因素，包括：（1）公司的目标；（2）目标市场的销售潜力（包括产品的的销量和期望的增长率）；（3）向目标市场提供服务的成本；（4）目标市场的期望利润贡献；（5）目标市场现有的和预期的竞争状况；（6）针对目标市场的销售渠道；（7）目标市场的选择是否和公司整体经营策略相适应。

4. SWOT 分析

通过在对市场进行区隔并确定目标市场后，我们还应该对公司的外部和内部环境进行系统分析，锁定与公司自身条件相适应的市场，从而有针对性地制定产品开发策略。SWOT 是一个常用的分析工具，S 代表竞争优势（Strength）、W 代表竞争劣势（Weakness）、O 代表市场机会（Opportunity）、T 代表市场威胁（Threats）。SWOT 分析是通过对企业内、外部条件各方面内容进行综合和概括，进而分析企业的优势、劣势、面临的机会和威胁的一种方法。SWOT 分析如图 1－1 所示。

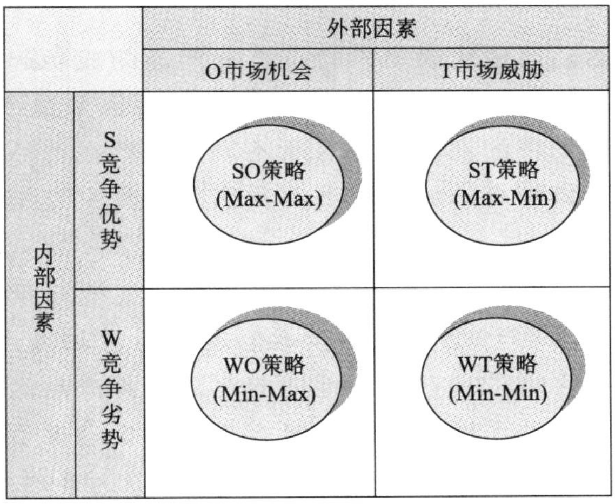

图 1－1　SWOT 图示

竞争优势（S）是指一个企业超越其竞争对手的能力，或者指公司所特有的提高竞争力的要素。当两个企业处在同一市场或者说它们都有能力向同一顾客群体提供产品和服务时，如果其中一个企业有更高的盈利能力或盈利潜力，那么这个企业比另外一个企业更具有竞争优势。

竞争劣势（W）是指某种公司缺少或做得不好的东西，或指某种会使公司处于劣势的条件。

市场机会（O）是指影响公司战略的重大因素。公司管理者应当确认每一个机会，评估每一个机会的成长和利润前景，选取那些可与公司财务和组织资源匹配、能使公司最大限度发挥竞争优势的机会。潜在的发展机会可能是客户群的扩大、新的客户细分市场的形成、电脑系统的优化、市场进入壁垒降低 、市场需求增长、销售区域的扩大等。

公司面临的市场威胁（T）是指在公司的外部环境中存在的对公司的盈利能力和市场地位构成威胁的因素，如新的竞争对手的加入、替代产品的产生、主要产品市场增长率下降、社会消费方式的不利变动、市场需求减少以及经济萧条和业务周期的冲击等。

竞争优势（S）和竞争劣势（W）主要是分析企业的内部因素，如是否具备人力资源、技术开发优势、渠道优势、品牌优势、资金优势、组织体系优势等；而市场机会（O）和市场威胁（T）则代表了外部因素，如经济发展情况、客户购买力、竞争程度、法规监管等限制。

SWOT分析的步骤通常为：（1）罗列企业的优势和劣势，可能的机会和风险；（2）优势、劣势与机会、威胁相组合，形成SO、ST、WO、WT策略；（3）对SO、ST、WO、WT策略进行甄别和筛选，确定现阶段产品发展的具体战略。

5. 销售渠道分析

产品开发是否适合销售渠道的特点将对产品的成功起到至关重要的作用。保险公司可以根据自身情况，采用单一的销售渠道或多种销售渠道。不同销售渠道适合销售的产品特点有所不同，因此在产品开发时应该充分考虑渠道的特点，做到有的放矢。下面我们对一些主要销售渠道及其主流产品的特点作简要介绍：

（1）保险营销员渠道。保险营销员通过接受专业培训和考核具备较强的保险推销技巧并掌握产品的特点，他们能够通过和客户面对面的交流，充分了解客户的保险需求，有针对性地向客户解释产品的利益和特点，通过产品组合为客户设计保险方案，满足客户个性化的保险需求。在投保申请、核保、体检、后续客户服务和赔付等环节可以为客户提供有效的服务。针对这一销售渠道的特点，在制定产品开发策略时，可以考虑开发不同种类的保障型产品和储蓄投资类产品，也可以通过主合同和附加合同的形式，以便营销员针对不同客户的需求推销不同组合的保险产品，为客户“量身定做”保险产品。同时产品结构的设计也可以多样化，从简单到复杂，以适合不同层次的客户需求。虽然保险营销员渠道能够向客户提供专业化的高质量服务，但也应考虑到建立和管理营销员渠道所需花费的成本也比较高。保险公司除了花费成本招募和培训营销员外，每签发一张保单还要向营销员支付相应的佣金，相对较高的销售成本使得保险公司的投资类产品，尤其是短期的储蓄产品的回报率受到较大的影响。因此保险公司在开发针对营销员渠道的保险产品时，通常应将重点放在长期储蓄和各类注重保险保障的产品，发挥保险公司的独特优势，而不能将重点放在短期储蓄或股票投资的替代产品，避免和销售成本相对较低的债券、基金或银行储蓄等其他金融投资产品竞争。

（2）银行渠道。银行保险一般指通过银行柜台销售保险产品。由于在银行柜台销售保险产品无法提供高质量的专业咨询服务，并且需要在短短几分钟的时间内将保险条款的内容解释清楚，而销售对象一般是寻求储蓄替代产品的客户，因此银行渠道一般以结构简单的储蓄、投资类产品为主，以便在很短的时间内让客户理解保险产品的特点并作出投保选择。理论上来说，银行渠道和营销员渠道相比，销售成本要低，因此针对银行渠道产品可以开发一些中、短期限的储蓄类产品。除了在柜台销售外，一些保险公司还尝试开辟了银行理财中心的销售模式，针对中高端客户，提供保险服务。和柜台销售不同，理财中心的销售模式营造了比较宽松的销售环境，使得销售人员能够有充裕的时间和客户进行沟通，帮助客户分析其对于保险的需求，详细解释保险产品的特点，因此可以通过理财中心销售一些注重保障的、结构相对比较复杂的产品，换句话说，理财中心销售的产品形态和类别可以比较接近营销员渠道销售的产品。

（3）直销渠道。该渠道包括网络销售、电话直销等，是一种较新的由保险公司和客户直接对话的销售模式，具有诸多传统渠道不可比拟的优越性。直销渠道的优势在于它去除了分销渠道的中间人，节省了佣金和代理手续费的支出，但同时由于缺乏个性化的服务，因此直销渠道的产品主要针对的是对于保险需求比较简单的客户群体。通常该渠道的产品仅局限于一些保险额度较小、保险利益简单、核保手续简便的产品，如保费返还型的保障类保险是该渠道比较常见的产品。

（4）保险中介/经纪人渠道。作为中介渠道的新军，保险经纪人对提高保险营销服务的专业化进程具有重要的意义。保险经纪人和保险营销员的主要区别在于保险营销员是代表保险公司销售保险产品，而保险经纪人是站在客户的立场上帮助客户选择适合的保险产品。在专业知识方面，保险经纪人和代理人一样，都应具备较高的保险代理的水平，有能力为客户提供高素质的产品推介服务，因此保险经纪人有能力销售类似保险代理人的产品。只不过保险经纪人在我国起步较晚，和保险公司之间合作还处在初级阶段，普通消费者对经纪公司也不甚了解，因此大多数经纪公司目前以销售团险和财产保险为主，个人寿险和年金产品占的比重较低。

6. 确定产品开发策略

产品开发的策略可以大致分为以下三种：

（1）无差异性市场策略，亦称整体市场策略。这种策略是保险公司把整体市场看做一个目标市场，只注意保险消费者对保险需求的同一性，而不考虑他们对保险需求的差异性，以同一种保险条款、同一标准的保险费率和同一营销方式向所有的保险消费者推销同一种保险产品。保险公司的许多险种都适用于无差异性营销，如航空意外险、旅游意外险等，可在不同地区用同一营销方式和保险费率进行推销。

无差异性市场策略适用于那些差异性小、需求范围广、实用性强的险种的推销。这种策略的优点是：减少保险险种设计、印刷、宣传广告等费用，降低成本；能形成规模经营，使风险损失率更接近平均的损失率。其缺点是：忽视保险消费者的差异性，难以满足保险需求的多样化，难以适应市场竞争的需要。

（2）差异性市场策略。是指保险公司选择了目标市场后，针对每个目标市场分别设计不同的险种和营销方案，去满足不同保险消费者需求的策略。采用这种策略的保险公司通过分析保险消费者需求的差异性去捕捉保险营销机会。其优点是：使保险营销策略的针对性更强，有利于保险公司不断开拓新的保险险种和使用新的保险营销策略；适用于新的保险公司或规模较小的保险公司。其缺点是：提高了营销成本，增加了险种设计和管理核算等费用。

（3）集中性市场策略。集中性市场策略的优点是：能够集中力量，迅速占领市场，提高保险产品知名度和市场占有率，使保险公司集中有限的精力去获得较高的收益；可深入了解特定的细分市场，实行专业化经营，适用于资源有限和实力不强的小型公司。其缺点是：如果目标市场集中，经营的保险险种较少，经营风险较大，一旦市场上保险需求发生变化，或者有强大的竞争对手介入，容易使保险公司陷入困境。

产品开发的策略应建立在对市场状况的分析、对客户需求的理解、对保险公司自身实力和竞争对手实力的分析，对于所面临市场机遇和挑战的判断，以及对于销售渠道及其产品销售特点的认识，在此基础上决定产品策略，形成产品设计的具体设想，并确定详细的产品开发时间表。

1.1.4 产品创意产生、筛选、配套的销售策略

产品开发策略只是反映公司产品开发的大方向。在方向确定后，通常由产品开发部门首先对所开发产品提出具体的设想，并以此为基础启动产品开发的各项工作。

对于普通寿险产品，在提出具体的产品设想时，通常需要定义投保年龄限制、保险期间、交费年限、死亡残疾或其他保障利益、满期金给付；对于分红保险明确分红形式；对于保障期限较短的寿险产品还应该描述是否允许续保以及续保条件；对于年金保险还应该描述年金给付开始的时间、给付频率和给付金额等。

除了对于各项保险利益作出详细的描述，产品开发部门还应考虑其他和该产品相关的要素，如佣金水平，核保要求，允许搭配销售的附加合同，是否允许保单借款，是否提供减额付清、展期保险或自动抵押贷款等不丧失价值选择，包括保费是均衡费率还是随年龄变动费率、是男女统一费率还是区分性别的费率，等等。

在产品开发的初期，还应该对所开发的产品有一个明确的市场定位，如该产品的定位是注重保障还是储蓄利益，是针对少儿还是成人客户，是适合普通工薪阶层还是高端客户，等等。产品的明确定位既能确保产品设计开发的目标清晰，也便于产品在市场推广时突出卖点。

产品是否成功除了取决于产品设计本身以外，围绕产品的市场推广和销售配套工具也是产品销售成功的关键因素。产品的市场推广是为了突出产品的卖点，并将其与客户的需求紧密联系起来。为此需要考虑采用何种语言形式对产品进行包装和宣传。制作配套的宣传材料和销售工具提高产品的市场认知度，唤醒客户对于保险的需求是产品市场推广的主要工作。市场推广工作的准备不应该在产品设计完成后才开始启动，而应该在产品开发的初期，在可行性讨论阶段就开始进行。

1.1.5 产品的接受度测试

在产品开发的早期阶段，可以运用焦点小组（Focus Group）的方式。主持人通过向4～8个小组成员展示保险产品的原型或概念来推动小组的讨论，鼓励小组成员自由发言，记录他们对产品的真实想法以及对于改进产品设计的建议。通过组织一些潜在客户或销售人员进行座谈讨论，获取其对产品的概念、建议和原型的反映，汇集可能激发群体互动的见解，获得参与者的观点、态度以及偏好。

通过焦点小组进行产品接受度测试有如下优点：可以通过焦点小组直接倾听参与者对于产品设计和原型的反馈意见；焦点小组可以激发参与者的互动，产生对于产品设计的修改意见；焦点小组形式较为简单，相对来说成本比较低，而且能很快安排。

但焦点小组也有其局限性，如小组成员的选择通常是基于抽样方法决定的，因而其讨论结果可能不完全具有代表性，焦点小组中讨论的问题或提问的方式如果不恰当可能会导致有误导性的结论，焦点小组的参与者差别过大可能导致最后只能得到很少的共同线索。因此在组织焦点小组以前应该对参加人员、问题的设计和提问的方式进行周密的策划，在焦点小组讨论后，应对讨论的结果作出科学的分析，才能更好地发挥焦点小组在产品接受度测试中的作用。

§1.2 产品可行性分析

在产品创意产生后，由产品开发人员对保险利益、保障期限、缴费方式等作进一步细化，再由精算人员通过产品定价给出相应的试算费率后，形成产品设计的雏形。产品雏形完成后，就进入产品可行性分析阶段。在此阶段，公司的相关职能部门应从各自的专业角度对产品的可行性提出意见，帮助对产品的设计进行优化。可行性分析可以分为以下两个方面：

一个方面是从外部限制因素的角度。通常法律部门应就产品设计的公平性从法律的角度提出意见；对于一些对客户有失公平的设计，或者可能引起客户误解、未来容易引发争议的设计，或不符合保险原理的内容，法律部门应该从客户的角度提出修改意见；此外有些监管规定对于具体的产品形态也有一些限制。比如，目前中国的监管规定明确要求含健康利益的保险产品不能以分红产品的形式出现，投资连结保险的账户回报不允许有任何形式的最低保证等，这些限制也是在产品开发初期的可行性分析阶段需要考虑的。

另一个方面是从公司内部各相关职能部门的角度。一般来说，销售部门从产品利益设计和费率的市场竞争力的角度，对产品的市场定位是否明确、卖点是否突出、是否利于客户理解等方面进行评判；营运部门从保单的签发流程、核保时对于可接受风险和不可接受风险的判别标准，以及核赔时的风险控制的角度进行分析；电脑部门从系统能否支持，以及系统改动的难度和系统修改所需花费的资源等方面来评议。精算部则从该产品的利润水平出发，考察相关定价指标来判断该产品所带来的新业务价值，对公司偿付能力以及内涵价值的影响等方面来考察产品的可行性。对于投资类产品，还可能需要投资部门对资产负债的匹配等问题作出评估。

不同部门在评估产品设计的同时，也应该提出建设性的意见，帮助进一步地修改和完善产品的设计。

应该指出的是，不同的部门在提出修改意见的时候是从各自的专业角度出发，比如销售部门通常站在客户的角度来评判产品的市场竞争力，而营运部、精算部等则更多地是从公司风险控制的角度出发，在产品的可行性论证阶段可能产生不同部门意见相左的情况。这就需要不同部门之间的协调和妥协，通过修改产品设计，最后形成一个兼顾各方意见的产品形态。这个过程有时可能需要花费较多的时间，特别是对于一些创新的、结构复杂的产品，所花费的周期更长。但它是产品开发不可或缺的环节，也是决定产品开发质量的重要环节。通常保险公司应组织一个“产品委员会”，该委员会由公司的高级管理层和与产品相关的主要的职能部门的负责人组成。

产品委员会应讨论产品开发环节中不同部门之间的争议，对其进行分析研究并作出最终决定。

§1.3 产品形态设计

1.3.1 产品分类及各类产品形态介绍

保险产品的发展和创新是和社会对于保险需求的变化紧密相连的。随着社会的发展，保险产品的种类和形态日益呈现出多元化的特点。下面我们以寿险产品和年金产品为例，从保障性质、产品结构以及目标客户群体等几方面对产品的类别作简要介绍。

1. 按保障性质分类

寿险保险产品可以分为定期寿险、终身寿险、两全保险和年金保险等。

定期寿险和终身寿险都是以死亡为给付保险金条件的保险产品，它们之间的主要区别是保险期限的不同。

两全保险是指在保险期间内以死亡或生存为给付保险金条件的人寿保险。

年金保险是指以生存为给付保险金条件的保险。定期寿险和终身寿险都提供死亡保障利益，年金保险则是根据生存客户的经济需求提供保险利益。两全保险顾名思义是同时兼顾了生存和死亡保障利益，介于上述两者之间。有些两全保险只提供满期给付，这类产品比较偏重死亡保障；而有些两全保险除了提供满期给付外，还在保单有效期内按固定年限给付生存现金。随着生存现金的额度和给付频率的提高，死亡部分所占的比重相对下降，这类两全保险越来越偏向于年金保险。

值得说明的是以上列举的只是一个较粗的分类。事实上每一类产品在发展过程中，为了适应不同客户的需求而逐渐演化，呈现出不同的产品形态。比如，常见的定期寿险按保费给付方式又可分为均衡保费定期寿险和变动保费定期寿险；定期寿险按保险金额不同可分为保险金额固定的定期寿险（Level Term Insurance）、减额定期寿险（Decreasing Term Insurance）、增额定期寿险（Increasing Term Insurance）。

2. 按产品的形态分类

寿险和年金类产品都可以被设计成普通的非分红保险、分红保险、万能保险和投资连结保险等不同的产品形态。普通险的保险利益和保险费在合同签订时就约定了，保险费通常是均衡费率，投保人须按照保险合同的约定支付保险费，保险公司必须按照合同的约定给付保险利益，保险利益的给付与保险公司的实际经营情况无关。

分红保险的产品结构与普通型产品相似。但和普通型产品相比，分红保险的保险利益中不仅含有保证利益还有一部分不保证的利益，即保单红利。红利的金额在合同中是不保证的，它与分红账户的经营状况有着直接关系。

万能保险和投资连结保险的产品结构较透明，它们都具有保费缴付方式灵活、费用收取透明、保障和投资分开，且保额可调整等特点。但万能保险投资账户的投资回报通常设有保底利率，而投资连结保险的投资风险则完全由客户承担。

因此从风险角度来说，普通型保险比较适合不愿意承担任何投资风险的客户；而分红保险和万能保险的保险利益虽然有一定程度的不确定性，但毕竟还是有最低保证，对客户来说风险只是在最低保证的基础上没能获得额外的红利收益；投资连结保险则因其账户价值完全和投资账户的表现挂钩，换句话说投资风险完全由客户承担，因此该类产品一般适合于风险承受能力较强的客户投保。

3. 按目标客户的类别分类

不同的产品满足客户需求的侧重点有所不同。从被保险人的不同人生阶段分类，可以分为针对少儿的、中青年层次的和老年客户的产品。根据产品提供的保险功能可以分为普通的死亡保障、少儿教育、投资、养老等。

1.3.2 产品形态设计时通常需要考虑的问题

产品形态设计的目的是确定产品的整体框架，即在考虑目标客户的保险需求、竞争对手在该目标市场的经营情况，以及销售渠道的需求之后，初步确定保险利益、期望的费率水平、现金价值、红利水平、佣金结构以及核保方式。

在进行产品形态设计时，通常会成立一个由各职能部门代表组成的产品开发小组，成员来自公司管理层、精算部、核保部、营销部、法律部、财务部、系统管理部、理赔部、客户服务部等。每个部门都从各自的职能出发考虑产品的形态、特征及其可行性。例如，管理层从公司经营目标和策略的角度给出方向性的意见；精算部的责任是确保产品的财务稳健性，具体来说就是根据初步的产品形态建立定价模型，试算费率和利润指标，通过调整产品形态设计和费率使得利润指标达到预定要求；市场部则根据来自销售渠道、客户以及市场调查的信息，描述目标市场特征和需求，确保产品形态满足市场需求、适应渠道特点，且费率具有竞争力。

产品的形态应满足客户的需要并和公司的长期经营目标一致，产品形态的设计通常经过如下步骤：

（1）明确公司的经营目标和产品策略。产品开发要服务于保险公司的整体经营目标，符合公司的产品策略。因此在产品开发时，首先要明确公司的经营目标和产品策略。例如，有的公司经营目标侧重于市场规模的快速扩张，利润要求不高；而有的公司则强调利润优先，平稳增长。在产品策略上，有的公司专注于其最擅长的某些产品类别，而有的公司则要求强调产品结构的均衡化。

（2）根据公司的经营策略选定目标市场。在选定目标市场时需要了解和分析目标市场的规模和特征、公司开拓目标市场的能力、目标市场的竞争状况、最适合服务于目标市场的销售渠道等。

（3）根据市场需求、销售渠道特点设计保险利益和费率结构。筛选后的产品创意经过各相关部门反复讨论、优化之后，就进入了保险利益和费率结构的设计阶段。

保险利益的设计包括死亡保障的设计（平准的、递增的、递减的、还是随账户金额变动）、续保选择权、转换选择权、现金价值及红利分配模式、健康险的免责条款、等待期、年金产品的管理费用、保证收益等。

费率结构的设计需要考虑费率是否必须在某个预定的范围内；固定缴费还是灵活缴费；平准费率还是分级费率；保证费率还是可调整费率；男女不同费率，还是男女相同费率，等等。

（4）确定营销成本。保险公司在进行产品形态设计时还需要考虑配套的销售策略以及相应的营销成本。营销成本主要包括销售人员的佣金、销售管理津贴，以及市场推广活动的广告费、促销费用等。

（5）风险变量的评估。保险公司在推出一个新产品前，除了评估死亡率和发病率风险外，还需要评估该产品在投资、法律和法规、财务、税务政策等方面的风险。

（6）明确核保及理赔规则，如风险类别划分、免体检保额上限、理赔条件等。

（7）精算人员建立定价假设，包括利率、死亡率、发病率、失效率、费用率假设等。

（8）确定其他方面的要求，如再保险安排、保险单和投保单的设计、营运管理系统的准备情况、销售人员的教育和培训、投资策略、财务规则等。

（9）最后，精算人员制定合适的费率。

§1.4　产品定价

1.4.1　基本原则

保险产品的定价必须满足充足性、公平性和合理性的原则。

1. 充足性

所谓费率的充足性是指当前及未来可能收取的保费和由此产生的可投资资产的投资收益应该足以支付当前及未来的保险利益和相关的营运成本。

由于人寿保险和许多健康险的费率、保险利益和续保条件等在保费缴费期内是保证不变的，也就是说，保险公司不可以根据实际经验的变化调高费率，因此在产品定价时，确保费率的充足性就显得尤为重要。

保险费率应足以支付保险合同承诺的保险利益和保险公司的营运成本。费率不足可能导致严重的财务问题，甚至导致偿付能力不足。

2. 公平性

费率的公平性是指费率对每个被保险人应该都是公平的，必须与产品提供的保障利益及每类被保险人的风险程度相匹配。一般来说，影响费率的因素包括保障利益，被保人的年龄、性别、吸烟与否及健康状况等。

3. 合理性

费率的合理性是指保费不应高于保险公司的成本加适度水平的利润，也就是说保险公司不能收取超额的保费。

如果说费率的充足性要求是规定了费率的底线，那么费率的合理性则设定了费率的上限。事实上，竞争的市场情况下，保险公司的产品要被客户接受，其费率水平必须合理。因此一般来说，保险公司不可能收取超额的保费。

除了上述的充足性、公平性、合理性三项基本原则外，产品的定价还需要考虑营销可行性、费率的平稳性以及费率的弹性。营销可行性是指产品的价格应该与消费者经济承受能力相匹配；费率的平稳性则要求费率在一定时期内是稳定的，在消费者预期的范围内；费率的弹性是指随着经济、社会、人口、科技的发展变化，产品价格应该随之调整。

1.4.2 定价假设

确定定价假设是产品定价中最重要也是最困难的环节。在定价的充足性部分谈到，定价包含了对未来的预测，实际上没有人可以准确地预测未来，定价假设只能涵盖一些最有可能发生的情况，定价假设是精算师基于历史经验对未来情况的最优估计。

确定定价假设，必须了解影响假设的因素和假设可能的变动方式。影响定价假设的因素主要有经济和社会环境、公司的特点、目标市场的状况以及产品的特性等。确定定价假设可以从行业平均数据出发，但必须根据本公司的经验作调整，因为各公司在销售和管理上的不同，会导致实际经验上重大的差异。

1. 死亡率假设

死亡率假设是产品定价中最重要的假设。因为影响死亡率的因素很多，包括个人因素（如年龄、性别、健康状况、生活方式、婚姻状况、收入水平、家族病史），环境因素，地域因素，医疗条件，文化差异，核保方式和手段，战争、瘟疫、自然灾害等，所以各公司之间实际死亡率可能表现出显著的差异。产品定价时一般以寿险行业经验生命表为基础，结合公司特点、产品提供的风险保障，目标客户，销售渠道，核保方式等调整死亡率假设。

死亡率表示为生命表形式，生命表分不同的类别，比如2005年制定的《中国人寿保险业经验生命表（2000—2003）》按照性别和产品类别分为：非养老金业务男表、非养老金业务女表、养老金业务男表、养老金业务女表。精算师在定价时，应该根据实际情况选择采用合适的生命表，除此以外，在产品定价时，还可考虑作进一步调整：

（1）根据吸烟状况分为非吸烟表和吸烟表；

（2）根据健康状况分为优良体和次标准体；

（3）根据风险选择方式分为保证承保、简单核保和完全核保；

（4）根据销售渠道特点设定不同的死亡率假设。

20世纪以来，医疗科学技术快速发展，诊断工具、预防措施、医疗和药品的进步大大降低了死亡率，这对于产品定价将产生重大影响。对于年金产品，如果实际死亡率低于定价时的死亡率假设就会导致产品定价的不足。

2. 失效率假设

失效包括保单因未缴费而终止、退保、转为展期或减额付清。

失效率是影响产品的利润和公司的长期稳健经营的关键因素。由于保单的前期销售成本和签发成本较高，而一些产品的前期保费不足以支付这些成本和产品提供的保障利益，因此早期的退保率会对这些产品的利润产生较大的影响；从另一角度看，一些健康状况较好的、风险相对较低的客户更容易退保，而健康状况较差、风险相对较高的客户退保的可能性较低。这种逆选择性会造成实际的赔付率高于定价假设，降低产品的利润率水平，甚至影响偿付能力。

与死亡率不同，失效率假设的最佳来源是公司自身的经验，因为失效率比死亡率高得多，即使是小规模的公司自身的经验数据也足以产生可信的失效率假设。如果经验数据不足，在产品定价时，可考虑采用同类产品经验或同类公司的经验加以调整。

失效率一般随保单年度变化，同时也会受投保年龄、性别、缴费方式、保费规模、产品形态、销售渠道、目标客户等因素影响，以下我们简要地列举失效率和这些因素的关系。

（1）保单年度。一般情况下，随着保单年度增加，失效率会有所下降。例如，每年续保的一年期产品的第一年失效率明显高于以后的保单年度。

（2）投保年龄。一般情况下，年轻人群保单失效率相对较高。

（3）性别。一般情况下，女性投保人与男性投保人相比，其保单失效率相对较低。

（4）保费规模。小额保单在早期失效率较高，而大额保单在后期失效率较高。

（5）交费方式。从银行账户或工资自动扣缴的保单比人工缴费的保单失效率低。

（6）保费支付频率。失效一般发生在缴费日，因此固定缴费方式的产品，保费支付频率越高，失效率越高。例如缴费频率为月缴的保单，其失效率较年缴的保单更高。

（7）费率结构和退保费用的设计影响失效率。定期寿险在平准保费结束后的一年失效率急剧上升；在退保费用为零时，失效率会有跳跃式的上升。

（8）销售渠道。通过经纪人渠道销售的保单其失效率高于通过代理人渠道销售的保单。

3. 利率假设

用于定价的利率假设可以看做保险公司的投资收益的假设。

保险公司投资的范围包括银行存款、各种债券、股票、基金、固定资产等。设定利率假设时，精算师对不同资产采用不同的利率假设，例如，对债券一般采用确定的利率假设，而对于股票或固定资产则采用随机利率模型。

定价利率假设是以未来较长时期资金收益率的预测为基础确定的，所以设定利率假设时要考虑未来经济趋势，除此之外，投资期限、可投资资产类别、资产信用等级、现有资产的种类及期限、再投资策略等也会影响利率假设。

利率假设对于定价十分重要，利率风险也是寿险产品定价中的主要风险。不同类别产品的利率风险差异很大。对于非分红传统寿险，其隐含的保证利率在保险期间内是不变的，利率风险最高；万能保险和分红保险，一般采用保证较低的利率，通过结算利率和红利的形式可以帮助保险公司转移部分利率风险；而投资连结类保险则将利率风险完全转移给客户，保险公司承担的利率风险最小。

4. 费用假设

不同公司的费用情况存在巨大差异，因此费用假设必须基于公司经验。

公司可以将费用分析的结果作为设定费用假设的基础。进行费用分析时，一般把费用划分为以下类别：（1）一般管理费用，包括执委会费用、董事会费用、投资者关系、消费者关系、记账、财务报告、审计费用等；（2）产品开发费用；（3）营销费用，包括销售佣金、销售管理津贴、销售推广费用等；（4）核保和出单费用；（5）保单维持费用，包括收取续期保费产生的相关费用、退保相关费用查询、数据维护、提供年度报告等服务费用等；（6）理赔费用，包括理赔资料检查费用、可疑理赔件调查费用、理赔支付、服务费用等；（7）税费。

在产品的定价时通常将费用假设简化为两大类：（1）一般营业费用，包括保单获得费用、保单维持费用和一般管理费用；（2）佣金和手续费，包括直接佣金、间接佣金和其他相关手续费。

费用假设通常表示为保费的百分比，每张保单的固定费用，每千元保额的固定费用等。

制定费用率假设是以总费用和单位数为依据，并需要考虑以下因素：（1）每张保单的平均保费；（2）预期的总保费规模；（3）预期的通货膨胀率；（4）费用的历史变化趋势。

1.4.3　定价模型

产品的价格直接影响产品的利润和产品的销售量，是产品成功的关键因素。产品的定价应综合考虑影响定价的因素、定价的策略以及选择适当的定价方法。

1. 影响定价的因素

影响定价的主要因素包括：定价目标、产品成本、预期销量、客户特点、市场竞争以及法规。

（1）定价目标。定价目标必须清晰且与营销目标一致。保险公司往往采用多重定价目标，包括利润导向的定价目标、销售导向的定价目标、竞争导向的定价目标。

设定利润导向定价目标的保险公司关注产品的绝对或相对的利润水平，利润目标的设定可以针对整个公司、某个产品线或某个产品。设定销售导向的定价目标的公司强调产品须达到公司期望的销售量，有些公司为了在特定的市场提升销售量或增强竞争力，宁愿在短期内放弃利润要求，这种情况下销售量的增加并不一定带来利润的增加。保险公司设定竞争导向的定价目标是为了维持或是增加市场份额。在竞争一个新的市场时，财务实力雄厚的保险公司往往以低价阻止新的竞争对手进入该市场，或是通过低价策略打击现有的竞争对手。

（2）产品成本。成本是价格的底线，产品成本包括保险利益支付、红利支出、产品开发成本、保单获取成本、保单维持成本、公司一般管理成本、佣金、再保险成本等等。

(3) 预期销量。产品的预期销量决定产品价格的上限。产品的预期销量一般随着价格上升而降低，也随着社会经济状况、消费者需求以及是否存在替代产品等环境因素的变化而变化。

(4) 客户的特点。产品定价必须考虑客户购买力、客户对价格的敏感度以及客户对价格灵活性的需求等。

客户购买力一般受宏观经济形势的影响，如通货膨胀率、失业率、税收政策等，产品价格应该适应客户的购买力水平。

不同客户群可能表现出截然不同的价格敏感度。例如，刚刚参加工作、收入较低的年轻人，对于产品价格十分敏感，他们倾向于支付较低的保费购买保险额度相对较高的短期意外保险产品；而对于购买具有返还保费特点的中长期意外或重大疾病保险的消费者，价格的敏感度相对降低；而对寻求高端医疗保障的客户而言，价格不是影响他们购买的因素，保障和服务的内容才是他们最关心的。对于价格敏感的客户，产品的费率是否具有竞争力就成为产品能否被这类消费者接受的关键因素；而当客户对于价格不敏感时，定价就可以有更多的自由度。

价格的灵活性是指产品价格可以根据客户的特征调整，例如团体保险产品的定价一般会根据投保团体规模、平均年龄、性别构成、职业类别等因素在一定范围内作调整。

(5) 竞争的影响。产品的定价会受到市场竞争状况的影响。因此定价时需要研究竞争对手的情况，包括竞争对手的数量、竞争产品的数量、定价策略，竞争对手对于价格变动的反应以及竞争对手的长处和弱点等。

(6) 法规的影响。虽然一般来说，法规并不直接规定费率如何计算，但诸如定价假设的限制，法定责任准备金计算规定，以及最低现金价值的计算规定等，会对产品的定价造成很大的影响。

2. 定价策略

产品定价策略是保险公司为达到产品销售的目标而制定的定价方针。一般来说，产品的定价策略可以分为以下三种：

(1) 成本导向的定价策略。成本导向定价策略强调的是价格应该涵盖公司的成本，以产品单位成本为基础，加上预期利润来确定价格。这种定价策略主要适用于如下情况：①公司是市场的领导者；②公司有专属的代理人队伍；③市场竞争不激烈；④公司拥有独享的职场销售渠道；⑤非营利的、互助性质的共济会保险。

成本导向定价策略简单易用，但是由于不考虑市场竞争，产品价格往往不具备竞争力。

（2）竞争导向的定价策略。竞争导向定价法是企业通过研究竞争对手的产品特点、价格水平、服务、资金投入状况等因素，依据自身的竞争实力，参考成本和供求状况来确定保费。保险公司常用的市场渗透定价策略和弹性定价策略都是竞争导向的定价策略。

市场渗透定价策略是以一个较低的产品价格打入市场，目的是通过牺牲利润率以期获得较高的销售量并在短期内迅速获得市场份额，进而产生显著的成本经济效益。低价策略能有效打击现存及潜在的竞争者。

弹性定价策略则主要用于团体保险，公司可以根据客户的具体需求通过协商定制保险责任、调整费率。

（3）客户导向的定价策略。客户导向定价法又称需求导向定价法，保险公司需要考虑产品价格是否可以为“客户”——投保人和销售人员所接受。

客户导向的定价策略主要有以下几种：

① 心理定价策略，例如在确定零售价格时，以零头数结尾，使客户产生便宜、精确的心理感受，从而促进销售，该策略主要应用于客户价格敏感的直销市场。

② 促销定价策略，通过降低特定产品的价格，以带动正常定价产品的销售，达到促进产品销售的目的。

③ 撇脂定价策略，将产品的价格定得较高，尽可能在产品寿命初期，在竞争者研制出相似的产品以前，尽快地收回投资，并且取得相当的利润。保险产品较少采用这种策略。

3. 定价方法

保险产品的具体定价方法主要有两种，即成本加成法和资产份额法。

（1）成本加成法。

① 净保费加成法。保费由净保费也就是保障成本加上附加费用和一定的利润构成，即以死亡率和预定利率为基础，按照精算等价原理即净保费的精算现值等于保险给付的精算现值计算得出净保费，再加上营业费用和佣金等附加费用及合理的利润得到毛保费。

② 毛保费法。毛保费法是在净保费加成法基础上的改进，计算的基础也是基于精算等价原理，即以死亡率、预定利率、附加费用率为基础，按照毛保费的精算现值等于未来的保险给付的精算现值与附加费用的精算现值之和得到毛保费。

（2）资产份额法。资产份额等于一定期间内的毛保费加上投资收益，扣除各种费用、佣金和保险给付之后金额的期望累计值。

资产份额定价法模拟一组保单的资产、负债及盈余等随保单年度的变化情况，并通过调整毛保费改变资产份额使得保单达到期望的利润目标。

步骤如下：①根据预估成本、客户需求及市场竞争状况设定初始的毛保费；②根据法规的要求，使用规定的生命表、评估利率计算法定责任准备金；③根据定价的假设计算用于支付保单利益的成本；④确定每个保单年度的分红假设，费用假设，退保率假设和投资收益假设。

资产份额计算完成后，需要比较每年的收入和支出。一般情况下，在第一个保单年度，收入小于支出。当资产份额大于准备金时，盈亏平衡。在达到盈亏平衡之前，公司需要投入额外的资本弥补保单的亏损。如果达到盈亏平衡需要的期间太长，就会给公司造成很大财务压力，需要通过提高毛保费，减少分红，降低现金价值、降低营销费用等措施来缩短盈亏平衡时间。

4. 价格评估

产品定价完成后，需要评估产品价格对公司利润、销售业绩的影响，以及客户和竞争对手的反应。

产品上市之后，还需要监测和研究产品实际经验和定价假设是否一致，即投资收益、保险事故发生率、费用、失效率、税务情况等与定价假设的差异。如果实际的经验与定价假设差距太大，则需要采取适当的措施来矫正，例如调整分红水平，调整保险费率，提高公司营运效率等等。

1.4.4 合理分散风险——再保险安排

保险公司除了通过产品设计的方式降低风险外，还可以通过再保险的方式分散风险、降低财务压力。所谓再保险是指保险公司将其所承保的保险责任的一部分或全部向其他保险公司办理保险，即保险的保险。再保险也称为分保，分出保险的公司被称为直接保险公司，接受分出保险的公司被称为再保险公司。

再保险在产品开发中起着重要作用，主要表现在以下几个方面：

任何保险公司对单个保险事故的理赔金额都有一个可承受的最高限额，当超过这个限额时，超额部分可以通过溢额再保险方式分给再保险公司。

当面对难以评估的风险时，有了再保险的支持，保险公司不必采用非常保守的核保方式或是拒保，而是通过临时分保的方式，将大部分的风险分给再保险公司。这样一方面可以积累这类业务的经验，另一方面又可以维持保险公司在业内的专业形象。

当保险公司进入一个新市场，开发新的产品线，或是采用新的核保方式时，再保险公司可以在产品的设计、定价、核保规则等方面提供有价值的意见，并通过分保来分担风险。

营销人员有时候需要一些特殊的产品，而保险公司对这些产品没有足够的经验，这时可通过再保险的方式，将不确定的风险分摊出去，逐步地积累经营这些特别产品的经验和信心。

保险公司新业务发展的速度有时太快，超过了资本金允许的范围，这时可以通过分保降低资本金要求，通过调整再保险费用津贴的结构为新业务提供资金，降低新业务偿付能力要求，从而避免因为资本金不足而关闭新业务。

保险公司可以通过再保险改变收入结构，从而改善税务状况。新成立的保险公司在成立初期会投入大量资金进行基础系统的建设，在达到规模效应之前，必然会产生高额的亏损。根据税法的规定，这些亏损可以冲减未来五年内的盈利，而新的保险公司五年内往往很少有盈利。通过再保险安排，直接保险公司可以将未来的利润提前来冲减早期亏损，避免税务损失。

再保险公司的资本成本低于直接保险公司，直接保险公司可以通过分保的杠杆作用来提高资本回报率。

总之，通过再保险，保险公司可以改变收入的时间、水平，降低资本金的要求，提高业务经营的平稳性。

§1.5　产品上市及后期管理

1.5.1　产品上市前、中、后期的主要工作

1. 上市准备

产品上市前要做充分的准备工作。准备工作越充分，产品成功的可能性越大。产品上市前的准备工作包括外部准备和内部准备两方面。

外部的准备工作主要是指保险公司根据保险产品管理规定将产品资料申报给保险监管部门审批或备案。申报的材料一般包括产品条款、费率表、现金价值表、产品说明书文稿、精算报告、精算责任人声明书、法律责任人声明书、产品可行性报告、销售管理办法、财务管理办法、业务管理办法、红利计算和分配办法、收入分配和费用分摊原则、信息披露管理制度等等。

内部的准备工作是指产品管理部门协调相关的职能部门做好销售规划、产品培训及营运方面的准备工作：

（1）销售规划包括制定完整的销售计划和目标，将销售目标逐级分解给销售渠道、分公司、营业部等，同时明确考核要求、佣金规则、奖励措施等；

（2）销售人员培训的目的是使销售人员充分理解产品特点，了解产品的目标客户，掌握销售话术、销售技巧；保险公司通常还提供各种通俗、

易用的销售辅助工具，如保险建议书、保险利益演示表、宣传彩页、费率计算器等，并培训销售人员熟练使用这些工具销售保险产品；

（3）营运方面的准备工作包括制定核保、出单、客户服务、理赔等营运规则和流程，做好保单管理系统、财务系统的相应系统测试和准备工作，根据销售预期做好投资资产配置等。

2. 上市推广活动

产品上市时，公司会使用多种营销手段，扩大宣传，提高产品认知度，配合销售人员的销售活动，通常的营销手段包括：

（1）通过报纸、电视等各种媒体向消费者宣传产品特色、利益，并配以具体的案例帮助消费者了解产品；

（2）邀请经过筛选的目标客户参加产品说明会，对产品进行全方位介绍，强调产品的独特卖点，并传递品牌的形象；

（3）通过与其他具有相同或相近目标客户的企业开展联合营销，推广产品；

（4）组织销售竞赛，设置特别的激励计划以推动产品销售；

（5）开展销售话术、销售技巧、销售案例研讨和分享活动，提高销售人员的信心和销售能力。

3. 产品上市后的管理

产品上市后，保险公司一般通过每周或每月的销售业绩报表来跟踪产品在不同地区的销售状况。一般情况下，新产品上市初期销售业绩会逐步上升至一定水平，然后维持平稳，这是因为，销售人员和客户对产品的特点需要有一个逐步熟悉和认可的过程。除了监控业绩状况外，公司还会通过定期监控保单承保情况、理赔率、退保率报告等，进行经验数据的搜集和计算，并与定价假设进行比较，了解承保风险的状况。产品上市后，公司还可以通过对客户和销售人员进行问卷调查或访谈，了解他们对新产品的意见和要求。

通过上述的信息来源，公司可以全面、客观地了解新产品上市的反馈情况，从而决定是否需要调整营销、培训方案或是营运规则等，以促进产品销售，改善风险管控状况，并为未来新产品开发积累经验。

1.5.2 衡量产品成功与否的标准和常用方法

衡量新产品的成功与否主要看其是否达到下列标准：（1）具有竞争力价格；（2）有价值的保险利益；（3）灵活性；（4）符合公司战略；（5）对公司现有产品的补充；（6）满足销售渠道需求；（7）核保和管理费用适当；（8）好的盈利能力；（9）在各种风险类别和年龄阶段的被保险人中的公平性；（10）易于处理的税务情况。

市场环境总是不断变化的，当客户的保险需求、经济环境和投资政策、法规、税收政策以及公司的经营目标、产品策略等外部和内部环境发生变化时，原来符合上述标准的“成功”产品，也可能不适应变化了的环境，因此保险公司需要对产品进行持续的评估，并根据评估的结果改进产品设计、调整营销策略。产品评估的内容包括衡量销售状况，比较预期经验与实际状况的差异，检验销售渠道的接受程度，评估营销成本及管理效率等。

衡量产品是否成功的常用方法是比较实际销量与产品开发时设定的业绩基准之间的差异。保险公司通常采用两种方法设定业绩基准，一种是基于公司同类产品业绩表现设定的内部基准，另一种是根据外部市场信息设定外部基准，如将行业平均水平或行业最佳表现水平设定为基准。这个基准一般设定为一个区间，在该区间内的表现都被认为是正常的、预期内的表现。营销经理可以采用例外管理，集中时间和精力对例外情况进行重点关注和研究。

当实际表现偏离设定的业绩基准时，保险公司应找出异常表现的原因，并采取合适的矫正措施。实际表现偏离预期可能是因为最初设定的基准不切实际，业务预测不准确，或是市场环境发生了不可预期的变化。查找原因需要透过现象发现背后的问题，例如业绩低于预期的原因可能是产品利益不能适应已经变化的客户需求；或是销售人员的佣金偏低，导致其不愿意销售这个产品；或是产品价格不具有竞争力。可以采用的矫正措施包括，实施新的营销方案，如调整培训和宣传的重点使销售人员和客户充分了解产品特点，调整产品组合以满足客户保险需求；改进营运规则和流程以提高营运效率和客户满意度；调整业绩基准，确保基准是合理和可实现的。

1.5.3　销售业绩的跟踪报告

保险公司要实现预定的销售目标，除了要制定合理的销售目标，加强产品的销售培训、市场推广之外，销售过程的追踪与控制也十分重要。通过了解日常销售工作的动态、销售进度，可以帮助保险公司及早发现销售活动中所出现的异常现象及问题，并及时采取有效的对策，确保销售目标的实现。

销售业绩的追踪报告可以细化到每月、每周甚至每日报告，内容可以包括新产品保费规模、保单数量、销售目标达成率、平均每人销售量、竞争者动态、异常客户处理、销售人员活动率等。

通过销售追踪报告除了可以了解新产品的整体销售目标达成状况及市场反馈，还可以很容易地比较不同区域、不同产品的业绩情况。不同的地区可能因为文化习俗、经济发展状况的不同，消费者会有不同的保险需求，了解这些不同市场的特点，有助于未来采用契合当地特色的营销策略、开发适合当地需求的保险产品。

业绩追踪报告还可以作为对销售状况的评价依据，以实际销售表现的好坏进行奖惩，从而最大限度调动销售人员的积极性，督促其改善工作，提高销售业绩。

1.5.4 经验数据统计与分析

除了通过销售业绩的追踪报告获得业务和市场信息外，保险公司还可以通过定期的赔付率报告、死亡率分析报告、费用分析报告、保单持续率报告和投资资产报告等获得与产品相关的经验数据，通过分析这些经验数据，可以为产品开发、准备金评估、内涵价值评估和资产负债管理等提供精算假设。

建立精算假设一般通过以下几个步骤：

1. 明确假设的用途

不同精算模型采用不同的假设，精算假设主要分为三类：负债类假设，包括保险事故的发生率（如死亡率、患病率、住院率）、失效率、费用、税收、分红策略等；资产类假设，包括投资收益率、投资费用等；情景（Scenario）假设，包括随机利率情景、经济状况情景、敏感度测试的关键假设等。

2. 确定假设的结构

根据精算模型的不同用途和假设的重要程度，可以设定简单或是复杂的假设结构。例如，计算准备金的利率假设可以是一个数值，而期权定价时则需要数百个随资产质量、种类、久期变化的利率情景假设。

经验假设是针对不同的经验组而言的，通常同一经验组的保单都具有相似的产品类别，相同的费用或利益结构，在接近的时间内承保，有相似的营销目标等。基于这些相同或相似的特征，同一组中的保单预期会产生相似的经验。

一般情况下，按照经验组分类定价的所有保单满期之前，经验分组的方法是不能改变的。例如，保单在承保时不区分性别，那么在以后的分红和收取管理费时也不能按不同性别分类。但是，当某些保单随着时间的推移，数量越来越少时，可以将某些经验组合并。

不同经验假设的分类方法是不同的，例如，对于死亡率假设的分组，吸烟与否是重要的依据，而对于费用率则没有必要根据吸烟状况分组。不仅不同经验组有不同的经验数据，同一经验组内的经验假设也包含不止一个数据，例如费用假设通常由几部分构成：保费的百分比、佣金的百分比、每张保单的固定费用、每千元保额的固定费用等，每一部分随着投保年龄、保单年度等变化；死亡率假设也有类似的结构。

风险分类是决定经验假设结构的重要因素，确定经验假设结构应遵循以下原则：（1）经验假设的差异应该反映经验数据的差异；（2）经验分组的定义必须客观、容易理解；（3）经验分组数量应该具有可操作性和成本效益（cost effectiveness）。

3. 分析经验数据及趋势，获得经验假设

要获得有价值的经验数据，并将其作为经验假设的依据，需在评估数据时遵循以下原则：

（1）评估数据的可信度，需要考虑数据的同质性、获取方法和结果的合理性等。

（2）评估数据的质量，需要考虑是否有更好的数据来源，数据是否足够新，是否存在严重偏差和局限，数据是否全面，是否一致，样本量是否足够大。

（3）应采用实际或近似的经验数据。如果存在实际经验数据，即相关经验组的经验数据是确定的且在统计上可信的，应该采用"实际的经验数据"分析得到经验假设；如果不存在实际经验数据，则应使用本公司近似业务的经验，或其他公司近似业务的经验，这种情况下需要作一定的数据修正。

（4）经验假设应合理地反映经验趋势。经验假设不能只是反映过去经验数据，还需要考虑经验随时间而变化的趋势，并判断该趋势是否会持续，如死亡率的改善、退保率的恶化、费用的降低等。有时鉴于未来的不确定性，为了保守起见某些趋势可以忽略，如在定期寿险产品定价时可以不考虑死亡率的改善。

（5）经验假设需反映内部及外部因素。核保操作、投资政策、管理流程、规章制度、医学、经济、社会、科学的发展等对经验假设都会产生影响。

（6）通过敏感度测试来衡量可能的偏差的影响。未来实际情况或多或少地会偏离经验假设，精算师可以通过敏感度测试了解发生各种偏差时对公司的财务影响。

不同类别的产品对于各种假设的敏感度不同，如长期的储蓄类保险产品对于利率假设的敏感度很高，利率的微小变动会对产品利润结果产生巨大的影响；而健康险产品则对发病率假设比较敏感。精算师可以通过敏感度测试，发现对财务结果产生重大影响的假设，并在产品设计和定价时重点考虑这些假设，减少发生不利偏差时的财务影响。

4. 根据合理性、一致性及合适性原则检验和调整假设

经验假设不应是唯一正确的数值，而应该是在一定范围内一致的、合理的假设。用于精算模型的假设应该具备合理性、适合性和一致性等特征。

假设的一致性检验包括通货膨胀假设与投资收益假设的一致性检验，死亡率的逆选择假设与失效率的一致性检验，核保成本、死亡率假设与核保操作的一致性，以及投资费用、投资回报与投资策略的一致性检验等。一般而言，通货膨胀率上升则投资收益上升；逆选择越高则失效率越高；严格的核保操作，一般会导致较高的核保成本和较低的死亡率；在被动型的投资策略下，投资收益和投资费用会较低；而积极管理的主动型投资策略下，投资收益和投资费用会较高。

假设的合理性检验包括准备金的静态评估和动态趋势评估，即根据假设是否可以复制目前实际的准备金数值，或根据假设得出的未来准备金的变化是否和历史趋势一致。

5. 记录存档

为了帮助使用者了解经验假设产生的背景、适用范围、局限性及使用的方法等，需要对经验假设的相关内容记录存档，内容包括：（1）假设的数值结果，假设适用的保险产品类别，以及该假设与其他类似假设的对比，如与行业标准表或上一年的假设的对比等；（2）假设的数据基础，即数据来源、数据的数值、重大的偏差或限制、数据的调整、其他来源数据的可信度等；（3）得出假设方法，以及该方法与以前方法的不同之处；（4）如何使用假设，假设是适用于定价还是现金流测试，适用的法规要求。

6. 追踪经验数据的变化、更新假设

经验假设需要定期检验和更新。假设的更新频率依赖于假设的类型、假设的波动性、模型的用途和数据的可信度等。

1.5.5 报告系统的特点

保险公司报告系统主要提供三大类信息：根据相关的法规要求，向股东、监管者和客户披露的信息；向公司管理部门提交的用于绩效管理和业务规划的管理信息；向公司管理层提供的用于辅助制定重大决策的信息。

根据公司的规模，分支机构的管理模式、管理风格的不同，对于管理报告的要求也不同。

1. 管理报告的基本目标

管理报告的基本目标是向管理层提供统计信息，用于绩效管理、业务规划、特殊决策制定以及公司长期规划。管理报告提供信息的频率和细致程度必须能帮助管理层实现管控和规划的功能，信息必须集中在管理者可以控制的要素，报告的目的是使得相关人员可以根据报告提供的信息采取行动，包括管控、规划、决策制定等，因此管理信息只提供给可以根据信息采取行动的管理者。

2. 管理报告的结构

管理报告的结构应该使得报告可以被高效地制作和使用。管理报告必须是单一的、完整的、多用途的报告集合，可以用尽量少的篇幅承载所有相关的信息。理想状态下，报告的组成要素应该是日常财务账目和信息收集的副产品。管理报告的结构可以采用数据仓库的形式，将财务数据和业务信息以相同的格式存储在一起。公司可以根据数据仓库的信息将客户分类，并分析针对不同类别客户产品的利润情况。

管理报告必须易于理解，对于概要性的信息可以采用图表的形式。

管理和规划的范围越广，信息的细节程度要求就越低。为了提高效率，对于高层的管理人员，有时会采取例外报告的形式，即只提供偏离预期目标情况的报告。

3. 管理报告的特点

管理报告包含的信息的类别、报告的频率、报告的发送对象等一般由营销管理部门或企划部门决定，管理报告应具有以下特点：（1）管理报告可以为管理层提供详细的或概要性的信息；（2）管理报告可以提供准确、及时的信息；（3）管理报告可以灵活地适应公司变化的信息需求；（4）管理报告具有成本效益（cost effectiveness）；（5）管理报告的内容易于理解；（6）管理信息的细致程度要适合受众。例如，低层管理人员需要了解细节性的信息，而高层管理人员通常只需要概要性的信息。

1.5.6 产品发展的一般周期及其退出机制

保险产品也具有生命周期，典型的产品生命周期可以分成四个阶段，即引入期、成长期、成熟期和衰退期，一般可以根据产品的销售增长率和盈利能力两项指标确定产品目前所属的生命周期阶段。

保险公司应定期对现有的保险产品进行分析和归类，对于不同阶段的产品采用不同的营销管理策略。

1. 第一阶段——产品引入期

新产品上市之初即进入产品的引入期，由于消费者对产品不理解，产品销量低，而此时保险公司为了尽快提高产品的市场知名度，必然采用各种市场推广和广告宣传手段，从而导致较高的营运和销售费用。

2. 第二阶段——产品成长期

新产品经过引入期的广告和市场推广活动，开始被消费者所认同和接受，产品销售额快速上升，利润增加，产品进入成长期。在此阶段，竞争对手也会纷至沓来，威胁产品的市场地位。因此，在成长期，营销重点应该放在提高销售额，保持并扩大市场份额方面。为了尽量延长产品成长期，可采取如下策略：（1）进一步进行市场细分，积极开拓新的目标市场，以利于扩大产品销售；（2）努力疏通并增加新的销售渠道，扩大产品的销售面；（3）进行产品改造，增加产品特色，增加附加值服务，提升产品价值；（4）改变产品的促销重点。例如，在广告宣传上，从介绍产品转为建立品牌形象，提高产品声誉。

3. 第三阶段——产品成熟期

产品通过一段成长期后，销售量趋于饱和，同时竞争对手纷纷推出同类产品，使得此类产品进入成熟期。此时，激烈的市场竞争导致价格降低或促销费用上升，从而使得产品的利润降低。这一阶段比前两个阶段持续的时间更长，大多数产品均处在该阶段，因此对处于成熟期的产品的营销管理是产品管理主要工作。

对处于成熟期的产品应作具体分析，采用不同的管理手段。对于弱势产品应该放弃，以节省费用开发新产品；对于还有发展潜力的产品，可以通过产品改良、市场调整使其重新进入新的生命周期。产品管理应该系统地考虑市场、产品及营销组合的策略。以下是针对成熟期产品的常用策略。

（1）市场修正策略。即通过努力开发新的市场，来保持和扩大产品的市场份额。例如，通过市场细分寻找市场中未被开发的部分；努力打入新的经营区域；赢得竞争者的顾客。

（2）产品改良策略。通过与其他产品组合销售的方式增强保障内容，增加灵活性；通过改善服务流程或方式，增加附加值服务改善客户服务质量。

（3）营销组合调整策略。通过调整营销组合中的某一因素或者多个因素刺激产品销售。例如，通过降低价格来加强竞争力；采用多种促销方式如产品说明会，与其他企业联合营销、附赠礼品等。

4. 第四阶段——产品衰退期

随着社会经济的发展以及客户保险需求的改变，产品的销售量和利润持续下降，产品在市场上已经老化，不能适应市场需求，市场上已经有其他保障利益更适合客户需要、价格更合理的新产品。此时产品进入了衰退期，即产品的老年期。维持衰退期产品的代价十分昂贵，不仅由于同类新型产品对原有传统产品的替代性强而导致旧产品销量小，不能产生规模效应；而且用于旧产品的单证设计、印刷、管理、系统维护、销售培训和其他各项配套必备的管理成本很高。在这个阶段，对保险公司来说，进行产品的更新换代，将有限的资源做到效益最大化是十分必要的。根据产品在市场的不同地位，衰退期产品可采取的策略包括：

（1）维持策略，当产品在市场上可以维持一定的销量和利润时，对一些有条件的企业来说，并不一定需要减少销售量和利润。

（2）缩小策略，即把所有的营销力量集中到一个或者少数几个细分市场上，以加强这几个细分市场的营销力量，降低市场营销的费用，增加利润。

（3）退出策略，当旧产品的销售量或利润贡献低于设定的水平，即停止销售该产品。

主要参考文献

【1】 Tracey J. Polsgrove, *Product Development Trends*, SOA, 2000.

【2】 Sharon B. Allen, Mary C. Bickley, Dennis W. Goodwin, Jennifer W. Herrod, Patsy Leeuwenburg, *Life and Health Insurance Marketing*, *Third Edition*, LOMA, 2003.

【3】 Richard F. Lambert, *Experience Assumptions for Individual Life Insurance & Annuities*, SOA, 2000.

【4】 David B. Atkinson & James W. Dallas, *Life Insurance Products and Finance*, SOA, 2000.

【5】 Donald R. McCue & Jamie S. Miller, *Life Insurance Accounting*, *Fourth Edition*, SOA, 2001.

第2章　个人寿险与年金市场营销和销售渠道

学习目的

- □ 了解市场营销的作用和目的，完整的市场营销计划、步骤，市场营销的方法、策略，以及市场营销与定价之间的关系
- □ 描述各种销售渠道的设立、运作方式——个人代理、经纪公司、银行渠道及其他新兴的非传统销售渠道
- □ 分析各销售渠道的优势及缺点
- □ 描述和分析销售渠道与产品特点的结合
- □ 描述传统的分销系统劳务报酬的组成，建立和计算各销售渠道的成本——佣金、奖金及其他福利设计，成本估算

§2.1　市场营销概述

2.1.1　保险市场营销基本原理

市场营销既是一种组织职能，也是为了组织自身及利益相关者的利益而创造、传播、传递客户价值，管理客户关系的一系列过程。对保险企业而言，**市场营销是指以保险为商品，以市场为中心，以满足被保险人需要为目的，实现保险企业目标的一系列整体活动。**

通过市场营销，保险企业可以满足目标市场潜在客户的保险需求，取得利润，提高市场地位或占有率，树立良好的信誉。

一个完整的保险市场营销活动主要由如下几个步骤组成：分析保险市场营销机会、研究和选择目标市场、制订营销策略、制订营销计划、组织实施和控制营销计划。

2.1.2　保险市场营销策略

市场营销策略是企业以顾客需要为出发点，根据经验获得顾客需求量信息、购买力信息以及商业界的期望值，有计划地组织各项经营活动，通过相互协调一致的产品策略、价格策略、渠道策略和促销策略等，为顾客提供满意的商品和服务进而实现企业目标的过程。

保险企业在制订营销策略时要考虑的问题有：怎样选择目标市场；怎样选择合适的营销组合；怎样对抗竞争对手。

1. 目标市场策略

目标市场营销是指企业识别各个不同的购买者群体，选择其中一个或几个作为目标市场，运用适当的市场营销组合，集中力量为目标市场服务，满足目标市场的需要。

常用的目标市场策略有：

（1）无差异性市场营销策略。保险公司把整个市场作为一个目标市场，针对市场共性的需求，以相同的保险条款、保险费率和营销方法向保险客户销售同一种保险产品。其优点是通过满足对大多数顾客的共同性需要，以获取规模经济效益。缺点则是难以满足保险需求的多样化，产品最终会被市场淘汰。

（2）差异性市场营销策略。保险公司选择两个或两个以上的子市场作为目标市场，分别设计不同产品和营销方案，以满足不同客户的保险需求。这一策略的优点是产品有针对性，能更好地贴近客户的需求。不足之处在于产品开发和市场营销成本升高。

（3）集中性市场营销策略。保险公司将一个或少数几个性质相似的子市场作为目标市场，提供一种产品，制订一套营销方案，集中力量在细分市场中占据大量份额。其优点是通过有针对性的营销活动，迅速占领市场，使公司可以用有限的精力获得较高的收益。缺点是经营风险较大，一旦目标市场需求发生变化，或者有强大的竞争对手进入该细分市场，公司就会面临困境。

2. 营销组合策略

市场营销组合策略的基本思想在于：从制订产品策略入手，同时制订价格、促销及分销渠道策略，组合成策略总体，从而把合适的商品以合适的价格和促销方式销售给目标客户。

（1）保险产品策略。保险公司可以提供许多种类的保险产品。保险公司应当根据市场的需求制订产品策略，在最大程度满足消费者的同时获取最大的公司利润。

保险产品策略包括新险种开发策略、险种组合策略、附加产品策略、产品生命周期策略等内容。

（2）保险定价策略。保险产品的定价叫做费率厘定。保险产品的价格是投保人在购买保险产品时需要向保险人支付的保险费。保险公司的定价需要考虑收入与成本，而保险成本既要考虑风险事故发生时需赔付的金额，还要考虑销售和运营时的各种费用，所以较为复杂。常用的定价方法有利润导向定价法、销售导向定价法、竞争导向定价法。

（3）保险促销策略。促销是营销者将有关企业及产品的信息通过各种方式传递给消费者和用户，促进其了解、信赖并购买本企业的产品，以达到扩大销售的目的。

保险促销策略包括保险广告策略、保险营业推广策略、保险公共关系策略、保险人员推销策略。

（4）保险营销渠道策略。保险营销渠道是指保险产品从保险公司向保户转移过程中所经过的途径。保险营销渠道分为直接营销渠道和间接营销渠道。

直接营销渠道被称为直销，是指保险公司利用支付薪金的本公司业务人员对保户直接提供各种保险险种的销售和服务方式。这种方式的优点是易于掌控业务人员并能及时发现销售中的问题，但销售成本较高，适用于实力雄厚、分支机构健全的保险公司。

直销的方式有保险门市营销、上门营销、网络营销、电话营销、直接邮件营销及广告媒体营销等。

间接营销渠道是指保险公司通过保险代理人和保险经纪人等中介机构推销保险商品的方法。保险中介人不能代替保险公司承担保险责任，只能参与、代办、推销、提供专门的技术服务，促成保险商品销售的实现。保险公司通过间接营销渠道达到专业分工的目的，可以在集中力量进行保险产品创新、提高服务质量的同时，借助中介迅速占领市场。但如果保险公司对中介渠道的控制力不够，也容易产生较大的负面影响。

3. 竞争策略

保险公司应当根据自己在市场上的竞争地位，同时结合自身的经营目标、实力、市场机会和其他一些因素来决定竞争策略。

（1）市场领导者策略。市场领导者是指在保险市场上占有最高市场份额的保险公司。它通常在新产品开发、费率变化、分销渠道建设和促销强度等方面领导其他保险公司。

通常采取的策略有：①扩大总市场，即扩大整个保险市场的需求；②适时采取有效防守措施和攻击战术，保护其现有的市场占有率；③在市场规模保持不变的情况下，扩大市场占有率。

（2）市场挑战者策略。市场挑战者是指位于行业中名列第二或三名的保险公司。它们以市场领导者、经营不善者或小型经营者为攻击对象，以扩大市场占有率为目标，选择进攻策略。市场挑战者最常用的策略有正面进攻、侧翼进攻、包抄进攻、迂回进攻、游击进攻等。正面进攻针对对方主要保险产品，而不是弱点。侧翼进攻针对对方弱点进行攻击。包抄进攻即在各个保险险种上全方位进攻。迂回进攻采取产品多角化、市场多角化、取代现有产品。游击进攻即向较大市场的某些角落发动进攻。

（3）市场跟随者策略。市场跟随者是指那些不想扰乱市场现状而想要保持原有市场占有率的保险公司。常采用给保户带来某些独特利益的战略。跟随的策略有三种，即紧随其后策略、有距离跟随策略和有选择的跟随策略。紧密跟随只要不从根本上侵犯到主导者地位，就不会发生冲突。有距离的跟随者即保持差异性。有选择的跟随者即在某一方面跟随。

（4）市场拾遗补缺者策略。拾遗补缺者是指一些专门经营大型保险公司忽视或不屑一顾的业务的小型保险公司。成为拾遗补缺者的关键因素是专业化。比如，按特定顾客专业化，按地理区域专业化，按服务项目专业化，按质量和价格专业化，按销售渠道专业化，按顾客订制专业化。

2.1.3　保险市场营销与定价之间的关系

保险定价应当从市场营销的角度出发，在通过精算方法估算了保险产品的成本之后，根据市场营销的目的确定最终的保险产品价格。定价方法通常分为三类：成本导向定价方法、竞争导向定价方法和需求导向定价方法。

成本导向定价方法，以产品成本作为定价基础，主要有成本加成定价法和盈亏平衡点定价法两种方法。当保险公司在细分市场上处于领导者的地位，且使用可以完全控制的自己的代理人渠道进行营销时，使用成本导向定价方法最为有效。

竞争导向定价方法，就是以市场上主要竞争对手的同类产品的价格为定价依据，并根据竞争态势的变化来调整价格的定价方法。常见的竞争导向定价法主要有随行就市定价法、渗透定价法和弹性定价法三种。

需求导向定价方法，又称“顾客导向定价法”、“市场导向定价法”，是以顾客对产品的需求和可能支付的价格水平为依据来制定产品价格的定价方法。适合保险市场的以客户为导向的定价方法主要是认知价值定价法。

§2.2　代理人渠道

2.2.1　代理人渠道的概念和种类

保险代理人是根据保险人的委托，向保险人收取佣金，并在保险人授权的范围内代为办理保险业务的机构或者个人。

保险代理人代表保险人的利益，在保险人委托范围内开展业务，其行为导致的法律责任由保险人承担，收入来源于保险人为所代理业务支付的手续费。

我国的保险代理人可分为专门从事保险代理业务的保险专业代理机构，兼营保险代理业务的保险兼业代理机构，以及个人保险代理人即保险营销员。

专业保险代理机构一般是一家公司，在法律上具有独立法人资格。专业保险代理机构代理保险业务的范围根据保险人的委托，主要包括代理销售保单、代理收取保险费、代理勘察和理赔。

兼业保险代理机构一般是一家公司，在从事该公司业务的同时，利用该公司业务的方便，代理销售保险业务。比如，铁路部门代理货运保险，民航部门代理航空意外伤害保险，金融机构通过柜员、网点、客户经理等人力物力优势代理销售人寿保险、汽车保险等。

个人保险营销员通常只为一家人寿保险公司代理人身保险业务。保险公司会按照业务单位对个人保险营销员进行管理。最小的单位一般称之为直辖组，是指主管本人及其下属之非主管级别的全部人员。往上是直辖部，指营业部经理及以上级别下属之不含平级主管下属业务单位之全体业务单位。非直辖部则是指营业部经理及以上级别下属之全体业务单位。当然，不同的保险公司会对业务单位有不同的名称，如室、部、团队等。

个人保险营销员在保险公司的发展道路主要有两条：管理途径和业务途径。管理途径侧重于团队建设，营销员在完成佣金等业绩指标的基础上，通过招募下级，扩大队伍组织规模获得职业发展；而业务途径则侧重于个人销售，营销员通过自己的展业能力来完成甚至超额完成销售业绩指标，从而获得高额的佣金收入。

2.2.2 保险营销员的主要劳务报酬构成介绍

在中国，自 1992 年美国友邦保险有限公司上海分公司率先引入个人寿险代理人营销制度以来，个人代理人制度迅速发展，为寿险市场的开拓和保险观念的普及发挥了积极的作用。截至 2010 年 6 月底，我国寿险营销员已达 263 万人。

保险公司在委托保险营销员从事保险营销活动前，必须与保险营销员签订书面委托协议。该委托协议的一个重要部分就是关于保险营销员的佣金与奖金等福利待遇。毫无疑问，保险费佣金是营销员主要的收入来源。除此之外，各类津贴、奖金、保险福利设计，也对营销员的销售行为、发展道路有着重要的影响。

1. 首年度佣金

首年度佣金是指在第一个保单年度里付给代理人的劳务报酬，可以用多种方式表示，如首年保费的百分比、每销售一张新保单支付给代理人的金额、每销售 1 000 元的寿险保额支付给代理人的金额、保单现金价值的百分比等。

实务中，大多数保险公司都将首年佣金表示为首年保费收入的百分比。该百分比随保险产品类别、缴费期限和缴费方式等因素的变化而变化。例如，对于趸缴保费的年金保险，可以设定首年佣金为 2%，而对于 20 年期均衡保费的定期寿险，则可以设定为 35%。

此外，有些保险公司对首年佣金的给付比例还有特殊的规定，如见习业务员仅可获得首年佣金的 80%，见习业务员以上级别的营销员才可获 100% 佣金。考虑到公司对新人会额外提供各种培训津贴，因此对首年佣金进行区别对待也是合理的。

通常保险公司只支付基于标准体保费收入的佣金。经公司核保为次标准体或职业加费的，此加费部分公司不支付佣金。

2. 续期佣金

续期佣金可以看做是延期第一年的佣金、对续收保费业务的报酬（或奖励）、对代理人向保单持有人提供服务的报酬、对忠于公司的奖励、退休计划的开始，或者是这些的混合。

在寿险和年金产品中，续期佣金率通常逐年下降且远低于首年佣金率。许多保险公司在设计续期佣金时，规定仅支付 3 ~ 5 年，并且规定只有在代理人符合某些特定的要求（如服务年限的长短、到达年龄或最低业绩量）时，续期佣金才会完全归属。

佣金结构设计示例如表 2 - 1 所示。

表 2 - 1　　佣金结构设计示例：两全保险产品标准佣金率

产品缴费期限	各保险单年度佣金占保费比率（%）					
	1	2	3	4	5	6 +
1	2	0	0	0	0	0
2	3	2	0	0	0	0
3	5	3	2	0	0	0
4	8	4	2	2	0	0
5	10	5	2	2	2	0
6	12	5	2	2	2	0
7	14	5	2	2	2	0
8	16	5	2	2	2	0
9	18	5	2	2	2	0
10	20	10	5	5	5	0
11	21	10	5	5	5	0
12	22	11	5	5	5	0
13	23	11	5	5	5	0
14	24	12	5	5	5	0
15	25	12	5	5	5	0
16	25	13	5	5	5	0
17	25	13	5	5	5	0
18	25	14	5	5	5	0
19	25	14	5	5	5	0
20 +	30	15	5	5	5	0

3. 奖金和其他报酬

除首年佣金和续期佣金外，大多数公司还要支付奖金。奖金会使代理人更关注产品的利润情况，并提供了一种公司与代理人进行利润分摊的方法。大多数奖金都以首年保费、首年佣金、续期保费或续期佣金的百分比来计算的。这个百分比因代理人一个或多方面表现的不同而不同。

（1）个人业绩奖金。多数保险公司会每个季度向营销员发放业绩奖金。该奖金以营销员当季获得的首年度佣金为基础，乘以一个与营销员职级以及当季业绩表现相关的奖金比率。通常营销员的职级越高，业绩越好，奖金比率也就越高。只有业绩达到最低要求的营销员才能获得季度业绩奖金。

对于按季发放奖金的保险公司，通常在年底最后一季时，还会按营销员个人全年的平均业绩水平进行通算。如果通算值大于当年个人季度奖金之和，则发放差额部分；如果通算值小于当年个人季度奖金之和，保险公司并不会将差额扣回。

除了季度业绩奖金外，少数公司会发放月度业绩奖金，也有公司只发放年度业绩奖金。此外，在奖金的计算方式上，也有公司采用随营销员职级和业绩的增高而阶梯式升高的津贴方式。

个人业绩奖金设计示例如表2－2所示。

表2－2　　　　个人业绩奖金设计示例：季度业绩奖金比率

月均首年度佣金（FYC，元）	业务主任（%）	业务经理（%）	高级业务经理（%）
750≤FYC <1 500	5	5	5
1 500≤FYC <3 000	8	9	15
3 000≤FYC <6 000	11	13	20
6 000≤FYC <9 000	14	17	25
9 000≤FYC <15 000	17	21	30
15 000≤FYC	20	25	35

注：季度业绩奖金＝季度内首年度佣金×奖金比率

（2）个人续保奖金。续保奖金用于鼓励营销员提高已售出长期人寿保险单的续保率。续保奖金可以基于全部续期佣金发放，也可以仅基于第二年续期佣金发放，甚至还有公司基于与续期佣金无关的月度津贴或季度津贴发放。续保率是发放续保奖金最重要的条件。也有保险公司会把首年度佣金收入作为一个条件，这样只有仍然活跃在销售前线的营销员才能拿到续保奖金。

个人续保奖金设计示例如表2－3所示。

表 2－3　　　　个人续保奖金设计示例：季度续保奖金比率

13 个月保单续保率（P）	奖金比率（%）
P＜75%	0
75%≤P＜80%	10
80%≤P＜85%	12
85%≤P＜90%	14
90%≤P	16

注：季度续保奖金＝季度内全部续保年度佣金×奖金比率

（3）组织奖金。除了基于个人营销业绩的佣金和奖金外，保险公司还会设计各种基于营销组织团体业绩的奖金和津贴，以鼓励营销员发展和培训新人，进行团队建设。个人的力量毕竟是有限的，对于一些资深营销员来说，能够带出一个优秀的销售团队，从中获得的收益要远远大于个人销售所能得到的收入。

多数组织奖金都被设计成按月支付发放，因为对一些营销主管来说，他们把所有精力都放在了营销团队的管理上，极少再亲自展业。在缺乏直接佣金收入的情况下，组织奖金成为他们最主要的收入来源。当然，还是有相当多的保险公司仍会制定年度奖，对全年总业绩达标的团队管理者予以奖励。

组织奖金的奖金率一般都随业绩和级别的升高而升高。少数保险公司会有最低业绩要求，也有保险公司的奖金率在各级别主管间无差异。有时，为了鼓励主管发展组织，保险公司会规定主管个人业绩不超过整个直辖组业绩的一定比例才可获 100% 直辖组奖金。此外，有些保险公司会将奖金率与团队的出席率、续保率及活动率（人数）挂钩。

组织奖金的基数通常是直辖组或非直辖组的首年度佣金总和。由于营销员在晋级后可能会脱离原有直辖组主管的管辖，成为一个与之并行的新组，为了避免因此对原主管的业绩造成冲击，保险公司还会设计必要的回算制度。如有的保险公司规定新晋级主管在晋级后 9 个月内，其直辖组业绩按递减的比例回计入原主管直辖组，有的保险公司规定签约两年内的主管个人业绩可以 100% 回计入上级主管的直辖组。

对于更高级别的业务主管，除了上述组织奖金外，保险公司还会设计各种津贴，如招待经费、管理津贴、总监津贴、家族业绩奖金、年终特别奖金等。有些津贴仍会与业绩挂钩，有些津贴则完全视主管的级别而定，每月是固定金额。

组织奖金设计示例如表 2－4、2－5、2－6 所示。

表 2－4　　组织奖金设计示例：直辖组每月业绩奖金

月度　直辖组首年度佣金（FYC，元）	奖金率 C_1（%）					
	业务主任	高级业务主任	资深业务主任	营业部经理	高级营业部经理	资深营业部经理
FYC ＜4 200	4	4	4	5	5	5
4 200≤FYC ＜7 000	6	7	8	10	11	12
7 000≤FYC ＜15 000	8	9	10	12	13	14
15 000≤FYC ＜30 000	10	11	12	14	15	16
30 000≤FYC ＜50 000	13	14	15	17	18	19
50 000≤FYC	16	17	18	20	21	22

13 个月保单续保率（P）	续保率调整因子 C_2（%）
P ＜65%	50
65%≤P ＜75%	80
75%≤P ＜85%	100
85%≤P ＜90%	110
90%≤P	120

注：直辖组每月业绩奖金＝当月本组首年度佣金×奖金率 C_1×续保率调整因子 C_2

表 2－5　　组织奖金设计示例：直辖组每月业绩津贴

月度　直辖组首年度佣金（FYC，元）	业务主任	高级业务主任	资深业务主任	营业部经理	高级营业部经理	资深营业部经理
FYC＜4 200	300	300	300	0	0	0
4 200≤FYC＜7 000	400	400	400	400	400	400
7 000≤FYC＜15 000	500	600	600	700	700	700
15 000≤FYC＜30 000	600	700	1 000	1 200	1 200	1 200
30 000≤FYC＜50 000	700	800	1 100	1 500	1 500	1 500
50 000≤FYC	800	900	1 200	2 000	2 000	2 000

表 2－6　　组织奖金设计示例：直辖组年终奖金

首年度佣金（FYC，元）	奖金率 C_1（%）	13 个月保单续保率（P）	调整因子 C_2（%）
FYC＜40 000	0.00	60%≤P＜65%	60
40 000＜FYC＜100 000	0.60	65%≤P＜70%	80
100 000≤FYC＜150 000	0.80	70%≤P＜75%	100
150 000≤FYC＜250 000	1.00	75%≤P＜80%	110
250 000≤FYC＜400 000	1.20	85%≤P＜90%	130
400 000≤FYC	1.40	90%≤P	150

注：直辖组年终奖金＝当年本组累计首年度佣金×奖金率 C_1×续保率调整因子 C_2

（4）增员奖金。寿险事业是一种“人力密集”的事业，要使这项事业能长期快速地发展，单位主管必须最大限度地发挥“人”的因素。所有的保险公司都会提供增员奖金，鼓励营销员推荐新人。

增员奖金一般是被推荐新人首 6 个月或最多首 12 个月业绩乘以一定比例。奖金率可以是均衡的，也可以随新人签约时间增加而递减。如新人业绩表现突出，还可以有额外津贴。少数保险公司会规定推荐人也要达到一定的业绩要求。

增员奖金设计示例：

推荐新人奖：

①新人在签约后首 3 个月（含）内晋级为业务主任的，推荐人可获得该新人首 3 个月累计 FYC 和第 4 ~6 个月累计 FYC 的 10%，以及第 7 ~9 个月累计 FYC 和第 10 ~12 个月累计 FYC 的 6% 作为推荐新人奖。

②新人在延长考察期内晋级为业务主任的，则在该新人签约满 6 个月时，推荐人可获得该新人首 6 个月累计 FYC 的 10%，以及第 7 ~9 个月累计 FYC 和第 10 ~12 个月累计 FYC 的 6% 作为推荐新人奖。

育成新人奖：

①主管直接增员的新人在签约后第 13 个月仍留存，且最近两个考核期内达到业务主任级别维持条件的，若该主管仍为此新人的直接主管，则该主管可一次性获得育成新人奖人民币 2 000 元。

②主管直辖的业务员所增员的新人在签约后第 13 个月仍留存，且最近两个考核期内达到业务主任级别维持条件的，若该主管仍为此新人的直接主管，则该主管可一次性获得育成新人奖人民币 2 000 元；若推荐人已经晋级为该新人的直接主管，则按 12 个月内原主管与推荐人分别担任该新人直接主管的时间比例发放育成新人奖。

（5）新人津贴。由于保险产品的复杂性远远超过其他的普通商品，销售寿险产品所需要的技能和知识的积累过程也要比销售别的商品和服务更缓慢，也更辛苦。如何帮助新入行的保险营销员，使其顺利克服初期的困难，这是保险公司管理层面对的一个重要问题。为此，许多公司都设立了特别的奖金及津贴计划。这种资助计划与常见的成熟营销员的佣金及奖金计划不同，在这种计划下，新的、缺少经验的营销员也能保证在入行的前几个月能有稳定的收入，帮助他们逐步成长为成熟的营销员。

常用的资助计划是新人津贴或训练津贴。在签约后的若干个月内，保险公司按月给新营销员发放津贴，以提高他们营销生涯早期的收入水平。该津贴通常是阶梯式的，与营销员每月的首年度佣金挂钩。佣金收入越高，则津贴也会相应更高，从而更好地鼓励有能力的新人。此外，津贴水平还可设计成与公司会议（晨会等）及培训的参与情况相联系，以确保新人能尽快融入公司文化和销售模式中。有些公司的新人津贴发放时间可长达1年，但津贴数额每过一个季度就会有所下降。这样设计的好处是使新营销员能在一个较为宽裕的时间段内逐步摆脱对津贴的依赖。

除了每月发放的新人津贴外，保险公司还会根据需要设计一些一次性的津贴，以鼓励新营销员在某些方面能达到公司的期望。常见的设计有，鼓励新人通过规定的资格考试的培训津贴，鼓励新人在试用期满后续约的转正津贴，鼓励新营销员在试用期内总的首年度佣金收入超过公司预先设定的一个较高水平时的杰出新人奖，鼓励新人累积新客户数量的客户开发奖金等。

新人津贴设计示例：

①新人津贴（见表2－7）。

表2－7　　新人津贴设计示例：新人津贴

首年度佣金（FYC）	第1～3个月	第4～6个月	第7～9个月	第10～12个月
FYC＜500	0	0	0	0
500≤FYC＜1 000	600	300	250	200
1 000≤FYC＜2 000	700	400	300	250
2 000≤FYC＜3 000	800	500	400	300
3 000≤FYC	1 000	600	500	400

注：当月公司培训、晨夕会出席率不低于75%，才可获得当月新人津贴。

②转正奖金：见习业务员签约6个月内转正的，则发放转正奖金800元。

③杰出新人奖：签约后首年内累计FYC达到人民币30 000元或以上的，且在第13个月末合同仍然有效，则在第13个月末可获杰出新人奖，奖金数额为首年累计FYC的15%，但最高不超过人民币5 000元。

④客户开发奖金（见表2－8）。

表2－8　新人津贴设计示例：客户开发奖金

发放条件	奖金（% 首年度佣金）
新客户数＜9	0
9≤新客户数＜15	10
15≤新客户数	15

注：首次与公司签约的保险营销员在第13～24个月期间可获得客户开发奖金；新客户仅指相对该营销员而言，并不要求为公司的新客户；重置保单的客户不能视为新客户。

4．其他福利待遇

除了佣金、津贴奖金之外，一些保险公司还设计了长期服务奖、养老公积金、福利保障制度以及基本佣金奖金制度之外的聘才计划等，以吸引或挽留优秀的保险营销员。

（1）长期服务奖。与佣金和奖金的发放不同，长期服务奖是在营销员因某种原因不再为保险公司服务时才予以一次性发放。

保险公司通常提取营销员所销售寿险保单之第六年及六年以上之保单年度保险费的一个百分比，如 2%，作为该营销员所缴纳的长期服务奖金份额，注入某个基金账户，进行统一管理。当该营销员因病或伤残而不能继续从事代理工作或退休时，保险公司将账户余额全额支付给营销员本人。若营销员因其他原因而离职，则保险公司会根据事先约定的比例，只支付已经归属于营销员的那一部分。

（2）保险保障。保险公司还会向营销员提供一些福利，允许营销员以折扣价格购买公司的人身保险产品。有些保险公司则直接为营销员购买本公司的团体人身意外伤害保险、团体意外伤害医疗保险、团体定期寿险及团体住院医疗保险，保费由公司负担。此时，对不同级别的营销员会设定不同的保障计划，保险责任和保障金额随职级的升高而相应升高。

2.2.3　代理人劳务报酬成本估算

1. 基本方法

估算代理人的劳务报酬成本要用到相当多的假设。特别是奖金部分，由于奖金率随职级、个人业绩、团队业绩、续保率而不断变化，如何做好相应的分布假设就显得极为重要。

好在大多数的保险公司都已经持续经营了许多年，积累了大量的经验数据，并且拥有计算机系统的支持。有时，为了测算一个新的奖金激励措施会带来多少的成本支出，只需要将该奖金结构放到系统中，结合当年的实际情况重新跑一遍数据，就能很快得到结果。

当然，新的激励措施会带来的其他影响，如续保率提高、业务量增长，仍然是精算人员需要衡量的因素。

2. 计算实例

某保险公司为提升公司一年期意外险及健康险续保率，经公司管理层研究，决定实施“一年期意外险及健康险主管续期管理津贴计划”，所有达到每月意外险及健康险首年佣金收入和续保率标准的直辖组主管将能额外获得主管续期管理津贴。

具体的标准见表 2－9，对于符合标准的主管，将以整个直辖组一年期意外险及健康险产品当月续保佣金为基数，每月按照如下百分比发放主管续期管理津贴。

表 2－9　　代理人成本估算示例：激励计划津贴方案

13 个月保单续保率（P）	一年期意外险及健康险产品首年佣金收入首年度佣金（FYC）（%）		
	FYC＜2 500	2 500≤FYC＜5 000	5 000≤FYC
P＜70%	0	0	0
70%≤P＜75%	0	3	6
75%≤P＜80%	0	6	9
80%≤P＜85%	0	9	12
85%≤P	0	12	15

为了估算实施该激励计划可能带来的成本增加，精算人员可以把过去一年的实际数据作为样本，计算每一个直辖组每一个月的相关信息，包括一年期意外险及健康险产品的首年度佣金、续保年度佣金及续保率，并按津贴给付条件进行分类汇总。假设结果如表 2－10 所示。

表 2－10　　代理人成本估算示例：续保年度佣金分布信息

13 个月保单续保率（P）	一年期意外险及健康险产品首年佣金收入首年度佣金（FYC）（单位：万元）			
	FYC＜2 500	2 500≤FYC＜5 000	5 000≤FYC	合计
P＜70%	10 962	8 580	25 645	45 187
70%≤P＜75%	8 639	6 836	16 539	32 014
75%≤P＜80%	6 773	4 839	6 972	18 584
80%≤P＜85%	3 672	2 434	2 735	8 841
85%≤P	3 727	1 624	1 368	6 719
合　　计	33 773	24 313	53 259	111 345

有了汇总后的样本数据，精算人员可以很快算出需要支付的津贴总数为 3 063 万元。由于过去一年支付的一年期意外险及健康险产品续保年度佣金总额为 111 345 万元，因此平均奖金率为续保年度佣金的 2.75%。

上述实例只是一个简单说明。实务中，精算人员可能会对多种方案进行测试，并且会将实施该计划对续保率等因子可能产生的影响也考虑在内。此外，精算人员还会进一步分析续保率提高带来的利润增量是否能弥补这部分额外支出的津贴费用，这里就不再详细展开了。

2.2.4　销售竞赛与奖励设计及成本估算

为了实现保险营销员队伍的持续、稳定、健康发展，确保保险业务预算目标的实现，保险公司经常会以各种名义组织竞赛活动，如“开门红”、“个人争先赛”、“高峰会议”、“荣耀晚宴”等，并对在活动中取得突出销售业绩或增员业绩的团体及个人予以现金奖励、精神奖励，或者安排免费旅游等。

保险公司在与营销员签订的委托协议中并不会涉及这部分奖励。但考虑到组织竞赛活动产生的费用主要是用于营销员队伍建设，因此多数保险公司会将其作为与销售业绩相关的变动成本，在产品定价时予以体现。

1. 竞赛活动奖励类型

根据获奖规则，竞赛活动可以分为达标赛、达标加排名赛以及争先赛等几种类型。

达标赛最为简单，只要达到规定条件，人人有奖。例如，公司规定，在竞赛活动期间，保险费收入达到 10 万元人民币的保险营销员，即可获得现金奖励人民币 1 000 元。

达标加排名赛是指在达标的基础上，还要按最终业绩进行排名，只有排名靠前的才能获奖。例如，公司规定，在竞赛活动期间，总保险费业绩不低于 20 万元人民币，并且排名在前 20 位的保险营销员，可获得一个公司在海外某旅游胜地举办的高峰会议的名额。

争先赛是指按照达标的时间顺序确定获奖名单。例如，公司规定，以核保通过日期为准，在竞赛活动期间最先达到个人保险费收入 15 万元的营销员，可获得联想上网本一台。

上述获奖规则只是一个简单介绍，实务中，公司可以灵活设置各种规则。例如，在同一竞赛活动中，将争先赛和排名赛的规则结合在一起，既奖励卖得快的营销员，也奖励卖得多的营销员。

2. 组织竞赛活动要考虑的因素

除了获奖规则外，保险公司在组织竞赛活动时要考虑的因素还有很多，主要包括：

（1）组织竞赛活动的目的。保险公司组织竞赛多数是为了销售业绩，有一些是为了增员。此外，也有为了提高现有营销员活动率而组织的竞赛。

（2）竞赛活动时间。多数竞赛是为了实现一个特定目标，因此竞赛时间可以相对设置得较短。例如，“开门红”活动通常只在年头组织，并且时间只有 1 ~2 个月。也有些竞赛的活动期间可以长达 4 ~6 个月，如“高峰会议”，其目的是为了奖励在较长期间内综合表现优良的营销员。

（3）参赛资格。每个竞赛活动都会明确哪些营销员具有参赛资格。例如，有些活动是专门为新人组织的，有些是专门为主管以上级别的营销员组织的，有些则面向所有营销员。

（4）竞赛活动业绩统计规则。除了少数为了推动单一产品销售量（如新产品上市）而组织的竞赛活动外，一般的竞赛活动都不会限定营销员销售的保险产品或种类。因此，如何引导营销员销售高利润低风险的产品就显得极为重要。通常，保险公司会对各种保险产品设置不同的权重。例如，某保险公司的长期重疾险产品边际利润较高，而年金险产品边际利润较低。该公司在制定竞赛活动业绩统计规则时，就可以考虑将长期重疾险产品的保费收入按照150%计入竞赛业绩，而年金险产品的保费收入按照75%计入竞赛业绩，从而使得营销员有更多的动力去销售长期重疾险产品。实务中，保险公司可以在设置权重时考虑更多的因素，如产品缴费期间的长短，险别如团险或个险、寿险或意外险等，从而使竞赛活动更有导向性。

3. 竞赛活动成本估算

保险公司对组织的竞赛活动会进行成本预算，例如，设定竞赛费用为活动期间符合要求的新单保费收入的一个百分比。这一比率会随保险公司自身的发展状况、业绩要求的高低程度、市场的竞争环境等因素而有所变化。

确定了竞赛费用百分比，并对活动期间产生的新单保费进行合理的预测后，该竞赛活动的总费用也就基本确定了。此后，如果是排名赛或争先赛，保险公司可以先确定奖励要覆盖的人数，从而得出每人可获得的奖金额，也可以先确定奖金额，再确定可以入围的人数，费用总量控制相对较为容易。如果是达标赛，在进行获奖人数和人均奖金额的取舍时，保险公司还需要预测达标的人数。如果最终实际达标人数超过了预期，竞赛的总费用就会超标。但总的新单保费收入也很有可能是超过了预期，因此费用百分比可能还是在预期范围内。无论如何，保险公司都需要制订有效的监控措施，对竞赛活动的成本预算和实际支付进行严格管理。

竞赛设计示例：

竞赛名称：××保险公司2010年夏季个人争先赛

竞赛期间：2010年7月1日—9月30日，共计3个月

参赛资格：全体保险营销员

竞赛标准：竞赛期间最先达成以下个人有效竞赛业绩标准的前40名。
个人有效竞赛总业绩不少于人民币10万元，并且个人意外及健康险业绩不少于人民币2万元。
说明：先后次序以核保通过日期为准。

竞赛奖励：入围者可获得出席在泰国举办的公司秋季大会的资格。

统计规则：万能险和投连险产品的标准保费收入按照50%计入竞赛业绩；
长期重疾险产品的标准保费收入按照150%计入竞赛业绩；

年金险产品的标准保费收入按照 75% 计入竞赛业绩；

其他产品的标准保费收入按照 100% 计入竞赛业绩。

生效日期：2010 年 7 月 1 日

保险公司内部对该竞赛活动将产生的保费收入和费用成本预算为：

竞赛期间标准保费收入预算：人民币 1 000 万元。

竞赛费用预算：获奖营销员人均奖励成本 5 000 元，总计 20 万元，费用率 2% 。

2.2.5　代理人劳务报酬成本及竞赛奖励在产品定价中的假设

虽然代理人的劳务报酬结构花样繁多，但在产品定价中的相关假设却并不复杂，主要有四个方面：（1）基于保险费收入的佣金；（2）基于佣金收入的奖金；（3）对续期佣金假设的调整；（4）基于保险费收入的竞赛费用。

1. 基于保险费收入的佣金

通常精算人员不需要花太多时间在佣金假设上。佣金的支付都是严格按照规定执行的，并且保险公司一般都会有标准的佣金表，多数产品可以直接对照使用。

2. 基于佣金收入的奖金

在产品定价中通常会假设奖金是佣金的一个百分比，并且按保单年度变化。精算人员需要定期检查代理人劳务报酬成本的分析报告，以确保定价假设用的比率与实际的结果保持一致。

3. 续期佣金假设的调整

如前所述，由于营销员离职等原因，保险公司并不会支付所有的续期佣金。在定价中不进行任何调整是一种较为保守的做法。当经验数据足够的时候，保险公司可以按保单年度计算实际支付的续期佣金占期望支付续期佣金的比例，并视情况将其反映在定价假设中。

4. 基于保险费收入的竞赛费用

多数保险公司把竞赛费用作为与代理业务相关的变动成本，通常会在产品定价中假设竞赛费用是首年保费的一个百分比。精算人员需要密切监控竞赛费用的变化趋势，分析原因，以确保定价假设用的比率与实际情况相一致。

代理人成本的产品定价假设示例：

假设公司准备开发一个缴费期间为 10 年、保险期间为 20 年的两全保险。产品开发书上已说明按公司的标准佣金率表支付营销员佣金。

表 2 - 11 为代理人劳务报酬成本的假设。

表 2－11　　代理人成本的产品定价假设示例：成本假设

保险单年度	佣金率（%保费）(a)	奖金率（%佣金）(b)	长期服务奖（%保费）(c)	支付调整因子（%）(d)	竞赛费用（%保费）(e)
1	20	80	0	100	3
2	10	12	0	100	0
3	5	12	0	90	0
4	5	12	0	90	0
5	5	12	0	75	0
6	0	0	2	75	0
7	0	0	2	75	0
8	0	0	2	75	0
9	0	0	2	75	0
10	0	0	2	75	0

表 2－12 为定价过程中代理人劳务报酬成本支出的计算示例。

表 2－12　　代理人成本的产品定价假设示例：成本计算示例

保险单年度	保费收入 (f)	佣金及奖金 (g)＝f×(a＋a×b＋c)×d	竞赛费用 (h)＝f×e
1	3 000	1 080	90
2	3 000	336	0
3	3 000	151	0
4	3 000	151	0
5	3 000	126	0
6	3 000	45	0
7	3 000	45	0
8	3 000	45	0
9	3 000	45	0
10	3 000	45	0

§2.3　经纪人渠道

2.3.1　保险经纪人概述

保险经纪人是基于投保人的利益，为投保人与保险人订立保险合同提供中介服务，并依法收取佣金的机构。

保险经纪人通常代表委托其行为的投保人的利益。保险经纪人因过错造成客户的损失，由保险经纪人承担有关法律责任。保险经纪人的业务范围主要包括保险业务的咨询和招揽、保险标的的估价、代索赔代追偿、投保人风险管理咨询服务等。保险经纪人主要收入来源于从投保人、被保险人或者咨询人处收取的手续费、佣金和咨询服务费。

2.3.2　保险经纪人中介手续费的构成

1. 首年佣金

首年佣金是基于保险经纪人代理保险公司的新保险合同的手续费。保险公司按照双方事先约定的比率向保险经纪人支付佣金，通常为新保险合同首年保险费收入的一个百分比。

2. 销售奖金

基于首年佣金计算，月度奖金通常是当月首年佣金收入的一个均衡百分比，年度奖金的奖金率则与全年的销售业绩挂钩。

3. 续年佣金

续保年度佣金是基于保险经纪人代理保险公司的续保保险合同的手续费。保险公司按照双方事先约定的比率向保险经纪人支付佣金，通常为续保保险合同年保险费收入的一个百分比。

4. 续期奖金

基于续年佣金计算，月度续期奖金通常是当月续年佣金收入的一个均衡百分比，年度奖金的奖金率则与续保率挂钩。

5. 长期客服奖

适用于第六保险单年度及以后的手续费支付。

保险经纪人中介手续费设计示例：

（1）佣金。与保险营销员类似的佣金率表，此处不再重复。

需要注意的是，相对来说，保险公司给经纪人的佣金率通常会高于给代理人的佣金率。这是因为与代理人相比，经纪人通常需要自己承担办公地点的租赁费用和日常杂费，以及销售人员的招募、培训和管理等成本。给予较高的津贴可以弥补经纪人因此需要额外支出的管理成本。

（2）月度奖金。

月度经营津贴，为当月首年佣金的 60%。

月度服务津贴，为当月寿险和长期意外及健康险续保年度佣金的 10%。

（3）年度奖金。

年度销售奖金：将基于保险经纪公司当年首年度佣金计算，年度销售奖金的比率由表 2－13 决定。

表 2－13　　　保险经纪人中介手续费设计示例：年度销售奖金

首年度佣金（FYC）（人民币：万元）	奖金率（%FYC）
FYC ＜10	4
10≤FYC ＜100	8
100≤FYC ＜300	12
300≤FYC ＜500	16
500≤FYC	20

注：在保险经纪公司签约第一年度，依据实际签约时间按比例调整 FYC 标准。

年度续保奖金将基于保险经纪公司年度实际寿险和长期意外及健康险续保率计算。年度续保奖金比率由表 2－14 决定。

表 2－14　　　保险经纪人中介手续费设计示例：年度续保奖金

续保率（P）	奖金（%全部续期佣金）
P ＜70%	0
70%≤P ＜75%	2
75%≤P ＜80%	4
80%≤P ＜85%	6
85%≤P ＜90%	8
90%≤P	10

注：续保率＝本年度累计实收续保保险费/本年度应收续保保险费。

（4）长期客服奖。以责任额达成率为基础，最高为寿险和长期意外及健康险第六保险单年度及以后年度续保保费的2%。长期客服奖设计示例如表 2－15 所示。

表 2－15　　　保险经纪人中介手续费设计示例：长期客服奖

责任额达成率	奖金率
100%	2.00%
90%	1.80%
80%	1.60%
70%	1.40%
60%	1.20%
60%以下	1.00%

2.3.3　经纪人中介费用估算和定价假设

经纪人中介费用的估算和定价假设与保险营销员劳务报酬成本的估算和定价假设方法十分接近。相对来说，经纪人中介费用的设计比营销员劳务报酬设计更为简单，估算起来也更为容易，而在定价中的假设结构也几乎与后者完全一致，这里不再重复描述。

§2.4 银行渠道

银行保险是指保险公司与银行合作，通过共同的销售渠道向客户提供产品和服务。

我国的银保合作始于 1995 年。当时，一些新成立的保险公司出于业务发展的需要，为尽快抢占市场，纷纷与银行签订了代理协议，利用银行网点销售其保险产品。2001 年后，银行销售渠道发展迅猛，银保合作模式也不断演化。至 2009 年，我国通过银行渠道实现的保费收入占到当年总保费收入的 27%。银行渠道已经成为仅次于保险营销员渠道的第二大保险营销渠道。

2.4.1 银行保险的营销模式

目前来说，保险公司和银行的合作主要有四种模式，即销售协议模式、战略联盟模式、合资公司模式和金融集团模式。

1. 销售协议模式

这是银行保险发展初级阶段常见的模式。保险公司通过与银行签订关于销售产品的合作性协议，利用银行广泛的网点分布，销售其保险产品，同时支付给银行相应的手续费。在这种模式下，保险公司和银行没有资本的合作，因而操作简单，成本较低。同时，双方的合作不具排他性，保险公司可以同时与多家银行签订合作协议，银行也同样可以为许多家保险公司代理销售产品，双方的联系比较松散，不分享客户资料，合作关系不是很稳定。

2. 战略联盟模式

战略联盟是指保险公司与银行签订排他性的长期战略合作协议，形成较为稳定的合作联盟。战略联盟模式和销售协议模式都是建立在保险公司和银行间的合作协议基础之上的，但战略联盟模式涉及的合作协议并不限于销售环节，还会扩展到产品开发、售后服务、客户资料分享等方面。

3. 合资公司模式

这种模式是指保险公司和银行共同建立合资公司，共同开发和销售银行保险产品。保险公司和银行通过合资建立紧密、长期的合作关系，双方在产品和客户方面相互拥有所有权，共享客户信息，在合资公司内部实现保险业务和银行业务的融合。

4. 金融集团模式

金融集团模式是指通过保险公司和银行之间的并购、发起设立子公司等方式建立金融服务集团，使银行和保险业务经营体系更加一体化，充分利用保险公司和银行的现有资源，为客户提供一站式金融服务。

2.4.2 银行渠道保险产品的特点

由于银行柜面人员缺乏足够的保险业务知识培训，难以解释清楚保障功能复杂的产品，同时，保险公司为控制风险，有意提供免核保或简单核保并且逆选择风险相对较小的产品，加上银行本身产品基本为中短期产品，考核、激励、组织、推动、系统都比较适合中短期产品，因而早期在银行渠道销售的保险产品主要是适合柜台销售的功能简单、保险期间较短的意外险产品和低保障、偏重储蓄和投资的趸缴保险费寿险产品，如投连险、万能险等。但随着银保合作的深入发展，受中国保险监督管理委员会“调整业务结构、加强风险管理、规范市场秩序”监管思路的影响，期缴分红型寿险产品目前已取代投连险和万能险，成为银保市场最主要的产品。相信随着银保销售模式的进一步发展，银保销售人员保险知识的不断提高，并且在一些合作模式中保险公司和银行能够分享客户信息和保险收益，未来几年医疗健康和养老保障型的产品也会逐渐在银行渠道流行起来。

2.4.3 银行保险销售人员劳务报酬结构

与传统的保险营销员的劳务报酬结构不同，银行渠道销售人员的收入并不完全依赖于销售业绩。很多银行保险销售人员都会有一个底薪，即固定的基本工资收入。给银行保险销售人员设置一个固定的收入保障的原因在于，一方面，银行担心完全基于销售业绩的劳务报酬体制会使银行保险销售人员对银行客户采取激进的销售策略，在极端情况下，可能会对银行本身的品牌和信誉产生一定的负面影响。另一方面，与传统保险营销员需要主动展业以获取客户来源不同，银行保险销售人员并不需要积极主动地寻找新的客户群。借助于银行的品牌和柜台，银行客户在办理银行业务的同时，自然而然就成为银行保险销售人员的潜在客户群。鉴于银行保险销售人员的工作时间和工作性质趋向于银行柜面工作人员，因而对其采用底薪加业绩奖励的劳务报酬结构是合情合理的。

根据工作职责及销售产品等的差别，保险公司通常会将银行保险销售人员分为两类：银行保险专管员和财富保障策划经理。

银行保险专管员主要负责对银行网点职员进行有关保险产品销售方面的辅导和培训，具体销售工作由银行职员负责。因此，银行专管员的劳务报酬主要是固定的底薪，还有一部分奖金则来源于其负责辅导培训的银行职员的销售业绩。

与负责后端培训的银行保险专管员不同，财富保障策划经理通常是进入前端银行柜面直接面对客户进行销售工作，并以销售高端期缴保障型产品为主。因此，财富保障策划经理的主要报酬来源于销售佣金。

上述两类银行保险销售人员的区别只是理论上的。实务中，受各种因素的影响，保险公司对其派出的银行保险销售人员的职责定位可能会有较多变化。保险公司应该根据实际情况，在聘用、职责、考核管理、薪资、奖惩等事项上制订不同计划，以符合不同类型的销售人员的发展要求。

银行保险销售人员的劳务报酬设计方案示例（以财富保障策划经理为例）：

（1）基本工资和费用报销如表 2－16 所示。

表 2－16　银保销售人员的劳务报酬设计示例：基本工资和费用报销　（单位：元）

职级	基本工资	试用期基本工资	费用报销限额
财富保障策划经理四级	5 000	4 000	600
财富保障策划经理三级	4 000	3 200	500
财富保障策划经理二级	3 000	2 400	400
财富保障策划经理一级	2 000	1 600	300

注：①基本工资：财富保障策划经理的每月固定薪水。试用期内按试用期基本工资发放，通过试用期考核后将按基本工资发放。

②费用报销：财富保障策划经理因工作需要发生的通讯费、交通费，每月按实报销，最高不超限额。

（2）月度业绩奖金。月度业绩奖金是指与销售量相关的浮动劳务报酬，分为月度新单业绩奖金和月度续保业绩奖金。月度新单业绩奖金是指按照当月完成的首年趸缴保费与首年期缴保费所计发的奖金；月度续保业绩奖金是指按照当月完成的续年期缴保费所计发的奖金，计算公式分别为：

月度新单业绩奖金 = 当月新单业绩 × 对应产品首年度奖金率

月度续保业绩奖金 = 当月续保业绩 × 对应产品对应保单年度奖金率

保险合同签发后，若本公司尚未收到客户签收的回执，财富保障策划经理将获发该保险合同实收保费对应的月度业绩奖金的 50%；本公司收到客户的签收回执以后，财富保障策划经理将获发该合同实收保费对应的月度业绩奖金的 30%；本公司客服热线回访电话成功后（仅针对需要回访之产品），将获发该合同实收保费对应的月度业绩奖金的 20%。

（3）服务奖金。若财富保障策划经理在 12 月 31 日仍在职并通过试用期，可获发该年度的服务奖金。服务奖金为当年实得基本工资的 12.0%。

（4）福利待遇。其他福利待遇参照《员工手册》的相应标准执行。公司应依照当地政府的有关规定为业务人员办理养老、医疗等社会福利。

2.4.4 银行保险渠道费用估算和定价假设

在估算银行保险产品的销售费用时，可以将其分为三个部分：（1）银行保险销售人员的劳务报酬成本；（2）直接支付给银行的手续费成本；（3）市场营销成本。

除了上节所说的销售人员劳务报酬，银行方面通常还会按保费收入的一定百分比收取中介费。该百分比会根据产品的种类、缴费期而有所不同，由保险公司和银行双方协商确定。此外，保险公司为推广银保产品产生的市场营销费用也构成产品成本的一部分。市场费用主要用于建立和维护渠道关系，以及对银行人员进行保险产品和知识方面的相关培训等。

表2－17是某期缴分红型产品首年变动成本估算的简单示例。

表2－17　　银行保险渠道费用估算示例：分红型产品首年费用

费用项目	占首年保险费百分比（%）
银行手续费	10.00
财富保障策划经理基本工资	3.50
财富保障策划经理奖金	6.50
财富保障策划经理养老、医疗等社会福利支出	1.50
银保产品市场营销费用	3.50
总　计	25.00

在银保产品的定价假设中，保险公司可以将渠道成本直接表达为年保费的百分比。例如，对5年期缴的产品，可以假设5年的成本分别为每年保费的25%/3%/3%/0%/0%。

由于我国的银行保险业务仍处于初级阶段，受公司内部渠道发展速度及外部市场竞争等因素的影响，有时实际的费用支出会大大超出预算。精算人员需要定期进行成本分析，及时更新相关假设。特别是在对已有产品进行利润测试时，要充分考虑费用超支情况，准确反映实际的盈亏水平。

§2.5 直销渠道

2.5.1 直接分销渠道的种类和优点

1．电话营销

电话营销起源于20世纪70年代的美国，一经问世，即以其高效率、低成本、广覆盖的优势在成熟市场快速发展。在中国，电话营销也已经被越来越多的保险公司所采用，并取得较好成效，成为渠道创新较为成功的销售模式之一。

电话营销业务是指保险公司通过自建或使用合作机构的电话呼叫中心，以保险公司名义或合作机构名义致电客户，经客户同意后通过电话方式介绍销售保险产品，并在电话中完成整个销售流程或在电话中确认客户投保意向。其中，以保险公司名义呼出电话销售保险产品的方式属于公司直销；以合作机构名义呼出电话销售保险产品的方式属于代理销售，合作机构应向所在地保险监管部门申请取得相应的保险代理资格。

通常，一个完整的电话销售流程包括以下几个环节：(1) 电话销售人员致电客户介绍产品；(2) 客户确认购买；(3) 外包快递公司将投保单、授权银行扣款委托书交由客户签字确认；(4) 银行扣款；(5) 保险公司承保出单；(6) 外包快递公司将保险单交由客户签收。

电话销售模式有三种：自建、外包和外派。自建是指保险公司建立自己的电话呼叫中心，以及自己的电话销售代表团队，利用公司专属的电话号码和目标市场名单开展呼出电话销售，或者开展配套市场营销活动产生呼入电话，进行销售。

外包是指保险公司不组建自己的电话销售团队，只负责提供产品，以及产品售出后的保单后续管理，如理赔、保全等，而整个电话销售功能则完全由外部的专业机构负责。

外派则是介于自建和外包之间的一种电话销售模式。在这种模式下，电话销售人员来自于保险公司，而呼叫中心则由外部公司提供。举例来说，保险公司可以将自己的电话销售团队派驻到银行或电信公司等合作方，利用其电话呼叫中心及其客户名单进行电话销售。

这三种销售模式各有利弊，保险公司需要充分考虑自建呼叫中心以及自建电话销售团队的成本，并结合公司业务发展的情况，选择符合自身需要的销售模式。

保险公司如果以合作机构名义对外呼出开展电话营销业务，合作机构大多为银行、电信等掌握大量数据库及电话呼叫设备的单位，合作机构有良好的信誉及品牌，能够为保险公司提供大量的数据库并对其使用情况进行监督。保险公司借助于合作机构良好的信誉，容易取得客户的信任并提高保单成交率。如果以保险公司的名义对外呼出，在品牌、信誉度方面不具备优势，销售成功率较低。

保险公司进行电话销售所需的目标客户名单数据库来源有三种：保险公司原有的保单客户，合作机构的客户，向第三方数据信息公司合法购买的客户名单。不同的数据来源对电话销售的影响不一。对于保险公司的现有客户群，由于保险公司已经掌握了一定量的客户信息，因此可以作更为详细的保险需求分析，并在合适的时机，如原有保单周年日时，向客户推销合适的产品，再加上客户本身已经对该保险公司有一定的认知度，因此，电话销售的成功率要大大高于其余两种数据来源。但是，保险公司的客户数量毕竟有限，名单很快就会用完。保险公司想要在电话营销业务上持续发展，必须依靠外部数据来源，包括电信公司的电话用户名单、宽带用户名单、银行的信用卡客户名单、百货公司的VIP客户名单、专业的数据信息收集公司提供的客户名单等。保险公司为了获取外部客户信息需要支付一定的费用。同时，保险公司也可以要求提供信息的合作伙伴事先按一定的要求对客户名单进行筛选，使得销售产品与目标客户更有针对性。外部数据库的质量直接影响到电话销售的成功率，数据越准确、字段越多，越适合产品定位，电话营销的成功率就越高。

2. 网上销售

保险市场发展至今，绝大多数保险公司都在互联网上设立了公司网站，向外界提供诸如公司简介、保险新闻、客户服务，产品分类等基本信息。不少公司的网站还具备了在线报价和销售能力，可以让客户在网上直接完成保险产品的购买流程。

此外，有些专业的保险门户网站建立了中立的保险网上商城，将多家保险公司的产品放在一起供客户挑选。由于可以很方便地对多家公司的类似产品的保障范围、价格等因素进行比较，这些网站受到了许多人的欢迎，发展前景良好。

与传统的销售渠道相比，网络营销具有受众范围广、无时间地点限制、成本低等优势。缺点是对目标客户有较高要求，必须是具有一定文化水平和计算机应用能力，并经常使用互联网的人群。为了更好地帮助潜在客户在网站上完成产品购买，一些保险公司已经开始使用网上销售代表，实时在线回答客户提出的各类问题，引导客户完成交易。

适合网上销售的产品通常是一些价格敏感性高、核保要求低、产品复杂性低、通俗易懂的产品和标准化的产品，如定期寿险、旅行意外险等。

网络渠道的费用成本包括在互联网上建立和维护网站的费用、在其他网站上为本公司产品打广告的费用、客户在网上支付保险费时由保险公司承担的网银手续费、支付给网络销售代表的劳务报酬及奖金等。如果保险公司是通过第三方网站销售本公司的产品，则需支付给合作方佣金手续费，类似于经纪人渠道的费用成本结构。

3. 直接邮件营销

直接邮件营销是指保险公司以印刷品或信件形式向客户提供公司的产品信息，邀请客户购买。保险公司邮寄给客户的资料通常包括公司简介、指定产品的介绍说明书或小册子、相关产品的投保单以及回复信封等。有时，为了吸引客户回复邮件，还会提供成本较低的免费保险，如半年的交通意外险保障，客户只要回信，就可以免费享受。

直接邮件营销的优点是保险公司能够根据客户信息进行消费者细分，锁定已知的消费者特征，有针对性地提供资料，主动展业，因而其成功率也要高于广告、电视、网络营销等直销方式。缺点是成本较高，并且容易被目标客户质疑保险公司获得客户信息的途径，涉嫌侵犯消费者的隐私。

4. 公共媒体营销

公共媒体营销是指保险公司通过报纸杂志、广播电视或户外大型广告牌等公共媒体向消费者宣传保险公司信息和产品信息，从而吸引消费者购买保险产品的一种营销模式。其优点是覆盖面广，单位成本较低。缺点是针对性差，能够提供的信息量有限，并且难以衡量反馈率。

2.5.2　适于直接分销渠道销售的寿险产品

在直销过程中，保险客户通常并不会与保险公司的销售人员面对面交谈。有时，目标客户只能自己去理解收到的保险信息并作出是否购买的决定。当然，保险客户仍然可以通过保险公司的热线服务电话进行产品咨询，但无论如何，这样的沟通和交流都不会像保险营销员销售产品时那样充分和有效。这就注定了通过直接分销渠道销售的产品必须是比较简单容易让人理解的产品或是标准化的产品。并且客户购买直销保险产品的流程也必须简洁，包括申请、核保、缴费等手续都要简单化。目前，适于直销渠道的寿险产品主要是免核保的短期意外险产品，如旅游险、航空意外险等。而一些只需要简单核保但有一定等待期要求的重大疾病保险，由于监管部门已经对产品进行了必要的规范化和标准化，因而在电话直销中也时有所见。

2.5.3　直销渠道的费用结构

在传统的代理人、经纪人渠道中，保险公司是在保单销售成功并收到客户的保险费后，才会支付给中介佣金手续费，因而承担的风险较低。而在直接营销过程中，保险公司的一些成本在实现销售之前就已经产生了，如广告、宣传资料的创作成本、制作成本和媒体成本，客户名单的购买成本，电话销售人员的招聘培训成本，电话座席的租赁成本等。这些预支的成本通常具有比较高的金额，而整个直接营销市场计划成功与否在这些前期成本产生时还不得而知，因此保险公司在直接营销中需要承担一定的风险。

除了前期预支的成本，在直销计划的实施过程中，也会产生一定的费用成本，如电话营销产生的话费、销售成功后寄送保单的邮递费用等。

此外，为了刺激保险公司销售人员的积极性，保险公司在直接营销过程中也会采取具有奖励业绩性质的劳务报酬体系，而这也是相应营销计划销售成本的一部分。

2.5.4 直销渠道费用估算和定价假设

如上所述，直销渠道的一部分费用是在销售开始前就会产生的，因此，保险公司如果决定使用直销渠道来销售保险产品，通常都会制订详细的市场营销计划，经相关部门审批通过后才予以实施。特别是精算人员，在审核市场营销计划时，要仔细检查计划中的一些假设，如客户反馈率、签约率、平均保单规模等，是否与公司的历史经验或行业的平均水平保持一致，对于乐观的假设，销售部门是否有相应的配套控制措施予以支持。在确认了市场营销计划预测的保费收入和营销成本后，精算人员还需要进行相关的利润测试，只有利润指标符合公司的要求，才会建议批准通过该计划。

下面以电话营销为例，介绍直销渠道费用估算和定价假设。

某保险公司决定通过电话营销渠道实施为期 6 个月的市场营销方案，销售新开发的返本型重大疾病保险产品组合销售计划。公司准备从某数据公司购买 30 万条目标客户的电话号码信息。根据以往的经验，该数据公司提供的名单电话接通率为 60%。电话接通后，销售人员首先向客户进行保险公司自我介绍并向客户赠送保险期间为 3 个月、保额为 3 万元的公共交通意外伤害保险。预计有 20% 的电话接听者会同意接受免费保险并提供邮寄地址以便保险公司寄送该免费保险的投保申请单。随后电话销售人员会进一步向目标客户介绍重大疾病保险产品组合。预计只有 5% 的电话接听者同意购买保险公司推荐的保险产品组合。在保险公司向接受免费保险的客户寄送投保申请单后，预计只有 30% 的客户会认真填写投保单并将其寄回保险公司生效。在保险公司通过外包快递公司将重大保险疾病产品组合计划的投保申请书、授权银行扣款委托书和保险单送交上述 5% 的准客户后，考虑部分客户重新考虑后会取消投保计划，预计只有 75% 的客户会签署投保单并委托快递人员带回保险公司。在考虑了核保不通过及冷静期退保等因素后，预计其中有 90% 的人最终成功购买了保险公司的产品组合。另外，平均每张保单的年保险费预计为 4 000 元。

保费收入规划如表 2 - 18 所示。

表 2 - 18　　直销渠道费用估算示例：保费收入规划

目标客户名单数量	a	300 000
电话接通率	b	60%
接通客户数量	c = a × b	180 000
在电话中确认有购买保险产品意向的准客户百分比	d	5%
需要快递投保单及相关保险资料的准客户数量	e = c × d	9 000
收到保险公司快递后签署并送回投保单的客户百分比	f	75%

续表

保险公司收到的投保单数量	g = e × f	6 750
核保通过率	h	90%
最终成交保单数量	i = g × h	6 075
最终成交率	j = i/a	2.025%
平均每张保险单的年保费收入	k	4 000
营销计划总的年保费收入	l	24 300 000

营销成本预测如表 2－19 所示。

表 2－19　　　　直销渠道费用估算示例：营销成本预测

费用项目	金额（元）
直销渠道邮寄相关的费用，包括设计、印刷、打印封装和邮寄费用	87 120
赠送免费交通意外保险相关成本	43 578
与付费保单相关的费用，包括赠品、快递费用等	384 750
电话营销电信座席费及服务费	1 489 600
电话营销电话费	385 000
电话营销销售代表工资	1 773 000
座席和相应管理人员的佣金	2 430 000
电话营销招聘、培训费	51 000
因直销业务需求，如新产品上线、现有系统改动而引起的费用	50 000
电话营销给合作伙伴的佣金或者是购买名单的费用	450 000
电话营销渠道业务招待费	100 000
不能归入所列之项目的零星杂费	50 000
营销计划总成本	7 294 048

根据保费收入规划和营销成本预测，营销成本占保险费的百分比为30%。精算人员如果对营销计划书中的各种假设感到满意，并且确认各项成本的计算逻辑合理，计算结果正确，则只需将该百分比放入精算模型中，就可以开始产品定价或进行利润测试了。

通常，直销渠道的成本主要发生在保单首年，因而一般假设从第二保单年度开始不再有相关变动成本支出。但随着保险市场的发展成熟，一些保险期间较长的期缴产品也开始在直销渠道销售。为了提高保单的续保率，保险公司可能会在续保年度采取一些激励措施，从而也会产生一些费用。精算人员在定价时可以相应地放置一个较小的续保年度费用百分比假设，以反映实际情况。

主要参考文献

【1】 徐昆：《保险市场营销学》，清华大学出版社 2006 年版。

【2】 粟芳：《保险营销学》（第 2 版），上海财经大学出版社 2009 年版。

【3】 魏华林、林宝清：《保险学》，高等教育出版社 2006 年版。

【4】 江生忠、陈进村："台湾地区银行保险业之发展"，《保险研究》，2009 年第 4 期。

【5】 刘天宇："我国银行保险发展问题探析"，《保险研究》，2009 年第 5 期。

【6】 晋波、张敬林："保险电话营销刍议"，《上海保险》，2009 年第 12 期。

【7】 周延、范献亮、刘颖："我国银行保险发展模式的现实选择"，《上海保险》，2010 年第 2 期。

第3章 个人寿险与年金产品的财务报告和风险管理概述

学习目的

- □ 了解财务报告的特点和财务报表的种类
- □ 熟悉实务中准备金评估的特点和简要流程
- □ 熟悉资产负债管理的方法和简单应用
- □ 了解再保险的用途和特点
- □ 了解资本管理的内容和基本方法

§3.1 财务报告和准备金评估流程

3.1.1 财务报告概述

1. 财务报告的用途

保险公司在日常经营活动中会发生多种收入和支出活动，如收取保费、赚取投资收益、支付代理人佣金、支付各种保险利益给付、支付各种经营活动产生的费用等，相应的，资产和负债的数额也会不断发生变动。保险公司需要建立一个完善的财务体系来持续地记录这些收支活动，及时向相关监管机构、公司管理层和投资者等报告公司的财务状况。财务报告就是能够综合反映公司在特定时期的财务状况的书面报告的统称。财务报告都有特定的格式和内容，公司会定期地编制财务报告（月报、季报或年报等）以持续及时地反映公司的经营状况。

财务报告的主要用途如下：

（1）为监管者提供必要的财务会计信息，帮助监管者及时掌握公司偿付能力的状况。保险公司需按照监管的要求，及时向监管者上报财务报告，并保证财务报告的真实准确。监管者能够通过财务报告及时准确地了解公司的偿付能力状况，以保证保险公司能够持续稳定地经营，保障保单持有人的权益。

（2）为公司的管理层提供决策依据。公司的管理层可以通过财务报告及时了解公司的经营状况，并制订相应的策略和规划。财务报告为公司管理层提供的帮助主要体现在两个方面：①反映运营中出现的问题，以帮助管理层制订相应的措施；②反映特定方案所带来的成果。

（3）为投资者提供必要的财务信息，帮助投资者作出正确的投资决策。通过财务报告披露的信息，投资者能够深入了解公司当年的经营状况，以此为基础对公司的前景作出合理的预期。

（4）为评级机构的评级工作提供必要的信息。在我国信用评级体系和制度尚未完善，但在成熟的国际市场中，信用评级工作对一个企业的经营发展有着至关重要的作用。信用评级的变化对公司的声望和品牌形象有着深刻的影响，直接关系到保险公司业务对客户的吸引力以及投资者对公司的信心。因此，公司的财务报告应该准确地反映公司的真实财务状况，以便评级机构作出正确的判断。

（5）为保险公司的客户提供有关公司财务状况的信息，为客户在选择保险公司的时候提供参考。

总体来说，公司的财务报告能够为各方提供真实准确的财务信息，以便研究分析，采取相应的行动。需要说明的是，除了公开上市的公司会定期发布财务报告外，一般公司的财务报告并不会对外公布，属于公司的“机密材料”。这主要是因为财务报告包含了公司大量的数据和信息，这也体现了财务报告对公司的重要性。另外，保险公司一般可能需要同时准备多套财务报告，以适应多种会计准则的要求。例如，为满足监管者的要求，需要在法定会计准则下编制财务报告，法定会计准则侧重于反映保险公司的偿付能力状况，这也是监管者的重要监管对象；而对于投资者来说，则更希望看到公司的盈利能力，因此在财务报告会计准则下编制的财务报告能够更好地满足投资者的需求。目前，几种重要的会计准则为法定会计准则、财务报告会计准则和用于计算税收的会计准则，保险公司可能需要在上述一种或多种准则下编制财务报告，以满足多方面的需求。

2. 财务报告的构成和主要内容

财务报告一般由财务报表、财务报表附注和财务情况说明书三个部分组成。

财务报表主要是以量化的形式反映公司的财务状况，包含大量的数字信息，是财务报告的重要组成部分。财务报表包括资产负债表、利润表、现金流量表和所有者权益变动表等。

（1）资产负债表。资产负债表是基本的财务报表之一。它主要是用来说明在财务报表日的资产、负债以及所有者权益的情况。法定会计准则下资产负债表如表 3－1 所示。

（2）利润表。利润表则是用来说明在财务报表期内（如一年、一个月等）公司的利润情况以及与利润相关的收入、支出情况。资产负债表反映的是在一个时间点的财务状况，而利润表则是反映在一个时间段内的财务变动状况。法定会计准则下利润表如表 3－2 所示。

表 3－1　　**法定会计准则下资产负债表示例**　　单位：人民币万元

资　　产	2009 年 12 月 31 日	负债及股东权益	2009 年 12 月 31 日
资产：		负债：	
货币资金	3 556	卖出回购金融资产款	3 281
交易性金融资产	908	预收保费	180
应收利息	1 411	应付手续费及佣金	132
应收保费	682	应付分保账款	3
应收分保账款	2	应付职工薪酬	429
应收分保未到期责任准备金	8	应交税费	420
应收分保未决赔款准备金	3	应付赔付款	572
应收分保寿险责任准备金	1	应付保单红利	5 459
应收分保长期健康险责任准备金	69	其他应付款	307
保户质押贷款	1 383	保户储金及投资款	6 727
债权计划投资	920	未到期责任准备金	600
其他应收款	185	未决赔款准备金	294
定期存款	34 348	寿险责任准备金	80 290
可供出售金融资产	51 406	长期健康险责任准备金	633
持有至到期投资	23 509	递延所得税负债	1 638
长期股权投资	1 234	其他负债	288
存出资本保证金	565	独立账户负债	5
在建工程	334	负债合计	101 258
固定资产	1 318		
无形资产	337	股东权益：	
其他资产	145	股本	2 827
独立账户资产	5	资本公积	7 460
		盈余公积	1 844
		一般风险准备	964
		未分配利润	7 976
		股东权益合计	21 071
资产总计	122 329	负债及股东权益总计	122 329

表 3－2　　法定会计准则下利润表示例　　单位：人民币万元

项　目	2009 年度
一、营业收入	34 172
已赚保费	27 508
保险业务收入	27 597
其中：分保费收入	0
减：分出保费	（16）
提取未到期责任准备金	（74）
投资收益	6 271
其中：对联营企业的投资收益/（损失）	70
公允价值变动损益	163
汇兑损失	（3）
其他业务收入	233
二、营业支出	（30 011）
退保金	（2 332）
赔付支出	（5 931）
减：摊回赔付支出	11
提取保险责任准备金	（15 453）
减：摊回保险责任准备金	1
保单红利支出	（1 449）
营业税金及附加	（115）
手续费及佣金支出	（2 294）
业务及管理费	（1 867）
减：摊回分保费用	（2）
其他业务成本	（365）
资产减值损失	（217）
三、营业利润	4 162
加：营业外收入	13
减：营业外支出	（21）
四、利润总额	4 154
减：所得税费用	（860）
五、净利润	3 293
六、其他综合收益/（损失）	1 072
七、综合收益/（损失）总额	4 366

（3）其他报表。除上述两种报表外，财务报告中还可能要求编制其他报表，以提供更多更详细的信息，如现金流量表和所有者权益变动表等。

财务报表主要是通过数字来反映公司的财务状况，而数字之间的关系以及“隐藏”在数字背后的信息，则需要通过财务报表附注来进行说明。财务报表附注一方面能够帮助理解和分析财务报表中的数据，另一方面丰富了财务报告所提供的信息。

财务状况说明书则着重从宏观的角度对公司的运营状况和经营成果等进行概括和说明，帮助财务报告的使用者从整体上了解公司的经营状况。

3.1.2 准备金评估概述

1. 准备金的基本概念

一般的人寿保险合同或年金保险合同的保障期都比较长，属于长期合同。在整个保障期内，保险公司都需要承担保险合同的给付责任。保险公司与保单持有人之间的这种权利义务关系，即形成了保险公司的负债。

保险公司的负债具有以下特点：

（1）长期性。如上所述，一般人寿保险合同或年金保险合同的保障期较长，属于长期合同。例如，实务中定期寿险的保障期一般为20年、30年，而终身寿险的保障期则有可能更长。相应的，保险合同负债的有效期即等于保险合同的保障期。

（2）复杂性。与其他企业的负债性质不同，保险合同所承担的给付责任是对于不确定的事件而言的。给付责任是否发生、何时发生都是不确定的，甚至有时候给付责任的数额也是不确定的。因此对于保险合同负债的数额，需要采用专业的精算技术来进行计算，这也是精算学在保险业的应用之一。

基于保险合同负债的上述性质，通常在实务中，这部分由保险合同的给付责任所形成的负债数额称为“准备金”，计算这部分负债的过程称为准备金评估。通俗地理解就是，准备金的数额就是为保险合同未来的净支出（保单相关的支出减去保费收入）所进行的准备，也就是当前负债的大小。在不同的会计准则下，准备金计算的方法存在较大的不同，相应地具有不同的特点。具体的差异将会在后续章节详细地讲述。

从资产负债表的角度来看，准备金是保险公司负债的重要组成部分，其数额在整个负债的数额中占有相当大的比例，这也体现了准备金评估在财务报告工作中的重要性。

从利润表的角度来看，准备金数额的变化对当期的利润也有很大影响。具体表现为，准备金的提转差为当期利润计算中的“减”项。在整个保障期内，准备金数额变化的“形态”，与各期利润之间的关系，是准备金评估中需要重点关注的地方。这也是在后续章节中重点讨论的对象，它可以帮助理解各种准备金评估的特点。

2. 准备金评估的简要流程

（1）确认评估假设和方法。准备金评估的第一步就是确定准备金计算所使用的假设和方法，这是准备金计算的基础。在不同的会计准则下，准备金计算的假设和方法也不同。例如，在法定会计准则下，准备金计算的假设和方法都有比较详细的规定，在实务中，精算人员需要在计算前复核相应的假设和方法，确保其符合相关的规定。而对于财务报告会计准则，对准备金计算的假设和方法则大多是规则性的指引，这时精算人员就需要根据相关的指引，结合自身的专业判断，选择符合准则要求的假设和方法。

（2）获取相关保单数据。在确定了准备金评估的假设和方法后，需要获取相关保单的信息。一般从公司的业务系统中可以得到全部的保单信息，公司精算人员再根据这些保单信息进行调整进而得到所需要的数据。实务中，这些调整一般包括以下几项：

①在评估日，保险公司所承保的保单可能处于多种状态下，如有效、中止、失效等，对于不同的保单状态，准备金评估的方法不同，因此需要将不同状态的保单区分开。

②公司业务系统得到的数据格式，与精算部门的准备金评估系统之间可能存在着差异，因此精算人员需要将数据转化成准备金评估系统能够识别的格式和内容。

③在实务中，准备金的计算一般不是在逐单的基础上进行的。精算人员一般会在一定的条件下对保单信息进行分组，这样既保证计算的准确性，又节省大量的人力物力资源。

（3）计算准备金数额。随着电子、信息技术的不断发展，当今的准备金计算工作都由计算机来进行，这也推动了准备金评估技术的不断发展。一般各保险公司都应用精算软件建立了比较完善的准备金评估系统，日常工作由系统进行，精算人员只需要定期对系统进行检查保证其准确性和有效性。

（4）检验计算结果。对于计算生成的初步结果，精算人员需要进行各种检验，保证在最大限度内避免由于各种原因导致的错误。检验一般包括两个方面：一是保证计算的准确性，二是保证计算的合理性。实际上，对于计算准确性的检验，在整个计算过程中需要多次进行。实务中的做法一般是在关键点上设置控制流程，例如，在每次数据转换的开始和结束的时候进行重要指标的控制，如输入的保单数和输出的保单数之间的关系等。除了保证计算结果的准确，精算人员还需要保证计算结果的合理，这就要求精算人员具有一定的专业经验和判断能力，一般的方法包括准备金变动分析等。

（5）生成报表。最终的准备金评估结果需要根据会计规则填入财务报表的相应部分。实务中，这部分工作由财务部门和精算部门合作完成，某些准备金可能是财务报表中的独立科目，但是某些可能需要与其他部门提供的数据整合填入财务报表。这就需要精算人员熟悉财务报表的结构，并能够与其他部门分工协作。

§3.2 资产负债管理简介

3.2.1 资产负债管理基本原理

1. 资产负债管理的定义

从字面上理解，资产负债管理应该包括对资产的管理和对负债的管理，但它并不是指对资产和负债单方面的独立管理，而是偏重于对资产和负债之间关系的管理。至于具体哪些行为属于资产负债管理，目前并没有一个具体的限定。资产负债管理起源于银行业，然而不同行业的资产负债管理也会有各自的特性，所展现出来的管理任务和目的也不尽相同。

最初，资产负债管理是为了管理利率风险，即为了实现与利率相关的收益最大化，而针对资产负债表的结构进行的管理。截至目前，利率风险的管理仍是资产负债管理的一个重要部分，但资产负债管理的含义和范畴却不仅局限于此。现代资产负债管理涉及的风险范畴包括利率风险、现金流动风险、汇率风险甚至偿付能力风险等，而且还有不断扩大的趋势。

资产负债管理是一个全面的、动态的管理过程。资产负债管理是根据一定的目标，考虑行业和公司的特殊背景，根据公司的实际资产负债状况而进行的资产负债关系的管理。这种管理包括制订目标、选择方法、搭建模型、测算结果、作出决策等一系列的工作。

2. 保险公司资产和负债的特点

正如之前的介绍，保险公司大部分的负债具有长期性，短则5年，长则50年、60年甚至更长，为保证几十年后有足够的资金进行保单保险利益的给付，最好的方法就是投资资产也具有相应的期限。但是目前固定收益的投资产品期限很少超过30年，这就为保险公司的资产负债管理带来了很大的难度。

保险公司的负债具有长期性，但同时也具有不确定性，这就要求保险公司的资产保持一定程度的流动性，以应对保险理赔或其他突发事件对公司运营的影响。

从精算原理上来说，在定价的过程中，保费的确定是建立在一定的收益率基础上的，因此对于保险公司的资产，就有相应的收益率要求。如果投资资产的收益率较小，则保险公司收取的保费将可能不够满足保单的赔付支出。

由于保险公司负债的特殊性，通常监管机构对保险公司的投资都会给予严格的限制，如保险资金可涉及的投资领域和投资比例等，这些限制能够在一定程度上保证保险公司资产的安全性，进而保障保单持有人的权益，但另一方面，这些限制也增加了保险公司获得较高资金回报的难度。

3.2.2 资产负债管理方法和应用

1. 资产负债管理方法

资产负债管理的基本方法主要包括久期匹配（Duration Matching）和现金流匹配（Cash Flow Matching）。久期匹配的主要思想是以负债的期限来决定资产投资的期限，使资产投资组合的久期和负债的久期相等，以此来规避期限内的利率风险。久期匹配的主要优点是便于实务操作，能够有效避免利率风险。但是，由于其仅是对资产和负债现金流的久期进行匹配，对具体的各时间点的负债现金流来说，仍可能存在资金不足的问题。

现金流匹配的思想是以负债的现金流状况决定资产投资的现金流状况，使得每一笔负债现金流发生时都有完全相对应的资产现金流出现。理论上，现金流匹配能够比较完美地解决资产和负债现金流在时间上不匹配的问题，但是在实务操作中则需要消耗大量的资源。因此，通过两者的融合，产生了新的资产管理方法，常用的方法是时期匹配（Horizon Matching），即前几年使用现金流匹配，后续年度使用久期匹配，这种方法有效地结合了现金流匹配和久期匹配的优点，克服其缺点，成为一种有力、有效的资产管理方法。

【例 3-1】 现金流匹配方法应用示例。

假设已知负债现金流如表 3-3 所示，假设可供选择的债券如表 3-4 所示。请使用现金流匹配的方法进行资产负债管理。

表 3-3

时间点	负债现金流
0	0
1	550
2	1 050

表 3-4

可选择债券	债券类型
债券 A	年息 5%，两年期债券
债券 B	无息，一年期债券

解： 一般现金流匹配方法需要从最后一期负债现金流开始，计算所需要的资产种类，依次向前，得到最终的投资组合。根据此方法，得到最终的投资组合为投资债券 A：1 000 元；投资债券 B：500 元。最终的资产负债现金流匹配结果如表 3－5 所示。

表 3－5

时间点	负债现金流	债券 A	债券 B	资产现金流
0	0	0	0	0
1	550	50	500	550
2	1 050	1 050	0	1 050

近年来计算机技术不断发展，为资产负债管理提供了更广阔的发展空间，进而出现了一些新型的方法，能够帮助保险公司进行更加全面的资产负债管理，如动态财务分析方法（Dynamic Financial Analysis，DFA）。动态财务分析方法是以保险公司为一个整体，考察保险公司在不同的情景下，各种因素的改变对公司的经营结果所造成的影响。这种方法综合考虑了保险公司经营中的各方面因素如资产、负债、产品设计和定价等，从而能够帮助保险公司的管理层更好地理解特定的决策对保险公司经营所带来的影响。

2. 资产负债管理的模型

资产负债管理的模型包括资产模型和负债模型两部分。资产模型的输入变量主要包括公司的现行投资策略、可供选择的投资产品、投资组合现状等；资产模型的主要输出结果包括对未来各项假定情景下投资资产组合现金流状况的预测、对各类资产的市场价值（Market Value）或账面价值（Book Value）的预测等。负债模型的输入变量主要包括有效保单状况、各种发生率假设、经济假设、费用假设等；负债模型的主要输出变量包括对未来各种情景下保单负债现金流的预测、对准备金和最低资本要求的预测等。资产负债管理就是针对不同情景下资产模型和负债模型的结果，综合考虑公司的经营策略和投资策略，制订出最终资产管理决策。

有关资产负债模型的具体建模和操作，在后面的章节将会有详细的介绍。

3. 资产负债管理的组织体系

完善的资产负债管理体系需要同公司的组织结构、决策流程和绩效考核等多方面联系起来。一般保险公司都会成立专门的资产负债管理委员会，由财务、投资、风险管理、精算、产品等相关部门作为成员，参加资产负债管理相关问题的研究和讨论，负责对资产负债状况进行监测和汇报。

§3.3 再保险简介

3.3.1 再保险的概念和作用

再保险是保险公司风险管理的重要组成部分，也是保险公司日常的风险管理工作之一。再保险就是保险公司将业务分出给具有再保险接受资格的专业机构。再保险对保险公司运营所起到的作用主要如下：

1. 风险管理

这是再保险的基本功能，也是最直接的功能。通过将在册业务整合分保，保险公司能够在一定程度上降低自身所承担的保险风险。

实务中，保险公司通常会与再保险机构签订再保险合同，称为自动分保合同，即符合再保险合同规定的业务“自动”分出给再保险机构，而再保险机构“自动”接受，不需要任何的审核。自动分保合同包括的业务所具有的风险，一般都在再保险机构所能承担的范围内，因此不需要事先审核就可以接受。对于超出这个范围的风险，再保险机构就需要进行审核以确定是否承保，这就是临时分保。

在实务中，通过自动分保和临时分保，保险公司就能将自身所承担的保险风险限定在一定范围内，确保经营的安全。而对于风险较大又没有再保险机构愿意承担的业务，保险公司一般不会承保。

2. 资本管理

这是再保险的衍生功能之一。这种再保险安排主要目的不是转移风险，而是为保险公司提供财务上的帮助。一般是通过对保险公司与再保险机构之间的收入、支出等进行特殊的财务处理，使保险公司的财务报表满足一定的要求。这种再保险安排一般也以合同的形式出现，但对再保险机构和保险公司的权利、义务的规定相对复杂，且能够在某些参数的设定上满足保险公司的特定需求。这种再保险安排灵活、复杂，是各国监管机构的重点监管对象。

3.3.2 再保险的主要方法

通过区分再保险的目的，再保险主要可以分为两种：传统再保险（主要以转移风险为目的）和财务再保险（主要以资本管理为目的）。传统再保险方法主要包括溢额再保险和成数再保险，财务再保险方法主要包括共同保险和修正共保等。对于具体的方法，将在后续章节详细介绍。

§3.4 资本管理简介

3.4.1 资本管理的范围和内容

1. 资本管理的概念

资本管理是一个比较宽泛的概念，并没有任何定义罗列出哪些行为属于资本管理，因此从广义来说，凡是与资本相关的管理活动都可以归类为资本管理，不同的资本管理行为蕴含着不同的管理目的。

2. 资本管理的形式和目的

(1) 资本金额管理。资本金额管理的目的是帮助公司确定其应持有的资本数额。最低资本管理（偿付能力管理）是其中应用最早、目前使用最普遍的一种方式，如美国的“风险资本金（Risk Based Capital，RBC）”，加拿大的“最低连续资本和盈余要求（Minimum Continuing Capital and Surplus Requirement，MCCSR）”，以及中国保险监督管理委员会要求的“资本充足率”等。其主要目的是保证保险公司的资本金额保持在“充足”的水平上，以应付保单的给付责任。

除此以外，经济资本（Economic Capital，EC）管理是目前经济发达国家逐渐开始使用的另一种资本金额管理的方式，其基本原理就是使公司持有的资本金额与其存在的风险相匹配，既要留存充足的资本以保证偿付能力充足，又要保证不留存不必要的超额资本，避免资本浪费，提高资本收益率，总之目的就是使公司的资本金额保持在一个“合理”的水平上。

(2) 资本结构管理。保险公司的资本形式可以有很多种，资本结构管理就是选择不同的资本类型组合，以达到资本结构合法、合理、有效。

权益类资本是常见的资本类型，如普通股、优先股等，权益类资本的风险较大，因此投资者会要求较高的回报率。债券类资本是另外一种资本类型，由于债券的风险较低，因此债券类资本可以提供较低的回报率，对公司来说压力较小。但需要说明的是，一般情况下，债券被认为是负债而不是资本。因此对于独立的公司来说，不能通过发行普通债券筹集到资本。但对于子公司来说，可以通过母公司发行债券再形成对子公司的注资，以此来增加资本金。

再保险安排也是资本结构管理的一个灵活有效的方式。再保险对公司资本的影响可以体现在两个方面：一方面，再保险安排通过将公司的部分保险风险转移出去，相应地降低这部分业务的资本要求；另一方面，通过财务再保险安排，为保险公司提供资本金。

(3) 资本筹集管理。资本筹集管理的目的是保证当公司资本不足的时候能够及时有效地筹集到一定数额和形式的资本。它不仅要求公司相关部门和人员在公司资本出现紧缺时迅速反应和行动，更要求公司管理层制定资本不足（偿付能力不足）的应急预案和预警措施，以便在出现或即将出现资本金不足的情况时，能够及时发现，并能够快速、有序地按照应急预案进行最有效的资本筹集工作。

资本筹集的途径有很多种，包括向股东申请增加注资、发行次级债券、出售公司部分业务、安排再保险、申请上市筹资等。不同的筹资方式有着各自的优缺点，公司管理者需要根据自己公司的属性和现实情况，选择最合适、最有效的一种或多种筹资方式。

（4）资本分配管理。资本分配管理是指将公司总的资本金通过某种方式分配到各条业务线，从而跟踪和衡量各业务线的业务质量。资本分配管理的目标是将有限的资本投入到高质量、高回报的业务渠道中，最大限度地提高公司的资本回报率。

3.4.2 偿付能力管理和经济资本管理

偿付能力管理和经济资本管理是资本管理中最核心的内容，本节对这两类资本管理方法进行概括总结。

1. 偿付能力管理

保险公司的偿付能力是保险公司经营的前提和关键，保险公司必须具备充足的偿付能力，以保证在保单发生理赔时，能够有充足的资金进行赔偿或给付。另一方面，保险公司具有充足的偿付能力，在树立公司稳健的形象，提高投保人对公司的信心，提高公司业务量方面也发挥着重要的作用。正由于这个原因，偿付能力管理一直是监管者监管的重点，也是各评级公司对保险公司评级时重点关注的方面。前文介绍的美国“风险基础资本”、加拿大“最低连续资本和盈余要求”等都属于偿付能力管理的应用。偿付能力管理一般用于监管机构对保险公司的监管。

2. 经济资本管理

经济资本管理的基本思想就是，公司在经营过程中存在风险，而风险需要资本的支持。保险公司的经营有风险，这些风险需要适当金额的资本来吸收。决定一个合理的资本金额便是经济资本管理的目的。也正是由于经济资本建立在风险的基础上，经济资本管理首先需要做的便是识别、衡量保险公司经营中所面临的各类风险，并且决定如何计算这些风险，如何选用合适的模型和参数，如何分析模型得到的结果。

保险公司不同的利益关注方对资本的要求不同，保单所有者希望公司持有非常充足的资本，这样他们才能感到安全；而公司投资者希望公司不要持有过多的资本溢额（实际资本超过最低资本要求的部分），以提高资本投资回报率（Return of Equity，ROE）。经济资本管理的目标就是决定一个合理的资本金额，既要保证公司的偿付能力充足，又要保证公司资本投资回报率最优。

总之，经济资本管理是基于资本的两个特征而建立的，即：资本是稀缺的，因此必须将有限的资本有效地配置到最能增加公司价值的环节；资本是有成本的，因此必须强调对资本的回报，也即对所有者实现价值创造，并充分考虑资本所承担的风险，实现收益与风险和成本的统一。经济资本一般多用于公司自发的资本管理。

目前国际上对经济资本的定义已经有了基本一致的意见，认为经济资本是在特定时间跨度和风险承受度下，保险公司为应对未来所有给付责任所需持有的盈余额度（资产的市场价值超过负债的公允价值的部分），但经济资本的具体计算方法却多种多样，在本书后续章节中将会详细介绍各种方法，本节暂不叙述。

3. 偿付能力管理和经济资本管理的比较

（1）经济资本是根据公司自身承担的特有风险而计算出来的；而最低资本（最低偿付能力）是监管者基于整个保险业的风险状况而划定的统一的最低资本充足要求，并不能或不完全能真实反映公司的实际风险。

（2）经济资本是从保险公司正常经营的视角看资本，而最低资本则是以监管者监管偿付能力的视角看资本。

（3）偿付能力管理一般主要考虑的是投资风险和保险风险两大风险；而经济资本管理要覆盖保险公司所面临的所有风险，除了投资风险和保险风险以外，还要包括市场风险、信用风险、运营风险等多种风险。

（4）最低资本监管下，可能出现资本充足率达到要求而仍不足以覆盖风险的情况，也可能出现对资产状况良好的保险公司过高的资本充足约束；与最低资本相比较，经济资本则更好地反映了特定保险公司的实际风险状况及资本的真实需求。

（5）经济资本管理除了帮助公司决定合理的资本金额外，还可以帮助公司进行产品设计和定价，协助资本金在各业务线间的分配，计算资本的回报。

主要参考文献

【1】　陈兵：《保险公司财务管理》，中国财政经济出版社2007年版。

【2】　David B. Atkinson & James W. Dallas, *Life Insurance Products and Finance*, SOA, 2000.

第二篇　个人寿险与年金产品定价

第4章　产品特点及定价考虑的因素

学习目的

- □ 从产品设计类型上描述不同产品的分类及其特点
- □ 熟悉各种类型的产品的设计特点和该类型产品在设计上的一些创新和发展
- □ 分析各类型产品在定价假设的选取和定价方法的运用等方面的特殊考虑因素
- □ 描述我国个人寿险产品的产品开发、监管和销售渠道的发展

§4.1　定期寿险

定期寿险是在合同规定的有限时间内提供寿险保障的保险。若被保险人在保险期间内身故，则保险公司给付保险金额。若被保险人生存至保险期间结束，则保险合同终止。

对比其他寿险产品，定期寿险只提供死亡保障，没有生存或满期给付，因此定期寿险的单位价格较低，即以较低的保险费提供较高的保障。但是定期寿险的单位价格会随被保险人投保年龄的增长和保险期间的加长而迅速增加。

由于其只提供死亡保障，对于消费者而言，比较简单，易于比较，所以定期寿险产品的价格竞争比较激烈，续保率也比较低。

4.1.1　定期寿险的特点及产品设计

1. 保险期间和保险金额

定期寿险的保险期间比较多样化，可以是固定的期限，如1年期、10年、20年期；也可以是到某一特定年龄，如65岁、70岁甚至到100岁。

定期寿险的保险金额可以是平准的，即在固定的保险期间内提供的身故保障保持不变，也可以是递增的或递减的。

递增型定期寿险的保险金额每年或每几年递增一次，增加的幅度可以

是初始保险金额的一定百分比，也可以是当前保险金额的一定百分比。对于客户而言，增幅以原始保险金额为基础比较容易理解。例如，一个 20 年期的定期寿险，保险金额每 5 年递增保单生效时保险金额的 10%，若生效时的保险金额为 10 万元，则从第 6、11 和 16 保单年度开始，保险金额分别上升至 11 万、12 万和 13 万元。保险金额递增的设计主要是为了抵御通货膨胀，所以也有一些保险公司将递增的比例和外部的某些指标联系起来。保险公司在设计保险金额递增定期寿险时，通常会限定一个最高的保险金额比例，如保险金额最高不超过初始保险金额的 200%，以防止在年龄较高时保险金额过高。

保险金额递减的定期寿险通常与特定的保险需求紧密联系。例如，在抵押贷款定期寿险中，保险金额会以一定的比例逐年减少，减少的比例与抵押贷款的偿还方式相匹配，因而可以在被保险人死亡时提供等量的保险金以偿还贷款余额。此外，保险金额递减的定期寿险通常会设定一个保险金额下限，当保险金额降低至这个下限时，不再下降或保险终止。这种设计主要是为了避免保险公司由于持有大量小额保单而导致费用成本大幅上升。

表 4－1 列举了初始保险金额相同的 3 种类型产品，在以后的保单年度保险金额的变化情况，以供理解。

产品一：平准型。保险金额在保险期间保持不变。

产品二：递增型。保险金额每 5 年递增保单生效时保险金额的 10%，最高不超过初始保险金额的 130%。

产品三：递减型。

表 4－1　　单位：元

保单年度	产品一	产品二	产品三
1	100 000	100 000	100 000
2	100 000	100 000	98 500
3	100 000	100 000	97 000
4	100 000	100 000	95 300
5	100 000	100 000	93 600
6	100 000	110 000	91 700
7	100 000	110 000	89 800
8	100 000	110 000	87 800
9	100 000	110 000	85 700
10	100 000	110 000	83 500
15	100 000	120 000	70 600
20	100 000	130 000	54 100
25	100 000	130 000	33 100
30	100 000	130 000	6 200

2. 保险费的形式及保证

每年续保的定期寿险，通常按已达年龄收取保险费，即每年的续保保险费按被保险人当前年龄对应的费率重新计算。这种保险费形式在被保险人年龄较低时具有一定的吸引力，但随着年龄增长保险费会不断增加，特别在年龄较高时保险费的增速加快，因此，在每年续保时，投保人都可能会在市场上寻找更加便宜的替代品。通常身体状况好的被保险人比较容易得到保险费便宜的新合同，而身体状况较差的被保险人则没有太多的选择，往往只能继续持有现有保单，因此，剩余保单的死亡发生率会比正常人群高，这就是所谓的选择性退保引起的问题。

考虑到核保过程能够大大降低前几个保单年度被保险人死亡率，为了吸引客户，保险公司有时会使用选择终极表费率的形式，即在保单生效的前几个保单年度，保险费率比正常的已达年龄费率低，并且逐年接近于正常已达年龄的费率，而在一定的年期后，则采用最终费率，即正常的已达年龄费率。然而，这种保险费结构也不可避免地面临选择性退保风险。优良体和标准体客户在选择期结束后，通常会选择重新购买新单以再次享受选择性费率。

设计已达年龄费率结构的定期寿险的另一个常见问题是销售人员的首期佣金太低，难以提升销售积极性。

定期寿险最常用的保险费结构是平准费率结构，即保险费费率在整个保险期间保持不变。类似的结构还包括每隔一个固定期间（如 5 年）变动一次费率，或在整个保险期间可以变动一次或两次。由于保险费在保险期间保持不变，而实际保险给付因死亡率的增长而不断随年龄增加，保险费的结构和实际的利益给付模式并不匹配，因此在设计时要考虑现金价值的问题。部分国家的保险监管机构会规定最低的现金价值标准，对于平准费率的定期寿险，通常要设定各年度退保的现金价值。中国保险监督管理委员会在 1999 年发布的精算规定中也有类似的最低现金价值的规定。

保险金额递减型定期寿险若采用平准费率结构，在保单的最后几年，保险费费率相对于剩余保险金额而言，可能显得比较昂贵，这间接地降低了被保险人维持保单生效的积极性。通常保险公司可以用以下几种方法来解决：

（1）提供短期缴费的保险金额递减型定期寿险，即缴费期限短于保险保障期间。通常可以设定缴费期为保障期间的一半或者更短。

（2）采用保险费递减的形式，但这种形式可能造成首期保险费过高，影响销售。

（3）保险金额递减一定年度后，在保险期间的后期保险金额固定，不再减少。例如，设定保险金额递减至原来保险金额的20%或某一固定值后，不再递减。

（4）采用已达年龄的费率方法，保险费等于已达年龄的费率乘以当前保险金额。不过这种方法未必能真正解决问题，在保险期间的后期，由于已达年龄的费率比较高，虽然保险金额降低了，但保险费并不低；甚至，当已达年龄的费率增幅大于保险金额的降幅时，总的保险费还会升高，由此导致各年度保险费的模式比较奇怪，会出现忽高忽低的反常现象。

为了能以更低的费率吸引客户，保险公司也可以采用可调整费率的定期寿险，即费率平准，但并不保证保险公司可以根据过往的死亡率、费用率和退保率等经验，重新拟定费率。如果采取这种费率结构，保险公司在初次推出产品时就不需要因为过往的经验不足或不可信而采用过于保守的定价假设。需要明确的是，费率的调整是针对整体业务而言，不可以对个别的被保险人实施。保险费的调整是基于对未来的死亡率、费用率和退保率等假设而确定，不可以用于弥补过去的经验损失或分摊过去的收益。不过，保险公司在设计产品时要充分考虑到费率调整，特别是费率增加所可能引起的市场反应。此外，这类可变费率的产品通常还要满足一定的信息披露要求。

还有一种可变费率的定期寿险称为重新核保定期寿险。保险公司在保单生效时根据被保险人的健康等级收取不同的费率，但保险公司保留调整费率的权利。这里所指的调整费率有两种不同的情况：第一种形式是在一定期间后（如 4 ~ 5 年），要求被保险人提供可保证明，重新核保，但核保的要求和标准都不保证。若重新核保后，被保险人不能维持原有的健康等级，则需要收取更高的保险费。第二种形式是各等级的费率并不保证，即使核保的要求和方式都有事先阐明，被保险人的健康等级也保持不变，被保险人仍有可能因保险费率的调整而被收取更高的保险费。重新核保的设计加强了选择性退保的风险。由于每隔一定时间，被保险人都要提供可保证明以供重新核保，被保险人更加倾向于同时向其他保险公司询价，若可以从其他保险公司获得更好的费率或健康等级，则该保单极有可能不会续保。由于有选择性地退保或有一些被保险人通过重新核保获得比过往更低的保险费，若保险公司希望维持原有的盈利水平，则对于剩余的同一健康等级的被保险人，即便他们没有重新核保或风险等级并没有改变，也极有可能被收取更高的保险费。

在定期寿险的设计中，保险费率还可以根据被保险人不同的生活习惯（如吸烟和非吸烟）有所不同，也可以对不同的保险金额收取不同的实际费率，如提供大额保单的折扣。

3. 保单持有人的选择权

定期寿险最常见的保单持有人选择权就是保单的可转换权。保单的转换权给予保单持有人在一定期间内，在不需要可保证明的情况下，将定期寿险转换成终身寿险或其他带有现金价值的两全保险的权利。

保单的转换权增加了定期寿险的灵活性。它对那些在购买定期寿险时并没考虑周全或在初期只能够承担较低保险费的保单持有人提供了再选择的权利，特别是对于次标准体的被保险人，若要重新购买保险，要么因健康原因不被接受，要么就是被课以更高的费率。虽然保单可转换权会给保险公司带来一定的逆选择风险，但在通常情况下，终身寿险或其他带现金价值的两全保险的盈利能力要强于定期寿险，定期保险保单的转换可以给公司带来额外的利润。

由于要控制逆选择风险，保单的可转换权通常不会在整个保险期间都有效，保险公司一般将其限制在一定期间内，如 5 年以内。有一些保障期限较长的定期寿险，可转换权的行使会限制在某特定年龄之前，如 60 岁或 65 岁前。超过规定期限后，可转换权就自动失效。保险公司通常还会限定可转换产品的范围，如定期寿险一般不会被允许转换为含有重大疾病保障的产品。

对于保险金额递减型的定期寿险，保单的可转换权的限制可能要更加严格，通常可转换的保险金额为当前保险金额的一定百分比，如 80%。

在实际操作中，保单在转换时可以将被保险人的已达年龄作为新保单的投保年龄，也可以将原有定期寿险的投保年龄作为新保单的投保年龄。从保单持有人来看，似乎以原来的投保年龄转换更有吸引力，因为可以享受较低的保险费费率。转换时可以用定期寿险的准备金或现金价值抵缴部分的新单保险费。对于以投保年龄作转换的，有的公司要收取新保单和定期寿险的保险费差额作为转换的条件。

4. 定期寿险的现金价值

不同的国家对现金价值有不同的规定，按照现行中国保险监督管理委员会的规定，长期的定期寿险需提供最低的现金价值。由于定期寿险主要提供保险保障，所以有很多国家并没有规定定期寿险一定要提供现金价值，如美国。

5. 其他定期寿险的产品设计

定期寿险附加合同。由于不需要承担保单费用，定期寿险作为附加合同可以以更低的价格提供保障。附加定期寿险在设计上基本与普通的定期寿险相同，保险金额设计可以为递增或递减，也可以提供保单的可转换权。

有一种设计是以每年分红主合同的现金红利购买一年期的定期寿险附加合同。若红利的增长与一年期定期寿险费率增长幅度相当，这种设计就可以提供比较恒定的额外定期保障。但当一年期寿险的费率增长大于红利的增长，定期寿险的保障就会降低。还有另一种设计，是以分红主合同的现金红利购买一次性缴费的定期寿险，其效果相当于提供一个保险金额递增的定期寿险。

定期附加合同也可以为主合同被保险人的配偶或子女提供保障。对于向子女提供的保障，一般只保障到子女成年前如 21 岁或 25 岁。向配偶或子女提供的定期附加合同还可以提供保险费豁免的利益，即当主合同被保险人死亡或残疾时，附加合同就不需要继续缴纳保险费。

多重生命的定期寿险，是指为两个或两个以上的被保险人提供寿险保障的产品，最常见的为两个被保险人的多重生命保险。多重生命的定期寿险通常有两种设计："最早死亡保险（first - to - die）" 和 "最后死亡保险（second - to - die）"。前者是当任一被保险人死亡时保险公司即给付保险利益，保险利益可以为第二被保险人提供生活上或其他的保障；后者只有在两个被保人都死亡时，保险公司才需要给付保险利益，这类设计多被用于规避遗产税。

4.1.2 定期寿险的定价因素

1. 死亡率

由于定期寿险的保险金额相对于其他产品较高，死亡率假设对于定期寿险的定价尤为重要。在定价时通常会在保单的前几个保单年度使用选择因子以反映核保的选择效应。对于续保年度的死亡率假设，则需要考虑选择性退保对死亡率的影响。但是，定期寿险的实际死亡率的折现值（反映生存因子和利率因子）与期望死亡率折现值的比率并不比终身寿险高，主要有以下原因：

（1）定期寿险的保险金额较高，核保较为严格。而保险金额较高的保单死亡率经验比一般的保单好。

（2）定期寿险的续保率较差，而前期的理赔经验较好，所以导致在折现值中前期的权重加大。

（3）健康状况较差的客户，倾向于将保单转换为终身寿险以获得更长的保障。

在设定定期寿险的续期死亡率时要特别小心，应该反映核保效应的递减、选择性退保带来的逆选择以及保单选择权所带来的作用等多种因素的共同影响，否则可能导致产品在后期产生亏损。对于分红型定期寿险，若前期产生的利润随红利过早派发，则后期的亏损将无法弥补。

2. 续保率

续保率假设在定期寿险的定价中起着极其重要的作用。前期退保率高，会导致保单核保、缮发保单以及销售费用等获取成本难以充分摊销。虽然，对于平准保险费的定期寿险，由于现金价值较低，或有的国家由于没有最低现金价值的要求，现金价值为零，保险公司在客户退保时可能因此而有所获益，不过作用相当有限。同样后期的续保率也要特别注意。对于定期寿险，后期通常是失效支持的，所以在设定假设时留有一定边际。

由于定期寿险所带来的保险费规模较低，所以目前国内的定期寿险价格竞争并不算太激烈。但要充分估计市场的发展，将来在竞争充分的情况下，保险公司可能会以较低的价格诱使客户重新签发保单，从而导致续保率下降。对于一些特定的定期寿险，续保率可能有不同的考虑，如定期寿险附加合同，其续保率会与其所附加的主合同较为相似。还有一些与抵押贷款相联系的递减型定期寿险，由于保险需求明确，其续保率相对较好，但在利率环境变化导致客户倾向于提前还贷时，退保率也会大幅上升。

3. 营销员的佣金及其他考虑因素

定期寿险的佣金率比一般终身寿险或两全保险高，但是由于其保险费费率较低，所以营销员获得的实际佣金也较低。

最常见的佣金率设定仍然为逐年递减型的，如在第一、二、三、四、五保单年度及以后分别为35%、15%、10%、5%、5%。由于后期佣金不断降低，营销员可能会诱使客户将旧保单中断，重新签发新单以获取更高的佣金收入。有鉴于此，有的保险公司会在定期寿险的佣金率设计上加以特别考虑，如采用“循环型”和“平准型”佣金结构。所谓“循环”，指的是每若干保单年度增加一定的佣金以促使定期寿险续保。如每5年增加20%的佣金结构，就是在原来第5保单年度及以后的佣金基础上，将第6年、第11年、第16年等保单年度的佣金率上涨20%。但是对比新单佣金率，“循环型”的佣金仍不够有吸引力，同时新单带来的新保险费还会给营销人员带来其他的奖励和津贴。“平准型”佣金则是将佣金率设定为每年平准或减少首年和续年的差别，如每年都是均衡的15%。不过这样的设计使首年的佣金更低，会削减营销员对产品的销售热情。

营销员的行为还受其他营销制度的影响。如有的保险公司实行严格的保单重置规定，若被保险人在旧保单终止前后半年购买相同类型的保单，则此新单将不计入营销人员的新单业绩，也不足额发放新单佣金，这类规定对营销员的行为有一定的规范作用。但也有一些关于晋升和考核的规定，要求营销员在一定期间内销售若干新单，此时营销员通常会为自己或亲属购买一些较便宜的保单（如定期寿险），以满足此要求。通常这种类型的保单会很快失效。

由中介机构（如经纪公司和代理公司）销售的定期寿险，其续保率相对较差。中介机构一般不受一家保险公司的保单重置规定的影响，可以将A公司的保单终止，然后在B公司签发新单以使其利益最大化。当然中介公司在进行这类操作时也会通过市场比价，为客户以更低的价格获取新单。

从客户的角度来看这未必是坏事，但保险公司就要蒙受损失了。

4. 保单持有人选择权的定价

选择权的定价十分复杂，首先要确定保单持有人行使选择权的比例及行使选择权后的死亡率、续保率和新单获取成本等假设。所谓选择权的费用实际是保单持有人在行使该选择权选择新产品后，在死亡率、续保率和新单获取成本方面与新选择产品定价假设的差异而导致的额外费用。

选择行使选择权的保单持有人，一般健康状况较差，所以死亡率较正常的被保险人高，而在行使选择权后其续保率则相对优于其他保单持有人。由于豁免核保省去了体检、医学核保等费用，所以新单的成本也较低。

对于选择权还要确定其收费由哪些保单持有人承担，通常有三种方法：

第一种是费用由行使选择权的人承担，即在原定期寿险费率中不包含选择权的价格。这种做法对大多数保单持有人有利，因为早期保险费压力较小，而最后如果不执行选择权也不会有任何损失。

第二种是费用成本由那些愿意选择持有选择权的人共同承担，而无论该保单持有人最后是否行使该权利。这种方法通常会将选择权单独定价，由愿意选择持有选择权的保单持有人购买。

第三种是费用由所有的保单持有人承担而不论其是否愿意持有或行使该权利。虽然这种做法对于保单持有人不是最公平的，但这种做法比较容易操作，也减少了逆选择的风险。许多保险公司就是采用这种方法来抵偿定期寿险转换所带来的额外死亡成本。

5. 其他考虑因素

费用假设对定期寿险的影响较大，这是因为定期寿险的费率比较低，其对于以保单为单位的固定费用和以保险金额为单位的核保和其他费用都十分敏感。此外，通货膨胀会导致续保险费用逐年增加，这也要在定价时予以充分考虑。

定期寿险的利润要求通常都比较高。定期寿险对于死亡率、费用率和续保率等假设都十分敏感，所以需要设定较高的利润目标，如利润边际（profit margin），以便为将来可能产生的不利经验假设变化提供足够的缓冲，同时还要特别关注新业务压力（New Business Strain，NB Strain）。定期寿险的各项费用较高，且监管机构对此类产品的资本要求相对于其保险费来说也相当高，有时甚至比首年的保险费还高，因此，定期寿险对资本的占用非常高。收支平衡年度也是要关注的指标，若收支平衡年度太靠后，续保率的恶化所带来的影响将会导致产品最终亏损。

再保险也是定期寿险定价中通常要考虑的因素。由于定期寿险的保险金额较高，超过保险公司自留额部分通常会被分保出去，在定价时要考虑再保险所占的比例，如果比例较高则要关注分保后的利润指标。

§4.2 终身及两全保险

终身寿险是指提供终身保障的人寿保险。但是何谓“终身”呢？保障至多少岁才能算终身呢？市场上并没有一个非常清晰的定义。目前市场上的终身寿险产品，大部分保障到100岁或105岁，也有部分产品并没有一个固定的保障结束期限，一直保障至被保险人身故为止。是不是后者才是真正意义上的终身寿险呢？其实不然，它们基本上是等价的。对于那些保障至100岁或105岁的产品，都会在被保险人活到该年龄时给付相当于保险金额的满期金，实际上类似于一个保障至100岁或105岁的两全保险。各个国家正式公布的生命表一般只到100岁或105岁（国内的生命表至105岁），隐含的假设是所有人于100岁或105岁时都会死亡。如果保险公司采用这类生命表为终身寿险产品定价，则在100岁或105岁时应向所有剩余的生存被保险人给付死亡保险金，这时保单的现金价值也就等于保险金额了。对于聪明的客户，若在这个年龄仍然生存，则应该退保以提前获得等同于保险金额的现金价值，而不是一直等到死亡时才获得保险金额，所以说，保障到100岁或105岁的产品，与保障至被保险人身故的产品，基本上是相同的。

两全保险是指在保险期间内以死亡或生存为给付保险金条件的人寿保险。

两全保险除了提供满期时的给付之外，有的还在保障期间内提供生存给付。生存给付的设计形式比较多样，有每间隔几年（如3年或5年）给付一次的，也有在特殊年龄段以某种名义进行给付的，如教育金产品，可以设计成在15～17岁或18～22岁时连续给付几次，而退休金产品则可以设计成在退休年龄（如60岁）后开始给付。此外，生存给付的额度也可以被设计成平准、递增等各种形式。

4.2.1 终身及两全保险的特点及产品设计

1. 保险期间和保险金额

两全保险的保险期间比较多样化，短期的可以是3年、5年，长期的可以是20年、30年，甚至有些保障至100岁的产品，也可以被称为两全保险。还有一些公司提供所谓“两段式”的产品，此类设计多存在于投资成分较重的产品中，如某公司设计一个5年期一次性缴费的银行产品，如果保单持有人在5年期满时不提出满期申请则该产品自动续保至7年。从保单持有人的年化收益率来看，续保至7年满期的收益率较高。

大多数终身寿险和两全保险的保险金额都是平准的，在整个保险期间保持不变。不过也有部分产品的保险金额被设计成递增的或者分段式（保险期间分成几段，每段的保险金额各不相同）。有时，为了简化核保过程，在前一两个保单年度只提供返还保险费的死亡给付或只提供意外的死亡给付。这种设计多见于投资成分较重的两全产品，由于死亡给付和生存给付的作用相互抵消，这类产品对死亡率假设的敏感度大大降低。

2. 保险费的形式

终身寿险和两全保险的缴费期间可以与保险期间一致，也可以比保险期短，最短的则是趸缴保险费。

终身寿险和两全保险的保险费多为平准型的。也有一种设计是保险费在前几个保单年度以一定比例递增，当增长至一定水平后就固定不变了，如每年递增 5%，当保险费为初始保险费的 150% 时，就保持水平。这种设计主要使初始保险费看起来低一些，对于现阶段收入较低的人群有一定的吸引力。

3. 不丧失价值选择权

由于终身寿险和两全保险多采用平准保险费形式，所以基本上都会产生现金价值。保险合同通常会事先规定在保单持有人停止缴付保险费时，对合同的处理方式，例如，退保、自动保单借款、减额付清、展期保险和保单中止等。以下对这几种选择权作简单的介绍。

（1）退保：当保单持有人选择退保，所有的现金价值就会退给保单持有人，并且所有的保障也随之终止。选择这个方式，保单持有人可以马上获得一笔现金价值，但也意味着保险同时终止并且不可以申请复效。值得注意的是，在保单的初期，现金价值相对于所缴付的总保险费是相当小的。所以保单持有人在选择这个方式时要特别小心，如果只是短期需要资金，可以选择保单借款，或者是部分退保。

（2）自动保单借款：自动保单借款实际上是以保单借款的形式借钱给保单持有人用于缴付保险费以维持保单的有效性。当借款额加上累积利息大于现金价值时，保单就会自动失效，此时，所有的现金价值都将用于抵偿借款及利息。曾经有客户提出这样的质疑，“我借的是自己的钱，为什么要给利息？现金价值是我所有的，我可以随时提走，但现在我不提，只是借，我借自己的钱，为什么要给利息？”要解释这个问题，首先要让客户清楚保险公司的运作，保险公司需要将保单对应的资产进行投资以保证保单将来的各项利益给付。而这部分资产在客户方面可以体现为现金价值。如果客户借出了现金价值，则保险公司就丧失了对这部分资产的投资收益，因此保险公司需要收取利息作为补偿。

（3）减额付清保险：减额付清保险就是保单持有人以现金价值作为一次性缴付的保险费，以购买与原保险合同保障范围完全一致但保险金额相对减少的保险。通常，在计算减低后的保险金额时，所采用的趸缴费率只考虑净保险费，不考虑附加费用。此外，在主合同转变为减额付清保险后，其所附加的附加合同会被终止。

（4）展期保险：展期保险同样以现金价值购买一个一次性付清的保险。这个保险的保险金额与原保险的保险金额相同，但只提供死亡保障，而保障期间则为原保险剩余保障期与现金价值可以购买的实际期限的较短者。若现金价值不足以购买与原保险剩余保障期等长的展期保险，则展期保险保障期以现金价值可购买的最长期间为限。若现金价值超过购买与原保险剩余保障期等长的展期保险所需的一次性保险费，则剩余的现金价值退还投保人或按保险合同的规定购买其他保障。对比减额付清，展期保险更注重保险保障，而减额付清则保持产品的特性与原保险一致，但保险金额降低。

4. 多重生命保险

（1）最后死亡保险。最后死亡保险一般为两个被保险人提供保障，在第二个被保险人死亡时，提供保险利益给付。这种产品主要为适应国外的遗产税的要求，应用于财务计划中。例如，两个被保险人共同拥有实业资产，在他们身故后，财产继承人有可能被迫以变卖资产的方式来筹足缴纳遗产税所需的现金。考虑到实物资产流动性较差，在短期内变现会给财产继承人带来较大的损失，如果购买了最后死亡保险，则不会存在这方面的问题。

由于通货膨胀和资产增值的原因，允许最后死亡保险的保险金额自动增加可以使保单更符合被保险人的财务规划要求。保险金额的增加可以是基于 CPI 指数，也可以是基于固定的百分比，如 5% 或 10%。不过通常也会设定一个最高保险金额的限制，如最高保险金额为原保险金额的 2 倍。

保单拆分选择权：该选择权允许被保险人在将来发生某些特定事件时，将保单拆分为个体保单。这类事件通常限定为财产税法的变更、离婚或者生意散伙等。同时还会规定新个体保单的保险金额之和不会超过保单拆分前的保险金额。

特别保险金额保障：有的国家规定若人寿保险的生效时间距被保险人死亡不超过 3 年，则死亡保险金也需要纳入遗产税的计算中，所以在设计最后生存产品时要考虑这方面的规定，将保单生效前 3 ~5 年的保险金额定得比以后年度高，可以应付这类特别税收要求。

有的产品也提供所谓的最早死亡保险金，在第一个被保险人死亡时，给付部分的保险金额以用于处理身后事宜和可能发生的税务要求。

（2）最早死亡产品。最早死亡产品为多个被保险人提供保险保障，在这些被保险人中发生第一起死亡事件时提供保险给付。最早死亡产品可以同时为超过 10 个被保险人提供保障。最早死亡保险可以为家庭提供保障，如夫妇。当其中一人发生死亡时，保险公司可以给付保险金以提供收入损失补偿或支付身后需支出的相关税费。最早死亡保险也可以应用于商务保险市场，为生意上的合伙人提供保障。当其中一个合伙人死亡时，保险金可以作为收购其股份的资金。

最早死亡保险有以下一些产品特征：

①生存者购买选择权：这一选择权可以使得剩余的被保险人在第一位被保险人死亡后继续持有保险合同。如 4 个公司的合伙人共同持有一份最早死亡保险。在其中一位被保险人死亡之后，其他 3 人希望获得一份相同的最早死亡保险。如果他们选择生存者购买选择权，就可以不需要任何可保证明获得与原保险金额相同的最早生存保险。

②保险金额自动增加：由于通货膨胀和财产增值的原因，保单持有人希望保险金额也可以相应增加。保险金额的增加可以以 CPI 为基础，也可以基于固定的百分比，如 5% 或 10% 。但通常会对增长的保险金额有所限制，如不可以超过初始保险金额的 200% 。

③不等额的身故给付：不同的被保险人的身故给付可以有所不同，以反映不同的收入水平或在合伙生意中所占的不同百分比。

④增加或减少被保险人：特别在商业市场中，由于合伙人可能发生变更，若每次都要重新签发新单，对保单持有人较为不便。为避免重新核发新单，保险合同通常允许在特定的条件下变更，如增加或减少被保险人。当然，此类改变也会导致费率的重新调整。

⑤同时死亡额外给付：大多数的产品都会在出现两个或两个以上被保险人同时死亡的情况时，提供相等于保险金额的额外给付。

⑥保单拆分选择权：一些产品允许在将来把保单拆分为多个单独的个体保单，而对拆分的缘由限制甚少，甚至没有限制。一般新保单的保险金额之和不得超过现行保单拆分前的保险金额，从而限制了新的潜在风险。新的保险合同一般基于被保险人原来的年龄和风险类别，但这会给管理带来一定困难，保险公司可能会为保单的拆分收取一定费用。

5. 其他形式的产品设计

（1）未成年人的保险金额设计。中国保险监督管理委员会规定未成年人（18 岁以下）在成年之前保险合同约定的死亡给付的保险金额总和、被保险人死亡时各保险公司实际给付的保险金总和均不得超过人民币 10 万元。此条例的发布对保险产品特别是储蓄成分占比较大的两全产品的销售产生了一定的影响。于是很多保险公司在设计未成年人的两全产品的死亡给付时，引入了保险费返还的概念，以符合中国保险监督管理委员会在保险金额方面的限制。通常的产品设计为在被保险人 18 岁以下死亡时，返还保险费与现金价值的较大者；而在18岁以上死亡时，给付保险费与现金价值及保险金额三者的较大者。也有的公司在计算返还保险费时不只是将保险费简单地相加，还考虑了利率的因素。这时所谓的保险费返还是指保险费按照一定的预定利率，如2.5%，按年复利计算所得的累积会额。如果不区分被保险人的年龄而统一采用传统的保险金额作为死亡给付，考虑到与其他已生效保单保险金额的累加，未成年人新保单的保险金额可能会被限制得很低。而对于一些保险金额递增的产品，情况会变得更加复杂。

（2）未成年人保险金额留置。传统上很多产品对婴幼儿的保险金额都有特别的调整，如在0～1岁，死亡给付为20%的保险金额，1～2岁为40%，2～3岁为60%，3～4岁为80%，4岁以上则为100%。这种设计主要是考虑逆选择风险，对于年龄比较低的婴幼儿，若不考虑感情因素，父母花费在其身上的成本相对较少。同时这种设计可以在一定程度上避免费率与年龄“倒挂”的现象。由于婴幼儿特别是0～4岁以下的儿童死亡率比年龄较大的未成年人高，在设计一些死亡成分比较重或期限比较短的产品时，会出现比较奇怪的年龄费率“倒挂”现象。如表4－2所示，保险费先随年龄递减，然后到6岁后又开始随年龄上升。

表4－2

年龄	费率（每1 000保险金额）	年龄	费率（每1 000保险金额）
0	6.2	5	5.9
1	6.1	6	5.9
2	6.1	7	6.1
3	6.0	8	6.2
4	6.0	9	6.3

4.2.2 终身寿险及两全保险的定价因素

1. 死亡率

在设定两全保险，特别是储蓄成分较高的两全保险的死亡率假设时，要注意死亡率对产品利润的影响。对于两全保险，由于死亡给付和生存给付的作用相互抵消，所以利润对死亡率假设的敏感度大大降低。有的产品由于在保障期内会给付大量的生存利益，死亡率增加反而会提升产品的利润水平。对于此类产品，要选择较低的死亡率作为其定价假设以保证一定的边际。有的公司会将此类保险设计为简单核保或无核保要求的产品。不过在这种情况下，还是要注意保单前几个年度可能会存在一定的逆选择性风险。

2. 续保率

两全保险的续保率受外界特别是市场利率的变化影响较大。当市场利率比保单的定价利率高出很多时，保单持有人可能会考虑终止旧的保险合同而重新购买。同时，保险产品的设计也对其续保率有一定的影响。

（1）现金价值：若现金价值比较高，在较早的保单年度就接近或超过所缴纳的保险费。由于保单持有人的退出成本相对较低，保单更容易流失。

（2）保险费增加：若产品采用的是递增型保险费的结构，在保险费增加的年度，保单较容易失效。

（3）生存现金的给付：很多两全产品都在保障期内给付生存现金，如3年或5年给付一次的生存现金。在每一次生存现金给付后，失效率比其他年度要高。

（4）保险费的支付：在保单的缴费期结束后，保单的续保率通常较高。

在选择续保率假设时，也要考虑现金价值对产品的影响。若现金价值较低，保险产品就可能变成“失效支持”型产品，即失效率越高，产品的赢利能力（通常指“利润边际”）就越高。对于这类型的产品在定价时要对各种可能的续保率假设进行敏感性测试，以确保产品不会因将来的实际续保经验的变化而变成亏损。

3. 多重生命保险的定价因素

（1）最后死亡保险。对于最后死亡保险首先要确定其实现方法。最普遍有以下两种实现方法：①双重状况（Dual Status）；②单一状况（Single Status）。

在双重状况的方法下，保单的价值在第一个被保险人死亡后将大大增加。由于第一位被保险人死亡后，保单状态从联合生命状况转成了单个生命状况，此时保险费、现金价值和准备金都增加。保单的管理系统要能计算各种保单状态下的保单价值。

单一状况方法是从联合生命发展来的以单个生命损失为基础，是一个存活和两个存活状态的混合。

对于双重状况，通常有以下三种方法，通过结合多个被保险人的年龄和风险类别来为多重生命产品定价。

①真实年龄法。保险费、现金价值和准备金都以不同的被保险人的年龄和风险等级组合分别计算。因为不同的年龄和风险等级的组合状况可能多种多样，这就需要非常大的计算量和庞大的保单管理系统以储存各种状况下的费率和保单价值。当然也有保险公司采取在发单时再逐单计算。

②联合相等年龄法。首先以真实年龄法计算在两个相同年龄联合生命中的费率和保单价值。对于不同的年龄差异，采用逐步计算法来确定与相同年龄的差异。选择一套不同年龄差异与相同年龄的转换法使上述差异最少化，这种方法大大简化了保险公司的管理。

③等价单一年龄法。费用和保单价值都基于单一生命状况计算。与真

实年龄法相比，这一方法在死亡经验上会产生很大的波动。不过，在三种方法中，这种方法管理最为简单，因为其和单一生命的产品一样。

（2）最后死亡保险定价时需要特别考虑的因素。

①死亡率。真实年龄方法的计算公式中通常假设两个被保险人的死亡不相关。但是，如果最后死亡产品的销售对象是夫妻，死亡并非真的不相关。精算师不仅要考虑普通事件的风险，还要考虑所谓的“伤心综合症”。对大量人口数据的研究表明，在夫妻一方死亡后 12 个月内，配偶的死亡率有显著的增加。同时，最后死亡产品主要针对老年个体，可能包含大量女性个体，其存活者的死亡率可能与保险公司单个生命的经验有很大差别。

②持续率。与单个生命的产品相比，最后死亡产品有较高的持续率。购买最后死亡保单主要是满足财产税的支付要求，这是一项未来长期性的规划，并且最后死亡保单多为信托机构持有。

③费用。最后死亡产品的保险金额比较高，所以核保成本较高。核保费用要考虑包括对两个个体的核保成本、年龄层次、保险金额和体检要求等多方面要求。再者，由于该类型的保单主要用于财务规划中，所以购买者通常议价能力比较强，会选择多个不同的保险公司作比较，相对而言，成交率低，这部分的销售成本也要考虑在内。当然，最后死亡产品还要考虑系统更新和管理的费用。

④自留额和再保险。有的保险公司认为较高的自留额对最后死亡产品是比较合适的，其自留额可达单个生命产品自留额的两倍。但采用这种做法时，保险公司要注意总的风险水平和是否拥有足够的保单以分散风险。由于最后死亡产品的保险金额都较高，所以在开发时要将再保险的成本考虑在其中。

（3）最早死亡产品定价时需要特别考虑的因素。

①生命数量。一张保单有多少个被保险人由该产品所面向的市场决定，如果是家庭市场，通常只有两个被保险人；而如果产品是面向商务保险市场，一般可以有 4～6 个被保险人，当然最多的可以接纳 10 多个被保险人。

②死亡率。以真实年龄方法的计算公式假设生命组合中死亡不相关，最早死亡产品的死亡率类似于单个生命保单的死亡率。而需要额外考虑的是次标准体被保险人，如果含有 2 个以上的次标准体被保险人，固定费率产品的次标准体保险费就比较复杂了。

③费用。由于多个被保险人在同一保单下获得保险，最早死亡产品的费用数额基本和单生命产品相同。

④再保险。有些再保险公司根据单个生命的再保险费率总和确定最早死亡产品的收费，有些则根据保单所保障的被保险人的实际年龄计算再保险费。直保公司在定价时，要将再保险费的收取考虑在内。

§4.3　分红保险

分红保险是指保险公司将其实际经营成果优于定价假设的盈余，按一定比例向保单持有人进行分配的人寿保险产品。

除红利之外，分红保险的产品设计与非分红的传统产品比较类似。不过对比相同设计的非分红产品，分红保险的保险费一般较高。保险公司通常收取相对较高的保险费，以保持将来一定水平的红利派发和保险公司在红利派发后的利润水平。

4.3.1　分红保险的特点及产品设计

1. 红利的形式

红利的形式主要有现金红利、增额红利和终了红利。有的产品会在不同的保单年度提供不同的红利形式，如在某一阶段（如年金积累期内）提供增额红利，而在剩余期间提供现金红利。

现金红利是指直接以现金的形式将盈余分配给保单持有人。其领取方式可以是直接领取、累计生息或者抵缴保险费。现金红利的发放不会对保单的保险金额产生影响。

增额红利是指在保险期间内，每年以增加保险金额的方式分配红利，增加的保险金额作为红利，一旦公布，则不得取消。通常所增加的保险金额在被保险人死亡或保单满期时支付。若客户选择中途退保，则增额红利所对应的现金价值将付给保单持有人。在实际操作中，增额红利也有不同的表现形式。有些公司采用每次直接告诉客户当期和累计增额红利的方式，该增额红利即对应满期金和死亡保险金额的增加。而有的公司则采用公布增额红利分红率的方式。按照公布的分红率，保险金额将会被增加，并作为下一年度的分红基础。例如，一个普通的两全保险，基本保险金额为 10 万元，保险费 3 000 元，20 年缴。若该保单的首期及续期的分红率都为 2%，其对应的保险金额将会变化为：

首期分红使得保险金额增至　$10 \times (1 + 2\%) = 10.2$（万元）

续期分红使得保险金额增至　$10.2 \times (1 + 2\%) = 10.404$（万元）

终了红利可以理解为对现金红利、增额红利的补充红利。有的公司除了每年分配保单红利外，还在保单终止的情况下一次性地以现金的形式支付一笔终了红利。这里所指的保单终止包括满期、退保或赔付等。一般情况下，终了红利的派发有一定的保单生效年期要求，如保单必须生效超过 10 年。终了红利每年宣布，但只对当年度终了的保单有效。

2. 分红保单抵押贷款

在国内，保单贷款的利率都比较高（通常贷款利率比债券的投资收益高），并且不固定，所以保险公司办理的分红保单抵押贷款数量并不大，不会影响保单的分红。但是，理论上保单的贷款利率也会影响保单的分红。因此，在设计分红产品时，要先确定贷款利率是可变还是固定，贷款是否在分红中有所体现。如果保单贷款利率低于当前公司其他已投资资产的收益率或市场上新投资资金的收益率，那么抵押贷款数量上升时，就会造成所有保单的红利下降。以下对贷款利率和保单分红的几种情况进行分析。

（1）红利与贷款不相关的固定贷款利率产品。保单贷款利率固定不变，如果当前市场的新资金投资利率发生变化，则要重新设定新保单的贷款利率。但是由于市场上投资利率波动比较大，在新合同中设定固定的贷款利率显得滞后。

（2）红利与贷款相关的固定贷款利率产品。用这种方法时，每一份保单都会收到一份能够反映其现金价值未贷款部分与贷款部分收益情况的红利。一些公司分别设定一个正常保单（没有贷款的保单）的红利额度与一个贷款保单（假设保单的贷款额为100%的现金价值）的红利额度，然后用保单持有人贷款的平均金额在两个额度之间进行插值。或者可以使用一种更为简单、容易向保单持有人解释的方法。即先计算没有贷款的保单红利，然后进行调整。调整部分等于该保单年度内的平均贷款比例乘以正常保单和贷款保单的红利之差。

（3）红利与贷款不相关的可变贷款利率产品。已贷款保单的红利并不直接反映自身的贷款活动。红利反映的是某一单独核算的红利保单业务组中所有保单持有人的贷款所得利息和贷款余额。贷款会影响该业务组的所有红利。

（4）红利与贷款相关的可变贷款利率产品。该方法维持了保单价值中已贷款部分和未贷款部分的公平性。

3. 不丧失价值的选择权

分红产品的不丧失价值的选择权和普通产品一样，但需要考虑其与分红之间的关系。正如上面所述自动保单贷款可能对分红有所影响，对于减额付清保险和展期保险，通常的处理方法是在保单行使了这些选择权之后，就将其变成非分红保单，不参与分红。这样做的主要目的是为了保单管理上的方便。分红保单的管理包括红利的计算、红利通知书的发放和红利的实际支付等，所以每张保单都会产生额外的分红管理费用。减额付清保险在减额后保险金额通常较低，保单价值较少，若这部分保单参与分红，所获得的分红也比较少，相对而言，管理成本较高。展期保险情况也类似，并且由于各个保单可以拓展的期限不一样，在计算上可能会更加复杂。

在实际操作中，如果保单的红利为增额红利，当保单持有人选择行使选择权将保单变成减额付清保险或展期保险时，累积的增额红利的现金价值就会退还给保单持有人。

4. 红利演示

若不借助其他材料，客户通常很难理解其所准备购买的分红保险，特别是红利部分。由于分红保险的红利分配并不保证，在购买分红保险时，客户对这部分利益无法合理地评估。基于这种原因，保险公司通常会为潜在客户准备分红演示，以列示将来可能出现的分红情况。分红演示主要供客户理解分红产品的特点、红利的形式以及红利对保险利益的影响。同时，红利演示也为客户建立了对将来分红派发的一定预期，这就在客观上要求红利演示必须合理，并且反映保险公司的经验和对未来的假设。

不同国家对分红产品销售中所使用的分红演示都有相应的规定，以减少因不当的示例而引起的误导。同时，监管机构通常还会对演示的内容和格式，以及在计算中所采用的假设做出规定。中国保险监督管理委员会于 2009 年 9 月发布的“人身保险新型产品信息披露管理办法”也对分红产品的红利演示作了以下几个方面的规定：

- 规定保险公司在红利演示时，应当采用高、中、低三档演示分红产品未来的利益给付。利益演示应当坚持审慎的原则，用于利益演示的分红保险的假设，投资回报率不得超过中国保监会规定的最高限额。
- 规定了利益演示时所必需包含的要素，如保险费、保证利益和非保证利益等。
- 强调了保险公司应当标明并提示红利分配的不确定性。

对于演示的红利，精算师的首要责任是要确保红利能够恰当地反映公司当前的财务结果和对未来的合理预期，并在一个公平、公正的环境下实现红利的支付。因此，红利的演示不可以超过未来预期应支付的额度。但是只要合理，精算师可以使演示的红利低于未来预期应支付额度。同时，在确定用于计算红利演示的假设时也需要相对保守，以避免出现所演示的红利在不远的将来不能实现的情况。例如，保险公司在某一时刻曾支付过一笔非常大的额外红利，这笔金额并不能列入新业务的演示中。

另一个需要考虑的问题是红利演示的有效性。由于实际经验可能与计算红利演示时所采用的假设存在偏差，精算师需测试假设变化对红利演示的影响。如果该变化已对演示红利产生了实质性的影响，特别是该变化已经使现行的演示红利不能实现，保险公司就要及时地更新演示红利。例如，保险公司对分红业务采用年投资回报率方法（Interest Year Method，IYM）进行分组，那么分红演示所使用的利率必须是反映最近所能获取的新投资资金收益率及当前对未来资金投资收益率的预测，而不是公司的总投资回报收益。如果新投资资金收益率变化超过0.5%，那么精算师就应该构造一个新的IYM基本单元，观察最近6~12个月内可获得的收益率，计算出一个新的平均新投资资金收益率。

表4－3为一个两全产品的分红演示示例。

表4－3　　　　两全产品的分红演示

保险单年度	保险单年度初被保险人年龄	年付保险费	累计已付保险费	身故给付	满期金	退保金（现金价值）	当年度现金红利			累计现金红利		
							低档	中档	高档	低档	中档	高档
1	5	80 708	80 708	500 000	0	13 400	0	0	0	0	0	0
2	6	80 708	161 416	500 000	0	32 700	15	101	258	15	101	258
3	7	80 708	242 124	500 000	0	53 300	94	393	886	109	494	1 144
4	8	…	…	…	…	…	…	…	…	…	…	…

中国保险监督管理委员会规定，对红利等不保证利益的演示必须分为高、中、低三档。通常，中档红利应该是保险公司对未来的最优估计，因此，在确定中档红利的计算假设时，需要特别审慎，以反映公司的实际经验和对未来的合理预期。而在计算高档和低档红利时，保险公司一般只在假设投资回报率上反映高低的不同，而保持其他假设不变。

在上面的演示示例里还有一项演示需要注意，那就是“累计现金红利”。上述示例只是将每一年度的现金红利简单相加，但是也有的公司会演示所谓的“累积现金红利”。累积现金红利指每一年度的现金红利以一定的复利利率累积，并且假设客户将所有的现金红利都留在保险公司累积生息，一直至保单满期才提取。在这种演示下，保险公司必须向客户提示累积利息的不确定性。

5. 红利分配的法律规定

中国保险监督管理委员会于2003年制定的《个人分红保险精算规定》中规定，“保险公司每年度向保单持有人实际分配的盈余的比例不低于当年可分配盈余的70%”。目前国内大多数的保险公司都采用70/30的比例，对保单持有人和公司进行红利分配。但这并不意味着保险公司必须每年都把分红账户“盈余”不低于70%的部分分给客户，而是可以从以下两个方面理解这个70%：一方面是从分红保单组的整个有效期来看，需要满足分配给客户的红利不得低于全部“盈余”的70%；另一方面，每年从分红账户中转移给保险公司股东的红利不得高于该年分配给客户的红利的3/7。满足这两个方面就满足所谓的“30/70”法则了。需要特别指出的是，这里所谓的“可分配盈余”并不是会计上所指的“盈余”，而是保险公司决定的当年红利的分配额度。由于保单的前期获取成本较高，这时分红账户“可分配盈余”未必是真正已经实现的盈余。尽管分红账户还可能处于亏损状态，但保险公司仍会向客户派发红利。其本质是保险公司的股东为了满足客户的期望，提前由股东出资支付红利而已。表 4－4 是一个简单的示例。

表 4－4

(1) 保单年度	(2) 分红业务利润	(3) 支付给保户红利	(4)＝(3)×3/7 支付给公司红利	(5)＝(3)＋(4) 可分配红利额度	(6) 分红账户盈余（红利分配前）	(7) 分红账户盈余（红利分配后）
1	－12.4	0.42	0.18	0.60	－12.40	－13.00
2	3.09	1.43	0.61	2.04	－10.43	－12.47
3	9.04	2.46	1.05	3.52	－3.93	－7.44
4	9.37	3.47	1.49	4.95	1.63	－3.32
5	9.78	4.51	1.93	6.45	6.33	－0.12
6	11.95	5.69	2.44	8.13	11.83	3.69
7	12.08	6.93	2.97	9.90	15.92	6.02
8	11.72	8.22	3.52	11.75	17.98	6.23
9	11.49	9.54	4.09	13.63	17.97	4.34
10	11.14	10.96	4.70	15.65	15.65	0.00

不同的国家对保险公司向保单持有人分配的盈余的比例有不同的规定。其中，新加坡和马来西亚的规定较为严格，要求分红账户中 90% 以上的盈余必须分配给保单持有人，也就是 90/10 的比例。而中国香港的规定则比较宽松，并没有严格的分配比例限制。在分红产品的管理上，新加坡也是比较严格的。新加坡的金融管理局除了要求在产品销售时要制定分红演示之外，还进一步要求保险公司在向保单持有人提供年度分红报告中，应根据当年及过去的分红情况和当年对未来精算假设的最佳估计计算出更新过的保单利益。这些分红报告中应更新的利益包括：

- 对于分红两全保险来说，未来满期利益及满期时的保单收益率。
- 对于分红终身寿险来说，未来特定年度的退保价值及退保时的保单收益率。

除此之外，保单持有人如果提出要求，还可以得到保险公司提供的完整的未来各年度利益演示更新。

而在计算所谓的“盈余”时，国内有两种计算方式：“全差分红”和“两差分红”。

“全差分红”即我们常常听到的“三差分红”。所谓“差”是指红利的来源（简称“利源”）。对于一般的寿险产品，最主要的三个利源分别是：

“利息差”、“死亡差”和“费用差”，即分红寿险在投资收益、保险赔付和费用支出三方面的实际经验和定价假设之间的差别。不过，对于“全差分红”，除了上述三种主要的利源之外，在分红时所有的利润来源都应考量在内，如“退保差”，即在保单持有人退保时，保险公司所支付的现金价值小于保单实际积存起来的资产份额而对保险公司产生的“退保收益”。

“两差分红”中的“两差”是指以上三个主要的利源中的“利息差”和“死亡差”。保险公司选择“两差分红”的原因，多是基于会计系统引起分红账户和非分红账户费用分摊方面的考虑。值得一提的是，对于“两差分红”保险，目前国内市场上有两种不同的理解和实际操作：一种是只包含死亡差和利息差；另一种是除费用差外的所有差。分红保险的毛保险费收入在进入分红独立账户之前，先将费用部分剥离，其净值“纯保险费”被纳入分红账户。换而言之，客户与公司只分享投资和保险保障部分所产生的“盈余”，费用部分是“盈”是“亏”，与客户无关。

4.3.2 分红保险的定价因素

1. 死亡率

一般而言，分红保险的经验假设需要根据不同的产品和业务性质分组分析，但在对不同分红产品组别进行经验分析时，要注意经验数据的可信性。如果不可信，则可以利用相类似产品的经验或借用行业的经验数据。

传统的分红方法在计算“死亡差”时使用最终死亡率，并利用选择死亡率带来的盈利补偿核保费用和业务获取费用。如果不是使用这种方法，而是选择当前的经验数据，那么就必须采用一个按保单年度细分的选择和最终生命表。

2. 续保率

与非分红产品相比，分红保险的续保率受实际红利分配额度和保单持有人的预期之间的差异程度、市场上新资金的投资收益率等多种因素的影响。

由于产品的宣传导向，国内的分红产品偏重于投资型，而且大部分客户在购买分红产品时也把其作为一个银行存款的替代产品，所以分红产品的续保率极容易受资本市场收益率波动的影响。若分红水平低于保单持有人的预期，保单持有人就有可能终止保单，即使在保单初期退保可能会损失部分保险费（保险费与现金价值的差额）。如何使保单持有人建立合理的预期就变得十分重要，而分红演示通常被认为是有效的工具。保单持有人的预期也可能受外界的影响而改变，如当银行存款利率增加或股市牛市来临，保单持有人都预期分红水平会上升。不过对于保险公司而言，由于大部分的投资资产为长期债券，这种外界的变化对保单的投资收益率并没有实质影响，这样就产生与保单持有人预期的差异。因此在设定分红保险续保率时，要考虑公司自身的分红政策和所面对客户的成熟程度。

续保率也会影响死亡率和费用分摊。较差的续保率，保险公司所面临的逆选择风险就较高，死亡率也比较高；同时获取成本也较高。

3. 费用率

理论上，分红保险产品的费用比非分红产品的费用稍高，但影响可能不大。分红保险和非分红保险的保单管理系统比较类似，在开发分红产品时对系统的改动不算很大。分红产品在产品销售的时候需要提供分红示例，并且在保单生效后，每年还要有红利通知书告知客户当年的分红状况。

在设定费用假设时，要特别注意费用分摊，包括分红产品和非分红产品之间的分摊以及新老保单及不同分红产品组之间的费用分摊，尽可能地公平处理，不致于偏袒任何业务。同时，任何分摊后的费用加总应与公司总费用一致。

4. 投资回报率

分红产品的红利并不确定，在将来实际经验比定价假设差时，可以减少红利的分配以减少不利经验对公司股东的影响，实际上保单持有人分担了部分产品的经营风险。由此，通常认为分红产品的投资策略可以比非分红产品较为激进，如可以有更高比例的权益（股票）类投资，投资回报率比非分红产品高。不过，在对分红产品定价时要对投资回报率作敏感性测试，通常该产品的收支平衡利率（Break Even Interest，BEI）不应高于假设权益类投资收益为零时的投资回报率。例如，在定价假设下 90% 的分红产品资产投资于国债，年回报率为 3.5%，10% 的资产投资于股票，平均回报率为 9%，则定价中所用的投资回报率假设为 4.05%，而该产品的收支平衡利率不应高于 3.15%（$3.15\% = 90\% \times 3.5\% + 0\%$）。值得注意的是，对于保障期限极短的分红产品，考虑到产品的期限很可能短于资本市场的变动周期，所以不适合作权益类的投资。

如果保险公司对分红业务采用年投资回报率方法进行分组，那么定价时所采用的投资回报率就必须是最近所能获得的新投资资金收益率。

5. 分红保单的不同红利业务组别

保险公司可以对不同的分红产品或不同时期的分红业务分组别进行核算，以分别确定实际红利水平。

（1）投资结算方法：组合法/年投资回报率方法。在新投资回报较高的时期，公司可能不得不考虑采用年投资回报率方法。尽管该方法对趸缴类产品造成的影响较大，但在一段时间内对年缴保险费产品带来的差别却很少，或者几乎看不出该方法的影响。

如果新资金投资利率出现重大变化且已有相当一段时间，那么就需要建立一个新的类别。重大变化通常是指偏离0.5%以上，而一段时间则是指6~12个月。

(2) 死亡率类别。如果保险公司引入一个新的业务组，但核保标准尚未改变，那就不需要构造新的死亡率类别。采用相同核保方式的业务组可以采用平均经验，但同时应该按不同的业务组监测实际经验数据，以确认是否可能出现一些有意义的差异。

对于核保标准或保单分类的重大变更，当预期经验有重大差异或每年都出现这种差异时，就应当建立一个新的死亡率类别。

建立新的业务类别要注意以下问题：

(1) 公司的系统可以记录不同类别的投资收益和费用支出。

(2) 要确保在不同业务类别中分摊投资收益和费用时的公平性。

(3) 经验假设的可信度。在理想状况下，每个业务组都应采用该种类业务的实际经验数据。但是，由于某些业务规模很小，其假设可以采用公司关于特定业务组总体经验的平均结果。同时，平均数据的结果可有助于红利稳定化，且仍然反映出实际的经验。

§4.4 万能保险

4.4.1 万能保险的特点及产品设计

1. 万能保险的运作

万能保险是一种既有投资功能又提供保险保障的保险产品。万能保险与传统保险的一个明显的区别是，保险公司为每一张万能保单都设立名义的个人万能账户。该账户包括收入和支出两个项目。收入包括进入万能账户的净保险费（保险费减去初始费用）、结算利息等；支出项目包括用于承担保险保障的风险保险费用、管理费、手续费、退保及部分提取费用等。保险公司为每张万能保单设立名义账户，投保人缴纳保险费后，保险公司从中扣除初始费用，将剩余金额计入个人账户中，每月对应的结算日（可以是所有保单统一在每月的同一日，或根据每张保单的生效日有所不同）会根据结算利率计算该账户中应得的结算利息并计入账户中。同时，账户中会扣除保险保障费用和附加合同费用。图4-1简要地说明了万能保险的个人万能账户的运作。

万能保险的两个主要特性是透明性和灵活性。其透明性是指客户可以从投保前保险公司提供的产品说明书及投保后每年的年度报告中了解其保单中保险费、结算利息、保险保障给付、费用扣除或账户价值等要素的详细运作情况。客户可以清楚地知道其缴纳的保险费如何分配用于投资增值

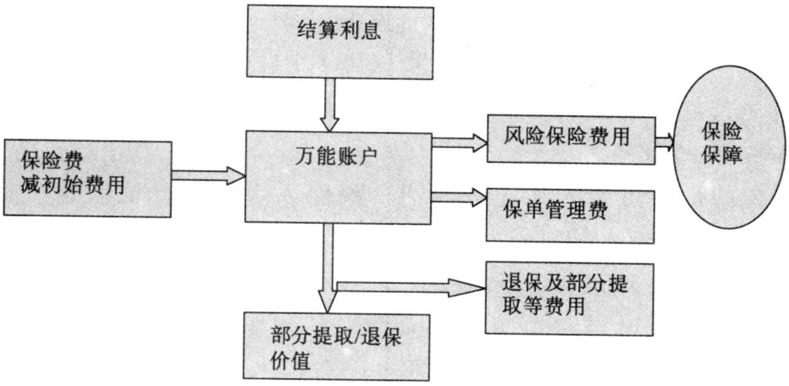

图4-1 万能保险个人万能账户的运作

的万能账户、用于提供保险保障的费用及保险公司收取的管理费用等。

万能保障的灵活性主要体现在缴费灵活等方面。保险公司在万能保险客户缴纳首期保险费之后对续缴的保险费要求比较宽松，仅规定一个较低的最低缴纳额度甚至允许投保人自由决定保险费的缴纳金额及时间。一般来说，只要保单的账户价值足够支付当年所需扣除的各项费用，该保单就可以保持有效。若账户价值不足以支付各项费用，投保人就必须在宽限期内缴纳保险费以补充账户价值。不然万能保险合同就会被中止。

万能保险都会规定一个最低的保证利率，结算利率不可以低于该最低保证利率。同时，保险保障的费用通常是不保证的，但在合同中会规定一个最高的费用水平。

2. 身故保障的模式

万能保险有两种比较常见的身故给付模式。第一种是死亡时给付保险金额，第二种是死亡时给付保险金额加上该万能保单的账户价值。

第一种给付方式类似于传统的寿险保单，只给付保单的保险金额。对于保险公司而言，其净风险只是保险金额与账户价值之间的差额，并且随着账户的不断增长，这部分净风险也会不断减少。当账户价值超过保险金额时，净风险就等于零了。这时若被保险人死亡，保险公司只需给付账户价值就行了。但保险公司在设计上通常会在合同中定义一个最低的风险保障额，如1万元。假设一张保单的保险金额为10万元，若账户价值为5万元，死亡给付额为10万元；若账户价值为9.5万元时，死亡给付额为10.5万元；若账户价值为12万元时，死亡给付额为13万元。也有些万能产品的最低风险保障额被设计成保单账户价值的一定百分比，如5%。最低风险保障额的设定可以随年龄的不同而变化，通常年龄越大，额度设定越低。

第二种给付方式是在死亡时给付保险金额加上该万能保单的账户价值。对于保险公司来说，相当于风险保障额固定不变。但是由于保障费用随年龄的增加而增加，对于年龄比较高的被保险人，采用这种方式时，要注意保单的实际保障年期，因为如果保险保障费用比较高，保单可能在比较短的时间内，其账户价值就不足以支付保险保障费用了。

3. 保险费的缴纳

万能保险的保险费缴纳比较灵活。投保人可以选择期缴也可以选择趸缴。趸缴保险费除了在保单设立时缴纳，也可以在保单生效后随时缴纳，通常这称之为“额外趸缴”保险费。而期缴保险费也可以灵活缴付，即投保人可以暂时不缴付当期的期缴保险费，只要账户价值足以扣除保单的各项费用，保单就会保持有效。投保人可以在将来年度重新缴付期缴保险费。有的保险公司会设定在前几年有一个最低的期缴保险费的要求，即在这几个年度内若期缴保险费未达到最低要求，保单就会失效。对于万能保险来说，增加保险金额和次标准体保单并不会对保险费有任何影响，只是会影响保单账户价值的增长。

4. 万能保险的各种费用

（1）保险保障费用（风险保险费）。这部分费用对应的是万能保险的保险保障成本，其金额等于风险保险金额乘以风险保险费费率。

（2）初始费用。即在保险费进入账户前扣除的费用。这部分费用主要用于支付保单的获取成本，如佣金支出、核保费用等。该费用通常在前几个保单年度较高，并逐渐递减。在一定的保单年度（如 10 年）后，可能是一个比较低的百分比，也可能为零。

（3）保单管理费。保单管理费用于抵偿保单的维护成本，通常是一个固定的金额，或者是账户价值的一个固定的百分比。但是在中国，保险监督管理委员会在 2007 年的万能保险精算规定中已禁止了以百分比形式的收取方式。

（4）手续费。在领取部分账户价值时，保险公司可能要收取一定的费用。

（5）退保费用。保单在退保或领取部分账户价值时收取的费用，通常为账户价值的一定百分比，并随保单年度递减，用于弥补尚未摊销的保单获取成本。

表 4 - 5 是几个万能保险的费用收取对比。

5. 持续奖金

持续奖金的设立主要是鼓励投保人持续按时缴费。其形式一般为保险费的一个百分比，如投保人按时缴付前 5 年的保险费，则从第 6 年开始，保险公司在每次按时缴费时返还保险费的一定百分比，如以 2% 增加账户价值。这可以理解为保险公司费用收取的一种返还。也有的保单将持续奖金设计为较高的结算利率，即若保单满足领取持续奖金的条件，账户价值就

表 4－5　　几个万能保险的费用收取对比表

	产品一	产品二	产品三
缴费年限	趸缴	趸缴	年缴
初始费用	3%	4%	年缴保险费 5 000 元以下部分：50% 年缴保险费 5 000 元及以上部分：5% 额外趸缴保险费：5%
保单管理费	3 元/每月	5 万元以下 3 元/每月 5 万元以上 免费	5 元/每月
风险保险费	保单账户价值 ×0.2% × 当月实际天数/365（每月收取）	不收取	根据不同年龄收取
个人账户价值部分领取费用	第 1/2/3/4/5/6 + 年扣除 6%/5%/4%/3%/2%/0%	第 1/2/3/4/5/6 + 年扣除 4%/3%/2%/1%/0%/0%	第 1/2/3/4/5/6 + 年扣除 10%/8%/6%/4%/2%/0%
退保费用	第 1/2/3/4/5/6 + 年扣除 6%/5%/4%/3%/2%/0%	第 1/2/3/4/5/6 + 年扣除 4%/3%/2%/1%/0%/0%	第 1/2/3/4/5/6 + 年扣除 10%/8%/6%/4%/2%/0%

会以较高的结算利率重新计算。不过这种方式较难为投保人所理解，采用这种方式的产品不多。持续奖金的设计对保单的准备金计算存在影响。

6. 现金价值及不丧失价值的选择权

对于万能保险，退保价值即为传统寿险中的现金价值。退保价值等于账户价值减去退保费用。

传统寿险产品通常有不丧失价值选择权，比如展期保险、减额付清以及保险费垫缴等。万能保险则没有所谓的不丧失价值选择权。只要不再支付保险费，万能保险就类似于进入“展期保险”。只要账户中的价值足够支付管理费用和保险保障费用，则万能保险保单就持续有效。

4.4.2　万能保险的定价因素

1. 保单续保率、保险费继续率及部分退保

万能保险的其中一个特点就是灵活性。投保人可以选择暂时不缴费或缴纳额外趸缴保险费。同时，投保人在需要资金时，也可以从万能账户中支取一部分的账户价值，但万能保单仍保持有效。对于传统寿险，若被保险人不再缴付保险费，保单就会失效或转入其中一个不丧失价值的选择权，所以保险费继续率和保单续保率是同一个假设（在缴费期内）。但在万能保险中这方面的假设就复杂多了，在万能保险的定价中通常要有三种不同的假设。第一种是保险费继续率，是指每年还有多少比例的保单在缴纳续期保险费；第二种是账户价值退保率，也就是投保人选择从账户中部分退保

的年平均比例，通常在保单的前几个保险年度，部分账户价值退保率会比较低；第三种是保单的退保率，这与传统寿险的概念是一样的。

通常认为万能保险的保险费继续率要比传统保险低，因为投保人可以比较自由地选择保险费的缴纳，而不致于影响保单的有效状态。另一方面，由于投保人还可以选择部分退保，从而保持保单的有效状态，所以万能保险保单的退保率也比传统寿险的低。但万能保险的保险费继续率、账户价值退保率和保单退保率受利率的影响比较大，其中包括保险公司的结算利率、市场利率和其他公司类似产品的结算利率。

2. 最低保证利率及目标利率差

万能保险设有最低保证利率，保险公司对万能保单的结算利率不可以低于该最低保证利率。这个最低保证的成本要在定价中加以考虑，通常保险公司会运用随机模型计算不同情景的保证成本。在市场中有的万能保险的保证利率并不是一个固定利率，而是以外部市场利率作为参数，如有的万能保险，保单生效前 5 年的最低保证利率为 2.5%，5 年后为一年期的银行存款利率。对于这样的设计，公司需要承担较大的风险。举一个简单的例子，假如公司只有一个趸缴型的万能保险，该产品只销售了一年时间。保险公司一般会在收取保险费后，将进入万能账户的净价值作长期的投资以锁定收益率。如果该产品的保证利率是确定的数值，而该保证利率又比长期的收益率低，在不考虑退保的情况下，保险公司基本上就可以避免由该最低保证利率带来的风险。但如果这个保证利率如上述例子一样，在 5 年后为一年期的银行定期存款利率，则该最低保证利率仍可能高于万能账户的投资收益率。

万能保险在定价时会设定目标利差，利差是指实际投资收益率和账户结算利率之差。保险公司虽然对万能保险设定长期的目标利差，但由于竞争压力，所设定的目标利差通常很难实现。所谓的压力不只是来自其他保险公司的同类产品，也来自其他固定的投资收益产品，如银行存款。因此，在定价的过程中，除了设定目标利差外，还要考虑：公司管理层对市场利率变化的决策和反应、其他公司对市场利率的反应以及客户对利率的逆选择行为。

3. 利源分析

万能保险的最初构想是产品收取的费用和实际的支出恰好相抵，这样就大大降低了保险公司的费用风险。但现在大部分产品第一年度的费用支出要比实际收取的费用高，超额的费用就只能靠死差、利差和退保费用来抵偿。

尽管不是所有的支出都可以由相应的费用直接抵消，但是仍可以在设计产品时尽量平衡各种差额的来源，以使保险公司尽可能在各种不同的保险费和退保率情景下仍能达到预期的利润结果。另外，投保人的逆选择也会使利润低于期望，这就更需要在产品定价时衡量一下每一个“利源”：（1）收益率减结算利率；（2）收取的保险保障费用减除账户价值外的身故支付金额；（3）收取的费用减开支和佣金；（4）退保费用。

4. 情景测试

万能保险的定价相当复杂。由于万能保险的灵活性带来的额外假设，如保险费缴付模式的变化，给付模式因保障类型不同而产生的变化，以及客户逆选择所带来的退保以及收益率和结算利率之间差额的变化都要加以研究。通常对每个假设都要在不同的情景下作检验。

当然在各种各样的情况中，只有那些比较现实的情景能够被合理地检验，所以研究假设变化下的利润敏感性就非常重要了。同样，监测和比较实际经验和期望结果也比较重要。

5. 资产负债分析

万能保险有利率逆选择的风险。如果外部利率大于账户价值的结算利率，则保单持有人会全部或部分领取账户价值以作别的投资。如果保险公司持有的资产值降低（比如，利率上升），在必须出售资产时，公司将遭受资本损失。虽然不是只有万能保险面临这种风险，但由于客户对结算利率的重视，使得万能保险相对于其他寿险产品对此类风险更加敏感。出于审慎的考虑，要求在产品定价时，要在不同的利率情景假设下，根据可能的投资和利率结算战略，进行万能保险的资产和负债分析，以获得针对利率风险的恰当的战略和合适的收费。

对万能保险的资产和负债分析通常包括以下步骤：

- 确定不同的利率情景。
- 定义公司的利率结算政策和保单持有人在各种市场利率和结算利率情况下的行为。
- 建立万能保险的资产模型和负债模型。模型能够反映公司的利率结算政策和保单持有人的行为。
- 计算不同利率情景下的万能保险的资产、负债和收益情况。

§4.5　投资连结保险

4.5.1　投资连结保险的特点及产品设计

1. 投资连结保险的运作

投资连结保险是包含一定保险保障功能，并至少在一个投资账户拥有一定资产价值的人身保险产品。保险公司须对投资连结保险设置单独的投资账户，而且投资连结保险本身及投资账户一般不得保证最低投资回报率，所有投资风险都由保单持有人承担。

保险公司通常为投资连结产品设立不同的投资账户，保单持有人可以选择不同的投资账户，并可以在不同的投资账户中进行转换。保险公司收取保险费后，按照合同约定扣除一定费用后，将剩余保险费按保单持有人指定的比例分配到各投资账户，并按当时的买入价转换成投资单位。所谓投资单位是为了方便计算投资账户的价值而设计的计量单位。投资单位有一定价格，保险公司根据保单项下的投资单位数和相应的价格计算其账户价值。保单持有人的账户价值取决于单位数和投资单位价格，而投资单位的价格通常每周或每天公布一次，其表现取决于投资账户的净值，保险公司不作任何保证。

投资单位的价格有两种定价方法：一种是单一定价法，其优点是便于操作，并易于客户理解；另一种是双定价法，保险公司需要先判断投资账户是处于扩张阶段，还是收缩阶段，据此确定单位的买入价和卖出价。这种方法从原理上讲更加公平，但对客户的解释比较复杂。根据中国保险监督管理委员会的规定，国内的投资连结保险的投资单位定价都是采用双定价法。

投资单位的价格 =（账户的总资产 − 账户的总负债）/投资单位数

这里所指的账户的总负债考虑了应付税金、应付资产管理费等。投资单位的价格，对投保人而言，就是账户的卖出价。

保单持有人投资账户内的投资单位数会随保险费的缴付、账户价值从其他账户的转入而增加，也会随管理费用和保险保障费用的扣除、账户价值的转出和退保及部分领取个人账户价值而减少。

2. 投资连结保险的特点

投资连结保险除了账户价值不保证并有多个账户可供选择和转换之外，在产品的其他设计上和万能保险比较类似。

投资连结保险产品的保险责任和传统的产品相类似，不仅可以有死亡的保险责任，还可以提供残疾、重大疾病等保险责任。在死亡保险金额的设计上，有两种基本方法：保险金额与个人账户价值的较大者，或者保险金额与个人账户价值之和。许多投资连结产品允许投保人投保后变更保险金额，以满足不同时期的保障需求。

投资连结保险在保险费缴纳的设计上引入了一些灵活的机制。一种方式是在固定缴费的基础上增加了“保险费假期”，允许投保人不必按约定的日期缴费，而只要保单持有人的账户价值足以支付保单的管理费用和保险保障费用，保单就可以继续有效。另一种方式是允许投保人在缴纳约定的保险费之外，可以缴付额外的保险费。

投资连结保险一般都提供账户转换功能，保单持有人可能选择将某一账户内的价值转换至另一账户内，不过保险公司可能会对账户的转换收取一定的费用。同时，与万能保险类似，投资连结保险也提供个人账户的部分领取权利。

3. 投资连结保险的各种费用

投资连结保险通常包括以下各种费用：

（1）风险保险费。即保险保障对应的成本，通过扣减保单账户价值的方式收取。

（2）初始费用。即保险费进入投资账户之前扣除的费用，初始费用的设计通常前高后低，并且可能在若干年期后变为零。同时初始费用可以分层收取，对不同的保险费大小收取不同的费用。如在第一保单年度，如果保险费低于5 000元，则收取50%的初始费用；如果保险费高于5 000元，则对5 000元以下部分收取50%的初始费用，对5 000元以上部分收取10%的初始费用。

（3）保单管理费。即为维护保险合同向投保人或被保险人收取的管理费用，保单管理费通常设计为一个水平的固定值，并按月收取。不过也有的产品其初始年度保单管理费比后期的要高。曾经有的投资连结产品的保单管理费设计为账户价值的一个百分比，如年保单管理费为个人账户价值的0.5%。但这种设计后来被中国保险监督管理委员会禁止了。

（4）手续费。保险公司可在提供账户转换、部分领取等服务时收取，用以支付相关的管理费用。对于账户转换，保险公司通常提供每一保单年度内一定次数的免费转换，在超过该次数后，才收取手续费用。

（5）退保费用。即保单退保或部分领取个人账户价值时保险公司收取的费用，用以弥补尚未摊销的获取成本。退保费用通常只在前几个保单年度收取并逐年递减，如保单前5年的退保费用分别为账户价值的10%、8%、6%、4%、2%。在5年后，退保费用为零。

还有两种费用需要特别注意：

买入卖出差价：即投保人买入卖出投资单位的价格之间的差价。买入卖出价差以卖出价的百分比表示。买入卖出差价 =（买入价 - 卖出价）/卖出价。由于保险费按买入价转为投资单位，而投资单位在转回现金时按卖出价变现。因此，保险公司在这里实际上收取了一定的差价。

资产管理费：按账户净值的一定比例收取，该费用的收取体现在投资账户的单位价格的计算中。

4. 投资连结保险的选择权及保证

与传统的保险产品和万能保险不同，投资连结保险的账户价值没有保证，于是保证最低身故给付成为一个卖点，同时也是鼓励继续缴纳保险费的有效工具。对于含有保证最低身故给付的产品，其身故给付为最低保证值和账户价值。通常的最低保证身故给付有以下几种设计：

（1）保险费减部分退保后的差额。

（2）保险费减去部分退保后的差额并以一定的利率累积。

（3）阶梯增长：如果当时的账户价值高于最低保证身故给付，最低保证身故给付每若干年增长一次，增长后等于当时的账户价值。每次增长的期间可以为3年、5年或10年，但是通常在一定年龄后，如70岁，最低保证身故给付就不再增长。一般来说，最低保证身故给付只会向上增长而不会降低。但也有一些产品允许在账户价值低于一定程度时，可以向下调整最低保证身故给付。

（4）最低保证身故给付每年上升一定比例，如3%、5%或7%，但最高以200%的保险费减部分退保金额为限。

（5）综合（3）和（4），最低保证身故给付为阶梯增长和每年增长的较大者。

最低保证身故给付的选择权可能造成一些比较有趣的现象，假设某保单的账户价值为10万元，最低保证身故给付为12.5万元，如果保单持有人选择将账户9.9万元部分领取，则剩余的账户价值为1 000元，而最低保证身故给付为2.6万元。在这种情况下，最低保证身故给付的成本就比预期的高很多。为了防止这种现象，保险公司通常规定最低保证身故给付额会随部分退保成比例减少。即如上述例子，如果部分退保9.9万元，保证最低身故给付也减少99%。

另一种常见的投资连结保险的保证为最低保证账户价值。这一种选择保证了满期时的最低账户价值，通常为返还保险费，而不论投资账户的实际投资收益状态。有的产品允许保单持有人重新设定最低保证账户价值为当前的账户价值，不过满期的期限也需要重新设定。例如，某一产品，保证10年后满期的最低账户价值。一年后如果保单持有人要求设定满期的最低现金价值为当前的账户价值，则满期日也将变更为重新设定最低保证账户价值后的第10年。这种重新设定的选择权通常1年可以行使1次。

4.5.2 投资连结保险的定价因素

1. 保单续保率、保险费继续率及部分退保

与万能保险一样，投资连结保险在定价时也要分别考虑产品的保险费继续率、部分退保和保单续保率。由于投资连结保险更加偏重于投资，因此，通常会出现一大笔趸缴的首年保险费和相对较小的续期保险费的情况。保险费的继续率也可能比万能保险更差，因为投资连结保险受投资账户价

值的影响更大。通常认为部分退保及保单的续保率和退保费用的收取有一定的关系，随着退保费用的逐年减少，部分退保率会增加，保单继保率也会降低。但是实际的情况可能不一定是这样的，如果产品的定位和面向的客户是偏重投资的，则保单续保率受账户投资收益状况的影响更大，特别是在投资市场波动得比较剧烈的时候。

2. 营销员的佣金及其他费用的考虑

由于中国保险监督管理委员会对投资连结产品的费用收取有严格的规定，所以在设计该类产品营销员佣金结构时要予以特别考虑。现阶段保险公司设计的投资连结产品的佣金率水平通常要低于传统的寿险。除比较传统的按收取保险费的一定百分比支付佣金之外，有的保险公司也会按账户价值的一定比例支付佣金。如每一个保单年度末按投连保单账户价值的 0.2% 支付佣金。对于含有这种设计的产品，在定价时要考虑其对产品保单续保率的影响。由于营销员的收入和保单的账户价值挂钩，这一类型保单的续保率通常会较高，保单的部分退保率也相应较低。

系统的开发和管理费用也应该单独考虑。投资连结保险的系统和管理不同于传统的寿险，要在定价中反映额外的开发和维护成本。

3. 投资连结保险的选择权及保证的定价

投资连结保险的选择权及保证的定价需要借助随机模型，考虑在不同的账户投资收益情况下和不同的退保情况下的保证成本。例如，在对最低保证身故给付时需要考虑以下因素：

（1）最低保证身故给付的给付方式。如果是阶梯状或含有利息累积的，成本较高。

（2）账户的业绩。包括不同账户之间的资产预期配置，每个账户包含红利和再投资资本利率在内的总回报的期望值和方差。

（3）被保险人年龄和性别的组合。

（4）保单续保率。保单续保率越高，最低身故给付的成本也越高。

（5）再保险。保险公司是否会对这部分身故保证进行分保，将风险转嫁到再保险公司。如果已进行分保，则要计算再保后的成本。

§4.6　年金保险

4.6.1　年金产品的特点和设计

1. 年金产品的分类

年金简而言之就是一系列定期的给付。年金产品就是保证在一定期间内，或者在被保险人的生存期间内，给付一系列保险金的保险合同。在中国保险监督管理委员会现行的规定中，只要生存给付的间隔少于或等于1年就称为年金。这样就出现了一些比较奇怪的“年金”产品。如某产品每5年提供一次生存给付，同时还在15～17岁时连续3年提供额外的生存给付，这样的产品也被称为年金。这与我们一般认为的年金产品有所不同。下文所讨论的年金产品为连续的定期或定额的一系列给付。

年金产品可以按不同的方式分类：

（1）被保险人的个数。这种分类方法主要是依照年金给付所基于的生命标的的个数。在市场上主要的年金产品的给付是基于单个生命的。但也有其他一些类型的年金产品，如最后生存年金，只要两个被保险人中的其中一个或两个都生存，该产品就会一直给付年金。这类产品主要面向夫妻和家庭市场。但是这类产品由于保险金的给付是基于两个人的生命，所以相对于一个人的保险费要高很多。于是在设计上也产生了一定的改变。如年金的给付额度在第一个生命结束后，减少为原来的一半或者2/3。还有一种联合生命的年金产品，只有在两个被保险人同时生存的情况下给付年金，但这类产品的受欢迎程度较低。

（2）年金产品保险费的支付方式。年金保险按保险费的支付方式分成趸缴和期缴两种。趸缴型年金的保险费可以来自于储蓄、继承或其他方式。

（3）年金给付的开始时间。这种方式将年金产品划分成即期年金和延期年金。即期年金是指保险公司在收到投保人缴付的趸缴保险费并且合同生效后，在不超过1年的时间内就开始年金的支付。

延期年金的年金支付与第一笔保险费缴付之间有一个较长的时间间隔。延期年金可以是趸缴或期缴形式。期缴保险费最长可以一直缴付至年金支付开始前。

（4）年金支付的方式。年金产品可以依据年金开始支付与否分为年金累积期和年金的领取期。年金累积期内的账户价值（现金价值）不断累积，而在年金的领取期间，年金的账户价值分期给付予年金受领人。

在年金的累积期内，如果被保险人死亡，保险公司只给付当前已累积的账户价值。

在年金的领取期内，年金的支付可分为纯年金，即无任何保证的年金和具有一定保证的年金。

纯年金，指年金一直支付至被保险人死亡为止。一旦被保险人死亡，年金支付就会马上终止，同时没有其他形式的任何返还。如果被保险人在年金领取期开始后不久就死亡，他所领取的年金可能比不上他所缴付的保险费。对于纯年金，由于其不带任何保证，所以价格相对便宜，可以使年金的额度最大化。但同样因为不带有任何的保证，所以也导致许多客户不能够接受。

保证及终身年金（Life Annuity Certain and Continuous），该年金设计带有一个年金给付的保证期。如果被保险人在这个期间内死亡，年金给付不会马上终止，年金会一直给付至保证期间结束。若被保险人在保证期结束后仍然生存，则年金持续支付至被保险人死亡。年金给付的保证期通常有5年、10年、15年、20年。保证期越长，单位价格就越高。

返还型年金，如果在被保险人死亡时，已经领取的年金金额低于所缴付的保险费，则保险公司将返还其差额部分。而返还的形式也分为两种：第一种是将返还额一次性给付；第二种是继续支付年金，直到累计的年金给付额等于所缴付的保险费。

如前面所述，含有保证的年金，价格要比纯年金高，表4－6是不同类型的即期年金的价格示例（表4－6中数字为每1 000元保险费，在不同的开始领取时间下，每月可领取的年金额）。

表4－6　　即期年金的月付额度（每1 000元保险费）

年金领取开始年龄	纯年金		10年保证及终身年金		返还型年金	
	男	女	男	女	男	女
50	5	4.54	4.91	4.51	4.68	4.40
55	5.54	4.97	5.37	4.90	5.09	4.75
60	6.26	5.54	5.95	5.41	5.58	5.18
65	7.22	6.34	6.64	6.06	6.19	5.73
70	8.57	7.46	7.70	6.83	6.93	6.42

2. 即期年金的特点

即期年金是指年金支付在“即期”开始，通常是在缴付保险费的1个月或1年后开始支付，即期年金有如下一些选择：（1）纯年金，在年金受领人生存期间内给付年金。（2）保证及终身年金。（3）单位返还年金（Units Refund Annuity），在年金受领人生存期内支付，当年金受领人死亡时，对受益人进行额外给付。（4）联合生命及最后生存年金。（5）确定期间支付年金。保证年金支付的次数，与生命状况无关。如果年金受领人在给付前身故，则继续向受益人支付。

年金增长选择权能够有效地抵御通货膨胀。这种选择权提供了一个生命期内逐年按固定百分比递增的保证收入给付。

在国外，即期年金多用于传统的养老金市场。同时，也存在一些特殊的市场，如结构化清算市场。这类合同源于对人身伤害索赔的结果，有着针对客户的高度个性给付的结构。通常有在将来某时刻进行一次性支付的条款。其他的一些市场还包括彩票的分期支付（一般是20～25年期的确定年金），慈善机构设置的赠予年金以及与住宅贷款相联系的反向抵押贷款年金等等。国外一些大型金融机构经营的反向抵押贷款主要面向老年市场，因为他们常常有富余的资产而现金贫乏。然而这种计划的问题在于，个人可能会在房产资金领取完毕后仍存活，并且住宅不动产价值的偶尔低迷也会影响这一计划。如果用反向抵押贷款购买收入年金，则可以保证合同持有人在生存期内一直可以获得持续稳定的现金收入。

3. 固定延期年金的特点

固定延期年金分为趸缴保险费延期年金（Single Premium Deferred Annuity，SPDA）和灵活缴费型延期年金（Flexible Premium Deferred Annuity，FPDA）。

（1）趸缴保险费延期年金（SPDA）。在美国，趸缴保险费延期年金分为合格和非合格养老金。所谓合格的养老金是指符合美国税法，并享有税收优惠的退休计划。

趸缴保险费延期年金有如下特点：

- 最低保单保险费。趸缴保险费延期年金，有最低保单或保险费要求。通常合格年金比非合格年金的最低保单保险费要求更低。
- 初始费用和周期性费用。趸缴保险费延期年金直接收取初始费用，此外，也可能收取周期性的保单管理费用。年金账户的价值等于趸缴保险费扣除这些费用后按宣布利率积累的累积值。
- 退保费用。退保费用一般在退保收费期内均匀地递减。最常见的为年金账户累积值的一个百分比。但也有的合同将退保费用设计为毛保险费的一个百分比，或者是丧失最后6个月或12个月中的累计利息。
- 利率和利率保证期。趸缴保险费延期年金合同有最低的账户价值累积利率。但大多数合同还会在一定年期内保证一个超过上述最低累积利率的利率水平。该利率保证期通常为1～3年，也有5～7年。之后，保险公司会重新确定及宣布续期账户累积利率。该利率通常保证1年，但也有些产品提供与初始利率保证期等长的续期利率保证期。

（2）灵活缴费延期年金。和趸缴保险费延期年金类似，灵活缴费延期年金有以下特点：

- 初始费用和周期性费用。灵活缴费延期年金的初始费用较高。
- 退保费用。灵活缴费的延期年金退保费用收取的时间会比趸缴延期年金更长。退保费用收取的形式有以下几种：①账户价值的百分比。②退保费用和收取的保险费相关，为所收取保险费的一个百分比。③退保费用表示为前×个月（如48或60个月）内保险费支付总额的一个均衡百分比。④退保费用表示为账户价值和最后×年所缴保险费中较小者的均衡百分比。

值得注意的是退保费用的设计和水平通常受法规和竞争条件的约束。

• 利率和利率保证期。灵活缴费延期年金通常提供比趸缴保险费延期年金低的最低保证利率，因为这个利率也同样适用于将来的新保险费。同时，灵活缴费的延期年金也对现行利率提供保证，但保证期更短，常常只有 1 年。

在国外，固定延期年金除了传统的趸缴延期年金和灵活缴费延期年金外，还产生了一些新的产品，以下作简单的介绍：

（3）CD 年金。由于年金产品特别是趸缴延期年金产品一直和银行存款竞争，因此产生了 CD 年金。

CD 年金的特点如下：

• 退保收费和现行利率保证期相关。在当前利率保证期内，通常是 3～6 年，退保费用的设计类似于存款提前支取的罚息，一般有以下几种形式：①损失 6 个月的超额或全部利息。②损失利息保证期开始后的所有的超额利息。③损失账户价值的一定百分比，通常是现行年利率的一半。

• 利率保证期满后，通常有 30～60 天的窗口期。投保人在此期间退保，无需承担退保费用。如果投保人选择续保，则需要确定新的保证期和新的保证利率。保证期可以和原来一样，也可以不同。

（4）市值调整年金。对于市值调整年金，利率保证期结束前的退保价值取决于退保费用和市值调整公式，市值调整公式反映了从利率保证期开始以来的现行利率水平的变化。

市值调整年金的现行利率保证期一般比趸缴延期年金长，可达 3～10 年。市值调整旨在降低公司的资金游离风险，使其可以提供更高的累积利率。通常，如果保证期开始以后市场利率上升，则要向下做市值调整；如果市场利率下降，则向上做市值调整。

市值调整的一般公式为：

$$[(1+a)/(1+b+c)]^{(n-t)}$$

式中：n 为现行利率保证期长度（年）；t 为现行利率保证开始至今的时间（年）；a 为合同中的现行保证利率；b 为在利息保证期（$n-t$）中采用的利率；c 是一个常数因子（比如，0～0.5‰之间）。

假设：某市值调整年金的初始保证期为 8 年；初始保证利率为 7.5%；常数因子为 0.25%；如果 3 年以后，市场上该产品的现行利率保证为表 4－7。

表 4－7

利率保证期	现行利率
3 年	6%
5 年	6.25%
8 年	6.5%

这样退保价值按市值调整公式计算：

$$[(1.075/(1.0625+0.0025)]^{5}=1.0478$$

则退保价值将上调4.78%。反之，若利率保证期开始后利率上升，则在市值调整下会使退保价值下降。

上面公式中的“$c = 0.25\%$”实质上是要求利率至少下降0.25%，合同持有人才能根据市值调整公式获得上调的退保价值。但有些公司会放弃这方面的调整，以突出公平性。

（5）双轨（Two – Tiered）年金。双轨年金就是指同时按两组不同的利率进行累积账户价值的年金。按较高利率累积的账户价值用于提供年金给付。而按较低利率结算的账户价值用于退保给付。双轨年金也可能收取退保费用。

（6）不可退保年金。不可退保年金，消除或大大缩小了合同持有人的退保权力，除了特定时期，通常是利率保证期结束的时候，在其他期间是不允许退保的。

延期年金还有其他一些产品特征，如无费用退保、免罚息领取、保证还本、身故给付、年金支付期退保费用豁免、保证累积利率和账户价值增加等。

（1）无费用退保。如果合同公布的续期利率低于一个被称为“无费用退保利率”的水平，则此时退保费用免收。保单持有人可以按账户价值金额退保而无须支付退保费用。在合同中，一般会定义一个无费用退保期。在超过此期间仍未退保的合同可以有以下处理方式：

①无费用退保条款仍然生效，无费用退保利率仍用初始值。

②无费用退保条款仍然生效，无费用退保利率参考当前的续期利率重新设定。

③无费用退保条款终止。

（2）医疗无费用退保。通常在年金受领人接受长期护理或确认为“末期疾病”（在现有医疗条件无法治愈，剩余生命时间有限）时，提供这种退保费用豁免。

（3）免退保费用部分领取。该条款使合同持有人可以部分领取账户价值而无须支付退保费用。这种条款一般只允许每个合同年度只可以使用一次，并规定每次领取额不可超过账户价值的10%。

这个条款的一个变化是可以将之前年度未执行的免罚息领取部分往后叠加。如有一张保单，在生效后一直都无部分退保，则在第四年可以有40%的免退保费用的部分领取。但是这种条款一般会有一个限额，即一次部分领取不可以超过已缴纳保险费的50%。

（4）保证还本。该条款保证合同持有人在全额退保时，其所领取的退保金额不低于已支付保险费的总额扣除之前部分领取的金额。值得注意的是，这类条款一般含有佣金返还的规定，否则很容易被销售人员利用。如营销员假意卖单给其他人，然后迅速退保，从中获利。

（5）身故给付。大多数延期年金的身故给付等于账户价值，而少量的产品设定身故给付等于退保价值。

（6）年金支付时豁免退保费用。如果开始支付年金，则豁免退保费用。

（7）保证计算年金额所采用的利率。这种利率一般相对保守。根据保证利率的保守程度，这种利率有可能会影响准备金的计算。

（8）账户增值奖励。这类设计一般有以下几种类型：①领取年金奖金：鼓励到期的资金留存公司。②续保奖金：鼓励长期持续——不考虑年金支付。③高额账户价值奖金——鼓励大额保单。

4. 变额延期年金

变额年金合同提供的给付利益由资产的实际投资状况决定。这部分资产存在保险公司的“独立账户”中，与一般资产分开。

变额年金不像固定年金那样有保证利率。合同持有人承担投资风险，并获得投资资产的真实回报（需扣除保险公司的费用）。

变额年金消除了固定延期年金具有的投资风险，投资资产的价值将直接反映在合同持有人收到的退保或年金支付价值上。因此，在一定的经济、法规和竞争环境下，保险公司乐于销售变额年金。

变额延期年金的特点：变额延期年金可以是趸缴的，也可以为灵活缴费。一般情况下变额年金提供一个“组合合同”。这种合同向合同持有人同时提供固定年金和变额年金。合同允许固定年金和变额年金的账户资金，在一定限制条件下在账户间转换。但资金从固定账户中提出来可能使保险公司遭受逆选择风险。特别是当利率上升时，固定年金的资产会贬值。

（1）产品保证。在身故时，保险公司一般会保证支付账户价值而不扣除退保费用。此外，有些变额年金合同还保证身故给付不低于某个规定下限，如已缴纳的保险费。同时，合同还保证保险公司收取的管理费用不得超过某一上限。

（2）产品费用收取。

①初始费用。通常是按所缴纳的保险费的一个百分比扣除。

②退保费用。该费用可以是部分或全部退保价值的一个百分比，或者是一定保险费的百分比。

③资产管理费用。一般为账户价值的百分比，在计算合同持有人投资收益时，从投资毛收益中扣除。

④其他费用。

4.6.2　年金保险的定价因素

1. 即期年金的定价因素

要进行定价，首先要对计划给付的现金流、佣金、保险费税、管理费用等作出假设。其他成本因素，如营业税、保险公司资本成本等也要考虑在内。

（1）死亡率。为了确定现金流，需要考虑被保险人死亡产生的影响，也就是说要选取合适的生命表。

在对年金的定价中，一般选取区分性别的死亡率，除非法律有特别的规定。

由于死亡率的改善可能会大大增加未来年金支付的成本，出于谨慎的考虑，可以在目前合理的死亡率假设基础上，加上一定的边际。同时，也可以根据公司的核保标准和行业最新的死亡率统计经验，适当地修正死亡率。

未来医疗水平的提高将改善死亡率，因此，在定价时也经常会考虑加入死亡率改善因子。如果当前 x 岁的生命死亡率是 1 000 人中死亡 3 人，假设死亡率改善为每年 1%，则 10 年后 x 岁生命的死亡率是：

$$0.003 \times (1-0.01)^{10} = 0.0027$$

死亡率的改善因子对不同的年龄是不一样的。在年龄比较低时，改善因子较大。但在年龄比较高时，改善因子相对较低。还有一个问题值得讨论，在产品定价时所采用的生命表一般只到 100 岁，其对于两全保险或终身寿险是相对保守的，但对于年金产品则刚好相反。那是否需要对生命表进行修正以保留一定的边际呢？一般认为是不需要的。考虑利率因素和生存到 100 岁人群的比例，这部分改善或修正对定价的结果影响十分有限。表 4－8 是死亡率改善因子的示例。

表 4－8　　死亡率改善因子的示例

年龄	男性	女性	年龄	男性	女性	年龄	男性	女性	年龄	男性	女性
5	1.50%	1.50%	33	1.00%	1.45%	61	1.50%	1.75%	89	1.15%	1.40%
6	1.50%	1.50%	34	1.25%	1.65%	62	1.50%	1.75%	90	1.10%	1.35%
7	1.50%	1.50%	35	1.50%	1.85%	63	1.50%	1.75%	91	1.05%	1.30%
…	…	…	…	…	…	…	…	…	…	…	…
31	0.62%	1.15%	59	1.50%	1.75%	87	1.25%	1.50%			
32	0.75%	1.25%	60	1.50%	1.75%	88	1.20%	1.45%			

次标准体死亡率也要在规划中得以反映。如果核保部门预期剩余生命要比标准生命表短得多时，假设减少后的期望生命为 n 年，则死亡率假设可以按以下方法调整：

①常数乘数死亡率，若标准体的死亡率为 qx，确定一个常数乘数（$m\%$），使得按修正后的生命表得到期望的生命为 n 年。

②增龄死亡率，确定一个对年龄的修正（增龄），$(x+r)$，使得修正年

龄在标准生命表下的期望生命为 n 年。

③常数额外死亡，对标准体死亡率 qx，确定一个常数的死亡数增量（每 1 000 人中 K 个人死亡），使得修正后得到期望生命 n 年。

（2）各种费用。各种费用的收取和支出都要考虑在定价中，包括税费、佣金支出、管理费用和资产费用的收取等等。

管理费用通常结合年度增长因子以反映未来通货膨胀成本。

（3）初期法定盈余压力。对于即期年金，初期法定盈余压力的考虑非常重要。其对新业务资本要求及目标投资回报的实现都有很大的影响。

2. 固定延期年金的定价因素

（1）利差（指实际投资收益率和累积利率之差）。定价过程中确定下来的目标利差，将定期地用于设定新业务的现行利率和续期利率。这两个利率都会受竞争因素影响而作一定修正。由于竞争压力，实际获得的利差常常低于目标利差。因此，对现行产品管理非常有用和有益的一种方法，就是把目标定价利差分成几个组成部分。

- 用于抵偿投资、获取、维持等方面费用和佣金所要求的利差部分。
- 用于抵偿诸如无费用退保条款的利差部分。
- 用于抵偿资产风险、违约风险、资金游离风险、资产负债不匹配等相关风险的费用的利差部分。
- 用于抵偿期望利润的利差部分。

（2）累积利率策略。保险公司利润的最终实现，是由其未来的资产收益和累积利率策略的相互影响而决定的，所以在定价中，不仅要确定目标利差，也要考虑如何用最有效的累积利率策略来实现目标利差。

在利率下跌的环境下，用于给新业务定价的新资金投资利率会低于现有业务的资产组合净收益率。如果机械地套用“资产组合净收益率减目标利差”的公式确定续期利率，则导致续期的利率高于市场利率。原有的合同持有人会从中获益，而保险公司只得到资产组合的目标利差。

而在利率上升的环境下，现有延期年金业务下的资产组合的净收益率会低于新业务的新资金投资利率。如果仍采用“资产组合净资产收益率减目标利差”的公式确定续期利率，则该利率低于竞争对手提供的新业务利率，如果这个差别过大，则会引起大量退保，而保险公司很可能要出售资产以满足退保需要，所以会遭受损失。

一般来说，发生大量退保时，定价的利润目标难以实现，除非产品收取的退保费用超过了未摊回的获取成本。

为了得到最理想的累积利率设计策略，应当采用利率情景定价方法，在不同的结算策略下对产品的设计进行评价。

例如，可以在以下三种策略下对产品进行测试：①净资产组合收益率减目标利差。②净资产组合收益率减目标利差，但不超过竞争对手累积利率的 $x\%$ 和不低于 $y\%$。③$z\%\times$（净资产组合收益率减目标利差）+（$1-z\%$）× 竞争对手累积利率，这种分析中退保率的大小应和累积利率的确定联系起来，可采用如下公式：

$$a\times(j-i-b)\times(SV/AV)+c \text{ 或 } a\times(j-i)^{b}-c\times SC+d$$

式中：j 为竞争对手的新业务利率；i 为现行账户累积利率；SV 为退保价值；AV 为账户价值；SC 为用账户百分比表示的退保费用；a,b,c,d 是常数。

a,b,c,d 的取值取决于其他一些影响超额退保率大小的因素，诸如合同持有人的统计分布、合同营销方式及保险公司被认定的财务实力。

（3）退保和账户价值的部分领取。退保和账户价值的部分领取影响账户价值的预期规模，从而影响定价利润目标的实现。

退保和部分退保受多个因素的影响，如退保费用（费用的大小、有无免退保费用部分领取条款）、累积利率（水平和竞争力）、销售系统、利率保证期、合同持有人的年龄和经济状况以及公司的财务实力等。

（4）死亡率。对于延期年金，由于一般死亡给付数额较低，通常只为账户价值和退保价值的差额部分，所以死亡率假设在定价中并不是十分关键的因素。

（5）费用和佣金支出。延期年金的获取成本比一般的人寿保险相对要低，这是由于没有核保成本。同样由于对管理系统的要求比较简单，延期年金的续期费用也比一般人寿保险相对要低。

而对于佣金，不同的销售系统对佣金的要求可能不同。收取初始费用的本意是为了弥补佣金及获取成本的支出，但由于竞争的压力，这种做法有时很难实现。于是有些公司试图将灵活缴费的延期年金的佣金平准化处理，或者根据账户价值支付佣金。如果含有这类设计的产品，在定价时就要注意其对续保率的影响。

（6）利息情景定价。传统的静态年金利润测试，假设收益利率是平准的，利差也是平准的。通常这样产生的结果要比利率情景定价得到的中间值结果更为理想。但是，静态测试无法对保险公司所承担的利率风险成本进行度量。

利息情景定价方法把与利率风险假设相关的成本加以量化，采用这种技术，可以为与延期年金资产组合相关的资产和负债建模，包含的参数能够反映利率水平变化引起的资产和负债变化。这样的模型将在多种利率情景下运行，并记录由此得到的收益率。

（7）利润目标。年金定价中最常用的利润度量有：①利润边际；②内部收益率，使法定账面利润的现值等于零的利率；③相对于准备金而言的收支平衡年度。

尽管管理层在确定利润目标时最终可能只选取三个中的一个，但是将三个目标同时进行监控是很有意义的。

如某个产品有不错的利润边际，但收益率很低。这种盈利情况暗示该产品有较高的初始盈余压力，其通常会对保险公司承保的业务规模造成限制。

3. 变额延期年金的定价因素

（1）保单续保率。变额延期年金的主要收入来源为资产管理费用的收取，这部分费用只有在保单较后的年度才会带来可观的收入。通常保单持有人的账户价值会随资产价值的增长而增长，规模变大。而保险公司的费用支出不会随资产的增长而同比例增加。因此，保单续保率对该产品的盈利能力尤为重要，包括保单的续保和部分退保率。

（2）保险费持续率。顾名思义，可变保险费年金合同可以在将来任何时间接收任何数额的保险费，所以要预测将来的保险费数额十分困难。

（3）平均规模。影响盈利性的另一个因素是合同的平均规模。保险公司主要收入来自于资产管理费用。因此，合同的保险费规模越大，盈利也越大。

（4）费用。由于监管上对信息披露和资产定价管理的要求，保单管理成本较传统寿险高。

§4.7　附加合约及附加保障

4.7.1　附加合约及附加保障的一般形式

除了寿险主合同，保险公司还提供各种不同的附加合同供保单持有人选择。附加合同提供多种不同保障和缴费期间。从保单持有人的角度来看，购买附加合同通常可以以较低的价格获得丰富的保障。

1. 一年期、短期意外及健康险

最常见的附加合约是提供意外身故保障的意外险，若被保险人因意外事故身故，该附加合约将提供额外的保险金给付。不过就保险需求而言，不同的死亡原因并不会引起不同的保险需求。只是意外身故附加合约的价格相对较低，比较容易吸引客户。

对于意外身故保险中意外事故的定义，一般保险公司都会有以下类似的说明，如“被保险人于本合同有效期内，因遭遇外来的、突发的、非疾病所导致的意外事故，以意外事故为直接且单独原因，并于意外事故发生之日起180日内身故。”规定身故必须发生在意外事故发生后的一定时期内，是为了尽量确保事故和死亡的直接相关性和独立性。

附加的意外身故保险一般都为一年期合同，每年都需要续保。虽然有些公司开发了长期的意外身故保险附加合同，但并不多见。这是由于主合同的保障期限长短不一，确定期限的长期附加合同不可能附加于所有的主合同，而要为不同的主合同分别开发期限匹配的附加合同则会增加保险公司的运作成本。因此，所谓的长期附加意外身故保险的保障期一般也只有3年或5年，在一个保险期结束后再续保。

附加意外身故保险的投保年龄通常从0岁（90天）到65岁或70岁。有的公司也提供一些投保年龄更高的意外保险，但由于年龄较高时，对于一些伤害很难辨别意外事故是否为其主因，所以保险公司对高龄的意外保障都比较谨慎。

除附加意外身故保险外，保险公司通常还会提供一些健康保险附加合同，如意外伤害医药补偿、住院补偿和每日住院给付等。有些保险公司会将这些健康险产品设计成意外伤害保险的附加合同，有些则允许其直接附加于寿险主合同。根据中国保险监督管理委员会《健康保险管理办法》（2006年第8号）中的规定："保险公司以附加险形式销售无保证续保条款的健康保险产品的，附加健康保险的保险期限不得小于主险保险期限。"为了避免匹配不同保险期限的主合同而开发不同的附加健康保险，保险公司的附加健康保险产品中一般都包含了保证续保条款，保障期通常为3年或5年。即在此保障期内保证续保，而对每个保障期结束时的续保则不作保证。

2. 保险费豁免附加保险

几乎所有的保险公司都会提供保险费豁免附加合同。该合同在被保险人永久完全残疾的情况下，豁免该附加合同所附加于的主合同的保险费。在保险费豁免后，主合同的保险费视为已交，保持有效。该合同通常定义残疾必须发生在60岁或65岁之前，也就是说只有残疾发生在60岁或65岁前，保险费才可以豁免，并一般持续至保险缴费期结束。如果残疾发生60岁或65岁后，保险费将不获得豁免，如果被保险人在缴费期内康复，保单持有人需恢复缴纳保险费。

对于被保险人为未成年人的保险合同，由于投保人一般都为父母或监护人，所以保险费豁免附加合同通常是保障投保人的，即在投保人完全和永久残疾或死亡时，豁免保险费。

3. 附加定期寿险

另一种比较常见的附加合同是附加定期寿险。在被保险人死亡时，给付该保险合同的保险金额作为身故给付。该附加合同通常可以以较低的价格提供额外的死亡保障。

定期寿险附加合同与定期寿险主合同的设计比较类似，有每年续保型的，保障 10 年、20 年的，也有保障到 60 岁或 70 岁的。不过定期寿险附加合同的保险金额一般是平准的，递增或递减的设计较为少见。而最主要的是，在相同的保险保障下，定期寿险附加合同的费率一般比定期寿险主合同低。因为有部分的保单获取和维护成本都由主合同承担，所以在定期寿险附加合同定价中可以不包括这部分费用。

还有一种常见的定期寿险附加合同形式为家庭保单。所谓家庭保单，即附加合同的被保险人为主合同被保险人的配偶或子女，一张保单可以为几个家庭成员提供保障。这种家庭保单的附加合同一般是定期寿险附加合同。

4. 提前给付型及额外给付型附加合同

提前给付型及额外给付型附加合同为两个相对的概念。提前给付型附加合同是指在发生该附加合同所定义的保险事故后，按附加合同的保险金额给付保险金，同时主合同的保险金额相应减少。这类型的保险合同的实质正如其名字一样，只是将主合同的死亡给付金额提前到发生附加合同所定义的保险事故时给付。这部分保险金额实质上是主合同和附加合同“共用”的。额外给付型附加合同则不同，其保险金额独立于主合同之外，附加合同的给付不会对主合同构成任何影响。正如上面所提及的定期寿险附加合同和意外身故给付都是额外型附加合同，只不过提前给付型附加合同所定义的保险事故不会与主合同一样，不然就不能成为提前给付了。

最常见的提前给付附加合同为癌症或重大疾病提前给付附加合同。若被保险人在合同生效后，首次确认患有合同定义的癌症或重大疾病时，保险公司给付附加合同保险金额。同时，主合同的保险金额相应减少，其他较为常见的提前给付型附加合同还有完全永久残疾和终末期疾病提前给付。终末期疾病是指依据现行的医学手段和技术无法治愈的疾病，且被保险人的预期剩余寿命只有 6 个月或 1 年。

在提前给付型附加合同给付后，主合同的保险金额需相应减少，同时主合同的现金价值也同比例降低。提前给付型附加合同的保险金额可以与主合同一样，也可以比主合同低。但如果在提前给付后，剩余的主合同的保险金额太少，对于保险公司来说并不是一件好事，因为保单的维护成本可能会远远超过该“剩余”保单带来的收益。

最常见的提前给付为一次性给付，但也有的提前给付型附加合同采用分期给付的形式，保险金逐年或逐月分期给付。

5. 账户扣除型附加合同

账户扣除型附加合同附加于万能或投资连结保险之上。在万能和投资连结保险上也可以附加其他普通的附加保险。但由于万能和投资连结保险允许有比较灵活的缴费方式。保单持有人可以选择缴费的时间。若保单持有人没有及时缴付保险费，则保单进入“保险费假期”。虽然只要账户价值足以扣除相关费用，保险主合同会依然保持有效，但对于附加于万能和投资连结保险普通的附加险，若停止缴付保险费，保单就终止或“中止”了。为了确保附加合同在主合同缓缴保险费时仍持续有效，账户扣除型附加合同就应运而生了。

所谓账户扣除型附加合同，简而言之，就是从主合同的账户价值之中扣除附加合同的保险费，一般称为风险保险费。只要账户价值足够支付风险保险费，附加合同就可以保持有效，而不论保单持有人是否缴付保险费。

账户扣除型附加合同提供的保障比较多样，有死亡给付、意外死亡及重大疾病等等。附加合同的保障期间可以与主合同一样或比主合同短，通常风险保险费都是按月收取，且风险保险费不平准，一般根据被保险人的已达年龄确定。

账户扣除型附加合同一般不会向销售人员支付佣金，因为在主合同中已支付佣金，即一般认为进入账户中的保险费已扣除一定费用。若从账户价值中扣除风险保险费时再支付佣金，就有双重支付之嫌。但也有一种观点认为以风险保险费的百分比支付佣金也是对销售人员劳动的补偿，同时也可以鼓励更多的销售账户扣除型附加合同。

4.7.2 附加合同及附加保障的定价因素

1. 主合同和附加合同定价因素的相互作用

主合同和附加合同作为两个独立的产品，理论上它们在产品定价上也应该相互独立。但实际上，无论是在定价假设或者是利润的指标方面，主合同和附加合同都可能存在相互影响的关系，有的时候很难绝对的独立。举一个简单的例子，在开发附加于万能保险的账户扣除型附加合同时，除了要考虑附加合同的定价外，还要注意其对万能保险主合同的影响。如果所附加的账户扣除型附加合同的保险金额十分高，那么每月从账户中扣除的风险保险费就会使账户价值急剧下降。假设万能保险所缴付的保险费不变，万能保险主合同就可能会因为账户不足以扣除各种费用，如管理费和风险保险费等而中止，保障期间比没有增加附加合同时缩短。若万能保险主合同过早中止，保单的获取成本就不可能完全收回。另一方面，附加合同的定价假设可能与独立的主合同也不一样。根据观察，附加在寿险主合同下的短期健康险的赔付率要比只是附加在意外身故保险主合同的赔付率要好。可能有两方面的原因解释这种不一致。第一种是这两种合同的销售对象不一样。寿险主合同一般要比意外身故主合同价格高。赔付率的不同，可能是反映不同收入人群的赔付经验的不同。第二种是对于保单持有人而言，如果其根据自身的身体状况，对保险公司进行“逆选择”，则购买意外身故主合同和短期健康附加合同所付出的成本要低很多。

而对于利润指标而言，大部分公司都要求主合同和附加合同的利润指标都必须分别满足公司的要求。但也有的公司只要求主合同和附加合同的组合满足要求即可。但这里要特别注意的是，如果主合同和附加合同的组合比例和结构是可供保单持有人自己选择的，这种定价中的利润指标很可能因组合的比例不同而与定价不一致，需定期检查。所以一般而言，这种只需产品组合满足利润指标要求而不单独考虑单个合同的方式，只用于固定组合销售的产品组合，即在销售时投保人不可以自由地选择组合方式或结构，只能够从保险公司提供的有限选择中选取不同的计划组合。

2. 保单续保率

附加合同的续保率与其所附加的主合同相似。不过要注意的是，如果主合同的缴费期限比附加合同短，附加合同的续保率可能会受主合同的影响。在主合同缴费期结束后，如果附加合同还需要缴费，特别是需每年续保的附加合同，其续保率要比在主合同缴费期内差。

3. 费用假设

附加合同的费用假设比主合同低。通常保单的签发和核保等成本都会由主合同承担，对于这些费用，附加合同都会简单地设为零，或只是主合同假设的一定比例。但是对一些核保要求较高的产品，如额外给付型的重大疾病保险，仍然需要单独考虑其核保成本。

4. 利润指标

不同的公司对附加合同的利润要求有不同的看法。有的公司对主合同的利润要求较低，而对附加合同的要求比主合同更高，其希望可以以较有竞争力的主合同吸引客户。当客户购买主合同后，再向其推荐较为"赚钱"的附加合同。也有的公司将附加合同设计得较有吸引力且利润要求较低，以吸引客户购买附加合同，而为了购买附加合同，必须先购买主合同。

§4.8 中国市场保险产品简介

4.8.1 中国保险产品发展简介（个人寿险）

我国从 1982 年开始正式恢复人身保险业务，经过 20 多年的发展，逐步形成了较为全面的个人寿险产品体系，包括传统的两全保险、终身寿险以及分红保险、万能保险和投资连结险等。

1992 年之前，中国的寿险产品以简易人身保险、统筹养老保险为主，业务规模较小，而且团体保险占绝大多数。1992年友邦保险有限公司上海分公司成立后，引入了保险代理人专职销售个人保险的全新行销模式，这是中国人身保险业行销体制的一个重大创新。随着老百姓对保险特别是个人人身保险的认知程度直线上升，国内的个人寿险产品开始逐步丰富。

1996年前开发的保险产品以传统寿险为主，投保人的保险利益事先确定，保险风险完全由保险公司承担。友邦保险有限公司上海分公司等部分保险公司曾向市场小规模推出类似分红保险的产品，用来抵御未来可能与定价假设出现重大差异的风险，也可在某种程度上规避一定的利差损失。1996年，当时的保险监管机构中国人民银行要求各保险公司采用新颁布的中国生命表将所有人身险产品重新定价，并且鉴于分红保险管理办法暂不成熟，建议不再送审分红产品，故而这种类似分红产品的险种暂时就退出了保险市场。

到了20世纪90年代中后期，伴随着我国经济软着陆政策的施行，银行储蓄利率开始逐步下调。1997年利率下调后，监管机关要求寿险产品预定利率不得超过6.5%。1998年6月，银行利率再次下调，监管机关再次将寿险产品预定利率下调至不超过5%。由于长期在高利率环境下生存，当时保险公司认为预定利率5%的产品没有市场，于是参照中国台湾的先例，开发了大量预定利率为5%的利差返还产品。1999年利率下调后，监管机构规定1999年6月10日以后出售的寿险产品的预定利率不得超过年复利2.5%。

"利差返还保险"是指如果特定期限的银行利率超过"定价利率+2%"，保险公司将会把差额部分返还给投保人。从现今的角度来看，此类产品将客户的回报与短期银行存款利率挂钩，而不是与该类产品的实际投资收益挂钩，因而存在较大的缺陷。在一般情况下，人寿保险的资产期限较长，其投资收益率与短期银行利率并非同步变动，在某些情况下，甚至会出现反向变化，因此保险人将承担资产和负债不相匹配的风险。另一方面，5%的定价利率显然过高。在利率水平低下、投资回报率低于预期值时，保险公司仍要给付保证保险利益，而在利率水平高于预期值时，保险公司则不得不将超出的部分（未必是保险公司真正得到的回报差额）交由客户分享。

由于预定利率的大幅下调，传统寿险产品的价格比以前提高了很多，因此，对消费者的吸引力大不如前。寿险公司不得不进行产品创新，寻找新的保险费增长点。各家保险公司纷纷开始学习和研究国外的保险产品，尤其是英、美等发达国家成熟的保险产品，包括美式分红、英式分红、投资连结、万能保险等，并且探索引进和改造这些产品的可能性。中国保险监督管理委员会也积极支持，鼓励保险公司在产品问题上的探索和创新。

随着 1999 年 10 月第一款投资连结保险的推出，新型产品崭露头角，在国内保险市场上占据了越来越高的份额。这种从传统产品向新型产品的转型，不但解决了中国寿险业发展中存在的深层次问题，而且更加能够满足消费者日益多样化的保险需求。

分红、万能、投连等新型产品的蓬勃发展促进了寿险业的高速发展。2001—2003 年，人身险保险收入增长率分别为 43.8%、59.8%、32.4%。2003 年人身保险保险费收入 3 011 亿元，其中新型产品保险费收入占全部人身保险保险费收入比例已经超过了 70%。

4.8.2　保险产品监管法规简介

随着我国保险市场经营主体不断增加，产品责任设计越来越复杂，不同公司间同质产品的恶性竞争使产品定价风险大幅增加。同时，责任准备金提取方法的不规范使部分保险公司得以对利润随意操控。为了避免这种情况进一步发展，中国保险监督管理委员会于 1999 年 6 月 8 日下发了《关于下发有关精算规定的通知》。该《通知》分为“人寿保险预定附加费用率规定、人寿保险精算规定、利差返还型人寿保险精算规定、意外伤害保险精算规定、健康保险精算规定”等 5 部分。该《通知》对产品定价的附加费用率、最低现金价值和法定责任准备金计算等提出了具体要求，第一次规范了保险产品设计和评估的关键假设和计算方法。

中国保险监督管理委员会于 2000 年先后颁布实施了《分红保险管理暂行办法》和《投资连结保险管理暂行办法》。这两个办法分别对分红、投连产品的开发、报备、销售、信息披露，投资连结险的投资账户等方面作出了明确规定，从而对刚面市的新型产品起到了良好的规范和引导的作用。

2003 年 5 月，中国保险监督管理委员会出台《人身保险新型产品精算规定》，该规定对个人分红保险产品在拟定保险费、准备金计算、分红保险的红利核算作出了详细规定。同时，该规定还明确了分红保险可以采取终身寿险、两全保险或年金的形式，保险公司不得将其他产品形式设计成为分红保险。根据《人身保险新型产品精算规定》，各公司停售了分红健康险，取而代之是非分红健康险。

2003 年，《人身保险新型产品精算规定》还对投资连结保险及万能保险的费用收取、责任准备金计算以及投资连结保险的投资账户评估和投资单位定价都作了相应规定。

2007 年，中国保险监督管理委员会出台了《关于印发投资连结保险、万能保险精算规定的通知》，再次对投资连结保险、万能保险有关精算处理进行了详细规定。

中国保险监督管理委员会于2006年公布了《健康保险管理办法》，该规定对健康险的保障范围做出了明确的定义。

以上几个通知对保险产品的设计和行业行为的规范产生了深远的影响。

4.8.3 不同销售渠道产品的对比

中国的保险市场由20世纪80年代恢复发展，经历了20多年的高速增长，不但产品线丰富多样，产品的销售渠道也逐步多样化。

1992年9月，友邦保险有限公司成为第一家获准在中国经营保险业务的外资保险公司，并于同年在上海设立友邦保险有限公司上海分公司。友邦保险有限公司上海分公司成立后为中国引入了全新的行销模式——保险代理人专职销售个人保险。1994年，中国平安保险也开始在全国推行个人营销业务。此外，自2002年以来，保险中介机构包括保险经纪人公司和兼业保险代理迅速增加。其中，银行从1996年就开始以兼业代理方式代理销售人身保险业务，但规模一直很小，合作主要体现在银行和寿险公司的基层网点之间，寿险公司也没有开发专门的银行代理产品。自从2000年平安正式推出专门的银行代理产品，银行代理销售业务迅速增长，成为人身保险业务保险费收入的重要组成部分。随着寿险产品市场的竞争不断加剧，各保险公司也在不断尝试开发和利用各种销售方式去拓展市场，包括现已比较普遍的电话销售、网上销售，还有其他一些销售形式，如直接邮寄、广播媒体等。

不同的销售渠道所销售的产品也有所不同，以下就目前的状况作简要分析：

保险营销员：这个渠道销售的产品比较多样，几乎涵盖所有的个人寿险产品。

银行代理：银行代理销售的产品类型逐步丰富，但最主要的仍是所谓的“存款替代”型产品，即产品主要偏重储蓄，只提供很少的风险保障。此外，最受欢迎的银行保险产品，缴费期通常只有1年或3年、5年等极短期，保险期限也基本上在10年以内。各保险公司都在不断试图改变现状，增加银行代理保险的保障成分，但似乎都不太成功。

电话销售：电话销售的产品开始以短期的意外伤害险和健康险为主。但近年来“保费返还”型的产品占据了主要地位。该类产品以缴费5年或10年为主，而保障期间通常是缴费期的2倍或3倍。如果被保险人在保险期间发生了合同定义的保险事故，保险公司给付保险金额。如果保险期间结束时，没有发生保险事故，一般都以保单持有人所缴保险费作为满期给付返还给投保人。除了上述传统寿险产品，现在也有保险公司开始尝试通过电话销售分红产品。

网上销售：最开始各公司所谓的网上销售只是提供产品信息和销售人员的联系方式，而不具备在线报价和销售能力，但随着网络技术的发展和网络应用的普及，各大保险公司分别发展自身的网上销售平台。目前，网上销售的产品有短期的意外伤害险、定期寿险和“保险费返还”型的产品组合。

主要参考文献

【1】 Kenneth Black, Jr., Harold D. Skipper, Jr., *Life Insurance*, *Twelfth Edition*, Prentice Hall, 1994.

第5章 定价模型

学习目的

- □ 了解定价的基本经济学原理，掌握价格是如何影响利润的
- □ 掌握决定价格的各种重要因素和一些基本方法
- □ 掌握寿险产品几种常见的定价模型
- □ 了解定价的基本流程和模型选择，认识定价的几个基本风险以及定价的事后管理

§5.1 定价的基本原理和因素

5.1.1 定价的基本原理

1. 价格、成本与利润的关系——定价的经济学基础

任何商业公司的运营目的是尽量使公司的（长远的）利润最大化，而影响利润的三大要素是：销量、价格和成本。这三要素之间的关系如下：

利润 = 销量 × 价格 − 成本

任何人都定然会关注销量。如何才能增加销量呢？在销售队伍、广告投入、促销手段和生产能力等方面，需要进行哪些投资呢？销量被认为是公司行为的结果，属于公司可以完全掌控的因素。利润等式中的成本也经常成为人们关注的焦点，很多公司通过精简管理机构，改造企业办事流程，缩减运营开支等手段来降低成本。然而，在企业之间的利润争夺战中，价格这一因素在过往却备受冷落，管理者把他们有限的时间、精力和想象力全都投入到销量和成本上面。事实上，定价和其他利润要素一样，是必须要集中力量进行有效管理的，而且价格这一因素对利润有着极强的杠杆作用。

为了说明上面这一点，我们来看一个简单的案例。制造商以每单位产品100元的价格将产品卖给客户，全年销量为100万单位。产品的单位变动成本或边际成本为60元人民币。这样，该产品的单位贡献毛利是40元，换言之，每卖出一个单位的产品，就可以为抵消固定成本和创造利润贡献40元。公司管理层对目前100元人民币的单位价格能否带来最高利润心存疑虑，要求考虑是否对现有价格进行上下20%的调整，管理层首先希望了解，调整价格后，需要多少销量才能维持4 000万元人民币的利润。

首先考虑降价 20% 的情形。假设单位变动成本不变，那么 80 元人民币的定价以及 60 元的边际成本将使单位贡献毛利从 40 元降为 20 元，这样，必须保证销量是单价为 100 元时销量的两倍，即 200 万单位，才能获得相同的总贡献毛利。再来考虑将单价提高 20% 的情况。仍假设单位变动成本不变，单位贡献毛利增加到 60 元，因此，全年只需售出 666 667 单位的产品就可以获得 4 000 万元的利润。对于管理层而言，尽管定价只降了 20%，单位贡献毛利却降了 50%，为弥补这一较低贡献毛利所需要增加的销量为 100%，对于管理层而言，这样的销量增加可能是不现实的，譬如公司现有的生产能力及销售渠道根本无法支撑。而对于提价 20%，如果销量降低幅度可以维持在 33.3% 之内，涨价就可以使得总利润增加。总体而言，两者相较，涨价 20% 看起来是更为值得考虑的做法。

从上面的例子可以看出，降价和涨价有着很强的杠杆作用。看似很少的降价可能对单位贡献毛利有很大的负面影响，需要很大的销量增加来补偿。而小幅涨价则可能给单位贡献毛利带来很大的正面影响，在较大幅度降低销量的情况下，依然可以维持涨价前的利润水平。

结合这个例子，我们不妨也来看一看成本。众所周知，成本由两部分构成：一部分叫变动成本，为单位变动成本与销量的乘积；另一部分为固定成本。顾名思义，变动成本是随着销量变化而变化的那部分成本，而固定成本则是无论销量多寡都会发生的成本。用经济学的术语，变动成本也叫边际成本而固定成本也称为沉没成本。一般而言，较低的变动成本往往涉及较高的固定成本，反之亦然。细心的读者从上面的例子应该可以注意到，就价格变化对利润的影响而言，成本的结构也即变动成本与固定成本的关系是一个非常重要的因素，边际成本相对于价格越高，价格变化对利润的影响就越大。

2. 价格弹性和“最优价格”

价格是顾客为获得某项产品或服务而付出的经济代价。从经济学的本质上来讲，顾客是否愿意购买某个产品，一方面取决于自身的需求和经济状况（即支付能力），另一方面则取决于其对产品的认知价值。只有顾客对一种产品或服务的认知价值大于其价格时，顾客才有意愿去购买这种产品或服务。对于价格和价值的这些简单认识，有助于我们了解顾客是如何对某一价格及价格变化作出反应的。

基本上，价格的变化会对“买与不买”和“购买数量”两种情形产生影响。无论哪一种情形，个别的价格反应都可以预估。我们通过加总所有顾客的价格反应数据，可以得出描述价格和销量关系的总体市场反应曲线，该曲线的斜率为负值，即市场价格越高，总销量越少。这就是我们通常所说的价格反应曲线。图 5－1 是一个简单的图例演示。

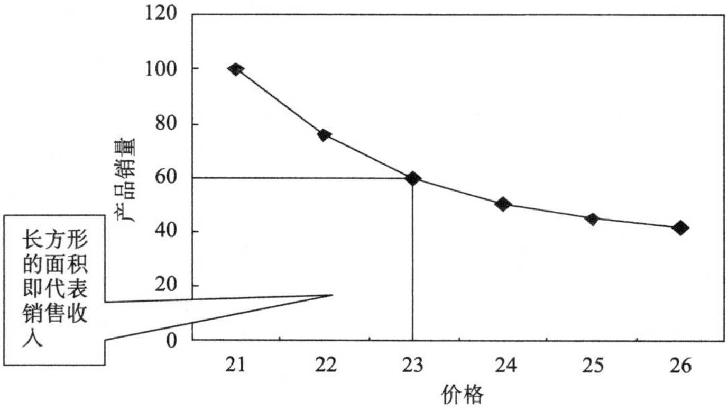

图 5-1 价格反应曲线

有了价格反应曲线，我们就可以进一步了解价格弹性的概念。价格弹性是衡量价格变化对销量影响程度的重要手段，其是指销量变化百分比与价格变化百分比之间的比率，即：

价格弹性 = 销量变化百分比/价格变化百分比

可以想见，价格弹性值因产品不同、竞争态势不同和顾客不同而有很大差异。如果价格弹性小于1，就意味着销量减少的百分比小于价格提高的百分比，可以考虑提高价格。例如，如果涨价 10% 使销量减少 5% （价格弹性为 0.5），那么对该产品涨价 10%，将使销售收入增加 4.5%，而利润将增加更多。降价的情形则相反。

价格反应曲线的确立还可以帮助确定所谓的“最优价格”，价格反应曲线的横坐标为价格（价格减去单位变动成本为单位贡献毛利），纵坐标为销量，而总贡献毛利是销量乘以单位贡献毛利得出的结果，可以用一个长方形来表示——长方形面积的大小，也就是每种价格所创造的正利润的多寡。总是存在一个能够使得利润最大化的价格，而偏离这个价格越远，所导致的利润削减就越剧烈。此外，价格偏高和价格偏低可能一样有百害而无一利，有些人认为，只要错误是由于价格过高而导致的，就不会导致太大的损害，这样的理解其实是有失偏颇的。

3. 成本加成定价法——最古老的定价方法

成本加成定价法可以说是最为古老、最常用的定价方法之一，根据这种方法，首先应确定单位成本，然后根据加价即可得出最终的定价。至于加价的多少，可以根据行业习惯、个人经验以及目标利润加成等等诸多因素来决定，以下这样一些字眼无疑就是这种定价方法的极好体现：“水果当中，一般来讲，苹果的价格是其成本的 2 倍，菠萝的价格是其成本的 3 倍，而猕猴桃的价格是其成本的 4 倍”。

目前，这种方法仍然被广泛地使用在各行各业的产品定价过程中，显然它有其自身的几个优点，实用且简单易行。通过在成本上加成的方法，可以解决市场不确定的问题，同时又起到确保利润的作用。从竞争的角度来说，如果竞争的成本结构类似而加价相同，那么，大家的注意力的确可以完全放到关注如何降低成本的方向上来。

另一方面，这种定价方法也受到了广泛的诟病，单纯的成本加成定价对市场需求和竞争态势的忽略无疑不是明智之举。此外，非常重要的一点就是它忽略了价格与销量之间的互相作用——一般而言，低价格可以拉升销量，从而维持一个不错的总利润，而提升的销量又可以反过来降低价格，因为固定成本可以由更多单位的产品来分摊，每个单位产品的固定成本降低了。

总之，成本加成定价法在很多情况下不失为一种不错的选择，譬如，在某些价格弹性非常低的市场。而市场上采用的成本加成定价也多会辅之以其他一些方法，如充分的市场调研等等，以达到较为全面地考虑问题的目的。关于这一点，后节中还会有更进一步的阐述。

4. 固定成本和价格之间的关系

固定成本和价格之间的关系，从上面关于“最优价格”的描述中，细心的读者可以发现，固定成本的大小并不会影响到最优价格的确定，这也是其在经济学中被称为“沉没成本”的原因所在。当然，固定成本的大小还会影响到最终的总体利润水平。

那么，在价格的确定中是否可以只计入变动成本呢，抑或必须考虑所有的成本？

首先，从长期经营的角度来讲，价格的构成必须能够抵偿所有的成本，包括固定成本，否则，公司不能获利也无法生存。当然，销量的提高可以使得每单位的固定成本降低，价格也因此有一定程度的下降。

其次，从短期而言，价格的构成可以只考虑变动成本或只考虑一部分固定成本，特别是当市场竞争非常激烈或是公司只有大幅降价才可以有销量的情形。这种方法有时被称为边际成本定价方法。事实上，只要价格超过变动成本，超出部分就可以抵偿一定的固定成本支出，或是进一步构成利润的来源。这也就是为什么有些宾馆或者航空公司可以在某些淡季提供非常低的折扣的原因。

使用边际定价方法是一个非常值得斟酌和探讨的问题，在一个公司的内部，使用该方法的具体细节和时机往往存有很大的分歧，因其已超出了本书讨论的范畴，这里就不再赘述。

5.1.2 定价的基本考虑因素

1. 定价与竞争策略

顾客是否愿意购买某个产品或服务，在很大程度上取决于其对该产品或服务的认知价值，而如果满足同一个需求有几种产品可供选择，顾客就会选择能为其提供最高净值（也就是认知价值超过价格的部分为最大）的产品。简而言之，对于定价来讲，除了了解客户对价格的反应以外，了解竞争对手的反应以及有一个清晰的对产品乃至公司的竞争性定位是非常重要的。

一般来讲，公司采用的竞争策略无外乎以下几种：

（1）单纯的被动式防御性竞争策略。顾名思义，公司对该产品的定价几乎不太考虑其竞争对手的价格，而完全根据产品成本以及本公司对该产品的认知程度来确定。这种方法一般被一些大的、取得一定的市场垄断地位的公司所采用。该类公司一般是市场的领导者以及被看做是价格制定的基准。

（2）主动竞争策略。这种方法一般被一些小的、某类市场的初入者所采用，这些公司往往希望通过非常大的折扣，迅速地进入该类市场并很快积累一定的知名度及市场份额。

（3）介乎上述两者之间的方法，采用这种方法的公司通常是规模较为中等的市场的追随者。

值得提出的是，采用何种竞争策略需要通过认真的考量。换而言之，需要评估自己是否具备采用某种竞争策略的能力，特别当采用主动竞争策略的时候。对时机的把握，资本金的充足与否以及后续事宜的准备都是必不可少的。

正如我们经常见到的，有些行业降价成风，结果成为“愚蠢”的行业；而有些行业则属于“聪明”的行业，其主要竞争者的利润率都较高。当然，这也与其行业本身的供求特征有着必然的联系。20 世纪 70 年代，当时最盛行的战略思考就是将重点放在市场份额上，提高市场份额被看做是通往长期获利的道路，必要时可以放弃短期利润，待市场成熟或垄断地位达成之后再收获利润。时至今日，管理学的观点有所变化，过往的一个又一个过度竞争导致利润空间稀薄，进而使每个参与者都无以为继的案例，使得人们回过头去思考上述方法的适当性。当前被认为理想的做法是行业的参与者都致力于把行业整体的利润蛋糕做大，然后根据各自的实力来对利润进行分配。成功的竞争者不太会主动积极地挑起价格战争，而往往通过一些迂回的方法来实现既能满足自己竞争策略又不致对行业利润有所损伤的目的。

2. 定价与产品策略、特性、目标市场及利润目标

前文中我们谈到成本加成定价法，那么该如何加成呢？加成的空间可以有多大呢？产品定价同产品本身的定位和特性息息相关。容易理解，如果产品的同质化程度过高，产品之间很容易作直接的比较，其竞争程度必然很大。反之，若可以在某些方面能够与其他同类产品有相异之处，则产

品本身的定价空间，或是我们上面所说的加成空间就大得多。

通用电气的杰克·韦尔奇曾预测，“价值时代”即将到来，现有市场将因下述情况引发全球的价格竞争：（1）核心产品的差异性缩小；（2）多种产品的生产过剩；（3）贸易壁垒的明显减少；（4）“使所有人获得所有东西”的高效的信息系统；（5）顾客的态度倾向于更多地比较。

有鉴于此，市场一个通用的做法就是尽量避免直接的竞争比较，而去寻找一些创新或是比较特别的目标市场（Niche Market），在这种状况下，或者是需求和供给的不对称使市场为卖方市场，或是企业可以为客户创造出更多的“价值”，无论为何种情形，产品定价的余地都会充裕得多。

值得提出的是，好的、特别的配套服务也是额外“价值”的体现，也是扩充定价空间的一个非常有效的工具。在产品同质性很高而市场对产品创新又缺乏行之有效的保护手段的时候，如何尽量改善自己的服务质量，提供出竞争对手所无法提供的服务手段、系统支持等附加价值，也是各个保险公司应当特别关注的问题。

也可以从价格弹性来考虑这个问题。以目前的保险市场为例，某些产品本身特性简单、直接，如银行保险的趸缴短期两全保险，其非常易于与其他金融工具作对比，因而，价格弹性很高，价格的微小波动就可能带来销量的剧烈变化。而一些长期的重大疾病保险，由于其产品的复杂性以及客户对产品的了解程度有限，其价格弹性较低，这样保险公司在定价时也就可以相对更为从容。

此外，产品本身风险的考量也是加成选取的一个重要因素。对于企业而言，所提供的产品涉及的风险越大，不可控因素越多，理论上来讲，企业设定的加成就应该越高。以保险产品为例，许多公司将单纯的死亡或伤残保险的风险加成设置的较高，而对生死两全保险的风险加成设置的较低，从某种程度上来讲，就是基于这样一个道理。

3. *差别定价*

本章的最后来讲一讲差别定价。众所周知，不同的顾客具有不同的购买能力和购买愿望，而即便是相同的顾客在不同的情形下，愿意为某一产品所提供的价格也都是不一样的。根据顾客认知价值做出区别定价，可以提供更多创造利润的机会。譬如，微软将其“Office95”套装软件的价格设定在499美元，然后通过三种折扣方式进行差别定价。第一，旧有系统的升级客户可以得到200美元的折扣；第二，年底前购买者可以得到50元的折扣；第三，当前的微软客户可以得到另外的40美元折扣。

差别定价可以更好地帮助企业去挖掘其产品或服务的潜力，从而去创造利润。差别定价的方法有很多，也多具创造性。在保险行业内，愈来愈多的公司开始关注和重视这一领域，如对某些特殊目标市场，如儿童、老年人、VIP市场的差异性定价，或是对客户类型如现有客户与新客户的区分，或是一些所谓的捆绑销售定价策略，无一不是这一思想的体现。在某些情况下，抓住不同目标市场的不同特点制定出不同的产品设计和定价策略，是最终取得成功的必要条件。

差别定价可以是一个非常大的题目，也可以有“长期差别定价”和“短期差别定价”之分，此处就不再引申。值得提及的是，只有深入了解影响客户价值的因素，才能有效地使用这一概念。另外，“过度差别定价”也可能导致管理差别过高，或是企业在顾客心目中失去信誉。最后，还需清楚地了解相关的法律法规，以明确差别定价计划是否具有法律上的可行性。

§5.2 寿险产品定价模型概述

5.2.1 寿险产品的定价模型概述

1. 目前适用法规的定价要求

1999年6月，中国保险监督管理委员会颁发了一系列精算规定，其规定了保险费应当根据预定利率、预定死亡率以及预定附加费用率等项目，采用换算表的方法进行计算，并同时对上述三个主要定价因素作了严格的约束。简单来讲，对于预定利率，精算规定设定了一个上限，从而基本上对费率作了不可过低的限制；对于预定死亡率，相应的经验生命表的选择目前已经基本放开；而对于附加费用率，保险公司在确定费率时采用的预定附加费用率的假设，不得超过保监会对个人和团体寿险业务的预定附加费用和平均费用率按缴费年限所规定的上限（新的规定对普通定期寿险以及普通终身寿险取消了这一限制）。目前，精算规定并没有要求考虑退保因素，对疾病发生率或是残废发生率目前也并没有限定，这也给保险公司留下了一定的定价空间。对一年及一年以内的人身意外伤害保险或健康保险的定价较为简单，预定损失率可根据本公司的经验数据编制，也可采用其他公司（如再保险公司）已有的经验表，或根据保险市场经验制定。预定附加费用率需满足一定的限制。

也就是从那时起，我国对寿险产品开始了严格的费率监管。其后，保监会又陆续下发了《中国保监会关于印发人身保险新型产品精算规定的通知》（保监发〔2003〕67号），对精算规定作了进一步的补充，尤其是对分红保险产品，其在预定利率的处理上与普通寿险产品有了些许的不同，对于红利的计算方法、红利形式等也都有了较为明确的规定。顺便提一下，对于一些新型产品如万能保险或是投资连结保险，尽管其架构不像传统产品那样，通过计算未来保障利益的现值来确定保险费的形式，但应当认识到，就本质而言其与传统产品的概念还是非常一致的。总体上来讲，保监会要求保险公司所采用的正是我们前面提及的成本加成定价法，这里表现为净保费加成定价方法。

一直以来，我国采用的都是一种严格的费率监管措施。从这几年的经验来看，这样的费率严格监管在保险公司普遍风险防范意识差、精算技术薄弱、内控能力不强的情况下，发挥了极其重要的作用。从一定意义上来讲，它有效地防止了保险公司之间的恶意价格竞争，确保了在初级阶段保险业的健康持续发展。

不过，随着我国保险业的蓬勃发展，保险投资渠道的不断拓展，加之外部金融大环境的剧烈变化，现有的非常严格的费率监管方法所暴露的问题越来越明显。在市场经济体制下，人为控制价格会扭曲价格形成机制。从长期来讲，并不利于市场主体根据具体状况独立、灵活地作出经营决策。显然，我们的监管部门也认识到了这一点，最近保监会下发的针对“普通寿险”的费率放开，可以说是逐步费率市场化的一个非常明确的信号。毋庸置疑，随着我国寿险企业内部机制的逐步健全、行业经验数据逐步完备、整体精算水平和监管水平不断提高，费率市场化的脚步应该是越走越近了。

2. 几种典型的定价方法（模型）

以下介绍几种在保险公司实务中所采用的一些方法。由于历史传统、成立时间长短，经验数据的储备或是在技术、成本、人才等各方面原因，各保险公司所采用的定价方法可以不尽相同。

（1）基于竞争对手的价格改动。基于竞争对手的价格改动，通常为一些成立时间较短，经验数据尚不够充分或是技术力量也有欠缺的小公司所采用。通常，此类公司都有一些明确盯紧的竞争对手目标，做法非常简单——产品特性基本上拷贝而在价格上打上一个折扣。该方法的好处是操作简便，但却有颇多的隐患。毕竟，保险产品本身是一个比较复杂的金融工具，各公司的销售方式、运营成本、风险管控等方面都可能千差万别，而产品的定价又和这些因素有着千丝万缕的关系，简单地拷贝产品形态而同时在价格上进行改造未必就是适应于本公司的。此外，该方法也无法让保险公司据此确定某些问题，如新业务对资本金的要求，新业务有何种利润水平，产品本身会有何种风险隐患等等。一言以蔽之，此方法是一种尚处于初始阶段的定价方法，可以与其他方法一同使用，单纯地采用本方法肯定不是合适之选。

（2）净保费加成法。再有就是上文中曾简单提及的净保费加成法。人身保险的毛保费可以看做由净保费和附加费用构成，净保费是指保险公司承担保险责任的成本，计算的基本公式是净保费的精算现值与保险给付的精算现值相等。在确定净保费之后，利用精算现值相等的原则把费用和预定利润分摊到每一年的保费中，就得到了毛保费。净保费加成法基本上也是一种相对较为“古老”的定价方法，随着寿险业务的发展，后来出现了许多变种，譬如使用毛保费等价公式，即毛保费的精算现值等于未来保险给付、费用和利润的精算现值，方法有所不同，但本质一样。净保费加成法最主要的优点在于简便易行，当给定保费的基本假设包括死亡率、残废率或发病率、利率、费用、利润附加等，费率就可以很快地计算出来。对于简单的保险产品，这种方法是极其有效和可行的，时至今日，保险公司对每年续保的意外健康险产品还通常采用此方法。

与第一种方法类似，这种方法的缺点也显而易见：① 与利润联系不够紧密，无法知道每个保险单年度的利润变化；② 对于一些复杂的产品如新型的投资型产品，此方法很难适用；③ 该方法也无法让保险公司据此确定某些问题，如新业务对资本金的要求，产品本身对各种因素的敏感度等等。

（3）资产份额法。简单来讲，资产份额定价法是根据构成保费的几个基本因素，选择一个试算保费，通过利润测试进行检验以判断该保费是否可以满足公司对于利润、风险防范等各方面的考量，如果不满足，则更换新的保费，重新进行计算，通过这种循环、试算的过程来确定最终的保费。之所以被称为资产份额定价法，是因为该方法与资产份额、收支账户等概念有着密切联系。

（4）更复杂的定价模型。在后节中我们将更进一步介绍。后节中我们会同时解读一些资产份额法的改进方法，包括从管理上更为复杂的方法——宏观定价法，以及从技术上更复杂的方法——随机模型的使用，采用复杂方法的背景和局限也会一并涉及。

5.2.2 资产份额定价模型

资产份额类似于一个收入支出账户，每个保险单年度的保费和投资收入都会计入贷记账户即收入方，每个保险单年度的保险责任支出包括死亡给付、伤残给付、退保金、佣金支出、营运费用等等都会计入借记账户即支出方。在保险年度末的账户余额总额除以有效保单数即可以得出每张有效保单的账户余额，这就是资产份额。

简单来看一看，实际资产份额模型中的计算公式或许有更好的直观认识。一般我们针对的是在某一固定年龄的购买该产品的这么一个客户群体。每个保险单年度的资产份额可以由以下递推公式计算得出：

（1）第一保单年度年初的资产份额为0；

（2）$ASt \times Pt = (AS_{t-1} + GPt - VARt - EXPt) \times (1+i) - BENt$

式中：ASt 表示每张有效保单在保单年度 t 年末的资产份额；Pt 表示该客户群体在保单年度 t 年初在该群体的被保险人，在保单年度 $t+1$ 年初仍然留于群体之中的概率；*GPt* 表示保单年度 *t* 年初所收取的毛保费总和；*BENt* 表示保单年度 *t* 年末的每个年初有效保单的总保险给付，包括死亡给付、伤残给付、疾病给付、退保给付、红利等；*VARt* 代表保单年度 *t* 年初所发生的支付给销售渠道、人员的佣金、奖金等支出总和；*EXPt* 代表保单年度 *t* 年初发生的费用；*i* 此处代表资产的投资收益率。理论上来讲，它涵括了两个方面：一方面是利息收入，另一方面还包括资产升值所带来的收入，当然还应是税后的。

在实际模型里，我们往往还会通过下面的公式计算每个保险单年度的利润：

$$\text{Profit} = \text{GP} + \text{Inv Income} - \text{EXP} - \text{VAR} - \text{BEN} - \text{INC in RESERVE}$$

式中："Inv Income" 代表了当期现金流，以及期初资产（等值于为该保单所提取的准备金）在该个期间段带来的投资收益。而 "INC in RESERVE" 指的是在该期间段所提取的准备金的增加额。

事实上，每一个保险产品都可以看做是整个保险公司的缩影，而每个产品资产份额模型的建立其实都是对整个保险公司运营的模拟。下面我们将资产份额法与"基本的会计学要素及公式"之间作出一定的对应：（1）所谓的资产份额正是会计学中的"资产"项目。而准备金则对应着"负债"一项，资产份额减去为该保险单提取的准备金就是保单的累积盈余，即会计学中的所有者权益；（2）每一保单年度的利润又可以称为当期损益，从上面的公式不难推导，当期的累积盈余正等于上期的累积盈余经过投资积累加上当期损益。

所以说，资产份额模型几乎完全可以与企业整体的财务预测模型相对应，略微有些特殊的是，资产份额模型中事实上假设了当年度所有的累积盈余完全都被作为"未分配所有者权益"保留下来，以作为下一年盈余的基础。

至此，初学者往往会问到这样一个问题，如果说资产份额可以看做是保险公司的资产，那么为什么在初始几个保险单年度"资产"可以是负值呢？"负资产"又意味着什么呢？在第7章中我们会有进一步的解释。

另一个经典问题或许也可以帮助更好地理解资产份额模型。以下一个命题是成立的：如果以投资收益率假设作为贴现利率，在保单签发之时，每个保险单年度利润的精算现值之和是不受准备金提取方法即每年准备金提取金额的影响的。这个命题可以用以下方法来解释：

（1）以投资收益率假设作为贴现利率，未来每个保险单年度利润的精算现值等于在保单满期时的累积盈余贴现到保单签发之时；

（2）保单满期时的累积盈余等于满期时的资产份额减去满期时的准备金。在保单满期之时点，准备金应当为零；

（3）由上面两点可以看出，每年准备金的提取在其中并没有涉及。由此可见，未来每个保险单年度利润的精算现值之和并不受准备金提取基础的影响。

读者应当可以发现，“以投资收益率假设作为贴现利率”的假设是该命题成立的基础，若此假设不成立，该命题也就无从谈起了。该命题事实上可以有另外一种诠释方法，在第7章中将会提及。

虽然不涉及保费试算过程，但是显然资产份额法同样也应用到投资型保险产品包括万能保险和投资连结保险产品之上。就模型本身而言，稍有特别之处可能就在于上述投资型保险产品需同时审视两个账户的变化情况：一是单独账户；二是公司的普通账户。当然利润都应是从公司的普通账户中得以体现的。

讲到这里，还是不妨来看一个简单的实例或许更加容易理解一些。这是一个再简单不过的产品：

- 生死两全保险；
- 5年缴费，5年满期；
- 死亡或满期给付都是1 000元，毛保费为每年190元；
- 假设年投资收益率为5%。

表5－1是一个试算表供读者参考。

表5－1　　试 算 表

保单年度 (1)	现金价值（年末）(2)	准备金（年末）(3)	退保率（年末）(4)	死亡率（年末）(5)	有效因子（年初）(6)	毛保费（年初）(7)	佣金、奖金（年初）(8)	营运费用（年初）(9)	死亡给付（年末）(10)
1	138.00	190.83	10.00%	0.01%	1	190	19	7.6	0.1
2	322.00	385.52	1.00%	0.00%	0.8999	190	0	7.6	0
3	522.00	585.22	0.00%	0.00%	0.890901	190	0	7.6	0
4	752.00	790.01	0.00%	0.00%	0.890901	190	0	7.6	0
5	1 000.00	1 000.00	0.00%	0.00%	0.890901	190	0	7.6	0

退保给付（年末）(11)	满期给付（年末）(12)	资产份额（年末）(13)	盈余份额(1)（年末）(14)	盈余份额(2)（年末）(15)	该年度现金流（年末）(16)	投资收入（年末）(17)	准备金的增加（年末）(18)	利润（年末）(19)	盈余份额(3)（年末）(20)
13.8	0	175.208	(15.622)	(14.058)	149.500	8.170	171.728	(14.058)	(14.058)
3.22	0	376.029	(9.491)	(9.396)	179.180	18.662	190.835	7.007	(9.396)
0	0	586.351	1.131	1.131	182.400	28.396	199.700	11.096	1.131
0	0	807.188	17.178	17.178	182.400	38.381	204.790	15.991	17.178
0	1 000	39.067	39.067	39.067	(817.600)	48.621	(790.010)	21.031	39.067

需要特别说明的是：

- “盈余份额（1）”的计算方法为“资产份额”－“准备金”＋“满期金”，即（14）=（13）－（3）+（12）；
- “盈余份额（1）”和“盈余份额（2）”的不同之处在于：“盈余份额（1）”是基于在保单年度末仍然留于集体之中的人群，而“盈余份额（2）”是基于在保单年度初仍然留于集体之中的人群；
- “盈余份额（3）”由利润叠加所得。

不难看出，“盈余份额（2）”与“盈余份额（3）”完全等同——希望读者可以自己演算上面的数字，或许可以更为清晰地理解个中的奥秘。记住前面提及的话——把它与一个保险公司的资产负债表与利润表结合起来理解是大有裨益的。另外，注意理清“有效因子”在其中的作用，同样的，不妨把它联想成一个公司的实际运营好了。

在其他章节中当有详细讨论，不过，还是来看一看资产份额模型中的部分参数假设的设定问题。

（1）费用。在资产份额模型中，营运费用通常表现为三种形式，包括每张保单、每1 000元保额和每单位保费所对应的费用。在某些特殊情形之下，也有其他一些形式，如理赔费用等等。如果经验数据充分，保险公司一般通过完整的、复杂的费用分析手段来进行费用假设的确定。

通常而言，费用假设的确定通常会遇到以下一些难题：

①若公司开始经营业务时间尚短，或是某个渠道仍处于非常初期的阶段，该如何设定费用假设？

②保险公司的有些费用是一些与业务收入并不直接相关的费用，如公司管理层的薪酬支出，该如何确定此类费用的形式（每张保单、每1 000元保额还是每单位保费）？

③对费用的分摊，如何保证公平性的问题？

此外，还有一些特别的具体问题需要考量，譬如，产品的核保方式可能对费用率也有或多或少的影响，采用完全核保方式的产品需要包括医疗核保费用，而简单核保（SIO）或保证投保（GIO）的产品则无需将其考虑入内。对一些复杂管理的产品如终身医疗险，可以在费用率上有一些加成，以反映每年繁复的管理工作所带来的成本；类似的还有投资连结产品，费用率上也应有一些加成，以反映繁复的投资方面或是账户方面的管理工作。

（2）投资收益率。在资产份额模型中，投资收益率假设的确定至关重要。如果对应于某些产品的资产配置非常明确而同时又可以满足资产负债完全匹配，譬如，对一个5年期的趸缴两全保险配之以一个5年期的协议存款，那么投资收益率基本上就可以设定为该协议存款的利率，或是减去一些额度以反映一定程度的流动风险。

但是，当资产配置无法完全与负债相匹配甚至与其久期相距甚远时，投资收益率假设的确定就会变得非常困难，譬如，当负债很长而只有短期资产可以购买时，其中所蕴涵的再投资风险就很难确定。不过，应当说，现今已经有很多先进的金融理论应用于此来试图解决这个问题。

（3）退保率。很多干扰因素可以影响到退保率，譬如，产品的特性、所销售的目标市场、销售人员的习惯、公司服务是否到位以及其他替代金融工具的表现等。在具体操作中，可以包括但不限于以下一些方式来设定退保率：

①审视产品的退保金以及生存现金。一般来说，在生存现金给付之前，退保率较低，但会随着生存现金的给付而逐渐升高；

②在保费缴清之后，退保率一般应该降到一个非常低的水平。应审视终极失效率（Ultimate Lapse）的合理与否；

③对客户而言，在恰可以还本的那个保险年度，退保率有可能会有一个突然的跳跃；

④产品是不是失效支持的产品（Lapse Supported Product）？

一言以蔽之，资产份额定价法的模型本身是比较直观和简单的，其难点和要点其实往往在逐项假设的设定上面。

与净保费加成法相比，资产份额定价法的优点是显而易见的：（1）保费直接与利润挂钩，而且保险公司可以清楚地了解每个保险单年度的各种财务表现；（2）此方法有很大的灵活性，每个保险单年度的投资收益率、退保率等假设都可以不同。可以设立独立账户，适用于比较复杂的产品设计，包括许多新型产品；（3）具有模式化的特点，保险人员可以编制程序进行自动测算。

尽管资产份额定价法以其自身优势广为保险公司接受并正在使用，但不得不承认，这种方法也有其明显的缺陷：

（1）资产份额定价法是一个非常简化的模型，其中很多的信息都无法得以体现。以其中的投资为例，资产份额模型的做法是先将其简化为一个固定的投资收益率，根本无法反映其中的投资种类、投资风险波动以及市场利率的随机性；（2）在资产份额定价法的基本过程中，都是先定出所有的假设，包括费用率，而后利用这些假设计算得出相应的保险费率。而不难理解的是，保险费率的大小最终可能反过来又对费用率产生影响。换句话来讲，在这种情形之下，原有的费用率可能并不适用。

在资产份额定价法的使用中，还必须介绍所谓的敏感性分析（Sensitivity Testing）。敏感性分析是指，在一个既定的保险费率之下并运用资产份额模型，通过变化其中一个主要假设（而维持其他假设不变），以审视该假设对各种利润指标的影响。以一个传统产品为例，通常所采用的敏感性分析可以包括以下内容：

（1）退保：

①采用 0%、50%、200% 的基础退保率假设；

② 对于对退保率非常敏感的产品，还可以多做一些测试，如在第一/二/三保险单年度，在客户可以通过退保还本的保险单年度采用较高的甚至是 100% 的退保率。

（2）死亡率：采用 0%、50%、150% 的基础死亡率假设。

（3）残疾率/发病率：采用 0%、50%、150% 的基础残疾率/发病率假设。

（4）投资回报率：采用上下浮动一定比率，如 1% 的假设。

（5）费用率：

①采用 50%/150% 的假设；

②测试不同保费或是保险金额大小的保单。

对于新型保险产品，可能需要做的还有很多，譬如，对分红产品，上面的敏感性分析可以假设分红会随着公司利润的变化作相应的变化，也可以在固定分红金额的前提下进行测试。对于万能保险产品以及投资连结保险产品，需要测试的就更多，譬如对保费续保率的测试，对不同账户内部分支取率的测试等等。

有些精算人员常常会混淆敏感性分析（Sensitivity Testing）和特定情节测试分析（Scenario Testing），其实，两者的本质是一致的，只不过特定情节测试分析可以变化的是两个或两个以上的主要假设。特定情节测试分析对某些特定的产品是非常有必要的。一般来讲，某一个主要假设的变化往往会带来另一假设的相应变化。譬如，对一个万能保险产品而言，低的投资收益率意味着低的账户结算利率，也通常会招致比较高的保单退保率或者较高的账户部分支取率。主要假设往往不是孤立的而是具有错综复杂的联动关系，从这一点来讲，特定情节测试分析是更为合理的，其本身就是一种升级版的敏感性测试。

另一种方法叫压力测试方法（Stress Testing），其往往衡量的是当一些不寻常的事件（如利率突然降低 20%）或极端情形出现时对收益的影响。实际上压力测试方法其实也是情景测试分析的一种。

5.2.3　更复杂的定价模型

本节的最后，我们来看一些更为复杂的定价模型，为什么要采用更复杂的定价模型以及在何种情形下更为有效？

一定还记得我们在上节中所提及的资产份额方法的第二个主要缺陷，资产份额法只是一个单纯的、静态的利润预测的模型，其根本没有考虑到费率对市场的供求关系的影响、销售量对费用率的反作用等等。事实上，在本章的开始就已清楚地说明这一点，作为传统的成本加成定价法的一种，资产份额法是无法避免的。

由 Chalke 提出的“宏观定价法”（Macro Pricing Method）正是为了解决这个问题应运而生，它试图根据不同的销量水平来制定不同的价格，使保险公司的利润总量最大化。与其说“宏观定价法”是一种对定价方法的改善，不如说其是一种对定价过程的改进。

传统的资产份额定价法通常是这样的过程：当产品的特性、市场定位得以确认以后，由产品开发部或精算部门根据现有的精算假设确定初步的利润目标进而是保险费率，而后这样的费率在产品开发会议上与市场部门或销售部门进行商讨，看看是不是可以满足他们的要求。而往往在此时会有激烈的争执——业务部门总是期盼费率能够低一些，以便于销售从而完成自己的销售目标，而对于精算部门来说，则需要使产品的利润满足一定的指标以满足公司对业务的利润要求。通常的结果是，双方的讨论很难达成一致，需要经过多次的反复、妥协甚至是决策部门的介入之后方可最终定论。

在宏观定价法中，决策过程有了比较大的改变，产品开发部门或精算部需要在业务部门的配合下做出一系列产品的价格/销售量组合，进而计算其相应的总体利润。业务部门随后可以选择他们在销售过程中有可能达到的组合，最后选取其中利润最大的那一组。

宏观定价法的优点是显而易见的，它在一定程度上解决了精算部门与业务部门之间的冲突，趋同了两者之间的利益。产品的开发与定价也不再只是少数几个精算师的工作，而是有了熟悉市场动态、市场供求，了解市场需要的业务部门的参与。理论上来讲，它还使得公司的利润最大化，产品的价格是一个最优的价格。

不过，宏观定价法的理论高度是毋庸置疑的，但实际应用却值得商榷。对某些产品来讲，若价格弹性不高，宏观定价法的实际效用并不明显。宏观定价法应该对价格弹性较高的一些保险产品，譬如，银行保险中的短期趸缴两全保险比较适合。但即便如此，是否有一个科学的价格反应预估机制，业务部门能否对销量有准确的把握，精算部门与业务部门之间是否有充分的信任等等都是非常关键，而同时又是较难处理的问题。

总体来讲，理论上更为合理的宏观定价法应当区分产品类别，在基础扎实的情形下方可适用。

再有一种就是所谓的随机模型的使用。如前所述，一般的资产份额模型所使用的各项参数都是确定的。但是，许多参数采用一个单纯的确定值实际上与实际情况相去甚远，以其中最为重要的投资收益率为例，一个单纯的利率值根本无法反映投资风险波动以及市场利率的随机性。而如果该产品有提供某种形式的选择权（Option）与客户的话，其中蕴涵的问题可能更为严重。以一个万能保险产品为例，其往往会提供一个最低的保证结算利率，譬如，1.5%（换个角度来看，它其实就是给了客户一个选择权）。容易看出的是，如果采用传统的资产份额模型，这个选择权的成本就根本无从谈起，而事实上，这样的选择权（Option）的成本可能比人们预想的要高得多。

一定有人会有这样的疑惑，我们所做的敏感性测试不是已经可以反映一些特别的参数环境对公司利润的影响吗？的确如此，但是，应当注意的是即便我们可以得知在极端情形下的利润影响，在传统的资产份额模型下，我们却无法回答另一个问题，极端情形的可能性是多少？事实上，在一般的资本投资项目中，这是一个非常重要的、衡量整体或个体市场风险头寸的指标，也就是我们常常听到的风险敞口（Var，Value at Risk），它指的是一段时间内，在给定的置信水平下估计的最大损失，其考虑的是收益分布曲线的单尾部分。在如今的金融环境下，风险敞口已经当仁不让地成为许多评级机构、投资买家衡量保险公司的一个非常重要的指标。

在上述情况下，我们不得不考虑随机模型的使用。以一个提供最低保证结算利率的万能保险为例，假设我们只针对投资收益率采用随机模型，通常有以下一些主要步骤——根据实际情况选择投资收益率的合理的概率分布函数，选择一个随机数发生器产生出一系列的投资收益率假设。需要注意的是，我们需要模拟的不仅仅是一个投资收益率，而很可能是一个整体的投资收益率曲线。继而我们就可以计算出在不同的假设下不同的产品所对应的资产、负债以及利润的表现。值得一提的是，在计算的过程中，我们需要仔细考虑并模拟各种资产项以及负债项参数与投资收益率之间的关系，客户乃至公司的行为都必须包括在内。以该例中的结算利率为例——公司的结算策略、市场利率的水平以及在不同的结算利率及市场利率的组合下客户的退保行为都是非常关键的模拟因素。譬如，就结算策略而言，可以用实际投资收益率减去一个目标利差来获得，也可以采用市场利率减去一个目标利差来得到。而对应的，因为没有考虑到市场状况，前者的退保率可能会有非常大的波动，而后一种方法的退保率的波动性就应当大大降低。

有了在一系列投资收益率假设下的利润值，若数据量充分，其实等于拥有了一个完整的收益分布曲线，期望收益（Expected Result）、标准差、不同置信水平下的收益值等等都可以轻易得到，我们对产品的风险考量也可以更加完整、充分。例如，你可能会发现尽管在投资收益率的最优估计下收益的水平还比较让人满意，但收益分布曲线的单边部分太大，换而言之，产品的潜在风险非常巨大。在这种情况下，我们可能需要对产品做进一步考虑，如加入更多的销售限制或放弃一些产品中本身蕴含的比较激进的东西。

随机模型的采用进一步增强了传统资产份额模型的效用，使用者得以更好地了解、确认产品乃至整个公司运营的风险所在，信息技术的飞速发展也从硬件上解决了它的后顾之忧。美中不足的是，其计算需要对各种假设、假设之间的关系都有非常清晰的认识及正确的模拟，太多的、庞杂的分析有时候往往反而起到适得其反的作用。另外，随机模型也无法达到包打天下的目的，仍以利率曲线模拟为例，利率的变化受到太多外界因素的影响，国家的财政政策、货币政策以及汇率政策，国内国际间的供求关系，突发的自然灾害或者战争，林林总总，绝不是单纯的一个随机发生器就可以模拟清楚的。

§5.3 定价的基本流程和其他

5.3.1 定价的基本程序和组织结构

本节将阐述的与其说是定价，不如说是产品开发的基本程序和组织结构。一般来讲，产品的初始概念的产生无外乎来自于几个方面——契合市场的需要、公司某一个特定市场需要的补充、现有的某个产品或产品线需要替换等。产品开发的基本步骤也无非有以下几点：(1) 尽可能就产品的各种特性达成共识；(2) 全方位的可行性分析；(3) 进行初始的利润分析并预计销售量；(4) 成本利益分析并最终决定是否进行下去，或者需要进行根本的改造。

上述的基本步骤在其他章节应有详尽的描写，如果上面整个过程进展顺利的话，产品开发的下一个阶段基本上就是实现、上市阶段了。在这个阶段，一些东西在最后仍然可能被修改，这里就不再赘述。

最后，来看一看定价的组织架构，由上可以看出，除了精算是产品开发部门之外，其他几个部门如市场、投资、法律、营运等都是不可或缺的。此外，销售渠道是最为贴近市场、也是最了解客户需求以及渠道需求的方面，销售渠道的参与是毋庸置疑的。不过，销售渠道的参与度的大小、对价格的影响力在不同的公司有相当的悬殊，本身这的确是一个值得深入探讨的问题。决策层的参与程度通常视具体情况而定，一般而言，公司都应有一个高层的委员会来专门处理此事，越是重要的、崭新的产品，决策层的级别和参与程度也就越高。

5.3.2 定价的几个基本风险

本节谈一谈寿险产品定价的几个基本风险。首先，定价风险可能来自定价方法或模型方面。来看一个前面举过的例子，对于一个提供最低保证结算利率1.5%的终身万能保险，假设公司的投资收益率预计为4%，而我们的目标利差（投资收益率与结算利率之差）为1%。如果我们采用传统的资产份额模型，容易看出，1.5%的最低结算利率的设置根本没有额外的风险或者占用任何的成本支出。但是，对于一个长远的，特别是波动很大的利率环境而言，上面的结论显然是不现实的，未来的支出可能超出我们的想象。

定价风险的另一重要方面显然在定价假设的选取方面。尤其对提供很长时间保障的寿险产品而言，对数十年之后的投资收益率、死亡率的改善以及疾病发生率等诸多方面希望有非常精确的预测几乎是不太可能的事情，尽管目前有许许多多看起来高深莫测的模型可供使用。但目前的中国大陆的保险市场，我们看到有非常多的重大疾病保险、长期护理保险、终身年金保险等。事实上，很难说这里没有蕴涵着极大的、定价假设选取不当的风险，毕竟，产品发展的速度远远超过了我们现有经验累积的程度。此外，还值得一提的是，在历史上我们曾经有过当某种流行病爆发时，保险公司跟风而上推出相应保险产品的情形，对市场脉搏的迅速反应当然值得嘉许，但定价是否合理、充分就非常值得商榷。诚然，保险公司可以通过一系列的手段如不保证保险费、提供分红以及再保险等等来降低定价假设不当的风险。不过，无论如何，产品开发包括定价过程中的赌博心理是最不可取的。

特别值得提及的是，定价需要充分考虑每个参与者在其中的举动，特别是对某种情形的应对态度。一个很好的例子就是市场上曾经出现过的某个趸缴短期两全保险，产品在第一保险单年度的现金价值加上佣金甚至大大超过了所缴纳的保费，可以想见，没有额外的条款约束，这样的设计会带来多么大的销售人员滥用套利的机会。另一个例子是一个保费起售点很低的定期寿险，产品推出后设计者发现保单的失效率远比当初预计的要高，进一步的研究发现，该产品被销售人员广泛地用来自己购买以作为保留销售资格或维持级别之用。

此外，定价还常常由于没法适用于不断更新的法律法规而带来风险，譬如，税制的改革、资本金要求的改变、准备金提取方法的变化以及整个会计体制的革新都会使得原来的定价谬以千里。对于健康保险而言，社会保障体系的改革，譬如，医疗保险起付线或者共付比例的调整，都可能也会对产品定价带来巨大影响，正如后文中提及的，密切的产品事后跟踪、管理是非常必要的。

定价错误还可能来自于技术上或者运算上的一些谬误，此处就不再赘述。不过，定价人员对某些事项上的疏忽，缺乏全盘的考虑倒是另一个非常值得注意的问题。譬如，对一个资本金来源欠缺的保险公司，定价人员需要特别密切关注新产品对资本金的需求以及资本回报率的大小。而对现金流比较紧张的公司，定价人员还需评估新产品推出后对保险公司的现金是否会有比较高的要求，是否会加剧原有现金紧张的情况，在这一点上，对那些明确必须设立独立账户的保险产品如投资连结产品就要格外留心了。

最后，定价风险带来的后果无外乎两个方面，定价过低导致公司资本金紧张，利润不够甚至会出现负的利润；定价过高同样可能会受害匪浅。有些定价人员总是觉得我只要防范前种风险就足够了，价格高了最多不过是卖不出去罢了。其实，过高的定价会导致产品销售量严重不足，造成公司资源的浪费，费用率的升高，贻误战机或者导致销售队伍人心涣散，从总体或是长远来讲，同样会对公司整体利润有非常不良的影响，造成的后果可能较定价不足更有甚之。

5.3.3 定价的事后管理

定价的事后管理从很早就开始了，上市前的准备是第一个环节。与各个相关部门之间的密切沟通、对销售队伍的良好培训是非常重要的开始。产品上市所涉及的每个部门都应该充分了解该产品的方方面面，其保障特性是怎样的，其目标市场在哪里，有没有特别的销售人员的区隔，推出该产品公司的目的在哪里，如何防范可能的风险发生等等，没有对产品的充分认识，很难保证产品的最终走向与开发、定价时的设想保持一致。产品上市前的推动同样非常重要，促销推动的每个细节都必须细细打磨，这样产品才能在短时间内为销售人员认知并认可。否则，产品最终很可能极快地被束之高阁。

产品上市后销售队伍对产品的态度同样会带来截然不同的结果。有的销售队伍对产品上市时倾注了大量的努力，也取得了不错的初始效用，但在其后的推动却似乎是遗忘了该产品的存在一样。事实上，有多种手段可以达到持续增加销售量、延长产品寿命的作用。不同销售单位或是顶尖销售人员之间的分享会，不同形式的组合、打包销售，进一步的产品包装创意或改装，甚至包括某些营运规则的改良都是可以选择的、不错的方式。

前面已经提及，产品上市后对销售量、销售人员及客户的反映，对每个定价假设的持续跟踪是非常重要的。事实上，现有的产品发展速度远远超出了我们自身经验累积的程度，很多东西尚处于摸索阶段，尤其对目前这样一个各方面变动频繁的市场环境来讲，产品管理显得非常宝贵，这样的跟踪可能是非常复杂的，在不同年龄、不同金额段之间的分布都可能影响到产品的成败与否。

另外，定价假设的跟踪也是进行评估以及未来产品开发的坚实基础。

尤其对于死亡率、疾病发生率、退保率等的跟踪，它们常常都是未来类似产品开发必不可少的条件。

产品管理中最为重要的一环是产品的退市和改造，保险公司必须不断地做出调整以使产品契合当初所设定的利润目标以及对客户所做出的承诺。不是所有利润不足的产品都需要以停售来处理，而是可以通过方方面面的手段来提高产品的利润率或者资本回报率，譬如，降低销售人员的佣金率，提高产品销售的最低限额，限制某些年龄段的销售，提高附加合同的附加率或者与利润率高的附加合同组合销售，甚至是财务再保险等等一系列方式来达到维持原有的利润率或资本回报率的目的。

此外，很多产品本身的结构都可以为保险公司提供进一步调整的机会，如分红保险、万能保险或是不保证费率的重大疾病保险等等。不过，在保险公司做调整的时候，需要认真考量客户对之的反应，譬如，突然的分红额的减少或是结算利率的降低都可能导致客户退保率的提高，而往往也会对公司的其他产品的销售带来不小的负面影响，销售队伍的信心也有可能有不小的挫伤，有时候，停售该产品或许比单纯的调整来得更为稳妥一些。

总而言之，对于一个寿险产品的成功而言，定价的事后管理与定价一样重要，甚至还有过之。

主要参考文献

【1】 魏迎宁：《中国人身保险精算制度》，中国财政经济出版社 2007 年版。

【2】 Kenneth Black, Jr., Harold D. Skipper, Jr., *Life Insurance, Twelfth Edition*, Prentice Hall, 1994.

第6章 定价假设

学习目的

- □ 了解定价假设的各种形式以及各种假设对寿险产品定价的影响
- □ 正确合理地使用各种假设对各种寿险产品进行定价
- □ 理解当定价假设与实际发生偏差所带来的定价风险
- □ 学会使用经验分析来获得定价假设或通过经验分析来验证定价假设的合理性

§6.1 死亡率

6.1.1 生命表简介

生命表是寿险业定价和评估死亡率假设的基础，它往往是根据以往一定时期内各年龄的死亡统计资料编制成的汇总表，由每个年龄死亡率组成。1662 年，Jone Graunt（世界上最早的人口统计学家之一，他提出的人口统计普查方法为现代人口统计学奠定了基础），根据伦敦瘟疫时期的死亡名单，编写了《生命表的自然和政治观察》。这是最早的生命表。1693 年，Edmund Halley（著名的天文学家，数学家，他计算出了哈雷彗星的轨道，哈雷彗星就是以他的名字命名的）编写了《根据 Breslau 城出生与下葬统计表对人类死亡程度的估计》，在文中第一次使用生命表的形式给出了人类死亡年龄的分布。这篇文章使得当时的英国政府能够根据购买者的年龄来销售终身年金。这对后来精算科学的发展产生了深远的影响。

我国第一张寿险业用生命表是“中国人寿保险经验生命表（1990－1993）”（以下简称“CL93”），于 1993 年开始编制，1996 年完成并投入使用。CL93 虽然在我国寿险业的发展中发挥了重要作用，但由于当时采集的数据主要来源单一，因此在使用中逐渐暴露出了一些和现实环境不相适应的情况。2003 年 8 月，我国开始启动新生命表的编制工作。2005 年 11 月，《中国人寿保险业经验生命表（2000－2003）》编制完成并投入法定责任准备金的计算使用，同时成为寿险产品定价死亡率假设的主要参考对象。

6.1.2 生命表的分类

生命表根据不同的用途可分为人口普查表与保险业经验生命表；保险

业经验生命表按照死亡风险偏好不同可以划分为非养老金业务生命表与养老金业务生命表；根据涵盖的群体的不同分为男性生命表、女性生命表以及混合表；按照形式的不同分为选择生命表和终极生命表。

1. 人口普查表与保险业经验生命表

生命表根据不同的用途可分为人口普查表与保险业经验生命表。从内容上说，保险业经验生命表和人口普查表并没有什么两样，都是由存活人数、死亡概率、存活概率、死亡人数、预期寿命等生命表函数所构成。另外和人口普查表一样，保险业经验生命表也可按性别、年龄、地区、职业、行业等编制成不同的生命表，当然，也可按不同的险种编制出不同类型的生命表。保险业经验生命表与人口普查表的区别主要来自于不同的人群。人口普查表反映的是全体人口的死亡率情况，对人群没有特别的筛选，数据来源于官方的统计（人口普查或经常性的人口统计调查）。保险业经验生命表反映的是被保险人的死亡情况，它的数据来源是保险公司的保单资料。被保险人除了在经济收入、社会构成与全体人口不同外，主要区别在于他们都是经过核保选择的。保险公司出于风险控制的考虑，拒保死亡风险较大的人，如患有某种疾病的人。在与保险公司签订合同前，保险公司一般需要对被保险人进行核保，只有那些符合保险公司规定的健康条件的人才能与保险公司签约。所以，被保险人与一般人口相比，要相对健康一些，或者说死亡率要低一些。通过对《中国人寿保险业经验生命表（2000 - 2003）》非养老金业务表（以下简称“CL00 - 03”）与全国人口普查表的比较观察，也能发现非养老金业务表中的死亡率会低于全国人口普查表中的死亡率：

（1）CL00 - 03 与第四次全国人口普查表（缩写为 PRC1990）相比，死亡率曲线特征相近。主要年龄段（30 ~ 60 岁）男性死亡指数在 50% ~ 60% 之间，女性则在 30% ~ 50% 之间。

（2）CL00 - 03 与第五次全国人口普查表（缩写为 PRC2000）相比，死亡率曲线特征相近。主要年龄段（30 ~ 60 岁）男性死亡指数在 60% ~ 70% 之间，女性则在 40% ~ 60% 之间。如图 6 - 1、图 6 - 2 所示。

2. 非养老金业务生命表与养老金业务生命表

寿险险种按照死亡风险不同可以划分为养老金业务与非养老金业务。非养老金业务产品注重的是死亡保障，蕴涵的是死亡风险，也就是说实际死亡率高于定价假设时，保险公司可能会有损失。而养老金业务产品注重的是生前返还，蕴涵的是生存风险，当投保人实际死亡率低于定价假设时，保险公司可能入不敷出，发生亏损。两类产品风险不同，基于这一原因，精算师们对这两类产品编制了不同的生命表：非养老金业务表和养老金业务表，养老金业务表的死亡率较低（见表 6 - 1）。

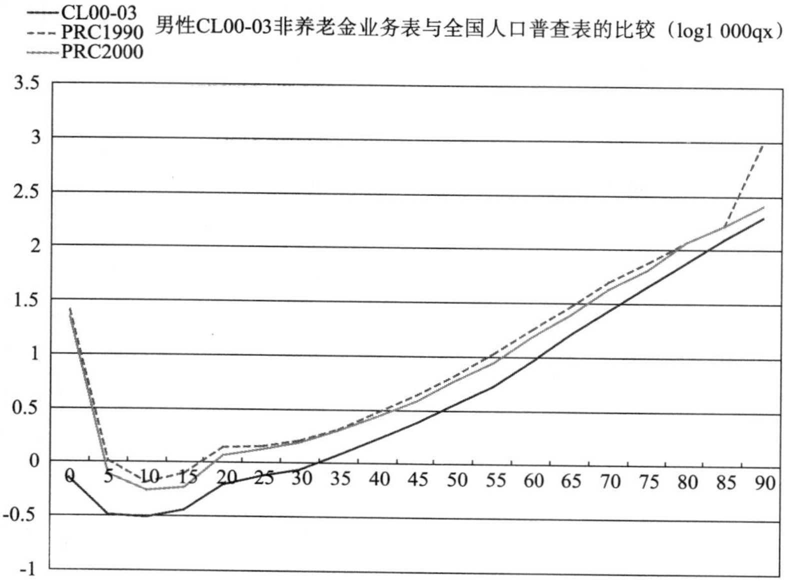

图 6－1　男性 CL00－03 非养老金业务表与全国人口普查表的比较

（log1 000qx，qx 为死亡率）

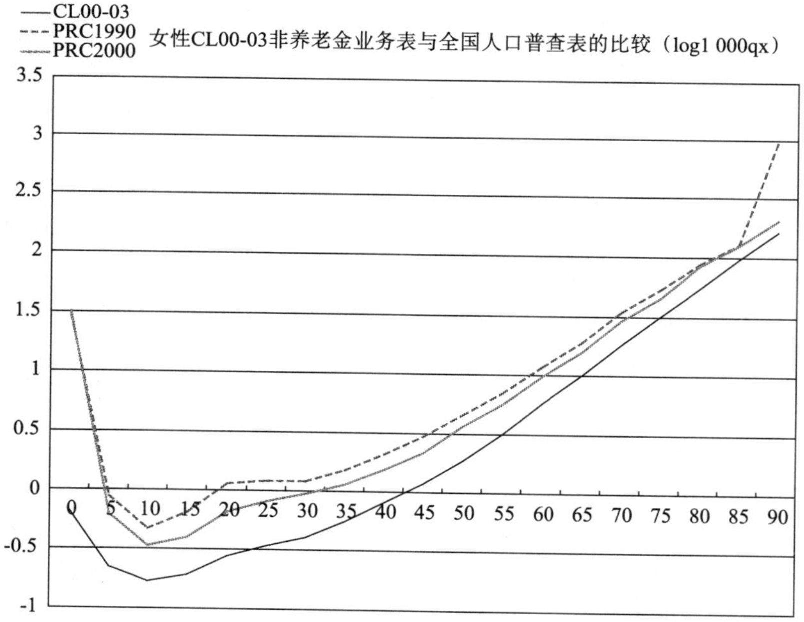

图 6－2　女性 CL00－03 非养老金业务表与全国人口普查表的比较

（log1 000qx，qx 为死亡率）

表 6-1　中国人寿保险业经验生命表（2000-2003）（部分年龄的死亡率）

年龄	非养老金业务表		养老金业务表	
	男	女	男	女
0	0.000722	0.000661	0.000627	0.000575
5	0.000323	0.000224	0.000281	0.000195
10	0.000312	0.000169	0.000272	0.000147
15	0.000364	0.000192	0.000316	0.000167
20	0.000621	0.000283	0.000540	0.000246
25	0.000759	0.000347	0.000660	0.000301
30	0.000881	0.000406	0.000759	0.000351
35	0.001194	0.000563	0.000936	0.000441
40	0.001715	0.000828	0.001275	0.000615
45	0.002413	0.001181	0.001783	0.000873
50	0.003570	0.001873	0.002666	0.001393
55	0.005203	0.003178	0.003838	0.002318
60	0.009313	0.005768	0.006989	0.004272
65	0.016134	0.010148	0.011900	0.007499
70	0.027309	0.018033	0.020184	0.013337
75	0.045902	0.031989	0.033939	0.023702
80	0.076187	0.055774	0.056312	0.041241
85	0.125221	0.096294	0.092554	0.071174
90	0.202621	0.163850	0.149763	0.121107
95	0.319604	0.272115	0.236229	0.201129
100	0.484010	0.433869	0.357746	0.320685
105	1.000000	1.000000	1.000000	1.000000

3. 选择生命表和终极生命表

选择生命表的死亡率是根据被保险人保单签发时的年龄以及保单年度来确定的。所谓“选择”是指保险公司通过核保所带来的较低死亡率，而投保人的逆选择会带来较高的死亡率，最终的选择效果往往是两种选择相综合的结果。通常若被保险人在保单签发时为未成年人或老龄人时，则此种选择效应可以忽略。选择的效果在经过一定时间后会逐渐淡化。

终极生命表的死亡率只与被保险人的年龄相关。如果将保单早期选择效应去除，便可获得死亡率经验制成终极生命表。

选择终极生命表是上述两种表的结合体。通常选择生命表用于保单的前 15 年至 25 年，后期则使用终极生命表。选择终极生命表是保险公司定价时常用的生命表。

选择终极生命表中，x 代表被保险人投保年龄，q 代表每千人死亡人数，选择期间为 10 年，如表 6－2、图 6－3 所示。

表 6－2

投保年龄	保单年度（1 000qx）											到达年龄
	1	2	3	4	5	6	7	8	9	10	11＋	
50	4.87	5.51	6.15	6.93	7.83	9.30	10.69	12.06	13.40	14.77	19.50	60
51	5.24	5.95	6.69	7.57	8.61	10.29	11.76	13.24	14.75	16.32	21.47	61
52	5.64	6.45	7.29	8.29	9.48	11.37	12.90	14.53	16.23	18.04	23.65	62
53	6.08	6.99	7.96	9.09	10.43	12.53	14.14	15.93	17.85	19.95	26.05	63
54	6.57	7.60	8.70	9.95	11.44	13.79	15.49	17.47	19.65	22.06	28.69	64
55	7.11	8.27	9.50	10.86	12.54	15.17	16.96	19.16	21.62	24.39	31.57	65
56	7.70	8.91	10.20	11.62	13.44	16.20	18.25	20.69	23.33	26.55	34.68	66
57	8.33	9.58	10.95	12.44	14.41	17.33	19.64	22.34	25.16	28.85	38.00	67
58	8.99	10.29	11.75	13.32	15.46	18.55	21.15	24.12	27.10	31.28	41.60	68
59	9.70	11.06	12.62	14.28	16.61	19.87	22.77	26.00	29.12	33.88	45.54	69
60	10.46	11.89	13.57	15.32	17.85	21.28	24.48	27.97	31.28	36.71	49.90	70

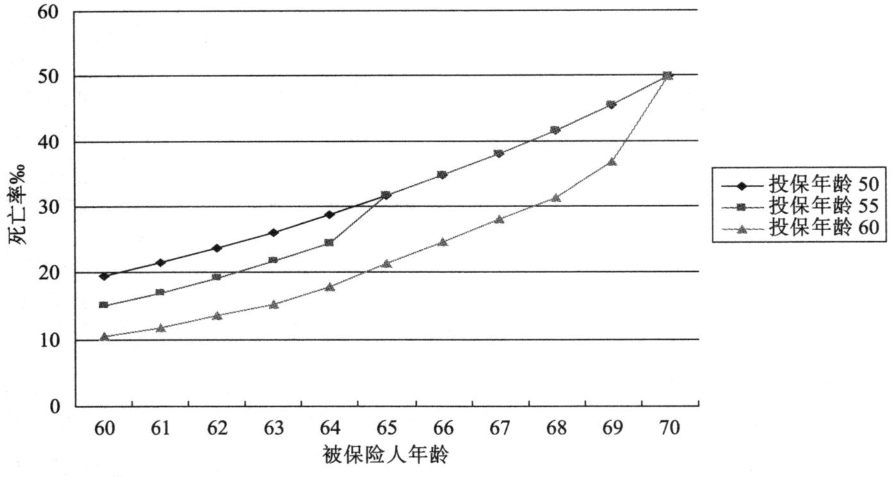

图 6－3

6.1.3 寿险产品定价中的死亡率假设

1. 影响死亡率的因素

（1）个人因素：年龄、性别、医疗历史、饮食、运动、压力、烟酒、基因遗传、职业、教育、收入等会造成死亡率的差异。

①当其他条件相同时，女性的死亡率低于男性死亡率。随着年龄与时间的推移，男女之间的死亡率差别会逐步扩大。在过去，计算机的数据处

理能力十分有限时，会通过男女死亡率之间的关系来近似：可用一定的比例，女性死亡率可能会是男性死亡率的某个百分比（一般在50%～80%之间）；或者将女性死亡率设成等同于较之年轻3～7岁的男性死亡率。

②教育与收入水平对死亡率有着显著的影响。通常而言，死亡率随着经济条件的提高而降低。经济条件影响着医疗条件、个人习惯（饮食、锻炼等）。在美国，高收入人群的死亡率相当于低收入人群的一半；在不发达国家和地区，这个差别可能会更大。当然，这里有个有趣的例外现象：经济条件越好的人，可能会有更多的空余时间去从事危险性更高的活动。

（2）地域因素。城市农村医疗经济以及卫生条件发展的不均衡会造成死亡率的差异。对于同一家公司在不同地区开展保险业务，就需要考虑死亡率在不同的地域会体现不同的水平。

（3）外部环境的风险因素：居住地的环境状况、气候变化及地区文化背景差异等。如在某些国家，自杀率较高；某些国家或地区的枪支的使用更为常见，发生的暴力事件较频繁；南半球有更高的紫外线辐射，会引发更高的皮肤癌发生率。

（4）核保因素：核保员的培训，核保方法和工具的使用，公司对风险的接受程度（保守型，平衡型或进取型），在核保过程中所采集的信息（健康问卷，健康检查报告，血液测试，尿液检查等），以及核保方式等各种因素会影响死亡率。

①若保险公司一直采用相同的核保实务，则保险公司过去的死亡经验就足够去设定死亡率假设。但事实上，保险公司的核保实务随着时间的推移、技术的进步等不断变化着，使得很难直接从过去的经验去判断未来的发展，常见的核保实务改变有：

- 公司增加一种或多种被保险人风险类别，如优选类别或不吸烟类别。
- 对核保信息要求的改变。如当某种疾病的发生率升高且此种疾病对死亡率有影响，保险公司可能需要增加此种疾病的测试信息。另外，核保信息的要求有时往往会与市场竞争者同步，当某种新的医疗检测被广泛使用，并且检查费用不高，则这种检测可能会被业界广泛采用。

②保险公司对被保险人的健康核保分为三类，按严格程度从高到低排序分为：

- 全面核保：被保险人可能需要经过保险公司设定的健康体检。
- 简单核保：被保险人仅需填写一份简单的健康问卷。
- 保证承保：不需要任何形式的健康核保。

针对不同程度死亡风险的保险产品，公司往往会采用不同的核保方式，死亡风险越高，则采用的核保方式会越严。由于经过筛选，死亡率在前几个保单年度较低，但随着保单年度的递增，先前的筛选作用将慢慢淡化，并且由于较健康个体的退保率往往高于那些死亡率较高的个体，剩余群体可能会体现出相对先前较高的死亡率。

（5）保额大小。保额的大小与被保险人的收入和教育水平密切相连。买较高保额的客户往往经济条件相对优越，这部分人具有较高的生活水平和良好的医疗条件，所以会体现低死亡率。但是在某些特定的目标市场及特定的保额选择下，可能不一定会有上述趋势。

（6）核保时被保险人的逆选择。当人们得知或怀疑有对自己生存不利的因素时，就有倾向去购买面额大且价格便宜的保险产品，如定期保险。例如，当有人怀疑自己可能患有重疾时，他可能在去医院检查前购买死亡保险；在有些情况下，被保险人通过向保险公司隐瞒自己的病情来获得保险。公司可以通过理赔调查来减少这种情况的发生。通常而言，越便宜的保险会越容易招致逆选择，特别是在保单初始年度。

当人们预期自己未来健康状况良好，并保持着健康的生活习性，可能就有倾向去购买递延年金。在购买保险时，由于客户相对于保险公司对自己的健康状况更加了解，客户往往作出对公司不利的选择，这些都是核保时的逆选择。

（7）选择性退保。由于保单持有人与保险公司某种程度上的信息不对称，保单持有人有可能会作出对保险公司不利的选择。如每年可续保的定期险保单的后期，其费率可能会超过新承保保单的保费，一旦出现这种情况，那些够资格获得较低费率的健康生命很可能通过核保在其他保险公司获得更低的费率，而那些不健康生命体将继续持有他们的现有保单。一段时间后，这种选择性退保会导致此类保单的死亡率高于那些没有经过选择性退保的保单。运用“总死亡率守恒”（Preservation of total deaths）的原则，我们就可以在给定选择性退保率的情况下求出这一较高的死亡率。令：

$q(x,t)$ = 没有选择性退保的情况下，x 岁承保的保单在期间 t 时的死亡率

A = 在期间 r 时退保（去购买新的年龄为 $x+r$ 岁时承保的保单）的比例

$q^{AS}(x,t)$ = 在期间 t 时，包含了逆选择因素的死亡率

我们有：

$$Aq(x+r,t-r)+(1-A)q^{AS}(x,t)=q(x,t)$$

方程的左边是两个死亡率的和，一个是重新核保的保单的死亡率总和，一个是维持原保单的死亡率总和。方程的右边是在假设没有选择性退保的情况下，所有的死亡率总和。解此方程，可得：

$$q^{AS}(x,t)=[q(x,t)-Aq(x+r,t-r)]/(1-A)$$

【例 6－1】　在选择性退保情况下死亡率的计算：令 $x=45$，$t=1$，$r=1$，$A=0.15$

选择性死亡率表见表 6－3。

则：

$$q^{AS}(x,t)=[q(x,t)-Aq(x+r,t-r)]/(1-A)$$
$$=(0.009-0.15\times 0.008)/(1-0.15)=0.00918$$

表 6－3

[x]	$q_{[x]}$	$q_{[x]+1}$
45	0.007	0.009
46	0.008	0.010

更一般地，如果 $A(s)$ = 在期间 s 时退保（在投保年龄为 $x+s$ 岁时，去购买新的保单）的保单比例，$s=1, 2, \cdots t$，那么，

$$q^{AS}(x,t)=\frac{q(x,t)-\sum_{s=1}^{t}A(s)q(x+s,t-s)}{1-\sum_{s=1}^{t}A(s)}$$

（8）被保险人风险类别的划分。纵观整个保险业的发展史，被保险人风险类别的划分不断趋于细化。最早形式的寿险保险是不管年龄、性别对所有的参保人采用统一的费率，这样的费率只吸引到死亡率很高的人群，最终导致可怕的财务灾难。在 19 世纪，随着对死亡率认知的提高，保险公司的费率开始随年龄的变化而变化。20 世纪中期，费率开始区分男女，虽然那时常用的方法仍然局限于直接将女性被保险人的年龄降低几岁后采用男性的费率。

20 世纪后期，新的风险类别开始引进：费率根据被保险人是否属于吸烟群体而不同，或是否为“优选类别/非优选类别”而区分。在这些概念被引入之前，核保通常仅仅分为三类：标准风险、次标准风险及不可承保风险。非吸烟群体与优选群体可被认做优于一般标准风险的一类风险——“超标准风险（super standard）”。

当一类风险群体被新的风险标准划分为两类时，通常会根据不同风险团体的死亡率关系比例以及划分前后的总死亡率不发生变化来获得划分后的死亡率。例如，划分前群体的死亡率为 100% 的某生命表，当此群体被划分为吸烟群体（以下简称 S）与非吸烟群体（以下简称 NS），若非吸烟群体的死亡率为吸烟群体的 1/2，且数量占整个群体的 1/3，则可有以下的等式：

$$100\%=1/3\times S+2/3\times NS$$
$$S=2\times NS$$

解此方程可得：$NS=75\%$ 及 $S=150\%$。

当一类风险群体被新的风险标准划分时，受影响的往往不仅仅是死亡

风险：

①通常那些可以获得最低费率的群体会有较高的保单置换率（replacement），因为他们可以通过置换获得更低的费率。

②获得最低费率的群体的退保率是较低的，因为他们会认为自己购买这份保单获得了好价格，而其他群体则相反。

③获得最低费率的群体的保额也是相对较高的。

2. 针对不同险种定价时的死亡率假设

针对不同险种的死亡率假设应从险种本身所涵盖的保险风险的不同进行区别对待。以死亡给付为主的保险，可能要考虑实际死亡率高于定价死亡率带来的风险，即死亡风险；而以生存给付为主的保险，可能要考虑实际死亡率低于定价死亡率带来的风险，即生存风险。

（1）定期寿险。由于定期寿险只提供死亡给付，相对而言费率较低，客户在购买定期寿险产品时逆选择的可能性较大，所以在为此类产品作定价时须充分考虑死亡率风险。定期寿险有以下几个常见的设计特点会影响死亡率：

①可转换性：定期寿险在一定条件下（如在一定的保单年度内或在被保险人到达一定的年龄之前）可以转化至终身寿险。由于逆选择，通常而言愿意转换的客户群体死亡风险更高。

②保费递增型定期寿险：在保持总保额不变的前提下，费率随着保单年度的增长而增加，可能是每年增加，或者每 5 年、10 年、20 年等。当保费增加时，被保险人选择不再续保的概率就会加大。保费增长的幅度越大，退保率就越高，由于受到前文中所提到的“选择性退保”的影响，当由于保费增长的因素导致退保率远远超过正常水平时，死亡率就会严重恶化。

③展期定期险，作为客户非丧失价值选择权的一种，可能会提供被保险人更多除现金退保以外的选择：如现金价值可以用于购买展期定期寿险。由于逆选择，选择展期定期保险的客户群死亡风险更高。

（2）递延年金保险。对于递延年金保险而言，死亡率越低、人的寿命越长，就意味着保险给付成本越高。如果保险公司在定价时没有充分考虑到死亡率降低的趋势，很有可能会给公司带来巨大的损失。随着生活水平的提高和医疗技术的进步，人类的死亡率有逐年降低的趋势；在针对某些病症的治疗手段有所突破时，可能会使死亡率发生急剧下降。在为递延产品定价时，需要把以上各类因素考虑到。递延产品的此类风险在平稳的金融环境下不会显得特别突出，因为保险公司可依赖较高的投资收益弥补这一不足。但若在金融市场急剧动荡时，此类风险可能会加剧。

观察过往的历史经验数据可以让我们获得死亡率降低幅度的假设，但经常会被一些“表面上的死亡率降低”所迷惑：

①如前文中提到，保险公司的风险类别有不断细化的趋势，例如增加非吸烟群体、优选群体等。这些新风险类别的加入，吸引着更多健康的人群去购买保险，而那些不健康的群体由于需要支付更高的费率，可能就不购买保险或降低购买的保险额度。因此整个被保险群体的平均死亡率可能由于这一原因就不断降低。因此在研究死亡率降低时，需要把这一类因素过滤掉。

②医疗技术的不断进步可以使保险公司的核保技术不断提高，使保险公司对死亡风险有了更加科学合理的管控，从而降低死亡率。这种降低仅仅是保险公司筛选能力的提高，并不代表着真正意义上群体死亡率的下降，因此在研究死亡率降低时，也需要把此类因素过滤掉。

死亡率降低的因素可以在定价中使用死亡率降低因子（mortality improvement scale）来实现。例如，在0.5%的降低因子下，死亡率为原死亡率乘以0.995；若3年的降低因子分别为0.6%、0.5%和0.4%，则死亡率为原死亡率连乘以0.994、0.995和0.996。死亡率降低因子会随着年龄、性别和风险类别不同而不同。例如，通常而言高死亡率有着较大的降低空间而低死亡率降低的空间则非常有限。另外随着时间的推移，死亡率降低因子的降低速度可能会减慢。

死亡率降低因子可通过观察特定年龄每年死亡率降低的幅度，再进行一定的平滑修正获得（参见表6－4）。

表6－4　Annuity Improvement Scale G（100%）年金死亡率降低因子表

年龄	男	女	年龄	男	女
5	1.50%	1.50%	18	0.18%	0.50%
6	1.50%	1.50%	19	0.16%	0.50%
7	1.50%	1.50%	20	0.14%	0.50%
8	1.25%	1.40%	21	0.12%	0.50%
9	1.00%	1.30%	22	0.10%	0.50%
10	0.75%	1.20%	23	0.10%	0.55%
11	0.50%	1.10%	24	0.10%	0.60%
12	0.25%	1.00%	25	0.10%	0.65%
13	0.24%	0.90%	26	0.10%	0.70%
14	0.23%	0.80%	27	0.10%	0.75%
15	0.22%	0.70%	28	0.23%	0.85%
16	0.21%	0.60%	29	0.36%	0.95%
17	0.20%	0.50%	30	0.49%	1.05%

续表

年龄	男	女	年龄	男	女
31	0.62%	1.15%	66	1.50%	1.75%
32	0.75%	1.25%	67	1.50%	1.75%
33	1.00%	1.45%	68	1.45%	1.75%
34	1.25%	1.65%	69	1.40%	1.75%
35	1.50%	1.85%	70	1.35%	1.75%
36	1.75%	2.05%	71	1.30%	1.75%
37	2.00%	2.25%	72	1.25%	1.75%
38	2.00%	2.25%	73	1.25%	1.70%
39	2.00%	2.25%	74	1.25%	1.65%
40	2.00%	2.25%	75	1.25%	1.60%
41	2.00%	2.25%	76	1.25%	1.55%
42	2.00%	2.25%	77	1.25%	1.50%
43	1.95%	2.20%	78	1.25%	1.50%
44	1.90%	2.15%	79	1.25%	1.50%
45	1.85%	2.10%	80	1.25%	1.50%
46	1.80%	2.05%	81	1.25%	1.50%
47	1.75%	2.00%	82	1.25%	1.50%
48	1.75%	2.00%	83	1.25%	1.50%
49	1.75%	2.00%	84	1.25%	1.50%
50	1.75%	2.00%	85	1.25%	1.50%
51	1.75%	2.00%	86	1.25%	1.50%
52	1.75%	2.00%	87	1.25%	1.50%
53	1.70%	1.95%	88	1.20%	1.45%
54	1.65%	1.90%	89	1.15%	1.40%
55	1.60%	1.85%	90	1.10%	1.35%
56	1.55%	1.80%	91	1.05%	1.30%
57	1.50%	1.75%	92	1.00%	1.25%
58	1.50%	1.75%	93	1.00%	1.25%
59	1.50%	1.75%	94	1.00%	1.25%
60	1.50%	1.75%	95	1.00%	1.25%
61	1.50%	1.75%	96	1.00%	1.25%
62	1.50%	1.75%	97	1.00%	1.25%
63	1.50%	1.75%	98	0.80%	1.00%
64	1.50%	1.75%	99	0.60%	0.75%
65	1.50%	1.75%	100	0.40%	0.50%

续表

年龄	男	女	年龄	男	女
101	0.20%	0.25%	109	0.00%	0.00%
102	0.00%	0.00%	110	0.00%	0.00%
103	0.00%	0.00%	111	0.00%	0.00%
104	0.00%	0.00%	112	0.00%	0.00%
105	0.00%	0.00%	113	0.00%	0.00%
106	0.00%	0.00%	114	0.00%	0.00%
107	0.00%	0.00%	115	0.00%	0.00%
108	0.00%	0.00%			

【例 6－2】　如何运用死亡率降低因子的公式计算特定年龄在特定年度的死亡率。在 2013 年，年龄为 55 岁的女性的死亡率为：

$$死亡率 = q55 \times (1 - a \times s55)^{n}$$

式中，$q55$ 为从生命表中获得的死亡率；$s55$ 为从死亡率降低因子表中获得的死亡率降低因子；a 为死亡率降低因子的调整系数；n 为 2013 年到生命表制表的时间，如若生命表于 1993 年制成，则 n 等于 20。

（3）两全保险。由于两全保险提供身故给付或满期给付，在不同产品设计下，在生存给付、死亡给付、满期给付的不同组合下，产品将会体现不同的风险特性。所以设定死亡率假设时需要充分了解产品内含的死亡和生存两方面的风险因素。另外在不同的预设利率下，同样的产品也可能体现出不同的风险特性。

【例 6－3】　两全保险产品 A：保费期限 30 年，保险期间至 88 岁，每 5 年给 150 生存给付，死亡给付 1 000，满期给付 1 000 元。两全保险产品 B：保费期限 30 年，保险期间至 88 岁，每 5 年给 250 生存给付，死亡给付 1 000，满期给付 1 000 元。

预设利率为 2.5%，为 30 岁男性定价，在不同的死亡率假设下净保费如表 6－5 所示 。

表 6－5

	死亡率（CL93 的百分比率）							
	20%	40%	60%	80%	100%	120%	140%	160%
产品 A	50.8	51.0	51.2	51.4	51.6	51.8	52.0	52.2
产品 B	76.8	76.6	76.4	76.3	76.2	76.1	76.1	76.1

以上例中，产品 A 的净保费随死亡率的上升而上升，而产品 B 的净保费随死亡率的上升而下降。可见两全保险的死亡风险随着产品设计的不同而不同。

【例6-4】 两全保险产品A：保费期限30年，保险期间至88岁，每5年给150生存给付，死亡给付1 000，满期给付1 000元。

为30岁男性定价，在不同的死亡率假设及不同预设利率下净保费如表6-6所示。

表6-6

预设利率	死亡率（CL93的百分比率）							
	20%	40%	60%	80%	100%	120%	140%	160%
1.5%	61.4	61.0	60.7	60.5	60.3	60.2	60.1	60.1
2.0%	55.6	55.6	55.6	55.6	55.6	55.7	55.8	55.9
2.5%	50.8	51.0	51.2	51.4	51.6	51.8	52.0	52.2
3.0%	46.8	47.1	47.4	47.8	48.1	48.4	48.7	48.9

以上例中，在预设利率为1.5%时，产品A的净保费随死亡率的上升而下降，而在预设利率为3%时，产品A的净保费随死亡率的上升而显著上升。可见在不同的预设利率下，同样的产品可能体现出不同的死亡风险特性。

（4）万能保险与投连险。对于有死亡给付的万能保险与投连险，保险公司通常通过两种形式收回死亡成本：一种是通过风险保费收入，另外一种通过其他收入：如通过保单初始费用或账户管理费等。通常风险保费是按月收取，并且是不保证费率的，所以死亡率风险可以通过提高风险保费来规避。相对传统产品，此类产品的死亡风险相对较低，死亡率假设往往不是万能保险与投连险定价时考虑的重点。但在某些情况下，也需要谨慎考虑：

①很多万能保险中的死亡给付额度是可供被保险人选择的，当客户选择的额度较大时，此类保险的死亡风险特性就类似于上文中描述的定期寿险，在这种情况下，需要充分考虑逆选择影响。

②很多投连险会向客户提供GMDB利益（Guaranteed Minimum Death Benefit最低死亡利益保证给付），保险公司会向客户收取一定的费用来收回此项利益的成本，通常是账户价值的一个百分比，例如，费用为0.1%的账户价值。若此项利益作为一项附加利益由客户自由选择，则为这项利益设定死亡率假设时，需要充分考虑逆选择所带来的影响，因为那些健康状况欠佳的被保险人更有意愿去选择这项利益。

3. 定价时死亡率的敏感性测试

通常在定价过程中时，会设定基本情形下的死亡率假设来做定价测试，通常这是根据产品的特点并结合公司的经验作出的最佳假设，也是精算师们根据经验预计的最有可能出现的情形。除了基本情形测试，为了更加深入了解死亡或生存风险，还需要做更多的死亡率敏感性测试。常见的死亡率敏感性测试有：

（1）死亡率上升或下降一定幅度；

（2）若在定价时运用了死亡率降低因子，则需要测试当此因子升高或降低时的影响；

（3）当死亡率恶化时，可以运用一定幅度的死亡率升高因子。

敏感性测试能让精算师对风险有更好的认知，从而降低定价失误的可能性。

【例 6－5】 某保额递增型的两全保险，保险期间为 20 年，保费缴付期为 10 年。被保险人男性，年龄 20 岁，在基本情形假设下，死亡率为 100% CL00－03，则有如表 6－7 所示的死亡率敏感性测试。

表 6－7

假设情形	死亡率情形	利润率
1	基本情形，100% CL00－03	18.40%
2	死亡率上升 25%，125% CL00－03	18.33%
3	死亡率上升 50%，150% CL00－03	18.26%
4	死亡率下降 25%，75% CL00－03	18.47%
5	死亡率下降 50%，50% CL00－03	18.54%
6	死亡率每年恶化 5%	18.26%
7	死亡率每年进步 5%	18.48%

通过上述测试，可得出此产品在所测试的性别和年龄下对死亡率的变化不是非常的敏感，死亡率风险是有限的。

4. *其他考虑*

由于死亡率是一个相对稳定，不易剧烈变化的因子，所以通常在定价中，死亡率假设的改动并不像其他假设那么频繁。

另外寿险公司自身的死亡率经验对定价的死亡率假设是十分重要的。每家保险公司的死亡率经验都是各家公司自身特有的各个相关因素相互综合的结果，因此需要进行定期死亡率经验分析，以确保定价的合理及充分性。如果保险公司的数据有限，则死亡率经验分析可以通过对死亡人数的实际值与期望值的比例或实际发生的死亡理赔金额与预期的死亡理赔金额的比例来进行。保险公司的死亡率假设通常表现为基准表（如 CL00－03）的某个比例，当然这个比例可能会根据保险类型、保单年度、性别与年龄等因素的不同而不同。通过观察期内的暴露数乘以相应的死亡率假设可获得预期死亡人数，将观察期内的实际死亡人数除以相应的预期死亡人数，便可判断实际的死亡率水平是否高于定价时预设的水平。

除了在定价上作充足的考虑与测试来降低风险外，保险公司各个产品线的均衡发展和险种的全面多样，也能降低死亡风险或生存风险。一味地集中销售同类产品，可能会使风险过于集中，一旦有因素导致一些隐藏风险的集中爆发，可能会使公司遭受严重的损失。

§6.2 退保率和持续率

6.2.1 退保率和持续率介绍

在狭义的定义下，**退保**是指除因发生合同约定的保险事故以外的其他原因而造成的合同终止；**退保率**专门用来考量某一类特定保单投保群体的保单退保情况；而**持续率**则主要用来考量某一类特定保单投保群体中仍持续有效的情况。

以上定义都与保单状态是否有效紧密相关。针对万能保险与投连险，由于客户可以进行部分退保或不缴纳下一期的保费而整张保单仍然处于有效状态，退保率与持续率有了更加广泛的考量：账户价值的退保率及保费持续率。

账户价值的退保率主要用来考量设有账户价值的万能保险或投连险的投保群体中账户退保情况。保费持续率主要用来考量可灵活缴费保险的投保群体中选择继续缴纳续年保费的情况。

通常影响保单退保的因素有：

1. 客户对保单的价值认可度

如果客户认为他所购买的保单对其家庭及人生起着重要的作用，则客户退保的可能性较低。保险公司的名誉也能提高客户对保单的价值认可度。市场上可获得价格相对更低的保单会降低客户对保单价值的认可度。如果购买保险的需求是客户主动提出的，则保单的价值认可度会高于那些被代理人说服而购买的保单。

2. 客户对保单的理解程度

客户清楚地理解保单中所有的权利和义务，退保率会偏低。当代理人误导销售，顾客对产品没有真正了解，购买的保单不符合顾客的保险需求，则会引起较高的退保率。

3. 客户的缴费能力

经济状况良好且收入稳定的投保人群退保率较低。若客户有全面的理财规划，且保费的支出是整个财务规划的一部分，则保单持续率会较高。

4. 代理人的行为

公司的佣金奖励设计制度中的某些特点会促使代理人去提高保单的持

续率，如若保单退保，则追溯扣除一定的佣金，或给持续率高于一定水平的代理人发放持续奖金等。在某些情况下，代理人会活跃地置换客户的保单，为了获得更多的佣金或者是升级客户的保险需求。

5. 缴保费的形式

如果缴费形式是通过电子转账或其他自动缴款方式，则会大大提高保单的持续率。因为客户不需要每隔一段时间就面临是否继续缴保费的选择。另外像有些客户更换工作的频率较高，相应的银行账户更改的频率也会较高，在这种情况下，退保率可能会提高。

6. 外部经济环境

保单退保率要受社会整体环境变化的影响。一般情况下，经济环境较好时，客户的缴费能力较强并且对未来经济的发展变化持乐观态度，因此保单的退保率相对而言较低。而经济环境恶化或经济波动时，则保单退保率会相对提高。由于寿险合同一般为长期合同，其价格和保险金额一旦确定，在保险有效期间产品拥有相对稳定的价值，一旦经济环境恶劣或波动较大，保单持有人则有可能担忧保单的灵活性或保值性而导致退保率提高。而灵活缴费，可以进行保单账户价值部分退保的万能保险与投连险更加容易受到这类因素的影响。

7. 销售渠道

由于销售人员、佣金奖金设计、销售的方式以及目标客户群的不同，在不同销售渠道所体现的退保率也大不相同。以下针对几种常见销售渠道的退保率情况进行讨论：

（1）代理人渠道。通过代理人渠道销售的产品，各种佣金奖金的设计对退保率有着重大影响。通常一般保险产品的首年佣金率要高于续年佣金率，而一定水平的续年佣金以及续保奖金的设计可以使代理人提高对保单长久服务的意识，从而使退保率降低。部分代理人会因为首年的佣金率较高而“怂恿”客户对手头已有的保单进行置换以获取更高的佣金。如果保险公司在设计奖金时，把这些因素进行一并考虑，使代理人没法从保单置换中获得利益，可以大大降低保单置换所带来的高退保率。

（2）经纪人渠道。通过经纪人渠道销售的产品，各种佣金奖金的设计与代理人相似。由于经纪人可以代理多家保险公司的产品，做保单置换的选择空间更大。除了以上在代理人渠道中所提的内容，可能还需要考虑与其他保险公司的佣金奖金水平比较。

（3）银行渠道。银行销售的产品以低保障、偏重储蓄和投资的趸缴或短期缴费的寿险产品为主，产品的形式主要集中在分红险、投连险、万能险，近几年也有重疾类等保障型产品逐渐在银行渠道出现。由于在银行销售的保险产品与银行的其他储蓄或投资类产品相似，当银行销售人员缺乏足够的保险业务知识培训，未能向客户解释清楚保险产品的主要特点时，就很容易引起客户对产品的不正确理解而引发误导销售。例如，在销售分红保险时，银行销售人员可能会一味强调分红产品的分红水平，会拿过去几年比储蓄利息高很多的分红利益来引导客户购买，但可能没有向客户强调红利利益的不保证性，以及保险产品若退保可能会带来的损失。造成误导销售的原因一方面是保险业务知识培训不足，另外一方面也是迫于业绩压力。由误导销售引发的客户退保会激发客户的不满，不仅影响保险公司的形象，甚至会损害整个保险行业的利益。相信随着银保合作的深入发展，保险监督管理委员会新的《信息披露管理办法》的实施，以及对银保销售人员培训投入的加大，以上现象将逐渐杜绝。

银行渠道除了受误导销售因素影响之外，给银行保险销售人员的劳务报酬与银行的手续费也会影响退保率，一般而言，有续保报酬或续保手续费时退保率会较低。

（4）直销渠道。直销渠道方式有电话销售、网络销售、公共媒体营销等。电话销售是目前直销渠道的主要方式。

保险公司进行电话销售所需的目标客户名单数据库来源会影响保单的持续率。数据来源通常有三种：保险公司原有的保单客户、合作机构的客户、向第三方数据信息公司合法购买的客户名单。对于保险公司的现有客户群，客户本身已经对该保险公司有了一定的认可，若客户选择继续购买该保险公司的保单，则将来退保的可能性较低。而另外两种来源则跟目标客户名单数据库的筛选质量密切相关，当筛选出来的客户群体经济条件较好，保险需求较高时，未来所体现的退保率会较低。

6.2.2 定价假设中影响退保率的相关因素

1. 定价中影响退保率的因素

上文中已描述过影响保单退保率的一些通常因素，而在为产品定价时，退保率会随着下列变量而变化：

（1）保单年度。在保险合同的前面几个保单年度，退保率随保单年度的增加而迅速降低，在经过5年或10年后，退保率会慢慢降低，然后趋于一较低水平。原因在于客户持有保单的时间越长，对保单的认可度越高。但某些保费递增的定期寿险退保率却会随着保单年度的增加而提高，退保率在保费递增的年度会有很大幅度的提高。退保率在保险合同付费期结束后会大大降低，因为此时客户不再面临是否缴付下一期保费的问题。

（2）投保年龄。十几岁至二十几岁的人口保单退保率较高，而30岁以上的被保险人保单退保率较低。通常这是由生活与收入是否相对稳定造成的，未成年人的保费由父母支付，退保率偏低。在定价实务中，退保率可能会根据产品设计的目标人群年龄段不同而进行区分，而在一定的年龄段内不会作进一步的细分，例如，为一个专为 15 岁以下的人群设计的产品定价，退保率的假设与其他成人产品有所不同，但一般不会对这一人群的退保率假设作进一步的细分。

（3）保险金额。保险金额较大保单的退保率通常较低。通常退保对客户来讲意味着一定程度的损失，大额保单的退保意味着更大金额的损失，因此大额保单的退保率较低。但是那些较容易找到替代产品的大额保单会例外：例如，递增保费的定期寿险，在保费增加的保单年度，持有大金额保单的客户更有动力去市场上找原来保单的替代品。但出于自身较强的保险需求而购买的大额定期寿险保单又往往体现出较低的退保率。

（4）标准体与次标准体。次标准体保单（指那些因健康状况不好，被保险公司预期较高死亡率而费率比标准体要高的人群所购买的保单）的退保率要高于标准体保单。这种不同在第一年的幅度较大，而后差别会慢慢降低，在四五年后就趋于相同。

（5）非均衡保费。对于非均衡保费产品，当保费增加时，退保率也会增加。保费增加的幅度越大，则退保率增加的幅度也越大。对这类产品的退保率可以通过以下近似的方法获得：

$$Lapse_{inc} = Lapse_{level} + a \times Inc\%$$

式中：$Lapse_{inc}$为非均衡保费保险产品的退保率；$Lapse_{level}$为均衡保费保险产品的退保率；$Inc\%$ 为非均衡保费保险产品保费的增长幅度；a 为常数系数。

（6）佣金制度。在常见代理人佣金制度设计中，首年佣金率远远高于续年佣金率。这样设计的目的在于激励代理人拓展新业务，并且为那些没有续年佣金收入的新代理人提供足够的收入以提高他们的留存率。然而，这样的佣金制度会提高保险合同的退保率。当代理人的续年佣金远低于首年佣金时，他们就有动力去通过作保单置换赚取更多的佣金。为了减少这类情况的发生，有些公司在佣金设计中，降低了首年与续年的差距。这样的设计会促使代理人去鼓励客户继续缴费，减少置换带来的退保率（参见表 6－8）。

表 6－8　　佣金率设计示例

产品	各佣金占保费比率		
保险单年度	A	B	C
1	55%	25.0%	16%
2—5	6%	17.5%	16%
6—10	4%	8.0%	16%
11 +	1.5%	1.5%	1.5%

2. 针对不同险种定价时的退保率假设

在为保险产品设定退保率假设时，除了需要考虑上述因素外，针对不同类型产品的设计，还需要更多针对性的考虑：

（1）定期寿险。定期寿险的费率较低，其退保率跟其他险种相比偏高。当定期寿险的退保率过高时，受选择性退保的影响，剩余群体的死亡率较高。另外，定期寿险中的风险类别设定较多时，如有吸烟与非吸烟群体、优选与非优选群体时，则非吸烟群体相对吸烟群体的退保率较低，优选群体相对非优选群体的退保率较低。若产品不是均衡保费，为递增保费，则需要考虑保费的增长会带来退保率的增高，特别是那些每 5 年或 10 年递增保费的，则在 5 年末或 10 年末会有较高的退保率，参见图 6－4。

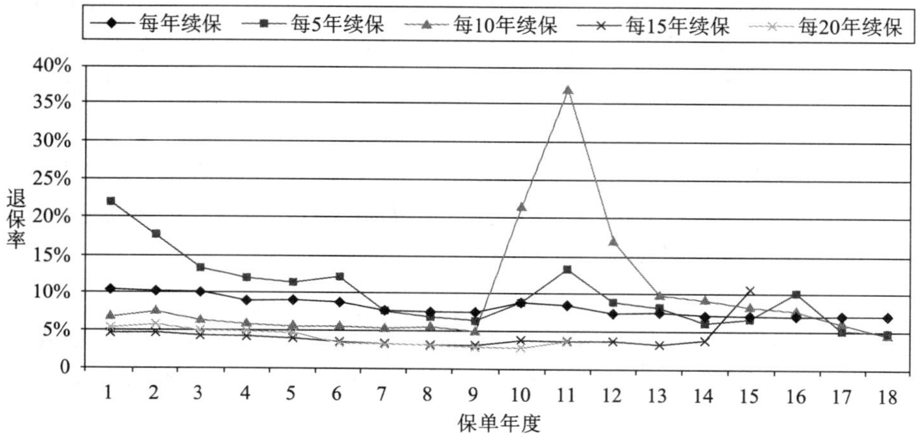

图 6－4

（2）传统非分红两全寿险。客户在购买传统非分红两全寿险时，特别是储蓄型的非分红两全寿险，从保单生效开始保险公司为客户提供一定的保证收益。这种保证收益率与市场当前可获得的收益率的差别对保单的退保率有深刻的影响。利率较高时所定价销售的产品，当市场利率降低时，退保率就会大大降低，反之亦然。例如，我国市场上 1999 年之前销售的保单，由于这类保单当时的定价利率远高于现行的银行储蓄利率，也高于之后保险产品的定价利率，这类产品在经验分析中就体现出很低的退保率。

（3）分红保险。保险公司的红利分配政策、红利分配水平、红利演示等因素会影响分红保险的退保率。

● 当公司业绩下滑，实际分红低于客户的分红预期时，退保率会提高。

● 在销售分红保险时，分红示例应当基于公司分红业务的实际经营状况做合理的演算。如果为了吸引客户购买分红产品而盲目提高演示水平，可能会导致客户过高的预期难以满足，从而导致退保率的恶化。

● 各个保险公司的红利分配政策也会影响退保率，有些公司的分红金额在保单初始年度较低，随保单年度的递增而增加，这种分红策略可能会提高保单的持续率。

- 市场上其他保险公司的红利分配水平也会影响退保率，若分红水平在整个市场竞争中处于劣势，退保率将提高。

- 我国目前有相当一部分的分红保险产品是通过银行代理的方式销售的，客户在购买时对于分红保险的认知并不充分，从而会出现实际分红与客户预期相差较大，导致较高的退保率。这种情况需要通过杜绝误导销售来改善。

（4）万能保险与投连险。随着近几年投资型产品万能保险与投连险的热卖，此类产品的份额在市场上占有一席之地。由于此类产品与传统产品有很多不同特性，因此为此类新型产品定价时要针对退保率有更多的考虑。万能保险与投连险除了通常所讲的保单退保率，还有以下两种广义上的“退保”或“持续率”：

①保费持续率。对传统产品而言，如果客户过了宽限期仍未缴付保费并且没有申请复效，则意味着这张保单效力的终止。但对万能保险与投连险而言，停止缴费并不意味着保单的终止。现在市场上的大部分万能保险与投连险都有灵活缴费的设计，不强制客户缴纳每期保费，最多规定一个缴费年限，比如，约定必须缴首年或者缴费满两年等，之后就不作限制了。因此客户不继续缴费也不一定会立即导致保单失效。只要当时的个人账户余额足够支付保障费用及其他费用，可暂停缴付保费，并且继续获得原有保障。在客户有较充裕的现金流时，又可以追加保费。

针对上述特性，在为投资型产品作定价时，需要考虑客户继续缴纳保费的情况，即保费的持续率。**保费的持续率是指某一类特定投保群体中选择继续支付续保保费的保费规模与该群体需要继续缴纳的保费总数之比。**通常情况下保费的持续率在保单的初始阶段会随着保单年度的增加而增加，在一段时间后达到平稳的状态。但保费的持续率随外部经济环境的变化可能会有较大的变化。对万能保险而言，在低利率环境下，若保险公司能继续提供相对银行存款利息较高的结算利率，客户的保费持续率会相对较高。对投连险而言，在资本市场火爆，投资收益高涨的时候，客户的保费持续率也将大大提高，并且客户积极追加保险费的情况也会涌现。在为此类产品设定保费持续率的假设时，需要考虑一定的市场因素。在为未来市场经济环境作预计时，随机定价模型能体现一定的优势。由于客户的行为与市场的波动紧密地挂钩，随机定价模型在此类投资型产品的定价中可以帮助全面地了解产品的内在风险。

②部分账户价值的退保。对于传统产品，若客户申请退保，则会领取整张保单的现金价值。而对于万能保险与投连险而言，可以领取账户里的

部分价值，而保单仍然保持有效。

针对上述特性，在为投资型产品定价时，需要考虑账户退保率。万能和投连产品的账户退保情况也会随着经济市场环境的不断变化而变化。针对主要投资于股票类型资产的投连险产品，在利率高涨资本市场低迷的情况下，客户更有可能通过部分账户退保来进行资产转移，让资本处在相对更加安全的环境中。由于现在的投连险有多个账户可以选择，当市场的因素发生变化时，客户在不同账户中的分配也会受到较大的影响。在资本市场较好的前提下，客户可能更愿意尝试风险。在利率处于较高水平时，以市场利率为结算利率主要导向的万能产品更能受到客户的青睐，往往会体现出较低的账户退保率。

万能和投连险的退保率与外部市场环境的变化有着密切的关联，除此之外，此类产品的产品设计对退保率也有较大的影响。

- **前端扣费和后端扣费**。为了收回一定的保单获取成本，万能和投连险通常需要通过一定的费用收取来实现：一般有前端扣费和后端扣费两种形式。前端扣费通常以保费的一定比例实现，在保费进入账户之前扣除，又称为“初始费用”。一般初始费用的比例会随着保单年度的不同而不同。后端扣费通常以收取退保费用来实现，退保费用是指客户账户退保（包括部分账户退保）时向客户收取一定费用，通常以退保金额的一定百分比实现，这个比例通常随着保单年度的递增而降低，直至为零。有退保费用的万能投连产品的退保率通常比没有退保费用的产品低，并且退保费用率的高低及其递减的幅度都会影响退保率。

退保费用率随着保单年度的递增而降低，直至为零，通常退保率在费用率降为零的保单年度会有一个较大幅度的增长，然后又会逐步降低趋于一定的平稳水平。当费用率在较短年限趋于零时，如 5 年内，则此类情况更为突出。

【例 6 –6】 某投连保险产品的初始费用率、退保费用率及账户退保率如表 6 –9 所示。

表 6 –9

保单年度	初始费用率（%保费）	退保费用率（%账户价值）	账户退保率（%）
1	10	9	15
2	5	9	3
3	2	9	3
4	2	9	3
5	2	9	3

续表

保单年度	初始费用率（%保费）	退保费用率（%账户价值）	账户退保率（%）
6	0	8	4
7	0	7	5
8	0	5	7
9	0	3	9
10	0	0	20
11 +	0	0	12

- **持续奖金**。有些万能保险与投连险会提供持续奖金以提高产品市场竞争力及降低客户的退保率。持续奖金是保险公司对持续有效的保单或持续缴费的保单，满足合同约定的条件时给予的奖金。这种奖金将以现金给付或账户价值增长来实现。持续奖金的发放形式一般有两种：一种是当保单持续有效到一定保单年度或持续缴费到一定保单年度，则在这个保单年度后的未来每个保单年度发放一定量的持续奖金；另外一种则是每隔几个保单年度发放，如在第五个保险单周年日及其后的每第五个保险单周年日发放持续奖金。

为产品定价时，需要充分考虑这类奖金对退保率的影响。在临近发放持续奖金的保单年度，退保率会有明显的降低；而采用第二种形式发放持续奖金，则在刚发放持续奖金后的保单年度，退保率可能会有一个明显的提升。

3. 对失效支持型（lapse supported）产品的定价考虑

退保支持产品是指那些需要通过退保率维持在一定水平才能获得足够利润的保险产品。当此类产品退保率下降时，产品的利润指标也会随之明显下降。典型的失效支持型产品有：保证费率且均衡保费的长期定期寿险，现金价值较低的储蓄性产品等。为此类产品定价设定退保率假设时需要谨慎考虑。因为此类产品的退保率，特别是保单后期年度的退保率，往往会表现得比其他产品更低。当定价时失效支持型产品的利润来源过度地依赖于一定程度的退保率假设时，定价风险就会增大。在我国，有保单最低现金价值的计算要求，所以通常而言客户在退保时仍可获得一定金额的现金价值。在国外，很多国家的保险监管部门对现金价值没有作出直接的规定，这样的情形下，公司某些产品的现金价值在设定时会相对而言较低，甚至不提供现金价值。这些产品对公司而言，退保所产生的利润空间就较大。此时，产品定价时的退保率假设过高的风险也较大。

4. 定价退保率假设的数据来源

保险公司自身的退保经验是最好的退保率假设数据来源，因为每家保险公司所体现的退保率不尽相同。公司的名誉、财务稳定程度、销售人员的培训及佣金奖金激励计划等都会对退保率产生深刻的影响。即使规模较小、业务量有限的保险公司，也可以有足够的经验去产生可信的退保率结果。这一点不同于死亡率研究，因为退保发生率远高于死亡发生率，死亡率研究中经常碰到的可信度问题在退保率研究中一般不会存在。而规模和业务量较大的保险公司，通常会对退保率作更加深入细致的研究，并且它们的退保率假设可能会随着多个因素变化而变化，如产品分类、销售渠道等。

若保险公司在为一个全新的产品（不是公司现有销售产品的改进或更新）定价时，公司过往的退保率假设可能很难直接拿来应用。此时可能就需要察看和借鉴其他公司的经验。这可以通过一些行业相关的退保率研究，找咨询公司或与再保险公司合作。当然从这些渠道获得的退保率经验一般不宜直接拿来应用，但可以作为这些新产品定价假设时的重要参考。

当为一家新公司开发新产品或者去开发一种全新产品（可能在市场上也少见，并且在市场上的历史很短），此时退保率的假设主要依靠精算师的职业判断。即便如此，设法获得此类产品或相类似产品有限的经验数据对判断还是会有重要帮助。

从实际经验获得的退保率数据要经过一定修正后才会放入定价使用，这种修正包括统计意义上的修正及对未来可能发生的变化的合理预期。例如，当保险公司加强了对销售人员保险知识及服务意识的培训，保险公司的评级发生变化或外部经济环境改变时，都需要对经验数据进行一定调整再拿来定价使用。

6.2.3 退保率对寿险产品费率的影响

1. 退保率对寿险产品的影响

通常而言，退保率对保险产品的利润有着极其重要的影响。一般来讲，过高的退保率，尤其是前几个保单年度出现过高退保率，会大大增加寿险产品的成本。由于寿险产品销售时的保单获取成本很高，包括首年佣金、发单和核保费用等，通常需要经过数年才能赚回这些销售成本，过高的早期退保率必然导致公司未能及时收回早期的成本，使产品亏损从而影响公司赢利。过高的退保率引发的高成本会使保险公司产品的费率提高，使保险公司在市场竞争中处于不利的地位。当公司的退保率保持在一定的较低水平，则可以在市场竞争中获得有利位置，因为保单的获取成本可以分摊到更多量的持续业务上。而低退保率也是客户对公司满意的一个重要标志，可能会为公司带来更多的新业务。降低退保率也经常会被保险公司拿来作为重要的战略目标。

另外，过高的退保率会加重被保险人的逆选择。对于风险较低的个体而言，保险需求较低并且较容易获得其他公司相类似或价格更优惠的产品；相反的，对于那些本身风险较高的个体，他们的保险需求较高，通常不会来退保。因此保险产品实际退保率远高于其定价假设时，保险公司所承担的风险可能会加大。例如，定期寿险、死亡率较高的个体通常不会选择退保，发生退保的往往是那些健康状况良好、死亡率较低的个体，当这个险种发生较高的退保率时，那么剩余群体的死亡率就会偏高。根据前文中选择性退保情况下的死亡率公式为：

$$q^{AS}(x,t) = \frac{q(x,t) - \sum_{s=1}^{t} A(s)q(x+s,t-s)}{1 - \sum_{s=1}^{t} A(s)}$$

式中，$q(x,t)$为没有选择性退保的情况下，x岁承保的保单在期间t时的死亡率；$A(s)$为在期间s时退保（在投保年龄为$x+s$岁时，去购买新的保单）的保单比例，$s=1$，2，$\cdots t$；$q^{AS}(x,t)$为在期间t时，包含了逆选择因素的死亡率；$q^{AS}(x,t)$随A的增大而单调递增。所以当退保率越高，则剩余人群的死亡率也就越高。

寿险保单退保率的高低不仅直接关系到产品的赢利能力，其对公司的长远发展也有着重要的影响。保险公司的稳定发展需要公司资产与负债较为合适的匹配，当大量较为密集的退保发生时，会引发公司大量现金的急速流出，而续期保费收入也会变少，这种现金流的变化会导致公司流动资金的短缺。在较为严重的情况下公司将会被迫以较低的价值出售长期投资资产，使这些投资资产难以达到预期的投资收益，造成公司的资产负债失衡，严重时会危及公司的财务安全和偿付能力。

2. 寿险产品对退保率假设变化的敏感性

前面所讲述的都是退保率过高给寿险产品带来的危害，但并不意味着退保率越低，产品的利润就越高。相对死亡率而言，退保率是个更为复杂，对产品影响并不那么直接单一的因素。前者一般先判断是死亡风险还是生存风险，然后就可以得出产品的利润随着死亡率单调递增或单调递减，而退保率则很难直接得出结论。原因在于不同保单年度发生的退保对产品利润有不同的影响。早期的退保使保险公司未能及时收回保单获取成本而造成损失。而后期保单年度的退保特别是保单接近满期的退保对公司来讲往往是有益的，因为公司已经收回了相应的保单获取成本，这个时候客户选择退保，对公司而言可能是更少的付出。

鉴于退保率对寿险产品定价的影响较为复杂，退保率的敏感性测试对产品的定价就尤为重要。在对产品做完基本情景假设的利润测试后，需要对退保率做各种敏感性测试：

若退保率在基本情景假设的基础上增加50%；若退保率在基本情景假设的基础上降低50%；若前期的退保率上升，后期保持不变；若后期的退保率下降，前期保持不变；若全部的保单在第一保单年度末全部退保；若保单在前面若干保单年度与基本情景假设一致，而后期的退保率为零……

全面的退保率敏感性测试有助于加强对保险产品的退保风险的全面了解，由于退保率的风险并非单调递增或递减，保单的不同保单年度的退保风险并不相同，而不同的利润指标受退保率变化的影响也不尽相同，因此有些暗藏的退保率风险可能会被忽视，所以系统且完整的敏感性测试是认识与降低风险不可或缺的手段。

【例6－7】 某两全保险，保险期间至88岁，保费缴付期为8年，保费缴付完毕后，每年有一定的生存现金给付。被保险人男性，年龄35岁，在基本情形假设下，退保率假设率如表6－10所示。

表6－10

保单年度	退保率	保单年度	退保率
1	8%	5	3%
2	5%	6	2%
3	4%	7	2%
4	4%	8＋	1%

则利润率及新业务内含价值因子在各种退保率情景假设的测试如表6－11所示。

表6－11

假设情形	退保率情形	利润率	新业务内含价值因子
1	基本情形	10%	10%
2	退保率是基本情形下的两倍	15%	10%
3	退保率为0%	4%	－4%
4	前5个保单年度退保率为0，后面与基本情形一致	9%	10%
5	前10个保单年度退保率为0，后面保单年度与基本情形一致	7%	5%
6	前20个保单年度退保率为0，后面保单年度与基本情形一致	5%	－1%
7	前30个保单年度退保率为0，后面保单年度与基本情形一致	4%	－3%
8	第1保单年度100%退保率	1%	－3%

续表

假设情形	退保率情形	利润率	新业务内含价值因子
9	第 5 保单年度 100% 退保率，其他保单年度退保率为 0	31%	20%
10	第 10 保单年度 100% 退保率，其他保单年度退保率为 0	27%	24%
11	第 20 保单年度 100% 退保率，其他保单年度退保率为 0	16%	13%
12	第 30 保单年度 100% 退保率，其他保单年度退保率为 0	9%	3%

6.2.4 改进退保率的相关措施

虽然前文中提到，退保率对于产品的利润来讲并不是单调的关系，但公司对退保率的管理整体上还是朝降低的方向去努力。因为高退保率所带来的危害较大，严重时可能会危害到公司的现金流、偿付能力及公司形象，并且低退保率从某种意义上往往也是客户对公司品牌、产品和服务满意认可的一种体现。通常有以下几种方式可以降低退保率：

（1）适度地创新与开发新寿险品种，优化公司的整体业务结构，抑制退保率过高产品的销售与开发。

（2）对代理人建立完善的奖励与管理监督制度。增加代理人保单后期的续保收入可有效地提升代理人后期的服务质量。通常保险公司为鼓励代理人多开发新单，会给出较高的首年佣金，但续保佣金会急剧降低，在几年过后就为零。而寿险保单的寿命往往是几十年，过低的续保佣金会导致代理人更加愿意在开发新单上下功夫，而忽略后期的服务工作。因此科学合理的佣金制度可降低保单的退保率。另外，严格管理代理人队伍，坚决杜绝误导消费者情况的发生。误导销售的直接后果是损坏公司形象，续年保费收入下降，同时也会给开拓新业务带来一定程度的负面影响。

（3）由于现在的代理人员流动性较大，针对离职代理人所留下的客户，公司应该设立完善的制度，使这些客户仍能得到全面的服务。

§6.3 投资收益率

6.3.1 投资收益率假设介绍

1. 投资收益率假设简介

保险公司需要通过持有一定的资产来支持保单业务相对应的准备金负

债及资本要求。主要的资产类型有：政府债券、公司债券、抵押债权、不动产、普通股票以及保单抵押贷款等。通常，不动产与普通股票是通过升值来获得收益，而其他类型资产的收益主要通过利息收入来实现，而且一般会假设持有到期。在寿险产品定价时，需要反映支持这个保险产品的各种资产所带来的投资收益，这就是投资收益率假设。

投资收益率假设是保险产品定价假设中的一个非常重要的因素。实际投资收益率的高低直接影响产品的利润和公司的赢利。投资收益率假设风险是指寿险公司资金实际收益率与定价时预设的投资收益率之不利偏差引起的亏损的可能性。它是威胁寿险公司赢利能力和经营稳定性的一大风险，其带来的最直接的后果就是利差损。寿险定价投资收益风险的产生既有宏观经济形势变动等客观方面的原因，也有寿险企业内部经营、投资策略等的问题。理论上讲，发生利差损并不一定表示产品处于亏损状态，因为还有其他的利润来源如死差、费差等。但死亡率与失效率在一般情况下不会发生巨大的变化，费用率也受到公司的经营管理限制而比较稳定，因此不会有大量的死差益、费差益和解约益来弥补较严重的利差损。通常寿险公司出现较大的利差损，就意味着产品可能会亏损。

2. 影响投资收益率的因素

投资收益率的高低与资产所承担的风险及投资期限的长度相关。常见的资产风险主要有以下几种：

（1）市场风险或利率风险。对于固定收益的债券类资产，当利率上升时，资产的价格会下跌。

（2）再投资风险。针对投资获得的现金流，需要进行再投资。再投资收益受到再投资时市场因素的影响，存在一定的风险。

（3）信用风险或违约风险。是指资产原先计划的本金或利息给付无法实现。

（4）流动性风险。是指投资者只能以低于资产真实价值的价格出售资产。流动性风险通常用买入卖出的价差来反映。价差越大，则流动性风险越大。

为简单起见，我们用每一种特定种类资产相对政府债券收益率的利差来表示其投资收益率：

$$R = r + \text{spread}$$

式中，R 为特定资产的投资收益率；r 为无风险资产的投资收益率，通常用风险最低的政府债券收益率来表示；Spread 为特定资产相对政府债券收益率的利差。

例如，如果某 10 年期企业债券当前的收益率有比政府债券高出 100 基点的利差，那么我们假设这种债券的收益率将一直保持高出政府债券 100

基点的利差。当然在现实中，利差会根据不同资产类别的供求关系而不断改变。收益率与到期时间（投资期限）的长度关系可以通过收益率曲线来表示。

收益率曲线以 y 轴表示收益率，x 轴表示到期时间。以下我们用图例来说明。图 6 – 5 中的数据点代表了某些投资收益率，其到期时间分别为 90 天与 180 天，以及 1、2、3、5、7、10、20 与 30 年。

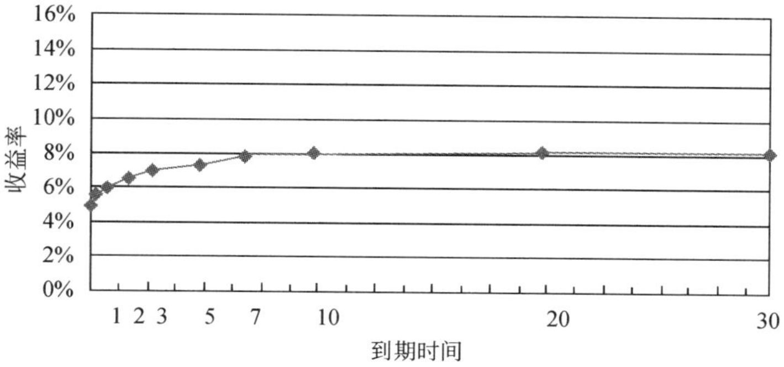

图 6 – 5 收益率曲线图

3. 毛投资收益率、投资费用、违约费用及净投资收益率

在产品定价中，通常所采用的投资收益率是指净投资收益率，而净投资收益率是通过毛投资收益率扣除相应的投资费用及违约费用所得。毛投资收益率是指未扣除投资费用及违约费用的资产投资收益率。

投资费用通过公司内部从事投资工作的员工发生（当聘用员工对资产进行投资和管理时），或用来支付外部投资经理的相关费用（当委托外部投资经理对资产进行投资和管理时）。这些费用主要用于资产的买卖与管理、资产投资收益的收取、投资资产的会计账目登记等。通常这些费用表示成所管理的资产价值的百分比形式，如 0.15%/年。不同类型的资产所发生的费用水平也不同，例如，股票类的管理费用要高于债券。因此，通常投资费用会根据管理的资产不同而不同，保险公司需要根据各种资产的组合比例来确定投资费用。

违约费用通过违约资产的比例，以及后期违约资产的部分价值恢复来获得。例如，预期 1% 的资产会发生违约，而违约资产的价值为原资产价值的 70%，则违约费用为 0.3%。当购买资产时，投资经理需要判断资产违约的可能性，通常是通过专业评级机构的评级结果来判断。

【例 6 – 8】 投资收益率计算示例如表 6 – 12 所示。

表 6－12

资产类型	债券评级	毛投资收益率	投资费用	违约费用	净投资收益率	投资比重
(1)	(2)	(3)	(4)	(5)	(6)＝(3)－(4)－(5)	
政府债券		5.50%	0.20%	0.00%	5.30%	10%
公司债券	AAA	6.00%	0.20%	0.10%	5.70%	20%
	A	6.70%	0.20%	0.20%	6.30%	45%
	B	7.75%	0.20%	1.25%	6.30%	10%
商业债券		8.00%	0.40%	0.35%	7.25%	15%
总资产		6.74%	0.23%	0.29%	6.22%	100%

6.3.2 投资收益策略

保险公司需要根据寿险保险产品自身特点来确定合适的投资收益策略。常见的投资策略有以下几类：

1. 投资年度分类

投资年度分类对每一组保单考虑了保单比例、可投资现金的数额、时间和可投资现金的滚动性。

对于固定保费的保单，若使用投资年度分类方法，可按保单的投保年份来分组。对于可变保费的保单，在某特定月份或年份收取的保费可组合在一起，用投资分类的方法将投资收入进行分配。

采用投资年度分类法会有以下的优势：

- 可以使不同产品线选择相对独立的资产投资策略来支持相应的业务。
- 可以采用相对较短期的资产来支持短期业务，相对较长期的资产来支持长期业务。例如，短期健康险可以通过较短期的资产来支持。
- 可以采用流通性强的资产来支持那些有一定的退保价值的保险产品，而流通性不强的资产可用来支持那些退保价值极低或为零的保险产品。

2. 投资组合平均

投资组合平均法是根据与某组特定保单相匹配的资产类别以及各类别的相应比重，从而获得资产组合的平均收益率，然后用于公司所有产品的定价计算。投资组合平均方式适用于现金流较为稳定且容易预测的保险产品。投资组合平均下的收益率可由以下公式获得：

$$rp = \sum Amrm$$

式中，Am 为各资产所占的比重；rm 为各资产相对应的收益率；rp 则为投资组合平均收益率。

在投资组合平均方式下为产品设定投资收益假设时，资产现行的投资收益率（current yield）和进行新投资可获得的收益率（new money rate）是两个重要的参考指标。常见的做法是从资产现行的投资收益率出发，然后过渡到进行新投资可获得的收益率，但这也会随着产品与公司的不同而不同。若新产品未来的现金流相对独立，不与现有业务发生关联时，则直接采用新投资可获得的收益率比较适宜。若新产品未来的现金流也是公司整体业务现金流的有机组成部分（例如，新产品部分保费收入可能会用来满足现在已有业务的退保需要），且新产品的业务量相对整体已有业务量较少，则采用现行的投资收益率比较适宜。

3. 投资收益率的随机模型

在大部分时候，对许多保险假设我们都可以给出可靠的估计，并在一定的信度下使用。但是投资收益率假设几乎是不可能准确预测的。因此，可以通过制订一些策略来减少投资收益率的不可预测性所带来的影响：①对投资收益率使用保守假设；②设计能根据投资收益率改变调整利益给付的产品；③将资产与负债现金流进行匹配降低再投资风险。

以上策略都能帮助我们减少投资收益风险，但一般不能消除投资收益风险。大量潜在的、未知的投资收益风险仍然存在。例如，某公司是一个大型的承保趸缴保费延期年金保单的保险公司。由于激烈的竞争，该公司可能投资长期资产以获取赢得客户所需的回报率，并且公司也可获得令人满意的利润。如此一来，其资产的期限可能会远远长于负债，从而使公司承担大量的投资收益风险。对本例而言，随机模型可以帮助量化可能的不利变化。通过对随机产生的大量可能的投资收益率情景进行测试，可以在很大范围内了解公司长期投资策略的潜在风险。

在建立随机模型过程中有四个主要步骤：

（1）选择一个分布函数。对于将要被随机建模的变量，如何用分布函数产生接近真实的变量模式，是极为关键的一步。

（2）选择随机数生成器。许多软件工具都可以产生随机数，市场上也有专门独立开发的随机环境生成器。

（3）随机产生多组变量。

（4）对每一组投资收益率计算出结果。

许多变量都会直接受投资收益率的影响，在随机模型中可以反映这些变量的变化。例如，投资收益率假设会影响：①万能产品的结算利率和账户余额；②分红产品的红利；③失效率，尤其当公司不会提高结算利率以迎合市场利率的升高时；④销售水平。一个完善的随机模型会自动地调整这些变量与其他变量，从而反映出该公司、它的客户以及金融市场对于收益率变化的可能反应。调整完以后，就可以进行常规的负债与资产的计算，从而确定产品现金流、资产现金流、可分配收益以及所有其他结果。

6.3.3 投资收益率假设对不同类型产品的影响

投资收益率对产品的影响随产品类型不同而不同。产品的某些设计可以降低保险公司所承担的投资收益风险。常见的有以下几类：

（1）某些产品通过向客户保证一定较低水平的利益收入，将一定程度的投资收益与投资风险与保险客户共享，如分红保险及万能保险。当投资收益率下降时，这类产品可以通过分红水平或结算利率的调整来降低保险公司的风险。

（2）市值调整特性（Market Value Adjustment，MVA）可以使保险公司在保单退保时，反映资产市场价值的变化。例如，当资产的市场价值为账面价值的90%时，则退保价值也是保单现金价值的90%。这个特性可以在很大程度上缓解利率升高带来的资金游离风险。

（3）没有退保价值的保险产品允许保险公司投资与保险产品的现金流较匹配，而且流动性又较低的资产。

（4）有退保费用的保险产品鼓励客户保单的持续性，从而允许公司投资收益较高，流动性要求较低，投资时期较长的资产。虽然退保费用的设计通常用来收回一定的保单获取成本，退保费用也可用来弥补当利率升高时出现的资产出售损失。

针对不同的保险产品定价，需要对投资收益率假设有不同针对性地考虑：

1. 传统非分红定期寿险

对于大多数定期寿险，由于是消费型保险产品，投资收益率假设并不是一个重要的假设。对于是否为重要假设，可以通过敏感性测试来判断。当投资收益率的变化对产品价格的影响不大时，则可判断投资收益率假设并非重要假设。

对于定期寿险产品，可采用对投资收益率的最优假设来进行定价。

2. 传统非分红两全寿险

对于传统非分红两全寿险，保险公司承担着所有投资收益的风险，保险公司采用的投资收益率可能会出现以下两类情况：

（1）将投资收益率保守地设定在一个较低水平，虽然这样能大大降低保险公司自身的投资收益风险，但这样的定价会导致产品价格缺乏市场竞争力。

（2）将投资收益率激进地设定在一个较高水平，可能接近市场现行可获的利率。这样的方式能使产品具备市场竞争力，但也使保险公司在投资收益率下滑时面临巨大的投资收益风险。例如，在1999年以前，我国寿险业在高利率环境下销售了大量高利率非分红储蓄型保险，使很多寿险公司遭受一定的损失。然而保险公司从利率上升获得的利益却十分有限，因为利率上升时，市场上可能会出现更具竞争力的类似产品，会导致退保率上升从而使保险公司难以获利。

3. 分红产品

为分红产品定价时，需要根据定价时的投资收益率假设来确定产品的分红示例。当实际投资收益不同于定价的投资收益时，保险公司可以通过调整分红水平来降低保险公司的投资收益风险。尽管如此，为分红保险产品设定投资收益率假设时，需要注意以下两点：

（1）分红保险产品的投资收益率假设不可过高 。当投资收益率假设过高时，未来实际投资收益率低于假设的可能性较大，导致保险公司实际的分红水平可能会低于分红示例水平。当客户购买保险时的分红预期未能获得满足时，可能会出现客户投诉、退保等不利保险公司的状况。为了避免激烈的市场竞争可能导致的分红示例水平过高，中国保监会对分红演示的利率有一定的限制。

（2）分红保险产品的投资收益率假设不可过分保守。过分保守的投资收益假设会带来缺乏竞争力的分红产品，让公司在市场竞争中处于不利的位置。这里的竞争可能不仅仅来源于其他保险公司的分红产品，也会来自银行、证券公司及其他金融机构的金融产品。

4. 万能险

万能保险可以通过对客户结算利率的调整来降低公司的投资收益风险，但这种调整经常会受到其他保险公司万能结算利率竞争的限制。

5. 投连险

对于不提供任何保证收益的投连险，客户承担所有的投资收益风险，对公司而言没有任何投资收益风险。在国外，很多投连险中会给客户提供GMMB利益（guaranteed minimum maturity benefit，最低满期保证利益给付），这对保险公司而言，需要承担一定的风险，通常对这类风险的成本定价，会通过利率随机模型来实现。现阶段我国还没有这类产品。

6.3.4 投资收益风险的管控

严重的利差损会对寿险业经营产生诸多不利影响，会成为寿险业持续健康发展的障碍。因此，在寿险实务中，一定要积极地控制和管理寿险定价的投资收益风险。随着利率的市场化、资本项目的开放、证券市场等的发展，寿险市场更加开放复杂，竞争将更加激烈，投资收益的风险将更明显。这些都要求我们建立有效的投资收益风险管理系统，科学地识别、计量和控制投资收益率风险。投资收益风险的控制可从以下两个方面着手：

1. 科学的寿险产品管理模式

在定价时可以应用合适的精算工具，利用实际发生的经验数据，在各种未来投资收益率假设情景下测算该险种各种利润指标及准备金增值情况，从而分析比较各种收益率条件下对公司的赢利能力的影响，了解产品开发相应的投资收益风险。另一方面，加大费用、死亡率、退保率等因素的分析力度，加强对已承保业务的投资收益管理，通过产品开发前准备，定价时利润测算，产品后期管理等三个阶段，加强产品投资收益风险管理。新型产品的开发销售可以防范一定的投资收益风险，由于分红保险、万能保险以及投连险是将部分或全部的投资风险转移给客户，从而大大降低了保险公司自身的投资收益风险。

2. 引导市场形成健康的寿险消费观念

投资收益风险产生的部分原因也是因为客观的市场压力导致的。为了吸引客户，寿险公司往往是需要通过设定较高的投资收益率，这种定价措施会使利率下调时利差损风险急剧凸显。即便在销售新型产品时，保险公司也往往要设定较高的假设收益率以提高竞争力来吸引客户，一旦宏观经济环境产生变化，保险公司就不得不承担投资失败的风险和面临客户的退保风潮。现阶段，大量的寿险客户购买寿险的目的并非防范养老风险和意外风险，做好长期的、合理的家庭理财计划，而着眼于短期的投资回报和利息收入，因此培养对保障性产品的正确消费观念也是降低投资收益风险的有效方法。

6.3.5 精算师在保险公司制定投资策略时所起的作用

寿险保险公司一般有相应的投资部门对保险公司的资产进行日常管理及投资。由于保险公司的资产主要用于支持保单业务相对应的准备金负债及资本要求，因此资产管理与保单业务负债息息相关。精算师在保险公司制定投资策略时也要起到以下相应的作用：

1. 保险公司如果不根据相应的负债而制定投资策略，那将毫无意义

精算师需要对产品现金流充分估计以后，与相关投资部门进行沟通，才有可能建立一个可靠的投资策略。通过将资产与负债进行匹配，公司可以减少投资收益率风险改变造成的财务影响。资产负债匹配也称为“资产免疫”（immunization），因为它使公司能对利率变化“免疫”。建立资产负债匹配有两种基本方法：严格匹配（exact matching）与久期匹配（duration matching）。严格匹配是指资产与负债的现金流完全匹配，这在实务操作中很难实现。久期匹配是指匹配资产的久期与负债的久期，一旦资产与负债的久期完成了匹配，那么利率的微小变动对资产与负债造成的变化量就是相等的。

2. 通过投资收益率情景测试估计出在各种投资收益率情景下产品现金流的变化情况，来指导投资策略

投资收益率情景测试可以有以下几点作用：

（1）使公司更清楚地认识到所面临的所有重大风险，这是防范那些威胁公司生存的重大潜在风险的第一步。

（2）公司可以改变其投资策略以减少某些潜在风险。例如，如果公司会因为利率的上升而蒙受损失，那么就应该购买期权或衍生工具以防范这些风险。

（3）公司可以限制某种业务的总量，以限制聚合风险，或增加某种业务的数量以平衡风险并使风险多样化。

§6.4　费用假设

6.4.1　寿险产品费用介绍

寿险产品的费用假设包括保险公司为开展业务及维持运营的各种费用，主要有以下几类费用：

（1）佣金，销售奖金，渠道费用；

（2）维持公司运营的场地费用，设备系统费用；

（3）员工的薪水及奖金；

（4）销售人员的培训费用及市场广告费用。

定价费用假设会涵盖保险公司的所有费用，但一般不包括投资费用。如上文中所述，在设定投资收益率假设时，会采用已扣除投资费用的净投资收益率，因此在费用假设中，就不需要重复考虑投资费用。

保险公司的费用水平与费用构成会随着公司不同而不同。通常而言，规模较大的保险公司占有一定的费用优势，因为它们的单位成本会因为业务规模量较大而相对较低。每个保险公司的费用会与公司自身特点息息相关：公司文化特色与管理风格，员工的激励制度与福利，费用控制措施，员工的流失率，公司的组织构架，目标市场，销售渠道，公司战略目标等。

1. 费用的分类方法有两种

（1）直接费用（或边际费用）和间接费用。根据费用是否会随着保险业务量的变化而发生变化可将费用分为直接费用和间接费用。

①**直接费用**是那些直接随保单销售而变化（在为一份保单定价时）或与一组特定的保单有关（当评估一个计划，如确定是否要推出一个新产品时）的费用。

一些常见的直接费用包括：

- 代理人佣金以及其他销售相关的薪酬。通常情况下，佣金是保费或账户余额的某个比例，该比例随保单年度而变化。其他薪酬可能采取与佣金相同的结构，或表示为佣金的某个比例。

- 税款可以根据不同的税法有不同的方式表示。它可以是保费、收入、盈余、资产、佣金或其他因素的函数。

- 核保成本，如医疗检查或血液测试。核保成本一般随投保年龄和保单规模变化。

②**间接费用**是指那些不会随着公司保险业务量的增加或减少而变化的费用。

一些常见的间接费用包括：

- 公司首席执行官、董事会成员的工资薪水。
- 办公室的租赁、基本办公设备的配置及员工薪水的支出。
- 制作财务报告的费用等。

一种费用是直接费用还是间接费用，取决于所使用的模型以及模型的目的。比如，维持管理系统的系统成本一般认为是间接费用。但是，如果是为了引进一项新业务而购买了一个新系统的话，那么这笔费用就可能被认为是启动新业务的直接费用。

（2）渠道销售费用及公司运营费用

①**渠道销售费用**，是指与保险产品销售相关的费用，此类费用会随着销售渠道的不同而不同。

代理人渠道的销售费用主要包括直接佣金及间接佣金。直接佣金包括首年及续年佣金，通常用保费的一定百分比来表示；间接佣金是指保险公司为了激励代理人的业绩产量或改善代理人队伍管理而设计的一系列奖金制度，间接佣金一般以佣金的一定比例或保费的一定比例来体现。

银行渠道的主要销售费用包括给银行的佣金手续费，柜台销售人员的薪水及销售奖金，还有银行市场推广费用等。这类费用一般以保费的一定比例来表示。

电话销售渠道的销售费用会随着电话销售开展的形式不同而不同，但一般会包括电话营销电信座席费及服务费，座席和相应管理人员的佣金与奖金及给数据提供方的佣金。

由于大部分渠道销售费用都为直接费用，这部分费用往往不是费用分析或定价中费用假设的难点。销售渠道费用的发生与相关产品的销售有直接的联系，因此很容易用相关产品的销售量的一定比例来表达此类费用。在定价假设中设定渠道销售费用时需要注意以下几点：

- 一是间接佣金及各种销售类奖金。与直接佣金的不同，间接佣金及各种销售类奖金会随着奖金制度的变化及销售人员产能的变化而变化。

【例6－9】 某保险公司的奖金设置如表6－13所示，当销售人员月均产能有较大幅度的提升时，则此项奖金的费用也会相应提高。

表6－13

月度直接佣金（元）	奖金比例
少于1 200	3%
1 200～2 400	6%
2 400～4 800	10%
4 800元以上	15%

当公司进行奖金制度改革，采用以表6－14中所列的新奖金制度时，费用水平会发生变化。这种变化不仅与奖金制度的变化相关，与销售人员的产能及销售受到新制度的激励而可能发生的行为变化也有紧密的联系。如产能为1 400元的销售人员，在原制度下奖金率为6%，但在新制度下则会有两种可能：一种是产量维持不变，奖金率降为4%；一种是努力使自己提高产能，拿到8%的奖金。

表6－14

月度直接佣金（元）	奖金比例
少于1 600	4%
1 600～3 200	8%
3 200～6 400	12%
6 400元以上	20%

上述例子说明为销售费用作定价假设时，需要考虑销售人员的产能以及奖金制度变化的影响。

- 二是定期审查实际渠道销售费用相对定价中的渠道销售费用假设是否超支。尽管渠道销售费用中有相当一部分与保险产品的销量直接关联，不存在超支的问题，但以下几类费用可能会存在实际与预期不符的情况：各类产品推广竞赛活动费用、与渠道合作方进行合作时发生的市场活动费用、各类间接佣金及奖金。

当产品的销售总量或销售人员的销售能力远低于预期时，则渠道销售费用超支的可能性就增大。由于渠道销售费用的发生与产品销售的过程直接关联，不存在不同产品线及不同渠道之间的费用分摊问题，定期审查费用相对也较容易。定期审查可帮助检查产品定价中这类费用的充分性与合理性。

②**公司运营费用**，是指维持公司正常运营而发生的各类费用，包括公司各相关职能部门的各类费用：核保部、理赔部、市场部、精算部、行政

部、会计部及人事部等。为了便于费用分析与定价计算，通常情况会将公司运营费用划分为业务获取费用、维持费用和间接管理费用。

- **业务获取费用**，又称获取成本（acquisition cost），是指保险公司为了获取新业务所花的费用，常见的业务获取费用包括代理人的费用补偿津贴（expense reimbursement allowances），保单发行成本（包括为保单建立数据库的成本），核保人员薪金，广告费，市场营销费，直接邮寄费用和其他一些与保单展业相关的费用。

- **保单维持费用**（maintenance expense），是指日常管理和对有效保单年复一年管理的费用，包括服务部门的薪金，理赔过程中的费用和一部分其他种类（法律、审计、财务等）的费用。

- **间接管理费用**（overhead），是指保险公司一般的管理费用，是除了上述两种费用以外的其他费用。间接管理费用一般不与保险业务发生直接关联。

除了上述的几种分类形式，保险公司的费用可能还会需要配合各种财务报表的要求而进行其他费用类别的划分，例如，在美国通用会计准则（US General Accepted Accounting Principle，US GAAP）下，需要将业务获取费用划分为可递延与不可递延。本章节的叙述主要针对产品定价中的费用设定，因此不再对其他财务报告要求的费用分类作进一步的详述。

2. 定价中的各类费用因子

在普通定价模型中，会针对一定条件下（如特定性别、年龄、保额）的一张保单进行相应的测算。这张保单所支付的费用，可通过费用因子的形式表达出来。**费用因子（又称“单位成本”）是指单位数量下所对应的费用金额。**

如上文中提到，费用的水平与构成会随保险公司不同而不同，因此在定价中各家公司费用因子的表现形式与高低水平也不同。即使在同一家保险公司，费用也会随着产品类别和销售渠道不同而不同，例如，投连保险可能比传统寿险会花费更多的产品开发及系统管理费用，银行销售渠道由于不需要设立营管处而相对代理人渠道可以节约一定的成本。

由于费用的发生与保单的数量、保费或保额的规模或账户余额等各种载体相关，并且与保单所处的保单年度也有一定的关系，有些费用可能仅发生在首年，而另外一些则在保单有效的所有年度内都会发生。根据费用发生的年度不同，将费用因子分为首年费用因子及常年费用因子。根据费用的载体不同，可将费用因子进一步进行划分。

（1）常见的首年费用因子的表现形式有：

- **每千元新单保费**。采用每千元新单保费作为单位因子的相关费用一般与新单保费规模直接相关或较适合以新单保费来进行分摊和衡量。例如，首年销售佣金及相关奖金、组织销售人员竞赛及年会费用、针对产品销售的市场推广活动费用。

- **每件新单**。采用每件新单为单位因子的相关费用一般与新单保单件数规模直接相关或较适合以新单件数来进行分摊和衡量。例如，新保单签发时，新单受理、电脑资料键入、扫描及新单打印等费用。

针对某些与新业务相关的费用，需要选取新单保费还是新单件数作为费用载体，可能没有直观的结论。例如，新产品的设计与开发，可能涵盖核保、市场与广告等多个方面的设计开发。一般情况下，这类费用无论用新单保费或新单数量来作相关的费用因子都是合适的，特别在新单件均保费规模维持较为稳定的情况下，这两个费用因子的效果是一致的。

- **每千元新单保额**。采用每千元新单保额为单位因子的相关费用一般与新单保额规模直接相关或较适合以新单保额来进行分摊和衡量。例如，在保额达到一定规模而需要采用医务核保时所发生的费用。

（2）常见的常年费用因子的表现形式有：

- **每千元保费收入**（包括新保单的保费收入和续年保单的保费收入）。采用每千元保费收入为单位因子的相关费用一般与保费规模直接相关或较适合以保费收入来进行分摊和衡量。例如，与保费收取相关的费用。
- **每件有效保单**。采用每件有效保单为单位因子的相关费用一般与有效保单件数规模直接相关或较适合以有效保单件数来进行分摊和衡量。例如，日常保单服务和管理费用。

每千元保费收入与每件有效保单是常年费用因子中最常见的两类因子。除了与保费收入或保单件数直接相关的费用，很多间接日常维持费用和行政管理费用都是通过保费收入或保单件数来进行分摊，并由其作为相应的费用载体。

- **每千元账户余额**。与账户管理相关的费用可以用账户余额的一定比例来体现，这类费用因子仅适用于设定了个人账户的万能保险与投连险。
- **每千元分红金额**。对于分红保险，与分红相关的费用可用分红保单的分红金额来表达。
- **每千元理赔金额**。对于理赔相关费用，包括理赔方面的调查工作及各种相关的医务、法律咨询等，可采用每千元理赔金额来作费用因子。

6.4.2 定价中费用假设的设定

产品的费用定价假设过程可以通过对公司现在的费用水平加以一定的考虑来决定，产品未来所发生的费用将由制定出的价格来承担。费用假设需要通过定期的费用分析和费用控制来帮助设定。通常设定定价费用假设的过程如下：

1. 决定相关的范围

（1） 费用的类型和将会应用的产品种类；

（2） 假设所需要考虑的精细和重要程度；

（3） 经验分析的观察时间；

（4） 对未来趋势的预测。

2. 建立或审查现在所采用的方法

（1） 若没有系统合理的方法来设定费用假设，那么必须要建立起合适的机制与方法，可以重点考虑以下几点：①选择合适的单位载体去设定费用单位因子假设；②采用合理的方法去分摊间接管理费用；③费用的细化与总结。通常会根据产品的业务线及相关的费用功能将费用不断细化，然后总结到相应的种类与因子上。

（2） 若已经有系统合理的方法来设定费用假设，当有以下情况发生重大变化时，应该重新审视现在用来反映和分配费用的方法是否适用：①产品组成；②费用水平；③业务策略；④公司构架；⑤竞争压力。

当然由于有费用和资源的限制，应该避免经常改变。然而，经常性的较小的改动胜过非常突然的较大改动，后者会可能会影响销售渠道及公司在市场的地位。并且改动越大，合理有效的交流就越有必要。

3. 获取历史经验数据

费用数据的收集可通过相关的会计账簿获得，另外要获得费用单位因子，必须也要获取相关的单位数量，如与费用发生的时间相对应的保费收入、保单数量等。

4. 调整历史数据

当相关的历史数据收据完毕时，无论费用数据或者是相关的单位数量，都有可能因为下面的原因进行相应的调整：

（1） 会计费用记账与定价费用所涵盖的范围有所出入，需要进行相应的调整使之为定价设定费用假设所服务。

（2） 发展费用（development expense），发展费用是指那些不重复发生的并且是为了将来的发展进步而发生的费用，通常用来提高未来的业务量，增大产能及提高服务之用，例如，建立新的销售渠道，成立新的分公司，发展新的业务线等。

（3） 有些费用可能只与单一的业务线或销售渠道相关。

5. 得出历史经验假设

当准备并调整好相关的费用数据及对应的单位数量，通过分配到合适的产品类别，可得到相应的产品定价费用因子。

6. 推测未来的经验

过往的费用经验可以作为未来可能发生的费用的管理指标，特别是针对那些固定费用。对未来的发展需要在经验的基础上进行合理的推测。产品定价需要涵盖产品将来可能发生的费用，即在0时点定价的产品，它有可能在T时点仍进行销售，所以在0时点定价时，需考虑0时点后，甚至是T时点后的费用情况。因为即使产品已经停止销售，但保单的续年费用可能仍在继续发生着，因此现在或将来的那些会影响未来费用发展方向的因素需要被认知，并且反映在相应的定价假设上。当然即便如此，将来还是有可能发生不可预知且不可控制的一些费用，如监管费用的变化，因此完善的费用情景测试也就必不可少。同时也针对可能出现的费用最差情景（worst scenario）做必要的风险管控准备。为了使费用假设模型更有效地反映未来的费用发生情况，精算师们还必须要认真地了解公司的构架、运营模式、财务结果及商业策略并且掌握费用的各个驱动因子，同时也要掌握这些因子针对载体数量的变化趋势。

7. 审阅费用假设的合理性及有效性

针对上述完成的费用假设，需要作进一步的合理性检查：如与之前的假设比较是否有合理的趋势，相类似产品的费用假设是否一致，与外面竞争对手的费用水平是否相当。若差距较大，是否有合理的理由。有效性检查应包括数据的正确及完整性检查、单位因子的全面性等。

8. 建立有效的机制对产品的费用经验、利润和竞争力进行管理

在一定的环境中，管理费用水平、利润及竞争力的首要目标就是要设定比较有竞争力的市场价格，争取一定的市场份额同时要保障一定程度的产品利润，目标通常都是这三者相平衡的结果。在确定目标后，定期的审查与管理以保证完成目标。

6.4.3 费用控制

保险公司是否费用超支可通过一定的观察期内实际费用与预期费用的比较来判断。费用的超支率计算公式如下：

$$Overuse\% = \frac{Actual\ Exp}{Expect\ Exp}$$

$$Expect\_Exp = \sum Unit\_Cost \times Units$$

式中：*Overuse%* 为观察期内的费用超支率；*Actual Exp* 为观察期内发生的实际费用；*Expect Exp* 为观察期内的预期费用；*Unit Cost* 为观察期内预期的费用因子；*Units* 为观察期内与费用因子相对应的单位数量。

过高的费用水平超支不仅仅对精算师进行产品定价带来难题，长期的费用超支也危害着保险公司自身的赢利，因此采取积极有效的费用控制措施，有着十分重大的意义。以下介绍几种常见的费用控制措施：

1. 零基数预算法

零基数预算法（Zero - Based Budgeting）是指在做公司预算时，让每个功能部门确认将来一年里的费用需求，而不是简单地将去年的费用水平乘以一定的系数来作为费用预算。一般的费用预算仅仅考虑根据产量预算可能增加的边际费用，以及员工的人数变化及薪水增加，而零基数预算法则会需要重新验证每项费用的合理性。零基数预算法仅作用于每年预算时，并且可能根据需要针对某类特别的费用进行，如差旅费。一般情况下，可能很难对整家公司的所有费用进行零基数预算法，因为这样很容易引起公司的动荡不安。零基数预算法对降低费用还是会有比较有效的作用，它可以用来制止年复一年的超支。

2. 总质量控制

总质量控制（Total Quality Management）的方法关注质量的进步，它可以使公司进入以下的良性循环：

（1）公司里相应的组织构架通过自身的努力不断提升产品质量与服务品质；

（2）进步的产品质量与服务品质可带来更大的生产效率；

（3）加大的生产效率可以降低公司的费用及减少浪费的时间；

（4）成本的降低可允许公司降低价格，争取更大的市场份额；

（5）大的市场份额可以为员工提供更多的岗位，也可增加员工的自豪感并可以提供更好的福利给员工。

3. 作业成本法

作业成本法（Activity Based Costing）通过认定所有与产品相关的作业，并根据相关作业所耗的成本将相应的费用分摊到所有的产品上。通过这种方法，公司可更精确地去预估每类产品的费用，从而正确地认知哪些产品的赢利能力较差，哪些产品的定价可能过高。

6.4.4 边际成本定价

边际成本定价（marginal pricing），是指每销售一单位新的保险产品所带来的保险公司总成本的增量。因此，边际成本定价就意味着定价时重点考虑产品的直接费用，而对间接管理费用则不以考虑或只考虑部分。

边际成本定价往往是以下几个相互矛盾冲突的因素相互作用的结果：

（1）在保险产品上线的时候往往需要向公司相关的管理部门证明产品的利润；

（2）公司的市场部门，产品的相关销售人员往往希望产品价格较低，能表现出一定的市场竞争力；

（3）某些保险公司的功能部门的费用效率过低。

这种情况下往往就不可能让精算师将所有的费用考虑进来。另外，当公司处于非常积极的扩张状态时，也会采用边际成本定价方式。当然，用边际成本定价的产品往往会设定更高的利润目标。

边际成本定价根据对间接管理费用考虑的程度不同分为两类：一种是仍考虑一定部分的间接管理费用，另外一种则是完全不考虑。前者往往基于对未来的产品销售量预测或者可能发生的费用效率的提高，而后者往往很少基于这些因素的考量。若采用后者的方法，即便销售达到可观的量，间接管理费用的效率也有显著的进步，但仍然很难为公司带来可观的利润。当然边际成本定价的目标是希望从新业务获得的总收入超过公司的总成本，因此，针对不同的产品采用不同的定价策略也就很有必要，针对有些需要竞争力的产品，可能采用边际成本定价就比较合适。另外，边际成本定价只能作为公司一种暂时的策略或作用于某些真正意义的边际产品如附加险。

边际定价时需要注意的问题：

（1）必须认真理清费用中哪些是直接费用，哪些是间接管理费用。

（2）要保证边际成本定价的产品不能占公司业务量的大部分，不然很难保证整家公司的赢利能力。

（3）避免过分的不公平性，由于不采用边际成本定价的产品与采用边际定价产品相比往往会承担更多的公司固定费用，因此需要去分析与管理这种不公平性，避免造成在不同产品或不同时期销售的保单之间过度的不公平性。

（4）要认真考量边际成本定价可能带来的对公司的偿付能力及利润表的影响，特别在新业务急剧扩张的时候。

（5）必须证明在一定时间一定业务量的增长下，公司能够实现一定程度的利润。

§6.5 其他考虑因素

6.5.1 风险贴现率假设

1. 风险贴现率是计算内含价值的重要假设

内含价值在世界上许多发达国家被用做保险公司估值的主要手段，是大多数国际保险公司内部经营管理的关键指标。因此为产品定价时，新产品的内含价值也是一个重要的考量内容。在产品层面上，内含价值指该类产品所产生的未来法定税后利润流在评估时点的现值。用公式表达为：

$$EV = PVFP = \sum \frac{\mathrm{Profit}_t}{(1+r)^t}$$

式中，$Profit_t$ 为该产品在 t 时刻所产生的法定税后利润；r 为风险贴现率。

风险贴现率是计算内含价值的非常重要的假设。它通常根据公司所要求的最低资本收益率来决定，会参考现金流内在的风险及资本相对应的机会成本。

2. 资本资产定价模型（Capital Asset Pricing Model，CAPM）

资本资产定价模型（Capital Asset Pricing Model，CAPM）是一个常见的用来决定风险贴现率的模型。CAPM 是在现代投资组合理论的基础上发展起来的，是现代金融市场价格理论的支柱，广泛应用于投资决策和公司理财领域。

根据资本资产定价模型，对于一个给定的资产 i，它的期望收益率和市场投资组合的期望收益率之间的关系可以表示为：

$$E(r_i) = r_f + \beta_{im}[E(r_m) - r_f]$$

式中，$E(r_i)$ 是资产 i 的期望收益率；r_f是无风险收益率；β_{im}（Beta）是资产 i 的系统风险，$\beta_{im} = Cov(r_i, r_m)/Var(r_m)$；$E(r_m)$ 是市场投资组合 m 的期望收益率；$[E(r_m) - r_f]$ 是市场风险溢价（Market Risk Premium），即市场投资组合的期望收益率与无风险收益率之差。

资本资产定价模型的图示形式称为“证券市场线”（Security Market Line，SML），如图 6－6 所示。它主要用来说明投资组合收益率与系统风险程度 β 系数之间的关系。SML 揭示了市场上所有风险性资产的均衡期望收益率与风险之间的关系。

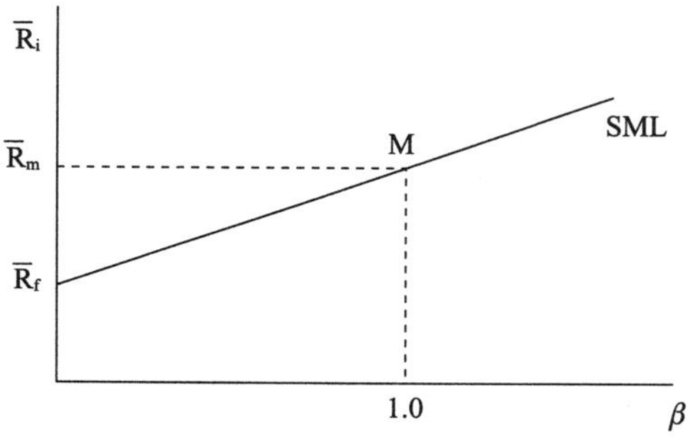

图 6－6

一旦资产的期望收益率 $E(R_i)$ 通过 CAPM 模型的计算获得，我们就可以将在一定时期内的预计的资产收益率与之相比较，从而决定这是否是个值得投资的好机会。

通过 CAPM 模型我们可获得与资产风险相匹配的回报率，此回报率将用来对此资产产生的现金流进行相应的折现。若 β 超过 1，则表明这是超过市场平均风险的资产，反之亦然。因此通常风险较高的股票会有一个较高

的 β，将会用较高的折现率。其实 CAPM 模型也很直观：风险越高，则所要求的回报率越高。

CAPM 模型是建立在一系列假设的基础上的，其中主要包括：

- 市场的信息是完全充分的对称的；
- 金融市场是完全有效的；
- 理性预期成立；
- 投资者属于风险厌恶者；
- 风险已经充分地分散化；
- 不考虑交易相关的税收费用；
- 可以用无风险的利率来进行无限量的借贷；
- 投资者都属于市场价格的接收者，而不是影响者。

6.5.2 保单件均规模

保单件均规模（average size）通常用某一特定保单群体的平均保费或平均保额来表示。在定价模型中，所有与保单相关的现金流都是基于一定的单位数，例如，每千元保额，或每千元保费。在这种情况下，有些按保单数量发生的费用或按保单数量向客户收取的保单管理费用需要转化为每千元保费或保额下的费用。

保险公司销售的每件保单规模各异，可能有较广泛的范围，但费率一般不随着保单的规模变化而变化。在这种情况下，保单件均规模的假设对产品利润会有一定的影响。例如，假设保费为 2.5 万元的保单，每件保单的费用为 100 元，则每千元保费的费用为 4 元。当如果保费为 10 万元，则每千元保费的费用仅为 1 元。

当费率不随着保单规模变化而变化时，大保单相对小保单产生更多的利润，或者说大保单某种程度上在“协助”小保单。在件均费用不高的前提下，这种情况是可接受的。但有时可能通过一些手段来纠正这种情况：如对达到一定程度的大额保单进行利益上的奖励，对保单收取与保单大小无关的保单管理费。

在为新产品做定价测试时，保单件均规模假设可通过保险公司销售过的相类似产品的实际经验来获得。但需要注意：

（1）需要拿较新的经验来参考。因为随着生活水平提高，保险的需求量及支付保费的能力也会相应提高。许久之前的一些经验可能不适宜拿来参考。

（2）通常保险公司会对保单作出最低保额或最低保费的核保要求。当这个最低设置与先前有发生变化时，则需要考虑件均规模受其影响的程度。另外，在产品定价测试中，最低保额或最低保费可用来作为其中的一种情景假设来进行利润测试，以避免实际件均规模低于预期时造成过多损失。

6.5.3 各种精算假设

1. 精算假设简介

保险公司需要各种不同的模型和情形来解决各种各样的具体问题。为了将一个精算模型应用于某个具体的问题，必须为模型选择适当的假设。分析数据并建立适用于该模型的假设是精算师最重要的专业责任之一。各种不同的模型在公司的不同领域中使用时，经常会采用不同的假设。因为模型有不同目的，这种差异有时是合适的。但有时这种差异的产生经常是由于各个领域之间缺乏充分的合作和理解。

保险产品的定价与重新定价的研究模型也是其中的一种，包括毛保费费率的计算、分红保单红利的推算、万能寿险的非保证保险成本和费用的推算、年金和万能寿险的非保证利率的设定。除此以外还有其他使用经验假设的模型的例子：

（1）产品设计的研究，包括投资策略或保证利率策略的评估；

（2）准备金充足性的确定，包括毛保费评估和现金流测试；

（3）财务报告，包括在 GAAP 下的保单利益准备金和递延获取成本资产（Deferred Acquisition Cost，DAC）的确定；

（4）财务计划或预测；

（5）精算评估。

2. 假设的保守程度

根据假设的保守程度，可以将假设分为两类：一类为最佳估计，另一类则包含了为不利偏差所作的预留（Provision for Adverse Deviation，PAD）。

一个假设是否包含 PAD 取决于所采用的模型：

（1）在一定的目的下，财务报告的会计准则可能会要求保险公司使用最佳估计或是包括了 PAD 的估计。

（2）会计或监管准则可能会规定某个特定的假设可以保守或不需要保守。

一个最佳估计假设代表了精算师对于最可能出现的结果的判断。对于保险公司的定价假设，通常直接采用最佳估计假设，当然与保险公司的定价策略也相关。若保险公司采用相对保守的定价策略，可能会采用包含一定程度的隐性边际（Provision）的假设。公司对产品利润指标的要求也会随着假设保守程度的变化而变化，当假设所包含的隐性边际越大，则对利润指标的要求就越低。

在将 PAD 附加到最佳估计时，应该从整体和不同期间来考虑该假设的风险大小。比如说，如果该假设波动性很大的话，那么它比一个相应较稳定的假设应该有一个更大的 PAD。如果假设的风险随期间的增加而上升，那么在后期要使用较大的 PAD。

对假设进行 PAD 调整的结果应该使该结果变得更保守。这可能意味着需要提高假设（如寿险的死亡率），或者是降低假设（如年金的利率或死亡率），当然也可能出现并不能当即决定的情况（如寿险的失效率）。

3. 各种假设的结构

根据不同的模型及其目的，以及假设的实质性，假设的结构可以十分简单，也可以非常复杂。计算法定准备金时可能只用一个利率假设，但期权定价却可能包含数百种利率情景，这些利率随不同时间根据不同的资产质量类别、到期日而改变。

经验假设的确定是相对特定的经验类别而言的。一个经验类别是指公司为了确定经验假设而组合在一起的所有保单合同。将保单进行分类的目的是将同类的保单进行归类，并期望它们在未来会产生相似的经验数据。一般来说，一个经验类别包含如下性质的所有保单：

- 类似的险种（例如，万能寿险或定期险）；
- 有同样的费用支出或利益给付结构；
- 在一个连续的时间段内销售；
- 有类似的目标市场。

非但不同的经验类别有不同的经验假设，即使在一个经验类别内，经验假设也可以包含多于一个的值。例如，费用假设有几个组成部分（如占保费的比例，占佣金的比例，每份保单的费用，每 1 000 保额的费用），每一个都会随保单期间与投保年龄的改变而改变。类似地，通常以表格形式列出的死亡率也会随投保年龄与期间改变。

建立一个经验假设结构的重要方面是风险分类。以下是决定风险分类的主要原则：

（1）经验假设的差异应该反映出经验数据的差异。经验假设的差异应该反映出经验数据的差异。例如，死亡率的假设可根据投保年龄、期间、性别与吸烟状况来设定，因为统计研究表明，不同类别的死亡率有显著的不同。不同类型假设的建立可以根据实际的历史数据，或其他资源比如专家关于未来的意见。例如，公司的医疗部门主管可能认为某些特定的条件会导致较高的死亡率。从而精算师可以此为据，为满足该条件的保单设立不同的死亡率假设。反之，如果在实际或期望的经验数据中不存在什么差异，那么这些保单就应该归入同一个类别中并使用相同的假设。

（2）类别的定义应该是客观明确的，并且容易理解的。一个定义为“投保年龄为 65 岁以上”的类别是客观明确并且容易理解的，而定义为“投保年龄较大”就不够明确。

（3）类别的数目应该有可操作性，并且应该有成本效率。在假设的准确性与管理复杂假设结构所需要的费用之间保持平衡是很重要的。这是因为，即使我们有可能建立一个精度非常高的假设，也并不意味着就应该这么做。如果增加精度对模型质量的改善并不是本质的，那么宁可使用一个简化的假设。模型应该在准确性的同时具有可解释性。

4. 各种定价假设的协调

我们所说的某个假设，一般指的不是“一个”正确的假设，而是与相应数据相一致的“一定范围”的合理假设。选择假设的最后一步是对所有假设进行合理性、一致性与合适性的检查。该组假设应该是全面的并且内部相一致的。

一致性检查的例子有：

（1）费用的通胀假设是否与投资收益假设一致？

（2）死亡率逆选择假设是否与失效假设一致？

（3）核保费用与死亡率假设是否与核保实务相一致？

（4）投资费用与回报是否与投资战略相一致？

§6.6 经验分析

6.6.1 经验分析概述

经验分析通常是针对保险公司在某段特定时间内某一特定方面如死亡率、失效率等进行观察分析，它通常包括以下的步骤：观察时间段的确定，数据的采集和筛选，以及对所收集数据选用合适的逻辑与模型进行分析与计算，获得公司在特定方面的经验水平。经验分析有以下两个非常重要的作用：

（1）定期的经验分析有助于公司管理，使公司获得宝贵的时间以便在某些经验过度恶化之前采取有效合适的措施去阻止。例如，定期地研究公司的死亡率经验，就可大大降低公司死亡率恶化的风险，当有经验研究表明死亡率上升时，则可通过进一步的分析获得恶化的原因然后采取相应的有效措施去改进。

（2）定期的经验分析对设定定价假设有非常重要的指导意义。在公司缺乏足够的经验数据去设定相关的定价假设时，通常会参考行业的平均水平或借鉴经验相对成熟的公司。但在参考与借鉴的同时，需要注意的是，由于每家公司的目标客户群、销售渠道构成、管理风格等各方面上都存在一定程度的差异性，所以在定价假设参考行业水平时一定要把这些因素一并考虑进去。当公司积累了一定程度的经验数据，就需要定期地检测所设定的定价假设的合理性，当经验分析结果与定价假设差距较大时，可能需要对原先定价假设作进一步的分析评估，并判断是否需要改变相应的假设。可以说经验分析是检验定价假设是否合理最直接有效的工具。当公司的经验数据非常充分时，定价假设的设定可以从公司自身的充足经验直接出发，当然，由于经验分析是过去的总结，而定价是需要为未来销售的产品制定价格，所以对于未来可能发生但在过去的经验中未体现的因素，需要在假设中体现。总体而言，经验分析对保险公司定价假设有着十分重要意义，没有经验分析支持的定价假设，可能会脱离了产品的实际情况，会让产品的定价成为“空中楼阁”，严重时，会因为定价假设的不合理对公司带来一定程度的损失。

6.6.2 死亡率经验分析

1. 置信区间分析

由于死亡率假设的复杂程度以及死亡率对大多数年龄来说相对较低，在分析公司死亡率的经验数据时，数据的可信度通常是一个非常重要的因素。如果公司的实际数据并不可信，那么通常可以行业分析研究或再保险公司作为获取类似数据的来源。置信区间是一种非常简便的可用于判断公司经验数据可信度的方法。

假设有 1 000 份保单的数据，在该年中有 3 例死亡。那么这个 0.003 的死亡率估计有多少可信度呢？

估计的死亡率：

$$q = 0.003$$

$n = 1\ 000$ 份保单的期望理赔：

$$E = nq = 1\ 000 \times 0.003 = 3$$

$n = 1\ 000$ 份保单的期望理赔的方差：

$$Var = npq = 1\ 000 \times 0.997 \times 0.003 = 2.991$$

死亡率的 95% 的置信区间：

$$(E \pm 1.96\sqrt{Var}) / n = 0.003 \pm 0.00339$$

在本例中，置信区间为加/减 113% 的死亡率估计。显然，该估计是不可信的。

2. 死亡率研究的对象

在使用生命表或建立一个新表的过程中，理解表中的死亡率是针对哪一标准的死亡风险是非常重要的。一般来讲死亡率的研究是针对“标准”保单而言的，因为通常这类保单的数量占大多数，死亡率研究的可信度更高。一般死亡率标准风险会排除以下类型的保单：

（1）不按一般核保标准销售的保单，如那些通过简单核保或保证承保而签发的保单。

（2）次标准体保单。

（3）通过展期定期险（Extended Term Insurance）或是减额付清（Reduced Paid - Up）而转换来的有效保单。

（4）多重生命保单。

一般对于这些除外的保单是分开研究的，并且其死亡率假设是标准死亡率假设的一个简单比例关系或是其他修正。例如，某业务的次标准死亡率可以表示为标准死亡率的200%。多重生命死亡率假设通常可由单个生命死亡率假设得到。首先，在假设各个生命是独立的情况下计算理论死亡率。对于第二死亡者保险，较早保险期间内的死亡率是相当小的，常常小于每千人0.01。然后，调整该结果使其能反映出这些生命非独立时的风险，如联合事故风险与心碎症候群（broken heart syndrome）。

在行业内进行死亡率研究时，由于各家保险公司核保标准存在的差异，使得选择效应（selection factor）各不相同，通常会将保单的起初几个保险年度从观察期中去除来剔除这种选择效应。对于研究出来的结果，保险公司需要根据自身的经验再作用选择效应。

3. 死亡率研究的两个常见类型：保单年度研究与日历年度研究

通常死亡率的研究会基于投保人的投保年龄与保单年度来进行。死亡率研究的两个常见类型是保单年度研究（anniversary-to-anniversary study）与日历年度研究（calendar year study）。保单年度研究是观察在整个保单年度中这些保单的死亡率的经验数据：从该保单在某个日历年的保单周年日到下一个日历年的保单周年日。这些研究从保单自身的周年日出发，概念上更为简单，因为每一张保单仅涉及一个基本单元（投保年龄和所在的保单年度）。日历年度研究观察的方式是研究整个日历年的经验数据，这意味着每一份保单可以涉及两个基本单元，因为只要保单的周年日不是刚好与一个日历年的开始重合，则保单在同一个日历年度会跨越两个不同保单年度，并且都是不完整的保单年度。

4. 死亡率分析中如何确定暴露数（以日历年度研究为例）

在作死亡率分析时，每一份保单为每个特定基本单元都提供了一个暴露数和一个死亡数。然后每个基本单元的死亡率就可以用该基本单元的死亡数的总和除以暴露数的总和来得到。

下面一个简单的例子详细说明了在日历年研究中，如何根据某个基本单元的各项保单计算值确定暴露数，并用于计算死亡率。该基本单元内的实际年龄为 $x \sim x+1$ 岁。令：

A = 在本死亡率研究期间内观察到的年龄恰好达到 x 岁的生命数。

N = 新进入者，在本死亡率研究期初的实际年龄为 $x+r$，$0<r<1$ 的生命数。

W = 退出者；在实际年龄为 $x+s$，$0<s<1$ 时离开该研究的生命数（保单离开本研究的原因或者是因为保单失效，或者是因为在研究期末该被保险人的年龄为 $x+s$）。

D = 在本研究期内观察到的年龄为 $x \sim x+1$ 岁的死亡人数。

B = 在死亡率研究期内观察到的年龄达到 $x+1$ 岁的生命数。

从而有：

$$A+N=W+D+B$$

A 与 N 是一个生命可以进入该基本单元研究的仅有的两条途径。W，D 与 B 是一个生命可以退出该基本单元的研究的三种途径。因此对任何保单而言，都有六个可能性来为某基本单元提供暴露数。

某基本单元暴露数的确定可以按一份一份保单算然后加总，或者整体考虑。如果暴露数是整体考虑的话，一般我们采取的办法是简化进入与退出假设的平均时间，如采用年中数据。

如上所述，个人保单贡献暴露数可以有六种形式。如果按保单计算暴露数，那么表 6－15 可以给出每一种可能下的暴露数。

表 6－15

状态	暴露数	注　　释
(A, W)	s	$x \sim x+s$ 岁贡献的暴露数
(A, D)	1	不考虑死亡发生的时间情况下，$x \sim x+1$ 岁贡献的暴露数
(A, B)	1	$x \sim x+1$ 岁贡献的暴露数
(N, W)	$s-r$	$x+r \sim x+s$ 岁贡献的暴露数
(N, D)	$1-r$	$x+r \sim x+1$ 岁贡献的暴露数（因为其中没有扣减死亡的暴露）
(N, B)	$1-r$	$x+r \sim x+1$ 岁贡献的暴露数

上述的公式可用于确定每份保单的暴露数，然后我们将它们相加。将总的死亡数除以总暴露数即可得到死亡率。

下面的例子详细说明了整体方法（也可称为“聚合方法”）。假设有对一个日历年进行研究，所有保单的签单日均为 7 月 1 日，所有的退出发生在 6 月 30 日。

令：

$P(x,z)$ = 在日历年 z（本研究的年份）的年初年龄为 x 的有效保单数。这是在状态(N,W)、(N,D)、(N,B)下的保单数。7 月 1 日的签单日期假设说明 $r=0.5$。6 月 30 日的退出假设说明 $s=1$。

$P(x,z+1)$ = 在日历年 $z+1$ 的年初（本研究期末）年龄为 x 的有效保单数。这是在状态（A，W）下的保单数。不可能有保单是状态（A，B）因为该研究仅包含一个日历年。

$D(x,z)$ = 在日历年 z 年龄为 x 的死亡数。这是在状态（N,D）、（A,D）下的保单数。

对于状态为(N,W)、(N,D)、(N,B)与(A,W)的保单暴露数为0.5，而对于状态为(A,D)的保单暴露数为1。如果我们进一步将假设简化，令在状态(N,D)下的保单数与在状态(A,D)下的保单数相等，那么，

$$\text{年龄为 } x \text{ 的暴露数} = 1/2[p(x,z) + p(x,z+1) + D(x,z)]$$

整体方法包含按基本单元（投保年龄与期间）分类的、在日历年末有效的数据与死亡数，以计算出经验死亡率。

考虑到可信度，通常我们希望能观察几年的经验数据。但是，太长的研究期间可能会使经验数据不能代表当前的经验。在建立新的生命表时通常的研究期间是4～5年，这个期间综合考虑了上述问题。可以每年进行经验数据研究，与现有的表进行比较，以监测死亡率趋势。

一般死亡率研究采用的单位可以是每份保单，或是一定保额，或者两者皆用。如果一个人拥有多份保单的话，那么按保单进行的死亡率研究在一些基本单元内会有一些数据失真。但是，如果那个拥有多份保单的被保险人的相应死亡率经验数据与其他被保险人相似，并且被研究的保单总数大的话，那么总体结果不会受很大的影响。

一般情况下保险公司更愿意采用基于保额的死亡率研究，因为它们能更好地反映死亡率对保险公司的风险影响。尽管基于保额的死亡率研究更为常见，但是其结果的可信度却没有按保单进行的研究高，且不同保单间的保额变化会使得各年度的结果发生起伏变化。

如果同时进行按照保单和保额的研究的话，基于保额的死亡率较低的情况并不少见。在基于保额的研究中，大额保单通常具有较低的死亡率与较大的权重。

5. 制作生命表

生命表的制作一般有如下几个步骤：

（1）将观察到的死亡人数除以相对应的暴露数获得观察死亡率。

$$q_x^{(0)} = \frac{\theta_x}{E_x}$$

式中，θ_x 为在观察期内年龄为 x 岁的人的死亡人数；E_x 为年龄为 x 岁的人在观察期内的暴露数；$q_x^{(0)}$ 为年龄为 x 岁的人的观察死亡率。

（2）风险附加。考虑到调查分析中可能存在的系统误差，统计误差以及观察死亡率的随机波动风险，对观察到的观察死亡率作一正向修补，即风险附加。风险附加一般不可过高，通常以不超过观察死亡率的35%为宜。若死亡率的随机性用正态分布来近似，则可用99%置信度下观察死亡率的置信区间上限与35%的观察死亡率取小作为风险附加，得到：

$$q_x^{(1)} = q_x^{(0)} + \mathrm{Min}\left(2.33 \times \sqrt{\frac{q_x^{(0)}\ (1 - q_x^{(0)})}{E_x}},\ 0.35 q_x^{(0)}\right)$$

（3）修匀死亡率。对观察死亡率数据要进行一定的平滑修正，使各年龄的死亡率更加协调合理。常见的方法有三阶移动加权平均修匀法。$q_x^{(1)}$ 经过修匀可获得 $q_x^{(2)}$。

（4）高年龄死亡率。在死亡率调查研究中，特别是针对未成熟保险市场的调查，缺乏高年龄的经验数据是一个常见的现象，原因在于保险公司对投保年龄有一定的限制，这样如果一个市场没有几十年的发展，就很难有充分的高年龄数据量。在死亡率研究中，通常可以采用一定的模型由已获得的死亡率外推到高年龄。例如，在制作 CL00－03 时用了 GOMPERTS 模型对 65 岁以上的年龄进行外推，补充了高年龄死亡率。具体过程如下：用 GOMPERTS 模型对 $q_x^{(2)}$ 拟和，确定模型参数，从而计算得到高年龄的死亡率。鉴于本书的编写目的及篇幅的局限性，此处不对 GOMPERTS 模型作进一步的具体介绍，有兴趣的读者可参考其他相关的资料。

（5）应用调整。

①死亡率改善调整。基于对人口死亡率改善的研究，考虑到将来死亡率改善的趋势，确定死亡率降低因子进行调整。

②如果生命表是作为保险行业的评估用表，考虑到谨慎性原则，可能会对死亡率增加一定的风险边际。

6. 提高死亡率研究可信度

为提高研究的可信度，可以将多个签单年度联合起来考虑，还有一个常用的办法是将投保年龄与保单期间组合起来。可以组合原始数据为一个 5 年或 10 年的投保年龄/保单期间组，在每组中就可以得到更可信的结果。然后可将这些组合后的结果光滑化，从而得到所有投保年龄与保单期间的最终经验生命表。

提高死亡率研究可信度的另一个方法是进行实际与期望之比分析。对每一个基本单元，我们将总暴露数乘以“期望”表下的死亡率。该期望表可以是定价用表或是行业表。在每一个基本单元中将整个研究中的实际死亡人数与期望死亡数之和进行比较，以得到一个比率。这个比率可用于追踪随时间变化的趋势以及调整当前经验下的经验生命表，而不用于创建一个全新的生命表。对于这个比率，也可以像个人死亡率那样建立置信区间。假定 1 万份保单中期望的死亡数为 40，但实际死亡数只有 30，期望/实际比率为 75%。该比率有多少可信度呢？这一结果是与期望死亡率一致，还是超出了置信区间？

个体 i 的期望死亡率 $= q(i) \quad i = 1, \cdots\cdots, 10\ 000$

期望的理赔数：$E = \sum_{i=1}^{10\ 000} q(i) = 40$

期望的理赔数的方差：$Var = \sum_{i=1}^{10\ 000} q(i) \times [(1 - q(i)] = 40.8$

（附加假设，实际将根据死亡率的分布变化。）

理赔数 95% 的置信区间（CIC）$= 40 \pm 1.96\sqrt{40.8} = 40 \pm 12.52$

死亡率比率 95% 的置信区间 $= \frac{CIC}{40} = 100\% \pm 31\%$

因此 75% 的实际/期望比率处在置信区间之内，与期望死亡率一致。

上述的分析可以同样引申到基于保额的研究中。假设现在有 5 000 份平均保额为 10 的保单，以及 5 000 份平均保额为 30 的保单。

$A(i)$ = 个体 i 的保额

期望的理赔额：$\sum_{i=1}^{1\ 000} A(i) \times q(i) = 800$

理赔额的方差：$\sum A(i)^2 \times q(i) \times [(1 - q(i)] = 19\ 900$

（附加假设，实际将根据保额和死亡率的分布变化。）

理赔额的置信区间 $= 800 \pm 1.96\sqrt{19\ 900} = 800 \pm 276.49$

死亡率比率的置信区间 $= 100\% \pm 35\%$。

以上例子也反映了保单额度的不同会扩大置信区间的宽度。

7. 死亡率的实际与期望之比经验分析

生命表的制作分析是死亡率研究的基础，通常是由行业协会组织各家保险公司来共同制作完成。在实务操作中，保险公司更多采用死亡率的实际与期望之比来进行分析管理死亡率。

（1）死亡率的实际与期望之比经验分析的适用情形。在前文中提到，采用死亡率的实际与期望之比的分析方式可以提高死亡率研究的可信度，因此这种方法特别适用于以下几类情形：

①保险公司的定期死亡率研究。由于生命表的制作一般有较长的周期，死亡率的实际与期望之比的分析可用于保险公司定期的死亡率研究分析。根据保险公司自身的规模和数据量，一般可采用季度或年度分析。定期的分析研究有利于保险公司及时地掌握公司实际死亡率的变化及发展趋势。当实际与期望之比发生较大幅度的波动时，保险公司需要及时地审视原因，是核保规则，产品结构还是投保人群？保险公司理解造成死亡率波动的原因有利于未来产品的科学管理及开发。

②对保险产品的死亡率进行更加细致的分类研究。由于死亡率的实际与期望之比的分析方式可以提高死亡率研究的可信度，因此在这类分析方法下不需要大量的数据就可以获得较为可信的结果。所以可以采用这种方法对保险公司的死亡率进行细致的分类研究。

- 多数保险公司都拥有丰富的产品种类，根据死亡风险的不同可对保险产品的死亡率进行分类研究。

• 由于不同销售渠道所对应的目标客户群不同，体现的死亡风险也会不同，因此针对不同销售渠道的死亡率分类研究也对保险公司有一定的指导意义。

• 保险公司会根据产品和渠道特点，选择与之相适应的核保方式。一般来说，核保的方式越严格，体现的死亡率就越低。针对不同核保方式下的死亡率研究可以让保险公司深入了解核保在控制保险公司死亡率风险中所起的作用及可改进的方面。

• 保险公司根据被保险人不同的风险类别会提供不同的费率，如标准体与次标准体，吸烟与非吸烟群体等。根据不同风险类别的被保险人的死亡率的实际与期望之比分析，可判断保险公司在不同风险类别定价的充分性与合理性。

③适用于经验数据有限的保险公司。当保险公司的规模较小或成立时间较短，没有充分数据量时，采用死亡率的实际与期望之比的分析方式可以解决这一问题。另外，当某类别产品的销售量有限或上市时间较短，没有充分数据量时，也可用这种分析方式。

（2）死亡率的实际与期望之比经验分析的方法。死亡率的实际与期望之比经验分析的计算公式如下：

①基于实际死亡人数与期望的死亡人数之比。

$$A/E_{no} = \frac{\sum No\_of\_Death}{\sum No\_of\_Exposue \times Mort}$$

式中，A/E_{no}为观察期内基于人数的实际与预期死亡率之比；No_of_Death 为观察期内实际发生的死亡人数；$No\_of\_Exposue$ 为观察期内的暴露人数；$Mort$ 为暴露数相对应的预期死亡率。

②基于实际死亡理赔金额与期望的死亡理赔金额之比。

$$A/E_{sa} = \frac{\sum Claim\_of\_Death}{\sum SA\_of\_Exposue \times Mort}$$

式中，A/E_{sa}为观察期内基于保险金额的实际与预期死亡率之比；$Claim_of_Death$为观察期内实际发生的死亡理赔金额；$SA\_of\_Exposue$ 为观察期内的暴露金额；$Mort$ 为暴露数相对应的预期死亡率。

无论是基于个体数量还是保险金额的分析，都能体现保险公司观察期内相对于预期的死亡率水平，前者更加强调个体死亡的数量，使之不受保险金额波动的影响，后者根据个体所承保的保险金额来进行调整，更加强调保险公司所承担的死亡风险。

（3）死亡率的实际与期望之比经验分析的各种形式。死亡率的实际与期望之比经验分析可根据实际分析的需要，有下列多种形式：

①基于年龄的实际与期望之比。

$$A/E_x = \frac{\sum Claim\_of\_Death_x}{\sum SA\_of\_Exposue_x \times Mort_x}$$

式中，x 为年龄或年龄段。

通常情况下，当行业生命表用于做预期死亡率时，若保险公司有良好的死亡风险管控时，实际与期望之比往往会低于100%。实际与期望之比会随着年龄阶段的不同会不同。例如，有些公司在中低年龄段如低于四五十岁时实际与期望死亡率之比会处于较低水平，而在较高年龄段时，则此比率可能会有所升高，造成这一现象的原因可能是保险对被保险人的选择效应在高年龄会逐渐消失。当然各家保险公司死亡率会有自身的特点，随着年龄变化的比率变化也不尽相同。而年龄是造成死亡率变化的重要因素，因此针对年龄的比率研究是很有必要的。如果数据量较为充分，则也可以将前面几个保单年度的数据剔除后再进行研究，这样将基于保单年度的选择效应去除。

②基于保单年度的实际与期望之比。

$$A/E_t = \frac{\sum Claim\_of\_Death_t}{\sum SA\_of\_Exposue_t \times Mort_t}$$

式中，t 为保单年度。

由于各家保险公司对被保险人的选择效应不同，通常在制作行业生命表时，会将这些选择效应先过滤后再进行研究。通过死亡率基于保单年度的实际与期望之比，保险公司就可以获得公司对被保险人的选择筛选和被保险人的逆选择两者相综合的效果。这类研究的重点通常在前面几个保单年度，因为随着保单年度的增大，选择效应会渐渐消退，而这个比率也会趋于稳定的值。当保险公司的核保选择效应较强时，这个比率会随着保单年度由较低的值逐渐过渡到最终稳定的值。当保险公司遭受的逆选择较强时，这个比率会随着保单年度由较高的值逐渐过渡到最终稳定的值。

当保险公司的数据量较为充分时，也可根据年龄及保单年度进行死亡率的实际与期望之比，则公式为：

$$A/E_{x,t} = \frac{\sum Claim\_of\_Death_{x,t}}{\sum SA\_of\_Exposue_{x,t} \times Mort_{x,t}}$$

③其他。理论上讲，所有可能会影响死亡率的因素都可以拿来作为死亡率的实际与期望之比研究的出发点。除了上述的年龄与保单年度，常见的其他因素有性别、风险类别、核保方式及保额大小等。保险公司可根据自身特点，进行分析来获得相应的结果，来指导产品定价及风险管控。

【例 6－10】 根据被保险人的年龄分布进行的死亡率的实际与期望之比经验分析。预期死亡率基于 CL00－03，如表 6－16 所示。

表 6－16

年龄段	基于死亡人数			基于死亡理赔额度		
	实际	预期	实际与预期之比	实际	预期	实际与预期之比
0～5	572	3 156	18.1%	9 524 845	33 456 566	28.5%
6～10	1 040	1 902	54.7%	14 994 320	33 015 084	45.4%
11～17	936	1 985	47.2%	19 194 025	43 667 216	44.0%
18～25	2 821	6 197	45.5%	55 787 094	139 328 543	40.0%
26～30	2 171	4 163	52.2%	72 166 479	160 227 547	45.0%
31～35	3 237	6 384	50.7%	171 476 838	325 824 700	52.6%
36～40	4 628	8 763	52.8%	188 293 465	450 407 363	41.8%
41～45	7 605	12 347	61.6%	323 687 518	521 382 046	62.1%
46～50	12 337	17 927	68.8%	310 957 378	558 047 586	55.7%
51～55	13 234	22 375	59.1%	266 035 662	596 204 880	44.6%
56～60	9 750	18 187	53.6%	221 129 899	491 984 236	44.9%
61～65	4 199	9 762	43.0%	78 879 298	251 409 999	31.4%
66～70	2 119	4 571	46.4%	42 468 774	121 618 217	34.9%
71～99	858	2 285	37.6%	20 209 526	52 746 559	38.3%
All	65 507	120 003	54.6%	1 794 805 120	3 779 320 543	47.5%

【例 6－11】　根据被保险人的保险年度分布进行的死亡率的实际与期望之比经验分析。预期死亡率基于 *CL*00－03，如表 6－17 所示。

表 6－17

保险年度	基于死亡人数			基于死亡理赔额度		
	实际	预期	实际与预期之比	实际	预期	实际与预期之比
0	3 068	12 233	25.1%	120 724 623	683 130 536	17.7%
1	4 472	10 752	41.6%	190 510 211	598 892 914	31.8%
2	5 707	10 454	54.6%	220 868 372	519 655 569	42.5%
3	5 278	9 855	53.6%	188 670 479	432 960 723	43.6%
4	5 824	9 289	62.7%	240 200 093	364 296 407	65.9%
5	6 045	9 311	64.9%	163 607 186	314 333 662	52.0%
6	6 357	10 688	59.5%	173 931 178	346 022 290	50.3%
7	5 902	10 981	53.7%	184 609 922	353 764 094	52.2%
8	5 434	10 649	51.0%	156 591 267	342 701 656	45.7%
9	6 721	11 205	60.0%	154 435 483	334 004 168	46.2%
10	6 578	12 168	54.1%	134 831 088	323 899 503	41.6%
11	4 888	9 010	54.3%	90 662 504	185 676 569	48.8%
12	3 458	7 118	48.6%	45 976 338	115 298 278	39.9%
13 +	4 914	10 319	47.6%	52 011 492	152 823 776	34.0%
All	74 646	144 030	51.8%	2 117 630 236	5 067 460 146	41.8%

8. 制作男女混合表

在有些情况下，需要将两张生命表合并成一张混合表。最常见的例子就是将男性与女性生命表混合成一张不分性别的生命表。如果两张原表的死亡率相差太大，那么简单地将各个年龄的死亡率作平均以产生新的混合死亡率的做法也许是不合适的。

例如，由于男性死亡率通常要高于女性死亡率，因此在混合表中男性的人数比例将随到达年龄的升高而下降。

下面的简单例子详细说明了这一点，并且比较简单地将同样的男女混合比例应用于各个年龄的结果，见表 6 – 18。

表 6 – 18　　男性与女性分别的生命表与生存表（survival table）

年龄	男性	女性	男性	女性
0	0.2	0.1	100 000	100 000
1	0.4	0.2	80 000	90 000
2	0.6	0.3	48 000	72 000
3	0.8	0.4	19 200	50 400
4	1	1	3 840	30 240
5	—	—	0	0

如果我们假设在年龄为 0 时男女的比例为男性 60%，女性 40%，那么我们可以得到如表 6 – 19 所示的生存表与生命表。

表 6 – 19

年龄	60% 男性	40% 女性	总和	男性占比	死亡率
0	60 000	40 000	100 000	60%	0.16
1	48 000	36 000	84 000	57%	0.31
2	28 800	28 800	57 600	50%	0.45
3	11 520	20 160	31 680	36%	0.55
4	2 304	12 096	14 400	16%	1

将以上结果和假如所有年龄的男女比例都是男性 60%、女性 40% 的简单混合的死亡率作比较，我们会发现，这种更为精确的方法在较高年龄会产生明显低得多的死亡率。如表 6 – 20 所示。

表 6 – 20

年　龄	混合生命表	混合死亡率
0	0.16	0.16
1	0.31	0.32
2	0.45	0.48
3	0.55	0.64
4	1	1

6.6.3　退保率经验分析

1. 置信区间分析

相比死亡率而言，保单退保率数据的可信度并不是什么大问题。退保率假设的精确度要求一般低于死亡假设，退保率通常也要比死亡率高很多（当然除了极高年龄以外）。这些因素都会使得退保率的度量显得更可信。因此，较常见的做法是按公司的实际经验数据来设定退保率假设，而不是按调整后的行业数据。

假设有 1 000 份保单的数据，在该年中有 100 起退保。那么，这个 10% 的退保率有多少可信度呢？我们使用与死亡率可信度的例子中一样的记号：

$q = 0.1$

$E = nq = 100$

$Var = npq = 90$

退保数的 95% 的置信区间 $= 100 \pm 1.96\sqrt{VAR} = 100 \pm 18.6$

退保率的 95% 的置信区间 $= 10\% \pm 1.86\%$

在这个例子中，置信区间为加减 1.86% 的退保率估计。该估计要比前面例子中死亡率估计可信得多。

2. 退保率研究的对象

在退保研究中定义的退保包括：

（1） 由于没有支付保费而造成的保单中止和终止。

（2） 现金退保（Cash Surrender）。

（3） 转换到展期保险（Extended Insurance）或减额付清（Reduced Paid – Up）。

（4） 由于保单抵押贷款超过了现金价值引起的不含未丧失价值的保单中止。

以下是一些特殊的情况，需要根据假设目的在退保率分析中进行考虑，或需要单独研究的：

- 定期险转换。它可以是一个单独的假设，也可以归入失效率。在定期险保单进行转换的同时，转换后的保单就会有一个额外的死亡率成本。如果该成本计入定期险保单，那么我们就需要一个单独的定期险转换假设。

但是，如果该额外死亡率成本（少于省下的核保成本）计入新保单，那么该定期险转换便可看成是一种其他形式的失效。

- 账户退保。对于可以领取部分账户价值，而保单仍然有效的保险合同，需要衡量在各个保单年度或保单月度的账户退保额度与账户额度之间的比例。

- 保费持续率。对于灵活缴费的保单，需要衡量按在各个保单年度的实际保费和计划收取保费间的比例。

- 保单复效。若复效是一个单独的假设或者复效的保单与新单是等同处理的，则复效与退保相对独立，不可将复效保单的数量来抵扣退保，所有曾经失效的保单都会反映在退保率里。若复效的保单与其他持续有效保单在模型里是完全等同的，则退保率应该是净退保率。

假设有 1 000 份保单的数据，在该年中有 100 起退保，有 5 起保单复效。则：

若模型中有专门的复效率假设，则退保率 10%，复效率 0.5%。

若模型中将复效的 5 起保单与新单同样看待，则退保率 10%，有 5 起新保单。

若模型中将复效的 5 起保单与剩下的 900 份保单同样看待，则退保率 9.5%。

3. 退保率研究的两个常见类型：保单年度研究与日历年度研究

保单退保率研究的技巧与死亡率研究几乎一模一样。唯一的区别是在暴露数与理赔数计算中的退保与死亡的转换。显然这里“理赔”指的是退保而不再是死亡。在暴露数计算中，死亡被认为是从研究中退出，而退保后的保单如同在死亡率研究中的死亡数一样也有一整年的暴露。退保率的研究通常基于投保的保单年度来进行。与死亡率一样，退保率研究的两个常见类型是保单年度研究（anniversary – to – anniversary study）与日历年度研究（calendar year study）。

在保单年度研究中每一张保单仅涉及一个基本单元（所在的保单年度）。日历年度研究观察的方式是研究整个日历年的经验数据，这意味着每一份保单可以涉及两个基本单元，并且都是不完整的保单年度。

死亡的发生一般在一年中均匀分布。与之不同的是，失效通常发生在缴费日，主要原因有以下两点：第一，停止缴纳保费是保单失效的一个主要原因；第二，按年度缴费的投保人在保单周年日之前使保单退保所获得利益通常低于在保单周年日退保所获利益。由于在保单完成缴费前，失效率在保单年度中的分布是不均匀的，因此用日历年度研究的方法去分析时，可能要注意保险业务在每个日历月分布的情况。当在一定的观察期内，用日历年度研究的方法去分析，那些不贡献完整保单年度的暴露数可分为两类：贡献保单年度的后部分（观察到保单年度的末尾，如图 6－7 中保单 1 灰网部分）和贡献保单年度的前部分（未观察到保单年度的末尾，如图 6－7中保单 2 灰网部分）。

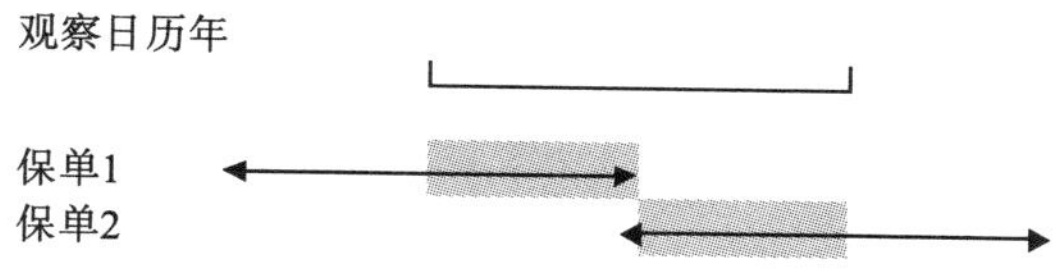

图 6－7

当业务分布极不均匀时，若过多的暴露数来自于保单年度的后部分，可能会观察到不符合实际的过高退保率；若过多的暴露数来自于保单年度的前部分，可能会观察到不符合实际的过低退保率；如假设所有退保发生在保单周年日，而所有观察到的保单都是图 6－9 中保单 2 的情况，则分析所得的退保率为 0%。保单年度研究是研究一个完整的保单年度的退保情况，不需要考虑退保在保单年度内分布不均的问题。

【例 6－12】 保险业务均匀分布。假设某公司销售 A 产品，从 2006 年 1 月 1 日起至 2007 年 12 月 31 日两年内平均每月售出 10 张保单，且每 10 张保单中有 1 张保单会在首年发生退保。假设所有销售发生在月初且所有退保发生在保单年度末。用日历年度研究方法研究 A 产品的首年退保率，取观察期为 2007 年 1 月 1 日至 2007 年 12 月 31 日。

每个月份销售的保单在观察期内的首年暴露数及首年退保数量计算如表 6－21 所示。

表 6－21

保单销售时间	观察期内的暴露时间	观察期内退保数量	暴露数计算
2006 年 1 月	0	0	0
2006 年 2 月	1/12	1	9×1/12+1=1.75
2006 年 3 月	2/12	1	9×2/12+1=2.50
2006 年 4 月	3/12	1	9×3/12+1=3.25
2006 年 5 月	4/12	1	9×4/12+1=4.00
2006 年 6 月	5/12	1	9×5/12+1=4.75
2006 年 7 月	6/12	1	9×6/12+1=5.50
2006 年 8 月	7/12	1	9×7/12+1=6.25
2006 年 9 月	8/12	1	9×8/12+1=7.00

续表

保单销售时间	观察期内的暴露时间	观察期内退保数量	暴露数计算
2006 年 10 月	9/12	1	9 ×9/12 +1 =7.75
2006 年 11 月	10/12	1	9 ×10/12 +1 =8.50
2006 年 12 月	11/12	1	9 ×11/12 +1 =9.25
2007 年 1 月	12/12	1	9 ×12/12 +1 =10.00
2007 年 2 月	11/12	0	10 ×11/12 =9.17
2007 年 3 月	10/12	0	10 ×10/12 =8.33
2007 年 4 月	9/12	0	10 ×9/12 =7.50
2007 年 5 月	8/12	0	10 ×8/12 =6.67
2007 年 6 月	7/12	0	10 ×7/12 =5.83
2007 年 7 月	6/12	0	10 ×6/12 =5.00
2007 年 8 月	5/12	0	10 ×5/12 =4.17
2007 年 9 月	4/12	0	10 ×4/12 =3.33
2007 年 10 月	3/12	0	10 ×3/12 =2.50
2007 年 11 月	2/12	0	10 ×2/12 =1.67
2007 年 12 月	1/12	0	10 ×1/12 =0.83
总计		12	125.5

注：若在观察期内发生退保，则在日历年度研究方法暴露数为 1，此原则同死亡率的日历年度研究的暴露数计算方法一致。

根据以上信息可获得在观察期内 A 产品的首年退保率，为观察期内的退保保单数量除以暴露数，即 12/125.5 =9.6%。

【例 6 –13】 保险业务不均匀分布。假设某公司销售 B 产品，从 2006 年 1 月 1 日起至 2006 年 4 月 30 日四个月内平均每月售出 10 张保单，且每 10 张保单中有 1 张保单会在首年发生退保。假设所有销售发生在月初且所有退保发生在保单周年日。用日历年度研究方法研究 B 产品的首年退保率，取观察期为 2007 年 1 月 1 日至 2007 年 12 月 1 日。

每个月份销售的保单在观察期内的首年暴露数及首年退保数量计算如表 6 –22 所示。

表 6 –22

保单销售时间	观察期内的暴露时间	观察期内退保数量	暴露数计算
2006 年 1 月	0	0	0
2006 年 2 月	1/12	1	9 ×1/12 +1 =1.75
2006 年 3 月	2/12	1	9 ×2/12 +1 =2.50
2006 年 4 月	3/12	1	9 ×3/12 +1 =3.25
总计		3	7.5

根据以上信息可获得在观察期内B产品的首年退保率，为观察期内的退保保单数量除以暴露数，即3/7.5=40%。

以上两个例子对比反映了在业务分布均衡时，用日历年度研究可获得合理的结论，但对于分布不均的业务，则可能会获得与实际不相符的结果。因此在用日历年度研究方法时，需要注意观察期的合理选择。产品在一定时期内的分布不均可能由多种原因造成：例如，保险公司因为产品推广需要，在特定时期对某些特定产品进行业绩竞赛和奖励，会使这些产品的销售量在某段时间特别突出；当保险公司推出新的与已有产品较为相似的产品时，已有产品的部分销售量会被新的产品所取代，已有产品的业务会有较大程度的下降；或者当保险公司停止销售某类产品时，也可能会造成该产品的销售量在观察期内分布不均。当产品分布不均时，可采用保单年度法来进行退保率的研究。

已经完成缴费的保单的退保率较低，在没有其他外界因素变化的情况下（如公司形象变差，经济环境恶化），一般保持在5%以内。这类保单在保单年度内的退保分布相对均匀，因此不存在上述因业务分布不均可能带来的问题。月缴、季缴和半年缴的保险产品所表现出来的退保率与年缴产品会有所不同，一般对不同缴费形式的保单样本，会进行分类研究。

4. 保费持续率经验分析

对于万能和投连这类产品中的期缴产品，由于停止缴费仍可使保单有效，需要对保费的持续缴付情况进行研究分析。

$$K_t = \frac{\sum PP_t}{\sum EP_t}$$

式中，K_t 为保单年度 t 的保费持续率；PP_t 为保单年度 t 的实际保费收入；EP_t 为保单年度 t 的应收保费。

【例6－14】 保险公司有以下几张保单，想获得由2007年1月1日至2007年12月31日观察期内第一保单年度及第二保单年度的保费持续率（见表6－23）。

表6－23

保单编号	销售时间	保费支付频率	年保费	保费缴付期限	保费缴付状态	第一保单年度		第二保单年度	
						实际保费收入	应收保费	实际保费收入	应收保费
1	2007－3－1	年缴	10 000	趸缴	完成	0	0	0	0
2	2005－3－1	年缴	2 000	20年	缴完2期保费	0	0	0	0
3	2007－7－1	月缴	500	20年	缴完4期保费	2 000	3 000	0	0
4	2006－3－1	年缴	4 300	10年	缴完2期保费	0	0	4 300	4 300
5	2006－7－1	季缴	1 200	15年	缴完5期保费	2 400	2 400	1 200	2 400

续表

保单编号	销售时间	保费支付频率	年保费	保费缴付期限	保费缴付状态	第一保单年度		第二保单年度	
						实际保费收入	应收保费	实际保费收入	应收保费
6	2006-3-1	年缴	5 500	20年	缴完2期保费	0	0	5 500	5 500
7	2006-2-1	月缴	430	20年	缴完16期保费	430	430	1 720	4 730
8	2007-3-1	年缴	3 400	10年	缴完1期保费	3 400	3 400	0	0
9	2006-6-1	季缴	800	15年	缴完2期保费	0	800	0	2 400
10	2004-6-1	年缴	720	20年	缴完3期保费	0	0	0	0
总计						8 230	10 030	12 720	19 330
						第一保单年度保费持续率=8 230/10 030=82%		第二保单年度保费持续率=12 720/19 330=66%	

5. 账户退保率经验分析

对于万能保险与投连险这类产品，需要对账户退保的情况进行研究分析。账户退保的分析方法有两种：一种研究只涵盖部分退保账户的退保情况，不涵盖由保单退保所引起的全额退保；另外一种研究则涵盖所有类型的账户退保，包括由保单退保引起全额退保。

研究只涵盖部分退保账户的退保分析时需注意的问题有：

（1）对数据记录的要求比较高，需要对退保的类别作出标识：是部分账户退保，还是全部账户退保。

（2）处理上也需更加的谨慎，对于那些在前期保单年度作过部分退保，在后期又作全额退保的保单，需要在前期保单年度计入相应的暴露数和退保情况，而对后期发生的全额退保则不需要计入退保。

对于研究包括部分退保和全额退保的账户退保研究，处理分析方法较为直接。但需要注意的是，大部分的定价模型对于保单退保，与账户部分退保都会有不同的假设，因此对于这种经验分析所获得的结果，需要将由保单退保引起的那部分剥离出去，才可作用于相应的假设。

账户退保率的研究技巧与保单的退保率研究很接近，区别是在暴露数与退保数量计算中的账户额度与保单数量，退保账户额度与退保保单数量的转换。与保单退保率相比，在做账户退保率分析时，需要额外注意的问题有：

在保单退保率研究中，保单在观察期内的暴露时间即为保单的暴露数，但由于保单的账户价值会由于续期保费或额外保费的投入而增加，同时会因为账户的部分退保而减少，因此直接将保单年度中某个时间点的账户价值作为暴露数可能会使结果高估或低估。

例如，在图6-8中，保单在保单年度 X 贡献了完整的一个保单年度，则此保单在保单退保率计算中对保单年度的暴露数为 1。此保单在保单年度 X 的因为额外保费的加入及部分退保使账户价值在保单年度 X 有着较大的上下波动变化。

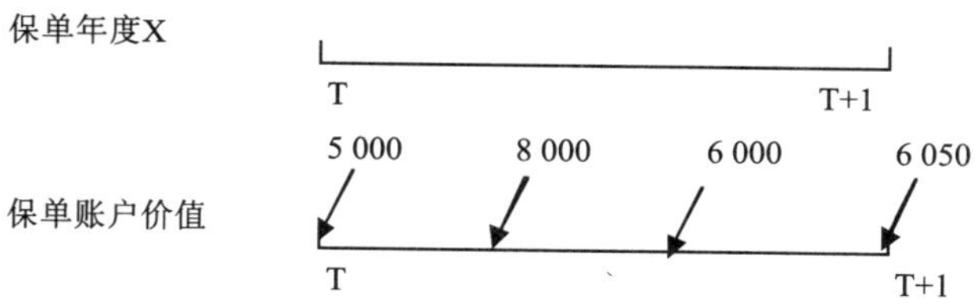

图 6－8

通常会通过两种方法来解决这个问题：

（1）将一个保单年度中每 12 个月的账户价值进行平均，若发生过账户退保，则补回相应的退保账户数额作为暴露数。可用以下公式来计算保单年度 T 的账户退保率：

$$q_T = \frac{\sum_{t=(T-1)\times 12+1}^{T\times 12} W_t}{\sum_{t=(T-1)\times 12+1}^{T\times 12} AV_t + \sum_{t=(T-1)\times 12+1}^{T\times 12} W_t\ (T\times 12 - t)} \times 12$$

式中，T 为保单年度；q_T 为保单年度 T 的账户退保率；t 为保单月度；AV_t 为保单月度 t 的账户价值；W_t 为保单月度 t 发生的退保账户价值。

【例 6－15】　$T=1$，每月末账户价值及月度内账户退保价值如表 6－24 所示，计算首年保单年度的账户退保率。

表 6－24

月份 t	账户价值 AV_t	账户退保价值 W_t
1	13 900	0
2	14 456	0
3	15 034	200
4	15 436	0
5	16 053	700
6	15 995	0
7	16 635	0
8	17 300	0
9	17 992	2 300
10	16 412	0
11	17 069	0
12	17 751	0
总计	194 033	3 200

根据上述公式，

$$q_T = \frac{\sum_{t=(T-1)\times12+1}^{T\times12} W_t}{\sum_{t=(T-1)\times12+1}^{T\times12} AV_t + \sum_{t=(T-1)\times12+1}^{T\times12} W_t \times (T\times12 - t)} \times 12$$

$$= \frac{3\ 200}{194\ 033 + 200\times9 + 700\times7 + 2\ 300\times3} \times 12 = 18.5\%$$

（2）用每个保单月末的账户价值作为暴露数，计算保单月度账户价值退保率。可用以下公式来计算保单月度 t 的账户退保率：

$$q_t = \frac{W_t}{AV_t}$$

式中，t 为保单月度；q_t 为保单月度 t 的账户退保率；AVt 为保单月度 t 月初的账户价值；Wt 为保单月度 t 发生的退保账户价值。

这个方法较前面那个方法更为直接与简单，但在使用时必须要注意以下两点：

①需要更充分的数据量来提高结果的可信度；

② 所获得的结果比较适宜作用于月度定价模型。

【例 6-16】 每月初账户价值及月度内账户退保价值如表 6-25 所示，计算各保单月度的账户退保率。

表 6-25

月份 t	账户价值（月初） AV_t	账户退保价值 W_t	月度账户退保率 $q_t = W_t/Av_t$
1	13 900	120	0.9%
2	14 336	137	1.0%
3	14 772	145	1.0%
4	15 218	178	1.2%
5	15 649	106	0.7%
6	16 169	160	1.0%
7	16 656	176	1.1%
8	17 146	167	1.0%
9	17 665	240	1.4%
10	18 131	124	0.7%
11	18 733	234	1.2%
12	19 248	176	0.9%

在保单账户退保率研究中，万能账户会随着公司宣布的结算利率而增值，而投连险账户会随着投资账户的投资回报而波动。这对账户价值退保率分析会有一定的影响，不同时间的投资单位价格会影响着退保率的高低，例如，在同

一保单年度发生在不同时期的两笔账户单位数量等同的账户退保，可能由于单位账户价格不同，而对账户退保有不同的贡献。常用的排除价格波动对退保率影响的方法可以将不同时期的账户价值通过相应时期的单位价格进行修正，获得统一单位价格下的账户价值，然后再进行账户价值退保率分析。

用单位价格进行修正而获得的年度退保率公式：

$$q_T = \frac{\sum_{t=(T-1)\times 12+1}^{T\times 12} W_t/P_t \times P_0}{\sum_{t=(T-1)\times 12+1}^{T\times 12} AV_t/P_t \times P_0 + \sum_{t=(T-1)\times 12+1}^{T\times 12} W_t/P_t \times P_0(T\times 12 - t)} \times 12$$

式中，T 为保单年度；q_T 为保单年度 T 的账户退保率；t 为保单月度；AV_t 为保单月度 t 月初的账户价值；W_t 为保单月度 t 发生的退保账户价值；P_t 为保单月度 t 月初的账户单位价格；P_0 为用于调整的标准单位价格，一般可用观察期初始或观察期结束时的单位价格。

从公式的结构上看，理论上 P_0 取任何值对最后的结果都不会有影响，但在实务中一般会选取较有意义的单位值，用于衡量在标准单位价格下，所发生的账户价值的退保量。

【例 6－17】 $T=1$，每月账户价值，账户退保价值及单位账户价格如表 6－26 中第二列至第四列所示，且标准单位价格 P_0 为 1.0，计算首年保单年度的账户退保率。

表 6－26　　单位：元

月份 t	账户价值 AV_t	账户退保价值 W_t	单位账户价格 P_t	修正后的账户价值 $Av_t/P_t\times P_0$	修正后的账户退保价值 $W_t/P_t\times P_0$
1	13 900	0	1.040000	13 365	0
2	14 456	0	1.081600	13 365	0
3	15 034	200	1.124864	13 365	178
4	15 436	0	1.169859	13 194	0
5	16 053	700	1.216653	13 194	575
6	15 995	0	1.265319	12 641	0
7	16 635	0	1.315932	12 641	0
8	17 300	0	1.368569	12 641	0
9	17 992	2 300	1.423312	12 641	1 616
10	16 412	0	1.480244	11 087	0
11	17 069	0	1.539454	11 087	0
12	17 751	0	1.601032	11 087	0
总计	194 034	3 200		150 312	2 369

根据上述公式，有

$$q_T = \frac{\sum_{t=(T-1)\times 12+1}^{T\times 12} W_t/P_t \times P_0}{\sum_{t=(T-1)\times 12+1}^{T\times 12} AV_t/P_t \times P_0 + \sum_{t=(T-1)\times 12+1}^{T\times 12} W_t/P_t \times P_0(T\times 12 + 12 - t)} \times 12$$

$$= \frac{2\ 369}{150\ 312 + 178\times 9 + 575\times 7 + 1\ 616\times 3} = 17.7\%$$

6.6.4 费用分析

1. 费用因子

确定每单位费用假设即费用因子的基本公式是：在一定的观察期内用适当的费用除以适当的单位数。例如，每千元新单保费收入的费用因子可以通过以下公式获得：

$$p = \frac{\sum Expense\_P}{\sum NB\_\mathrm{Premium}} \times 1\ 000$$

式中，p 为每千元新单保费收入的费用因子；*Expense_P* 为观察期内发生的所有适用每千元新单保费做因子的费用，这些费用包括与新单保费发生相关的直接费用，也包括一定量分摊过来的间接费用；*NB*_Premium 为观察期内新单保费收入。

2. 费用分析

如何得到合适的费用，困难点和关键点在于如何合理地分摊间接费用。

（1）不同产品线与不同销售渠道的费用分摊。通常一家寿险公司会有多条产品线与多条销售渠道，如何在不同的产品线及销售渠道之间进行费用的分摊是一个很容易引起争议的话题。当不同的意见发生，就需要所有发生这些间接费用的部门单位里面的负责人进行商议与决定。而精算师也需要对分摊的结果进行合理性检查，若不合理，则需要与各方进行协商，然后进行必要合理的调整。

【例6－18】 某保险公司在作费用分析时，针对公司部门 *A*1 所发生的费用总额 *X*1 进行产品线及销售渠道的划分见图6－9。假设保险公司有产品线 a，b，c…，有销售渠道 L，M，N…，其中，

$$X1 = X1\_a + X1\_b + X1\_c + \cdots\cdots$$

$$X1\_a = X1\_a\_L + X1\_a\_M + X1\_a\_N + \cdots\cdots$$

在将费用分摊到相关的产品线和销售渠道时，需要注意以下各点：

①投资部门的费用已反映在投资收益率里，在费用分析时不必重复考虑。

②某些部门所产生的费用与业务不发生直接关联，主要功能在于服务公司的其他部门，如人力资源部门、行政管理部门等。针对这类费用，可

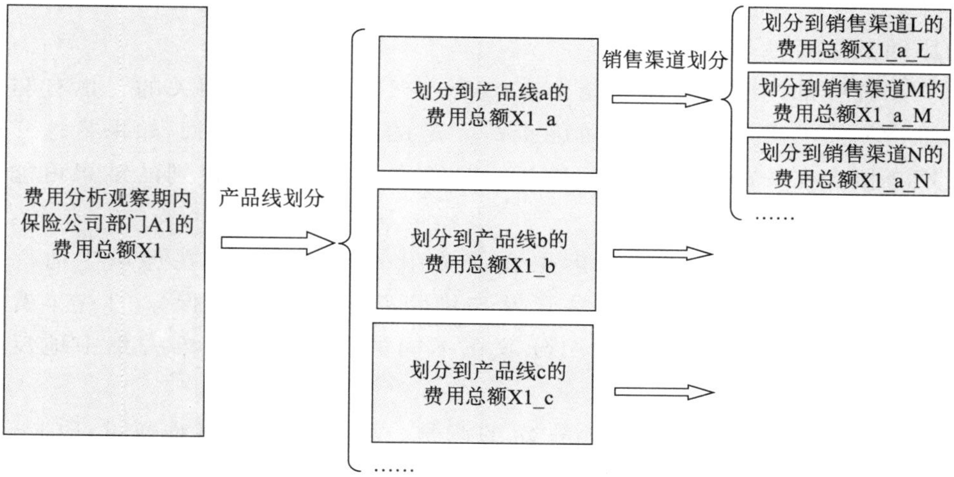

图 6-9

以采用合适的办法先分摊到公司的其他部门，然后将相应的其他部门的费用加上此块分摊过来的费用来一起分摊。如图 6-9 中，当保险公司的人力资源管理部门将费用额度 HR_ X1 分摊到 A1 部门，则当对 A1 部门进行费用分摊时，就可对费用总额 X1 + HR_ X1 进行进一步的分摊和分析。如何将此类部门的费用科学地分摊到其他相关部门，则可采用各类适宜的方式：如人力资源部门可将部门费用按公司里各部门的员工人数比例分摊到各相关部门，或按照人力资源部门其他的一些相关指标进行合理分配。

③对于某些保险公司，由母公司或集团公司提供的一些相关技术支持或管理帮助而相应产生的一些费用。由于这部分费用与保险公司各部门直接发生的费用不同，一般在费用分析里面采用合理的分摊方法来单独处理。一般由母公司或集团公司根据资源消耗的相应比例将费用分摊到各子公司。在产品定价时，这部分费用也是费用假设的有机组成部分，若不加考虑，则费用假设就不够充分，最终可能造成定价不足。

④保险公司某些部门的设立是专门服务于某条产品线或某个销售渠道，此时就不需要在产品线或销售渠道上进行分摊了。

⑤在下文中将会具体介绍如何将已经分摊到各产品线各销售渠道的费用再进一步分摊到各个功能，但针对某些部门发生的部分费用会与有些功能直接关联，则可将这些费用先从这个部门剥离，直接分摊到相应的功能，然后对这个部门的剩余费用进行分析。如营运部门所发生的用于保单打印的费用，则可采用保单数量直接对这块针对保单打印功能的费用进行分摊和量化。当然保险公司对费用的记录越是详细清楚，则与功能挂钩可拿来直接分析的费用也就越多。

（2）将费用分摊到各个不同的功能。在作完产品线及销售渠道之间的分摊后，下一步就是将各种费用分摊到各个不同的功能上去，进行这一步的原因及必要性如下：

①有些部门所涉及的功能会有多个，有与产品销售相关的，也有与产品维持相关的费用，另外也可能牵涉一定的间接管理费用，如果将这样的费用直接合在一起处理或主观地按一定百分比分配，则得到的结果可能无法科学地反映费用水平。

②对费用进行功能性分拆也会使费用的分类与费用在保单生命周期相一致。如像市场研究、产品开发与销售系统，就会与保单的首年费用相关，若任由相同功能的费用分散在不同的部门，则很难去集中地反映费用。

③若公司对组织构架进行一定的调整，则费用趋势很难通过部门结构来进行预测和衡量。由于保险公司的功能相对稳定，若通过功能分析，则就较为容易掌握费用。

【例 6－19】 承上例，某保险公司已完成针对公司部门 $A1$ 所发生的费用总额 $X1$ 进行产品线及销售渠道的划分，则针对划分到产品线 a 及销售渠道 L 的费用总额 $X1\_a\_L$ 进行如下进一步的划分，见图 6－10。

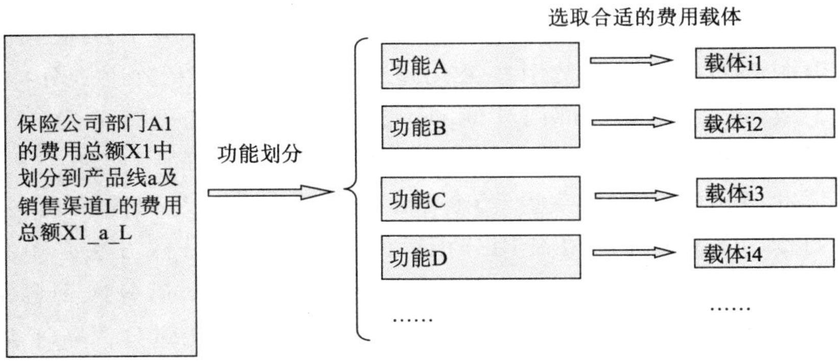

图 6－10

在将各产品线和销售渠道的费用分摊到各功能时，需要注意以下各点：

①功能的定义及划分是全面、清楚并且标准的。在进行功能划分前，首先需要清楚地了解整个保险公司在整个业务运作过程中所牵涉的各个方面的功能，如新单核保，保险理赔，业务员培训，新产品开发设计等。由于每家保险公司的业务流程不尽相同，各家公司对功能的定义及划分也会不同。表 6－27 提供了一个功能定义及划分的示例。

功能的划分应做到尽量地全面，这样有利于将各种费用归类到统一的标准。如图 6－10 中，将对公司部门 A1 所发生的且划分到产品线 a 及销售渠道 L 的费用总额 $X1\_a\_L$ 进行了功能的标准划分，则对其他部门如 $A2$、

表 6－27

功　能	描　述
医务核保	指与体检件核保相关的各项工作，如电脑资料键入，医务人员体检工作，核保人员的核保守工作等
非医务核保	指与免体检件核保相关的各项工作，如电脑资料键入，核保人员的核保工作等
新保单签发	指与新单签发的相关的各项工作，如新单受理，电脑资料键入，扫描及签发等
产品设计与开发	指产品设计与开发中与核保、市场、广告等相关的各项工作，如核保规则的制定、发放产品宣传册、产品说明等
保单复效	指与保单复效相关的各项工作，如复效工作，可能的体检核保工作等
准备和发放各类通知书	指与准备和发放各类通知书相关的各项工作，如《周年通知书》、《缴付保险费通知书》、《保险费催缴通知书》等
保单服务	指与保户沟通，回答保户的咨询，处理保户的投诉等
保费收取和佣金给付	指与保费收取和佣金给付相关的各项工作
再保险管理	指与再保险管理相关的各项工作
保全单服务	指与保全单服务相关的各项工作
理赔	指与理赔相关的各种理赔工作。如理赔方面的调查工作及各种相关的医务、法律咨询等
满期给付	指与处理满期给付相关的各项工作
退保给付	指与处理退保给付相关的各项工作
保单借款	指与保单质押借款的相关的各项工作
生存现金给付	指与生存现金给付相关的各项工作
红利发放	指与红利发放相关的各项工作
统计研究和报告	指与各类数据统计研究和报告相关的各项工作
设计与计算销售人员佣金	指与设计和计算销售人员佣金相关的各项工作，如三代佣金制度的设计，应付销售人员佣金的计算等
组织销售人员竞赛，表彰大会，年会	指与组织销售人员竞赛，表彰奖励大会，年会相关的各项工作
销售人员的业绩考核，晋升，降级等	指与销售人员的业绩考核，晋升，降级相关的各项工作
销售人员招聘及销售人员执照获得	指与销售人员招聘及销售人员执照获得相关的各项工作
销售人员培训	指销售人员培训中与产品市场、招聘、执照获得及保持等相关的各项工作

A3、A4 等划分到产品线 a 及销售渠道 L 的费用也可进行功能的标准划分，这样当对公司所有的部门的费用分析完成到功能划分时，则可以总结公司在各类产品线，各种销售渠道下的各相关功能的总费用。

当然这里所说的统一标准是针对一定的产品线和销售渠道而言，而不同的产品线和不同的销售渠道可能由于业务操作的不同，会需要不同的标准。例如，有些万能产品需要一些特定的账户管理功能，银行渠道就不需要代理人培训的功能。

②为各类功能选择合适的载体。清楚标准的各类费用功能定义可以帮助选择合适的载体。例如，新单核保可采用新单件数做载体，保单服务可采用有效保单件数做载体，新产品开发可采用新单保费作载体。

一般而言，一种费用的载体会对应多种费用功能。例如，新产品的开发功能及业务培训功能可能都会采用新单保费作为载体。

费用载体的选择决定了费用因子的形式。常见的载体形式分为两类：一类与新业务有关，另一类则与公司有效业务相关。与新业务有关的常见载体有：新单保费收入、新单件数与新单保额等。与有效业务相关的常见载体有：所有保费收入、有效保单件数、账户金额、理赔金额及分红金额等。在前文费用假设的介绍中，对各类费用因子及相应的载体也有相关的叙述，费用载体与费用因子是一一对应的关系。

将划分到各功能的费用按照选择的费用载体不同分别进行相加，则可获得各个载体下的所有相关费用。

（3）获得各相关载体的单位数。在确定单位数时，与假设所用模型保持一致是很重要的。一般来说，经验数据的研究可通过观察一个日历年的费用来完成，但是定价模型却可能是在保单年度的基础上完成的。

例如，想获得有效保单数量作为单位数。可获得的保单数通常是日历年初或日历年末的有效保单数，以及该日历年销售的保单总数。定价模型通常在每个保单年的年初或年中收取费用。

令：

A = 日历年年初的有效保单数

N = 在该日历年新签单的保单数

W = 在该日历年退出的保单数（死亡或退保）

B = 日历年年末的有效保单数

从而有：

$$B = A + N - W \text{ 以及}$$

$$W = A + N - B$$

如果定价模型在每个保单年年初收取费用，那么合适的计数应该是使用从所研究的那个日历年算起的保单年年数。这包括所有的新保单（N）

加上年初的有效保单（A）并且没有在该日历年的保单周年前退出的有效保单全体。如果我们简化假设，令该日历年中的退保一半发生在保单周年前，另一半发生在保单周年后，那么合适的单位数为：

$$N + A - W/2 = (A + B + N)/2$$

如果定价模型在每个保单年年中收取费用，并且我们进一步的简化假设，令新销售的保单一半在上半年售出，另一半在下半年售出，那么合适的单位数为：

$$N/2 + A - W/2 = (A + B)/2$$

总结如表6－28所示。

表6－28

费用收取	单位数
保单年年初	$(A+B+N)/2$
保单年年中	$(A+B)/2$

（4）费用因子的获得。将各载体下的所有相关费用除以相应的载体数量，则可获得费用因子。到了这一步，整个费用分析就接近完成了，但通常为了保证分析结果的合理性及适用性，可能会作一些合理的检查及推测：

①总费用的检查。将各产品线各销售渠道下的各类费用因子乘以相应的单位数量，相加后应等于费用分析中的费用总和；若不等，则存在费用遗漏或重复分析的问题。在实际应用中，由于费用分析的步骤较为繁琐，而费用牵涉的各方面因素又较多，因此需要在分析各个步骤进行总费用的检查，做到不遗漏、不重复。

②费用因子的合理性检查。费用因子的合理性检查包括横向和纵向的两类检查。横向检查是指在同一观察期内进行的费用分析时，各类产品线及销售渠道费用水平的合理比较。例如，拿分红产品的费用水平与传统产品进行比较，由于分红保险产品特征相对复杂，又有额外的分红相关费用，因此分红产品的费用水平应该比传统产品要高。纵向检查是指通过不同观察期内费用水平的比较来确定分析的合理性。例如，最近一次的费用分析所获得的费用水平远低于前面几次分析，则需要进一步去检查造成费用低水平的原因：是公司的费用控制有所改善还是各部门的费用效率明显进步等。

③费用预测。费用分析所获得费用因子不适合直接用于定价模型，因为产品定价需要反映未来的费用情况。未来的单位因子取决于将来总费用以及相对应的单位数的估计，因此需要费用预测。

费用预测要能反映出未来的费用趋势、期望的未来业务量、期望通胀率、各种类型的费用随业务量（固定的或可变的或分步变化的）的改变而变化，以及预期公司业务的任何变化带来的影响。

3. 费用分摊可能碰到的问题及解决方法

前文中针对费用分析的各个步骤进行了具体详细地介绍。针对费用分析中特别不容易分摊的间接费用，我们可以使用几种不同的方法来将它分摊到各项功能。

（1）交易或项目数。例如保费收取领域的费用就可以根据每种业务的保费金额来分配。

（2）转移成本。某些很集中的费用可按其他费用分配到各个业务中。例如，员工福利支出可表示为每个员工的一固定数额加上工资的某个比例来计算。

（3）按员工工作时间分摊。如果每个任务所花时间不一样，那么简单的按业务计数就不合适了。可以通过问卷调查了解员工在具体险种具体功能上所花的时间情况，来对费用进行分摊。

（4）基于指数的分配。日常开支通常并不随特定因素变化，这种费用是按某些指数分配到各个产品的，如保单数或保费。

另外在费用分摊或选取适当的量化单位时可能需要注意以下的问题：

（1）灵活缴费的保单。这个属性会增加保费数量，频率和总额的不确定性，在为这类产品作费用分析时，需要考虑一定的灵活性。

（2）趸缴保费。相同的保费费用因子作用于趸缴和期缴产品并不合适，应体现其与期缴产品的区别。

（3）不同的销售津贴设计。当相同的产品在不同销售渠道销售时，往往会有不同的销售津贴，如银保与代理人，费用发生的金额与时间会大不一样。

（4）附加险。有时附加险的费率与相同保障与保额的主险价格一样，但附加险所发生的费用可能会较少，但费用节省的水平与公司在操作与系统中怎样处理附加险相关。

（5）团险产品。由于各个团体里所包含的团体成员数可能大不相同，对于间接费用是根据团单数量，团体成员数量还是保费来进行分摊可能要通过科学的考量。

（6）保单替代。在发生保单替代时，可能新保单的核保，销售津贴，保费跟原来的保单相比发生了变化，因此费用也会相应的变化。

（7）其他考虑。包括再保费用，团险产品的折扣、量身定做（tailor made）团险产品等。

主要参考文献

【1】 David B. Atkisnson fo fames W. Dallas, *Life Insurance Products and Finance*, SOA, 2000.

【2】 李秀芳：《寿险精算实务》，中国财政经济出版社 2006 年版。

【3】 魏迎宁：《中国人寿保险业经验生命表（2000—2003）编制报告》，中国财政经济出版社 2006 年版。

第 7 章　定价利润指标

学习目的

□ 掌握最低资本以及要求资本、偿付能力收益与“可分配收益”、税后股本收益和折现率的概念

□ 掌握利润边际以及资产回报率、资本回报率、内含价值权益回报率等常用的利润指标

□ 了解收支平衡年度以及收支平衡利率、新业务压力的概念

§7.1　几个基础概念或问题

7.1.1　最低资本以及要求资本（Required Capital）

我们先来回顾一下第 5 章中资产份额定价法中所遇到的一个问题：“在初始的几个保险单年度，资产份额通常为负值，那么，在现实中，“负资产”意味着什么呢?”事实上，所谓的“负资产”就是一种资不抵债，即资产小于负债的情形。必须指出的是，资不抵债不等于一定会破产，资产小于负债的情况下企业仍可以保有能力支付到期债务。但是，既便如此，对一个独立企业特别是上市公司来讲，当出现这种情况时，国家监管部门一般已经会采取一系列的方法如介入管理甚至可能采取更为激烈的措施以保证投资人和债权人的利益。而对于保险公司而言，由于保险业务的特殊性，除了要求资产大于负债之外，保险监管部门一般还会要求资产必须超出负债至少一定的额度，这也就是我们常说的**最低偿付能力额度**。

不妨来看看我们国家的实际状况。最新的《保险公司偿付能力管理规定》（2008 年第 1 号）对最低偿付能力额度有以下一些重要规定：

（1）本规定所称保险公司偿付能力是指保险公司偿还债务的能力；

（2）保险公司应当具有与其风险和业务规模相适应的资本，确保偿付能力充足率不低于 100%。偿付能力充足率即资本充足率，是指保险公司的实际资本与最低资本的比率。

（3）保险公司的最低资本，是指保险公司为应对资产风险、承保

风险等风险对偿付能力的不利影响，依据中国保监会的规定而应当具有的资本数额。保险公司的实际资本，是指认可资产与认可负债的差额。

（4）保险公司应当按照中国保监会制定的《保险公司偿付能力报告编报规则》定期进行偿付能力评估，计算最低资本和实际资本。

这里不再深究“认可资产”与“认可负债”的定义，在单纯的定价模型的探讨中，读者不妨可以简单地将其看做就是“资产”与“负债”。此外，也可以参考相关的法律条文以得到最低资本的计算方法。值得注意的是，不同的产品类型和特性对应的计算方法也有所不同。

由上面的规定中可以看到，监管机关提到了一个偿付能力充足率即“资本充足率”的概念。事实上，在规定中还有进一步的阐述：

中国保监会根据保险公司偿付能力状况将保险公司分为下列三类，实施分类监管：

- 不足类公司，指偿付能力充足率低于100%的保险公司；
- 充足I类公司，指偿付能力充足率在100%到150%之间的保险公司；
- 充足II类公司，指偿付能力充足率高于150%的保险公司。

对于不足类公司，中国保监会应当区分不同情形，采取下列一项或者多项监管措施：责令增加资本金或者限制向股东分红；限制董事、高级管理人员的薪酬水平和在职消费水平……

中国保监会可以要求充足I类公司提交和实施预防偿付能力不足的计划。

不同的国家、地区可能对最低资本有不同的要求，对各个等级的资本充足率可能也会采取不同的要求及相应的监管措施，但本质是一致的。对于资本充足率较高的保险公司，监管部门的介入就会相对简单些；而资本充足率越低，监管部门的介入就会越多，相应地，保险公司的方方面面都可能会受到限制甚至最终被接管。此外，值得指出的是，不同的评级机构如标准普尔对最低资本也可能有自己的定义即要求，资本充足率的大小可以影响到保险公司的评级，换言之，保险公司若希望取得相应的评级，就必须达到一定的在评级机构标准定义下的资本充足率。

结合到产品定价，我们不难发现，保险公司在定价时应首先确定一个最低资本要求，可以是单纯地根据中国保监会定义的最低资本，也可以是因为如前所言还需满足其他一些最低资本要求而与中国保监会定义的最低资本之间取之大者。在这个基础之上，保险公司需要定出针对该产品的目标资本充足率（Target Capital Adequacy Ratio）。不同公司可能会因自身的投入资本状况不同，股本结构差异，评级要求不同或是对自身产品的竞争定位不同，而选取不同的目标资本充足率。最低资本与目标资本充足率的乘积即是我们通常所说的“要求资本”（Required Capital），这也是如上所言的在资产大于负债之外，还希望资产必须超出负债的一定的额度。

7.1.2 偿付能力收益与“可分配收益”

为计算可分配收益，我们需要分三个步骤进行：

步骤1：计算产品的税前偿付能力收益（pre－tax solvency earnings）；

步骤2：从税前偿付能力收益中扣除税收额度，即得到产品的税后偿付能力收益（After－tax solvency earnings）；

步骤3：对税后偿付能力收益作调整：即从中扣除须增加的“要求资本”（required capital），加上“要求资本”对应资产的税后投资收入。

步骤1等同于我们之前计算每个保险单年度利润的做法，即产品现金流（product cash flows）加上投资收入再减去偿付能力准备金的提取增加金额。产品现金流等于保费收入减去保险金给付和各项费用支出。投资收入为以下二者之和：投资资产的投资收益和当年度现金流的投资收益。以公式表示如下：

$$\text{PreTaxSolvEarn}(t) = \text{ProdCashFlow}(t) + \text{InvIncome}(t) - \text{SolvResIncr}(t)$$

步骤2为计算税后偿付能力收益，其公式为：

$$\text{AfterTaxSolvEarn}(t) = \text{PreTaxSolvEarn}(t) - \text{Tax}(t)$$

Tax的计算这里就不再赘述，在很多公司的计算当中，此处的税种主要指的是企业所得税，营业税以及投资收益所需要缴纳的税种可能在计算税前偿付能力收益中就已经包括了。值得一提的是，企业所得税的计算可能会非常繁杂，因为计算其税基所采用的保险责任准备金的计算可能完全是采用另外一套标准。

步骤3就是计算“可分配收益”了，必须从税后偿付能力收益中减去要求资本的增量，然后再加上要求资本对应资产的税后投资收入。令：

$\text{ReqCapIncr}(t)$ = 每股要求资本的增量

$\text{ATInvIncRC}(t)$ = 每股要求资本对应资产的税后投资收入

$\text{DistrEarn}(t)$ = 每股可分配收益

则：

$$\text{ReqCapIncr}(t) = \text{ReqCap}(t) - \text{ReqCap}(t-1)$$

$$\text{ATInvIncRC}(t) = \text{InvIncRC}(t) - \text{TaxInvIncRC}(t)$$

$$\text{DistrEarn}(t) = \text{AfterTaxSolvEarn}(t) - \text{ReqCapIncr}(t) + \text{ATInvIncRC}(t)$$

当保单满期时该保单的要求资本被释放出来，即 $\text{ReqCap}(n) = 0$。

“可分配收益”的概念从字面上来看其实很直观，如果在同样采用偿付能力准备金的前提下，可分配收益就等同于在扣除为满足一定资本充足率而提取一定预留之后所剩下的“可以分配给股东”的那部分利益（利润）。

最后也是最为重要的，我们来看一看“可分配收益”的含义到底是什么。前面曾提及“可分配收益”是一种会计意义下的收益，其在保单建立初期一般为负值，而随逐年积累才会逐渐变成正的数值。事实上，前期为负的可分配收益其实就意味着公司为该产品（或保单）所需要投入的资本金（为理解方便，读者可以逐步来理解，可选取第一保单年度并假设 After-TaxSolvEarn 为零），而后面正的可分配收益其实就是在投入一定资本金之后保险公司在未来所能够赚取的逐年的利润。这样，不难发现，小到售出一张保单，大到成立一家保险公司，其实与一个普普通通的资本投资项目并无多大区别，理解了这一点，对后面种种利润指标的理解也就会变得相对简单。

7.1.3 税后股东收益

收益的概念比较宽泛，在不同的会计基础下有不同的“收益”，其体现的金额也可能相去甚远。图 7－1 是一个简单的图例，显示了在不同准备金基础下所体现的收益会有所不同。以一组 10 年期两全分红保单为例，假设只有保单满期才有红利分配，而演示中满期时的收益值为派发红利之前的收益。

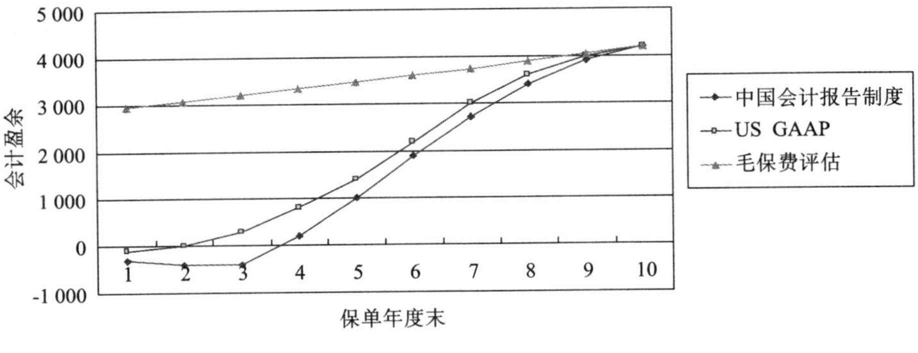

图 7－1　不同准备金基础下的收益差别

（注：毛保费评估为采用最优估计假设下的准备金计算方法）

所谓的“税后股东收益”其实就是基于收益准备金来计算利润。基于偿付能力准备金计算利润往往会带来非常大的新业务压力，而因为将部分的费用做了一定的摊销，收益准备金则会带来比较平稳的每年收益。

先来计算“税前股东收益”，计算过程与税前偿付能力收益很相似，也由三方面的内容组成：

（1）产品现金流（此项对税前股东收益和税前偿付能力收益二者一致）；

（2）税前股东收益的计算与税前偿付能力收益的计算最大的差别在于税前偿付能力收益的计算要减去偿付能力准备金的增量，而税前股东收益的计算要减去收益准备金的增量；

（3）在计算股东收益时，我们假设用于投资的资产等于偿付能力准备金再加上要求资本。这意味着总投资收入等于要求资本和偿付能力准备金资产的投资收入。

定义每股税前股东收益：

$$\begin{aligned}\text{PreTaxStockEarn}(t) = {} & \text{ProdCashFlow}(t) - \text{BenResIncr}(t) - \text{DACAmort}\\ & (t) + \text{InvIncome}(t) + \text{InvIncRC}(t)\end{aligned}$$

收益准备金（earnings reserve）的增量由两部分组成：保险利益准备金（benefit reserve）的增量和对递延的获取成本的摊销（amortization of deferred acquisition costs）。在第一个保单年度，公司用自身资本弥补业务获取成本（acquisition cost），而DAC帮助公司通过抵消大部分业务获取成本提高赢利。因为DAC（0）等于0，所以DACAmort（1）总是负数从而会使得税前股东收益的值变大。在第一个保单年度后，DAC通常将减少，所以DACAmort（t）通常是正数。从而，若除去DACAmort（t）这一项，税前股东收益将会变小。

我们也可以这样计算税前股东收益：将税前偿付能力收益做两处变动：

（1）加上偿付能力准备金的增量，再减去收益准备金的增量；

（2）加上在要求资本上的投资收入。

这便得到如下公式：

$$\begin{aligned}\text{PreTaxStockEarn}(t) = {} & \text{PreTaxSolvEarn}(t) + \text{SolvResIncr}(t) - \text{BenRes-}\\ & \text{Incr}(t) - \text{DACAmort}(t) + \text{InvIncRC}(t)\end{aligned}$$

计算税后股东收益：我们要从税前股东收益中扣除三方面的税因素：

- 对税前偿付能力收益的税，用 Tax(t)表示。
- 对要求资本的资产的投资收入的税，用 TaxInvIncRC(t)表示。
- 除去要求资本的投资收入后，对股东收益和偿付能力收益之间差额的税金。这被称为递延税准备（provision for deferred taxes），记为 DefTaxProv(t)。这一额外的税负并不是实际的现金支付，而是将其计入递延税负债（deferred tax liability）。

定义每股税后股东收益：AfterTaxStockEarn(t)。那么，

$$\begin{aligned}\text{AfterTaxStockEarn}(t) = {} & \text{PreTaxStockEarn}(t) - \text{Tax}(t)\\ & - \text{TaxInvIncRC}(t) - \text{DefTaxProv}(t)\end{aligned}$$

税后股东收益表示财务上回报给股东的赢利。对于一家正在成长中的

公司，税后股东收益通常超过可分配收益；而对于一家不再成长的公司，两者关系一般相反。

7.1.4 折现率的使用

10 年后的 100 元现在值多少钱？再具体一点，对一个资本投资项目，我们已经知道它的投入资本和未来的预测现金流，如何评估这个项目的价值呢？对一只上市股票或是对上市公司的估值都可以被涵盖其中。事实上，所有的问题最终都会被归结到如何对折现率进行选取上来。

应该没有人会反对这样一个事实：我们计划在未来收到的现金如 100 元钱不如我们现在就可以收到的 100 元钱来的价值高。为什么会这样呢？首先，我们今天收到的现金可能被投资出去赚取一定的利润，而我们在收到未来的现金流之前没有办法将之用于投资，这就是我们常说的“货币的时间价值”；其次，存在这样一种可能性：我们永远也收不到未来的现金流，这样，我们就需要为上面的风险作出一定的补偿，这就是所谓的“风险溢价”。

货币的时间价值本质上就是未来收到现金相对于今天收到现金的“机会成本”，它常常用银行或政府债券支付的利息率来表示。当然，没有现金流能够和来自政府的现金流一样的确定，所以我们要添加一个额外的溢价，来补偿我们可能永远也收不到承诺在未来给我们的现金流的风险。**政府债券利息率加上一个风险溢价率，这就是我们的折现率了。**

遗憾的是，我们没有办法精确地计量风险。有无数的学术文章讨论过这个问题，但可能我们都要结合实际去做许多主观的判读和考量。以下是一些我们常说的确定折现率的基本考量。对保险公司的股东来讲，对折现率的决定受许多因素的影响：

（1）公司的持有要求资本的成本（Cost of Capital）。通常来说，公司是不会接受一项回报率低于其持有要求资本的成本的投资的。持有要求资本的成本是对各种资本的成本的加权平均。这些资本及其成本包括：公司股东期望的权益回报率，公司债务的税后成本（通常债务的利息可以抵减税）和再保险人提供的资本的净成本。

（2）公司对和该产品有相似风险程度的其他投资机会所期望的回报是多少？这便是资本的机会成本。如果其他投资机会或产品具有和该产品类似的风险，但提供了更高的回报率，那么你就需要一个说服公司在较低回报率的产品上投资的理由：例如，从公司整个发展决策来考虑，投资于这个地区或是这个产品线有重要的战略意义，超出了它的直接效益。或者高收益投资的机会有限，不在较低回报率的产品上投资则不能有效地利用公司的现有资本。

(3) 公司现在的资本状况（Capital Position），公司期望的未来几年的资本状况以及公司对某个地区或是某个产品线的不确定性的考量。

值得提醒的一点是，不同的人站在不同的角度，其评估结果往往是大相径庭的。以上是从公司的股东角度而言，如换成一家投资银行在处理保险公司的兼并而需要对其公司进行估值时，其风险考虑因素可能就涉及方方面面，如公司规模、市场份额、产品线构成甚至可能包括公司的经营管理等。

总之，折现率的确定没有标准答案。给折现率赋值不是精确的科学，而是一门“艺术”，在实际操作中尤为如此。

7.1.5　利润度量

有了上面的基本概念的铺垫，下面我们就可以讨论如下的一些利润的度量：利润边际（Profit Margin）以及资产回报率（ROA）；资本回报率（Return on Capital）简称ROC；权益回报率（Return on Equity）；内涵价值（Embedded Value）；收支平衡年度（Breakeven Year）；新业务压力（Bew Business Strain）。

这些是当今许多的保险公司常用的利润度量。大多数公司使用其中多种利润度量的组合，因为不同的利润度量都只是反映了其中的某一个角度。上市保险公司通常使用内涵价值、资本回报率或权益回报率作为它们的一个利润目标，每个这样的目标都包含一个回报率目标。许多上市公司把它们的回报率告知投资分析家、股东和潜在股东。不仅如此，这些公司也公布它们的成长率目标，因为赢利的增长是股票增值的主要推动力。由于股票价值等于每股赢利乘以一个因子，赢利增长率越高，股票价值越高。

在下面的篇幅里，我们仍会用在第5章中所提到的例子来进行演示：

(1) 生死两全保险；

(2) 5年缴费，5年满期；

(3) 死亡或满期给付都是1 000元，毛保费为每年190元；

(4) 假设年投资收益率为5%，企业所得税税率为25%。

表7-1中的数据是将会用到的一些参数。

表 7-1

PolicyYear (1)	SolvRES (2)	Req Cap (3)	BenRES (4)	DAC (5)	ProdCashFlow (6)	InvIncome (7)	SolvResInc (8)
	0	0.00	0	0			
1	190.830	12.073	180.000	6.000	149.500	8.170	171.728
2	385.520	20.717	370.000	4.500	179.180	18.662	190.835
3	585.220	29.584	568.000	2.000	182.400	28.396	199.700
4	790.010	38.676	777.000	0.000	182.400	38.381	204.790
5	1 000.000	0.000	1 000.000	0.000	(817.600)	48.621	(790.010)

PreTaxSolvEarn (9)	Tax (10)	AfterTaxSolvEarn (11)	ATInvIncRC (12)	ReqCapInc (13)	DistEarn (1) (14)	DistEarn (2) (15)	BenResInc (16)
(14.058)	(3.514)	(10.543)	0.000	10.864	(21.408)	(21.408)	161.982
7.007	1.752	5.255	0.453	8.437	(2.729)	(2.456)	186.300
11.096	2.774	8.322	0.777	8.867	0.232	0.207	198.000
15.991	3.998	11.993	1.109	9.093	4.010	3.572	209.000
21.031	5.258	15.773	1.450	(38.676)	55.900	49.801	(777.000)

DACAmort (17)	InvIncRC (18)	PreTaxStockEarn (19)	AfterTaxStockEarn (20)	Stock asset (21)	Stock Liab (22)	Stock Equity (23)	Avg Equity (24)
(5.399)	0.000	1.087	4.602	208.903	180.000	28.903	13.005
1.545	0.604	10.600	8.698	410.737	370.000	40.737	34.616
2.500	1.036	11.332	8.299	616.804	568.000	48.804	44.770
2.000	1.479	11.260	6.893	828.686	777.000	51.686	50.245
0.000	1.934	9.954	4.213	1 000.000	1 000.000	0.000	25.843

注：1. DistEarn（1）和 DistEarn（2）的区别在于：DistEarn（1）是一种份额的概念，DistEarn（2）是实际的、考虑了有效因子之后的可分配收益。换句话来讲，DistEarn（2）是真正的可分配收益。

2. 一些重要的名词：

英文名词	对应的中文名词	英文名词	对应的中文名词
PolicyYear	保险单年度	PreTaxSolvEarn	税前偿付能力收益
SolvRES	偿付能力准备金	Tax	税总量
Req Cap	要求资本	AfterTaxSolvEarn	税后偿付能力收益
BenRES	保险利益准备金	ATInvIncRC	要求资本对应资产的税后投资收入
DAC	递延获取成本	ReqCapInc	要求资本的增量
ProdCashFlow	产品现金流	DistEarn（1）	可分配收益
InvIncome	投资收益	DistEarn（2）	可分配收益
SolvResInc	偿付能力准备金增量	BenResInc	保险利益准备金增量

续表

英文名词	对应的中文名词	英文名词	对应的中文名词
DACAmort	递延的获取成本的摊销	Stock asset	股东资产
InvIncRC	要求资本对应资产的税前投资收入	Stock Liab	股东负债
PreTaxStockEarn	税前股东收益	Stock Equity	股东所有者权益
AfterTaxStock-Earn	税后股东收益	Avg Equity	平均股东所有者权益

§7.2　利润边际以及资产回报率

7.2.1　定义/含义

利润边际是最常用的利润度量之一。它是这样计算的：用利润的现值去除以保费的现值。这一度量相当易于解释且比较直观，简单而言就是体现每 1 元保费所能带来的收益。对于这一利润度量，我们通常使用资产的税前或税后投资回报率作为利润和保费的折现率，这样利润的现值通常为正。

对于一些主要利润来源集中在利差的产品类型，所采用的往往是另外一种比值，即**资产回报率**。这类产品包括投资连结、万能保险以及一些基本不含保障成分的储蓄产品等。资产回报率又被称为“资产的回报”（简称 ROA）或是“利润附加”（Profit Spread）。每个保单年度的 ROA 这样计算：利润除以资产。但是，我们很难解释和使用各个保单年度不同的 ROA。所以，我们这样计算资产的回报：利润的现值除以资产的现值。

许多产品在定价时要求一个目标利差，该利差是指公司投资的回报率与提供给保单持有人的结算利率之差。在这一差额中，知道公司平均自留多少作为利润的比例是有用处的。例如，假如一个产品是这样被定价的：公司投资的回报率和给予保单持有人的利率之间的差额是 2.00%，而 ROA 的值为 0.35%，这意味着，在考虑费用、死亡、退保这些因素之后，公司最终要将 2.00% 这一差额中的 0.35% 自留作为利润了。

ROA 是利润与资产的函数。我们对利润和资产有三种不同的选择，如表 7－2 所示。

表 7－2　　　　ROA 被除数和除数

ROA 利润	ROA 资产
税后偿付能力收益	偿付能力准备金
可分配收益	偿付能力准备金＋最低偿付能力额度资本
税后股东收益	偿付能力准备金＋最低偿付能力额度资本＋递延业务获取成本（股东资产）

不妨来看前面提到的示例：该产品适宜用利润边际（Profit Margin）来度量。在选用投资收益率同样为折现率的情形下，利润的现值为 27.27，而保费的现值为 791.86，故该利润边际（Profit Margin）为 3.44%。

7.2.2　主要影响因素

一般而言，能够使得利润提高的因素通常会使得利润边际或是资产回报率提高。我们不妨做一个简单的审视，以下一些做法可以提高利润边际：

（1）减少营业费用的支出，这些可以通过精简机构，减少人力，简化或实现自动化流程来实现。

（2）减少支付给销售渠道的诸项佣金、费用通常可以提高利润边际。

（3）通常来讲，较低的保单退保率可以提高利润边际，不过对一些“失效支持类”的产品则可能恰恰相反。需要注意的是，即便是对一些“失效支持类”的产品，也要注意其所谓的“失效支持”可能是对整体的退保率而言。无论对何种产品，在保单签发的前几个保单年度的较高的退保率通常都会使得利润边际降低，因为高退保造成无法拿回前期展业成本的损失大于其带来的未来支付保险责任减少的利益。

（4）一般而言，对残疾保险或是疾病保险而言，残疾率或发病率的影响方向是比较单一的。而显然，死亡率对不同类型的产品其影响可能大不相同，对于死亡利益占比较多的产品，死亡率的改善可以提高利润；相反的，对于生存利益占比较多的产品，死亡率的改善则可以降低利润。就目前占据国内市场较大份额的两全产品来看，死亡率的影响往往非常的微小。

（5）尽管投资收益率（税前或税后）同样也用做折现率，投资收益率的改善通常会提高利润边际，但是，并非一定如此。就以一个长期的单纯的死亡保险（Term Product）为例，在很多情形下，提高投资收益率反而可能使得利润边际降低，读者不妨自己思考一下其中的道理。一个简单的提示是，因为投资收益率同样也被用做折现率，准备金的提取基本不会产生实质上的影响，可以将利润的贴现值看做是收入现金流（Cash In）的贴现值减去支出现金流（Cash Out）的贴现值，对于一个单纯的死亡保险，收入现金流（Cash In）的久期（Duration）通常大于支出现金流（Cash Out）的久期，而这一点，在两全保险或是年金保险中则恰恰相反。

（6）对于同样的保险责任，提高保险费率无疑可以提高利润边际，这里就不再赘述。

7.2.3　其他注意事项

以上对主要影响因素的审视主要针对传统产品而言，对新型产品来讲，其基本本质无疑是一致的。对于万能保险来讲，“提高保险费率”可能意味着是提高各种费用收取以及提高实际投资收益与结算利率之差；而对于投资连结保险而言，“提高保险费率”可能就意味着是提高各种费用收取包括资产管理费。

此外，对于万能保险以及投资连结保险，除了保单续保率之外，还需特别关注保费续保率的影响以及部分退保（或称之为“账户部分支取”）率的大小。值得一提的是，并不是所有的万能保险或是投资连结保险都适用于资产回报率（ROA），因为在某些情形下如万能保险被当做一个死亡保险的替身而使用时，其主要的利润来源反而并不是利差而是死差，在这种情况下，ROA可能会出现一些非常大的、看起来不甚合理的金额。

对于分红保险，由于《个人分红保险精算规定》中“保险公司每一会计年度向保单持有人实际分配盈余的比例不低于当年可分配盈余的70%”的规定，在计算利润边际或是资产回报率之时，有些公司往往用30%（或是其他依据分配盈余而定出的比例）的在支付红利之前的利润来代替。不过，在对其作敏感性分析的时候，应适度考虑保险公司能否随自己所愿而改变客户合理期望（PRE）的问题。

§7.3　资本回报率(ROC)

7.3.1　定义/含义

资本回报率（ROC）是使得将来现金流现值为零的折现率。当保险公司计算投资回报率时，通常用每年可分配收益作为利润进行贴现。在上一节中曾提到，前期**负的**“可分配收益”其实就意味着公司所需要投入的资本金，而后面**正的**“可分配收益”其实就是在投入一定资本金之后未来所能够赚取的逐年回报，我们已经成功地把保险产品或是保险公司转化成一个普通的资本投资项目。

资本回报率可能是公司首要或次要的利润目标。例如，公司可能有下面的利润目标：利润达到保费的10%，但资本回报率必须不低于15%。这里15%的资本回报率为首要利润目标。另一个例子是资本回报率达到15%，受制于利润不低于保费的5%，这里15%的资本回报率为次要利润目标。前面说过，利润占保费的一定比例多是从保险产品本身的赢利程度、从保险公司的管理角度来讲的；而资本回报率则是从保险公司的投资人也就是股东方面来讲，其考察的是资本金的效率。

计算资本回报率时会遇到许多实际操作上的问题。当每个保单年度都赢利时，我们无法解出投资回报率，这是因为不存在使得利润的现值为0的折现率。当第一个保单年度的亏损远小于后面的利润时，相似的问题也会出现，这时可能得到资本回报率的值为1000%，这是没有现实意义的。为克服这些问题，在计算公司某一新产品、某一类型新产品、所有新产品的投资回报率的过程中，我们要将由于该产品的推出而相应得到的现金流完整地考虑在内。当我们用股东收益作为利润计算投资回报率时，由于第一个保单年度就有赢利，经常会得到无现实意义的资本回报率或根本不存在资本回报率。

如果在后面的保单年度中出现亏损，这样得到的资本回报率也可能是无意义的。由于在后面的保单年度中，公司是付出现金而不是获得现金，这不能用资本回报率来解释。公司此时不是获得该回报率，而是付出该回报率。这时，公司不希望过高的资本回报率。广义资本回报率（generalized ROI）方法可以用于解决这样的问题。

1. 单个资本回报率

单个资本回报率 i 可以通过求解下列等式得出：

$$0 = \sum_{t=1}^{n} DistrEarn(t)(1+i)^{-t}$$

令 $v=1/(1+i)$，则求解资本回报率与求解下面一元多项式的根等价：

$$0 = \sum_{t=1}^{n} DistrEarn(t)v^{t}$$

【例7-1】 单个资本回报率。让我们来检验下面两个例子中得到的资本回报率是否正确。在这两个例子中，初始投资都是1 000，在表7-3中，我们给出了年利润和利润现值的具体数值。

表7-3

T	例一		例二	
	profit（t）	profit（t）vt, with $i=5\%$	profit（t）	profit（t）vt, with $i=6\%$
1	-1 000	-952.38	-1 000	-943.40
2	50	45.35	310	275.90
3	50	43.19	295	247.69
4	1 050	863.84	530	419.81
Total	150	0.00	135	0.00

正如我们在表 7－3 的第三列进行的验证显示的那样，例一的资本回报率是 5%。而第五列的验证也说明了例二的资本回报率为 6%。由于例二的资本回报率更高，相比较例一，公司更希望投资于例二。但如果 6% 低于公司的门槛利率，那么只能另寻投资机会了。

2. 多个资本回报率

从代数理论我们知道，上面一元多项式的正根的个数等于变量 Profit(t) 的符号的改变次数。举个例子来说，如果利润经历了这样的变化：负→正→负→正，出现了三次符号变化，则对于这样的一个一元多项式有三个正根。当 $v>0$ 时，$i>-100\%$。

【例 7－2】 多个资本回报率。考虑下面的例子，该多项式有四个根：$v=0.9$、1.0、0.5、－1.0，与其对应的资本回报率为 11.11%、0.0%、100%、－200%。哪个才是正确的资本回报率呢？

表 7－4

T	profit (t)	profit (t) vt, with $i=11.11\%$	profit (t) vt, with $i=100\%$
1	－45	－40.500	－22.500
2	140	113.400	35.000
3	－55	－40.095	－6.875
4	－140	－91.854	－8.750
5	100	59.049	3.125
Total	0	0.000	0.000

表 7－4 验证了 $i=11.11\%$ ($v=0.9$) 和 $i=100\%$ ($v=0.5$) 都是可能的资本回报率。既然所有利润之和为 0，$i=0.0\%$ ($v=1.0$) 也是可能的资本回报率。验证第四个可能的资本回报率，$i=-200\%$ ($v=-1.0$)，请读者尝试完成。

【例 7－3】 对现金流的分析。究竟上例中的四个资本回报率中哪个是正确的呢？正确的回答是“一个也不是”。让我们更深入地探讨这个问题。为了使例子更加明显，假设上面的利润皆以百万元为单位，你是个百万富翁，准备将手头的 4 500 万元用于投资，你希望这次投资能安全地获得 7% 的年回报率（7% 为你的门槛利率）。为使问题简化，不考虑税收，即每年末保证你能获得例子中的利润（当然可能遭遇亏损）。你将会进行这次投资吗？如果你真的能从这次投资中获得 11.11% 或 100% 的资本回报率，你当然乐于投资；如果你可能获得 0% 甚至 －100% 的资本回报率，你当然不会接受这次投资。到底你如何决断呢？

让我们随着现金流，看看每年末都发生了什么（以下数字均以百万元为单位）：

第一年末，你投资45。

第二年末，你收到了140，它将以7%（门槛利率）的利率被累积。

第三年末，140被累积至149.8，这时你需付出55，你还剩下94.8。

第四年末，94.8累积至101.436，这时你需付出140，此时你欠债了。当然，你是百万富翁，你可以向自己以7%的利率借款。

第五年末，你的欠款累积至41.26348。这时你收到了100。这样，你的净收益为58.73652。这样一来，第一年末45的投资，到第五年末换回了58.73652的收益，你的回报率为6.89%。

如果你以7%的回报率投资，在第五年末，你的收益将是58.98582。显然，你应该放弃这样的投资机会。

由上面的分析，你最终获得的资本回报率为6.89%，为什么它不同于例7-2计算得到的四个资本回报率呢？你可能已经发现，这是因为我们对一些现金流按7%的利率进行了投资，还以7%的利率贷了款，这些事实使得回报率最终为6.89%。

3. 广义资本回报率

上面的例子说明了，当利润的符号改变了不止一次时，计算得到的资本回报率是错误的。当利润开始为负值，然后变为正值并一直保持，用上述的公式得到的资本回报率是正确的。当利润开始为正值，然后变为负值并一直保持，计算得出的结果也是有意义的，但不能解释为资本回报率，它事实上是你借款时接受的利率。总之，当利润的符号变化多于一次时，有关现值的计算是有问题的。

我们将建立一种广义资本回报率的计算方法。首先我们要选择j，它是你在借款时乐于接受的利率。然后求解合适的i，使得用上述的公式得到的利润的现值为0。如果确实存在这样的i，那么它就是资本回报率了。通常，如果第一年的利润为负，且各年的利润之和为正，那么有且只有一个资本回报率。

【例7-4】 广义资本回报率。让我们来计算前面的例子中的广义资本回报率。我们要尝试用不同的方式来得到资本回报率。在前面的分析中，我们得到的资本回报率为6.89%，但那是假设在第四年末以利率7%借款得到的资本回报率，这个值不正确。但不管怎样，6.89%是一个对资本回报率很好的估计。

在表7-5中，我们对资本回报率的值做了猜测，得到相应的利润现值，我们不断地尝试，最终确定资本回报率为6.8324%。这里，符号为正的PVFP用i进行贴现，符号为负的PVFP用j进行贴现，$j=7\%$。

表 7－5

t	Profit（t）	PVFP（t），i＝6.89%	PVFP（t），i＝6.83%	PVFP（t），i＝6.8324%
5	100	100.00	100.00	100.00
4	－140	－46.446	－46.446	－46.395
3	－55	－98.407	－98.358	－98.360
2	140	48.031	48.076	48.075
1	－45	－0.065	0.003	0.000
0	0	－0.061	0.003	0.000

不妨再来看前面提到的表 7－1，注意第（15）列的 DistrEarn（2），如前所言，恰如我们做了这样一笔投资，在第一、第二年分别投入了资本金 21.408 和 2.456，而在其后的三年里带来的收益为 0.207，3.572 和 49.801，简单计算即可知资本回报率为 23.6%。

7.3.2 主要影响因素

不难理解，对于一个保险产品来讲，如果其采用投资收益率作为折现率而投资收益率又不甚高的情况下，很可能会出现总体利润率很好而资本回报率却并不甚理想的情形。的确，二者有着本质的不同，总体利润率考量的是一个绝对值而在资本回报率的考量中，正利润出现的时机占了非常大的比重。表 7－6 中的数据就可以说明问题。

表 7－6

年度	0	1	2	资本回报率
情形 1	－200	150	150	32%
情形 2	－200	0	300	22%

显然，影响资本回报率的因素无外乎有两类：第一类是影响到前期资本投入需求的大小，所需前期资本投入愈小，在未来投资收益相同的情况下，资本回报率就愈高；第二类则是影响到未来利润出现的时机，利润出现愈早，在资本金投入相同以及总体利润基本类同的情况下，资本回报率就愈高。

根据上面的结论，可以改善总体利润的诸因素基本上也可以或多或少地帮助资本回报率的改善，而支出的推迟如平准佣金率相比于前期较高的佣金率结构更可以提高资本回报率，此处不再赘述。

值得提及的是，不同于利润率的计算，对于资本回报率，准备金的提取基础、准备金的影响也非常之大。一个较为保守的准备金基础会使得前期的压力增大从而导致可分配收益为负（甚至很大），换言之，公司前期的资本金投入就会加大而资本回报率被打压。不妨看一看我国现在所采取的偿付能力准备金计算基础：根据精算规定，"法定未到期责任准备金的计算基础中，评估利息率不得高于该险种厘定保险费所使用的预定利息率"，而同时又规定，厘定保险费所使用的预定利息率不得超过2.5%。这样的准备金基础会使得资本回报率的目标达成变得非常困难：一是因为计算基础比较保守，二是造成了一个非常无奈的循环、如果想通过提高保险费率达成某个资本回报率目标时，有时保险公司不得不降低预定利息率，但同时带来的后果是，其计算准备金的评估利息率也不得不被降低因而准备金也变得更为保守。这么一来，要么是资本回报率目标变得难以企及，要么是保险费被提得非常之高而产品也失去了竞争性。

最后，我们来看"要求资本"。显然，监管部门所制订的"最低资本"的标准以及公司所设定的"目标资本充足率"都会给资本回报率带来巨大的影响，不合理的"最低资本"的标准或是过高的"目标资本充足率"可能会使得某个产品甚至是某个产品线都难以为继。

§7.4 新业务的内涵价值

7.4.1 定义/含义

内涵价值又被称为"增加的价值"（Value Added），经常被用于为新险种定价和公司财务管理，在上市公司的投资者报告或是为某一保险公司作估价时为必备之选。内涵价值的计算非常直接，为 n 个保单年度内可分配收益的现值。折现率一般为所谓的**门槛利率**（Hurdle Rate），因折现率的选取在前面已有叙述，这里不再赘述。

$$\text{EmbeddedValue}(n) = \text{PV}(\text{DisEarning}, n)$$

一个显然的结论是，如果折现率采用上节中的资本回报率来计算的话，内涵价值的金额为零。换句话讲，如果一个产品的可分配收益所对应的资本回报率等于门槛利率的话，内涵价值为零。很好理解，该产品的投资并没有带来高于门槛利率的回报。

这也就是我们为什么把内涵价值称为"增加的价值"的原因。内涵价值为零不代表它毫无价值，只是未带来额外增值而已。

再来看表7－1关注第（15）列的DistrEarn（2），读者可以试验一下，分别用低于、等于和高于ROC的折现率来计算一下。

7.4.2 主要影响因素及应用

理解了上面资本回报率（ROC），门槛利率对内涵价值的影响之后，相信可以同意这样的命题，凡是可以提高资本回报率的因素，都可以帮助到内涵价值的提高。

产品定价的目标是使得新险种的内涵价值最大化。它是这样得以实现的：不断调整产品价格，估算每份保单的内涵价值和销售量，最终使二者乘积最大化。当产生负的内涵价值时，该新险种将被放弃。值得一提的是，有时候，我们或许会纠结于是内涵价值率（内涵价值与首年保险费之比）最大化还是内涵价值总量最大化的问题，一般来讲，我们的建议通常是后者。不过，有时也需要从另一个角度考虑这个问题，内涵价值率较小甚至是很近于零时，我们要额外考虑是否需要冒这样的险，因为可能一个微小的假设的变动就会导致负的内涵价值率，那样的话，愈大的销售量就意味着愈多的“损失”。

7.4.3 其他一些新的概念

目前，市场上计算内含价值的方法层出不穷，各种新名词也不断出现。最为流行的就是所谓的“市场一致性内含价值”（Market Consistent Embedded Value，MCEV）的说法。这里就不再详细介绍其计算方法，只介绍一下其蕴涵的基本概念。

事实上，我们可以换个角度来看这个问题。对一个公司的资产来讲，其市场价值的评估相对来讲是比较容易的，而负债的估值可就不那么简单了，保险公司因签发保单而承担的责任并没有一个可观察到的市场价格。因此，与股票等流动性很强的资产不同，由于并不存在流动性很强的二级市场，评估保险公司的保单负债的公允价值对模型的依赖性很强，即是“基于模型的”(marked-to-model) 而非“基于市场的”(marked-to-market)。在这种情况下，通常在评估保险公司保单负债的时候会在最优估计下的保单负债上加一些边际（margin）。这个边际就被称为“风险边际”(Risk Margin) 或“市场价值边际”(Market Value Margin)。

市场价值边际即为负债的市场价值或公允价值超出最优估计的那一部分。从一个投资者的角度来说，市场价值边际代表为最优估计的负债价值的不确定性而预留的边际。有时候它也被称为“隐含的利润”（embedded profit)，因为它实际上是超出最优估计下的负债的那一部分。如果未来的市场发展同模型所用的最优估计一样，那么市场价值边际会逐渐被释放出来成为利润。

传统上评估保险公司保单的负债即为该负债未来产生的现金流在评估日的现值，而这些现金流的不确定性的大小对评估结果几乎没有任何影响。而在基于市场价值的评估方法下（Market Consistent Valuation)，同评估股票和债券等其他金融资产一样，现金流的不确定性是保单负债评估中的一个关键因素。顾名思义，负债的市场价值是承担该负债的人在公平的条件下为了将该负债转让给第三方，第三方愿意在市场上付出的价格。就好像市场上的投资者对于有不确定分红的股票的期望回报率要高于有确定利息给付的国债一样，高风险负债的市场价值要高于低风险的负债，即使预计这两种负债未来的现金流一样。因此，保单负债的市场价值是该负债在最优估计下产生的现金流的现值加上市场价值边际，市场价值边际随对应负债的风险的大小不同而不同。风险越大，相应市场价值边际也越大。

从持有要求资本的成本的角度也可以来理解这一概念，由于有一些不可对冲的风险（non - hedgeable risk），负债的承担者必须额外持有一些资本。这些资本相当于被投入一个有风险的投资活动中，因此要求一个高于无风险利率的投资回报率。相应地，持有这些资本就会有相应的成本。市场价值边际即是这些持有要求资本的成本的现值。

需要特别注意的是，只有不可对冲的风险才会产生额外的“持有要求资本”的成本。对于可对冲的风险来说，不管实际上它有没有被对冲掉，由于它已经反映在了各种金融工具的市场价格中，因此相应的持有要求资本的成本已经反映在了市场价格或者最优估计下的市场价值中。

至此，可以看到，所谓的市场一致性价值只是一种传统意义上的内涵价值的延伸，其本质含义还是不变的。

§7.5 权益回报率（ROE）

7.5.1 定义

权益回报率（ROE）等于税后股东收益除以股东权益。通常有两种方法计算股东权益基数：（1）在保单年度期初的股东权益；（2）保单年度期初和期末股东权益的算术平均。

在任何时刻，股东权益等于公司资产减去负债。在我们的简化模型中，资产包括递延获取成本（Deferred Acquisition Costs）加上偿付能力准备金的投资资产，再加上最低偿付能力额度资本。而债务由保险利益准备金和递延税负债组成。

定义：

每股在保单年度末的股东资产：StockAssets(t)

每股在保单年度末的股东负债：StockLiabilities(t)

每股在保单年度末的股东权益：StockEquity(t)

每股的权益基础：EquityBase(t)

t 保单年度的权益回报率：ROE(t)

那么，

$$StockAssets(t) = SolvRes(t) + ReqCap(t) + DAC(t)$$
$$StockLiabilities(t) = BenRes(t) + DefTaxLiab(t)$$
$$StockEquity(t) = StockAssets(t) - StockLiabilities(t)$$
$$EquityBase(t) = StockEquity(t-1)$$

当用保单年度期初的股东权益来计算权益回报率时，或者：

$$EquityBase(t) = 1/2(StockEquity(t-1) + StockEquity(t))$$

当用期初和期末的算术平均权益来计算权益回报率时：

$$ROE(t) = AfterTaxStockEarn(t)/EquityBase(t)$$

在应用上面的公式时，有很重要的一点需要指出：必须有资产来支持法定准备金和最低偿付能力额度资本。公司并不是从准备金中获得投资收入，而是从支持准备金的资产中获得投资收入。所以，公式的等号右边的前两项分别代表支持法定准备金和最低偿付能力额度资本的资产。

上述公式可以求出每个保单年度的权益回报率。权益回报率随着保单年度的变化而变化，这一事实使得我们很难确定公司在整个保单有效期里的权益回报率目标是否得以实现。因而，我们可以对权益回报率采用加权平均的方法，这使得可以用加权平均后的权益回报率结果和公司的权益回报率目标进行比较。加权平均的权益回报率和每个保单年度的权益回报率是保单设计和定价的重要参考指标。

为了正确计算加权平均权益回报率，我们必须先计算基于每个保单年度税后股东收益的加权平均回报，然后让它除以加权平均权益。对每个保单年度结果加权的一种方式是用公司的投资回报率目标或门槛利率对结果进行贴现。

对每个保单年度结果加权的另一种方式是将结果和公司的成长率目标联系起来。举个例子来说，如果公司的目标是每年10%的利润成长率，那么我们假设公司将永远年增长10%的利润，且假设公司只销售这一正在被定价的产品。这样的处理方法给予较早的保单年度的结果较大的权重，给予较晚的保单年度较小的权重。

如果这是一个10年期的产品，用上面的处理方法，给予每个保单年度结果的权重为：第10个保单年度：1.00；第9个保单年度：1.10；第8个保单年度：1.21……第1个保单年度：$[(1.10)^9]$。这样的权重看上去好像不太合理。但是，想一想经过9年10%的年成长率，第1个保单年度的结果在9年后，相比较第10个保单年度的结果，值得拥有更多的权重。表7－7给出了用于各个保单年度的权重。

表 7-7　　　　加权平均权益回报率的权重

权重	$(1.10)^9$	$(1.10)^8$	$(1.10)^7$	……	$(1.10)^1$	$(1.10)^0$
年度	1	2	3	……	9	10

如果我们用上面给出的 10 个保单年度的权重去除以 $(1.10)^{10}$ 作为新的权重，将会得到什么样的结果？则新的权重为：第 1 个保单年度：$(1.10)^{-1}$；第 2 个保单年度：$(1.10)^{-2}$；第 3 个保单年度：$(1.10)^{-3}$……第 10 个保单年度：$(1.10)^{-10}$。换而言之，使用 10% 的年成长率建立的权重与使用 10% 的年折现率建立的权重是等价的。通常，成长率可以直接转变为利率。这意味着，无论我们使用什么作为建立权重的标准，成长率、公司的投资回报率目标或是门槛利率，我们用它作为贴现因子，得到每个保单年度的结果的现值就可以了。

定义权益的加权平均回报率：WtdAvgROE (n)，它等于在 n 个保单年度中，每个保单年度的税后股东收益的现值之和除以每个保单年度的股东权益的现值之和。

那么，

$$\text{WtdAvgROE}(n) = \text{PV}(\text{AfterTaxStockEarn}, n)/\text{PV}(\text{EquityBase}, n)$$

在理想情况下，每个保单年度的权益回报率应该在加权平均权益回报率的一定比例范围之内。每个保单年度的权益回报率值可能反映每年潜在的问题和机遇。例如，如果前面几个保单年度的权益回报率值大于加权平均权益回报率，后面几个保单年度的权益回报率值则小于加权平均权益回报率。如果公司的经营状况和给予管理人员的奖励与该保险年度的权益回报率值挂钩，在前面几个保单年度里，权益回报率的结果是令投资者和公司股东满意的。但仔细考虑，我们会知道几年之后的权益回报率值必然下降。这对公司的长远发展是不利的。如果我们能理解是什么使得每个保单年度的权益回报率值的参差不齐，我们就能找到好的方法来修匀权益回报率值。

7.5.2　影响因素

权益回报率是评估公司收益能力的一个重要指标，它反映的是一家公司使用所有者权益的效率。事实上，权益回报率被广泛地应用于各类公司的财务评估方面。

来看一个权益回报率的经典计算公式，叫做“杜邦公式”（DuPont）：

ROE = 利润/权益 = 利润/销售量 × 销售量/资产 × 资产/权益

上面的公式反映了权益回报率的影响因素。“利润 / 销售量”通常被称为销售净利率，“销售量/资产”通常被称为资产周转率，而“资产/权益”

被称为财务杠杆比例。一般来讲，各个上市公司也基本上是通过关注于上述关键因素来提高权益回报率的。销售净利率自不待言，资产周转率对一些零售商公司来说至关重要，譬如高的资产周转率正是沃尔玛公司成功的缘由所在。财务杠杆比例通常需要仔细考量，一定数额、比例的负债可以推进收益而负债比例过高则可能招致不小的风险。不过，通常来讲，金融类公司如银行、保险公司等的财务杠杆比例通常是较高的。

§7.6 收支平衡年度

7.6.1 定义

收支平衡年度被定义为累积的可分配收益第一次由负值变为正值的保单年度。一种更好的定义是：累积的利润第一次由负值变为正值而以后一直保持为正值的那个保单年度。相比较作为一种利润度量，收支平衡年度更常被用做一种指示或危险信号。如果一种产品在许多年之后仍然不能收支平衡，说明在保单平衡年度之前如有太多的退保发生，公司必须在很长时间里为该产品储备必要的资本。与其将这种需要很多年才能收支平衡的产品推向市场，不如重新设计这种产品，或者干脆放弃这种产品。

例如，如果一种产品在 20 年内不能收支平衡，但却能实现令公司满意的回报率，则很可能在定价过程中有什么错误。指望在 20 年后才会出现的利润来提供该产品的收益，无疑是一种危险的赌博。通过测试利润对长期退保率变化的敏感程度，就能够决定这种赌博的危险程度。

从某种角度而言，类似于投资回报率，收支平衡年度也通常被认为是一种对资本效率的考量，在对一般资本投资项目的术语中，Payback Period 有异曲同工之妙。

7.6.2 其他一些与收支平衡（Break Even）相关的考量指标

假设在某个给定的保单年度末，所有的保单都退保了，由此释放出来的最低偿付能力额度资本和超过现金价值的准备金将被计入利润进行计算，由此计算得到的收支平衡年度被称为修正收支平衡年度。这些款项的释放使我们更好地认识了所有保单同时退保带来的影响。修正收支平衡年度通常比收支平衡年度早若干年。

此外，通常保险公司还会计算收支平衡利率（Break Even Interest），其计算往往是一个试算的过程，通过尝试找出一个投资收益率，使得在此收益率的情况下，利润的现值为零。

保险公司会为收支平衡利率定出一个上限，每个产品的收支平衡利率都必须在此上限之内，其目的很明确。特别是对那些非常长期的保险产品，投资收益率是最难以预测的定价假设。为收支平衡利率定出一个上限可以保证即便未来的投资收益率未能像当初预测的那样，只要其不至于过低（低于收支平衡利率），在其他因素都不变的前提下，公司仍然可以保有一定的利润。

事实上，收支平衡利率的高低还可以作为一种产品对利率的敏感性大小的考量，收支平衡利率越大，表明产品的利率敏感性越高。从这样的角度很容易理解：越大的收支平衡利率意味着，与你的投资收益率假设相较，降低一个稍小的利率的额度就会使得产品的利润降至零。

总而言之，收支平衡利率是对该产品是否具有持久性的考量。

§7.7 新业务压力

尽管不是真正意义上的利润度量，但是对新业务“压力”的估计是产品定价过程中的一部分。如果“压力”大得无法接受，则需要重新设计产品来降低“压力”。我们通常把“压力”表示为首年保费的一定比例。这将“压力”和保费的设计联系在一起来估计公司需要多少资本来开展新业务。

定义公司为开展新业务时融资的“压力”：NBStrain，表示为首年保费的一定比例。那么，

$$\text{NBStrain} = \text{DistrEarn}(1)/\text{Prem}(1)$$

如果不仅仅是第一个保单年度的可分配收益为负值，那么其余为负值的可分配收益的现值也应计入分子。

从某种角度来讲，新业务压力也是对该产品所对应的资本金效率的考量。

§7.8 一些应用上的问题

选择什么样的利润目标是公司要作出的重要决定之一。利润目标必须符合公司的战略决策，使公司能在竞争中立于不败，为公司提供长远的经济效益，使得公司不断发展壮大，给予股东丰厚的回报。公司能否在合理的水平上来监控利润目标的达成是至关重要的。

保险公司选取的利润目标可能是上述目标的几种的组合，在实际运用中，公司可以设定一些利润目标为基本目标，也即必须达到的目标；而设定另一些为备选考量，即这些目标仅仅作为考虑产品是否可行的辅助因素。需要注意的是，即便同样是基本目标，因关注角度的不同，在两个利润目

标之间可能也必须设立一定的优先级。譬如下面这个例子，产品 A 的利润率为 10%，但投资回报率却有 20%；而产品 B 的利润率为 13%，但投资回报率只有 15%。如果产品开发的资源有限的话，则保险公司往往面临二选一的题目。如何做选择呢？恐怕保险公司不得不重新审视方方面面，譬如公司的资本额是否充裕这样的问题。

利润目标额的设定更是非常关键。如前所述，其必须充分考虑战略决策、竞争定位、股东期望等因素，这些因素也必须是可支持的而又是合理的水平。利润目标水平的设定往往还和保险公司对某一产品线，产品类型的理解和定位有关，通常被认为风险相对比较高的产品种类其利润目标水平也会被定的相对较高。笔者以为，产品定价特别是利润目标水平的设定并不应是一个百分百刚性的“科学”，而更应该是一个结合精算原理和一般基本理解、结合经验事实与精算师主观判断、协调各方面利益的这样一个“艺术”的过程。

下面我们讨论如何提高上述利润指标的问题特别是影响因素的问题。上节中我们提到了诸多影响利润指标的关键因素，但其实都是所谓的直接因素。在实际应用中，在更多的情形下，关注点往往应该是那些影响这些直接因素的间接因素。譬如，社会保险制度的改变可能会影响到某类产品的理赔率或是退保率，竞争对手的同类产品、甚至保险公司本身推出的升级产品可能会带来的替代作用，市场投资环境的改变带来的对退保率的影响，等等。目标市场的不同，乃至销售渠道的某项制度的改变都可以带来不小的影响。

最后想说明的是，产品定价的指标并不限于上面的几个，而是必须紧密结合公司的实际状况进行考虑选择。如第 5 章中所提及的，对一个资本金来源欠缺的保险公司，定价人员需要特别关注新产品上市后对资本金的实际需求，是否会对公司的偿付能力带来影响；而对现金流比较紧张的公司，定价人员还需评估新产品推出后对保险公司是否会加剧原有现金流紧张的情况等。

主要参考文献

【1】　罗伯特·J. 多兰，赫尔曼·西蒙：《定价圣经》，中信出版社 2006 年版。

第8章 产品信息披露

学习目的

- □ 了解产品信息披露的定义、产品信息披露的必要性，以及产品信息披露的一般方式与方法
- □ 了解信息披露监管的意义与基本原则
- □ 了解在信息披露中精算师的主要职责，同时熟悉利益演示表的大体结构，掌握编制利益演示表的流程
- □ 对比国内与其他国家和地区监管要求的差异

§8.1 产品信息披露简介

产品信息披露顾名思义就是指保险公司或者销售人员，对保险产品与公司的信息作必要的说明与介绍，以促成保险产品的销售或者保持保险客户对保险公司与其所买产品的状况持续知悉的行为与过程。保险产品作为一种商品，对其相关信息做适当的披露是一个必不可少的环节。

信息披露不仅存在于保险产品销售之初，还出现在售中与售后，贯穿保险产品的整个周期。在售前环节，信息披露主要是为潜在的保险客户提供保险产品相关的信息，以达成保险产品的销售。其形式多种多样，包括媒体、公司网站上产品的说明与介绍、产品说明会、销售人员的说明与介绍等。而其中涉及的材料主要有保险条款、产品说明书及投保提示书。在保险产品的犹豫期，即售中环节，保险公司出于保护保险客户利益的角度，往往会建立一套回访流程。回访主要是保险公司通过与客户进一步核实相关的信息，确保保险客户对其所购买产品的重要信息和其面临的潜在风险有充分正确的认知，从而尽量避免售前环节中，销售人员可能存在的误导或者客户对所披露信息的误读情况的出现。在售后环节保险公司会通过定期地给客户寄送相关报告和材料的方式，使保险客户对相关保单状态、公司经营情况等可能影响到其利益的信息有持续的了解。

人身保险产品作为金融工具的一种，具有许多独特的地方。首先，人身保险产品是具有法律效用的合同，它是由保险公司根据自身和市场的需求独自订立的。其次，保险合同的描述多会包含一些法律和保险相关的专业术语，对于客户来说，这些术语太过专业，且比较晦涩难懂。最后，在

人身保险产品销售过程中，保险公司与销售人员一般处于主导地位。综合以上特点可以看出，保险公司、保险销售人员与客户之间不可避免地存在一定的信息不对称。

由于信息不对称的存在，使得在销售过程中，保险公司和保险销售人员处于相对有利的位置。保险公司与销售人员为了达成销售目的，可能会出现一些损害客户利益的行为。从实际情况看来，信息披露确实也存在有许多问题，其中包括：

（1）宣传材料印制、管理不规范。在实际销售过程中，有些公司允许其下属分支机构自行印制设计一些宣传材料，但是对这些材料并没有严格地审核，导致披露内容存在偏差；同时一些销售人员和保险中介机构私自印制带有明显误导信息的宣传材料，以降低销售的难度。

（2）销售行为存在误导。例如，销售人员未按要求测算产品利益；夸大公司或产品投资收益，使投保人对未来产生不合理的预期；故意隐瞒与消费者利益休戚相关的重要事项；将保险产品与银行储蓄、基金及其他金融产品混淆宣传，或进行不当比较等等。

（3）回访环节管理较为薄弱。如回访的成功率不高；在回访过程中，对保护投保人利益的关键内容，没有进行详细说明。

（4）持续披露即售后环节未有效地披露重要信息。不同公司分红业绩报告格式、形式过于多样化，同时有些公司表述过于专业，对于保险客户来说比较难于理解。

为了避免上述问题的出现，对信息披露进行行之有效的监管是非常必要的。

§8.2　产品信息披露的监管

监管机构对信息披露进行立法要求，就是为了尽可能地减少或者消除保险公司、保险销售人员与客户之间信息的不对称性，从而达到保护客户合法权益，维护保险市场正常秩序，促进保险行业健康有序发展的目的。

各国对信息披露都会有相应的监管法规要求，这是一个保险市场健康发展的先决条件，我国也不例外。随着人身保险新型产品的出现，信息披露的监管与规范的重要性进一步凸显。

人身保险新型产品是指不保证保险利益的人身保险产品，其保险利益会受到资本市场与公司经营状况、保险客户个人选择等多种因素的影响。现阶段我国人身保险新型产品包括分红保险、投资连结保险和万能保险。与传统产品相比，新型产品的产品结构、后台运营都更为复杂，并且由于其保险利益是不保证的，新型产品更难于被客户全面准确地理解。客户在购买新型产品面临一定的风险，所以对于新型产品监管的要求必然更加地详尽。新型产品的监管要求基本涵盖了对传统产品的相关要求，以下将主要就新型产品信息披露的监管作简要的介绍。

正如前面所介绍的，信息披露行为存在于售前、售中及售后，相应地，对信息披露的监管要求也涉及产品周期的各个阶段。

8.2.1 售前环节

售前阶段监管的核心是对可能会影响到客户购买行为的公司与产品的相关信息与披露行为进行必要的规范，涉及的大体内容有：

1. 保险产品基本特征的披露

保险产品基本特征包括保险责任、责任免除、保单利益、所收取费用等信息。对基本特征的披露是达成销售行为的先决条件。监管机构往往会通过要求保险公司与销售人员在销售过程中向客户提供经过报备的保险条款，或者在其他销售材料如产品说明书中进行详细介绍等方式，保证客户对产品的基本特征有足够的了解。

2. 风险提示

由于人身保险新型产品的特殊性，其保险利益是不保证的，在销售之初进行明确的风险提示，使客户意识到自身所面临的潜在风险是必要的。风险提示一般会要求在书面材料中显著地表述出来。

3. 保险利益演示

保险利益的不确定性，简单通过风险提示的方式来披露，显然是不够充分全面的。为了使保险客户对未来的保险利益和风险有一个更加清晰的认识，对产品的特点有更加深入的了解，监管机构会要求保险公司对保险利益进行合理的演示。同时考虑到保险利益的不确定性，在利益演示中，除了有最优估计情形以外，还会包含其他多种假设情形。

利益演示直观地量化了未来的保险利益，保险客户会自然而然地基于利益演示，特别是最优估计下的利益演示，形成对未来保险利益的合理预期。这种预期直接地影响到客户对不同保险产品的选择。为了防范保险公司过分地夸大未来可能的保险利益，对于利益演示各种情形下的精算假设，必然需要加以一定的约束。比如我国对利益演示中分红保险与投资连结保险的投资回报率和万能保险的结算利率假设有最高上限的规定。

4. 各新型产品信息披露的特殊要求

由于各人身保险新型产品的运营原理，产品特性不尽相同，针对各产品的特点，所要求披露信息也会有不同的侧重。

由于投资连结保险的投资风险完全由保险客户承担，监管重点在于要求保险公司对投资连结保险的运营原理、投资账户过去实际的表现、投资账户的情况、各账户所面临的投资风险等必要的投资信息，做到充分地说明。而万能保险与投资连结保险特点较为相似，不过由于其有最低保证利率，客户所面临的投资风险相对于投资连结保险较低一些，相应地对投资信息的披露要求也会较为宽松。

分红保险与投资连结保险、万能保险的区别比较大。分红水平不是单纯由分红账户的投资表现所决定的，其同时还会受到保险赔付、退保、公司费用控制等多种因素的影响。所以对于分红保险不能简单地披露其投资收益率，以防止产生不必要的误导。比较恰当的信息披露方式应当就红利产生与分配的原理，对客户进行简要的说明。

8.2.2　售中环节

在售中环节即犹豫期内，建立健全的监管机制主要有两大作用。首先，在犹豫期内，投保人如果选择退保，其被扣除的费用较少，所受损失也较小，某种程度上投保人被赋予了再次选择的权利。监管机构有义务保证投保人充分地行使这一权利。其次，在售中环节建立有效的监管机制，可以促使保险公司对售前可能存在的误导销售的情况进行及时地纠正。现阶段，我国监管机构主要是通过规范保险公司犹豫期内的回访机制来达到以上目的。比如在回访过程中，保险公司不仅要再次和客户确认其知悉产品的保险责任等基本信息，了解保险利益的不确定性和所面临风险，同时对犹豫期的概念与其所享有的权利有足够的认识。

8.2.3　售后环节

因为人身保险新型产品的保险利益是不保证的，那么保持保险客户对于保险利益的持续知悉就显得尤为重要。在售后环节，监管机构正是要确保保险公司持续有效地向客户更新保单状态，披露会影响到客户保险利益的重要信息。监管机构主要采取的手段就是对应当披露的信息进行约束和规范。比如保险公司需要定期公布投资连结保险各账户的投资策略、投资回报率；定期地向客户提供万能险的保单状态报告；对于分红险则要求披露实际的红利分配水平，分红保险的经营状况等信息。

§8.3　我国产品信息披露精算实务

在美国，法规要求保险公司必须委任演示精算师（illustration actuary）。演示精算师需要对除年金和信用保险外的保险产品的产品演示的合理性负责。虽然现阶段我国还没有建立演示精算师的要求，但是精算师在产品信息披露过程中，特别在有关新型产品非保证利益的信息披露中，发挥着重要的作用。对于精算师来说，其在信息披露过程中，一般遵循以下两个原则：

1. 遵守精算职业道德标准，遵循精算的基本原理

在信息披露的过程中，精算师首先需要自觉遵守精算专业的职业道德标准。主要是要求精算师相对于保险公司和客户保持一定的独立性，保证信息的真实性和客观性，以保护公司与客户各自的权益。比如，在披露中不能片面地夸大未来保险利益，而损害到客户利益。相反地，也不应该过分保守地估计保单未来的情况。对于披露信息的范围，也不应当涉及公司的比较机密的一些信息。

在遵守道德标准的前提下，精算师需要通过遵循一定的精算基本原理，以帮助保险公司完成必要披露流程。包括利益演示中精算假设如何选取，如何建立切当的精算模型，各产品信息披露的侧重点在哪，如何以有效的方式进行披露等等。

2. 保证信息披露符合监管的规定

无论在何种情况下，精算师都必须保证由其提供的信息材料是符合法规要求的。

在销售过程中，产品说明书是一个非常重要的披露材料，而精算师在信息披露过程中，一个主要的职责就是生成其中的利益演示。下面将简要地介绍在编制利益演示时所需要考虑的问题。

8.3.1 投资连结保险与万能保险

投资连结保险与万能保险利益演示的主要内容是对其未来个人账户和与账户价值有关的保险利益的预测，如退保的现金价值、身故给付等。其信息披露原理相对简单。核心问题在于如何确定各档预期的投资回报率或者结算利率，其中一般不涉及其他精算假设如死亡率、退保率的选取。

现阶段由于国内监管规定的要求，人身保险新型产品的利益演示都包含有高、中、低三档。而通常情况下，保险客户在购买新型产品时，会基于中档演示水平形成对未来保险利益的合理预期。所以在生成利益演示时，中档演示通常作为基准演示水平，会采用公司的最优估计，以尽量保证未来实际的保险利益与客户的预期不至于存在过大的偏差。而高档与低档则一般是在中档基础上，对部分假设作一些修正而得到。

投资连结保险中档演示下的投资回报率一般基于公司未来各账户的投资计划和对投资市场的预期，结合投保人未来可能对各投资账户的选择情况来确定。例如，假设公司有激进型与稳健型两个投资账户，根据现在市场环境和未来的投资策略，预计未来投资回报率分别为5%与3%。并且依

据最近投保人对两个账户的选择情况，估计出未来两个账户资产之间的比例为6:4，则可以得到中档演示即最优估计下的投资回报率为4.2%。而高档与低档下的投资回报率则通常以中档演示利率为基准，进行一定的修正。修正的幅度往往是在考虑了未来投资回报率可能的偏差而得到的。演示利率最终还需要兼顾监管规定中对各档利率的最高上限的要求。在实际中可能出现，公司历史的投资回报率各年度间波动幅度比较大，各账户资产比例不稳定等情况，导致很难合理地根据经验来确定出各档演示投资回报率。在这种情况下，直接以规定的最高上限作为各档演示利率也不失为一种选择。

万能保险的结算利率，一般是在投资回报率确认后，扣除一定的利息差额（interest spread）得到。投资回报率的确定方法与投资连结保险比较相似，同样也是基于公司投资资产情况。利息差额的估计则需要考虑公司的利润目标，同时兼顾未来其他公司结算利率水平和公司所采取的竞争策略等因素。

由于投资连结保险与万能保险利益演示的结构非常相似，下面仅就投资连结保险利益演示举一个示例。

【演示案例】 25岁的王先生，希望能有一个综合性的投资理财工具，帮助自己实现财富积累的目标，因此他一次性支付10万元，并且根据自己的财务状况决定在26～30岁之间每年追加保费2万元。表8－1是王先生投资连结保险利益演示表。

1. 重要声明：该利益演示基于公司的投资收益假设，不代表公司的历史经营业绩，也不代表对公司未来经营业绩的预期，实际投资收益可能出现负值。

2. 本利益演示表各档演示中，低档演示、中档演示和高档演示的演示年利率分别是1%、4.5%和7%。

3. 本利益演示表假设被保险人年龄、趸缴保险费、追加保险费、累计已缴保险费、增值给付金为保险单年度初的数值，个人账户价值/现金价值、身故保险金为保险单年度末的数值。

4. 本公司目前按每月人民币7.5元扣除保单管理费，并保留调整此项收费标准的权力。

5. 解除合同费用比例说明如下：

*解除合同费用占个人账户价值的比例为表8－2中各保险单年度对应的数值。每次部分领取的个人账户价值须按照下表扣除相应的费用，且在合同的每个保险单年度内，第三次及以后的每次领取，本公司还需收取每次人民币25元的手续费。

表 8-1　　投资连结保险利益演示表　　（人民币：元）

保险单年度	保险单年度初被保险人年龄	保险费			费用		增值给付金	当年度保险费中进入个人账户的金额	个人账户价值			身故给付			现金价值		
		趸缴保险费	追加保险费	累计已缴保险费	保单初始费用	保单管理费			低档	中档	高档	低档	中档	高档	低档	中档	高档
1	25	100 000		100 000	5 000	90	1 000	96 000	96 870	100 228	102 627	96 870	100 228	102 627	92 995	96 219	98 522
2	26	0	20 000	120 000	1 000	90	0	19 000	116 938	124 501	130 047	116 938	124 501	130 047	113 430	120 766	126 146
3	27	0	20 000	140 000	1 000	90	0	19 000	137 207	149 866	159 387	146 927	160 853	171 326	134 462	146 869	156 199
4	28	0	20 000	160 000	1 000	90	0	19 000	157 678	176 373	190 781	169 446	190 010	205 859	156 101	174 609	188 873
5	29	0	20 000	180 000	1 000	90	0	19 000	178 354	204 073	224 372	192 190	220 480	242 809	178 354	204 073	224 372
6	30	0	20 000	200 000	1 000	90	0	19 000	199 238	233 019	260 315	215 161	252 321	282 346	199 238	233 019	260 315
7	31	0	0	200 000	0	90	0	0	201 139	243 412	278 443	219 253	265 754	304 288	201 139	243 412	278 443
8	32	0	0	200 000	0	90	0	0	203 060	254 274	297 841	223 366	279 701	327 625	203 060	254 274	297 841
9	33	0	0	200 000	0	90	0	0	205 000	265 624	318 596	225 501	292 186	350 456	205 000	265 624	318 596
10	34	0	0	200 000	0	90	0	0	206 960	277 485	340 805	227 656	305 233	374 885	206 960	277 485	340 805
20	44	0	0	200 000	0	90	0	0	227 666	429 793	669 125	250 432	472 772	736 037	227 666	429 793	669 125
30	54	0	0	200 000	0	90	0	0	250 538	666 322	1 314 979	275 592	732 955	1 446 477	250 538	666 322	1 314 979

表 8-2

保险单年度	比例（%）
第一保险单年度（不含第一个保险单周年日）	4
第二保险单年度（含第一个保险单周年日且不含第二个保险单周年日）	3
第三保险单年度（含第二个保险单周年日且不含第三个保险单周年日）	2
第四保险单年度（含第三个保险单周年日且不含第四个保险单周年日）	1
第五保险单年度及以后（含第四个保险单周年日）	0

6. 本示例未考虑不同投资账户的影响。在我公司提供多种投资账户可供选择的情况下，选择不同的投资账户会有不同的投资风险并且实际的个人账户价值也可能会有所不同。

通过上例可以看到，利益演示大体分为三部分：第一部分是对所演示保单基本信息的介绍，如所演示保单投保人年龄、性别、年缴保费、保险金额等。第二部分为演示利益表格，主要包括未来所缴保险费信息；各项费用，如初始费用、保单管理费用、风险保费等如何收取；不同假设投资回报率下的投资账户价值、死亡给付金额和现金价值等内容。在以上示例中，个人账户价值的计算公式为：

$$AV_t = (AV_{t-1} + P_t + Bon_t - P\_Chg_t) \times (1 + i_t) - \frac{Admin\_Chg_t/12 \times i_t}{1 - (1 + i_t)^{-1/12}}$$

式中：AV_t 为第 t 个保单年度末的个人账户价值；P_t 为第 t 个保单年度初的所交保费，包含趸缴保费与追加保险费；Bon_t 为第 t 个保单年度公司所付的增值给付金；P_Chg_t 为第 t 个保单年度所收取的保单初始费用；$Admin\_Chg_t$ 为第 t 个保单年度所收取的保单管理费用；i_t 为第 t 个保单年度的投资收益率；由于保单管理费用为按月收取，所以在公式中对其进行了相应的处理。

文字说明作为利益演示的第三部分，主要是起到对利益演示表格的说明与补充的作用。

8.3.2 分红保险

投资连接保险与万能保险利益演示的主要内容是对投资账户情况的说明，而对于分红保险，利益演示的关键问题在于确定其各档的演示红利。如上一节所述，分红保险不同于投资连结保险、万能险，其分红水平不只受到投资回报率的影响，相应地公司的费用支出、理赔状况、保单的退保情况都会对红利水平产生影响。所以在利益演示中，分红保险不得披露用于演示的投资回报率，以防止客户把分红保险与其他金融投资产品进行不恰当的比较，从而产生不必要的误导。以下是一个实际的演示案例。

【演示案例】 张先生为其 0 岁的儿子购买了《×××两全保险（分红型）》，保险金额 10 万元，20 年缴清保费，保费 4 660 元。表 8-3 是其分红保险利益演示表。

表 8－3　　分红保险利益演示表　　（人民币：元）

保险单年度	年初被保险人年龄	年缴保险费	累计已缴保险费	生存现金/满期金	累计生存现金/满期金	保证现金价值	保证身故给付	当年度增值红利			累计增值红利			总退保金（含增值红利的退保金）			总身故给付（含增值红利）		
								低档	中档	高档	低档	中档	高档	低档	中档	高档	低档	中档	高档
1	0	4 660	4 660	0	0	1 100	4 660	0	4	18	0	4	18	1 100	1 100	1 102	4 660	4 664	4 678
2	1	4 660	9 320	0	0	2 900	9 320	0	27	94	0	31	112	2 900	2 903	2 911	9 320	9 351	9 432
3	2	4 660	13 980	0	0	4 800	13 980	0	102	318	0	133	430	4 800	4 813	4 842	13 980	14 113	14 410
4	3	4 660	18 640	0	0	7 000	18 640	0	255	729	0	388	1 159	7 000	7 039	7 116	18 640	19 028	19 799
5	4	4 660	23 300	0	0	9 300	23 300	0	380	1 014	0	768	2 173	9 300	9 380	9 525	23 300	24 068	25 473
6	5	4 660	27 960	0	0	11 800	27 960	0	527	1 334	0	1 295	3 507	11 800	11 939	12 178	27 960	29 255	31 467
7	6	4 660	32 620	0	0	14 400	32 620	0	697	1 690	0	1 992	5 197	14 400	14 623	14 982	32 620	34 612	37 817
8	7	4 660	37 280	0	0	17 100	37 280	0	890	2 083	0	2 882	7 280	17 100	17 436	17 948	37 280	40 162	44 560
9	8	4 660	41 940	0	0	20 000	41 940	0	1 106	2 514	0	3 988	9 794	20 000	20 483	21 187	41 940	45 928	51 734
10	9	4 660	46 600	0	0	23 100	46 600	0	1 345	2 986	0	5 333	12 780	23 100	23 773	24 714	46 600	51 933	59 380
11	10	4 660	51 260	0	0	26 300	51 260	0	1 609	3 499	0	6 942	16 279	26 300	27 213	28 442	51 260	58 202	67 539
21	20	0	93 200	5 000	10 000	60 700	200 000	0	2 908	6 823	0	31 048	70 976	60 700	66 815	74 679	200 000	231 048	270 976
31	30	0	93 200	0	25 000	66 300	300 000	0	2 707	7 337	0	58 922	141 684	66 300	83 790	108 357	300 000	358 922	441 684
41	40	0	93 200	0	40 000	80 300	300 000	0	2 680	8 413	0	85 969	221 040	80 300	119 016	179 845	300 000	385 969	521 040
51	50	0	93 200	5 000	60 000	96 200	300 000	0	2 657	9 761	0	112 557	312 166	96 200	172 917	308 966	300 000	412 557	612 166
60	59	0	93 200	105 000	175 000	105 000	300 000	0	2 564	11 093	0	135 889	406 235	105 000	240 889	511 235	300 000	435 889	706 235

1. 重要声明：除表中所列的“保证利益”外，本利益演示是基于公司的精算及其他假设，不代表公司的历史经营业绩，也不代表对公司未来经营业绩的预期，保单的红利分配是不确定的。

2. 除被保险人年龄、年缴保险费、累计已交保险费为保险单年度初的数值外，其他各项均为保险单年度末的数值，其中保证利益的现金价值包含当期的生存现金。满期金，生存现金、满期金需在该保单年度结束后给付。增值红利于满期时或被保险人身故时给付（退保时只给付增值红利的现金价值）。

3. “累计生存现金/满期金”假设所有的生存现金均按合同约定时间领取的情形。

4. 增值红利于满期时或被保险人身故时给付，退保时只给付累计增值红利的现金价值。

5. 总退保金包含保证利益的现金价值、累计增值红利的现金价值。

6. 总身故给付包含保证利益的身故给付、累计增值红利。

7. 若当年度已领取生存给付，则在总身故给付或总退保金会进行相应扣除。

在确定演示红利的过程中，面临的两个主要问题是计算方法的选取与相关精算假设的确定。

利益演示中红利的计算方法应当与公司实际确定红利分配政策时运用的方法是一致的。现阶段国内各保险公司主要采用的分红方法为“全差分红”与“两差分红”两种。下面将就在这两种方法下，如何生成利益演示做简要的介绍。

1. “两差分红”利益演示方法

以“两差分红”方法计算利益演示时，一般采用的是“利息差”与“死亡差”。在“两差分红”方法下，公司会对“利差”进行简单地量化，以衡量各保单对未来红利分配额度的贡献，例如，各保单“利息差”与“死亡差”可以由下面的公式计算得到：

$$C = (V_0 + P)(i' - i) + (S - V_1)(q - q')$$

式中：C 为保单对红利分配额度的贡献；V_0 指按评估基础计算的上一保单期末准备金，其中不包括上一保单期末的生存给付金额；V_1 指按评估基础计算的保单期末准备金；P 指评估基础下的净保费；i'为演示中的投资收益率；i 为评估利息率；q 与 q'分别代表评估基础下的死亡发生率与演示中假设的死亡发生率；S 是保险赔付额。

根据对盈余的贡献值。和未来各年红利分配额度，结合保单持有人与股东之间红利分配的比例，利益演示中每张保单各年度红利即为：

$$Div = \frac{C}{\sum C_j} \cdot R \cdot DE$$

式中：Div 为向保单持有人所发放的红利；C 为该保单的贡献值；$\sum C_j$ 表示所有保单贡献值之和；DE 为该年度红利分配额度；R 为保单持有人所分配红利占当年度红利分配额度比例，该比例不低于70%。

由上述公式可知要确定各年度的红利水平，必须估计出各年度的红利分配额度。我们可以进一步假设，根据上述公式计算得到的所有保单对盈余的贡献正好等于未来各年度的红利分配额度，即 $DE = \sum C_j$，则有演示红利水平为 $Div = C \cdot R$。

2.“全差分红”利益演示方法

区别于“两差分红”，在“全差分红”下，一般并不会对各“利差”的贡献进行具体的细分，而是会把它们作为一个整体进行统一地考虑。下面以资产份额模型为例，介绍如何在“全差分红”方法下，计算演示红利。

（1）在各档利益演示下，需要分别确定一个基准分红水平。基准分红水平并不是最终的演示红利，其主要是为了反映出各保单年度之间分红水平的相互关系。具体确认基准分红水平的方法有很多，但关键在于找到一个比较好的基础，以反映未来分红水平的发展趋势。在资产份额模型下，是以“利息差”作为这个基础的。主要是考虑相比“死亡差”与“费用差”，“利息差”通常为红利变化波动的主要因素。因为“死亡差”与“费用差”在各保单年度之间较为稳定，“利息差”则会随着投资资产的变化不断变化，如一个期缴两全产品，随着其保费的缴入，对应的投资资产慢慢累积，“利息差”越来越大，相应的红利分配额度不断增加，实际的红利水平也会相应增加。所以，在资产份额模型下，会近似地计算出各年度的投资资产份额，通过反映该资产份额下的“利息差”来得到各保单年度分红水平，以作为基准分红水平。

在确定基准分红水平时，可以考虑采用以下方法：第一步，运用计算现金价值的方法计算出各年度虚拟的投资资产份额 AS_t。由于在计算现金价值时，保单初期会考虑一定的费用率，这样某种程度上反映出了新业务压力（New Business Strain）。在计算投资资产份额时，除利率假设以外，其他假设可以与计算现金价值时保持一致。第二步，对于现金红利与增额红利，可根据以下公式确认基准分红水平。

$$CD_t = (AS_{t-1} + NP_{t-1} - Cp_{t-1}) \cdot (i'_t - i_t) \cdot R \cdot K$$

$$RB_t = (AS_{t-1} + NP_{t-1} - Cp_{t-1} + RBV_{t-1}) \cdot (i'_t - i_t) \cdot R/A_t \cdot K$$

式中，CD_t 为第 t 个保单年度的现金红利；RB_t 为第 t 个保单年度的增额红利；AS_t 为第 t 个保单年度的虚拟的投资资产份额；NP_t 为计算虚拟的投资资产份额时，第 t 个保单年度的净保费；Cp_t 为第 t 个保单年度初的生存给付金额；i_t 为计算虚拟的投资资产份额时，第 t 个保单年度的利率；i'_t 为计算基准分红水平时，第 t 个保单年度的利率，此利率并非利益演示中的演示利率；A_t 为第 t 个保单年度初的增额红利准备金因子；RBV_t 为第 t 个保单年度之初，累积的增额红利准备金，其可由第 t 个保单年度之前各年度所累积的增额红利 $\sum_{n<t} RB_n$ 与准备金因子 A_t 得到；R 为保单持有人所分配红利占当年度红利分配额度比例，该比例不低于 70%；K 为比例系数，等于 1 时表示基准分红水平。

当然公司可以对计算出的红利水平作一定的修正，如为了进一步反映出新业务压力（NB strain）对红利的影响，对前几年的分红水平乘以一定系数，以降低初期红利的水平。

（2）在确定上述基准分红水平后，我们可以得到各年度红利成本。对于现金红利，各年度红利成本就是实际所分配的红利 CD_t，然而对于增额红利，由于其实际支出会在后续年度反映出来，所以我们需要对当年度由所分配的增额红利 RB_t 产生的成本进行量化。一种常用的方法是以其当年度的法定责任准备金 $RB_t \cdot A_{t+1}$ 作为其红利成本。在得到各年度的红利成本之后，再依据投保人红利与股东红利既定的比例 R，就可以得到各年度股东红利支出 SH_Div_t。

$$SH\_Div_t = (CD_t + RB_t \times A_{t+1}) / R \cdot (1 - R)$$

接着在所选取的精算假设下，对该保单未来各年度现金流进行模拟，其中包括预期的保费收入，费用支出，保单退保金额，理赔支出，投资收益等，从而计算出其各年度在红利分配后的盈余状况。显然该盈余是在考虑了所有“利差”之后得到的。

（3）最终，在基准分红水平下，如果保单仍然有盈余或者出现亏损，则按照一定比例增加或者降低基准分红水平，以使得在基准分红水平的某一个比例下，保单的盈余完全地分配出去。该分红水平就是最后用来生成利益演示的演示分红水平。即调整 K，以达到：

$$PV\_SH\_Div + PV\_CD + PV\_RB = PV\_Surplus$$

式中，PV_SH_Div 表示股东红利支出的精算现值；PV_CD 则为投保人现金红利的精算现值；PV_RB 则为投保人增额红利的精算现值，包括增额红利相关的理赔，退保与满期等保险利益的支出；$PV\_Surplus$ 为公司盈余的精算现值。

3. 精算假设的选取

分红利益演示涉及的精算假设主要有死亡发生率、疾病发生率、退保率、费用率、投资回报率等。考虑到保险客户的合理预期，在中档演示下，各精算假设一般采用公司的最优估计，通常也就是定价假设。同时由于在各假设中，投资回报率相对更加地敏感，受外部因素影响较大，所以在中档假设确定之后，一般会保持其他假设不变，而只是在不同的投资回报率假设下，进行高档和低档演示。

§8.4 其他国家（地区）信息披露介绍

各国（地区）的监管要求可分为相对宽松与较为严格的两类。香港和新加坡是这两种截然不同风格的代表，我们将在下面作简要的介绍。

8.4.1 香港的监管要求

香港监管机构对新型产品的信息披露，要求相对宽松，其规定多为一些指导性的意见。如在利益演示中，要求避免使用误导性语言；演示须与保单陈述一致；不得滥用复利的计算；保证利益与非保证利益需要区分开等。在分红保险利益演示中，监管机构并没有要求公司在不同的假设下进行演示。而对于万能保险，也只是大体要求列示保费，保证与非保证的保险利益和现金价值的信息，对于公司所收取的各项费用没有要求在演示中作详细的说明。

8.4.2 新加坡的监管差异

新加坡监管要求十分严格。对于仍然处于起步阶段的我国保险市场，其更具借鉴意义，同时在某种程度上代表了我国新型保险产品监管的发展方向。特别是在分红保险规定方面，新加坡的一些监管做法考虑得更加全面。

1. 统一分红保单介绍

新加坡人寿保险协会于2008年3月发布了一套《分红保单指南》，以通俗易懂的语言回答了什么是分红保单、分红保单的宗旨是什么、分红如何决定等问题。作为宣传材料，保险公司在销售时可以将该指南提供给客户。

2. 进一步规范利益演示

首先，对利益演示中所用精算假设作了更加明确的限制，比如，不得采用比公司最优估计激进的假设，同时对利益演示中假设投资收益率设有上限。其次，明确限制了在售产品的利益演示中的分红水平，即以较高投资率所演示的分红不得高于该款保单的主流分红尺度。若高于主流分红尺度，保险公司需解释原因。

3. 披露分红保险投资资产信息

在产品说明书中，对分红保险的投资资产进行一定披露，包括资产投资的目标、投资策略等信息、保险公司对该资产的管理情况的说明（全部管理、部分管理或不管理）等。

4. 分红保险风险的分担说明

公司需要描述该产品的各项主要风险及费用如何与其他产品分担；并

解释保险公司如何确定用来支持分红保单的资产。使得保单持有人对于分红产品运营原理有更加全面的了解。

5. 解释分红的平滑原理

公司需解释年度红利和终了红利如何在保单的有效期内平滑；提供该产品过去三年的年度红利及终了红利。

6. 定期更新利益演示

保险公司不仅需要描述分红账户上一年度的表现，对影响红利的重要因素（投资、死亡率、疾病发生率、费用、退保率等）给予专门的评论，还需要描述对分红账户未来表现的展望，向客户解释过往表现和对未来的展望将如何影响红利分配和未来红利的准备金。同时客户有权利要求保险公司基于当时的最优估计对利益演示进行更新，以保证客户可以很直观地了解到公司分红保单的经营情况。

在我国，对分红保险实际经营状况与分红水平的信息披露是有限的，投保人通常只能从每年的红利通知书中得到一些相关信息。这些信息往往只是对历史状况的说明，而缺少对未来可能分红水平的描述。但是在实际情况下，各保单年度之间的分红水平是有一定可操控性的。如公司在分红保单没有赢利的年份；如保单初期，也能够分配一定的红利，也可以在赢利水平比较高的年份，留存部分的盈余以平滑在未来可能出现的亏损。这就导致简单地看过去实际的分红水平，并不能有效地把握保单真实的状态，只有结合未来整个保单年度分红水平的合理预期，才能真正地了解分红保险的经营状况。

主要参考文献

【1】《人身保险新型产品信息披露管理办法》，中国保险监督管理委员会 2009 年第 3 号。

【2】《关于执行〈人身保险新型产品信息披露管理办法〉有关事项的通知》，保监发［2009］104 号。

第三篇 个人寿险与年金产品评估和寿险公司财务与风险管理

第9章 准备金评估和财务报告

§9.1 准备金评估的基本原理和方法概述

9.1.1 实务中准备金的基本应用

1. 财务报表中常见的准备金种类

（1）保单责任准备金。保单责任准备金是保险公司财务报表中涉及的准备金的基本种类之一，它是为当前有效的保单所计提的负债，反映了这些保单在未来可能发生的赔付，即保险公司所承担的保险责任。在实际的财务报表中，根据相关的法律法规要求，保单责任准备金可能会细分成更加具体的科目名称，用来对不同的保险产品分类进行单独列示。例如在我国法定准备金评估中，保单责任准备金进一步细分为“寿险责任准备金”、“未到期责任准备金”和“长期健康险责任准备金”等。在实务中，对保单责任准备金的评估工作一般由保险公司的精算部门根据相应的精算方法和假设来完成。

【例9－1】 假设A公司承保了一张两全保险保单，保单责任及被保险人主要信息如下：

投保时间：	2009年1月1日	保单缴费期限：	3年
被保险人年龄：	50岁	保费：	304.2元
被保险人性别：	男	保额：	1 000元
保单保障期限：	3年		

计算准备金所使用的假设为：利率：5%；50岁男性死亡率：0.6%，51岁男性死亡率：0.65%，52岁男性死亡率：0.75%。假设当前时间为2010年12月31日，该保单有效且处于第二个保单年度末，则

$$\text{当前的保单责任准备金} = \frac{1\ 000}{1+5\%} \times 0.75\% + \frac{1\ 000}{1+5\%} \times (1-0.75\%) - 304.2 = 648.2\text{(元)}$$

（2）赔款准备金。保险公司除了需要为当前有效状态下的保单提取保单责任准备金外，还需要为其他状态下的保单提取准备金，例如已经提出理赔申请的保单，或者是保险事故已经发生但尚未提出理赔申请的保单，为这些状态下的保单提取的准备金统称为“赔款准备金”。根据准备金“目的”的不同，常见的赔款准备金种类分为：已发生未报告未决赔款准备金和理赔责任准备金。

- **已发生未报告未决赔款准备金**，是为那些已经发生保险事故但尚未向保险公司提出理赔的保单所计提的，它反映了这部分保单可能将要发生的赔付支出。这里需要说明的是，这部分保单由于尚未向保险公司提出理赔，因此在保险公司的运营系统中可能仍然记录为有效状态。换句话说，保险公司不能完全准确的判断出哪些保单处于“已发生未报告”的状态。因此在实务中，这部分准备金大多由保险公司精算部门根据以往的理赔经验，采用合理的精算方法和假设来进行计算。
- **理赔责任准备金**，是为那些已经报案但尚未最终赔付的保单所计提的。对于这部分准备金，保险公司一般采取逐案估计法来进行计提，即由相关部门根据保单的具体情况估计出每张保单的最终赔付金额。对于某些理赔发生率较高的业务，在实务中公司也可以根据以往的理赔经验，采用合理的假设计算出这部分准备金，例如计提的理赔责任准备金数额为过去一年该业务总理赔金额的一个百分比。

除此之外，在实务中可能还存在其他形式的赔款准备金，例如赔款费用准备金，它是为在理赔勘查的过程中可能发生的费用所提取的准备金。

【例9-2】 假设例9-1中的被保险人于2010年12月31日身故，保险公司于2011年1月1日接到理赔申请但尚未支付身故保险金，则保险公司这时需要为该保单提取理赔责任准备金。

实务处理中，一般会由理赔部门根据保单的情况估计出可能的理赔金额，再由财务部门记录在报表中。假设在该例中，理赔部门初步判断该保单满足全额赔付的标准，则该单的理赔责任准备金为1 000元。

就单张保单来说，在终止前，保单所经历的状态一般为有效状态或理赔状态，因此上述两种准备金几乎可以涵盖一张保单在整个保险期间不同阶段所对应的负债。保险公司必须足额计提上述两种准备金，保障保单持有人的利益，同时保证公司的持续运营。

2．在不同评估体系下准备金的特点

根据评估目的的不同，在实务中常见的准备金评估体系为：法定准备金评估、财务报告准备金评估和税收准备金评估。

（1）法定准备金评估。该评估多用于监管目的，主要侧重于监控保险公司的偿付能力，保证保险公司有充足的资本支持业务的持续运营、履行保险合同义务，因此更加关注资产负债表中的资本金数额。法定准备金评估的方法和假设一般由监管机构规定并且相对保守。

（2）财务报告准备金评估。与法定准备金评估的侧重点不同，财务报告准备金评估主要是用来为管理层、投资者等提供公司的收益状况，可以说是侧重于损益表。目前国际上比较流行的美国通用会计准则（GAAP）、国际财务报告准则（IFRS）等都属于财务报告准备金评估体系。

财务报告准备金评估体系着重于最大限度地、真实地反映公司的财务状况，因此准备金评估所使用的假设是基于最优估计假设来确定的。同时，财务报告准备金评估能够全面地反映公司的负债状况，因此退保金给付以及与保单相关的费用等现金流等都包含在准备金的计算当中。

基于以上特点，对于同样的保单，财务报告准备金的数额一般会小于法定准备金的数额，同时财务报告准备金数额的在整个保单期间内的变化会相对平稳。这是在实务中对于上述两种准备金评估体系的一个简单的认识。

（3）税收准备金评估。除上述两种准备金评估体系外，税收准备金评估是另外一种比较常用的准备金评估体系。税收准备金是指在计算所得税的过程中所使用的准备金。从方法上来看，税收准备金一般同法定准备金保持一致，只是可能需要对某些假设进行适当调整。在某些国家的实务中，税收准备金则直接使用法定准备金来进行核算。由于税收准备金评估在原则和方法上同法定准备金评估类似，因此在本节的后续内容中就不再赘述。

上述三种准备金评估体系的比较见表9－1。

9.1.2 法定准备金评估简介

1．法定准备金评估概述

法定准备金评估的最主要目的是用于监管机构对保险公司的偿付能力状况的监督管理，这就决定了法定准备金评估具有如下特点：

（1）简单易懂，便于相应监管指标的计算；

（2）相对公平，便于各公司之间的比较以及便于监管机构制定行业标准；

（3）相对保守，用以更大限度的保证保险公司的正常运营。

表9-1 三种准备金评估体系的简单比较

	法定准备金评估	财务报告准备金评估	税收准备金评估
主要目的	监控公司的偿付能力	计算公司的收益	计算税收
主要关注方	监管者、管理层、评级机构	投资者、管理层、评级机构	税收部门
准备金数额的相对大小	相对保守，一般数额相对较大	要求真实反映公司赢利状况，一般数额相对较小	一般同法定准备金一致，或以法定准备金为最大值
计算所使用的假设	预先设定	根据公司实际经验得出	一般同法定准备金一致
计算所使用的方法	一般由监管部门做出比较详细的规定	一般为原则性准则，对于具体做法，各公司可能会不同	一般同法定准备金一致
操作、理解难易程度	简单	复杂	简单

因此，从内容上看，法定准备金评估一般只包括与保单保障利益相关的现金流，即身故给付、生存金给付等，而并未包括退保金给付和费用支出等项目。而准备金计算的方法和相关的假设，如利息率、死亡率等，一般由监管机构统一作出比较严格的规定，保证法定准备金计算的“保守”性。

2. 过去法和未来法

（1）过去法。顾名思义就是根据保单“过去”的经历来计算准备金的方法。过去法的理念侧重于衡量保单从签发到评估时间点所累积的“盈余”，即实际收取的保费大于保险利益支出的部分。一般的计算公式为：

准备金＝过去保费收入的累积值－过去保险利益支出的累积值

【例9-3】 假设A公司承保了一张两全保险保单，保单责任及被保险人主要信息如下：

投保时间：	2009年1月1日	保单缴费期限：	3年
被保险人年龄：	50	保费：	304.2元
被保险人性别：	男	保额：	1 000元
保单保障期限：	3年		

计算准备金使用的假设为：年利率：5%；50岁男性死亡率：0.6%，51岁男性死亡率：0.65%，52岁男性死亡率：0.75%。使用过去法计算该保单第一保单年度末的准备金。

解： 根据上述公式，准备金金额为：

$$\text{过去保费收入的累积值} = \frac{304.2 \times (1+5\%)}{1-0.6\%} = 321.3(\text{元})$$

$$\text{过去保险利益支出的累积值} = \frac{1\ 000 \times 0.6\%}{1-0.6\%} = 6.0(\text{元})$$

准备金 $=321.3-6.0=315.3$(元)

(2) 未来法。与过去法相反，未来法的理念侧重于衡量保单从评估时间点到保障期结束所预期产生的“亏损”，即保单未来所收取的保费小于保险利益支出的部分。而这部分“亏损”必须由评估时间点保险公司所持有的额外资金来“补足”，否则保险公司将没有足够的资金在未来履行保险金支付的义务。在评估时间点，保险公司用来“补足”的部分即是该保单的准备金。一般的计算公式为：

准备金 = 未来保险利益支出的精算现值 − 未来保费收入的精算现值

【例 9－4】 保单信息和相关假设同例 9－3，使用未来法计算该保单第一保单年度末的准备金。

解： 根据上述公式，准备金金额为：

$$\text{未来保险利益支出的精算现值}=\frac{1\,000}{(1+5\%)^2}\times(1-0.65\%)\times0.75\%+\frac{1\,000}{1+5\%}\times0.65\%+\frac{1\,000}{(1+5\%)^2}\times(1-0.65\%)\times(1-0.75\%)=907.3(\text{元})$$

$$\text{未来保费收入的精算现值}=304.2+\frac{304.2}{1+5\%}\times(1-0.65\%)=592.0(\text{元})$$

准备金 $=907.3-592.0=315.3$(元)

(3) 过去法与未来法的比较。实际上，单纯从数理上看，过去法和未来法可以看做是一套准备金计算公式的不同应用，只是简单地从时间的先后顺序来区分：对于任一评估时间点来说，如果该时点的准备金计算是基于该时点之前的现金流得出的，那就是“过去法”；如果是基于该时点之后的现金流得出的，那就是“未来法”。

对于同样的保险产品，如果使用同样的假设条件，过去法和未来法计算出来的准备金数额是相等的。例 9－3 和例 9－4 的计算结果也证明了这一点。从准备金的原理上来讲也不难理解，例如从一个简单的定期寿险产品来看，准备金产生的原因就是因为每一期收取的保费和当期的支付不相等。一般来说在保单初期，由于被保险人年龄较小，死亡率较低，因此死亡给付较少，后期随着年龄逐步增大死亡给付逐步增高，而保费一直都是“均衡”的。在任意评估时间点的准备金，从过去法的角度来看，就是多收取的保费所累积下来的金额，这部分金额要留下来为将来做准备，因为在将来时间段的保费收入小于支出；从未来法的角度来看，就是保险公司未来收取的保费与支出的差额，这个差额应该由之前多收取的保费来弥补。

虽然在理论上过去法和未来法是一致的甚至是相同的，但是在实务中对两者的使用却有很大的不同。实务中，未来法的应用更为广泛，这可以从准备金的性质上来理解。通俗地讲，准备金就是保险公司为未来进行的准备，因此保险公司更加关心的是未来的情况对负债的影响。在未来假设发生变动的情况下，使用过去法来计算准备金则不能很好地反映出评估时间点的状况。

在某些情况下，未来的现金流（保费收入或者保险利益支出）并不能很好地预测，例如，对于万能寿险的保费收入和保险利益支出，使用过去法来计算准备金更符合实际情况。某些万能寿险准备金评估方法中“账户价值准备金”的部分可以看做是过去法的应用。

3．净保费法和毛保费法

（1）净保费法。净保费法是指在计算准备金时使用“净保费”作为保险公司未来的保费收入。从数理上来讲，在签单的时间点，该净保费能够刚好满足支付准备金计算所包含的保险公司未来的负债现金流。即在“0时刻”：

未来净保费的精算现值 = 未来保险利益支出的精算现值

净保费不是保单实际收取的保费，而是根据精算假设计算出来的保费。之前介绍的过去法和未来法都是净保费法的应用。净保费法在准备金评估中的应用很多，绝大部分的法定准备金计算都是使用净保费法的。净保费法简单明了，而且能够准确明白地反映准备金计算的基本原理。

【例 9 - 5】 保单信息和相关假设同例 9 - 3，计算该保单的评估净保费。

解： 在 0 时刻：

$$\text{未来保险利益支出的精算现值} = \frac{1\,000}{1+5\%}\times 0.6\% + \frac{1\,000}{(1+5\%)^2}\times(1-0.6\%)\times 0.65\% + \frac{1\,000}{(1+5\%)^3}\times(1-0.6\%)\times(1-0.65\%)\times 0.75\% + \frac{1\,000}{(1+5\%)^3}\times(1-0.6\%)\times(1-0.65\%)\times(1-0.75\%)$$
$$= 864.6(\text{元})$$

$$\text{期初支付年金的年金因子} = 1 + \frac{1}{1+5\%}\times(1-0.6\%) + \frac{1}{(1+5\%)^2}\times(1-0.6\%)\times(1-0.65\%)$$
$$= 2.8$$

$$\text{该保单净保费} = 864.6/2.8 = 304.2(\text{元})$$

可以看出，例子中给出的保单保费即是该保单的评估净保费。

（2）净保费方法下准备金的修正方法及应用。净保费法简单易懂，符合法定准备金评估的要求。但是在法定准备金评估体系下，保险公司经常会在保单的第一保单年度产生很大的亏损。这是因为实际操作中，在保单初期会发生大量的费用，例如核保、签单等费用，这些费用统称为“保单获取成本”，即为获得保单所产生的费用。同时，由于法定准备金评估的保守性会使得计提的准备金数额较大，这样就会造成保险公司财务报表中的亏损现象。为解决这样的问题，便产生了“修正准备金方法”。从结果上看，修正准备金方法能够适当降低首年度的准备金数额，缓解上述问题带来的亏损的压力。

修正准备金方法的核心基础就是采用“修正净保费”来计算准备金。对于不进行“修正”的净保费，称之为“均衡净保费”，相应地，采用均衡净保费来计算准备金的方法即为“均衡净保费准备金方法”。修正净保费从表现形式上看为首年保费较低而续年保费较高，首年保费与续年保费之间的差额即为“费用津贴”（Expense Allowance，EA）。有关费用津贴的作用，可以根据表 9 – 2 中的内容来理解。

表 9 – 2　　均衡净保费准备金与修正准备金的比较

	均衡净保费准备金	修正准备金	修正准备金扩展	
	(1)	(2)	费用部分 (3)	总和 = (2) + (3)
未来支出现金流	与保单保险利益相关的现金流支出（例如身故、全残、生存金给付等）	与保单保险利益相关的现金流支出（例如身故、全残、生存金给付等）	保单获取成本，只发生在保单期初（即 0 时刻）	与保单保险利益相关的现金流支出（例如身故、全残、生存金给付等）和保单获取成本
净保费	均衡净保费，各期相等	修正净保费，首期与续期不等，两者的差额为费用津贴	费用津贴，只在 0 时刻，数额与保单获取成本相等	均衡净保费，各期相等
净保费与未来支出现金流之间的关系	在保单期初（0 时刻），所有的净保费精算现值与所有未来支出现金流精算现值相等	在保单期初（0 时刻），所有的净保费精算现值与所有未来支出现金流中保险利益支出现金流精算现值相等	在保单期初，净保费与支出现金流相等	在保单期初（0 时刻），所有的净保费精算现值与所有未来支出现金流精算现值相等

从上面的表述中可以看出，费用津贴可以理解为用来支付保单获取成本的净保费。通过以上的扩展，修正准备金方法可以从广义的角度理解为在均衡净保费准备金基础上加入保单获取成本而计算的准备金。由于在计算中考虑了保单获取成本的现金流，并相应地确认了支持这部分

现金流的净保费，因此同均衡净保费方法来说，对初期产生的亏损影响相对较小。

需要指出的是，这里与费用津贴相等的“保单获取成本”只是概念上的一个数字，同实际发生的“保单获取成本”没有任何直接联系。

实务中比较常用的修正准备金方法是“一年期完全修正法”（Full Preliminary Term，FPT）和 Zillmer 方法。

①**一年期完全修正法**。此方法的基本思想是假设首年的净保费刚好等于首年的保险成本，因此首年末的准备金为零。在一年期完全修正法中，费用津贴是间接来定义的，即通过首年和续年修正净保费的差额反映费用津贴的大小。

②**Zillmer 方法**。与一年期完全修正方法不同，Zillmer 方法是直接定义费用津贴的数额，一般为 3.5% 的保险金额，也就是 Zillmer35 的由来。

以上两种是理论上常见的修正准备金方法，在实务中还有很多的方法来对准备金进行修正。例如美国法定准备金的基本方法——保险监督官准备金评估方法（Commissioner's Reserve Valuation Method，CRVM）。

【例 9-6】　保单信息和相关假设同例 9-3，使用一年期完全修正法计算该保单第二保单年度末的准备金。

解：根据一年期完全修正法的计算公式：

$$\alpha=\frac{1\ 000\times 0.6\%}{1+5\%}=5.7(\text{元})$$

$$\beta=\frac{\frac{1\ 000\times 0.6\%}{1+5\%}+\frac{1\ 000\times(1-0.6\%)\times 0.65\%}{(1+5\%)^2}+\frac{1\ 000\times(1-0.6\%)\times(1-0.65\%)}{(1+5\%)^3}-5.7}{\frac{1\times(1-0.6\%)}{1+5\%}+\frac{1\times(1-0.6\%)\times(1-0.65\%)}{(1+5\%)^2}}$$

$$=466.2(\text{元})$$

$$\text{第二保单年度末准备金}=\frac{1\ 000}{1+5\%}-466.2=486.2(\text{元})$$

在修正准备金方法下，首年净保费降低，续年净保费增加，这时候便有可能出现续年净保费大于毛保费的情况。由于毛保费是保险公司从客户实际收取的保费总额，因此用于支持未来的现金流支出的净保费不可能大于毛保费。所以在这种情况下，应以毛保费作为未来的保费收入计算准备金，这时即会产生“保费不足准备金”。

一般在日常报告中不会单独计算保费不足准备金的数额，而是直接用毛保费作为未来的保费收入计算准备金，但是有时候可能需要单独计算这部分的数额。实际上，保费不足准备金就是以下两者之间的差额：①使用修正净保费计算出来的准备金；②使用毛保费计算出来的准备金。从概念上来理解，就是由于未来收取的保费不足以支持负债现金流，从而需要在现在多计提的准备金数额。

对于保险公司来说，保费不足准备金的存在会提高保险公司总的准备金水平，这样在一般情况下会造成公司赢利水平的下降。因此在实务中保险公司会在产品设计的时候进行多项测试，尽量避免在以后产生保费不足准备金。

【例 9－7】 保单信息和相关假设同例 9－3，假设毛保费为 400 元，计算第二保单年度末的保费不足准备金。

解： 以毛保费作为未来保费收入，计算出的准备金为：

$$\text{第二保单年度末准备金}=\frac{1\ 000}{1+5\%}-400=552.4(\text{元})$$

根据例 9－6 的结果，使用修正净保费计算出的准备金为 486.2 元。因此，在第二保单年度末保费不足准备金为 552.4－486.2 ＝ 66.2 元。

（3）毛保费方法及其在法定准备金评估中的应用。除了净保费方法，在实务中常用到的准备金计算方法还有“毛保费方法”，即毛保费评估（Gross Premium Valuation，GPV）。与净保费方法的不同点是：第一，毛保费方法在准备金计算中使用“毛保费”作为未来保费收入项；第二，现金流支出包含所有的与保单相关的现金流，不止是与保险利益相关的现金流（身故、全残、生存金给付等），还包含退保金支出和费用支出（保单获取成本和保单维持成本）以及佣金支出；第三，计算中所使用的假设为“最优估计”假设。所谓“最优估计”假设就是指保险公司对未来最有可能发生的情况的估计。一般保险公司会根据公司的实际经验，综合考虑公司整体业务规划、产品结构等因素来确定最优估计假设。

毛保费准备金一般不会作为体现负债的准备金出现在财务报表中，无论在法定准备金评估中还是在财务报告准备金评估中，它一般用来作为“最低准备金”指标来对保险公司所计提的准备金数额进行充足性分析。毛保费准备金作为最低准备金可以从以下几个方面来理解：第一，毛保费准备金计算中包含所有的与保单相关的现金流收入和支出；第二，计算所使用的假设为最优估计假设。因此可以看出，毛保费准备金是在最大可能的情况下满足保险公司运营要求的准备金数额。实际提取的准备金应大于这个数字，否则在保险公司未来的运营中，可能会面临资金不足的问题。

9.1.3 财务报告准备金评估简介

1．财务报告准备金评估概述

与法定准备金偏于保守的性质不同，财务报告准备金评估着重于客观公正地反映公司的赢利状况，因此所使用的方法比法定准备金方法更为复杂和灵活，且所使用的精算假设也不着重强调保守性。目前国际上影响力较大的财务报告准备金评估体系有《美国通用会计准则》和《国际财务报告准则》等。这些评估体系的具体准则和方法各有不同，但从总体上来讲，都是在寻求一个相对客观、公正的方法来反映保险公司的赢利状况。它们都具有一个基本的认识，即把利润与产生利润的因子（或者称做“载体”）紧密联系起来。合理地反映利润与利润因子之间的关系，是财务报告准备金评估的一个重要思想。

目前各种评估体系下对于利润因子的选取和处理方法各有不同，各自形成了多套独立完整的准则体系。但随着全球经济一体化的发展，财务报告一体化的趋势不可避免。目前，相关机构也在进行各种尝试，在各种评估体系中求同存异，寻求一种具有普遍适用性的评估准则体系。

本节将主要介绍财务报告准备金评估体系的基本思路和方法，对于各评估体系的具体内容，将会在后续章节有比较完整详细的讲述。

2. 财务报告准备金评估的基本方法

之前的章节介绍了不同准备金评估体系下的准备金计算的特点和方法，本部分将以法定准备金计算方法为基础，简要探讨财务报告准备金计算方法与之不同的特点。

（1）对于退保支出的处理。正如之前介绍过的，财务报告准备金评估中包含退保支出现金流，这是与法定准备金计算的不同点之一。从计算方法上来看，对退保支出现金流的处理同对身故给付等保险利益支出现金流的处理是一致的，这里就不再赘述。

（2）对费用支出的处理。法定准备金评估和财务报告准备金评估的另外一个不同之处就在于此。实际上，有关费用的处理历来是各种会计准则重点讨论的对象，也是现有各种准备金评估体系之间存在的主要的不同之处。这些差异主要体现在有关费用的分类和定义等方面，同时对哪些费用参与准备金的计算也有着不同的规定。例如在《美国通用会计准则》中，费用可分为首年不可递延费用、首年可递延费用、保单维持费用和间接费用四类。而在其他准则下，分类则可能不同，例如区分为固定费用和可变费用来分别进行处理。

从方法上来看，在准备金评估中加入对费用的处理，就是简单地把相关费用的现金流纳入到准备金计算之中，这增加了准备金计算中支出部分的现金流。但是，费用因素对准备金评估的影响，不应简单地仅仅从方法和准备金数额上来理解。实际上，在准备金计算中对于费用支出的不同处理能够更加广泛地影响到保险公司的利润实现和资产负债表状况。例如，在《美国通用会计准则》中对可递延的保单获取成本（Deferrable Acquisition Cost）的处理，就可以在很大程度上缓解在保单期初大量的费用支出对保单利润产生的影响。

（3）对保单“利润”的处理。财务报告准备金强调利润与利润因子之间的一致性，这也是与法定准备金评估在根本上的不同之处。对于不同性质的产品，利润因子的选取可能存在不同，例如保费、现金价值、有效保单的保额等都是在实务中实际使用到的利润因子。在财务报告准备金评估中，保单的利润一般表现为利润因子的固定比例，在整个保单期间内随利润因子的逐步摊销而“均匀”释放。

3. 财务报告准备金评估的相关假设

正如之前所述，财务报告准备金评估中所使用的假设是以最优估计假设为基础的，根据产品的特性以及所适用的会计准则合理地加入适当的**风险边际**（Risk Margin）。这与法定准备金评估中所使用的假设有很大不同，需要精算从业人员在经验分析结果的基础上加入专业的判断，以此来设定合适的精算假设。一般来说，财务报告准备金包含与保单相关的所有现金流，相应的，相关的精算假设可以分为利息率、死亡率和重疾率等发生率、退保率、佣金和费用假设等这几类。

（1）利息率。实务中大体有两种方法来设定利息率假设：一种是将利息率假设与保单所对应资产的收益率相联系（例如《美国通用会计准则》中的对传统产品的准备金计算的处理），另一种则是在设定利息率假设时不考虑保单所对应资产的收益率（例如《国际财务报告准则》中对传统产品的准备金计算的处理）。

在实务中，第一种做法的关键在于如何将产品进行适当的分组，以便于统计相关信息从而得到相关资产的收益率。对产品进行分组，需要结合产品的特性和资产管理的特点来进行。对产品进行适当的分组后，保险公司就可以方便的得到相关资产在当前的收益率，结合长期收益率目标，就可以得到有关收益率的最优估计。在某些情况下，保险公司需要在最优估计的基础上加入一个风险边际得到最终的利息率假设。加入风险边际的目的是保证准备金适当保守以应对未来的不确定性，在这里需要提及的是，风险边际的符号为“负”，也就是使利息率假设减小。

第二种方法在理论上一般是要求使用“无风险利率”作为折现率假设的基础，而不是保单所对应资产的收益率。但是在现实中，完全无风险的利率是不存在的，因此在实务中，一般使用国家政府债券的收益率作为无风险利率的近似。对于某些具有独特性质的产品，需要在“无风险利率”的基础上作相应的调整，例如“流动性调整”，得到最终的利息率假设。

（2）死亡率、重疾率等发生率。这些与保单责任相关的现金流所使用的假设具有相似的性质，这里把它们放在一起作简单介绍。对于这些假设，保险公司一般是通过各自公司的经验分析来确定最优估计假设，对于经验不足的公司，则可以借助同业的经验或相似产品的经验来确定最优估计。同样，在某些情况下，需要加入风险边际的调整。在这里与利息率的风险边际不同的是，一般的情况下，风险边际的符号为“正”。

（3）退保率。与上述各种发生率类似，退保率的最优估计假设也是各公司根据自己的经验而确定的。在实际运营中，退保案件发生的次数远比死亡、重疾等案件发生的数量多，因此这方面的经验数据也更容易获得。但与上述发生率不同的是，退保率假设的变化对于准备金数额的影响方向并不是确定的，对于不同的产品形态可能会不同。也就是说，退保率假设的风险边际的符号可能为“正”，也可能为“负”。因此，在实务中，对于退保率假设一般不再进行风险边际的调整（例如美国通用会计准则中的对传统产品的准备金计算的处理）。若是在某些情况下需要进行风险边际的调整，则需要对不同特点的保单在不同的时间点进行测试，以确定在不同时间点风险边际的符号。

（4）与佣金相关的假设。与佣金相关的假设一般包含两个部分，即直接佣金与间接佣金。直接佣金即为发放给签发保单的代理人的佣金，间接佣金为与直接佣金相关的其他费用，例如签单代理人的上级主管的奖金。在实务中，保险公司都会有一套明确完整的佣金制度。由于直接佣金和保费是直接关联的，因此在准备金计算中可以直接使用佣金率表反映保单的佣金水平。相比较而言，间接佣金假设的设定就稍显复杂。由于间接佣金涉及的种类很多，而且对应的基础也不同，因此保险公司需要根据费用分析的结果计算出实际发放的间接佣金的总额，将它表示为直接佣金的一定比例，作为假设使用在之后的现金流预测之中。同时保险公司会定期进行费用分析，根据实际情况对间接佣金假设进行更新。

（5）费用假设。正如之前所讲，不同的会计体系对费用假设的处理存在很大的不同。但是无论在哪种会计制度下，对于保险公司来说，在实务中的重点和难点就是能够准确地根据会计准则的要求将费用进行分类。现有的会计准则一般只是从原理上规定费用的种类和定义，各保险公司在实务中必须尊重会计准则的原则，充分分析费用的性质，对其进行相应的分类。保险公司的费用分析工作，一般由会计部门主要负责，精算部门协助完成。根据不同种类费用的性质，将其表示为基于不同费用基础的单位数额（例如每张保单费用），作为费用假设应用于准备金评估等工作中。

有关财务报告准备余评估中所使用的假设示例，请见表9－3。

9.1.4　日历年度下评估时点的准备金计算方法

1．准备金因子法

在实务中，对于一张保单来说，评估时间点一般不会正好是保单周年日，这样就需要采用合理的方法计算来非保单周年日的准备金。准备金因

表 9-3　　某公司在美国通用会计准则下的准备金评估中，计算某两全保险产品的准备金所使用的假设

相关假设科目	具体假设内容
利息率	4%
死亡率	80% 中国人寿保险业经验生命表（2000—2003）
退保率	15% / 8% / 6% / 4% / 2% / 1% / 1%
间接佣金	首年直接佣金的 85%
费用：	
首年可递延费用	每 100 元保费：15（元）；每张保单：125（元）
保单维持费用	每 100 元保费：10（元）；每张保单：70（元）

子法是常用的方法之一。准备金因子法的操作方法就是事先从计算出的各个保单周年日的单位准备金作为准备金因子，在后续的计量工作中通过对准备金因子进行适当的调整得到评估时点的准备金数额。

若在准备金的计算中，未来的精算假设不会经常发生变动，那么准备金因子法是比较合适的方法，例如我国法定准备金评估体系下传统寿险的准备金计算。准备金因子法的优点是节约时间和资源，只需在初期完整的模拟出未来所有的现金流，计算出准备金因子，而在后续的工作中则可以直接引用相应的准备金因子进行计算，而不需要在每个评估时点都完整的模拟出未来所有的现金流。

当评估时点不是保单周年日的时候，在实务中，一般是采用“插值”的方法来对相应的准备金因子进行调整，从而计算出评估时点的准备金。插值的“精确度”一般可以根据公司的资源状况，在相关法则允许的范围内进行选择，可以具体计算到某日（例如 1/365 法），也可以只计算到某月（例如 1/24 法）。

以 1/365 法为例，评估时间点的准备金计算公式为：

$$RSV_t \times \frac{365 - Days}{365} + RSV_{t+1} \times \frac{Days}{365} + \text{Valuation Premium} \times \frac{Days}{365}$$

其中：RSV_t 为上一保单周年日的准备金因子；RSV_{t+1} 为下一保单周年日准备金因子；Days 为评估时点与上一保单周年日之间的天数；Valuation Premium 为评估保险费。

【例 9-8】 保单信息和相关假设同例 9-3，假设评估时点为 2009 年 6 月 30 日，使用 1/365 法计算该保单在评估时点的准备金。

解：根据保单信息，该评估时点处于保单第一周年日之前，且准备金因子为，

$$RSV_0 = 0$$

$$RSV_1 = 315.3$$

$$\text{Days} = (2009/6/30 - 2009/1/1) = 180(\text{天})$$

$$\text{Valuation Premium} = 304.2(\text{元})$$

所以，

$$\text{在评估时点的准备金} = 0 \times \frac{365-180}{365} + 315.3 \times \frac{180}{365} + 304.2 \times \frac{180}{365} = 305.5(\text{元})$$

2. 现金流折现法

除了准备金因子法，现金流折现法是另外一种比较常用的方法。与准备金因子法相比，现金流折现法更为“直接”。其操作方法就是在每个评估时点重新预测未来现金流，从而计算出评估时点的准备金数额。如果准备金计算所使用的精算假设定期更新，那么使用现金流折现法能更为灵活准确地反映负债的状况。相应地，现金流折现法需要消耗更多的时间和资源。

【例9-9】 保单信息和相关假设同例9-3，假设评估时点为2009年6月30日，使用现金流折现法计算该保单在评估时点的准备金。

解： 使用现金流折现法计算准备金需要预测从评估时点开始的未来所有的现金流，具体计算结果如表9-4所示。

表9-4

保单周年日	利率	死亡率	身故给付	身故给付在评估日的现值	满期给付	满期给付在评估日的现值	保费	保费在评估时点的现值
(1)	(2)	(3)	(4)	(5)	(6)	(7)	(8)	(9)
0								
1	5%	0.60%	1 000	2.89	0	0	304.2	296.09
2	5%	0.65%	1 000	6.03	0	0	304.2	280.16
3	5%	0.75%	1 000	6.58	1 000	870.53	0	0
总和				(A) = 15.5		(B) = 870.53		(C) = 576.25
评估时点准备金 = (A) + (B) - (C) = 309.78								

表中：(A) = 列 (5) 加总；(B) = 列 (7) 加总；(C) = 列 (9) 加总。

(5)、(7)、(9) 的计算中贴现率因子采用复利计算，例如第一保单周年日到评估时点的贴现因子为 $(1+5\%)^{\frac{180}{365}}$；

(5)、(7)、(9) 的计算中死亡率假设平均分布，例如第一保单周年日到评估时点的死亡率假设为 $0.6\% \times 180/365$。

可以看到，两种方法下计算出的准备金数额存在着些许差别，其原因主要是1/365法假设准备金数额在一个保单年度内是线性变化的，而实际上并不是这样。如果能够对准备金因子法中的“插值”方法进行适当“改造”，使之能够完美地计算出在一个保单年度内各个时点的准备金的数额，那么这两种方法的结果就会完全一致。当然，这只是一个理论上的设想，在实务中，1/24 法或 1/365 法，可以被认为是现金流折现法的有效近似，并作为一种简单有效的方法，用来计算日历年度下评估时点的准备金。

§9.2 我国法定责任准备金评估和准备金充足性测试

9.2.1 我国法定责任准备金适用的精算规定

中国保监会一系列精算规定规范了法定责任准备金的提取方法，寿险公司应严格参照相应精算规定，从审慎的角度提取法定责任准备金。法定最低责任准备金是保监会对各寿险公司提取准备金的最低要求，并且法定最低责任准备金作为中国偿付能力监管体系下的保险公司对保单持有人的负债的提取标准，直接影响公司认可负债及偿付能力额度，并最终影响公司偿付能力。

相关精算规定和适用范围可概括如表 9 - 5 所示。

表 9 - 5

精算规定	适用范围
保监发［1999］第 90 号：《中国保险监督管理委员会关于下发有关精算规定的通知》	长期传统寿险
保监发［2003］第 67 号：《关于印发人身保险新型产品精算规定的通知》	分红保险
保监发［2006］第 8 号：《健康保险管理办法》	长期健康保险及短期健康保险
保监寿险［2007］335 号：《关于印发投资连结保险、万能保险精算规定的通知》	万能保险和投资连结保险
保监寿险［2008］671 号：《关于修订短期意外伤害保险法定责任准备金评估有关事项的通知》	短期意外伤害保险
保监发［2005］118 号：《关于修订精算规定中生命表使用有关事项的通知》	生命表选取：《中国人寿保险业经验生命表（2000—2003）》
保监发［2009］121 号：《关于印发〈精算报告〉编报规则的通知》	法定责任准备金充足性测试

下面将逐一介绍公司提取法定保单责任准备金、法定已发生未报案未决赔款责任准备金及准备金充足性测试的实务处理。

9.2.2　我国法定保单责任准备金评估及实务处理

保险产品的法定保单责任准备金评估一般包括如下内容：评估方法；评估利息率的选取；评估死亡率、评估发病率、评估意外发生率等假设的选取；退保及费用的考虑；非保证利益的考虑；保费不足准备金。下文将分不同险种分别介绍上述法定保单责任准备金评估的适用内容。

1. 非分红传统寿险及长期健康保险

（1）评估方法。

①对于非终身年金保险产品，法定保单责任准备金的提取采用如下“一年期完全修正法”（Full Preliminary Term method）：

- 修正后首年纯保费 α = 首年的自然净保费即首年的保险成本，因此第一年末的准备金为 0。
- 修正后续年均衡纯保费 β 按如下公式计算：

$\alpha+\beta$ 在缴费期初的精算现值 = 未来保险利益支出的精算现值

②对于终身年金保险产品，法定最低责任准备金的提取采用下述修正均衡纯保费方法：

- 修正后首年纯保费 α = ｛1 − min（首年预定费用率，r｝ × 首年毛保费，其中：个人业务 $r=0.35$；团体业务 $r=0.15$。
- 修正后续年均衡纯保费 β 按如下公式计算：

$\alpha+\beta$ 在缴费期初的精算现值 = 未来保险利益支出的精算现值

（2）评估利息率的选取。公司选取的评估利息率为如下两者的较低值：

①中国保监会每年公布的保单责任准备金评估利息率；

②该险种厘定保险费所使用的预定利息率。

中国保监会 2003 年公布的保单责任准备金评估利息率为 7.5%，以后年度未有更新。在 1999 年 6 月之前，厘定保险费所使用的预定利息率一般不低于 5%；而在 1999 年 6 月之后，保监会规定预定利息率的上限为 2.5%。

（3）评估死亡率、评估发病率、评估意外发生率等假设的选取。公司选取评估死亡率假设时，应基于产品特征，对于同一产品的全部保单整体考虑，按照审慎性原则在“中国人寿保险业经验生命表（2000—2003）”中的非养老金业务表和养老金业务表之间选择采用较为保守的评估死亡率。

对于可能用到的评估发病率、评估意外发生率等假设，公司可以根据自己的经验数据编制，也可采用其他公司（如再保险公司）已有的经验表，或根据保险市场的经验基于审慎的原则制定。

（4）退保及费用的考虑。由于法定责任准备金计算方法中未来保险利益不包括公司退保给付及公司费用，退保及费用在法定责任准备金计算中不适用。

（5）保费不足准备金。如果按修正方法计算的续年评估均衡纯保费高于毛保费，应计提保费不足准备金。保费不足准备金为保单在未来的缴费期间内，评估纯保费与毛保费之差在保单年度末按评估基础计算的精算现值。法定保单责任准备金为上述修正准备金与保费不足准备金之和，同时不低于保单的现金价值。

2. 分红保险

（1）评估方法：对于分红保险，法定保单责任准备金的提取采用“一年期完全修正制方法”和“Zillmer35 摊额修正制方法”两者取大。具体而言：

①修正后首年净保费 α 按下列公式计算：

$$\alpha = P^{NL} - EA$$

式中，P^{NL}为根据评估基础确定的缴费期间均衡净保费，EA 为费用扣除额，EA 不得高于保险金额的 3.5%。

如果 α 的计算结果小于根据评估基础计算的首年自然净保费，则 α 取自然净保费。

②修正后续年净保费 β 按下列公式和法定未到期责任准备金计算基础计算：

$$\alpha + \beta \text{ 在缴费期初的精算现值} = \text{未来保险利益支出的精算现值}$$

需要强调的是，这里的保险利益支出只包括未来保证的保险利益，而不包括未来保单红利这一非保证利益的支出。

（2）评估利息率的选取：与非分红传统寿险及长期健康保险评估利息率的选取相同。

（3）评估死亡率、评估发病率、评估意外发生率等假设的选取：选取方法与非分红传统寿险及长期健康保险相同。

（4）退保及费用的考虑：与非分红传统寿险及长期健康保险相同，退保及费用在法定责任准备金计算中不适用。

（5）非保证利益的考虑：对于分红产品，根据保监会的规定，公司需要将不低于分红保险业务盈余的 70% 分配给分红保单持有人。由于法定保单责任准备金中不包含任何为将来红利给付计提的负债，如果公司分红账户在评估时点已有盈余，对于该盈余中归属于保单持有人的部分，公司需要额外计提分红保险特别储备作为公司负债。

（6）保费不足准备金：提取方法与非分红传统寿险及长期健康保险相同。

3. 万能保险和投资连结保险

（1）评估方法。对于万能保险，责任准备金分为账户准备金和非账户准备金。账户准备金按准备金评估日的保单账户价值提取，并保证账户准备金不小于在评估日保单持有人退保所能获得的账户金额。

对于投资连结保险，责任准备金由单位准备金及非单位准备金构成。单位准备金等于准备金评估日的保单账户价值，并保证单位准备金不小于在评估日保单持有人退保所能获得的账户金额。

对于万能保险和投资连结保险投资账户以外的保险给付及公司支出，分别计提非账户准备金和非单位准备金，准备金按如下“现金流折现法”提取：

①预期在将来的每个时间段内，投资账户以外的现金流（包括所有保证和非保证保险利益的现金流）；

②若预期的净现金流在将来的某些时间点为负值，则从最远的负值点（n）往回，按如下递推公式计算：

$$V_{n-1} = -PV_{n-1}(CF_n)$$

$$V_{n-t} = \max(0,\quad PV_{n-t}(V_{n-t+1}) - PV_{n-t}(CF_{n-t+1}))$$

式中，时间段最长为一年；V_t 为 t 时刻的责任准备金，$t=0,1,\cdots,n-1$；CF_t 为 $[t-1,t]$ 时间段内的净现金流，$t=1,2,\cdots,n$；PV_t（　）为相应项目在 t 时刻的精算现值。

（2）评估利息率的选取。对于评估利息率即贴现率时，由于“现金流折现法”中的现金流均为保单账户以外的现金流，这些现金流进入公司普通账户，一般选取对应公司普通账户将来的预期投资回报率作为贴现率，并保证评估利息不高于5%是较为合理的方法。

（3）评估死亡率、评估发病率、评估意外发生率等假设的选取。选择保单账户以外的现金流预期所需的评估死亡率、评估发病率、评估意外发生率等假设时，应当采用公司对未来的最优估计。

（4）退保及费用的考虑。不同于非分红传统寿险、长期健康保险及分红保险，计算保单账户以外的预期现金流时，应该考虑保单持有人的退保及公司费用，选取的假设为公司对未来的最优估计。

（5）非保证利益的考虑。在预测万能保险保单账户以外的现金流来计算非账户准备金时，需要预测万能账户将来的投资回报及结算利息。选取的投资回报率及结算利率假设为公司对未来的最优估计，并符合公司确定结算利率的政策。

在预测投资连结保险保单账户以外的现金流计算非单位准备金时，需要预测投资连结账户将来的账户价值增长率。选取的账户价值增长率假设为公司对未来的最优估计。

表9－6是一个计算万能保险非账户准备金的实例，年贴现率为4%。

表 9 – 6　　非账户准备金的计算

月份	保单初始费用	保单管理费	风险保费	账户价值以外身故给付	公司管理费用	账户投资回报	账户结算利息	净现金流	非账户准备金
标识	(1)	(2)	(3)	(4)	(5)	(6)	(7)	(7) = (1) + (2) + (3) – (4) – (5) + (6) – (7)	
1	25	4.5	12.7	9.8	10.1	21.3	20.3	23.3	0.0
2	0	4.4	12.7	9.8	10.0	20.9	19.9	(1.7)	22.2
3	0	4.3	12.7	9.8	9.8	20.6	19.6	(1.7)	20.6
4	0	4.1	12.7	9.8	9.7	20.5	19.5	(1.6)	19.0
5	0	4.0	12.7	9.8	9.5	20.1	19.2	(1.6)	17.5
6	0	3.9	12.7	9.8	9.4	19.8	18.8	(1.6)	15.9
7	0	3.6	13.5	10.4	9.2	19.6	18.7	(1.6)	14.3
8	0	3.5	13.5	10.4	9.1	19.3	18.4	(1.6)	12.7
9	0	3.3	13.5	10.4	9.0	19.0	18.1	(1.6)	11.1
10	0	3.2	13.5	10.4	8.8	18.7	17.8	(1.6)	9.6
11	0	3.1	13.5	10.4	8.7	18.4	17.5	(1.6)	8.0
12	0	3.0	13.5	10.4	8.5	18.0	17.2	(1.6)	6.4
13	0	2.8	13.5	10.4	8.4	17.7	16.9	(1.6)	4.8
14	0	2.7	13.5	10.4	8.3	17.4	16.6	(1.6)	3.2
15	0	2.6	13.5	10.4	8.1	17.1	16.3	(1.6)	1.6

如果公司的风险保险费是逐月收取的，许多公司会提取评估时点的未赚风险保险费作为额外的非账户准备金或非单位准备金。

这里，非账户准备金和非单位准备金一般应当逐单计算。除非保险公司认为将具有相同特征的保单分组计算的结果与逐单计算的结果无实质性差异并经保监会批准方可采用分组计算的方法。

4. 短期意外伤害保险及短期健康保险

对于短期意外伤害保险及短期健康保险，由于其保险期间较短，如果保险风险在保险期间内均匀分布，则采用未赚毛保费法是合理提取责任准备金的方法。1/24 毛保费法（以月为基础计提）及 1/365 毛保费法（以天为基础计提）都是各公司常用的方法。如果保险风险在保险期间内分布不均匀，公司可以根据其风险分布状况采用其他谨慎、合理的方法。

表 9 – 7 是用 1/24 毛保费法及 1/365 毛保费法计算保单责任准备金的实例。保单缴费方式为年缴，评估日为 2010 年 8 月 31 日。

表 9－7　　未赚毛保费法

编号	保单周年日	毛保费	剩余有效半月(1/24 法)	准备金（1/24 法）	剩余有效日（1/365 法）	准备金（1/365 法）
1	1 月 30 日	1 000	9	=1 000×9/24=375	152	=1 000×152/365=416
2	2 月 28 日	1 200	11	=1 200×11/24=550	181	=1 200×181/365=595
3	3 月 23 日	1 400	13	=1 400×13/24=758	204	=1 400×204/365=782
4	4 月 20 日	1 600	15	=1 600×15/24=1 000	232	=1 600×232/365=1 017
5	5 月 15 日	1 800	17	=1 800×17/24=1 275	257	=1 800×257/365=1 267
6	6 月 12 日	2 000	19	=2 000×19/24=1 583	285	=2 000×285/365=1 562
7	7 月 9 日	2 500	21	=2 500×21/24=2 188	312	=2 500×312/365=2 137
8	8 月 5 日	3 000	23	=3 000×23/24=2 875	339	=3 000×339/365=2 786
总计		14 500		10 604		10 563

5．公司提取法定保单责任准备金时的实务问题及处理方法

对于长期意外伤害保险，目前没有明确的精算规定约束其法定最低保单责任准备金的提取。在精算实务中，一般认为长期意外伤害保险的产品性质与长期传统寿险类似，采用一年期完全修正制方法是行业比较普遍认同的做法。

对于一年期寿险产品，类同于短期意外伤害保险及短期健康保险，未赚毛保费法是行业普遍认同的准备金提取方法。

在实务中提取长期传统寿险、分红保险、长期健康保险和长期意外伤害保险的保单责任准备金时，寿险公司经常会将有效保单进行合理分组，同组保单共用相同的准备金因子。一种可行的方法是将具有相同投保年龄、保险品种和缴费方式的保单合并为一条记录（即将相同属性保单的保额作累加），然后对合并后的记录逐条计算责任准备金。这样的分组方法既能保证较高的精确性，同时又大大地节省系统运行时间。

对于长期健康保险和长期意外伤害保险，公司可能会遇到这样的问题：一些健康保险和意外伤害保险的合同本身是一年期保险合同，但是由于合同中含有保证续保条款，从而该合同被归类为长期健康保险和长期意外伤害保险。对于这类合同提取保单责任准备金的方法，一般认为，如果保证续保的年限较长，且将来每个保单年度的预期理赔非均匀分布，如逐年上升，采用一年期完全修正制方法较为合理。如果保证续保的年限很短，且将来每个保单年度的预期理赔基本均匀分布，采用短期健康保险和短期意外伤害保险提取保单责任准备金的方法也是合理的。

对于采用增额红利这种红利给付方式的分红产品，已公布的增额红利是将来的保证保险利益的一部分。计算法定保单责任准备金时，保险责任

应包括已公布的增额红利。这时，在准备金评估日，已公布的增额红利部分的保单责任准备金相当于一份保险利益为已公布的增额红利，保险期间与原保险合同相同的趸缴两全保险合同的责任准备金。具体而言，保单责任准备金等于将来被保险人死亡时的期望增额红利给付及满期时的期望增额红利给付基于评估利息率贴现的精算现值，即：

$$RSV_t = SA_{RB} * A_{x+t:\overline{n-t|}}$$

式中，SA_{RB}为已公布的增额红利。

下文探讨投保人执行对于不可丧失价值的权利后保险公司对于该保单的负债。在某些情况下，精算规定没有给出非常明确的保单责任准备金的提取方法。这时，精算师们需要根据自己的精算经验，以现有精算规定作为参考，从审慎的角度提取责任准备金，下文我们尝试对这些特别情景作一些探讨。

公司针对保单的不可丧失价值，可能给予投保人如下几种权利：

（1）递延定期寿险权利。保单持有人用已有现金价值购买一定期限的定期寿险，原保险合同随之失效。

当保单持有人选择了递延定期寿险权利时，公司应该清醒地认识到可能的逆选择风险。当递延定期寿险的保险金额高于原保险合同时，公司可以通过再核保来控制逆选择风险。对于该递延定期寿险，法定责任准备金的提取与普通定期寿险没有区别。具体而言，责任准备金等于将来被保险人的期望死亡给付基于评估利息率贴现的精算现值，即：

$$RSV_t = SA_{Extended} * A^{1}_{x+t:\overline{n-t|}}$$

式中，$SA_{Extended}$为递延定期寿险的保险金额。

对于再核保发现的次标准体，应该计提额外的次标准体准备金。

（2）减额付清权利。保单持有人选择不再缴纳将来保费，用已有现金价值换算成对应原保险期间的新保险金额，将来保险给付随着保险金额的减小而减小。

对于执行了减额付清权利后的合同，不会有将来保费收入，在准备金评估日的责任准备金等于基于减额付清后的新保险金额的将来期望给付的精算现值。例如，对于标准的两全保险产品，减额付清后准备金公式为：

$$RSV_t = SA_{NEW} * A_{x+t:\overline{n-t|}}$$

式中，SA_{NEW}为减额付清后保险金额。

（3）自动垫缴保费权利。保单持有人选择用已有现金价值自动垫缴将来保费，原保单继续有效。

对于执行了自动垫缴保费权利的合同，当剩余现金价值足够垫缴当期保费时，公司计提保单贷款资产，而在公司负债方，原保单责任准备金与一张正常交付保费保单没有区别；当剩余现金价值不足以垫缴当期保费时，保单在剩余现金价值大于零时仍然有效，公司计提的保单贷款资产清零，此时公司应从审慎的角度考虑此保单的负债。一些公司可能用剩余的现金价值作为保单负债，但需考虑剩余的现金价值是否足够应付将来保单有效期内（即剩余现金价值大于零的时间段）对应的保险利益给付。

（4）合同中止和合同终止。保单持有人选择中止原保险合同，现金价值暂时留存在公司。保单持有人有在将来两年内复效该保单的权利。

对于执行了合同中止权利的合同，在将来两年之内，可以将执行合同中止权利时的现金价值作为对该保单的负债，并将负债计入保单责任准备金。若保单持有人执行合同中止权利已超过两年时间，保单持有人便丧失了将该保单复效的权利。这时，原保单事实上已经终止了。若保单持有人仍未领取现金价值，应将等于现金价值的负债计入保单应付赔付款而非保单责任准备金。

9.2.3　我国法定已发生未报案未决赔款责任准备金的评估及实务处理

对于健康保险，公司应当根据险种的风险性质和经验数据等因素，至少采用链梯法、案均赔款法、准备金进展法、B－F 法中的两种方法评估，并选取评估结果的最大值确定已发生未报案未决赔款责任准备金。对于数据基础不能确保计算结果的可靠性，或者相关业务的经验数据不足 3 年的，保险公司应当按照不低于该会计年度实际赔款支出的 10% 提取已发生未报案未决赔款责任准备金。

对于短期意外伤害保险，公司应采用至少下列两种方法进行谨慎评估提取已发生未报案未决赔款责任准备金：链梯法；B－F 法；案均赔款法；准备金进展法等其他合适的方法。

而准备金充足性分析要求公司在会计年度末对未决赔款责任准备金的具体提取方法和提取基础分别进行说明，并证明其符合审慎的原则。因此，对于非健康保险及短期意外伤害保险，公司应基于审慎的原则选择合理的方法提取准备金。行业中，对于长期传统寿险、分红寿险、万能保险及投资连结保险等长期保险合同，若经验足够，一般考虑链梯法；若理赔经验不足，可以考虑其他替代方法，例如风险保额的一定比例、过去 12 个月实际理赔额的一定比例等方法；对于其他短期寿险合同，若理赔经验不足，可以考虑已赚保费的一定比例、保险金额的一定比例等方法。

1. 链梯法

链梯法的原理是假设各进展年的赔款相对稳定，赔款延迟模式可根据最终赔款的一定比例来描述。如果未来事故年会延续过去的赔款延迟模式，那么可以通过延迟模式的规律来估计最终赔款。当然，公司在使用链梯法时，应根据业务性质的不同，选择年、季、月等为延迟单位考察赔款延迟模式。

让我们来看一个链梯法的实例。表9－8为累积的已付赔款数据。

表9－8　累计已付赔款数据

事故月 i	进展月 j						最终值
	1	2	3	4	5	6	
1	2 777	3 264	3 452	3 594	3 719	3 719	3 719
2	3 252	3 804	3 973	4 231	4 319		
3	3 725	4 404	4 779	4 946			
4	4 521	5 422	5 676				
5	5 369	6 142					
6	5 818						

根据以下公式，用最近三个事故月度的累计已付赔款数据计算进展因子：

$$P_j = \frac{C_{i,j+1} + C_{i-1,j+1} + C_{i-2,j+1}}{C_{i,j} + C_{i-1,j} + C_{i-2,j}}$$

式中，$C_{i,j}$表示事故月 i 的赔案在第 j 个进展月的累计已付赔款数。例如，$C_{2,3}=3\ 973$，$C_{2,4}=4\ 231$。

再根据下面公式，计算最终进展因子f_j（见表9－9）：

$$f_j = P_j * P_{j+1} * \cdots * P_n$$

表9－9　最近三个事故月度加权进展因子

事故月	进展月					
	1	2	3	4	5	6
进展因子	1.173	1.059	1.046	1.027	1.000	1.000
最终进展因子	1.335	1.138	1.075	1.027	1.000	1.000

将各事故月的当前累计已付赔款数乘以对应进展月的进展因子，获得预计最终赔款（见表9－10）。

表9－10　各进展月的赔款和最终赔款

事故月	进展月						最终值
	1	2	3	4	5	6	
1	2 777	3 264	3 452	3 594	3 719	3 719	3 719
2	3 252	3 804	3 973	4 231	4 319	4 319	4 319
3	3 725	4 404	4 779	4 946	5 081	5 081	5 081
4	4 521	5 422	5 676	5 940	6 101	6 101	6 101
5	5 369	6 142	6 502	6 804	6 989	6 989	6 989
6	5 818	6 823	7 223	7 559	7 764	7 764	7 764

未决赔款责任准备金等于预计最终赔款减去当前累计已付赔款。此例中未决赔款责任准备金 = 3 719 + 4 319 + 5 081 + 6 101 + 6 989 + 7 764 − (3 719 + 4 319 + 4 946 + 5 676 + 6 142 + 5 818) = 3 353

2. B − F 方法

基于赔付延迟模式的最终赔款预测方法仅依靠过去数据来估计最终赔款，并假设赔案报告和理赔模式持续不变。但这样的假设有两个问题：一是由于赔付延迟数据不足，到最近承保年，累计进展因子已经与实际有一定的偏差；二是如果最近事故年的赔付额度发生大的变化，预测结果会出现严重偏离。B − F 方法克服了这两个问题，是对链梯法的很好补充。B − F 法根据赔付率和已赚保费数据估计基准最终赔款，利用进展因子估计未决赔款准备金与最终赔款的关系，最终计算获得未决赔款准备金。当然，公司在使用 B − F 方法时，应根据业务性质的不同，选择年、季、月等为延迟单位考察赔款延迟模式。让我们来看 B − F 方法的一个实例：

表 9 − 11　　累计已付赔款

事故月 i	进展月 j						最终值
	1	2	3	4	5	6	
1	1 001	1 855	2 423	2 988	3 335	3 483	3 705
2	1 113	2 103	2 774	3 422	3 844		
3	1 265	2 433	3 233	3 977			
4	1 490	2 873	3 880				
5	1 725	3 261					
6	1 889						

第一步，根据累计已付赔款数据（见表 9 − 11），计算未来赔款占最终赔款比例 p（见表 9 − 12），计算公式如下：

$$p_j = (1 - 1/f_j)$$

式中，f_j 为链梯法计算的最终进展因子，计算方法同链梯法。

表 9 − 12　　未来赔款占最终赔款比例 p

事故月	进展月					
	6	5	4	3	2	1
进展因子	1.912	1.334	1.232	1.120	1.044	1.064
最终进展因子	3.912	2.046	1.533	1.244	1.111	1.064
p	0.744	0.511	0.348	0.196	0.100	0.060

第二步，根据赔付率和已赚保费数据估计基准最终赔款 B − UL，未决赔款准备金为基准最终赔款 B − UL 的 p 倍（见表 9 − 13）。计算公式如下：

基准最终赔款：$B-UL=EP*\lambda$

未决赔款准备金：$IBNR=p*B-UL$

式中，EP 表示已赚保费，λ 表示目标赔付率。

表 9-13　　B-F 法 IBNR 的计算

事故月	6	5	4	3	2	1
已赚保费（元）	8 502	7 482	6 590	5 680	5 024	4 486
λ	83%	83%	83%	83%	83%	83%
B-UL	7 057	6 210	5 470	4 714	4 170	3 723
p	0.744	0.511	0.348	0.196	0.100	0.060
IBNR	5 253	3 175	1 902	925	416	223

最后，将各个事故月的 IBNR 加总，得到总的已发生未报案未决赔款责任准备金为 11 894 元。

3. 案均赔款法

案均赔款法假设案均赔款与赔案数目的流量模式不同，最终的已发生未报案未决赔款责任准备金等于最终已报案案均赔款乘以最终已报案赔款数目并减去当前累计已付赔款。

4. 准备金进展法

准备金进展法是利用已付赔款同已报案未决赔款准备金作比较，通过分析已报案未决赔款准备金的充足性，来评估最终赔款，进而对已发生未报案未决赔款责任准备金作出估计。

9.2.4 法定责任准备金的充足性分析

1. 进行准备金充足性分析的原因

即使寿险公司严格参照保监会的精算规定，从审慎的角度提取法定责任准备金，也不能保证法定责任准备金是充足的，足以应付将来的保险利益给付，原因如下：

（1）尽管精算规定采用的评估利息率、死亡率相对保守，公司也确实从审慎的角度选择评估发病率、评估意外发生率等假设，这并不能保证这些假设在将来仍然是审慎和合理的。例如：

①存在公司将来预期投资回报率低于中国保监会公布的保单责任准备金评估利息率，且低于公司厘定保险费所使用的预定利息率的可能性。这样的事情其实在中国保险市场上已经发生过。在 1999 年之前，许多公司出售了相当数量的高定价利率的保单，在当时投资回报率急剧下滑的市场上，以较高评估利息率计算获得的法定责任准备金很可能是不充足的。特别针对那些投资成分很高的保单而言，更是如此。

②存在随着先进医学的发展，人群的平均寿命进一步增加，导致现行评估生命表低估年金产品负债的可能性。

③新型疾病的发生及迅速蔓延，导致评估发病率表不够审慎。

④大面积自然灾害的爆发，导致评估死亡率、评估意外发生率不够审慎。

（2）法定保单责任准备金的计算对传统寿险、长期健康险、分红保险而言没有考虑保单退保和公司费用，这可能导致公司的准备金提取不足。

2. 准备金充足性分析方法

根据保监发［2009］121 号《关于印发〈精算报告〉编报规则的通知》中编报规则的“第六部分：总精算师备忘录及准备金充足性分析报告”的要求，保险公司应当在会计年度末，对未决赔款准备金、保单责任准备金进行准备金充足性测试。如果准备金充足测试结果显示在公司整体层面存在准备金不足的问题，保险公司应当设立额外的准备金。

准备金充足性测试对于准备金项目不同，应采用适当的分析方法。具体如下：

（1）寿险责任准备金（一年期以上业务）和长期健康险责任准备金。对于长期寿险业务和长期健康险业务，毛保费责任准备金评估法（GPV）是准备金充足性测试的最低要求。保险公司也可以采用现金流方法进行测试。

GPV 准备金 = 将来保险利益支出的现值 − 将来保费收入的现值

这里，将来保险利益包括：保单合同约定的保险利益给付，如死亡给付、残疾给付、疾病给付、满期金给付、生存年金给付、退保金支出、保单红利等；同时应包括佣金及手续费支出、营业费用等公司费用。当 GPV 准备金小于法定责任准备金时，说明在毛保费责任准备金评估法下法定责任准备金是充足的。

（2）未决赔款责任准备金。未决赔款责任准备金包括：已发生未报案责任准备金、已发生已报案责任准备金和理赔费用责任准备金。准备金充足性分析要求对上述各项准备金的具体提取方法和提取基础分别进行说明，并证明符合审慎的原则。

（3）未到期责任准备金和寿险责任准备金（一年期及以内）。对于一年期可续保的业务，建议参照长期业务的方法，采用毛保费责任准备金评估法（GPV）进行准备金充足性测试。总精算师也可以根据具体业务的续保特性，如是否提供保证续保、续保费率是否保证的情况采用其他合理的方法进行充足性分析。

对于一年期以内的极短期业务和不可续保业务，可以采用损失率法（Loss Ratio Method）进行充足性分析。

对于损失率法，需要证明该业务对应的佣金及手续费率、费用率与保费赔付损失率之和小于100%，这时用未赚毛保费法计算获得的准备金是充足的。

对于有保证续保条款的业务，总精算师应该根据对具体业务的续保特性的预期进行判断。如果预期投保人会长期续保这些业务，建议参照长期业务的方法，采用毛保费责任准备金评估法（GPV）进行准备金充足性测试。如果预期投保人不会长期续保这些业务，可以考虑参照短期险准备金充足性测试的方法进行测试。

3. 毛保费责任准备金评估（GPV）的假设选取

简而言之，毛保费责任准备金评估选取的假设应当是对将来的最优估计假设。

对于贴现率假设的选取，从理论上说，贴现率应当反映当前与准备金相对应的资产及预期未来的投资收益率情况。对于不同业务线可以选用不同的贴现率，以反映不同的资产组合和投资策略。特别地，对于投资连结业务的非账户价值部分，由于对应的将来的现金流一般来源于公司普通账户，应当选取公司普通账户未来的预期投资收益率作为贴现率，而不应当选取属于保单持有人的投资连结账户的预期投资收益率作为贴现率。

对于毛保费责任准备金评估法中如何选择红利假设的问题，从理论上讲，毛保费责任准备金（GPV）应当包括支付给保单持有人的红利，而支付给股东的红利属于分红业务将来的利润，不应当包含在毛保费责任准备金中。预期的未来红利应与公司的分红政策、保单持有人的合理预期保持一致；原则上预期的未来红利应与预期的分析情景一致，即该未来红利能够使得在该分析情景的各种精算假设下，实现公司既定的分红政策。

关于费用假设的选取，公司普遍存在的问题是是否应当包括一般间接管理费用在毛保费责任准备金中。《精算报告》“毛保费责任准备金评估（GPV）实务指南”约定毛保费责任准备金评估基本情景的营业费用假设不包括公司一般间接管理费用，而包括公司一般间接管理费用的营业费用假设可作为敏感性测试的一个情景。

§9.3 企业会计准则下的保险产品分类及保费收入确认

9.3.1 中国保险业新会计准则出台的背景介绍

随着世界经济的发展及各国经贸交流的不断深入，世界经济的一体化和资本的全球化配置对建立一套适用于不同行业、不同国家、地区的统一会计标准提供了客观要求和根本动力。中国企业会计准则与国际会计准则趋同是基于国家利益的一项战略行动。

（1）2006年2月，财政部发布我国新的《企业会计准则》，指导各行业的会计制度。

（2）2008年8月，财政部发布《企业会计准则解释第2号》（以下简称《2号解释》），要求同时发行A股和H股的上市公司对同一交易事项采用相同的会计政策和会计估计进行确认、计量和报告。

2009年12月22日财政部发布了《保险合同会计处理相关规定》，明确了保险业贯彻实施《2号解释》的具体会计政策，具体而言：①保费收入确认引入分拆和重大保险风险测试；②保单获取成本不递延；③采用新的基于最佳估计原则下的准备金评估标准；④准备金评估引入剩余边际和风险边际。

中国各保险公司自编制2009年年度财务报告起开始实施新的《企业会计准则》。

9.3.2 保险合同及非保险合同的确认方法

《企业会计准则第25号——原保险合同》阐述了保险公司与投保人签订的合同是否被确认为原保险合同的基本原则。其中《第二章：原保险合同的确定》的第四条指出："保险人与投保人签订的合同是否属于原保险合同，应当在单项合同的基础上，根据合同条款判断保险人是否承担了保险风险。发生保险事故可能导致保险人承担赔付保险金责任的，应当确定保险人承担了保险风险。保险事故，是指保险合同约定的保险责任范围内的事故。"

《保险合同相关会计处理的规定》对保险公司签发的较为复杂的承担保险风险又承担其他风险的混合合同，相应的合同分拆作了如下规定：

（1）保险风险部分和其他风险部分能够区分，并且能够单独计量的，应当将保险风险部分和其他风险部分进行分拆。保险风险部分，确定为保险合同；其他风险部分，不确定为保险合同。

（2）保险风险部分和其他风险部分不能够区分，或者虽能够区分但不能够单独计量的，如果保险风险重大，应当将整个合同确定为保险合同；如果保险风险不重大，不应当将整个合同确定为保险合同。

在此原则下，对于投资连结保险的独立账户部分及万能保险的投资账户部分，由于公司对这些账户不承担保险风险，且这些账户相对于公司其他账户独立运营且单独计量，账户的运营情况对保单持有人完全透明。因此，这些账户应该从原投资连结保险合同或万能保险中分拆，不确认为保险合同。

在对保险公司签发的合同进行可能的保险风险部分和其他风险部分的分拆后，分拆后的合同能否被确认为保险合同，根据财政部发布的《保险合同相关会计处理的规定》，需要对分拆后的合同进行重大保险风险测试。保监发［2010］6号《关于保险业做好《企业会计准则解释第2号》实施工作的通知》中阐明了重大保险风险测试的步骤及方法。具体而言：

第一步，判断该合同下转移的风险是否是保险风险。如果转移的风险不是保险风险，则该合同为非保险合同。一般情况下，如果合同下的现金流取决于未来的不确定事项，保单持有人受到该不确定事项的不利影响，而且该事项并非因合同而产生，则该合同转移了保险风险。转移了保险风险的例子有对被保险人财产造成损害或毁坏的火灾的发生或不发生；被保险人是否能生存到保单约定的年龄；被保险人是否会患上保单约定的重大疾病等。如果没有转移保险风险，该合同确认为非保险合同。

第二步，对于转移了保险风险的合同，判定该合同下保险风险的转移是否具有商业实质。如果转移的保险风险不具有商业实质，则该合同为非保险合同。商业实质是指保单签发对交易双方产生清晰可辨认的经济影响。如果某些情形发生的可能性是如此的微小，以致保险公司在定价或承保时都不会去考虑的，那么这些情形可以被认定为不具备商业实质影响的情形。如果原保险保单包含的多项互斥的保险事故，保险人应根据产品设计初衷、合同条款和经验数据进行判断，选择合理的具有商业实质的保险事故进行重大保险风险测试。

第三步，判断该合同下的保险风险转移是否重大。转移了重大保险风险的合同为保险合同，没有转移重大保险风险的合同为非保险合同。对于非年金保单，以原保险保单保险风险比例来衡量保险风险转移的显著程度。如果原保险保单保险风险比例在保单存续期的一个或多个时点大于等于5%，则确认为保险合同，其中：

$$\begin{matrix}\text{原保险保单}\\\text{保险风险比例}\end{matrix}=\left(\frac{\text{保险事故发生情景下保险公司支付的金额}}{\text{保险事故不发生情景下保险公司支付的金额}}-1\right)\times 100\%$$

对于年金保单，转移保险风险是否重大的判断较复杂，且通常情况下，长寿风险的转移是重大的，因此，在实务中可以简化处理，转移了长寿风险的，通常可确认为保险合同。

9.3.3 保险合同的分类

《企业会计准则第25号——原保险合同》中《第二章：原保险合同的确定》的第六条指出：保险人应当根据在原保险合同延长期内是否承担赔付保险金责任，将原保险合同分为寿险原保险合同和非寿险原保险合同。

原保险合同延长期内承担赔付保险金责任的，应当确定为寿险原保险合同；在原保险合同延长期内不承担赔付保险金责任的，应当确定为非寿险原保险合同。原保险合同延长期，是指投保人自上一期保费到期日未缴纳保费，保险人仍承担赔付保险金责任的时间段。基于上述判定条件，在现行企业会计准则下，寿险合同一般包括传统寿险合同、分红保险合同、万能保险分拆后的保险合同部分、投资连结保险分拆后的保险合同部分、长期健康保险合同及长期意外保险合同等，这些合同在自上一期保费到期日后，由于给予客户一般两个月的宽限期，在宽限期内保险公司仍然承担保险责任。而非寿险合同包括短期健康保险合同和短期意外伤害保险合同等。在这些短期保险合同到期后，保险公司不再承担合同中约定的责任。

9.3.4 保费收入的确认

对于非保险合同，尽管合同成立，但保险公司并未承担重大保险风险，保险公司向投保人收取的任何费用不能确认为保费收入。

对于保险合同保费收入的确认，《企业会计准则第25号——原保险合同》中《第三章：原保险合同收入》的第七条有如下约定：

保费收入同时满足下列条件的，予以确认：

（1）原保险合同成立并承担相应保险责任；

（2）与原保险合同相关的经济利益很可能流入；

（3）与原保险合同相关的收入能够可靠地计量。

保费收入确认应严格遵循以上三个条件，任何一个条件未满足，均不能确认保费收入。

1. 寿险合同的保费收入确认

对于保险合同中的寿险合同，合同约定一次缴纳保费的，保险公司应当在合同约定的开始承担保险责任的日期确认应收保费；合同约定分期缴纳保费的，保险公司应当在保险合同约定的开始承担保险责任的日期确认首期保费收入，在合同约定的以后各期投保人缴费日确认相应各期的保费收入。

根据这一原则，对于宽限期内应收未收的保费，保险公司应当确认保费收入。如在宽限期结束后，投保人未及时缴纳续期保费造成保险合同效力中止，应当在效力中止日对原已确认的保费收入中未收到保费部分予以冲回。如果投保人在合同约定的期间内按合同条款规定对保险合同进行复效，应当区分补缴保费和利息，对于补缴以前期间未缴保费部分，确认为当期保费收入；对于加收利息部分，确认为当期利息收入。

例如，一张10年期两全保险合同，缴费期限为5年，缴费方式为年缴，首年保单缴费日及保单生效日为2009年1月1日。到了2010年1月

31 日，如果第二年保费仍未缴纳，由于该保单仍然处于宽限期内，在 1 月 31 日做评估时，应该确认该保单第二年保费收入。到了 2010 年 3 月 31 日，如果第二年保费仍未缴纳，由于60 天保单宽限期已经过去，不再确认该保单第二年保费收入。

对于万能保险及投资连结分拆后的保险合同部分，其保费收入为公司提供额外风险保障的风险保险费。

2. 非寿险合同的保费收入确认

对于保险合同中的非寿险原保险合同，应当根据原保险合同约定的保费总额确定。保费收入的确认，关键视其是否满足了保费收入确认条件，而不是视其是否一次性收取或分期收取。如果在起保日即承担全部保险风险，就应在起保日根据原保险合同约定的保费总额全额确认保费收入；否则，应在承担相应保险风险时确认保费收入。

对于一次性收取保费的合同，保险公司应当在保险合同约定的开始承担保险责任的日期，在满足保费收入确认的条件下，按照合同确定的应收金额确认保费收入，将所有应收但尚未收到的保费收入全额确认为应收保费。

对于分期收取保费的合同，应当在保险合同成立日，在满足保费收入确认条件的前提下，按照合同确定的各期应收总额确认保费收入。保户每期缴纳保费后，冲减相应的应收保费。

因此，对于寿险公司的一年期意外伤害保险及一年期健康保险，如果保户选择非年缴缴费方式时，则应将各期应收保费总额一次性在保单生效时确认为保费收入。保户每期缴纳保费后，增加实收保费而冲减相应的应收保费。

例如，一张一年期意外伤害保险合同，缴费方式为月缴，首次缴费日及保单生效日为 2010 年 1 月 1 日。到了 2010 年 3 月 31 日，该保单正常缴纳了 3 个月的保费。在 3 月 31 日作评估时，应该确认该保单整个保险期间即 12 个月的保费收入而非仅确认 3 个月的保费收入。

§9.4 中国企业会计准则负债计量介绍

9.4.1 中国企业会计准则负债计量发展背景介绍

2006 年 2 月，中华人民共和国财政部（以下简称“财政部”）颁布了新《企业会计准则》，其中第 25 号准则规定保险合同准备金应当按照保险精算确定的金额计量，但是对准备金计量的方法和假设没有作出具体规定。

2007 年 12 月 6 日，中国注册会计师协会与香港会计师公会签署了两地会计准则等效的联合声明，除长期资产减值转回和关联方披露两项准则差

考虑通货膨胀因素的影响。保险人确定的通货膨胀率假设，应当与确定折现率假设时采用的通货膨胀率假设保持一致。

● 保险人应当根据分红保险账户的预期投资收益率、管理层的红利政策、保单持有人的合理预期等因素，确定合理估计值，作为保单红利假设。

②保险人在计量未到期责任准备金时，预测未来净现金流出的期间为整个保险期间。对于包含可续保选择权的保险合同，如果保单持有人很可能执行续保选择权并且保险人不具有重新厘定保险费的权利，保险人应当将预测期间延长至续保选择权终止的期间。

（3）未决赔款准备金的计量方法

①未决赔款准备金包括已发生已报案未决赔款准备金、已发生未报案未决赔款准备金和理赔费用准备金等。

②保险人应当采用逐案估损法、案均赔款法等方法，以最终赔付的合理估计金额为基础，同时考虑边际因素，计量已发生已报案未决赔款准备金。

③保险人应当根据保险风险的性质和分布、赔款发展模式、经验数据等因素，采用链梯法、案均赔款法、准备金进展法、B－F 法等方法，以最终赔付的合理估计金额为基础，同时考虑边际因素，计量已发生未报案未决赔款准备金。

④保险人应当以未来必需发生的理赔费用的合理估计金额为基础，计量理赔费用准备金。

2. 非保险合同负债计量

对于非保险合同，应按照金融工具相关会计准则进行会计处理。

根据保监会《做好 2 号解释实施工作通知》的要求，具体如下：

（1）未通过重大保险风险测试的保单的负债，应当采用实际利率法，按摊余成本计量，相关交易费用计入负债初始确认金额。在确定实际利率时，应考虑保险风险的现金流，除非这部分现金流对整个合同现金流的影响不重大。

（2）投资连结保险分拆后的独立账户负债，应当按照公允价值计量，相关交易费用计入当期损益。

（3）万能保险分拆后的投资账户负债，应当采用实际利率法，按摊余成本计量，相关交易费用计入负债初始确认金额。

（4）非预定收益型非寿险投资型产品的保户投资金负债，应当按照公允价值计量，相关交易费用计入当期损益。

（5）预定收益型非寿险投资型产品的保户投资金负债，应当采用实际利率法，按摊余成本计量，相关交易费用计入负债初始确认金额。

9.4.3　中国企业会计准则负债计量行业实务

前面部分介绍了中国企业会计准则负债计量的基本原则和要求。由于

《计量原则》仅对评估原则给出了规定，并没有对实施细节给出明确指引，因此，不同公司在应用《计量原则》时，理解不尽相同，采用的具体方法也不一样。下面汇总了一些行业在实施《计量原则》过程中争议较多的几个问题，并针对每个问题列举目前行业内的主要做法。

1. 边际的计量

边际的计量是企业会计准则负债计量中的一个难点。《计量原则》要求，“保险人在确定保险合同准备金时，应当考虑边际因素，并单独计量。保险人应当在保险期间内，采用系统、合理的方法，将边际计入当期损益”。

目前，行业中对于边际的处理普遍同时考虑风险边际和剩余边际。其中，风险边际是负债中用于承担未来不确定性的边际部分，通常在后续每个资产负债表日基于模型和合理估计重新计量。而剩余边际在初始计量时，会确保保险合同生效日不产生首日利得，在后续计量时，则按某一摊销基础（即利润驱动因素）在整个保险期间内进行摊销释放，并计入当期损益。由于《计量原则》没有对边际计量给出明确具体的规定和指引，因此各公司的实务操作不一。

（1）风险边际的计量方法。对于寿险业务的风险边际，绝大部分公司采用情景对比法。情景对比法考虑影响未来净现金流出的主要因素（如死亡率，发病率，费用，利率，退保率等）的不利情形，确定不利情景下的各项相关假设。风险边际等于不利情景下未来净现金流出的精算现值与基于合理估计假设下未来净现金流出的精算现值之差额，用公式可表示为：

$$Risk\_M_t = PVCF'_t - PVCF_t$$

式中，$Risk\_M_t$ 为 t 时刻的风险边际；$PVCF'_t$ 为 t 时刻在不利情景下的未来净现金流出的精算现值；$PVCF_t$ 为 t 时刻基于合理估计假设的未来净现金流出的精算现值。

除了情景对比法，个别公司采用资本成本法（Cost of capital approach）计量风险边际，采用保监会的最低偿付能力额度近似经济资本，资本成本率通常取在4%～5%，也即风险边际等于4%至5%的最低偿付能力额度。

而对于非寿险业务，保监会《做好2号解释实施工作通知》指出，“财产保险公司与再保险公司可以根据自身的数据测算并确定非寿险业务准备金的风险边际，但测算风险边际的方法限定为资本成本法和75%分位数法，风险边际与未来现金流现值的无偏估计的比例不得超出2.5%～15.0%的区间……不具备数据基础进行测算的财产保险公司与再保险公司，非寿险业务准备金的风险边际应采用行业比例，未到期责任准备金的风险边际按照未来现金流现值的无偏估计的3.0%确定，未决赔款准备金的风险边际按照未来现金流现值无偏估计的2.5%确定。”行业中，寿险公司对于非寿险业务普遍采用保监会《做好2号解释实施工作通知》中所规定的相应比例或分位数法。

（2）剩余边际的摊销基础。《计量原则》没有对边际如何摊销给出具体规定。仅要求保险人在保险期间内，采用系统、合理的方法，将边际计入当期损益。

目前，行业中常见的剩余边际的摊销基础（即利润驱动因素）包括：预期未来有效保单现金价值；预期未来有效保额；预期未来有效风险保额；预期未来赔付；预期未来有效保单红利支出成本（分红险）；预期未来保费收入；直线法。

摊销基础的选择直接影响着利润在何时释放，这与所选择的摊销基础随保单年度的变化情况有密切关系。比如，有效风险保额一般随保单年度递减，选择有效风险保额作为摊销基数会前置利润；有效保单现金价值或未来赔付一般随保单年度递增摊销，选择有效保单现金价值或未来赔付作为摊销基础会置后利润的释放。

图 9－1 是不同剩余边际摊销基础下的利润情况示例。

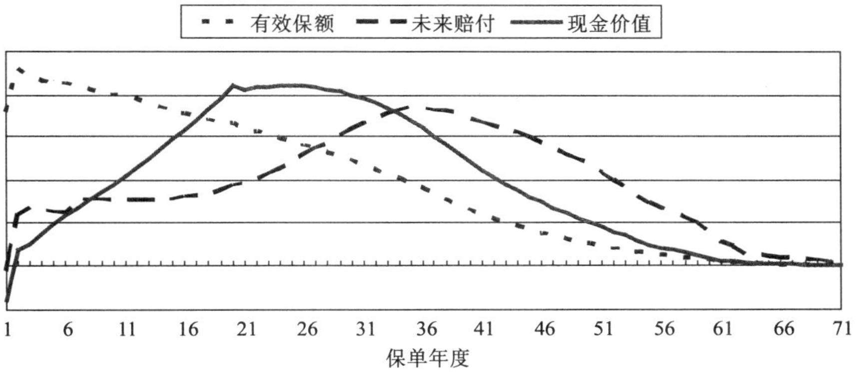

图 9－1　不同剩余边际摊销基础下的利润情况示例

虽然《计量原则》对此未做具体规定，但在这方面，2010 年 7 月国际会计准则理事会（International Accounting Standards Boards，IASB）发布的《国际财务报告准则保险合同征询意见稿》中给出了一定的实施指南。根据此意见稿，“在整个保险期间，保险人应当以最能反映已经提供的保险服务的系统的方法将保单初始确定的剩余边际确认为利润或损失，如下：以时间流逝为基础；但是，如果赔款和给付发生的预期时间和时间流逝的趋势有重大差异，则应以赔款和给付的预期发生时间为基础”。

（3）边际的后续计量。对于评估假设变化后如何对边际进行后续计量，《计量原则》则没有给出具体的规定和指引。

目前，对于风险边际，行业中普遍在后续计量中基于评估日合理估计进行重新计量。而对于剩余边际，是否在后续计量中将评估假设变更的影响反映在当期利润中以及如何反映，行业内存在着不同的做法。

①剩余边际的摊销比例：多数公司锁定摊销比例，而个别公司在后续计量中每期调整摊销比例，从而使得非经济假设变动不影响会计当期利润。

②剩余边际的摊销基础：有些公司首日锁定摊销基础，而有些公司则采用评估日合理估计重新计算摊销基础。

表 9－14 列示了目前行业中剩余边际后续计量的三种常见做法。

表 9－14

剩余边际后续计量	首日 0 时刻	评估日 t 时刻
做法一：锁定摊销比例和摊销基础	$Res\_M_0^0 = \max(0, -BEL\&Risk\_M_0^0)$ $k^0 = \frac{Res\_M_0^0}{D_0^0}$	$Res\_M_t^0 = k^0 D_t^0$
做法二：锁定摊销比例，每期调整摊销基础		$Res\_M_t^t = k^0 D_t^t$
做法三：每期调整摊销比例和摊销基础，从而使得非经济假设变动不影响会计当期利润		$Res\_M_t^t = BEL\&Risk\_M_t^{t-1} + Res\_M_t^{t-1} - BEL\&Risk\_M_t^t$ $k^t = \frac{Res\_M_t^t}{D_t^t}$ $Res\_M_t^{t-1} = k^{k-1} D_t^{t-1}$

注：做法三需区分经济假设和非经济假设变化分别处理，为简化，此处公式列示仅考虑非经济假设变化。

表内式中，$Res\_M_x^y$ 为基于 y 时刻的合理估计假设计算而得的 x 时刻的剩余边际；D_x^y 为基于 y 时刻的合理估计假设计算而得的剩余边际摊销基础在 x 时刻的精算现值；$BEL\&Risk\_M_x^y$ 为基于 y 时刻的合理估计假设计算而得的 x 时刻的合理估计负债和风险边际之和；k^y 为基于 y 时刻的合理估计假设计算而得的剩余边际摊销比例。

2. 计量单元的确定

根据《计量原则》的规定，“保险人在确定保险合同准备金时，应当将单项保险合同作为一个计量单元，也可以将具有同质保险风险的保险合同组合作为一个计量单元”。

目前，行业内采用的计量单元主要为单项保险合同或保险合同组合。而对于保险合同组合，通常做法是将同一发单年度同一产品的保单归为一组确定为计量单元。另一方面，对于合理估计负债和边际的计量是否采用相同的计量单元，行业做法也不尽相同。有些公司采用相同的计量单元标准，而有些公司则对边际计量采用更高的计量单元标准，例如采用单项保险合同计量合理估计负债，而采用保险合同组合计量边际。

3. 传统险折现率溢价的确定

《计量原则》指出，"对于未来保险利益不受对应资产组合投资收益影响的保险合同，用于计算未到期责任准备金的折现率，应当根据与负债现金流出期限和风险相当的市场利率确定"。进一步，保监会《做好2号解释实施工作通知》要求，"该市场利率可以中央国债登记结算有限责任公司编制的750个工作日国债收益率曲线的移动平均为基准，加合理的溢价确定"。溢价的确定主要考虑到国债收益的免税性质，同时反映信用溢价和流动性溢价因素。

目前行业中对于传统险折现率溢价的选取范围为25至100bps，多数公司的溢价选择在50bps左右。

4. 费用假设

《计量原则》规定，"预期未来现金流出，是指保险人为履行保险合同相关义务所必需的合理现金流出，主要包括：……（3）管理保险合同或处理相关赔付必需的合理费用，包括保单维持费用、理赔费用等"。由于《计量原则》未对费用假设的确定基础给出明确具体的规定，行业中对此有不同的理解，具体的做法包括：

（1）增量成本：仅考虑与保单直接相关的增量成本（Incremental cost）。

（2）可变成本：变动直接费用，即考虑增量成本和可变动的管理费用（Variable expense）。

（3）全口径成本（不含费用超支）：考虑变动直接费用和分摊到保单的管理费用（Overhead expense）。

（4）全口径成本（含费用超支）：考虑全部费用，包括费用超支（Expense overrun）。

通常情况下，如果用于校准计算剩余边际的首期费用中仅考虑与保单直接相关的增量成本，新业务损失将增加。

5. 万能产品的计量方法

万能产品在中国企业会计准则下的负债计量涉及保险合同部分和非保险合同部分的拆分，而保单管理费、资产管理费等费用的不同拆分会影响负债的评估结果。目前行业内绝大部分公司将保单管理费、资产管理费等费用收入直接计入"其他业务收入"核算，计入当期损益，未在保险合同和非保险合同部分之间进行分配。

对于万能产品拆分后的保险合同部分，原则上应遵从保险合同准备金计量原则，而实务中对仅将未赚风险保险费以及相应的额外死亡给付（超出账户价值部分）拆分到保险合同部分的公司，绝大部分计提未赚风险保险费作为近似处理。

而对于万能产品拆分后的投资账户负债的计量方法，保监会《做好2

号解释实施工作通知》要求，“应当采用实际利率法，按摊余成本计量，相关交易费用计入负债初始确认金额”。

目前行业内采用的做法主要有三种形式：

(1) 将账户价值作为摊余成本，非保险合同相关费用收入和支出直接计入当期损益。

(2) 将账户价值作为摊余成本，非保险合同相关费用收入和支出按一定规则摊销（已发生收入和支出）或计提储备（未发生支出）。

(3) 采用实际利率法，按摊余成本计量。实际利率根据预期非保险合同部分的净现金流确定，其中净现金流包括相关费用收入和支出等。

考虑到实务处理的复杂性，目前采用第三种做法的公司相对较少。

6. 分红险保单持有人红利的计量

与法定责任准备金不同，中国企业会计准则要求将保单持有人红利支出直接反映在保险合同准备金中。根据《计量原则》的要求，“保险人应当根据分红保险账户的预期投资收益率、管理层的红利政策、保单持有人的合理预期等因素，确定合理估计值，作为保单红利假设”。

实务中，由于各公司的分红政策以及分红分配方案的不同，在保单持有人红利计量上也存在着不同的处理方式。总的来说，在确定保单持有人红利支出时，需要满足保监会关于红利分配的规定，即向保单持有人分配的比例不低于当年可分配盈余的70%，同时需要考虑公司管理层的红利政策以及保单持有人的合理预期等。

目前在确定分红险保单持有人红利时，行业内主要采用以下三种做法：

(1) 按照法定精算责任准备金确定未来的可分配利润，并据此确定未来保单持有人红利水平。

(2) 按照产品宣传演示利率的中档分红水平预测未来保单持有人红利水平。

(3) 根据评估日合理估计假设制定保单持有人红利。

7. 非寿险业务的计量

非寿险业务在中国企业会计准则下的负债计量原则与寿险业务相同，但是由于非寿险业务的特殊性，实务中，行业普遍将总保费扣除首日费用之后的未到期部分记为非寿险业务的未到期责任准备金，并将其与该非寿险业务的未来净现金流流出（考虑风险边际）做比较，以确保满足充足性测试的要求。用公式表示为：

$$\text{非寿险业务的未到期责任准备金} = \max(a, b)$$

式中，

$$a = (\text{总保费} - \text{首日费用}) \times \text{未到期比例}$$

$$b = \text{未来净现金流流出} \times (1 + \text{风险边际比例})$$

而用于非寿险业务未到期责任准备金计算的首日费用仅限于包括：①手续费支出；②营业税金及附加；③保险保障基金；④保险监管费；⑤分保费用支出（分入业务）；⑥支付给以销售代理方式管理的内部员工的手续费和佣金等直接保单获取费用。

§9.5　美国法定责任准备金评估要求和美国通用会计准则评估要求

9.5.1　美国法定责任准备金评估要求

1. 美国法定责任准备金评估要求概述

（1）美国法定会计准则。法定会计准则是保险公司注册所在地的保险法和法规允许或规定的会计准则。法定会计准则强调偿付能力的充足性，旨在帮助监管机构评估保险公司履约的能力。因此，依据法定会计准则所编报的法定报告侧重于资产负债表，特别是法定资本和盈余的水平。

在美国，法定会计准则由各州评估法所决定，因而各州之间存在差异。而美国保险监管官协会（National Association of Insurance Commissioners, NAIC）则协助州保险局官员发展和维护法定会计准则。

（2）美国法定责任准备金评估法规体系发展和内容简介。1994 年，美国保险监管官协会投入大量人力物力编制了法定会计准则，为保险局，保险公司和审计师等提供了一套全面的法定会计准则指南。该指南于 1998 年首次发行，被称为“会计实务与流程手册”（NAIC 手册）。虽然该手册为各州提供了法定会计实务的基础，但它在法律效力上并不超越州评估法律和法规，州保险监管官可根据需要作相应的修订和调整。

在 NAIC 手册中，以下一些部分涉及个人寿险和年金业务的法定责任准备金评估：

①《法定会计准则综述第 50 号》，“保险或医疗保健管理合同的分类和定义”将保险合同分为 4 大类：人寿保险合同，意外及健康保险合同，财产保险合同和储蓄型保险合同。保险合同的分类会影响收入支出的确认以及保单责任准备金的评估方法和假设。

②《法定会计准则综述第 51 号》，“人寿保险合同（Life Insurance Contract）”给出了人寿保险合同的收入支出确认以及保单责任准备金评估的法定会计准则。它指出保单责任准备金的评估方法和假设必须满足 NAIC 手册中附录 A－820，附录 A－822 以及附录 C 精算指南的要求。进一步，它要求保单责任准备金必须符合精算标准委员会发布的精算实务标准。

③附录 A－820，“寿险和年金保险最低责任准备金标准”（A－820）

和附录 A－822，“资产充足性分析要求”（A－822）。附录 A－820 和附录 A－822 包含了法定评估中最重要的两个模型法规：标准评估法和精算意见及备忘录法规的摘录内容。其中，标准评估法给出了计算法定最低责任准备金的评估方法和假设。

2. 美国法定责任准备金评估假设

美国法定责任准备金的评估假设通常包括评估死亡率和评估利率。其他假设，如获取成本，通常会在保单责任准备金的评估方法（如修正净保费法）中间接考虑，而维持费用和退保率假设则被隐含地反映在评估死亡率和评估利率中所包含的审慎性里。

（1）评估死亡率。对于寿险合同，《标准评估法》（1980 年修订）采用了 1980 年保险监管官标准生命表（CSO 生命表）作为法定最低评估死亡率。与之前所采用的经验生命表不同，1980 年 CSO 生命表首次给出了完整的男表和女表，进一步，在此基础上，又按照吸烟者与非吸烟者，周岁年龄与最近生日年龄进行分类，并提供 10 年期选择因子供精算师选择修正标准生命表（10 年期选择 CSO 生命表）。

2002 年，寿险和健康险专职工作组采用了 2001 年 CSO 生命表作为新的法定最低评估死亡率。与 1980 年 CSO 生命表相同，2001 年 CSO 生命表区分被保险人性别，吸烟情况及选择因子，而不同之处在于 2001 年 CSO 生命表将终极年龄由 99 岁延长至 120 岁，同时将选择期间从 10 年延长至 25 年。

（2）评估利率。《标准评估法》（1980 年修订）引入了动态评估利率的概念，而此前，最高评估利率水平的变更需要各州对现行标准评估法进行修订，由于修订过程非常耗时，导致法定评估利率对市场利率变动的反应相对滞后，而动态评估利率概念的引入有效地解决了这一问题，使法定评估利率能快速地反映市场利率的变动，从而与市场利率水平保持较好的一致性。

不同于以往直接规定的最高评估利率水平，动态评估利率给出了确定每年最高法定评估利率的公式。在采用该公式确定最高评估利率时，需要考虑以下一些因素以反映用于支持负债的资产特性。

①参考利率。参考利率可选用：a. 穆迪投资者服务公司发布的 12 个月月平均公司债券综合收益率或者；b. 穆迪投资者服务公司发布的 12 个月月平均和 36 个月月平均公司债券综合收益率两者较小者。

②产品分类。为了确定最高评估利率水平，需要将个人寿险和年金合同进一步划分为寿险、趸缴即期年金和其他年金三大类。其中趸缴即期年金的最高评估利率最为简单，只与发单年度有关。

③保证期间。对于寿险和其他年金类，最高评估利率水平还与保证

期间有关。寿险的保证期间是指寿险合同提供利率保证的最长年数。而其他年金类的保证期间是指年金合同保证利率超过当年寿险合同（保证期间高于20年）法定评估利率的总年数。例如，某2005年起保的年金合同前15年的保证利率为6.5%，以后为4%，而2005年寿险合同（保证期间高于20年）的法定评估利率为4.5%，那么该年金合同的保证期间即为15年。

④现金结算选择权和未来利率保证。对于其他年金类，如果年金合同允许保单持有人在满期前退保并领取现金，那么最高评估利率水平将低于没有提供这一现金结算方式的年金合同。类似地，如果年金合同对保单持有人未来的缴费提供超过当年寿险合同（保证期间高于20年）法定评估利率的利率保证，那么该年金合同的最高评估利率水平也将低于未提供这一利率保证的年金合同。

⑤计划类别。对于其他年金类，保险人资金游离风险（disintermediation risk）也影响最高评估利率水平。标准评估法定义了A、B、C三类计划类别，分别反映了保险人不同的资金游离风险。

⑥评估利率方法。对于其他年金类，最高评估利率水平还取决于法定责任准备金是采用承保年方法还是账户变动方法。承保年方法是指准备金评估采用年金合同发单时的评估利率，以后锁定不再改变，而账户变动方法则对于账户每年的变动额采用当年的评估利率进行评估。

3. 美国法定责任准备金评估方法

（1）概述。美国法定责任准备金以修正净保费方法——保险监管官准备金评估方法（Commissioners Reserve Valuation Method，CRVM）为基础，并在运用CRVM准备金评估方法时，反映不同寿险产品类型的特性。在此基础上，如果评估净保费大于毛保费，需额外计提保费不足准备金，并且保单总体责任准备金不得低于现金价值。本节以下部分将对不同的法定责任准备金评估方法进行介绍。

（2）保险监管官准备金评估方法。对于个人终身寿险和两全保险，标准评估法给出了计算最低保单责任准备金的评估方法：保险监管官准备金评估方法。

保险监管官准备金评估方法属于修正净保费方法，其费用津贴（Expense Allowance，EA）限定为以下①和②两者的较小者：

①为该评估产品采用一年期完全修正法（Full Preliminary Term，FPT）的费用津贴。

②为20年限期缴费终身寿险产品采用一年期完全修正法的费用津贴。

对大部分的保单来说，保险监管官准备金评估方法会使得首年年末的责任准备金为0，从而有效地降低由于新业务销售而产生的法定盈余亏损。

在采用保险监管官准备金评估方法时，需注意以下几点：

- 当死亡给付不均衡时，在计算20年限期缴费终身寿险产品的费用津贴时，根据《精算指南》XXII的要求，需采用均衡死亡给付，该死亡给付等于该评估产品第2年到第10年死亡给付的算术平均。
- 通常情况下，费用津贴都为正数，但是，当评估产品为保费递增产品且保费递增的增幅较大，就可能出现费用津贴为负的情况。对于费用津贴为负的情况，《精算指南》XXI要求，费用津贴不得为负，此时，保险监管官准备金评估方法等同于均衡净保费方法。

【例9-10】 计算第10年末限期缴费两全保险的CRVM责任准备金。

保单基本信息	
投保年龄	60
性别	男
年保费	8 000
死亡给付	100 000
满期金	100 000
保险产品基本信息	
产品类型	两全保险
保险期间	25
缴费期间	15
准备金方法和假设	
评估方法	CRVM方法
评估利率	5%
死亡率	示例死亡率，参见附录A

第一步：计算CRVM评估方法下的费用津贴。

①计算该两全保险采用FPT方法的费用津贴${}_{15}EA^{FPT}_{[60]:25}$：

$$ {}_{15}EA^{FPT}_{[60]:25}=\frac{A_{[60]+1:25-1}}{\ddot{a}_{[60]+1:15-1}}-v\cdot q_{[60]}\cdot SA_{[60]}=5\ 039.61-952.38=4\ 087.23 $$

②计算20年限期缴费终身寿险产品采用FPT方法的费用津贴${}_{20}EA^{FPT}_{[60]:40}$：

$$ {}_{20}EA^{FPT}_{[60]:40}=\frac{A_{[60]+1:40-1}}{\ddot{a}_{[60]+1:20-1}}-v\cdot q_{[60]}\cdot SA_{[60]}=4\ 239.20-952.38=3\ 286.82 $$

③计算该两全保险采用CRVM方法的费用津贴${}_{15}EA^{CRVM}_{[60]:25}$：

$$ \begin{aligned} {}_{15}EA^{CRVM}_{[60]:25}&=\min({}_{15}EA^{FPT}_{[60]:25},{}_{20}EA^{FPT}_{[60]:40})=\min(4\ 087.23,3\ 286.82)\\ &=3\ 286.82 \end{aligned} $$

第二步：计算CRVM评估方法下的评估净保费α^{CRVM}和β^{CRVM}。

①计算该两全保险净均衡评估保费P_B：

$$P_B = \frac{A_{[60]:25}}{\ddot{a}_{[60]:15}} = \frac{44\ 726.36}{9.686} = 4\ 617.63$$

②计算该两全保险费用津贴评估保费 P_E：

$$P_E = \frac{{}_{15}EA^{CRVM}_{[60]:25}}{\ddot{a}_{[60]:15}} = \frac{3\ 286.82}{9.686} = 339.34$$

③计算该两全保险 CRVM 评估方法下的评估净保费 α^{CRVM} 和 β^{CRVM}：

$$\alpha^{CRVM} = P_B + P_E - {}_{15}EA^{CRVM}_{[60]:25} = 4\ 617.63 + 339.34 - 3\ 286.82$$
$$= 1\ 670.15$$

$$\beta^{CRVM} = P_B + P_E = 4\ 617.64 + 339.34 = 4\ 956.98$$

第三步：计算第 10 年末 CRVM 责任准备金 ${}^{15}_{10}V^{CRVM}_{[60]:25}$。

①计算该两全保险第 10 年末均衡净保费责任准备金 ${}^{15}_{10}V^{NLP}_{[60]:25}$：

$${}^{15}_{10}V^{NLP}_{[60]:25} = A_{[60]+10:25-10} - P_B \cdot \ddot{a}_{[60]+10:15-10}$$
$$61\ 357.08 - 4\ 617.64 \times 4.234 = 41\ 806$$

②计算该两全保险第 10 年末未摊销的费用津贴 ${}^{15}_{10}V^{EA}_{[60]:25}$：

$${}^{15}_{10}V^{EA}_{[60]:25} = P_E \cdot \ddot{a}_{[60]+10:15-10} = 339.34 \times 4.234 = 1\ 437$$

③计算该两全保险第 10 年末 CRVM 责任准备金 ${}^{15}_{10}V^{CRVM}_{[60]:25}$：

$${}^{15}_{10}V^{CRVM}_{[60]:25} = {}^{15}_{10}V^{NLP}_{[60]:25} - {}^{15}_{10}V^{EA}_{[60]:25} = 41\ 805 - 1\ 437 = 40\ 368$$

（3）万能寿险评估模型法规。

①个人万能寿险产品的法定最低责任准备金。与传统寿险产品不同，万能寿险产品的缴费方式、费用收取、退保给付以及保险责任都是不固定的。根据缴费方式的不同，万能寿险产品可分为灵活缴费万能寿险和固定缴费万能寿险。灵活缴费万能寿险允许被保险人在一定的限制内，自主变更缴费的时间和金额，而固定缴费万能寿险则要求被保险人在既定的缴费日缴纳一定数额的保费。对于实际收取的保单费用，保险保障成本和实际宣告的结算利率，寿险公司可根据对未来费用、投资表现、死亡率、持续率及其他相关因素的预期做适当调整，但实际收取的保单费用、保险保障成本不得超过合同中所保证的最高费率，同时，实际宣告的结算利率也不得低于合同中所列示的最低保证结算利率。在死亡保障的产品设计上，美国市场上的万能寿险通常提供至少两种死亡责任：a. 均衡死亡责任（死亡给付为保额）；b. 均衡风险保额（死亡给付为保额与账户价值之和）。由于受到美国内部收入法案的限制，为了使该合同成为保险合同从而享受税收优惠，死亡给付必须大于等于账户价值的一定成数，这些成数随年龄变动，称为缓冲因子。缓冲因子的存在对个人万能寿险的法定评估结果有着重要的影响。

对于个人万能寿险产品，1983 年 12 月，美国保险监管官协会采用了万能寿险评估模型法规，该模型法规给出了个人万能寿险产品法定最低责任准备金要求。从本质上来说，该模型法规将传统寿险的评估方法运用到了万能寿险产品中，并用调整因子来反映评估时点实际的保费缴纳情况和保单账户价值。

A. 灵活缴费万能寿险产品的法定最低责任准备金。鉴于该准备金评估方法的复杂性，以下分五步并结合实例阐述如何根据万能寿险评估模型法规来确定灵活缴费万能寿险产品的法定最低责任准备金。

【例 9-11】 计算个人灵活缴费万能寿险产品在第 5 年末和第 10 年末的法定最低责任准备金。

保单基本信息	
投保年龄	60
性别	男
年保费	3 500
保额	100 000
保险产品基本信息	
产品类型	灵活缴费万能寿险
保险期间	终身
缴费期间	终身
最高保单费用（每张保单）	40
最高保单费用（占保费比例）	4.0%
最高保证保险保障成本	示例死亡率，参见附录 A
最低保证结算利率	3.5%
准备金评估假设	
评估利率	3.5%
死亡率	示例死亡率，参见附录 A

第一步：计算满期保证保费及满期保证账户价值。

满期保证保费是在保单保证的基础上，也即最低保证结算利率、最高保证保险保障成本及最高保证保单费用的基础上计算而得的保费，该保费从保单起保日缴纳至保单终止，用于提供万能寿险保单终止时的满期金给付。

而满期保证账户价值是在满期保证保费缴纳的前提下，在保单保证的基础上从保单起保日开始预测的未来的账户价值。

满期保证账户价值被用于计算满期保证账户价值基础下的未来保险责任，从而决定第四步中的均衡净保费。表 9-15 列示了本例中灵活缴费万能寿险产品的满期保证保费和满期保证账户价值计算结果。

表9－15　灵活缴费万能寿险产品的满期保证保费和满期保证账户价值计算结果

年龄	保单年度	满期保证账户价值（期初）	满期保证保费	最高保证保单费用	最高保证保险保障成本	最低保证结算利息	满期保证账户价值（期末）	保险责任（满期保证账户价值基础下）
60	1	0	4 421	217	1 000	112	3 316	100 000
61	2	3 316	4 421	217	1 209	221	6 532	100 000
62	3	6 532	4 421	217	1 402	327	9 661	100 000
63	4	9 661	4 421	217	1 581	430	12 713	100 000
64	5	12 713	4 421	217	1 746	531	15 703	100 000
65	6	15 703	4 421	217	1 897	630	18 640	100 000
66	7	18 640	4 421	217	2 034	728	21 538	100 000
67	8	21 538	4 421	217	2 158	825	24 410	100 000
68	9	24 410	4 421	217	2 268	922	27 268	100 000
69	10	27 268	4 421	217	2 364	1 019	30 127	100 000
70	11	30 127	4 421	217	2 446	1 116	33 001	100 000
71	12	33 001	4 421	217	2 512	1 214	35 907	100 000
72	13	35 907	4 421	217	2 564	1 314	38 861	100 000
73	14	38 861	4 421	217	2 598	1 416	41 883	100 000
74	15	41 883	4 421	217	2 615	1 521	44 993	100 000
75	16	44 993	4 421	217	2 750	1 626	48 072	100 000
76	17	48 072	4 421	217	3 116	1 721	50 880	100 000
77	18	50 880	4 421	217	3 438	1 808	53 453	100 000
78	19	53 453	4 421	217	3 724	1 888	55 821	100 000
79	20	55 821	4 421	217	3 976	1 962	58 011	100 000
80	21	58 011	4 421	217	4 199	2 031	60 046	100 000
81	22	60 046	4 421	217	4 395	2 095	61 950	100 000
82	23	61 950	4 421	217	4 566	2 156	63 743	100 000
83	24	63 743	4 421	217	4 713	2 213	65 447	100 000
84	25	65 447	4 421	217	4 837	2 268	67 082	100 000
85	26	67 082	4 421	217	4 938	2 322	68 670	100 000
86	27	68 670	4 421	217	5 013	2 375	70 236	100 000
87	28	70 236	4 421	217	5 060	2 428	71 808	100 000
88	29	71 808	4 421	217	5 075	2 483	73 420	100 000
89	30	73 420	4 421	217	5 050	2 540	75 114	100 000
90	31	75 114	4 421	217	4 977	2 602	76 943	100 000
91	32	76 943	4 421	217	5 073	2 663	78 737	100 000
92	33	78 737	4 421	217	5 103	2 724	80 561	100 000
93	34	80 561	4 421	217	5 054	2 790	82 501	100 000
94	35	82 501	4 421	217	4 900	2 863	84 669	100 000
95	36	84 669	4 421	217	4 599	2 950	87 222	100 000
96	37	87 222	4 421	217	4 855	3 030	89 601	100 000
97	38	89 601	4 421	217	4 784	3 116	92 137	100 000
98	39	92 137	4 421	217	4 246	3 223	95 318	100 000
99	40	95 318	4 421	217	2 903	3 382	100 000	100 000

第二步：获取评估时点实际保单账户价值。

为了计算灵活缴费万能寿险的法定最低责任准备金，需要知晓评估时点实际保单账户价值。本例中，假设第5年末实际保单账户价值为14 287，而第10年末实际保单账户价值为30 559。

第三步：计算保证保单账户价值。

保证保单账户价值是在满期保证保费缴纳的前提下，在保单保证的基础上，取评估时点实际保单账户价值和满期保证账户价值两者中较大者，并从评估时点开始预测的未来的账户价值。

与满期保证账户价值类似，保证保单账户价值被用于计算保证保单账户价值基础下的未来保险责任，从而决定第四步中评估时点未来保险责任的精算现值。

表9－16列示了本例中灵活缴费万能寿险产品在第5保单年度末的保证保单账户价值计算结果。

由于在第5保单年度末，满期保证账户价值15 703大于实际保单账户价值14 287，所以第5保单年度末的满期保证账户价值被用于计算保证保单账户价值。因而，保证保单账户价值的结果与表9－15的满期保证账户价值结果完全相同。

表9－17列示了本例中灵活缴费万能寿险产品在第10保单年度末的保证保单账户价值计算结果。

由于第10保单年度末的满期保证账户价值30 127小于实际保单账户价值30 559，因此第10保单年度末的实际保单账户价值被用于计算保证保单账户价值。此时，基于缓冲因子的要求，满期给付增长为131 596，而保单后期的死亡给付也超过了100 000，这将直接在第四步中影响万能寿险的法定最低责任准备金计算。

第四步：计算均衡净保费责任准备金。

a. 计算均衡净保费。根据万能寿险评估模型法规要求，均衡净保费 P_B 应依据满期保证账户价值基础下的保险责任（具体见表9－15）来计算。

$$P_B = \frac{A_{[60]:40}}{\ddot{a}_{[60]:40}} = 4\ 023.91$$

b. 计算评估时点未来保险责任的精算现值 $A_{[60]+[t]:40-t}$。为了计算均衡净保费责任准备金，需要确定评估时点未来保险责任的精算现值。此处所指的未来保险责任为保证保单账户价值基础下的保险责任（具体见表9－16和表9－17）。

在第5保单年度末，如表9－16所示，未来的死亡给付和满期给付都为100 000。

$$A_{[60]+[5]:40-5} = 61\ 268.93$$

表9－16　　灵活缴费万能寿险产品在第5保单年度末的保证保单账户价值计算结果

年龄	保单年度	保证保单账户价值（期初）	满期保证保费	最高保证保单费用	最高保证保险保障成本	最低保证结算利息	保证保单账户价值（期末）	保险责任（保证保单账户价值基础下）	缓冲因子
65	6	15 703	4 421	217	1 897	630	18 640	100 000	1.20
66	7	18 640	4 421	217	2 034	728	21 538	100 000	1.19
67	8	21 538	4 421	217	2 158	825	24 410	100 000	1.18
68	9	24 410	4 421	217	2 268	922	27 268	100 000	1.17
69	10	27 268	4 421	217	2 364	1 019	30 127	100 000	1.16
70	11	30 127	4 421	217	2 446	1 116	33 001	100 000	1.15
71	12	33 001	4 421	217	2 512	1 214	35 907	100 000	1.13
72	13	35 907	4 421	217	2 564	1 314	38 861	100 000	1.11
73	14	38 861	4 421	217	2 598	1 416	41 883	100 000	1.09
74	15	41 883	4 421	217	2 615	1 521	44 993	100 000	1.07
75	16	44 993	4 421	217	2 750	1 626	48 072	100 000	1.05
76	17	48 072	4 421	217	3 116	1 721	50 880	100 000	1.05
77	18	50 880	4 421	217	3 438	1 808	53 453	100 000	1.05
78	19	53 453	4 421	217	3 724	1 888	55 821	100 000	1.05
79	20	55 821	4 421	217	3 976	1 962	58 011	100 000	1.05
80	21	58 011	4 421	217	4 199	2 031	60 046	100 000	1.05
81	22	60 046	4 421	217	4 395	2 095	61 950	100 000	1.05
82	23	61 950	4 421	217	4 566	2 156	63 743	100 000	1.05
83	24	63 743	4 421	217	4 713	2 213	65 447	100 000	1.05
84	25	65 447	4 421	217	4 837	2 268	67 082	100 000	1.05
85	26	67 082	4 421	217	4 938	2 322	68 670	100 000	1.05
86	27	68 670	4 421	217	5 013	2 375	70 236	100 000	1.05
87	28	70 236	4 421	217	5 060	2 428	71 808	100 000	1.05
88	29	71 808	4 421	217	5 075	2 483	73 420	100 000	1.05
89	30	73 420	4 421	217	5 050	2 540	75 114	100 000	1.05
90	31	75 114	4 421	217	4 977	2 602	76 943	100 000	1.05
91	32	76 943	4 421	217	5 073	2 663	78 737	100 000	1.04
92	33	78 737	4 421	217	5 103	2 724	80 561	100 000	1.03
93	34	80 561	4 421	217	5 054	2 790	82 501	100 000	1.02
94	35	82 501	4 421	217	4 900	2 863	84 669	100 000	1.01
95	36	84 669	4 421	217	4 599	2 950	87 222	100 000	1.00
96	37	87 222	4 421	217	4 855	3 030	89 601	100 000	1.00
97	38	89 601	4 421	217	4 784	3 116	92 137	100 000	1.00
98	39	92 137	4 421	217	4 246	3 223	95 318	100 000	1.00
99	40	95 318	4 421	217	2 903	3 382	100 000	100 000	1.00

表 9－17　　灵活缴费万能寿险产品在第 10 保单年度末的保证保单账户价值计算结果

年龄	保单年度	保证保单账户价值（期初）	满期保证保费	最高保证保单费用	最高保证保险保障成本	最低保证结算利息	保证保单账户价值（期末）	保险责任（保证保单账户价值基础下）	缓冲因子
70	11	30 559	4 421	217	2 430	1 132	33 464	100 000	1.15
71	12	33 464	4 421	217	2 495	1 231	36 403	100 000	1.13
72	13	36 403	4 421	217	2 544	1 332	39 395	100 000	1.11
73	14	39 395	4 421	217	2 576	1 436	42 459	100 000	1.09
74	15	42 459	4 421	217	2 589	1 543	45 616	100 000	1.07
75	16	45 616	4 421	217	2 719	1 649	48 750	100 000	1.05
76	17	48 750	4 421	217	3 075	1 746	51 624	100 000	1.05
77	18	51 624	4 421	217	3 386	1 835	54 277	100 000	1.05
78	19	54 277	4 421	217	3 658	1 919	56 742	100 000	1.05
79	20	56 742	4 421	217	3 893	1 997	59 049	100 000	1.05
80	21	59 049	4 421	217	4 095	2 071	61 229	100 000	1.05
81	22	61 229	4 421	217	4 265	2 141	63 309	100 000	1.05
82	23	63 309	4 421	217	4 403	2 209	65 318	100 000	1.05
83	24	65 318	4 421	217	4 509	2 275	67 289	100 000	1.05
84	25	67 289	4 421	217	4 580	2 342	69 255	100 000	1.05
85	26	69 255	4 421	217	4 612	2 410	71 257	100 000	1.05
86	27	71 257	4 421	217	4 599	2 480	73 342	100 000	1.05
87	28	73 342	4 421	217	4 532	2 555	75 570	100 000	1.05
88	29	75 570	4 421	217	4 397	2 638	78 014	100 000	1.05
89	30	78 014	4 421	217	4 177	2 731	80 772	100 000	1.05
90	31	80 772	4 421	217	3 846	2 840	83 970	100 000	1.05
91	32	83 970	4 421	217	3 527	2 963	87 610	100 000	1.04
92	33	87 610	4 421	217	2 974	3 109	91 949	100 000	1.03
93	34	91 949	4 421	217	2 093	3 292	97 352	100 000	1.02
94	35	97 352	4 421	217	1 908	3 488	103 135	104 167	1.01
95	36	103 135	4 421	217	1 822	3 693	109 210	109 210	1.00
96	37	109 210	4 421	217	2 229	3 891	115 076	115 076	1.00
97	38	115 076	4 421	217	2 611	4 083	120 752	120 752	1.00
98	39	120 752	4 421	217	2 971	4 269	126 254	126 254	1.00
99	40	126 254	4 421	217	3 312	4 450	131 596	131 596	1.00

在第 10 保单年度末，基于缓冲因子的要求，如表 9 – 17 所示，保单后期的死亡给付超过了 100 000，且满期给付增长为 131 596。

$$A_{[60]+[10]:40-10}=67\ 900.07$$

c. 计算均衡净保费责任准备金 ${}^{40}_{[t]}V^{NLP}_{[60]:40}$。

$${}^{40}_{[t]}V^{NLP}_{[60]:40}=r_{[60]+[t]}\cdot(A_{[60]+[t]:40-t}-P_B\cdot\ddot{a}_{[60]+t:40-t})$$

其中，

$r_{[60]+[t]}=\min\left(1,\dfrac{\text{实际保单账户价值}}{\text{满期保证保单账户价值}}\right)$，它是用于反映评估时点实际保费缴纳情况和保单账户价值的调整因子。

根据上述计算公式，本例中第 5 保单年度末和第 10 保单年度末的均衡净保费责任准备金分别为：

$$\begin{aligned}{}^{40}_{[5]}V^{NLP}_{[60]:40}&=r_{[60]+[5]}\cdot(A_{[60]+[5]:40-5}-P_B\cdot\ddot{a}_{[60]+5:40-5})\\&=\min\left(1,\frac{14\ 287}{15\ 703}\right)\times(61\ 268.93-4\ 023.91\times11.453)\\&=13\ 813\end{aligned}$$

$$\begin{aligned}{}^{40}_{[10]}V^{NLP}_{[60]:40}&=r_{[60]+[10]}\cdot(A_{[60]+[10]:40-10}-P_B\cdot\ddot{a}_{[60]+10:40-10})\\&=\min\left(1,\frac{30\ 559}{30\ 127}\right)\times(67\ 900.07-4\ 023.91\times9.5576)\\&=29\ 441\end{aligned}$$

第五步：计算万能寿险的法定最低责任准备金（CRVM 责任准备金）。

根据万能寿险评估模型法规要求，万能寿险的法定最低责任准备金（CRVM 责任准备金）等于第四步计算所得的均衡净保费责任准备金与未摊销的 CRVM 费用津贴的差。该未摊销的 CRVM 费用津贴需要乘以调整因子 r。与均衡净保费的决定基础相同，CRVM 费用津贴应依据满期保证账户价值基础下的保险责任（具体见表 9 – 15）来计算。

a. 计算费用津贴评估保费 P_E。

$$P_E=\frac{{}_{40}EA^{CRVM}_{[60]:40}}{\ddot{a}_{[60]:40}}=\frac{3\ 302.27}{13.50}=244.55$$

b. 计算未摊销的 CRVM 费用津贴 ${}^{40}_{[t]}V^{EA}_{[60]:40}$。根据例 9 – 10 中的计算方法，第 5 保单年度末未摊销的 CRVM 费用津贴为：

$$\begin{aligned}{}^{40}_{[5]}V^{EA}_{[60]:40}&=r_{[60]+[5]}\cdot P_E\cdot\ddot{a}_{[60]+5:40-5}\\&=\min\left(1,\frac{14\ 287}{15\ 703}\right)\times244.55\times11.453=2\ 548\end{aligned}$$

而在第 10 保单年度末，未摊销的 CRVM 费用津贴为：

$$\begin{aligned}{}^{40}_{[10]}V^{EA}_{[60]:40}&=r_{[60]+[10]}\cdot P_E\cdot\ddot{a}_{[60]+10:40-10}\\&=\min\left(1,\frac{30\ 559}{30\ 127}\right)\times224.55\times9.5576=2\ 337\end{aligned}$$

c. 计算万能寿险的法定最低责任准备金（CRVM 责任准备金）${}^{40}_{[t]}V^{CRVM}_{[60]:40}$。

第 5 保单年度末万能寿险的法定最低责任准备金为：

$${}_{[5]}^{40}V_{[60]:40}^{CRVM} = {}_{[5]}^{40}V_{[60]:40}^{NLP} - {}_{[5]}^{40}V_{[60]:40}^{EA} = 13\ 813 - 2\ 548 = 11\ 265$$

第 10 保单年度末万能寿险的法定最低责任准备金为：

$${}_{[10]}^{40}V_{[60]:40}^{CRVM} = {}_{[10]}^{40}V_{[60]:40}^{NLP} - {}_{[10]}^{40}V_{[60]:40}^{EA} = 29\ 441 - 2\ 337 = 27\ 104$$

B. 固定缴费万能寿险产品的法定最低责任准备金。对于固定缴费万能寿险产品，万能寿险评估模型法规给出了类似的计算法定最低责任准备金的评估要求。

与灵活缴费万能寿险产品相比，固定缴费万能寿险产品评估方法的不同之处主要包括：

（i）对固定缴费万能寿险产品，满期保证保费等于毛保费；

（ii）费用津贴以及费用津贴的摊销率根据保单起保时确定的满期保证账户价值基础下的保险责任来计算；

（iii）调整因子 r 始终等于 1。

因此，固定缴费万能寿险产品的法定最低责任准备金的计算流程简化为：

第一步：取评估时点的实际保单账户价值，计算保证保单账户价值基础下的未来保险责任。

第二步：根据第一步计算所得的保证保单账户价值基础下的未来保险责任，计算评估时点未来保险责任的精算现值。

第三步：根据满期保证账户价值基础下的未来保险责任，计算评估时点 CRVM 准备金评估方法下的评估净保费（等于均衡净保费 P_B 与费用津贴评估保费 P_E 之和）的精算现值。固定缴费万能寿险的法定最低责任准备金即为未来保险责任的精算现值与 CRVM 准备金评估净保费的精算现值之差。

②个人变额寿险产品的法定最低责任准备金。对于变额寿险产品，美国寿险公司没有采用统一的准备金评估方法。尽管变额寿险评估模型法规 1983 年版和 1989 年版定义了变额寿险责任准备金的评估方法，但仍有许多州没有采用。因此，寿险公司通常会采用标准评估法、变额寿险评估模型法规（1983 年版和 1989 年版）和万能寿险评估模型法规中的一个或多个来确定变额寿险的法定责任准备金。

变额寿险通常可分为固定缴费变额寿险和灵活缴费变额万能寿险。在美国市场上，灵活缴费变额万能寿险非常受欢迎，占据了几乎所有变额寿险的市场份额。从产品特征上来说，灵活缴费变额万能寿险与灵活缴费万能寿险相似，它允许被保险人在一定的限制下，自主变更缴费的时间和金额，并通常提供至少两种死亡责任：均衡死亡责任和均衡风险保额。唯一显著的区别是，灵活缴费变额万能寿险提供被保险人投资选择权，被保险人可根据寿险公司所提供的多种独立账户，自主选择将所缴纳的保费投资于何种独立账户以及投资的金额。因此，保单账户价值会直接随着被保险人所选择的独立账户的投资表现而发生变化。由于寿险公司不提供对独立账户的最低投资保证，因此被保险人承担了几乎所有的投资风险。[①] 由此，在投资不利时，有可能出现账户价值不足以支付死亡给付的情况，因而，许多寿险公司提供了最低死亡保证利益给付（Guaranteed Minimum Death Benefit，GMDB）这一产品特征，该产品特征为被保险人提供了最低死亡保证利益给付，即无论独立账户的投资表现如何，保险人提供给被保险人的死亡给付不低于事先设定好的最低额。

对于灵活缴费变额万能寿险，通常采用万能寿险评估模型法规来决定保单责任准备金，并采用以下四者之一的利率来预测未来的保险责任：

a. 对于提供固定账户选项的合同，采用该固定账户的长期保证利率；

b. 评估利率减去部分或全部合同上列示的与资产相关的费用（如投资管理费等）；

c. 4%的利率；

d. 保单贷款利率。

（4）保险监管官年金保险准备金评估方法。个人年金保险是寿险公司在约定的期限内，按照约定的金额和方式，按期向被保险人支付保险金的保险。通常，按年金给付开始时间的不同，可分为即期年金和延期年金。即期年金是指保险合同生效后，寿险公司立即按期支付被保险人保险金的年金保险。而延期年金则是指保险合同生效后经过一定时期（通常将此期间称为“累积期”），寿险公司开始支付保险金的年金保险。对于延期年金，当处于累积期内，存在账户价值的，该账户价值会随着保费收入（扣除初始费用）以及定期宣告的结算利率增长，同时，随着保单费用，保险保障成本等支出而相应下降。当累积期结束时，被保险人可以选择一次性领取或者转化为年金给付。

对于个人年金保险，标准评估法（1976年修订）给出了计算其最低保单责任准备金的评估方法：保险监管官年金保险准备金评估方法。该准备金评估方法的基本原理是：在被保险人所享有的选择权范围内，取被保险人行使该选择权所可能产生的最大责任作为保单责任准备金。因此，保险监管官年金保险准备金评估方法可以视为是一种“最差情景”的评估方法。

通常，决定保险监管官年金保险准备金需要以下几个步骤：

第一步，在保单保证的基础上从评估时点预测未来的账户价值。这些预测的账户价值被用于计算未来所有保证保险责任流，包括年金给付保险责任，部分提取保险责任，死亡给付保险责任以及不丧失保单利益等。

进一步，这些保证保险责任可分为不可选择的保险责任和可供选择的保

---

① 许多寿险公司还提供公共账户选项，类似于万能寿险，寿险公司对这部分所对应的账户价值提供最低保证结算利率。

险责任。“不可选择的保险责任”是指仅当发生了随机保险事件后所支付的保险责任，该随机保险事件的发生与被保险人所享有的选择权无关，通常包括死亡给付、残疾给付等。“可供选择的保险责任”是指被保险人根据合同条款可自由选择行使的保险责任，包括退保、部分提取以及年金转换等。对于可供选择的保险责任，被保险人有权自主地选择行使一个或多个保险责任，由此产生被保险人未来行使这些选择权时的整体保险责任流。每个整体保险责任流是合同中未来可供选择的保证保险责任和不可选择的保证保险责任的一个可能组合，它可被视为被保险人行使选择权时的一个可能情景。

例如，被保险人选择在第 3 年到第 5 年每年部分提取 2 000，然后在第 6 年退保 50 000。在该选择权下，第 3 年至第 5 年的部分提取，第 6 年的退保给付以及第 1 年至第 6 年的死亡给付（由于被保险人可能在六年内死亡，因此保险人有支付死亡给付的可能）组成了被保险人行使该选择权时的一个整体保险责任流。

第二步，对第一步中所确定的年金合同未来所有可能的整体保险责任流，计算每个整体保险责任流在评估时点的精算现值，并减去与该整体保险责任流相对应的未来所需支付的评估保费的精算现值。此处所指的评估保费是毛保费中用来确定不丧失保单利益的部分。

第三步，保险监管官年金保险准备金即等于在第二步中计算所得的未来所有可能整体保险责任流在评估时点的净精算现值的最大值。

值得注意的是，保险监管官年金保险准备金评估方法与本节前几部分介绍的准备金评估方法有显著的不同。首先，保险监管官年金保险准备金要求明确考虑未来的不丧失保单利益，而本节前述的准备金评估方法仅考虑死亡给付和生存给付。其次，为了计算个人年金保险的保险监管官年金保险准备金，需要确定该年金合同未来所有可能的整体保险责任流，这包括未来的死亡给付，部分提取，不丧失保单利益和年金给付等，然后对每个整体保险责任流计算其在评估时点的净精算现值。由于个人年金合同通常会提供多种年金选择权，且被保险人持有转换年金权利的期限较长，因此，与其他准备金评估方法相比，计算保险监管官年金保险准备金需要大量的分析工作。

【例 9－12】 计算个人趸缴延期年金在发单日的保险监管官年金保险准备金。为便于理解，本例中不考虑部分提取，死亡给付和年金给付等保险责任。

保单基本信息

投保年龄	60
性别	男
趸缴保费	8 000

保险产品基本信息

产品类型	个人趸缴延期年金
累积期间	6
保证结算利率	3.5%
退保手续费	前三年分别为 10%/8%/6%，之后为 0%

准备金方法和假设

评估方法	保险监管官年金保险准备金评估方法
评估利率	5%

第一步，在保证结算利率 3.5% 的基础下，且考虑退保手续费，预测累积期内未来六年的退保给付（现金价值）。表 9－18 列示了本例中趸缴个人延期年金在保证基础下的未来退保给付。

表 9－18　　趸缴个人延期年金未来退保给付（保证基础下）

保证基础下的未来退保给付						
	退保期间					
保单年度	1	2	3	4	5	6
1	7 452					
2		7 884				
3			8 338			
4				9 180		
5					9 501	
6						9 834

由于本例中仅考虑退保给付，因而被保险人未来行使选择权的所有可能情景仅为六种，即分别在每年退保。

第二步，对上述确定的每一可能情景，在评估利率 5% 的基础下计算其相对应的退保给付在评估时点的精算现值。具体计算结果见表 9－19。

表 9－19　　趸缴个人延期年金在未来所有可能情景下的退保给付在评估时点的精算现值

未来所有可能情景下的退保给付在评估时点的精算现值							
		退保期间					
保单年度	精算现值	1	2	3	4	5	6
1	7 097	7 452					
2	7 151		7 884				
3	7 202			8 338			
4	7 553				9 180		
5	7 445					9 501	
6	7 338						9 834

第三步，根据表 9－19 的计算结果，保险监管官年金保险准备金等于未来所有可能六种情景下的退保给付在评估时点精算现值的最大值 7 553，也就是被保险人选择在第 4 保单年度末退保所产生的保险责任。

本例中上述结果的产生取决于保证结算利率，评估利率以及退保手续费三者之间的关系。由于保证结算利率水平 3.5% 始终低于评估利率水平 5%，因此被保险人选择退保越早，所产生的保险责任越大，但是高退保手续费的存在使得前三年的退保给付大幅下降，从而使得第四保单年度末退保给付的精算现值达到最大。

4. *准备金充足性分析*

本节的前几部分讨论了计算法定最低责任准备金的评估假设和方法，通常情况下，法定最低责任准备金十分保守稳健，但是，当实际经验与预期经验出现显著不同时，满足法定最低要求的保单责任准备金就有可能出现不足的情况。鉴于此，精算师不仅需要确认保单责任准备金满足法定最低要求，还需要通过专业判断以及测试分析使得保单责任准备金在适度不利的情景下仍然保持充足。现金流测试就是众多准备金充足性分析中的一个主要分析工具。

对于现金流测试，精算实务标准第 7 号文《寿险，健康险和财产保险公司现金流分析》提供了重要的实务标准和指南。

通常来说，现金流测试的基本流程可以分为以下几步：①

（1）确定需要包含在现金流测试中的资产和负债；

（2）选择并校验资产和负债现金流模型；

（3）选择合适的测试情景；

（4）在每个测试情景下，预测资产和负债现金流；

（5）根据现金流测试的分析结果给出结论。

在具体进行现金流测试时，精算师必须考虑以下一些因素：

- 寿险公司负债的类型和特性（包括负债现金流对利率等经济因素的敏感度，其他服务提供方如再保险人的违约风险等）；
- 寿险公司用于支持负债的资产类型和特性（包括资产现金流对利率等经济因素的敏感度，资产的违约风险，资产的流动性以及使用资产现金流去支持负债现金流可能存在的限制等）；
- 资产和负债现金流中的内嵌选择权以及行使这些选择权造成财务损失的可能性；
- 不同假设之间的相关性，例如退保率假设和死亡率假设之间的相关性等；

---

① 具体参见精算实务标准第 7 号文附录 1 当前实务。

- 不同测试情景下，保单持有人的行为对现金流的影响；
- 公司的政策（如公司的投资策略，公司对非保证保险责任（如红利）的政策以及公司对金融衍生工具使用的政策等）。

总体来说，现金流测试需要精算师对寿险公司的产品，投资，财务报告和精算模型都有着深刻的理解，它涉及在不同假设下预测和比较现金流发生的时间和金额，帮助理解潜在风险在不同测试情景下对寿险公司资本以及盈余的影响。

9.5.2　美国通用会计准则评估要求

1. 美国通用会计准则评估要求概述

美国通用会计准则（Generally Accepted Accounting Principle，GAAP）是由美国财务会计准则委员会、美国注册会计师协会和美国证券交易委员会在一系列会计文献中所规定的会计准则、方法所组成的，是在美国证券交易所上市的公司所需准备财务报表的编制基础①。美国通用会计准则建立在公司永续经营的前提下，强调收入与支出的配比性，旨在帮助股东，债券持有人，银行和评级机构等了解公司的实际盈利情况，因此，不同于法定报告，依据美国通用会计准则编制的财务报告更侧重于损益表，尤其是公司每期的利润水平。

2. 美国通用会计准则下的费用分类

费用分类对于确定美国通用会计准则下的资产和负债有着重大的影响。根据美国通用会计准则的要求，费用至少需要分为以下四类：可递延获取成本（Deferrable Acquisition Cost），不可递延获取成本，直接维持费用和管理费用（Overhead Expense）。不同的费用类别涉及不同的会计处理，有些需要在当期直接确认，而有些则通过建立递延资产在未来摊销，以下分别介绍这四类费用以及它们在美国通用会计准则下的会计处理。

（1）可递延获取成本。美国通用会计准则将获取成本分为可递延获取成本和不可递延获取成本两部分，对于可递延获取成本，FAS60 指出其是与获取新业务或续期业务有关的可变费用。在具体实务操作中，各公司在获取成本递延与否的处理上存在一定的差异，实务中常见的可递延获取成本包括代理人佣金支出（超出最终续期佣金水平的部分），直接核保费用，保单签发费用，随业务量变动的代理人费用补贴及报销费用等。递延这部分获取成本的目的在于缓解新业务压力所造成的首期出现较大亏损而续期产生较高利润这一收入与支出不配比的情况。对可递延获取成本，美国通

① 2007年11月，美国证券交易委员会同意并接受在美国上市但注册地不在美国的外国公司仅披露IFRS财务报告，而不再需要披露IFRS和美国通用会计准则之间的比较。

用会计准则要求在资产负债表中建立递延获取成本资产并在未来进行摊销。

（2）不可递延获取成本。不可递延获取成本是指所有其他与新业务有关但不随业务量变化的费用。与可递延获取成本相似，行业中对于不可递延获取成本的确定也不尽相同，实务中常见的不可递延获取成本有代理人招聘与培训，许多市场推广费用以及部分总部销售支持费用等。对于不可递延获取成本，美国通用会计准则要求在当期直接确认。

（3）直接维持费用。对于直接维持费用，FAS60 附录 A 中定义其为与保单记录维持以及处理佣金和保费收取相关的费用。例如保费收取费用、保单理赔费用等。在美国通用会计准则下，需对直接维持费用建立维持费用准备金以反映收入与支出的配比。

（4）管理费用。管理费用是指寿险公司行政管理部门为组织和管理经营活动而发生的各项费用，它不与获取新业务或续期业务直接相关，并且不随新业务或续期业务变动。通常包括管理人员的工资和福利费等。与不可递延获取成本的会计处理相同，管理费用也要求直接在当期确认。

3. 美国通用会计准则下的产品分类

根据美国通用会计准则的要求，对于不同类型的保险产品，在合同期初需首先确定其为保险合同还是投资合同。保险合同和投资合同的分类取决于合同中是否存在重大的死亡或疾病风险。存在重大死亡或疾病风险的合同被归为保险合同，其他的则被归为投资合同。对于传统型产品，实务中常见的判断方法为计算期望或有保险责任的精算现值占期望所有保险责任的精算现值的比例。当该保险风险比例大于预先设定的重要性水平，该合同即被归为保险合同。但是对于如何设定重要性水平，美国通用会计准则并没有给出明确的规定，因此在划分保险合同和投资合同时，需要精算师的专业判断。而对于非传统型产品，2003 年美国注册会计师协会发布的观点陈述（SOP03－1）中给出了具体的判断方法和要求。它要求根据①额外期望保险责任给付（即保险责任给付超过账户价值的部分）的精算现值与②从保单持有人处期望获取的所有收入的精算现值（包括死亡风险保险费，保单管理收费，投资利差等）的比例来判断合同是否存在重大的死亡或疾病风险。下面分别举例说明实务中传统型产品保险风险比例的一种计算方法以及非传统型产品保险风险比例的计算方法。

【例 9－13】 计算个人两全保险保险风险比例。

保单基本信息	
年保费	16 000
保额	100 000
满期金	100 000
现金价值	参见表 9－20

保险产品基本信息
产品类型　　两全保险
保险期间　　6
缴费期间　　6
假设
死亡率　　参见表 9－20
退保率　　参见表 9－20
投资回报率　　6.5%

表 9－20 列示了个人两全保险保险风险比例的计算过程。

表 9－20　　个人两全保险保险风险比例计算过程

保单年度	保额	满期金	现金价值	死亡率	退保率	投资回报率
	$(1)_t$	$(2)_t$	$(3)_t$	$(4)_t$	$(5)_t$	$(6)_t$
1	100 000	0	6 500	0.0060	12%	6.50%
2	100 000	0	30 000	0.0064	8%	6.50%
3	100 000	0	48 000	0.0068	3%	6.50%
4	100 000	0	66 000	0.0072	3%	6.50%
5	100 000	0	84 000	0.0076	3%	6.50%
6	100 000	100 000	100 000	0.0080	3%	6.50%

保单年度	保单有效率	有效保额	死亡给付	退保给付	满期给付
	$(7)_t=(7)_{t-1}*(1-(4)_t-(5)_t)$	$(8)_t=(1)_t*(7)_{t-1}$	$(9)_t=(8)_t*(4)_t$	$(10)_t=(7)_{t-1}*(5)_t*(3)_t$	$(11)_t=(7)_t*(2)_t$
	1				
1	0.87	100 000	600	780	0
2	0.80	87 400	559	2 098	0
3	0.77	79 849	543	1 150	0
4	0.74	76 910	554	1 523	0
5	0.71	74 049	563	1 866	0
6	0.69	71 265	570	2 138	68 557
PV_0			2 738	7 545	46 984

本例中期望或有保险责任为死亡给付，因而根据表 9－20 的计算结果：

$$\text{个人两全保险保险风险比例}=\frac{\text{期望或有保险责任精算现值}}{\text{期望所有保险责任精算现值}}$$

$$=\frac{2\ 738}{2\ 738+7\ 545+46\ 984}=4.8\%$$

【9－14】 计算个人万能保险保险风险比例。

保单基本信息
年保费　　3 500
保额　　100 000

保险产品基本信息	
产品类型	万能保险
保险期间	8
缴费期间	8
保单管理收费	150
每千元死亡风险保险费费率	参见表9－21
退保手续费	参见表9－21
假设	
死亡率	参见表9－21
退保率	参见表9－21
投资回报率	7.5%
结算利率	6.0%

表9－21列示了个人万能保险保险风险比例的计算过程。

表9－21　　个人万能保险保险风险比例计算过程

保单年度	保费收入	保单管理收费	保额	每千元死亡风险保险费费率	退保手续费	死亡率	退保率	投资回报率	结算利率
	$(1)_t$	$(2)_t$	$(3)_t$	$(4)_t$	$(5)_t$	$(6)_t$	$(7)_t$	$(8)_t$	$(9)_t$
1	3 500	150	100 000	1.50	25%	0.10%	8%	7.5%	6.0%
2	3 500	150	100 000	2.05	10%	0.16%	6%	7.5%	6.0%
3	3 500	150	100 000	2.60	3%	0.22%	3%	7.5%	6.0%
4	3 500	150	100 000	3.15	2%	0.28%	3%	7.5%	6.0%
5	3 500	150	100 000	3.70	1%	0.34%	3%	7.5%	6.0%
6	3 500	150	100 000	4.25	0%	0.40%	3%	7.5%	6.0%
7	3 500	150	100 000	4.80	0%	0.46%	3%	7.5%	6.0%
8	3 500	150	100 000	5.35	0%	0.52%	3%	7.5%	6.0%

保单年度	账户价值（期初）	保费收入	保单管理收费	死亡风险保险费	结算投资收益	账户价值（期末）
	$(10)_t=(13)_{t-1}$	$(1)_t$	$(2)_t$	$(11)_t=\max(0,(3)_t-((10)_t+(1)_t-(2)_t))*(4)_t/1\,000$	$(12)_t=((10)_t+(1)_t-(2)_t-(11)_t)*(9)_t$	$(13)_t=(10)_t+(1)_t-(2)_t-(11)_t+(12)_t$
1	0	3 500	150	145	192	3 397
2	3 397	3 500	150	191	393	6 950
3	6 950	3 500	150	233	604	10 670
4	10 670	3 500	150	271	825	14 574
5	14 574	3 500	150	304	1 057	18 678
6	18 678	3 500	150	331	1 302	22 998
7	22 998	3 500	150	354	1 560	27 555
8	27 555	3 500	150	370	1 832	32 367

续表

保单年度	保单有效率	额外死亡给付	有效死亡风险保险费	已赚投资收益
.	$(14)_t=(14)_{t-1}*(1-(6)_t-(7)_t)$	$(15)_t=\max(0,(3)_t-(13)_t)*(14)_{t-1}*(6)_t$	$(16)_t=(11)_t*(14)_{t-1}$	$(17)_t=((10)_t+(1)_t-(2)_t-(11)_t)*(8)_t*(14)_{t-1}$
	1			
1	0.9190	97	145	240
2	0.8624	137	176	452
3	0.8346	169	201	651
4	0.8072	200	226	861
5	0.7803	223	245	1 067
6	0.7538	240	259	1 270
7	0.7277	251	266	1 470
8	0.7021	256	269	1 666
PV_0		1 177	1 434	

保单年度	有效结算投资收益	投资利差	保单管理收费	退保手续费
	$(18)_t=(12)_t*(14)_{t-1}$	$(19)_t=(17)_t-(18)_t$	$(20)_t=(2)_t*(14)_{t-1}$	$(21)_t=(5)_t*(13)_t*(14)_{t-1}*(7)_t$
1	192	48	150	68
2	362	90	138	38
3	521	130	129	8
4	689	172	125	7
5	853	213	121	5
6	1 016	254	117	0
7	1 176	294	113	0
8	1 333	333	109	0
PV_0		1 114	836	114

根据表 9－21 的计算结果，

$$\text{个人万能保险保险风险比例}=\frac{\text{额外期望保险责任给付精算现值}}{\text{期望所有收入的精算现值}}$$

$$=\frac{1\ 171}{1\ 434+1\ 114+836+114}=33.5\%$$

在将合同划分为保险合同和投资合同之后，美国通用会计准则进一步细分不同的会计模型，主要包括 FAS60、FAS97、FAS120 和 FAS91。这些会计模型在收入确认、准备金评估等各方面都有着不同的处理方法。具体的产品分类流程图，请参见附录 B①。

4. 美国通用会计准则下的会计模型

在美国通用会计准则下，为了实现收入与服务的更好配比，对不同的会计模型引入了不同的收入计量，用于改变从现金收付制转向权责发生制的利润实现时点，以达成会计配比原则。在不同会计模型准备金的评估中，收入计量通常被用做某些资产（如递延获取成本资产）的摊销基础以及某些负债（如给付责任准备金）的累积基础，而摊销期或累积期的确定取决于不同会计模型所采用的收入计量。下面将分不同的会计模型具体介绍其产品形态，评估假设和评估方法。

（1） FAS60 短期险产品。

①产品形态。FAS60 短期险产品通常提供短期固定期限的保险保障，在保障期结束后，保险人可以取消合同或者调整合同条款，例如调整保费或保障范围等。

②评估方法。与以下将要介绍的其他会计模型相比，FAS60 短期险产品的评估方法比较简单，其在美国通用会计准则下的净准备金由以下两部分组成：

$$\begin{matrix}\text{FAS60 短期险}\\ \text{产品净准备金}\end{matrix} = \text{未到期责任准备金} - \begin{matrix}\text{递延获取成本资产}\\ \text{(Deferred Acquisition Cost, DAC)}\end{matrix}$$

FAS60 短期险产品会计模型要求建立未到期责任准备金从而使得保费收入的确认与期望保险责任成比例，实务中，通常假设保险责任在整个保险期间是均匀发生的，因而，未到期责任准备金即等于未到期比例（即剩余期间 / 整体期间）乘以毛保费，而递延获取成本资产则等于可递延获取成本占毛保费的比例乘以未到期责任准备金。

例如，某季缴 FAS60 短期险产品，季缴保费为 600 元，评估时点为保单发单日的两个月后，那么未到期责任准备金即为 600 × 1/3 = 200 （元），如果可递延获取成本占毛保费的比例为 15%，那么评估时点的递延获取成本资产即为 200 × 15% = 30 （元）。

（2） FAS60 长期险产品和 FAS97LP 限期缴费产品。

①产品形态。FAS60 长期险产品和 FAS97LP 限期缴费产品通常包括提供重大保险风险保障的传统人寿产品以及不按贡献原则进行红利分配的分红险种等，通常又将这类产品称为风险型产品。

进一步，当缴费期间短于保险期间时，保险合同被划分为 FAS97LP 限

① 摘自 US GAAP for Life Insurers，Herget，Second Edition，2006 年第 493 页。

期缴费产品，反之，则被划分为 FAS60 长期险产品。

②评估假设。根据美国通用会计准则的要求，FAS60 长期险和 FAS97LP 限期缴费产品的评估假设应采用最优估计加不利偏差准备（Provisions for Adverse Deviation，PAD）。评估假设在保险合同签发时即确定并在整个合同期间内锁定，除非出现保费不足的情况①。如果出现保费不足，需要重新确定评估假设并再次锁定。

不利偏差准备是在最优估计之上、出于保守稳健的考虑用于增加保单负债的假设。它应与最优估计假设保持一致，并反映相应的风险程度，且不应导致美国通用会计准则下的净保费过度增加，甚至于超过毛保费。

对于具体的设定不利偏差准备的标准，美国通用会计准则并没有给出明确的规定，因此需要精算师的专业判断。通常在确定假设的不利偏差准备时，需要考虑以下一些因素并结合敏感性测试的结果来评估不利偏差准备的影响：业务类型；经验数据的可信程度；不利偏差准备与假设之间的相互关系；现金流的不确定程度等。

③评估方法。

a. FAS60 长期险产品的准备金评估方法。FAS60 长期险产品在美国通用会计准则下的净准备金由以下三部分组成：

$$\text{FAS60 长期险产品净准备金} = \text{给付责任准备金} + \text{维持费用准备金} - \text{递延获取成本资产}$$

给付责任准备金和维持费用准备金包含了所有保证给付责任和直接维持费用，但不包含管理费用。

而对于分红产品，是否需要将保户红利支出反映在给付责任准备金的计算中，取决于股东红利分配是否受到明确的规定和限制。

在许多国家，对分红产品的股东红利分配有着明确的规定和限制。如中国保险监督管理委员会第 67 号文《个人分红保险精算规定》中明确指出："保险公司每一会计年度向保单持有人实际分配盈余的比例不低于当年可分配盈余的 70%。"澳大利亚要求向保单持有人支付的比例不低于 80%，英国、新加坡等国则要求该比例不低于 90%。而在一些对股东红利分配没有明确法律法规限制的国家，某些公司的实务操作和某些分红产品的条款中，对此有明确的规定。

在此限制环境下，美国通用会计准则要求建立额外的负债，以保证未来年度通过红利支出而支付给保户的利润不会体现为公司当期的收入。该负债通常被称为分红保险保单持有人未分配盈余账户。精算实务标准 10 号文《寿险公司准备美国通用会计准则财务报告所采用的方法和假设》中指

① 对于保费不足情况的具体阐述，请参见"5. 摊回能力测试和损失确认测试"，本书第 340 页。

出，在分红产品股东红利分配存在限制的环境下，超出股东红利部分的利润必须在分红保险保单持有人账户中进行累积。且保户红利通常作为分红前利润的支出，而不是负债计算中保单责任的支出。

而对于股东红利分配不受限制的分红产品，保户红利支出可作为提供给保户的保单利益直接反映在给付责任准备金的计算中。

FAS60 长期险产品会计模型采用毛保费（GP）作为收入计量，给付责任准备金和维持费用准备金会在缴费期间内按照毛保费的一定比例（f^B和f^E）累积，而递延获取成本资产则会根据毛保费的一定比例（f^k）来摊销。因此，在 FAS60 长期险产品会计模型下，利润的确认与毛保费成一定常数比例，并受到不利偏差准备的释放以及经验偏差等的影响。具体的 FAS60 长期险产品会计模型准备金计算公式如下：

$$f^B = \frac{PV_0(Ben)}{PV_0(GP)}$$

$$\begin{aligned} V_t^B &= PV_t(Ben) - f^B \times PV_t(GP) \\ &= (V_{t-1}^B + f^B \times GP_t) \times (1+i) - Ben_t \end{aligned}$$

$$f^E = \frac{PV_0(MainExp)}{PV_0(GP)}$$

$$\begin{aligned} V_t^E &= PV_t(MainExp) - f^E \times PV_t(GP) \\ &= (V_{t-1}^E + f^E \times GP_t - MainExp_t) \times (1+i) \end{aligned}$$

$$f^K = \frac{PV_0(DAE)}{PV_0(GP)}$$

$$\begin{aligned} DAC_t &= f^K \times PV_t(GP) - PV_t(DAE) \\ &= (DAC_{t-1} + DAE_t - f^K \times GP_t) \times (1+i) \end{aligned}$$

式中，Ben_t 为保单年度 t 的给付责任；$MainExp_t$ 为保单年度 t 的直接维持费用；DAE_t 为保单年度 t 的可递延获取成本；PV_t 为第 t 保单年度末的精算现值；V_t^B 为第 t 保单年度末的给付责任准备金；V_t^E 为第 t 保单年度末的维持费用准备金；DAC_t 为第 t 保单年度末的递延获取成本资产。

【例 9 – 15】 计算个人两全保险在美国通用会计准则下的 FAS60 净准备金。

保单基本信息	
年保费	9 000
保额	100 000
满期金	100 000
现金价值	参见表 9 – 22
保险产品基本信息	
产品类型	两全保险

保险期间	10
缴费期间	10
假设	
死亡率（最优估计）	参见表9-22
死亡率（不利偏差准备）	10%
退保率（最优估计）	参见表9-22
退保率（不利偏差准备）	0%
投资回报率（最优估计）	5.5%
投资回报率（不利偏差准备）	0.5%
佣金率（最优估计）	参见表9-22
佣金率（不利偏差准备）	0%
可递延获取成本（最优估计）	参见表9-22
可递延获取成本（不利偏差准备）	0%
直接维持费用（最优估计）	参见表9-22
直接维持费用（不利偏差准备）	10%
会计模型	FAS60

表9-22列示了个人两全保险在美国通用会计准则下的FAS60净准备金计算过程及结果。

表9-22 个人两全保险在美国通用会计准则下的FAS60净准备金计算过程

保单年度	保费收入	保额	满期金	现金价值	死亡率（最优估计）	退保率（最优估计）	死亡率（不利偏差准备）	退保率（不利偏差准备）	投资回报率（最优估计）	投资回报率（不利偏差准备）
	$(1)_t$	$(2)_t$	$(3)_t$	$(4)_t$	$(5)_t$	$(6)_t$	$(7)_t$	$(8)_t$	$(9)_t$	$(10)_t$
1	9 000	100 000	0	8 000	0.0050	10%	10%	0%	5.50%	0.50%
2	9 000	100 000	0	20 000	0.0055	8%	10%	0%	5.50%	0.50%
3	9 000	100 000	0	30 000	0.0060	5%	10%	0%	5.50%	0.50%
4	9 000	100 000	0	40 000	0.0065	4%	10%	0%	5.50%	0.50%
5	9 000	100 000	0	50 000	0.0070	4%	10%	0%	5.50%	0.50%
6	9 000	100 000	0	60 000	0.0075	2%	10%	0%	5.50%	0.50%
7	9 000	100 000	0	70 000	0.0080	2%	10%	0%	5.50%	0.50%
8	9 000	100 000	0	80 000	0.0085	2%	10%	0%	5.50%	0.50%
9	9 000	100 000	0	90 000	0.0090	2%	10%	0%	5.50%	0.50%
10	9 000	100 000	100 000	100 000	0.0095	2%	10%	0%	5.50%	0.50%

续表

保单年度	佣金率（最优估计）	佣金率（不利偏差准备）	可递延获取成本（最优估计）		可递延获取成本（不利偏差准备）	直接维持费用（最优估计）		直接维持费用（不利偏差准备）
			每单	保费%		每单	保费%	
	$(11)_t$	$(12)_t$	$(13)_t$	$(14)_t$	$(15)_t$	$(16)_t$	$(17)_t$	$(18)_t$
1	40%	0%	200	2%	0%	50	2%	10%
2	8%	0%	0	0%	0%	50	2%	10%
3	4%	0%	0	0%	0%	50	2%	10%
4	4%	0%	0	0%	0%	50	2%	10%
5	4%	0%	0	0%	0%	50	2%	10%
6	4%	0%	0	0%	0%	50	2%	10%
7	4%	0%	0	0%	0%	50	2%	10%
8	4%	0%	0	0%	0%	50	2%	10%
9	4%	0%	0	0%	0%	50	2%	10%
10	4%	0%	0	0%	0%	50	2%	10%

保单年度	评估死亡率	评估退保率	评估利率	评估佣金率	最终续期评估佣金率水平
	$(19)_t=(5)_t*(1+(7)_t)$	$(20)_t=(6)_t*(1+(8)_t)$	$(21)_t=(9)_t-(10)_t$	$(22)_t=(11)_t*(1+(12)_t)$	$(23)_t$
1	0.0055	10%	5.00%	40%	4%
2	0.0061	8%	5.00%	8%	4%
3	0.0066	5%	5.00%	4%	4%
4	0.0072	4%	5.00%	4%	4%
5	0.0077	4%	5.00%	4%	4%
6	0.0083	2%	5.00%	4%	4%
7	0.0088	2%	5.00%	4%	4%
8	0.0094	2%	5.00%	4%	4%
9	0.0099	2%	5.00%	4%	4%
10	0.0105	2%	5.00%	4%	4%

续表

保单年度	评估可递延获取成本率		评估直接维持费用率	
	每单	保费%	每单	保费%
	$(24)_t=(13)_t*(1+(15)_t)$	$(25)_t=(14)_t*(1+(15)_t)$	$(26)_t=(16)_t*(1+(18)_t)$	$(27)_t=(17)_t*(1+(18)_t)$
1	200	2%	55	2.2%
2	0	0%	55	2.2%
3	0	0%	55	2.2%
4	0	0%	55	2.2%
5	0	0%	55	2.2%
6	0	0%	55	2.2%
7	0	0%	55	2.2%
8	0	0%	55	2.2%
9	0	0%	55	2.2%
10	0	0%	55	2.2%

保单年度	保单有效率	有效保费收入	有效保额	死亡给付
	$(28)_t=(28)_{t-1}*(1-(19)_t-(20)_t)$	$(29)_t=(1)_t*(28)_{t-1}$	$(30)_t=(2)_t*(28)_{t-1}$	$(31)_t=(30)_t*(19)_t$
	1			
1	0.89	9 000	100 000	550
2	0.82	8 051	89 450	541
3	0.77	7 358	81 753	540
4	0.73	6 941	77 126	551
5	0.70	6 614	73 489	566
6	0.68	6 299	69 984	577
7	0.66	6 121	68 007	598
8	0.64	5 944	66 048	618
9	0.62	5 770	64 110	635
10	0.60	5 597	62 193	650
PV_0		56 019		4 460

续表

保单年度	退保给付	满期给付	可递延获取成本	直接维持费用
	$(32)_t=(28)_{t-1}*(20)_t*(4)_t$	$(33)_t=(28)_t*(3)_t$	$(34)_t=((22)_t-(23)_t+(25)_t)*(29)_t+(24)_t*(28)_{t-1}$	$(35)_t=(27)_t*(29)_t+(26)_t*(28)_{t-1}$
1	800	0	3 620	253
2	1 431	0	322	226
3	1 226	0	0	207
4	1 234	0	0	195
5	1 470	0	0	186
6	840	0	0	177
7	952	0	0	172
8	1 057	0	0	167
9	1 154	0	0	162
10	1 244	60 299	0	157
PV_0	8 812	37 018	3 927	1 575

保单年度	给付责任准备金	维持费用准备金	递延获取成本资产	净准备金
	$(36)_t=((36)_{t-1}+(29)_t*f^B)*(1+(21)_t)-(31)_t-(32)_t-(33)_t$	$(37)_t=((37)_{t-1}+(29)_t*f^E-(35)_t)*(1+(21)_t)$	$(38)_t=((38)_{t-1}+(34)_t-(29)_t*f^K)*(1+(21)_t)$	$(39)_t=(36)_t+(37)_t-(38)_t$
1	7 134	0	3 139	3 995
2	13 107	0	3 041	10 066
3	18 932	0	2 652	16 280
4	24 636	0	2 273	22 363
5	30 067	0	1 900	28 167
6	36 090	0	1 532	34 559
7	42 114	0	1 158	40 956
8	48 148	0	778	47 370
9	54 206	0	392	53 814
10	0	0	0	0

其中，

$$f^{B}=\frac{PV_{0}(Ben)}{PV_{0}(GP)}=\frac{4\ 460+8\ 812+37\ 018}{56\ 019}=89.77\%$$

$$f^{E}=\frac{PV_{0}(MainExp)}{PV_{0}(GP)}=\frac{1\ 575}{56\ 019}=2.81\%$$

$$f^{K}=\frac{PV_{0}(DAE)}{PV_{0}(GP)}=\frac{3\ 927}{56\ 019}=7.01\%$$

本例中，由于直接维持费用与有效保费收入在每期皆为常数关系，因此在以毛保费为收入计量的 FAS60 会计模型下计算而得的维持费用准备金为 0。

b. FAS97LP 限期缴费产品的准备金评估方法。FAS97LP 限期缴费产品的准备金评估方法与 FAS60 长期险产品的准备金评估方法类似，唯一不同之处在于，对于 FAS97LP 限期缴费产品，由于缴费期间短于保险期间，为了实现收入与服务的更好匹配，美国通用会计准则要求对缴费期内毛保费超出净保费的部分建立额外的递延利润准备金，从而使得利润在整个保险期间内确认。因而，FAS97LP 限期缴费产品的净准备金由以下四部分组成：

$$\begin{matrix}\text{FAS97LP 限期缴费}\\\text{产品净准备金}\end{matrix}=\begin{matrix}\text{给付责任}\\\text{准备金}\end{matrix}+\begin{matrix}\text{维持费用}\\\text{准备金}\end{matrix}+\begin{matrix}\text{递延利润}\\\text{准备金}\end{matrix}-\begin{matrix}\text{递延获取}\\\text{成本资产}\end{matrix}$$

与 FAS60 长期险产品相同，FAS97LP 限期缴费产品的给付责任准备金，维持费用准备金和递延获取成本资产在缴费期间内按照毛保费的一定比例累积或摊销。不同的是，FAS97LP 限期缴费产品的递延利润准备金会根据有效保额的一定比例来摊销。因此，在 FAS97LP 限期缴费产品会计模型下，利润的确认与有效保额成一定常数比例，并受到不利偏差准备的释放以及经验偏差等的影响。具体的递延利润准备金计算公式如下：

$$f^{DPL1}=1-f^{B}-f^{E}-f^{K}$$

$$f^{DPL2}=\frac{f^{DPL1}\times PV_{0}(GP)}{PV_{0}(SA)}$$

$$\begin{aligned}DPL_{t}&=f^{DPL2}\times PV_{t}(SA)-f^{DPL1}\times PV_{t}(GP)\\&=(DPL_{t-1}+f^{DPL1}\times GP_{t}-f^{DPL2}\times SA_{t})\times(1+i)\end{aligned}$$

式中，SA_t 为第 t 保单年度初的有效保额；DPL_t 为第 t 保单年度末的递延利润准备金。

【例 9－16】 计算个人限期缴费两全保险在美国通用会计准则下的 FAS97LP 净准备金。

保单基本信息	
年保费	30 000
保额	100 000
满期金	100 000

现金价值	参见表 9－23
保险产品基本信息	
产品类型	两全保险
保险期间	10
缴费期间	3
假设	
死亡率（最优估计）	参见表 9－23
死亡率（不利偏差准备）	10%
退保率（最优估计）	参见表 9－23
退保率（不利偏差准备）	0%
投资回报率（最优估计）	5.5%
投资回报率（不利偏差准备）	0.5%
佣金率（最优估计）	参见表 9－23
佣金率（不利偏差准备）	0%
可递延获取成本（最优估计）	参见表 9－23
可递延获取成本（不利偏差准备）	0%
直接维持费用（最优估计）	参见表 9－23
直接维持费用（不利偏差准备）	10%
会计模型	FAS97LP

表 9－23 列示了个人限期缴费两全保险在美国通用会计准则下的 FAS97LP 净准备金计算过程及结果。

表 9－23　个人限期缴费两全保险在美国通用会计准则下的 FAS97LP 净准备金计算过程

保单年度	保费收入	保额	满期金	现金价值	死亡率（最优估计）	退保率（最优估计）	死亡率（不利偏差准备）	退保率（不利偏差准备）	投资回报率（最优估计）	投资回报率（不利偏差准备）
	$(1)_t$	$(2)_t$	$(3)_t$	$(4)_t$	$(5)_t$	$(6)_t$	$(7)_t$	$(8)_t$	$(9)_t$	$(10)_t$
1	30 000	100 000	0	10 000	0.0050	10%	10%	0%	5.50%	0.50%
2	30 000	100 000	0	60 000	0.0055	8%	10%	0%	5.50%	0.50%
3	30 000	100 000	0	90 000	0.0060	5%	10%	0%	5.50%	0.50%
4	—	100 000	0	91 500	0.0065	2%	10%	0%	5.50%	0.50%
5	—	100 000	0	93 000	0.0070	2%	10%	0%	5.50%	0.50%
6	—	100 000	0	94 500	0.0075	2%	10%	0%	5.50%	0.50%
7	—	100 000	0	96 000	0.0080	2%	10%	0%	5.50%	0.50%
8	—	100 000	0	98 000	0.0085	2%	10%	0%	5.50%	0.50%
9	—	100 000	0	99 000	0.0090	2%	10%	0%	5.50%	0.50%
10	—	100 000	100 000	100 000	0.0095	2%	10%	0%	5.50%	0.50%

续表

保单年度	佣金率（最优估计）	佣金率（不利偏差准备）	可递延获取成本（最优估计）		可递延获取成本（不利偏差准备）	直接维持费用（最优估计）		直接维持费用（不利偏差准备）
			每单	保费%		每单	保费%	
	$(11)_t$	$(12)_t$	$(13)_t$	$(14)_t$	$(15)_t$	$(16)_t$	$(17)_t$	$(18)_t$
1	15%	0%	200	1%	0%	80	1%	10%
2	3%	0%	0	0%	0%	80	1%	10%
3	0%	0%	0	0%	0%	80	1%	10%
4	0%	0%	0	0%	0%	80	0%	10%
5	0%	0%	0	0%	0%	80	0%	10%
6	0%	0%	0	0%	0%	80	0%	10%
7	0%	0%	0	0%	0%	80	0%	10%
8	0%	0%	0	0%	0%	80	0%	10%
9	0%	0%	0	0%	0%	80	0%	10%
10	0%	0%	0	0%	0%	80	0%	10%

保单年度	评估死亡率	评估退保率	评估利率	评估佣金率	最终续期评估佣金率水平
	$(19)_t=(5)_t*(1+(7)_t)$	$(20)_t=(6)_t*(1+(8)_t)$	$(21)_t=(9)_t-(10)_t$	$(22)_t=(11)_t*(1+(12)_t)$	$(23)_t$
1	0.0055	10%	5.00%	15%	0%
2	0.0061	8%	5.00%	3%	0%
3	0.0066	5%	5.00%	0%	0%
4	0.0072	2%	5.00%	0%	0%
5	0.0077	2%	5.00%	0%	0%
6	0.0083	2%	5.00%	0%	0%
7	0.0088	2%	5.00%	0%	0%
8	0.0094	2%	5.00%	0%	0%
9	0.0099	2%	5.00%	0%	0%
10	0.0105	2%	5.00%	0%	0%

续表

保单年度	评估可递延获取成本率		评估直接维持费用率	
	每单	保费%	每单	保费%
	$(24)_t = (13)_t * (1 + (15)_t)$	$(25)_t = (14)_t * (1 + (15)_t)$	$(26)_t = (16)_t * (1 + (18)_t)$	$(27)_t = (17)_t * (1 + (18)_t)$
1	200	1%	88	1.1%
2	0	0%	88	1.1%
3	0	0%	88	1.1%
4	0	0%	88	0.0%
5	0	0%	88	0.0%
6	0	0%	88	0.0%
7	0	0%	88	0.0%
8	0	0%	88	0.0%
9	0	0%	88	0.0%
10	0	0%	88	0.0%

保单年度	保单有效率	有效保费收入	有效保额	死亡给付
	$(28)_t = (28)_{t-1} * (1 - (19)_t - (20)_t)$	$(29)_t = (1)_t * (28)_{t-1}$	$(30)_t = (2)_t * (28)_{t-1}$	$(31)_t = (30)_t * (19)_t$
	1			
1	0.89	30 000	100 000	550
2	0.82	26 835	89 450	541
3	0.77	24 526	81 753	540
4	0.75	0	77 126	551
5	0.73	0	75 032	578
6	0.71	0	72 953	602
7	0.69	0	70 892	624
8	0.67	0	68 851	644
9	0.65	0	66 830	662
10	0.63	0	64 832	677
PV_0		77 803	633 712	4 558

续表

保单年度	退保给付	满期给付	可递延获取成本	直接维持费用
	$(32)_t=(28)_{t-1}*(20)_t*(4)_t$	$(33)_t=(28)_t*(3)_t$	$(34)_t=((22)_t-(23)_t+(25)_t)*(29)_t+(24)_t*(28)_{t-1}$	$(35)_t=(27)_t*(29)_t+(26)_t*(28)_{t-1}$
1	1 000	0	5 000	418
2	4 294	0	805	374
3	3 679	0	0	342
4	1 411	0	0	68
5	1 396	0	0	66
6	1 379	0	0	64
7	1 361	0	0	62
8	1 349	0	0	61
9	1 323	0	0	59
10	1 297	62 858	0	57
PV_0	14 838	38 589	5 767	1 413

保单年度	给付责任准备金	维持费用准备金	递延获取成本资产	递延利润准备金	净准备金
	$(36)_t=((36)_{t-1}+(29)_t*f^B)*(1+(21)_t)-(31)_t-(32)_t-(33)_t$	$(37)_t=((37)_{t-1}+(29)_t*f^E-(35)_t)*(1+(21)_t)$	$(38)_t=((38)_{t-1}+(34)_t-(29)_t*f^K)*(1+(21)_t)$	$(39)_t=((39)_{t-1}+(29)_t*f^{DPL1}-(30)_t*f^{DPL2})*(1+(21)_t)$	$(40)_t=(36)_t+(37)_t+(39)_t-(38)_t$
1	21 926	133	2 915	3 023	22 167
2	39 187	259	1 818	5 878	43 507
3	56 121	381	0	8 643	65 145
4	56 964	329	0	7 460	64 753
5	57 839	276	0	6 262	64 377
6	58 750	223	0	5 047	64 020
7	59 703	168	0	3 815	63 686
8	60 695	113	0	2 564	63 372
9	61 744	57	0	1 293	63 094
10	0	0	0	0	0

其中，

$$f^{B}=\frac{PV_{0}(Ben)}{PV_{0}(GP)}=\frac{4\ 558+14\ 838+38\ 589}{77\ 803}=74.53\%$$

$$f^{E}=\frac{PV_{0}(MainExp)}{PV_{0}(GP)}=\frac{1\ 413}{77\ 803}=1.82\%$$

$$f^{K}=\frac{PV_{0}(DAE)}{PV_{0}(GP)}=\frac{5\ 767}{77\ 803}=7.41\%$$

$$f^{DPL1}=1-f^{B}-f^{E}-f^{K}=16.24\%$$

$$f^{DPL2}=\frac{f^{DPL1}\times PV_{0}(GP)}{PV_{0}(SA)}=\frac{16.24\%\times 77\ 803}{633\ 712}=1.99\%$$

（3） FAS97UL 万能型产品和 FAS97IC 投资型产品。

①产品形态。FAS97UL 万能型产品包括提供重大死亡或年金保障的长期合同，这些长期合同的合同条款要素是不固定不保证的。通常，具有以下任一特征的长期保险合同，可被划分为 FAS97UL 万能型产品：

- 保单持有人可以在合同允许的范围内变动保费而无需征求保险人的同意；
- 合同收入（如死亡风险保险费等）是不固定不保证的；
- 合同支出（如万能保险的结算利率等）是不固定不保证的。

特别地，对于分红产品和保费不保证产品，如果具有以下任一特征，也会被划分为 FAS97UL 万能型产品：

- 对于分红产品，保单持有人可以在合同允许的范围内变动保费而无需征求保险人的同意；
- 合同有明确的账户价值且相应的合同收入或支出是不固定不保证的；
- 任何合同要素的预期改变是依据利率或其他市场条件而不是依据一组类似产品或整个公司的实际经验。

而 FAS97IC 投资型产品则包括那些没有重大死亡或疾病风险且投资收益不是主要保单收益来源的保险产品。

②评估假设。根据美国通用会计准则的要求，FAS97UL 万能型产品和 FAS97IC 投资型产品的评估假设应采用最优估计，无需考虑不利偏差准备。精算假设在保单签发时确定，同时在评估时点检查更新，经验偏差和假设变更的影响会通过过去修正和未来修正反映在准备金结果中。关于过去修正和未来修正对准备金结果的影响将结合准备金的评估方法在下面具体叙述。

③评估方法。FAS97UL 万能型产品和 FAS97IC 投资型产品在美国通用会计准则下的净准备金由以下三部分组成：

$$\begin{matrix}\text{FAS97UL 万能型产品和 FAS97IC}\\\text{投资型产品净准备金}\end{matrix}=\begin{matrix}\text{给付责任}\\\text{准备金}\end{matrix}+\begin{matrix}\text{递延收入}\\\text{准备金}\end{matrix}-\begin{matrix}\text{递延获取}\\\text{成本资产}\end{matrix}$$

出于与 FAS97LP 限期缴费产品下建立递延利润准备金相同的考虑，FAS97UL 万能型产品和 FAS97IC 投资型产品对于前端收费超出最终续期前端收费水平的部分建立了递延收入准备金，以实现收入与服务的更好配比，达到平滑利润的目的。

与 FAS60 长期险产品和 FAS97LP 限期缴费产品不同，FAS97UL 万能型产品和 FAS97IC 投资型产品的会计模型引入了预期毛利润的概念，并将其作为收入计量，根据 FAS97 中的定义，预期毛利润等于以下几部分之和：

- 死差：死亡风险保险费超出额外死亡给付（死亡风险保额）的部分；
- 保单管理费差：保单管理费用收费超出保单管理费用支出的部分，此处所指的保单管理费用不含可递延获取成本以及可递延前端收费部分；
- 投资利差：已赚投资收益超出结算投资收益的部分；
- 退保差：退保保单的账户价值与现金价值的差额；
- 其他收入和支出。

因而，递延获取成本资产和递延收入准备金在保险期间内会按照最优估计下的预期毛利润的一定比例（f^K 和 f^{URL}）进行摊销。因此，在 FAS97UL 万能型产品和 FAS97IC 投资型产品会计模型下，利润的确认与预期毛利润成一定常数比例，并受到假设变更以及经验偏差等的影响。具体的递延获取成本资产和递延收入准备金的计算公式如下：

$$f^K = \frac{PV_0(DAE)}{PV_0(EGP)}$$

$$\begin{aligned} DAC_t &= f^K \times PV_t(EGP) - PV_t(DAE) \\ &= (DAC_{t-1} + DAE_t) \times (1+i) - f^K \times EGP_t \end{aligned}$$

$$f^{URL} = \frac{PV_0(FEL)}{PV_0(EGP)}$$

$$\begin{aligned} URL_t &= f^{URL} \times PV_t(EGP) - PV_t(FEL) \\ &= (URL_{t-1} + FEL_t) \times (1+i) - f^{URL} \times EGP_t \end{aligned}$$

式中，FEL_t 为保单年度 t 超出最终续期前端收费水平的前端收费部分；URL_t 为第 t 保单年度末的递延收入准备金；EGP_t 为第 t 保单年度末的预期毛利润。

【例 9－17】 计算个人万能保险在美国通用会计准则下的 FAS97UL 递延获取成本资产及递延收入准备金。

保单基本信息

年保费	5 000
保额	100 000

保险产品基本信息	
产品类型	万能保险
保险期间	5
缴费期间	5
保单管理收费	100
前端收费比例	首年保费的20%
每千元死亡风险保险费费率	参见表9-24
退保手续费	参见表9-24
假设	
死亡率（最优估计）	参见表9-24
退保率（最优估计）	参见表9-24
投资回报率（最优估计）	5%
结算利率（最优估计）	3%
获取成本（最优估计）	参见表9-24
直接维持费用（最优估计）	参见表9-24
佣金率（最优估计）	参见表9-24
会计模型	FAS97UL

表9-24列示了个人万能保险的账户价值、预期毛利润、递延获取成本资产以及递延收入准备金的计算过程及结果。需要注意的是，用于计算递延获取成本资产和递延收入准备金的贴现率应采用结算利率，而不是投资回报率。

表9-24　个人万能保险在美国通用会计准则下的FAS97UL递延获取成本资产和递延收入准备金计算过程

保单年度	保费收入	前端收费比例	最终续期前端收费比例	保单管理收费	保额	每千元死亡风险保险费费率	退保手续费	死亡率（最优估计）	退保率（最优估计）
	$(1)_t$	$(2)_t$	$(3)_t$	$(4)_t$	$(5)_t$	$(6)_t$	$(7)_t$	$(8)_t$	$(9)_t$
1	5 000	20%	0%	100	100 000	5.50	10%	0.40%	10.00%
2	5 000	0%	0%	100	100 000	6.05	5%	0.44%	7.50%
3	5 000	0%	0%	100	100 000	6.60	2%	0.48%	5.00%
4	5 000	0%	0%	100	100 000	7.15	1%	0.52%	5.00%
5	5 000	0%	0%	100	100 000	7.70	0%	0.56%	5.00%

续表

保单年度	投资回报率（最优估计）	结算利率（最优估计）	获取成本（最优估计）				直接维持费用（最优估计）		佣金率（最优估计）	最终续期佣金率水平
			可递延获取成本		不可递延获取成本（保单相关）					
			保费%	每单	保费%	每单	保费%	每单		
	$(10)_t$	$(11)_t$	$(12)_t$	$(13)_t$	$(14)_t$	$(15)_t$	$(16)_t$	$(17)_t$	$(18)_t$	$(19)_t$
1	5%	3%	1.6%	120	0.4%	30	1.00%	50	12.00%	1.00%
2	5%	3%	0.0%	0	0.0%	0	1.00%	50	3.00%	1.00%
3	5%	3%	0.0%	0	0.0%	0	1.00%	50	1.00%	1.00%
4	5%	3%	0.0%	0	0.0%	0	1.00%	50	1.00%	1.00%
5	5%	3%	0.0%	0	0.0%	0	1.00%	50	1.00%	1.00%

保单年度	账户价值（期初）	保费	保单管理收费	死亡风险保险费	结算投资收益	账户价值（期末）
	$(20)_t=(24)_{t-1}$	$(21)_t=(1)_t*(1-(2)_t)$	$(4)_t$	$(22)_t=\max(0,(5)_t-((20)_t+(21)_t-(4)_t))*(6)_t/1\,000$	$(23)_t=((20)_t+(21)_t-(4)_t-(22)_t)*(11)_t$	$(24)_t=(20)_t+(21)_t-(4)_t-(22)_t+(23)_t$
1	0	4 000	100	529	101	3 473
2	3 473	5 000	100	554	235	8 053
3	8 053	5 000	100	575	371	12 750
4	12 750	5 000	100	589	512	17 573
5	17 573	5 000	100	597	656	22 532

保单年度	保单有效率	额外死亡给付	有效死亡风险保险费	死差	已赚投资收益
	$(25)_t=(25)_{t-1}*(1-(8)_t-(9)_t)$	$(26)_t=\max(0,(5)_t-(24)_t)*(25)_{t-1}*(8)_t$	$(27)_t=(22)_t*(25)_{t-1}$	$(28)_t=(27)_t-(26)_t$	$(29)_t=((20)_t+(21)_t-(4)_t-(22)_t)*(10)_t*(25)_{t-1}$
	1				
1	0.8960	386	529	142	169
2	0.8249	362	497	134	350
3	0.7797	345	474	128	511
4	0.7366	334	459	125	665
5	0.6957	320	440	120	806

续表

保单年度	有效结算投资收益	投资利差	最终续期前端收费	保单管理收费	不可递延获取成本（保单相关）
	$(30)_t=(23)_t*(25)_{t-1}$	$(31)_t=(29)_t-(30)_t$	$(32)_t=(1)_t*(3)_t*(25)_{t-1}$	$(33)_t=(4)_t*(25)_{t-1}$	$(34)_t=(1)_t*(14)_t*(25)_{t-1}+(15)_t*(25)_{t-1}$
1	101	67	0	100	50
2	210	140	0	90	0
3	306	204	0	82	0
4	399	266	0	78	0
5	483	322	0	74	0

保单年度	直接维持费用	最终续期佣金	保单管理费差	退保差	预期毛利润
	$(35)_t=(1)_t*(16)_t*(25)_{t-1}+(17)_t*(25)_{t-1}$	$(36)_t=(19)_t*(1)_t*(25)_{t-1}$	$(37)_t=(32)_t+(33)_t-(34)_t-(35)_t-(36)_t$	$(38)_t=(7)_t*(24)_t*(25)_{t-1}*(9)_t$	$(39)_t=(28)_t+(31)_t+(37)_t+(38)_t$
1	100	50	-100	35	145
2	90	45	-45	27	257
3	82	41	-41	11	302
4	78	39	-39	7	359
5	74	37	-37	0	406

保单年度	可递延获取成本	前端收费可递延部分	预期毛利润
	$(40)_t=((18)_t-(19)_t+(12)_t)*(1)_t*(25)_{t-1}+(13)_t*(25)_{t-1}$	$(41)_t=(1)_t*((2)_t-(3)_t)*(25)_{t-1}$	$(39)_t$
1	750	1 000	145
2	90	0	257
3	0	0	302
4	0	0	359
5	0	0	406
PV_0	837	1 000	1 327

续表

保单年度	递延获取成本资产	递延收入准备金
	$(42)_t=((42)_{t-1}+(40)_t)*(1+(11)_t)-(39)_t*f^K$	$(43)_t=((43)_{t-1}+(41)_t)*(1+(11)_t)-(39)_t*f^{URL}$
1	681	921
2	632	755
3	461	551
4	248	297
5	0	0

其中，

$$f^K=\frac{PV_0(DAE)}{PV_0(EGP)}=\frac{837}{1\ 327}=63.07\%$$

$$f^{URL}=\frac{PV_0(FEL)}{PV_0(EGP)}=\frac{1\ 000}{1\ 327}=75.36\%$$

如前所述，FAS97UL 万能型和 FAS97IC 投资型产品的给付责任准备金通常等于评估时点的账户价值，但如果该产品还额外提供销售诱导产品特征（如持续奖金等），那么给付责任准备金还包括相应计提的销售诱导准备金。对于销售诱导准备金，SOP03－1 要求在计提此类准备金时，不得考虑退保的影响，实务中常用的两种计提方法为直线法和利率法。

同时，对于满足某些条件①的销售诱导产品特征，还需要计提相应的销售诱导递延资产，通常，持续奖金满足建立销售诱导递延资产的条件。销售诱导递延资产采用与递延获取成本资产相同的方法和假设，在保险期间内按照最优估计下的预期毛利润的一定比例（f^{SIA}）进行摊销。其具体计算公式如下：

$$SI_t=SIL_t-SIL_{t-1}+PB_t-i\times SIL_{t-1}$$

$$f^{SIA}=\frac{PV_0(SI)}{PV_0(EGP)}$$

$$\begin{aligned}SIA_t&=f^{SIA}\times PV_t(EGP)-PV_t(SI)\\&=SIA_{t-1}\times(1+i)+SI_t-f^{SIA}\times EGP_t\end{aligned}$$

式中，SI_t 为保单年度 t 销售诱导可递延部分；SIL_t 为第 t 保单年度末的销售诱导准备金；PB_t 为保单年度 t 的有效持续奖金支出；SIA_t 为第 t 保单年度末的销售诱导递延资产。

【例 9－18】 计算第 5 年末提供 5% 累计已缴保费作为持续奖金的个人万能保险的销售诱导准备金和销售诱导递延资产。

---

① 对于计提销售诱导递延资产所需满足的条件，请具体参见 SOP03－1 第 37 段。

表 9－25 列示了采用直线法和利率法计算而得的该个人万能保险的销售诱导准备金结果，其中期望销售诱导准备金为假设所有保单都有效的情况下所提取的销售诱导准备金，而有效销售诱导准备金则为各评估时点实际有效的保单所提取的销售诱导准备金，也即等于期望销售诱导准备金乘以保单有效率。

在计算期望销售诱导准备金时，

直线法：

$$\begin{matrix}\text{评估时点的期望}\\\text{销售诱导准备金}\end{matrix}=\begin{matrix}\text{上期期望销售}\\\text{诱导准备金}\end{matrix}+\frac{\text{期望持续奖金支出}}{5}-\begin{matrix}\text{当年度期望}\\\text{持续奖金支出}\end{matrix}$$

其中 5 为发放持续奖金的第 5 保单年度。

利率法：

$$\begin{matrix}\text{评估时点的期望}\\\text{销售诱导准备金}\end{matrix}=\left(\begin{matrix}\text{上期期望销售}\\\text{诱导准备金}\end{matrix}+\text{年累积额}\right)\times(1+\text{利率})-\begin{matrix}\text{当年度期望}\\\text{持续奖金支出}\end{matrix}$$

其中年累积额为使得在第 5 年末的累积值等于期望持续奖金支出的每年年初支付额。

表 9－25　个人万能保险在直线法和利率法下计提的销售诱导准备金计算过程及结果

保单年度	保费收入	期望持续奖金比例	期望持续奖金	结算利率	期望销售诱导准备金	
					直线法	利率法
	$(1)_t$	$(2)_t$	$(3)_t=\text{sum}_t(1)*(2)_t$	$(4)_t$	$(5)_t=((5)_{t-1}+(3)_5/5)-(3)_t$	$(6)_t=((6)_{t-1}+$年累积额$)*(1+(4)_t)-(3)_t$
1	10 000	0%	0	5%	500	452
2	10 000	0%	0	5%	1 000	927
3	10 000	0%	0	5%	1 500	1 426
4	10 000	0%	0	5%	2 000	1 950
5	10 000	5%	2 500	5%	0	0

保单年度	保单有效率	有效持续奖金	有效销售诱导准备金	
			直线法	利率法
	$(7)_t$	$(8)_t=(3)_t*(7)_t$	$(9)_t=(5)_t*(7)_t$	$(10)_t=(6)_t*(7)_t$
1	0. 920	0	460	416
2	0. 850	0	850	788
3	0. 780	0	1 170	1 113
4	0. 720	0	1 440	1 404
5	0. 660	1 650	0	0

表 9－26 列示了该万能保险在直线法和利率法下的销售诱导递延资产结果，由于销售诱导可递延部分考虑了上期有效销售诱导准备金的利息，因而直线法和利率法下计算而得的销售诱导递延资产的摊销比例相同。

表 9－26　　个人万能保险在直线法和利率法下计提的销售诱导递延资产计算过程及结果

保单年度	预期毛利润	有效持续奖金	有效持续奖金准备金		结算利率	销售诱导可递延部分	
			直线法	利率法		直线法	利率法
	$(1)_t$	$(2)_t$ = 表 9－25 $(8)_t$	$(3)_t$ = 表 9－25 $(9)_t$	$(4)_t$ = 表 9－25 $(10)_t$	$(5)_t$ = 表 9－25 $(4)_t$	$(6)_t=(3)_t-(3)_{t-1}+(2)_t-(5)_t*(3)_{t-1}$	$(7)_t=(4)_t-(4)_{t-1}+(2)_t-(5)_t*(4)_{t-1}$
1	1 000	0	460	416	5%	460	416
2	1 100	0	850	788	5%	367	351
3	1 200	0	1 170	1 113	5%	278	285
4	1 300	0	1 440	1 404	5%	212	236
5	1 400	1 650	0	0	5%	138	176
PV_0	5 153					1 293	1 293

保单年度	销售诱导递延资产	
	直线法	利率法
	$(8)_t=(8)_{t-1}\times(1+(5)_t)+(6)t-(1)_t\times f^{SIA_1}$	$(9)_t=(9)_{t-1}\times(1+(5)_t)+(7)t-(1)_t\times f^{SIA_2}$
1	209	165
2	311	249
3	303	245
4	203	167
5	0	0

其中，

$$f^{SIA1}=\frac{PV_0(SI)}{PV_0(EGP)}=\frac{1\ 293}{5\ 153}=25.09\%$$

$$f^{SIA2}=\frac{PV_0(SI)}{PV_0(EGP)}=\frac{1\ 293}{5\ 153}=25.09\%$$

另一方面，在每个评估时点，当计算 FAS97UL 万能型产品和 FAS97IC

投资型产品的准备金时，还涉及在评估假设部分提到的过去修正和未来修正。

过去修正是指在每个报告年度末，用实际毛利润替换预期毛利润，但不改变未来的评估假设，然后自承保日起重新计算递延获取成本资产、递延收入准备金和销售诱导递延资产。

未来修正是指对未来评估假设进行调整并根据调整后的最优假设重新计算预期毛利润，然后自承保日起重新计算递延获取成本资产、递延收入准备金和销售诱导递延资产。

下面举例说明过去修正和未来修正的计算方法以及对美国通用会计准则准备金结果的影响。需要注意的是，无论是过去修正还是未来修正，都不影响以前年度递延获取成本资产，递延收入准备金和销售诱导递延资产的已报告数额。

【例9－19】 计算过去修正和未来修正对第3保单年度末递延获取成本资产结果的影响，简单起见并便于理解，本例中假设利率为0%，保单期初可递延获取成本为150。

表9－27和表9－28分别列示了递延获取成本资产过去修正和未来修正的计算过程以及其对递延获取成本资产结果的影响。其中，初始值是在不考虑过去修正和未来修正的情况下计算而得的递延获取成本资产，而过去修正则反映了在第3保单年度中，由于经验和预期发生偏差，导致实际毛利润远小于预期毛利润，在不改变未来评估假设的基础下自承保日起重新计算而得的递延获取成本资产，进一步，未来修正在过去修正的基础上，考虑对未来的评估假设进行调整，并在重新计算的预期毛利润的基础下自承保日起重新计算递延获取成本资产。

表9－27　过去修正和未来修正的计算结果

保单年度	初始值（不考虑过去修正和未来修正）		过去修正			未来修正		
	预期毛利润	递延获取成本资产	实际毛利润/预期毛利润	递延获取成本资产（重算结果）	递延获取成本资产（报告结果）	实际毛利润/预期毛利润	递延获取成本资产（重算结果）	递延获取成本资产（报告结果）
1	80	120	80	116	120	80	109	120
2	80	90	80	81	90	80	67	90
3	80	60	**30**	69	69	30	52	52
4	80	30	80	34	34	**50**	26	26
5	80	0	80	0	0	**50**	0	0

表 9－28　过去修正和未来修正对递延获取成本资产结果的影响

保单年度	(1)	(2)	(3)
	初始值（不考虑过去修正和未来修正）	过去修正	未来修正
2	90	81	67
3	60	69	52

第 2 保单年度末递延获取成本资产	90	$(1)_2$
过去修正影响	－9	$(2)_2-(1)_2$
递延获取成本资产每期变动影响	－12	$(2)_3-(2)_2$
未来修正影响	－17	$(3)_3-(2)_3$
第 3 保单年度末递延获取成本资产	52	$(3)_3$

在中国及一些亚太市场，一些期限相对较短的如五年、六年的两全产品由于缺乏重大的死亡或疾病风险而被划分为 FAS97IC 投资型产品。这类产品由于属于传统型产品，不具有明确的账户价值，死亡风险保险费，保单管理收费和结算利率等，在运用 FAS97IC 会计模型进行准备金评估时存在着一定的困难。

实务操作中，各公司对此有着不同的处理方法。有些公司采用确定保单现金价值时所需计算的保单价值准备金作为账户价值，并根据保单价值准备金的死亡率和预定费用率计算死亡风险保险费和保单管理收费，同时将计算保单价值准备金的利率视为结算利率。也有些公司采用内含报酬率的方法确定各期的账户价值，并采用内含报酬率作为结算利率，考虑到传统型产品并不存在明确的死亡风险保险费和保单管理收费，因而在预期毛利润死差和保单管理费差的计算中仅包含支出项。

（4） FAS120 产品。

①产品形态。FAS120 会计模型是针对根据公司实际经验确定保户红利支出且按贡献原则进行红利分配的长期分红产品而发布的。它主要适用于相互人寿保险公司，也适用于相互人寿保险公司的股份子公司。对于股份人寿保险公司，也可以对满足以上要求的分红产品采用 FAS120 会计模型。

②评估假设。FAS120 产品的准备金计算涉及两套评估假设，对于给付责任准备金，由于其采用均衡净保费评估方法，且只包含保证的死亡和生存给付责任，因而仅涉及评估死亡率和评估利率假设。评估假设在保险合同签发时即确定并在整个合同期间内锁定。根据 SOP95－1 的要求，评估死亡率应采用计算现金价值的保证死亡率，而评估利率应采用分红账户利率，如果分红账户利率无法确定，则需采用计算现金价值的保证利率。如果不存在计算现金价值的保证利率，则需采用用于决定保证不丧失保单利益的利率。最后，如果上述利率都无法确定或不存在，则采用用于决定 NAIC

标准不丧失保单利益法案模型中规定的最低现金价值的利率。

而对于递延获取成本资产和终了红利准备金，其与 FAS97UL 万能型产品和 FAS97IC 投资型产品相同，也是基于最优估计假设，无需考虑不利偏差准备，精算假设在保单签发时确定，在评估时点检查更新，并通过过去修正和未来修正将经验偏差和假设变更的影响反映在准备金结果中。

③评估方法。FAS120 产品在美国通用会计准则下的净准备金由以下三部分组成：

$$\text{FAS120 产品净准备金} = \text{给付责任准备金} + \text{终了红利准备金} - \text{递延获取成本资产}$$

如前所述，FAS120 产品的给付责任准备金基于均衡净保费评估方法，且仅包含保证的死亡和生存给付责任，不包含费用、红利、退保给付等。

与其他会计模型类似，出于收入和服务的匹配考虑，FAS120 对终了红利建立了终了红利准备金。同时，引入了预期毛盈余概念，并将其作为收入计量。根据 SOP95－1 中的定义，预期毛盈余由以下各项组成：

预期毛盈余＝保费收入＋投资收益（从给付责任准备金上赚取的投资收益）－保单责任给付（包括死亡，退保，生存金等）－保单管理费用（不含可递延获取成本）－给付责任准备金的提转差－每年保单持有人红利支出＋其他收入和支出

因而，终了红利准备金会在保险期间内按照最优估计下的预期毛盈余的一定比例（f^{TDL}）来累积。同时，递延获取成本资产会根据预期毛盈余的一定比例（f^{K}）进行摊销。因此，在 FAS120 产品会计模型下，利润的确认与预期毛盈余成一定常数比例，并受到假设变更以及经验偏差等的影响。具体的终了红利准备金和递延获取成本资产的计算公式如下：

$$f^{K} = \frac{PV_0(DAE)}{PV_0(EGM)}$$

$$\begin{aligned} DAC_t &= f^{K} \times PV_t(EGM) - PV_t(DAE) \\ &= (DAC_{t-1} + DAE_t) \times (1+i) - f^{K} \times EGM_t \end{aligned}$$

$$f^{TDL} = \frac{PV_0(TD)}{PV_0(EGM)}$$

$$\begin{aligned} TDL_t &= PV_t(TD) - f^{TDL} \times PV_t(EGM) \\ &= TDL_{t-1} \times (1+i) + f^{TDL} \times EGM_t - TD_t \end{aligned}$$

式中，TD_t 为保单年度 t 的终了红利；TDL_t 为第 t 保单年度末的终了红利准备金；EGM_t 为第 t 保单年度末的预期毛盈余。

另外，与 FAS97UL 万能型产品和 FAS97IC 投资型产品一样，在每个评估时点计算 FAS120 产品的递延获取成本资产和终了红利准备金时，也涉及过去修正和未来修正。

（5）FAS91 投资型产品。

①产品形态。当保险产品没有重大死亡或疾病风险而投资收益为主要的保单收益来源时，这类产品被划分为 FAS91 投资型产品，它们通常具有以下产品特征：

- 退保手续费较小或无退保手续费；
- 前端收费较小或无前端收费。

②评估假设。根据美国通用会计准则的要求，FAS91 投资型产品的评估假设应采用最优估计，无需考虑不利偏差准备。精算假设在保单签发时确定，同时在评估时点检查更新，并通过过去修正和未来修正将经验偏差和假设变更的影响反映在准备金结果中。

③评估方法。FAS91 投资型产品在美国通用会计准则下的净准备金由以下两部分组成：

FAS91 投资型产品净准备金 = 给付责任准备金 − 递延获取成本资产

对于 FAS91 投资型产品，实务中通常采用利率法。给付责任准备金等于评估时点的账户价值，而递延获取成本资产则等于给付责任准备金与净准备金的差额。其中，净准备金等于未来净现金流在评估时点的精算现值，此处净现金流为保险责任给付加上直接维持费用加上可递延获取成本扣除保费收入。而用于计算精算现值的贴现率为使得净现金流在保单发单日的精算现值为 0 的内含报酬率。因此，在 FAS91 投资型产品会计模型下，利润的确认与净准备金成一定常数比例，并受到假设变更以及经验偏差等的影响。

【例 9－20】 计算个人趸缴延期年金在美国通用会计准则下的给付责任准备金和递延获取成本资产。

保单基本信息	
趸缴保费	10 000
保险产品基本信息	
产品类型	延期年金
累积期间	10
退保手续费	参见表 9－29
假设	
死亡率（最优估计）	参见表 9－29
退保率（最优估计）	参见表 9－29
投资回报率（最优估计）	6%
结算利率（最优估计）	4%
佣金率（最优估计）	参见表 9－29
可递延获取成本（最优估计）	参见表 9－29

直接维持费用（最优估计） 参见表9－29

会计模型 FAS91

表9－29列示了个人趸缴延期年金在美国通用会计准则下的给付责任准备金和递延获取成本资产的计算过程及结果。

表9－29 个人趸缴延期年金在美国通用会计准则下的给付责任准备金和递延获取成本资产计算过程

保单年度	保费收入	退保手续费	死亡率（最优估计）	退保率（最优估计）	投资回报率（最优估计）	结算利率（最优估计）	佣金率（最优估计）	可递延获取成本（最优估计）	直接维持费用（最优估计）
	$(1)_t$	$(2)_t$	$(3)_t$	$(4)_t$	$(5)_t$	$(6)_t$	$(7)_t$	$(8)_t$	$(9)_t$
1	10 000	8.00%	0.0050	12.00%	6%	4%	5%	120	30
2	0	6.00%	0.0055	8.00%	6%	4%	0%	0	30
3	0	5.00%	0.0060	5.00%	6%	4%	0%	0	30
4	0	2.00%	0.0065	5.00%	6%	4%	0%	0	30
5	0	2.00%	0.0070	5.00%	6%	4%	0%	0	30
6	0	0.00%	0.0075	2.00%	6%	4%	0%	0	30
7	0	0.00%	0.0080	2.00%	6%	4%	0%	0	30
8	0	0.00%	0.0085	2.00%	6%	4%	0%	0	30
9	0	0.00%	0.0090	2.00%	6%	4%	0%	0	30
10	0	0.00%	0.0095	2.00%	6%	4%	0%	0	30

保单年度	保单有效率	账户价值（期初）	保费收入	结算投资收益	账户价值（期末）	满期金
	$(10)_t=(10)_{t-1}*(1-(3)_t-(4)_t)$	$(11)_t=(13)_{t-1}$	$(1)_t$	$(12)_t=((11)_t+(1)_t)*(6)_t$	$(13)_t=(11)_t+(1)_t+(12)_t$	$(14)_{10}=(13)_{10}$
	1.000					
1	0.875	0	10 000	400	10 400	0
2	0.800	10 400	0	416	10 816	0
3	0.755	10 816	0	433	11 249	0
4	0.713	11 249	0	450	11 699	0
5	0.672	11 699	0	468	12 167	0
6	0.654	12 167	0	487	12 653	0
7	0.635	12 653	0	506	13 159	0
8	0.617	13 159	0	526	13 686	0
9	0.599	13 686	0	547	14 233	0
10	0.582	14 233	0	569	14 802	14 802

续表

保单年度	有效保费收入	可递延获取成本	直接维持费用	死亡给付	退保给付	满期给付
	$(15)_t=(10)_t*(1)_{t+1}$	$(16)_t=(10)_t*(1)_{t+1}*((7)_{t+1}-(7)_{10})+(10)_t*(8)_{t+1}$	$(17)_t=(10)_{t-1}*(9)_t$	$(18)_t=(10)_{t-1}*(13)_t*(3)_t$	$(19)_t=(10)_{t-1}*(13)_t*(1-(2)_t)*(4)_t$	$(20)_t=(10)_t*(14)_t$
0	10 000	620				
1	0	—	30	52	1 148	0
2	0	—	26	52	712	0
3	0	—	24	54	428	0
4	0	—	23	57	433	0
5	0	—	21	61	425	0
6	0	—	20	64	170	0
7	0	—	20	69	172	0
8	0	—	19	74	174	0
9	0	—	19	79	176	0
10	0	—	18	84	177	8 609

保单年度	用于计算净准备金的净现金流	用于计算净准备金的内含报酬率	净准备金	给付责任准备金	递延获取成本资产
	$(21)_t=(16)_t+(17)_t+(18)_t+(19)_t+(20)_t-(15)_t$	$(22)=IRR(21)_t$	$(23)_t=(23)_{t-1}*(1+(22))-(21)_t$	$(24)_t=(13)_t*(10)_t-(20)_t$	$(25)_t=(24)_t-(23)_t$
0	-9 380	4.927%	9 380		
1	1 230		8 612	9 100	488
2	790		8 246	8 655	409
3	506		8 147	8 497	350
4	513		8 035	8 338	302
5	507		7 924	8 177	253
6	254		8 061	8 270	210
7	260		8 197	8 360	163
8	267		8 334	8 447	112
9	273		8 472	8 530	58
10	8 889		0	0	0

（6）其他会计文献。本节的前几部分讨论了 FAS60、FAS120、FAS97 和 FAS91 会计模型，除此之外，美国通用会计准则下还有许多重要的会计文献，下面简要介绍其中针对再保险的 FAS113，针对衍生工具和套期活动的 FAS133 以及公允价值的 FAS157。

①FAS113——短期和长期再保险合同的会计处理和报告准则。美国通用会计准则下，再保险分出的会计处理主要遵循 FAS113 的规定。再保险合同准备金的评估方法和假设与原保险合同类似，但需要判断再保险合同是否转移了重大保险风险，即要进行重大保险风险转移的评估与测试。对于转移了重大保险风险的再保险合同，不能抵消其对应的原保险合同的负债，而应当在分出人的资产负债表中列示为再保险资产。

②FAS133——衍生工具和套期活动的会计处理。根据 FAS133 的规定，保险公司签发的合同中若含有内嵌衍生工具，当以下条件满足时，要求将其中的衍生工具拆分，并以公允价值进行计量：

- 内嵌衍生工具的经济特征与合同主体不是清晰并紧密地联系在一起；
- 该合同（合同主体和内嵌衍生工具）并不以公允价值计量；
- 与该内嵌衍生工具条款相同的独立合同本身符合 FAS133 对衍生工具的定义。

③FAS157——公允价值计量。根据 FAS157 的规定，公允价值是指市场参与者在计量日的有序交易中从资产销售中收到或因负债转移而支付的价格。用于公允价值计量的评估技术包括市场法、成本法和收益法。对于运用评估技术时所使用信息的类别，FAS157 指出，无论是使用市场法、收益法或成本法，用于计量公允价值的评估技术都应当最大程度地利用可观测的市场信息，尽量不使用不可观测的市场信息。

5. 摊回能力测试和损失确认测试

（1）概述。美国通用会计准则要求获取成本的递延存在着相应的经济意义，也即在原则上划分的可递延获取成本从经济的角度上也是可递延的，这在美国通用会计准则下被称为“摊回能力测试”。摊回能力测试针对当年度新签发的保单，并仅在保单签发年度进行。只有当摊回能力测试通过，从原则上划分的可递延获取成本才允许全部递延。

当保单过了签发年度，由于实际经验和假设有可能出现显著不同，从而导致签发年度确定的可递延获取成本有可能在评估时点不再具有经济意义并且出现净准备金不足的情况，因而需要对评估时点所有有效保单进行类似的测试，损失确认测试就是在此背景下产生的测试工具。

（2）摊回能力测试和损失确认测试的方法及其对准备金结果的影响。通常来说，摊回能力测试和损失确认测试无需在每张保单层面上进行，公司可以进行合理的保单分组然后在保单分组层面上进行，保单分组的确定需考虑与公司的业务获取，服务提供以及利润衡量的一致性。

对于摊回能力测试：

①FAS60 长期险产品和 FAS97LP 限期缴费产品：测试毛保费精算现值是否大于或等于保险责任给付、直接维持费用和可递延获取成本的精算现值之和；

②FAS97UL万能型产品和FAS97IC投资型产品：测试预期毛利润和可递延前端收费的精算现值之和是否大于或等于可递延获取成本的精算现值；

③FAS120产品：测试预期毛盈余的精算现值是否大于或等于可递延获取成本和终了红利的精算现值；

④FAS91投资型产品（采用利率法）：测试最优估计投资回报率是否大于或等于内含报酬率。

当摊回能力测试没有通过时，需按以下步骤对准备金结果进行调整：

- 对于FAS60长期险产品和FAS97LP限期缴费产品，首先去除不利偏差准备，对于其他产品，由于准备金计算中未考虑不利偏差准备，所以该步骤不适用；
- 如果不利偏差准备去除之后，仍然存在保费不足的情况，则需降低可递延获取成本，使得调整后的可递延获取成本存在相应的经济意义；
- 如果将可递延获取成本全部消除之后，仍然没能通过摊回能力测试，那么需建立保费不足准备金，使得净准备金等于毛保费责任准备金。

对于损失确认测试，需要在评估时点对所有有效保单计算毛保费责任准备金，并在保单分组层面上确定净准备金是否大于或等于毛保费责任准备金。毛保费责任准备金是美国通用会计准则下净准备金的最低要求。它等于评估时点未来所有保险责任给付以及费用支出的精算现值扣除未来所有毛保费的精算现值，并基于最优估计假设进行评估。

如果损失确认测试没有通过，对准备金结果的调整步骤与摊回能力测试类似，具体如下：

- 首先去除FAS60长期险产品和FAS97LP限期缴费产品的不利偏差准备，对于其他产品不适用该步骤；
- 当不利偏差准备去除之后，则需降低递延获取成本资产，使得调整后的净准备金等于毛保费责任准备金；
- 如果递延获取成本资产全部消除之后，净准备金仍然低于毛保费责任准备金，那么需建立保费不足准备金，使得净准备金等于毛保费责任准备金。

需要注意的是，对于投资合同，也即FAS97IC和FAS91产品，当摊回能力测试和损失确认测试没有通过时，需要降低递延获取成本资产，但如果出现递延获取成本资产全部消除之后，净准备金仍然低于毛保费责任准备金的情况时，无需再额外计提保费不足准备金。

6. 影子会计

（1）概述。在美国通用会计准则下，根据FAS115的要求，金融资产被划分为三大类：持有到期（Hold To Maturity，HTM）金融资产，可供出售（Available For Sale，AFS）金融资产和交易性（Trading，TR）金融资产。这三类金融资产的会计处理要求不尽相同，对资产负债表和损益表的影响也不同。

①持有到期金融资产。采用摊余成本进行评估，未实现资本损益（UHCG/LS）既不影响资产负债表，也不影响损益表。

②可供出售金融资产。采用公允价值进行评估，公允价值包括账面价值和未实现资本损益两部分，其中，未实现资本损益的变动会反映在资产负债表中的其他综合收益项下，但不影响损益表。

③交易性金融资产。采用公允价值进行评估，未实现资本损益同时影响资产负债表和损益表。

对于采用可供出售金融资产来支持的保单负债部分，由于负债采用账面价值进行评估，而资产采用公允价值进行评估，资产和负债在评估基础上出现了不匹配。为了更好地实现资产和负债的匹配，美国通用会计准则引入了影子会计。影子会计调整会计入资产负债表中的其他综合收益项下，但不影响损益表，这一会计处理方式与可供出售金融资产的未实现资本损益相同。

（2）影子会计的计算方法。影子会计的目的在于反映如果可供出售金融资产的未实现资本损益在评估时点已实现，其对保险负债所产生的影响。它实质上是在保单负债的计量中，对可供出售金融资产的未实现资本损益采用与已实现资本损益一样的处理方式。常见的影子会计调整涉及 FAS97UL 万能型产品，FAS97IC 投资型产品和 FAS120 产品的 DAC 影子调整，URL 影子调整和 TDL 影子调整。

具体地，以 DAC 影子调整为例介绍影子会计调整的计算方法，理论上，DAC 影子调整应等于影子 DAC 资产，也即在假设可供出售金融资产未实现资本损益在评估时点已实现的前提下计算而得的 DAC 资产，与资产负债表中计入损益表的原有 DAC 资产之差。其中，影子 DAC 资产的计算方法与原有 DAC 资产计算方法相同。然而，实务中，对于影子会计的调整计算，广泛使用近似方法①，即 DAC 影子会计调整等于负的未实现资本损益（对应于该部分保单负债的未实现资本损益）乘以原有 DAC 资产的加权平均摊销比例。值得注意的是，由于通常实务中不允许存在负的累计摊销，因而影子 DAC 资产不能高于累计可递延获取成本加上相应的利息。下面列示了常见的影子会计调整近似计算公式：

DAC 影子调整 = －UHCG/Ls × 原有 DAC 资产的加权平均摊销比例

URL 影子调整 = －UHCG/Ls × 原有 URL 准备金的加权平均摊销比例

TDL 影子调整 = UHCG/Ls × 原有 TDL 准备金的加权平均累积比例

① 对于影子会计调整近似方法的详细资料，可参考北美精算师协会（SOA）财务通讯（Financial Reporter）上的文章《新的影子 DAC 资产的处理》（“Dealing with the New Shadow DAC” Robbins，1994）和《影子 DAC 资产的实施问题》（“Implementation Issues of the Shadow DAC” Robbins，1995）。

附录 A

示例死亡率（见表 9－30）。

表 9－30

年龄	死亡率	年龄	死亡率	年龄	死亡率	年龄	死亡率
60	0.0100	71	0.0375	82	0.1200	93	0.2600
61	0.0125	72	0.0400	83	0.1300	94	0.2800
62	0.0150	73	0.0425	84	0.1400	95	0.3000
63	0.0175	74	0.0450	85	0.1500	96	0.3800
64	0.0200	75	0.0500	86	0.1600	97	0.4600
65	0.0225	76	0.0600	87	0.1700	98	0.5400
66	0.0250	77	0.0700	88	0.1800	99	0.6200
67	0.0275	78	0.0800	89	0.1900	100	1.0000
68	0.0300	79	0.0900	90	0.2000		
69	0.0325	80	0.1000	91	0.2200		
70	0.0350	81	0.1100	92	0.2400		

附录 B

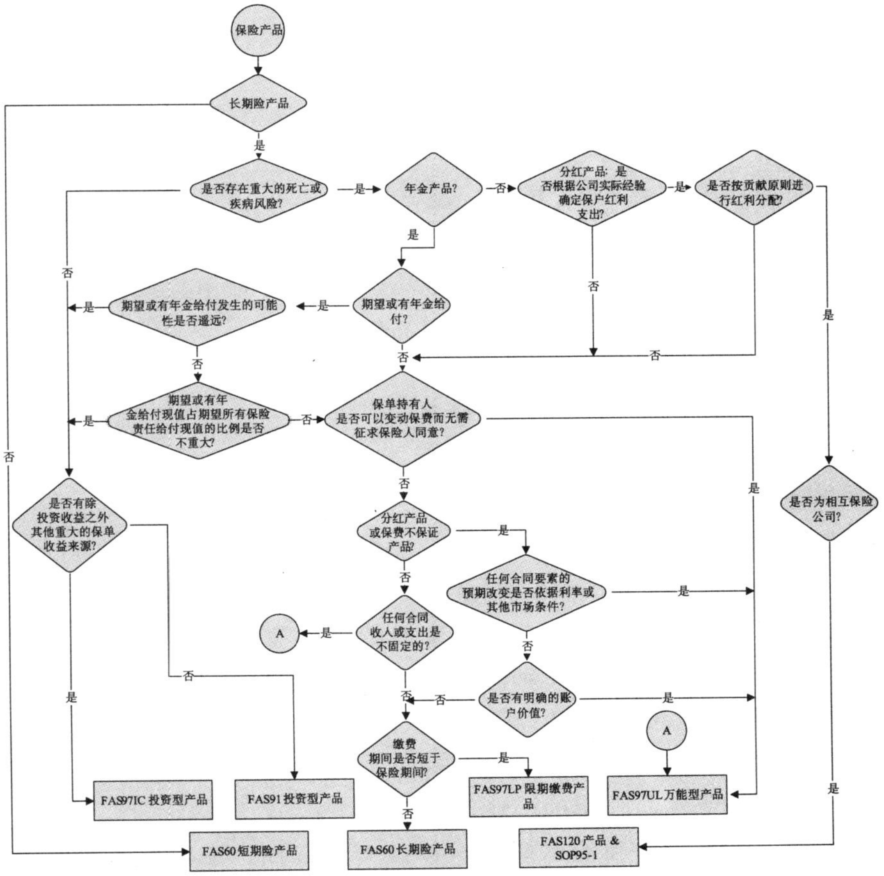

美国通用会计准则产品分类流程图

§9.6 澳大利亚保单负债评估要求

9.6.1 澳大利亚会计准则监管背景

澳大利亚通用会计准则是由澳大利亚会计准则委员会（AASB：Australian Accounting Standards Board）、澳大利亚审慎监管局（APRA：Australian Prudential Regulation Authority）和澳大利亚证券和投资管理委员会（ASIC：Australian Securities and Investment Commission）在一系列会计文献中所规定的会计准则、方法所组成的。

澳大利亚会计准则委员会是根据《2001 年澳大利亚证券及投资委员会法》成立的澳大利亚政府机构。它主要负责制定概念框架，评估拟议准则；依据《2001 年公司法》第 334 节，制定会计准则；为其他目的制定会计准则；同时参与并促成制定一套全球通用的单一会计准则。

《AASB 4——保险合同》规定了在澳大利亚会计准则下，保险合同的确认、计量、披露等相关规定。《AASB 1038——人寿保险合同》则就人寿保险合同（Life Insurance Contract）和人寿投资合同（Life Investment Contract）的相关会计处理做出规定。以上两个文件是规定寿险合同负债评估的主要文件基础。

当前的 AASB 4 和 AASB 1038，在 2004 年 7 月 15 日的版本上，经过多次修改和补充。根据国际财务报告准则第一阶段的规定，即《IFRS 4 保险合同》对保险合同的相关会计处理的规定，AASB 对相关规定进行修改和补充，使之完全符合国际财务报告准则的要求。

9.6.2 澳大利亚精算标准监管背景

澳大利亚的寿险业务监管及准备金评估标准是在《1995 年寿险法案》的基础上建立的。《1995 年寿险法案》的宗旨在于保护寿险保单所有者和潜在所有者的利益，以维持变幻莫测、竞争激烈、日新月异的寿险业的发展。《1995 年寿险法案》的主要内容包括：

（1）对寿险业相关概念的定义与修改，对寿险业的分类；

（2）向监管机构（APRA 和 ASIC）递交统计报告和财务报告的规定，以及监管机构对公司和文件的监管权限，如要求公司公开信息、制定标准和法规、对公司进行正式审查；

（3）澳大利亚寿险公司的注册和解散规定；

（4）法定资本独立和使用要求，董事会的责任，法定资本的建立、转移和终止要求，留存收益和股东利益的分配过程；

（5）寿险业审慎管理条件，包括满足偿付能力和资本充足性要求；

（6）寿险公司的财务管理规定，财务报表和财务报告的要求，委任精算师的任命，寿险监管委员会的成立与权力，公司财务状况的精算分析和年度报告的要求；

（7）对寿险公司的监管和精算调查；

（8）对经营连续性不善的公司的管制，及保护被接管（winding - up）公司的保单持有人的利益，规定了最低退保价值和交清（paid - up）保费值及停付保费的非没收条件。

《1995 年寿险法案》主要强调审慎监管，在法案要求下，澳大利亚寿险业通过债务估算方法的创新，建立了新的财务报告体制。法案采用的主要监管方法包括：将寿险业务限制在满足某些特定条件的公司；加强这些寿险公司的审慎管理，包括法定资本的偿付能力要求和资本充足能力要求；由澳大利亚审慎监管局（APRA）和澳大利亚证券和投资管理委员会（ASIC）提供对寿险公司的监管；当公司财务状况或管理状况令人不满意而使公司连续经营受威胁时，应接管这家寿险公司；提取足够准备金，确保公司在清算时能满足所有保单持有人的利益；由法院提供寿险业务的转移和合并监管。

法案同时规定了组建寿险精算标准委员会（LIASB：Life Insurance Actuarial Standards Board），负责制定精算标准实务，这些实务标准包括最低退保价值、负债评估、偿付能力和资本充足评估等等。

9.6.3　澳大利亚会计准则下的产品分类

在澳大利亚会计准则下，对于不同保险产品的处理方法取决于该产品提供给保单持有者的保险利益的性质。对于寿险公司提供的不同保险产品（风险保障型产品和投资连接型产品等）需要按照不同的会计准则来计量，这种差异也体现在《保险法》（Insurance Act）要求的法定报告中的保单负债评估。澳大利亚会计准则下的产品分为人寿保险合同和人寿投资合同，在满足条件的情况下，澳大利亚会计准则允许拆分保险合同中的储蓄部分。

1. 人寿保险合同

澳大利亚会计准则下保险合同的定义与国际财务报告准则是基本一致的。人寿保险合同又可以进一步划分为分红产品和非分红产品。分红产品的保单持有者可以与股东分享分红业务产生的利润。非分红产品包括两大类：一类非分红产品的所有利润均归属于股东，而另一类非分红产品的保单持有者可以享受部分的投资收益利润的返还。

2. 人寿投资合同

人寿投资合同指接受《1995 年寿险法案》监管的，而又不属于上述人寿保险合同范畴的合同。

3. 合同储蓄部分的拆分

当某些保险合同中同时含有保险部分和储蓄部分（deposit component）时，允许保险人在某些情况下对保险部分和储蓄部分进行拆分，但是只有当保险公司可以单独计量储蓄部分，这种拆分才是被允许的。

在保险合同拆分过程中，保险公司需要注意以下几点：

（1）拆分后保险部分按照人寿保险合同来处理；

（2）除了下面一点提到的情况之外，拆分后储蓄部分按照人寿投资合同来处理；

（3）如储蓄部分中含有相机参与分红特性（Discretionary Participating Feature，DPF），那么储蓄部分也按照独立的人寿保险合同来处理。

9.6.4 服务边际法原理

澳大利亚的服务边际法（Margin on Service，MoS）是保单负债评估方法的一种创新，运用服务边际法的目的是使利润的产生与为保单持有人提供的实际服务相一致，即使得利润在整个保险期间内均匀分布。原则上利润的产生基于以下两者：为保单持有者提供的服务（保障）；与服务相关的收入项。寿险保单可以看做是对投保人提供了一系列服务，这些服务项目包括对死亡等风险事故的保障和投资服务。当然保险的运行也离不开获取新业务和保单管理等环节，每一项服务都有其特定的方式。如：人寿保险的保单中，我们可以将每年提供的死亡赔付的期望值当做服务指标，利润释放方式就与死亡赔付的期望值相关。当精算师选择死亡赔付的期望值作为服务项目指标时，每年的期望利润可以认为是当年死亡赔付期望值的一定比例。此时，这个一定的比例称为“利润边际”（profit margin），死亡赔付的期望值为利润载体（profit carrier）。利润载体可以是其他项目，而且一个产品的利润载体不一定是单个因素，也可以有几个因素的组合。除了死亡赔付，我们还可以选择保费收入作为利润载体；当保单主要服务是投资时，也可以将投资收益作为利润载体；当管理服务是主要服务项目时，管理费用就是一个合适的利润载体。在选择利润载体过程中，必须注意避免选择使利润先于收入确认的情况发生。

保单负债评估标准规定保单负债评估有两层本质目标：一是估算报告日公司实际的负债；二是释放实际赚得的利润。第一层目标主要是对最优负债的估算，即在未来现金流的最可能的假设基础下估算对保单持有者的负债；第二层目标是对保单未来利润的最优估计。最优负债的估计值和未来利润的期望值之和就是保单负债。

服务边际法的主要特点有：

• 利润边际在保险合同中规定，利润边际的大小等于在报告日的利润现值除以利润载体的现值。

• 评估假设明确公开，这些评估假设是根据当前的经验分析和研究，并结合对未来经营状况的预测做出的精算估计。

• 所使用的折现率与假设的未来收益率一致。

• 如果对未来经营状况的假设条件变了，利润边际需要重新计算；例如未来死亡率假设降低，这显然会提高预期利润，服务边际法使得预期利润的提高在未来保单期限内均匀分布，而非仅仅出现在假设条件变化的那一点上。

• 利润边际的调整只对假设条件变化后的负债进行估算，即在原假设、原利润边际条件下计算的负债与在新假设条件下计算的负债是一致的，因为新的利润边际未知。

• 新的利润边际 =（原假设下的最优估计负债 + 原假设下的预期利润现值 - 新假设下的最优估计负债）/ 新假设下的利润载体。

• 服务边际法下的保单负债可以是负值。

• 虽然某些产品的保单负债可能是负值，但未来利润的现值不能是负的，当预期损失发生时必须当即计入当期损益，而不是持续到整个保险期间。

• 每一份产品的累积损失应记录，在以后利润为正时相互抵消，即将利润资本化。

• 只有当投资市场条件变化引起收益率假设发生变化，从而引起最优估计负债变化时，利润边际无需重算。该变化引起的保单负债的变化应当计入当期损益。因为这种变化体现在整个保单负债估算过程中，同时也影响资产估算，当资产负债完全匹配时，对利润没有影响。由于预期收益率变化引起的损失不能用预期利润抵消。

我们将在以下几节详细介绍服务边际法的评估原则、评估方法、评估假设。

9.6.5 保单负债的评估原则

澳大利亚会计准则下，保单负债评估的原则应当满足以下两大目标：

（1）在评估时点确定保险公司的人寿保险合同真实的保单负债；

（2）确保保险合同的利润的实现时间与保险公司实际赚取时间一致。

澳大利亚的评估标准并没有单一地严格规定人寿保险合同负债的评估方法。在澳大利亚寿险合同负债的评估体系中，评估原则本身比方法更为重要。只要精算师可以证明采用的方法是符合评估原则的，不论是未来预测法，还是过去累积法，都可以采用。

最优估计负债（Best Estimate Liability）即为第一个目标。为了确保得到真实的保单负债，最优估计负债应当等于未来所有合同载明的支付给保单持有人的利益的价值，这一评估基于对未来支出和收入的最优估计。

利润（The Profit）是第二个目标。这一目标的实现可以通过计算预期未来利润的最优估计，并在未来进行释放达到。

最优估计负债和预期未来利润的和即为保单负债。

在评估保单负债时，需要遵循以下主要原则：

（1）对于每一报告期产生的利润必须确认预期利润和当期实际经验偏差带来的利润。

（2）所采用的评估方法不应当导致利润的提前确认或滞后实现，利润的实现应当与公司的实际赚取时间一致。

（3）保险公司赚取利润的时间点应当是以下二者的较晚者：

- 给保单持有人提供服务；
- 收到或确认与服务对应的收入。

（4）当评估结果无法通过达到充足性要求时，不足的部分应当即刻确认为损失，并计入当期损益。

（5）对未来最优估计假设的变化不应当影响当期的利润，但以下两种情况除外：

- 如果某产品线以往报告年度由于负债不充足而确认了损失，那么应当在评估时点的未来利润中抵扣这一部分已经确认的损失；
- 对于不分享利差收益的产品的折现率假设的变化（这里指市场因素变化引起的变化）对评估时点以后未来预期利润产生的影响应当反映在当期的利润中。

9.6.6 保单负债的评估方法

正如上节所述，澳大利亚的保单负债评估体系下，人寿保险合同的准备金分成两个部分：最优估计负债和预期未来利润。

由于保单相关的利益的不同，对于分红和非分红产品，其评估方法也不同。本节我们主要介绍分红和非分红产品的负债评估方法。

1．分红产品

寿险分红合同的预期未来利润包括两个部分，即分给保单持有人的利润和分给股东的利润。保单持有人和股东之间的利润分配应当在合同和公司的分红策略和实务两方面保持一致。

分红产品的保单负债 = 最优估计负债(BEL)
+ 最优估计下未来保单持有人红利的现值(PH PVFP)
+ 最优估计下未来股东利润的价值(SH PVFP)

2. 非分红产品

非分红产品的负债评估应当反映评估时点时，最优估计下预期的未来股东利润的价值。

$$\text{非分红产品的保单负债} = \text{最优估计负债} + \text{最优估计下未来股东利润的现值}$$

如果在某些非分红产品中，保单持有人享有分享利差的权利，负债评估时应当反映这一部分利差返还利益在评估时点的现值。在评估利差返还相关负债时，应当基于最优估计假设。

3. 保单负债各组成部分的计算

（1）最优估计负债。最优估计负债取决于评估时点未来的收入和支出，其中再保险的影响不予以考虑。

$$\text{最优估计负债} = \text{未来的保单利益给付} + \text{未来费用支出} - \text{未来的收入}$$

其中，未来的保单利益给付包括所有合同载明的责任，也包括分红利益中评估时点已经宣告的红利。

（2）利润载体和利润边际（profit carrier and profit margin）。澳大利亚评估体系要求通过选取合适的利润载体，并确定利润边际，从而使得预期的利润可以在保险期间内合理地释放。

①利润边际。根据澳大利亚保单负债的评估原则，采用利润边际可以使得未来的股东利润在各保单年度内合理地释放。

利润边际必须明确地或隐含的表示为一个或多个利润载体的均衡的比例。

②利润载体。利润载体在确定未来利润释放的大小和时间上起着决定性作用。

利润载体应当是一个可以从财务上衡量的指标，可以是：a. 提供给保单持有人的服务对应的成本；b. 或者与提供的服务相对应的收入。其中较为常见的提供给保单持有人的服务包括：死亡、疾病保障、创造投资收益、设立保单（保单销售、保单获取）、保单管理、投资管理、提供保单分红。

利润载体应当与提供给保单持有人的服务相关。精算师在选取利润载体时应当考虑到以下几点：

- 与保单利益对应的服务项目和收费项目；
- 公司在提供对应的服务时承担的风险或发生的成本；
- 对应的服务发生的时间，服务对应的收入确认的时间。

通常情况下，利润载体一旦被选定后，那么相关的产品或产品线应当采用这个统一的利润载体，除非根据精算师的判断认为这一利润载体已经不合适。精算师应当注意，在变更利润载体时，不应对当期的利润产生影响。即当期的利润在利润载体变更前后是一致的。

(3) 利润边际计算与重算

①新业务利润边际的计算。除了获取费用假设外，新业务的利润边际计算应当采用同一时点的假设。通常可以采用以下时间点的假设：报告期初的假设；发单时点的假设；报告期末的假设。获取费用的假设必须采用报告期末的假设。

②报告日的利润边际重算——不带有分享投资收益特征。在资产负债表日，公司应当重新计算利润边际，以反映当期假设的变化。但是，对于不同的假设，需要采取不同的方法处理。

- 市场因素引起的折现率和其他相关的经济假设；
- 其他非经济假设。

由第一种假设变化引起的对保单负债的影响，应当反映在当期的损益中；由第二种假设变化引起的对保单负债的影响，不应当反映在当期的损益中，而应当在未来的保险期间内进行分摊。

③报告日的利润边际重算——带有分享投资收益特征。所谓带有分享投资收益特征的产品，包括通常意义的分红产品和利差返还型非分红产品。为简单起见，在本文中，我们将这类产品统称为“分红产品”。与非分红产品不同，分红产品在利润边际重新计算的过程中，非投资相关假设的变更会造成未来最优估计分红率的变化，从而影响到当年度的利润。

为了易于理解分红产品的负债计算，这里需要先引进“支持资产价值”(Value of Supporting Asset，VSA) 的概念。支持资产价值的计算方法如下：

支持资产价值 = 前一报告年度末的保单负债 + 前一报告年度末宣告的红利成本 + 当年法定财务报告中的实际的保单相关的现金流和投资收益的经验偏差 − 预期在当期产生的股东利润和非投资经验偏差

9.6.7 保单负债的评估假设

服务边际法要求采用当前最优估计假设，精算师在计算未来最优估计现金流时需要考虑影响未来现金流预测的因素。

服务边际法下的精算假设必须反映对未来经验的最优估计。在确定最优估计假设时，应当考虑所评估的保险利益的重要性，以及该假设对最终结果的影响的重要性。

我们并不准备一一介绍服务边际法下各种假设的确定过程，最优估计假设的确定和美国通用会计准则 (US GAAP) 下的做法没有本质的区别。我们仅就服务边际法下几个比较特殊的假设规定进行讨论。

服务边际法对于负债评估中采用的假设的具体要求如下：

1. 折现率

如果保单利益与对应资产的投资收益相关，那么折现率应当反映对应资产的预期投资收益率；如果保单利益与对应资产的投资收益无关，那么折现率应当采用无风险收益率。

2. 税赋

对于只征收所得税的产品，保单负债可以不考虑税收影响；其他情况下，保单负债现金流中应当考虑税收的影响。比如，营业税或保费税应当作为现金流支出，在保单负债的评估中予以反映。

如果投资收益需要征税，那么在确定最优估计投资收益率（折现率）时应当考虑这一税收影响。

3. 费用

费用假设包括两个部分：服务费用和获取费用。

服务费用的假设应当足以支付预期未来提供有效保单服务在评估日后产生的维持费用，假设制定应当考虑：(1) 不包括一次性费用；(2) 需要考虑投资管理费用；(3) 对于固定金额的假设，需要考虑未来年度的通货膨胀率的影响。

在确定投资管理费用假设时，要确保与投资收益假设的一致性。

在确定利润边际时，最优估计的获取费用假设应当取以下二者的较大者：

- 可用获取费用（Establishment fees received at commencement）；
- 扣除一次性费用后实际发生的获取费用。

在评估保单负债时，服务边际法允许将公司在获取新业务的过程中发生的所有获取费用考虑在内。但是，当预期未来利润不足以支付获取费用时，公司必须将造成的损失计入当期损益。

4. 其他假设

保单负债评估中采用其他假设都应当考虑以下几点要求：

(1) 假设制定应当基于专业判断和经验数据；

(2) 假设制定应当基于已经获得或应当获得的统计数据和其他相关信息；

(3) 假设不应当被故意高估或低估。

9.6.8 偿付能力负债的评估

以上几节，我们重点讨论了服务边际法下，人身保险合同的负债评估的相关规定。

传统负债估算的目的是保证偿付能力，负债估算的方法是净保费法，即用保守的、不明确的假设条件计算净保费（如较低的收益率）。目前偿付能力负债估算的标准是依据《1995年寿险法案》的要求，由寿险精算标准委员会（LIASB）制定的，即《LPS 2.04 偿付能力标准》，是在新的报告制度下寿险公司精算报告的重要组成部分。偿付能力负债的计算主要包括以下几点：

（1）负债估算采用保守估计，偿付能力负债不能小于最低保单期末价值；

（2）为满足特定的偶然事件所需的法定资本的其他准备金；

（3）偿付能力负债不能小于服务边际法计算的最小负债。

《1995年寿险法案》要求对每一个法定资本的偿付能力要求包括一个两层资本标准，第一层是偿付能力标准，以确保公司的偿付能力；第二层是资本充足性标准，以保证公司连续经营条件下资本的充足性。

《1995年寿险法案》指出：在任何时候，确保公司每一个法定资本处于良好状况，即使得公司中除了法定资本以外的资产能满足保单负债和与法定资本相关的负债要求。因而偿付能力评估标准的目的是规定对一个法定资本的最小资本金要求，使得公司资产能在不利环境下仍然满足对保单持有人和其他债权人的债务要求。当公司的法定资本不能满足其债务要求而且公司不能马上弥补时，可能的后果是公司被勒令停止承保新业务，被兼并或被接管。

公司的最低资本金要求（偿付能力要求）作为衡量公司财务状况的指标应在财务报告中公开。公司财务状况的衡量是通过对公司资产与负债估算比较，因此公司的资产情况也应在财务报告中公开，资产估算主要采用最优估计法或市场价值法。在偿付能力标准下，对保单持有者和其他债权人的负债估计用比较保守的假设，而不是最优假设，以保证在不利条件下的风险。在考虑营业风险时，即包括负债评估风险，也包括资产评估风险。

偿付能力要求法定资本由以下几个部分组成：

1. 偿付能力负债

保证利益负债（guaranteed liabilities）的评估基于更加保守的假设条件，一组相关保单的偿付能力负债不能小于对应的最优估计负债。偿付能力要求下的规定的假设有：

（1）投资收益率用10年期国债收益率；

（2）服务费用（servicing expenses）是以下两者较大的成本费用加上2.5%（评估日前12个月的实际服务费用；评估日以后12个月的预期服务费用）；

（3）对维持费用（maintenance expenses）的增长率用10年期国债收益率减去4%；

（4）投资收益的税收与最优估计一致；

（5）死亡率、伤残率等与赔付有关的假设都比最优估计假设保守，通常为最优估计假设的100% ~130%；

（6）一组保单的退保率为最优估计假设下，加上25%的风险边际。

除了包括当前和预期红利和采用规定的假设条件外，偿付能力负债的计算方法与服务边际法的计算方法一致。

2. 其他负债

对其他债权人的负债，但不包括次级债（subordinated debt）的安排。

3. 费用准备金

在偿付能力负债评估过程中没有预期到的获取费用超支的准备金，计算过程为：

$$费用准备金 = M \times 扣除佣金的获取费用 - 法定获取基金$$

式中，M 是对不同业务的税后乘子，总的乘子是1。

4. 弹性准备金（resilience reserve）

弹性准备金是由于资产负债不匹配所需的准备金，以应付投资环境的不利变化。即保证在不利的经济环境下，公司仍然能满足保单负债和其他负债，包括资产风险。比如：法定资本的资产投资于股市，而负债是固定的，资产的变动性大于负债的变动性，这时弹性准备金的要求比较多。相反，对于投资连结产品，投资风险大部分转嫁给了投资者，只需较少的弹性准备金。

在假设条件变化后，弹性准备金的调整计算公式为：

$$L + RR = L' \times \frac{1}{f}$$

式中，RR 为弹性准备金，L 为假设条件变化前法定资本的偿付能力负债，L'为变化后偿付能力负债，$f = A'/A$ ，A = 变化前法定资本的认可资产价值，A' = 在不利条件下的资产价值。

5. 非认可资产准备金（inadmissible assets reserve）

用保险公司账户上的资产价值来检测偿付能力是不合适的，因为法定资本的某些资产在公司清算时无价值或价值很低，而偿付能力要求在清算条件下资产的调整。

非认可资产有三类：其价值与业务经营状况相关的资产；持有相关金融机构的财产；风险过于集中的资产。其价值与业务经营状况相关的资产的准备金等于财务报表上的该项资产价值减去破产时该项资产的价值，属于这类的资产有：对董事会成员、职员和相关团体的贷款；保单贷款（包括到期未收的保费）；计算机软件（对本公司很重要但对其他公司毫无价值）；未来所得税补贴。持有相关金融机构的财产，这是为了避免用单一的资产来满足两个或两个以上不同金融机构的法定负债的不利情况发生。风险过于集中的资产的准备金是为了避免单个资产在整个法定资产中占的比例太大而使公司面临较大的风险，这部分非认可资产准备金等于单个资产或单个信用暴露的价值减去认可部分的资产价值。

9.6.9 资本充足性标准

如上节所述，资本充足性标准是寿险公司谨慎管理的第二层要求，旨在保证公司业务连续经营所需资本的充足性。资本充足性标准由澳大利亚审慎监管局发布的《LPS 3.04 资本充足性标准》规定，其目的是规定法定资本的最小资本金要求，在公司连续经营的条件下，满足保单持有者和其他债务人在不利环境下的债务要求。资本充足性标准要求公司至少在现业务计划的基础上有足够资本承保新业务，在连续三年内的任何时刻都必须满足偿付能力要求，这就意味着资本充足性标准应受目前偿付能力标准限制。

资本充足性标准的资本要求不需在公司财务报告中公开，但是必须向澳大利亚审慎监管局（APRA）汇报（为公司保密的前提下），因为此标准是衡量公司长期财务状况的重要指标，并且也是对公司短期偿付能力进行监控的工具。

该标准规定的方法较少（与偿付能力标准相比），主要依靠职业精算师按照此标准的原则进行估算，因此在资本充足性标准下对每一估算假设只给了一定范围，具体运用由委任精算师决定。

在许多情况下，资本充足性标准下的假设是对最优估计假设加上或减去一个边际，所加的边际的方向必须使得计算结果更加保守。例如，保守的费用假设应大于最优估计下的费用假设，保守要求下的死亡率估计可能大于或者小于最优估计下的死亡率估计，这由产品的性质（寿险产品或年金产品）决定。考虑到法定资本的负债风险和与负债相关的资产风险，资本充足性标准要求法定资本由以下几个部分组成：（1）资本充足负债；（2）其他负债；（3）弹性准备金（resilience reserve）；（4）非认可资产的准备金（inadmissible assets reserve）；（5）新业务准备金。

与偿付能力要求相比，多了一项新业务准备金，但少了费用准备金部分。资本充足性要求下新业务准备金部分是为了保证在连续三年内，经营状况在最优估计假设条件下，法定资本能满足偿付能力要求。新业务准备金的计算用动态测试法，寿险公司模拟未来三年法定资本的现金流情况，对未来新业务水平用最优估计假设，并假定法定资本开始满足资本充足要求，实际情况与假设条件相符的情况下，公司测试法定资本在连续三年内是否能够连续满足偿付能力要求。如果不满足要求，则增加资本充足要求，直到通过测试。增加的资本要求就是新业务准备金。

其他的准备金计算原理与偿付能力要求一致，只是计算时所用的假设基础不同。在资本充足要求下，采用的假设条件规定更为灵活。在通常情况下，资本充足性标准的假设比偿付能力标准更加保守，但由于偿付能力要求是在准清算情况下的假设，而资本充足要求是持续经营假设下，因而资本充足假设有时比偿付能力假设更加放松，但是新业务的增加使资本充足要求更为严格。作为法定资本偿付能力不足的早期预警机制，资本充足要求下的负债估算不能小于偿付能力要求的最低要求。

在公司的法定资本不能满足资本充足性标准时，公司将引起监管部门的注意，并要求公司明确说明产生问题的原因，及问题的严重性，在一定时间内恢复资本充足能力。在资本充足能力不足时，没有监管部门的允许不能从不充足的资本中分配利润给股东。

§9.7　国际财务报告准则简介

9.7.1　国际财务报告准则背景介绍

1. 国际会计准则委员会的建立

在经济全球化的背景下，随着国际经济与贸易的蓬勃发展，越来越多的报表使用者对会计准则的标准化提出了更高的要求，采用统一的会计准则的需求与日俱增。1973—2000年间，国际会计准则委员会（International Accounting Standard Committee，IASC）发布了国际会计准则（International Accounting Standard，IAS）。2001年，国际会计准则理事会（International Accounting Standards Boards，IASB）取代了国际会计准则委员会。自此国际会计准则理事会对部分国际会计准则作出了修订，以后对原国际会计准则未涵盖的议题，新制定和颁布的准则统称为“国际财务报告准则”（International Financial Reporting Standards，IFRS）。

国际会计准则理事会是一个独立制定准则的机构，其成员由来自不同国家和具有不同专业的、负责公众利益的国际会计准则委员会基金会的受托人委任和监督。目前，国际会计准则理事会由国际会计准则委员会基金的受托人委任了15名来自9个国家的成员。

国际会计准则理事会由准则咨询委员会（SAC）和国际财务报告解释委员会（IFRIC）提供技术指导和支持。

2. 国际财务报告准则概览

欧盟已经规定从2005年1月1日起所有的欧盟上市公司必须按照国际财务报告准则（IFRS）的要求编制合并财务报表。国际财务报告准则是一系列以原则性为基础的准则，它只规定了宽泛的规则而不是约束到具体的业务处理。目前已经颁布的国际财务报告准则如表9-31所示。

表 9-31

国际财务报告准则	
IFRS 1	首次采用国际财务报告准则
IFRS 2	以股份为基础的支付
IFRS 3	企业合并
IFRS 4	保险合同
IFRS 5	持有以备出售的非流动资产和终止经营
IFRS 6	矿产资源勘探与评估
IFRS 7	金融工具：披露
IFRS 8	经营分部
IFRS 9	金融资产的分类和计量

截至目前，已有一百多个国家和地区的公众公司采取国际财务准则编制财务报告，并且在未来的几年里，会有更多的国家和地区加入这一行列。到 2011 年底，将会有半数的全球性公司采用国际财务准则编报财务报告。

9.7.2 国际财务报告准则针对于保险业的规定概述

随着保险行业的迅速发展，投资者和公众对保险会计准则的需求与日俱增。由于其他的国际财务报告准则没有包括保险合同，因此，针对保险行业经营的特殊性和复杂性，国际会计准则理事会决定为保险行业制定相应的财务报告准则。

2002 年 5 月，国际会计准则理事会将保险会计准则分两阶段来实施：第一阶段（Phase I）包括国际财务报告准则 4（IFRS4）、国际会计准则 32（IAS32）和国际会计准则 39（IAS39）；第二阶段将着重制定有关保险负债准则问题。

9.7.3 国际财务报告准则第 4 号保险合同

1. 国际财务报告准则第 4 号（IFRS4）范围

欧盟上市保险公司需要在 2005 年实施国际财务报告准则（IFRS）按照新准则编制 2005 年的报表（包括与上一年的比较）。2004 年 3 月，国际会计准则理事会正式发布了国际财务报告准则第 4 号——保险合同（IFRS 4 Insurance Contracts），即国际财务报告准则保险会计第一阶段。国际财务报告准则保险会计第一阶段使得保险公司免于改变其会计准则来遵守国际财务准则，IFRS4 仅对现有的保险会计处理进行了有限的改变，并同时提高信息的披露度。

IFRS4 主要着重于保险合同的分类和信息披露。IFRS4 以含有重大保险风险的概念作为划分保险合同（Insurance Contracts）和投资合同①（Invest-

① 对于不符合保险合同定义的产品，IFRS4 没有给出明确的定义。在实践中，通常称为投资合同或非保险合同。

ment Contracts）的基础。

再保险合同是保险合同中的一类，所以 IFRS4 对保险合同所有的规定同样适用于再保险合同。

2. 保险合同的定义和分类（Product classification）

评估合同的第一步是要确定它是否属于保险合同以决定是否应该按照保险合同指引进行评估。保险合同为，一方（保险公司）从另一方（保单持有人）接受重大保险风险，并约定在指定的未来不确定事件（保险事件）发生对保单持有人产生不利影响时，对保单持有人进行赔偿。

保险事件（Insured Event）指涵盖在保险合同中并产生保险风险的未来不确定事件。

保险风险（Insurance Risk）指除金融风险外，合同持有者转移至合同签发者的风险。金融风险指因特定的利率，金融商品的价格，商品价格，汇率，价格指数，信用等级或其他的变量的信用指数在未来可能发生的变化而产生的风险。

重大保险风险（Significant Insurance Risk）：一个保险人在任意情景下（缺乏商业实质的情况除外）需要为被保险责任支付重大的额外支出。在具体实际操作的过程中，不同的保险公司将结合不同国家和公司的实际情况对于重大保险风险的有不同的量化定义，例如 5% ~10%。在以下的例子中，我们以 5% 作为区别重大保险风险的依据。

表 9 -32 为产品分类的步骤和举例说明。

表 9 -32

产品分类的分步方法
步骤一：识别保险事件
步骤二：确认保险事件是否对保险人造成不利影响
步骤三：识别保险事件发生的情景
步骤四：测试步骤三的情景具有商业性质
步骤五：确定保险公司的给付金额
步骤六：确定保险事件不发生的情景
步骤七：确认步骤六具有商业性质
步骤八：确认步骤六下保险公司的给付金额
步骤九：比较步骤五和步骤八的结果
步骤十：确认步骤五的结果是否显著大于步骤八的结果 如果是，此合同为 IFRS4 定义下的保险合同

【例 9 -21】 某保险公司与王某签订了一份趸缴 10 年期定期保险原保险保单，保单主要条款规定如下：保单持有人于本保单生效之日起因疾病或意外身故，保险公司按照基本保险金额给付身故保险金。根据保单持有

人的性别和年龄特征，该保单趸缴保险费 1 000 元对应的基本保险金额为 100 000 元，该产品的分类方法如表 9－33 所示。

表 9－33 产品分类的分布方法

步骤一：识别保险事件	保单持有人因疾病或意外而导致其身故
步骤二：确认保险事件是否对保险人造成不利影响	保险人按照保单需要向保单持有人支付保险金
步骤三：识别保险事件发生的情景	保单持有人因疾病或意外导致其身故
步骤四：测试步骤三的情景具有商业性质	保单持有人因疾病或意外导致身故的，保险公司按照保单约定支付保险金，因此，该保险事件具有商业性质
步骤五：确定保险公司的给付金额	保险金为 100 000 元
步骤六：确定保险事件不发生的情景	保单持有人生存至保单期满
步骤七：确认步骤六具有商业性质	保单持有人生存至保单期满，保险公司按照保单约定无需支付保险金，因此，该保险事件具有商业性质
步骤八：确认步骤六下保险公司的给付金额	保险金为 0 元
步骤九：比较步骤五和步骤八的结果	步骤五给付保险金为 10 000 元和步骤八给付保险金为 0 元
步骤十：确认步骤五的结果是否显著大于步骤八的结果。如果是，此合同为 IFRS4 定义下的保险合同	通过步骤九的结果确认此合同为保险合同

【例 9－22】 某保险公司与张某签订了一份趸缴 10 年期投资连结原保险保单，保单主要条款规定如下：趸缴保费为 10 万元，保单第 1 年度的初始费用为 3%，满期给付为 100% 账户价值；保单持有人在保险期间内身故的，按账户价值的 105% 给付死亡保险金。该产品的保单年度与分类方法如表 9－34、表 9－35 所示。

表 9－34

	保单年度									
（单位：万元）	1	2	3	4	5	6	7	8	9	10
趸缴保费	10									
初始费用	0.3									
净保费	9.7									
账户价值	10.0	10.3	10.6	10.1	10.3	10.6	9.5	9.1	9.7	10.0
身故保险金	10.5	10.8	11.1	10.6	10.8	11.1	10.0	9.6	10.2	10.5

表 9－35

产品分类的分布方法	
步骤一：识别保险事件	保单持有人保单第一个年度身故
步骤二：确认保险事件是否对保险人造成不利影响	保险人按照保单需要向保单持有人支付保险金
步骤三：识别保险事件发生的情景	保单持有人身故
步骤四：测试步骤三的情景具有商业性质	保单持有人如果在保险期间身故，保险公司按照保单约定支付保险金，因此，该保险保险事件具有商业实质
步骤五：确定保险公司的给付金额	保险金为 10.5 万元
步骤六：确定保险事件不发生的情景	保单持有人生存至保单期满
步骤七：确认步骤六具有商业性质	保单持有人生存至保单期满，保险公司按照保单约定支付保险金，因此，该保险保险事件具有商业实质
步骤八：确认步骤六下保险公司的给付金额	保险金为 10.0 万元
步骤九：比较步骤五和步骤八的结果	步骤五给付保险金为 10.5 万元和步骤八给付保险金为 10.0 万元
步骤十：确认步骤五的结果是否显著大于步骤八的结果。如果是，此合同为 IFRS4 定义下的保险合同	通过步骤九的结果差异为步骤八的 5%，因此确认此合同为非保险合同

3. 保险合同分拆（Unbundling）

对于同时含有保险部分和储蓄部分的保险合同，保险公司应当考虑对这类保险合同进行分拆，即对保险部分和储蓄部分分别评估。保险合同的分拆应同时满足以下两个条件，即保险公司可以单独计算储蓄性质的部分，并且保险公司的会计准则不要求确认所有储蓄性质部分产生的义务与责任。

分拆后，保险部分适用 IFRS4 计量，储蓄部分适用 IAS39 计量。

4. 信息披露（Disclosure）

国际财务报告第 4 号（IFRS4）关于保险合同披露的两个原则为：

原则 1：解释确认金额（Explanations of recognised amounts）

保险公司需要披露以下信息：

（1）保险合同，相关资产，负债，收入和费用的会计政策；

（2）保险合同所产生的资产，负债，收入和费用的确认金额。对于保险公司通过再保险分出的业务，则应披露在损益表中确认的购买再保险合同的损益；如果保险公司递延了购买再保险合同的成本，当期摊销的损益，以及期初期末未摊销的余额；

（3）确定对（2）中金额影响最大的评估假设的过程，如果可行，还需定量披露此假设；

（4）保险资产和负债评估假设变化的影响，并对每项对财务报表产生显著影响的变化的影响进行披露；

（5）保险负债，再保险资产和相关递延购买资产变化的核对；

此披露的关键实施因素为陈述评估假设并描述评估假设的变化。

原则 2：现金流的金额、时间和不确定性

保险公司需要披露以下信息：

（1）管理保险合同相关风险的目的及减轻这些风险的策略；

（2）对于保险合同的未来现金流的金额，时间和不确定性有显著影响的保险合同条款和规定；

（3）保险风险（再保前和再保后），包括损益的敏感性；保险风险的集中性；实际理赔和预测理赔（赔付发展）的比较——不需要超过 10 年的发展模式。如果理赔通常在 1 年内解决，则不需披露；

（4）IAS32 关于利率风险和信用风险的信息；

（5）对于含有嵌入式衍生性金融商品特征的保险合同，如果该保险公司未要求对其进行公允价值的评估，则需披露其关于利率风险和市场风险的暴露。

9.7.4 国际财务报告准则关于保险合同负债确认和计量方法

1. 保险合同负债评估假设及方法

对保险合同和具有相机参与分红特性（Discretionary Participating Feature，DPF）的投资合同，IFRS4 没有明确规定计量方法，而是允许保险公司继续采用现有的会计准则（个别较小的变化除外）进行确认和评估，但必须达到负债充足性测试的最低要求。而对于不具有相机参与分红特性的投资合同，则适用于《国际会计准则 39 号——金融工具》（IAS 39 Financial Instruments）或《国际会计准则 18 号——收入》（IAS 18 Revenue）。

对于保险公司发行的含有相机参与分红特征之金融工具应采用 IFRS4 保险合同处理，而不属于 IAS39 的适用范围。

2. 相机参与分红特性

相机参与分红特征（Discretionary Participating Feature）指可获得保证给付以外的利益的合同权利。

（1）对于同时含有相机参与分红特征和保证要素的保险合同。

某些保险合同同时含有相机参与分红特征和保证要素。

①保险公司可以但是不需要将相机参与分红特征和保证要素分别分类。如果保险公司同时考虑相机参与分红特征和保证要素，则整个保险合同分类为负债（Liability）；如果保险公司分别考虑相机参与分红特征和保证要素，保证要素需分类为负债。

②如果保险公司分别考虑相机参与分红特征和保证要素，对于相机参与分红特征则可以分类为负债或权益（Equity）。IFRS4 并没有对具体如何分类

为负债或权益做明确的规定，保险公司在分类时应该采用一致的会计政策。

③保险公司可以将全部保费确认为收入，而可以不考虑被确认为权益的部分。

④保证要素和分类为负债的相机参与分红特征的变动则确认为当期损益，而对于部分分类为权益相机参与分红特征，则部分损益可能归属于该分红特征，而这部分损益应该作为权益的调整，而非收益或费用。

⑤如果保险合同包含嵌入衍生性商品，该嵌入衍生性商品应该按照《国际会计准则39号——金融工具》（IAS39）来计量。

（2）对于保险公司发行的含有相机参与分红特征之金融工具。

对于保险公司发行的含有相机参与分红特征之金融工具，以上的规定亦适用。此外，如果保险公司将整个相机参与分红特征分类为负债，则需对整个保险合约（包括相机参与分红特征和保证要素）进行负债充足性测试。同时保险公司无需计算保证要素在IAS39下的对应金额。如果保险公司将部分或全部相机参与分红特征分类为权益，则整个保险合约的负债不应低于保证要素在IAS39下的对应金额。虽然此类产品为金融产品，保险公司可以继续将保费确认为收入，将负债的变动确认为费用。并且，保险公司应该按照IFRS7来披露当期确认的利息费用。

3. 负债充足性测试（Liability Adequacy Test）

IFRS4要求保险公司应该在每个评估日，通过对保险合同所产生的现金流的当前估计（current estimate）来评估保险负债是否充足。如果评估结果显示，从未来的现金流估计的角度来看，保险负债的账面金额（减去有关递延购买成本（deferred acquisition costs）和相关无形资产（related intangible assets）后）是不充足的，那么整个不足数需要确认为损益。

如果保险公司当前的会计政策所要求的负债充足性测试满足规定的最低要求，IFRS4不作进一步的要求。规定的最低要求为：

（1）充足性测试应该考虑所有合同中规定的合约性现金流（contractual cashflows）和其他索赔相关的费用，以及嵌入期权及保证（embedded options and guarantees）所产生的现金流的当前估计。

（2）如果充足性测试结果显示不足，那么整个不足数需要确认为损益。

如果保险公司当前的会计政策所要求的负债充足性测试满足规定的最低要求，具体操作的测试层面应该与会计政策中规定的测试层面一致。

如果保险公司当前的会计政策不要求实施以上规定的最低要求的负债充足性测试，保险公司应当：

（1）确定相关保险负债减去有关递延购买成本和相关无形资产（例如在企业并购中购入的无形资产）。但是相关的再保险资产不在考虑范围之内，因为保险公司会对再保险资产进行单独计量。

（2）确定在《国际会计准则 37 号——准备、或有负债和或有资产》（IAS 37 Provisions, Contingent Liabilities and Contingent Asset）下评估日现有义务的最优估计（best estimate）。最优估计指保险公司在评估日通过赔偿或转移给第三方对该义务应支付的合理金额，同时在最优估计中应该考虑保险合同包含的风险及现金流的不确定性。最优估计还应该考虑两个因素：第一个因素为现值（Present Value）。若该最佳估计受时间价值之影响是属重大，最优估计则应为折现后之余额。该折现率应为反映市场当时对下列事项评估后税前比率。第二个因素为未来事件。若具足够客观之证据显示某未来事件即将发生，且该事件可能影响所应清偿义务的金额时，应该在最佳估计时加以考量。

（3）如果（1）中确认的金额小于（2）中确认的金额，那么保险公司应当将整个不足数确认为损益，并减少相关递延购买成本或无形资产的账面价值，或者增加相关保险负债的账面金额。

如果保险公司当前的会计政策不要求实施以上规定的最低要求的负债充足性测试，具体操作的测试层面应该满足两个条件：第一个条件为合同组中所包含的风险在广义上类似，第二个条件为同是合同组所包含的合同可以作为一组进行管理。

4. 嵌入性衍生金融产品（Embedded Derivatives）

《国际会计准则 39 号——金融工具》（IAS39）要求将某些嵌入衍生工具从其主保险合同中分离出来，以公允价值计量，并将公允价值变动计入损益表。《国际会计准则 39 号——金融工具 》（IAS39）适用于嵌在保险合同中的衍生工具，除非该嵌入性衍生工具本身也是一份保险合同。

作为《国际会计准则 39 号》的例外，保险公司则无需将保单持有人可以按固定金额（或者以固定金额为基础的金额）退还保险合同的选择权从主保险合同剥离出来且无需以公允价值计量。但是，对于嵌入保险合同的卖出期权（put option）和现金退还选择权（cash surrender option），如果退还价值因某一金融变量（比如商品价格或指数）而变动，《国际会计准则 39 号》则适用，保险公司则需要以公允价值来计量此选择权。

9.7.5 国际会计准则关于金融工具的分类和计量

1. 金融工具的分类

国际会计准则中有三个关于金融工具的会计处理：

- IAS32 金融工具：列报（Presentation）；
- IAS39 金融工具：确认和计量（Recognition and Measurement ）；
- IFRS7 金融工具：披露（Disclosure）。

《国际会计准则 39 号》（IAS39）将金融工具划分为四类：

（1）以公允价值计量且其变动计入当期损益的金融资产或金融负债。指满足以下条件之一的金融资产和金融负债：

①被划分为为交易而持有（Held for Trading）。金融资产和金融负债被划分为为交易而持有的条件为：a. 它主要是在为不久的将来出售或回购而取得或发生；b. 它是已识别金融工具组合的一部分，该组合被一起管理并有该组合最近可实际获得短期收益的证据；c. 它是衍生工具（除被指定且是有效的套期工具的衍生工具）；

②从初始确认起，主体将它认定为按公允价值通过损益计量。主体只有在IAS39的第11段允许，或由于以下两种原因之一而使得作出这种认定能产生更相关的信息时，才能作出这种认定：a. 该认定能消除或显著减少计量和确认上的不一致，而这种不一致是由于以不同基础计量资产或负债或确认这些资产或负债上的利得或损失；b. 主体根据风险管理和投资的策略的正式书面文件，去管理一组金融资产或金融负债或两者的组合，以公允价值为基础来评价管理业绩，并根据该基础将此组金融工具的信息提供给主体内部关键管理人员。

（2）持有至到期投资（Held－to－maturity investments）。指具有固定或可以确定金额的和固定期限，且主体明确计划并能够持有至到期的非衍生金融资产。不过，以下项目除外：

- 主体从初始就认定为按公允价值通过损益计量的金融资产；
- 主体认定为可供出售的金融资产；
- 满足贷款和应收款项定义的金融资产。

（3）贷款和应收款项（Loans and receivable）。指具有固定或可以确定支付金额，但在活跃市场没有报价的非衍生金融资产。不过，以下项目除外：

- 主体计划立即或即将在短期内出售的非衍生金融资产，此类资产应该划为交易而持有的金融资产；
- 主体从初始就认定为按公允价值通过损益计量的金融资产；
- 主体认定为可供出售的金融资产；
- 主体因信用恶化之外的原因不能收回几乎全部初始投资的金融资产，此类资产应该划分为可供出售的金融资产。

（4）可供出售金融资产（Availability－for－sales financial assets）。指主体认定为可出售的金融资产或不属于以上三类的非衍生金融资产。

2. 金融工具的计量

《国际会计准则39号》（IAS39）规定一旦主体成为金融工具合同条款的一方时，主体就应当在资产负债表中确认金融资产或金融负债。

在金融资产初始确认时，主体应该以公允价值计量。对于非公允价值通过损益计量的金融资产，还应该加上直接归属于在获得或发行金融资产时所产生的成本。

对于金融资产的后续计量方式，可总结如下：

（1）按公允价值通过损益计量的金融资产：以公允价值通过损益进行后续计量；

（2）持有至到期的投资：使用实际利率法按摊余成本法计量；

（3）贷款和应收款项：使用实际利率法按摊余成本法计量；

（4）可供出售的金融资产：以公允价值变动计入所有者权益进行后续计量。

3. 最新发展——《国际财务报告准则第9号》（IFRS9）

2009年11月国际会计准则理事会颁布了《国际财务报告准则第九号——金融资产的分类和计量》（IFRS9）。IFRS9对金融资产的分类和计量进行规范。对于金融负债的分类和计量目前仍由IAS39来规范。IFRS9的发布标志着IASB取代IAS39的第一阶段的完成。IASB的目标是在2011年第二季度底彻底使IAS39被全面取代。

IFRS9以单一的计量和分类的形式取代了IAS39下的多重分类和计量，及将金融资产分类将从现行的四类简化为以摊余成本计量和以公允价值计量两类。IFRS9对于金融资产的分类以主体管理金融资产的业务模式和金融资产的合同现金流量的特征为依据。对于满足以下两个特征为摊余法成本计量；（1）主体的业务模式是持有金融资产以收取合同现金流量；（2）金融资产的合同现金流量仅是产生本金和利息。

所有持有金融资产的报告主体都会受到新准则的影响，特别是银行和保险公司。影响的程度将取决于主体所持金融资产的类型，重要性和管理资产的业务模式。

新准则将于2013年1月1日生效，并允许提前适用。应当追溯适用IFRS9，然而如果2012年1月1日前采用新准则，则无需提供比较信息。

9.7.6 国际财务报告准则第二阶段（IFRS Phase II）的发展趋势

对于保险合同，国际会计准则理事会正在和美国会计准则理事会（FASB）共同协作，计划在2011年公布一个调和的国际会计准则。

2007年5月，国际会计准则理事会公布了保险合同会计计量标准讨论稿，作为国际财务报告准则项目第二阶段（IFRS Phase II）的一个初步结论和观点。讨论稿在公布后收到了来自保险行业、监管机关、各行业协会等各方面超过160篇的回复。IASB在收到各方的意见后，进行了多次工作小组讨论会议，对保险合同准备金计量标准等核心问题进行了深入的讨论。

为了推进IFRS第二阶段项目的进程，针对讨论稿中所提出的初步观点和结论并结合各方的反馈意见，IASB保险合同项目小组就保险合同准备金的计量标准在2009年上半年连续进行了5次工作会议。根据IASB发布的截止至2009年5月底的会议纪要，IASB保险合同准备金计量的最新发展有以下几个方面：

1. 计量方法的特征

在计量方法的特性方面，会议讨论在以下四个方面基本取得一致意见，作为后续工作的暂定结论：

（1）采用与可观察到的与市场价格尽可能一致的估计（Market Consistency）；

（2）对未来现金流，采用显性的当前估计（Explicit and Current Estimate）；

（3）反映现金流量的时间价值（Time Value）；

（4）包括显性边际（Explicit Margins）。

2. 计量目标（Measurement Objective）

对于计量目标，讨论仍在继续。目前的讨论引入了“当前履约价值”（Current Fulfillment Value）计量模型，并提供了三个备选计量方案。当前退出价值，是基于保险人在报告日将由保险合所产生的权利和义务转移给市场另一方的交易假设。与此不同，当前履约价值是基于保险人通常会履行与保单持有人所签署的保险合同。它基于公司自身特有的信息，而不一定考虑其他市场参与者可接受的价值。支持采用当前履约价值的委员认为保险人通常不会或者不能转移保险负债，当前退出价值所要求的假想交易并没有真正反映保险合同的管理方式。

3. 初始边际（Margin at Inception）与首日利得（Day－one Gain）

IASB初步决定，保险合同生效日的初始边际（Margin at Inception），应当根据保费确定，即实收保费应当作为风险边际的校正标准（Calibration to Premiums）。因此，初始利润就不会在损益表中确认。而如果有初始损失出现，则必须在损益表中确认。

4. 边际的计量（Margins）

尽管IASB对初始边际作出了初步结论，但对边际的性质以及在后续计量中如何计算，仍然未取得一致意见。比如，边际是承担保险合同的义务所需要的风险溢价还是递延利润；边际如果是递延利润，那么是否属于负债？IASB计划在未来的会议中解决以上问题。

5. 获取成本（Acquisition Cost）

IASB近期的讨论认为，如果两个保险合同的责任完全相同，仅因为获取成本不同而收取不同的保费，那么这两个合同在合同签署日应具有相同的初始价值。并且，保险公司应将保费中与获取成本相对应的部分确认为收入（Revenue）。在此，获取成本是指增量成本（Incremental Costs），即由于销售业务而必须发生的成本。而 FASB 则认为获取成本应在其发生时全部作为费用，且不能确认任何收入来抵消这一成本。

6. 备选计量方法

IASB 将未赚保费法作为计量非寿险未到期责任准备金的备选方法之一。但非寿险未决赔款准备金排除了使用不折现无风险边际的现金流估计。

9.7.7 中国企业会计准则与国际财务报告准则

1. 保险合同的计量

2006 年财政部于 2006 年正式颁布了《企业会计准则第 25 号——原保险合同》和《企业会计准则第 26 号——再保险合同》。此准则的发布实现了与国际财务报告准则的实质性趋同，自 2007 年 1 月 1 日在上市公司实施并逐渐扩大到非上市的金融保险企业。

IASB 对中国企业会计准则建设和实施取得的成就给予了肯定和赞赏，加强了与财政部的合作，并在关联方等准则的修订中吸收了中国的意见。欧盟认可了中国企业会计准则的建设与实施，决定自 2009 年起至 2011 年底的过渡期内，允许中国企业进入欧盟市场时采用中国企业会计准则编制财务报告。此外，中国企业会计准则与香港财务报告准则（等同于国际财务报告准则）也在 2007 年 12 月 6 日签署了两地会计准则等效的联合声明。

两地会计准则实现等效后，A + H 股上市公司分别在两地公布的财务报告差异基本消除。但是，在会计准则执行层面，这一差异在两地上市的保险公司还有不同程度的表现。比如，在保费收入确认方面，A 股年报未进行保险风险和其他风险分拆以及重大保险风险测试，H 股年报进行保险风险和其他风险分拆以及重大保险风险测试，导致 A + H 股年报保费收入确认差异。再如，在保险合同准备金计量方面，A 股年报按照保监会制定的精算规定进行计量，H 股年报均参照或部分参照美国公认会计原则计量保险合同准备金，导致 A + H 股年报保险合同准备金计量金额不同①。

为切实解决 A + H 股年报会计准则执行差异，财政部于 2008 年 8 月 7 日正式印发《企业会计准则解释第 2 号》（财会［2008］11 号，以下简称《2 号解释》），明确提出了 A + H 股上市公司的会计政策和会计估计应当保持一致。保监会高度重视此项工作，召开主席办公会专门研究保险业如何贯彻施行《2 号解释》，于 2009 年 1 月 5 日正式下发《关于保险业实施〈企业会计准则解释第 2 号〉有关事项的通知》（保监发［2009］1 号），要求全行业统一思想，明确提出了“统一执行，一步到位”的总体实施方案。

① 资料来源：2009 年 12 月 30 日财政部会计司、保监会财务会计部负责人就《保险合同相关会计处理规定》的发布实施答记者问。

基于上述情况，财政部会计司和保监会财务会计部一起，密切配合，广泛协调，在立足国情，借鉴国际，深入分析国际保险合同会计准则最新研究成果和对国内保险公司大量实地调研与模拟测试的基础上，与保险行业专家进行了多次讨论并达成一致，发布了《保险合同相关会计处理规定》，要求保险公司编制 2009 年年度财务报告开始实施。

2. 中国企业会计准则与国际财务报告准则持续全面趋同的时间安排

2009 年 9 月财政部印发了《中国企业会计准则与国际财务报告准则持续全面趋同路线图（征求意见稿）》（以下简称《路线图》），向国内外广泛征求意见。《路线图》根据当前国际形势的最新变化，提出了中国企业会计准则与国际财务报告准则持续全面趋同的背景、主要内容和时间安排。

《路线图》指出 IASB 计划在 2011 年完成对金融工具、收入、财务报表列报等重大项目的修改，中国企业会计准则与国际财务报告准则实现持续全面趋同的完成时间也确定为 2011 年。2010—2011 年将是中国企业会计准则与国际财务报告准则持续全面趋同的关键时期，财政部计划 2010 年启动准则体系的修订工作，力争 2011 年完成，2012 年起在所有大中型企业实施。

修订后的中国企业会计准则体系仍由基本准则、具体准则和指南三部分构成①。基本准则保持不变；具体准则将会调整补充；现行的准则应用指南属于具体准则的组成部分，将与相关具体准则融为一体。《企业会计准则讲解》将更名为《指南》，并调整和补充相应的内容和释例，以便企业更好地理解和执行持续全面趋同后的企业会计准则体系。2011 年之后，中国企业会计准则和国际财务报告准则都将进入相对稳定时期，实务中如果出现新的交易或事项，将通过持续全面趋同机制加以解决。

主要参考文献

【1】 李秀芳：《寿险精算实务》，中国财政经济出版社 2006 年版。

【2】《中国保险监督管理委员会关于下发有关精算规定的通知》，保监发［1999］第 90 号。

【3】《关于修订短期意外伤害保险法定责任准备金评估有关事项的通知》，保监寿险［2008］671 号。

【4】《健康保险管理办法》，保监发［2006］第 8 号。

【5】《关于印发人身保险新型产品精算规定的通知》保监发［2003］第 67 号。

【6】《关于印发投资连结保险、万能保险精算规定的通知》，保监寿险

① 资料来源：财政部《中国企业会计准则与国际财务报告准则持续全面趋同路线图（征求意见稿）》。

[2007] 335 号。

【7】《关于保险业做好〈企业会计准则解释第 2 号〉实施工作的通知》，保监发 [2010] 6 号。

【8】《关于印发〈保险合同相关会计处理规定〉的通知》，财会 [2009] 15 号。

【9】《中华人民共和国财政部关于印发〈企业会计准则解释第 2 号〉的通知》，财会 [2008] 11 号。

【10】《关于保险业实施〈企业会计准则解释第 2 号〉有关事项的通知》，保监发 [2009] 1 号。

【11】《保险合同相关会计处理规定》，财会 [2009] 15 号。

【12】《关于保险业做好〈企业会计准则解释第 2 号〉实施工作的通知》，保监发 [2010] 6 号。

【13】 Lowis J. Lombardi, *Valuation of Life Insurance Liabilities Lombardi, Fourth Edition*, ACTEX., 2006.

【14】 R. Thomas Herget, *US GAAP for Life Insurers, Second Edition*, Society of Actuaries, 2006.

【15】 Life Insurance (prudential standard) determination No. 5 of 2007—Prudential standard LPS 1.04 Valuation of Policy Liabilities, 2006.

【16】 Life Insurance (prudential standard) determination No. 6 of 2007—Prudential standard LPS 2.04 Solvency Standard, APRA.

【17】 Life Insurance (Prudential Rules) Determination No. 6 of 2005 – Prudential Rules No. 49 – Contract Classification for the prupose of regulatory reporting to APRA, APRA.

【18】 Life Insurance (prudential standard) determination No. 7 of 2007 – Prudential standard LPS 3.04 Capital Adequacy Standard, APRA.

【19】 Complied Accounting Stand AASB 4 – Insurance Contracts, AASB, 2007.

【20】 Complied Accounting Stand AASB 1038 – Life Insurance Contracts, AASB, 2010.

【21】 IAS39: Financial Instruments: Recognition and Measurement, IASB, 1998.

【22】 Discussion Paper Preliminary View on Insurance Contracts, IASB, May 2007.

【23】 Summary of Comments Letters on IASB Discussion Paper – Preliminary Views on Insurance Coutracts, Ernst & Young LLP, April 2008 Newsletter.

【24】 IFRS4: Insurance Contracts, IASB, 2004.

第10章 资本管理

学习目的

- ☐ 了解认可资本和偿付能力的相关概念及保险公司主要资产和负债的认可方式
- ☐ 掌握我国现阶段偿付能力体系的评估方法，包括资本充足率评估和动态偿付能力测试
- ☐ 熟悉世界各主要保险市场偿付能力评估的框架，了解其发展历程，思考其对中国现阶段保险偿付能力监管的借鉴意义
- ☐ 了解经济资本框架和主要概念，熟悉主要的经济资本计算方法，能够比较经济资本框架和世界各保险市场主要监管性偿付能力要求的异同
- ☐ 讨论现阶段经济资本评估在公司的主要应用及遇到的问题
- ☐ 了解公司内部资本管理的主要技术及考量，并讨论一个好的内部资本管理体系能为公司带来的优势
- ☐ 讨论我国现阶段公司内部资本管理发展的主要考量

§10.1 我国偿付能力监管体系

10.1.1 什么是保险公司的偿付能力

公司的偿付能力是指其偿还负债的能力。这里的负债是指公司的一切负债。对保险公司而言，其负债不仅包括对普通债权人的承诺，还包括对投保人的承诺。投保人支付保费购买保险以获得特殊情况下的经济保障。而这种保障就需要保险公司具有财务上的偿付能力，来实现其对投保人或索赔者的义务。这些义务和保险公司发行的债券一样，也构成保险公司的负债。保险公司在接受保费、确认保单有效后，便承担了对投保人的负债。在任何合同允许的情形下，只要承保事件发生，都会导致保险公司的负债变为实际的理赔现金支出。所以，除其对普通债权人的清偿能力外，保险公司的偿付能力还包括在各种可能的情形下对承担之保险责任所应具有的赔偿或者给付能力。换言之，保险公司是否具备履行保险合同的能力，就要看它是否具有偿付能力。

与其他很多企业不同，保险公司是经营风险的企业，必须随时应付各种灾害事故及其他突发事件造成的偿付支出需求。这便要求保险公司有起码的资产储备和足够的资金积累。在保险公司的日常运营中，资产和负债每时每刻都在变化。所以保险公司应随时关注这些变化，以保证偿付能力充足。

各国政府更是把保险企业的偿付能力作为监管的主要目标和核心内容。国际保险监督官协会（International Association of Insurance Supervisors，IAIS）在资本充足性和偿付能力原则中对偿付能力监管提出的标准是："一家保险公司，如果在任何可以合理预知的情况下都能够履行所有的合同义务，那么它就被视为具有偿付能力。"为了维持保险公司的偿付能力，各国法律都要求保险公司在其认可负债之上提取相应的资本金，使得公司的认可资产超过认可负债达到某一特定水平，以应对各种"合理预知"情形下的资金需求。认可资产高于认可负债部分，即可认为是公司的实际偿付能力。而其允许之下限，即法定偿付能力要求。我国《保险法》中规定："保险公司应当具有与其业务规模相适应的最低偿付能力。保险公司的实际资产减去实际负债的差额不得低于金融监督管理部门规定的数额，低于规定数额的，应当增加资本金，补足差额。"

保险公司在法定偿付能力之上，往往还有更高的内部偿付能力要求。因为偿付能力的保证不仅仅是保护被保险人利益的要求，也符合保险公司自身经营稳定的需要。精算部门根据对未来给付风险合理谨慎的估计，考虑公司自身的运营实际，在有关法律法规要求的指引下，厘定与承担责任相匹配的准备金。这是在谨慎原则下对未来净现金流出现值的预测。但是，保险公司的资金需求很有可能偏离计算准备金时的假设。所以，作为一个以吸收风险为主要业务的机构，仅提取以谨慎估计为基础的准备金是不够的。从财务上说，其吸收的风险来源于未来净现金流的不确定性。即便从长期来看，一位经验丰富的精算师给出的估计能与公司的平均经验相吻合，这也只是公司短期经验的统计波动性前后抵消的结果。而波动性本身，如其大小和持续时间等，是无法预知的。当这些波动性给公司经验带来的不利偏差幅度较大、持续时间较长时，即便准备金反映了对未来的长期合理预期，在短期内也可能不够支持公司的理赔资金需要。此时，如果没有额外的资金作为保障，公司便有可能陷入财务困境，甚至无法渡过难关。当风险逐渐回归到精算师的合理预期水平时，公司也无法从中弥补先前的损失或者享受回报。若公司在准备金之上还有另一层的资金支持，情况或许就不同了。显而易见，公司所持有的资本金越多，能承受不利经验偏差的幅度就越大，持续时间就越长，吸收风险的能力就越强。出于稳健经营的需要，公司大都持有超过最低偿付能力要求的资本。

那保险公司是不是持有的资本金越多越好呢？答案是否定的。经济学理论认为，资本是一种稀缺资源，有使用成本。和其他公司一样，保险公司的资本成本主要来源于几个方面。一个是出资方如股东的机会成本。保险公司提供的资本回报必须高于资本所有者的机会成本，否则资本很可能被投资于可实现其机会成本的其他方式以扩大利益。另一个是风险溢酬。保险公司的财务风险最终体现在股东的投资风险上。如果保险公司经营失败，股东却可能失去其所有投资。股东针对这一风险大小要求相应的回报，合情合理。

一般认为，这两项资本成本是对立的。一方面，资本的稀缺性导致其单位成本随使用量升高而升高。这体现在用以贴现红利评估投资所使用的最低资本收益率上。股东往往用初始投资与红利现值比较来判断投资成效，使用的折现率反映了资本的机会成本。贴现率越高，红利现值就越低。此外，由于只有在偿付能力之上的盈余可用于红利返还，固定在偿付能力中的资本越多，公司派发红利返还投资的平均时间就越长。这将进一步放大红利现值中的时间价值损失。而另一方面，如前所述，股东投入的资金量越大，公司持有偿付能力资本越高，吸收风险的能力就越强，股东的投资就越安全，股东所要求的风险溢酬就越小，资本成本会越低。

另外，从保险公司自身来说，不光现有业务需要资本保证，新业务的发展也需要资本支持。过高的偿付能力资本虽然保护了现有业务，但也抑制了新业务的发展和推广。保险公司需要综合考虑所有这些因素来决定参与现有业务的偿付能力资本的数量，权衡成本与效益、稳定与发展的关系。在一定程度内，保证尽可能充沛的偿付能力对公司和保户而言都是有利的。且由于在更大程度上保障了投资的安全性，也符合股东的长期利益。所以，保险公司大都持有超过法定最低偿付能力要求的偿付能力资本。监管者也鼓励这种做法。

保险公司为承保业务所要求持有的实际资本，即实际的偿付能力要求，往往可表示为最低偿付能力要求的特定倍数，称为实际偿付能力要求倍数。各国计算最低偿付能力要求的方法大都根据其对风险的不同认识及自身的实际需求而定，种类繁多。但就所用的模型特点而言可归结成为两大类：风险因子法和风险敞口（Value at Risk，VAR）法。

风险因子法中，保险公司将影响其偿付能力的主要因素分成几个类别，并为每个类别找到一个暴露载体。然后分别计算出每一类风险对应的资本需求。该资本需求往往是该暴露载体的一定比例。最后将所有风险类别的资本要求汇总，得到公司的最低偿付能力额度要求。谨慎稳健的公司常常会将其实际偿付能力要求倍数设定为一个大于 1 的预设值。

$$C_i = V_i \times p_i\%$$

$$C_{min} = Agg(C_i)$$

$$C_{act} = k \times C_{min}$$

其中，i 为风险类别，V_i 为风险暴露载体，p_i 为风险资本率，C_i 为相应的风险资本，C_{min}为最低偿付能力要求，C_{act}为实际偿付能力要求，k 为实际偿付能力要求倍数，Agg（）为汇总过程。

比较常见的风险类别有保险风险、市场风险、运营风险等。而常见的暴露载体有准备金、保费、净风险保额等。值得注意的一点是，在对各风险类别对应的资本要求汇总时，往往使用一些复杂的汇总方式，以考虑各风险类别之间的集中度或分散性关系。美国的风险资本金（Risk Based Capital，RBC）要求就是一个例子。我们在介绍美国偿付能力要求的部分将有具体讨论。

另一类方法主要是基于风险敞口计算，与经济资本的概念类似。该方法更多的关注重点集中于那些可能给保险公司造成极大损失的风险事件，即位于损失分布的尾端。通过对这些极端事件概率及其带来的损失程度的测算和估计，公司对最低偿付能力要求的定义往往可以表达为特定时间跨度内公司出现资不抵债等财务困境的概率小于某预定值比如0.5%。除却偿付能力倍数，谨慎稳健的公司往往选择更小的财务困境概率来要求其实际偿付能力，比如0.1%。这样的表述更利于读者的理解。公司应统筹考虑所有的风险因素，往往需要引入随机模型技术进行运算。但考虑到其复杂性，在特定情况下，一些非随机的方式也可在适当优化后作为近似。具体的计算和考量将在本章介绍经济资本的部分中和大家讨论。

当然，这里介绍的两大类计算方法只涵盖了所有偿付能力要求计算方法中的大部分，并不是全部。本章在介绍其他国家的偿付能力要求时，还会涉及一些不同的处理。但是，我们会发现许多不同的处理方式也只是这两类基本方法的扩充和衍生。对于一些过于特别的计算或计提方式，由于其并非业内主流，本着提纲挈领之原则，不再赘述。

10.1.2 我国现行的偿付能力监管要求

中国保险监督管理委员会为加强对保险公司的监督管理，维护被保险人利益，促进保险事业健康、稳定、持续发展，根据《中华人民共和国保险法》，在2003年制定了《保险公司偿付能力额度及监管指标管理规定》。后因保险市场发展之需要，在2008年进行了若干更新，起草并审议通过了《保险公司偿付能力管理规定》。新规定自2008年9月1日起实施，旧规定同时废止。

该法令覆盖了所有在中国境内设立的中资保险公司、外资独资保险公司、中外合资保险公司及外国保险公司分公司，规定其“实际偿付能力额度随时不低于应具备的最低偿付能力额度”。

这里的实际偿付能力额度就是指保险公司的实际资本，等于保险公司认可资产减去其认可负债后的余额。即：

$$\text{实际偿付能力} = \text{实际资本} = \text{认可资产} - \text{认可负债}$$

保险公司的认可资产是其在评估偿付能力时依据有关规定所确认的资产，通常是指在所有资产中可以被保险公司任意处置以用于履行对保单持有人义务的资产。那些虽有经济价值却不能被用来履行对保单持有人责任的资产或者由于抵押权限制或其他第三方权益等缘故而不能任意处置的资产，均不能被确认为认可资产。认可资产适用列举法。一项资产若被中国保险监督管理委员会明确指明为非认可资产，或者未被明确指明为认可资产，均应确认为非认可资产。保险公司应与资产负债表相对应制定资产认可表，对每一资产按账面价值、账面净值、市场价值、基础价值、认可比例、认可价值等各栏进行计算。以清算假设为基础，根据其在特定时点上的变现能力，确定变现价值认可比例，对其价值进行认可。总认可资产价值为各项资产认可价值之和。

$$\begin{aligned}\text{认可资产总额} &= \sum_{\text{各项资产}} \text{资产认可价值} \\ &= \sum_{\text{各项资产}} \text{资产价值} \times \text{认可比例}\end{aligned}$$

中央银行票据符合认可资产的定义，应确认为认可资产。中央银行票据在认可资产表中的金融债券项目中反映。①

存款应区别对待。保险公司在国有商业银行的存款属于认可资产，而在信用社的存款由于信用风险较高属于非认可资产。

关于企业债，起先法规只列举了电力、铁路、三峡、电信通讯等四类企业债券为认可资产。后经研究将企业债券的认可范围按照《保险公司投资企业债券管理暂行办法》的口径作出了相应调整，扩大到所有经国家主管部门批准发行的、经监管部门认可的、信用评级机构评级在 AA 级以上的企业债券。②

可转债除违反有关规定比例限制超额持有的以外，均为认可资产。无论公司管理层是否有意长期持有，均以其账面价值与市价二者较低者作为其认可价值。③

保险公司根据《保险机构投资者股票投资管理暂行办法》持有的股票为认可资产。无论公司管理层是否有意长期持有，均以其账面价值与市价二者较低者作为其认可价值。若由于被投资公司业绩下滑、人为操纵股价

① 资料来源：《保险公司偿付能力报告编报规则——问题解答第 1 号》。

② 同上。

③ 资料来源：《保险公司偿付能力报告编报规则——问题解答第 2 号》。

等因素使其成为《保险机构投资者股票投资管理暂行办法》第十四条所规定的禁止投资类股票，保险公司应当将其确认为非认可资产。①

独立账户资产以投资账户资产的评估价值作为其认可价值，在认可资产表中单独列示。②

保险公司的认可负债是其在评估偿付能力时依据中国保监会的规定而确认的负债。除对资本性负债有特别规定外，保险公司的各项负债和以对外保证担保形成的或有负债均为认可负债。一般来说，各项负债皆以其账面余额作为其认可价值。

人寿保险公司、健康保险公司的责任准备金的认可价值是按照中国保监会规定的法定最低标准评估的分保（转分保）前责任准备金。③

保险公司履行投资连结保险合同而形成的独立账户负债为认可负债，以投资账户负债的账面余额作为单位准备金的认可价值。独立账户负债应当在认可负债表中单独列示。④

实际资本作为认可资产和认可负债之间的差额，具有经济上和会计上的一些基本特征。第一，它是永久的、无限制的。它既没有到期期限，也没有如担保、冻结或其他第三方权益等任何条件和情况可以限制保险公司使用实际资本履行对保单持有人的赔付义务。第二，它易于吸收风险损失。实际资本应当具有较好的流动性，风险较低。第三，其清偿顺序在保单责任和其他债务之后。保险公司清算时，在履行完对保单持有人的赔付义务和其他债务之前，实际资本出资人无权动用实际资本。

实际资本与通用会计准则中的所有者权益不同。首先，它们的性质和目的不同。实际资本是保险公司能够用以履行对保单持有人赔付义务的资本，用来衡量公司清偿能力；而所有者权益是所有者在企业中享有的经济利益，是用来评价企业的财务状况和管理者的经营业绩的。其次，他们的构成不同。实际资本包括投入资本、剩余综合收益和计入实际资本的资本性负债，而所有者权益包括实收资本、资本公积、盈余公积和未分配利润。最后，它们的确认和计量标准不同。这是由于偿付能力报告的目的和通用会计报表的目的不同造成的。实际资本是认可资产与认可负债的差额，所有者权益是资产与负债的差额。认可资产与资产、认可负债与负债的确认计量之标准的差异导致了所有者权益和实际资本的确认计量的标准的差异。

《保险公司偿付能力管理规定》要求："保险公司应当具有与其风险和

① 资料来源：《保险公司偿付能力报告编报规则——问题解答第 2 号》。

② 资料来源：《保险公司偿付能力报告编报规则——第 7 号投资连结保险》。

③ 资料来源：《保险公司偿付能力报告编报规则——第 6 号认可负债》。

④ 资料来源：《保险公司偿付能力报告编报规则——第 7 号投资连结保险》。

业务规模相适应的资本，确保偿付能力充足率不低于100%。偿付能力充足率即资本充足率，是指保险公司的实际资本与最低资本的比率。”这里的最低资本，就是指最低偿付能力额度要求。该要求参照欧盟 1979 年对于寿险公司偿付能力额度的最低要求而制定，使用风险因子法模型。寿险公司最低资本为长期人身险业务最低资本和短期人身险业务最低资本之和。其中，长期人身险业务是指保险期间超过 1 年的人身保险业务；短期人身险业务是指保险期间为 1 年或 1 年以内的人身保险业务：

寿险公司最低资本 = 长期人身险最低资本 + 短期人身险最低资本

长期人身险业务最低资本为下述二项之和：（1）投资连结保险产品期末责任准备金的1%和其他寿险产品期末责任准备金的4%，和（2）保险期间小于 3 年的定期死亡保险风险保额的0.1%，保险期间为 3 年到 5 年的定期死亡保险风险保额的 0.15%，及保险期间超过 5 年的定期死亡保险和其他险种风险保额的 0.3%。即：

长期人身险最低资本 = 责任准备金 × x% + 风险保额 × y%

其中，风险保额为有效保额减去期末责任准备金。有效保额是指若发生了保险合同中最大给付额对应的保险事故，保险公司需支付的最高金额；期末责任准备金为法定最低责任准备金。

对于：

投资连结保险产品单位准备金，$x=1$；

其他寿险产品分保后的法定最低责任准备金，包括投资连结保险产品的非单位准备金，$x=4$。

若：

险种为定期死亡险且保险期间小于 3 年，$y=0.1$；

险种为定期死亡险且保险期间为 3 到 5 年，$y=0.15$；

险种不包括与上述两者内，$y=0.3$。

短期人身险业务最低资本的计算适用非寿险保障型业务最低资本评估标准，为（1）最近会计年度公司自留保费减营业税及附加后 1 亿元人民币以下部分的 18% 和 1 亿元人民币以上部分的 16%；和（2）公司最近 3 年平均综合赔款金额 7 000 万元以下部分的 26% 和 7 000 万元以上部分的 23%，两项取大者。

偿付能力要求如图 10－1 所示。

最低偿付能力计算及示例如表 10－1所示。

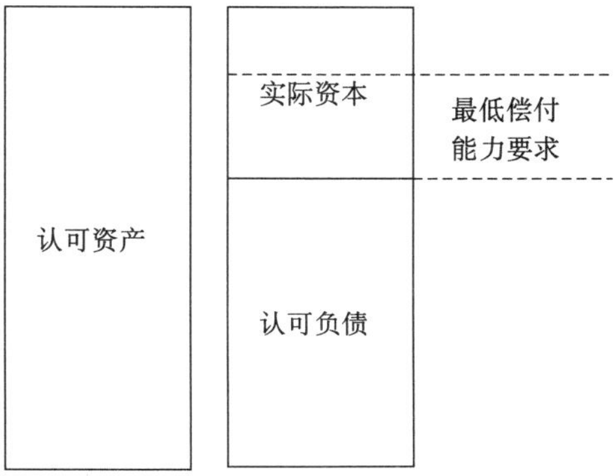

图 10－1 偿付能力要求

表 10 - 1　　　　最低偿付能力

一	财产险或短期人身险业务		
	直接保费收入	(1)	33 836
	分入保费	(2)	
	分出保费	(3)	16 716
	自留保费	(4) = (1) + (2) - (3)	17 120
	营业税及附加	(5)	283
	净值：1 亿元以下部分	(6)	9 991
	净值：1 亿元以上部分	(7)	6 845
	最低额度 A	(8) = (6) × 18% + (7) × 16%	2 894
	本年度综合赔款金额	(9)	12 784
	前第 1 年度综合赔款额	(10)	4 806
	前第 2 年度综合赔款额	(11)	8 273
	3 年均值：7 000 万元以下部分	(12)	7 000
	3 年均值：7 000 万元以上部分	(13)	1 561
	最低额度 B	(14) = (12) × 26% + (13) × 23%	2 179
	财产险或短期人身险业务最低额度	(15) = max[(8), (14)]	2 894
二	非寿险投资型业务投资金部分		—
	预定收益型非寿险投资型产品投资金部分责任准备金	(16)	1 307
	预定收益型非寿险投资型产品投资金部分的最低资本	(17) = (16) × 4%	52
	非预定收益型非寿险投资型产品投资金部分责任准备金	(18)	
	非预定收益型非寿险投资型产品投资金部分的最低资本	(19) = (18) × 1%	
	非寿险投资型业务投资金部分的最低资本	(20) = (17) + (19)	52
三	长期人身险业务		
	投资连结类业务的责任准备金	(21)	279 059
	投资连结保险业务的最低资本	(22) = (21) × 1%	2 791
	其他寿险业务的责任准备金	(23)	2 542 384
	其他寿险业务的最低资本	(24) = (23) × 4%	101 695
	3 年内的定期死亡险风险保额	(25)	
	3 ~ 5 年定期死亡险风险保额	(26)	
	5 年以上定期死亡险风险保额	(27)	209 080
	未区分保险期的死亡险风险保额	(28)	
	死亡险的最低资本	(29) = (25) × 0.1% + (26) × 0.15% + (27) × 0.3% + (28) × 0.3%	627
	其他险种的风险保额	(30)	2 361 225
	其他险种的最低资本	(31) = (30) × 0.3%	7 084
	长期险最低资本	(32) = (22) + (24) + (29) + (31)	112 197
四	最低偿付能力额度	(33) = (15) + (20) + (32)	115 143

长期寿险业务最低资本计算的参数是欧盟根据 1961 年 Campagne 模型而设定。该模型主要考虑了保险公司的投资风险和保险风险。由于责任准备金是保险公司最大的负债，也是其投资基金的主要来源，所以 Campagne 采用了责任准备金作为投资风险暴露的载体。4% 来源于对荷兰寿险市场的主要保险公司的分析。分析期间内荷兰和其他主要西欧市场的保险业务以传统寿险为主，资产主要投资在低风险市场。因此，该比率更多的来源于低风险领域的投资风险。随后欧盟在寿险公司偿付能力额度设置中针对其他新险种提出了不同的要求。对于保险风险，模型中的风险保额部分主要依赖于经验分析，就不同保障期限的保险合同进行了区分，以便更好地反应其内在的风险特性。

欧盟在该规定推出后的几十年间，就偿付能力管理进行了多次大幅度的改变。最近的偿付能力 2 号工程就是其中一例。然而，较之于西方成熟市场，我国现阶段保险市场的发展仍处于起步阶段。各寿险公司的主要业务均来自于传统寿险领域。由于自身技术水平及法规要求限制等原因，投资资产大都停留在国债、高质量公司债等工具上，风险较低。这些特点皆与当时欧洲的保险市场类似。这为我们借鉴欧盟当时的偿付能力管理经验提供了依据。

保监会根据保险公司偿付能力的状况将其分为三类，实施分类监管，不足类公司的偿付能力充足率低于 100%，充足 I 类公司的偿付能力充足率在 100% 到 150% 之间，充足 II 类公司的偿付能力充足率高于 150%。对于不足类公司，保监会将根据不同具体情况，采取包括责令增加资本金或者限制向股东分红，限制董事、高级管理人员的薪酬水平和在职消费水平，限制商业性广告，责令拍卖资产或限制固定资产购置，调整负责人及有关管理人员甚至接管在内的一项或多项措施进行监管。对于充足 I 类公司，保监会要求其以（1）根据企业会计准则确定的可分配利润和（2）根据保险公司偿付能力报告编报规则确定的剩余综合收益中较低者作为利润分配的基础，并且提交和实施预防偿付能力不足的计划。

10.1.3 我国的动态偿付能力测试

保监会要求保险公司按照规定进行动态偿付能力测试，对偿付能力趋势进行预测和评价。通过对偿付能力状况的动态测试，及时对保险公司可能出现偿付能力问题进行预警。这不仅有利于监管机构对保险公司的偿付能力状况进行动态监管，更有助于保险公司进行有效的资本管理，预防可能出现的偿付能力不足的情况。

动态偿付能力测试涵盖了保险公司的全部保险业务，应包括现有有效业务及由测试区间内签发的现有产品的新保单构成的新业务。测试区间为自报告期末开始的未来三个会计年度。以年为单位，将测试时间区间划分为报告期后1年、报告期后2年、报告期后3年三个时间段。

为了测试公司未来的偿付能力状况，保险公司需要建立资产和负债模型来预测利润表和资产负债表中的各个项目。保险公司通过一个计算机软件或程序就其未来的财务状况进行模拟和预测。这是保险公司进行动态偿付能力测试的重要工具。公司应在当前资产、负债及资本的基础上，考察历史经营状况，合理估计假设，根据业务规划，在权责发生制的基础上，构建该模型。

模型从现金流预测开始，首先估计出未来年度的保费收入，赔付支出，退保，分红产品红利，费用和佣金支出，及投资收益。现今绝大部分精算软件对于现有业务产生的主要现金流都采用了逐单运算的方式，即在独立计算出各保单或模型点的现金流后，加总得到产品、业务线或全公司的现金流。对于有些现金流，如投资收入等，出于简化目的亦可于某一汇总层面上计算得出。不同精算软件和模型对于新业务产生的现金流有着不同的处理。但原理上，都将其作为近年度新保业务现金流在未来新业务假设下的延伸。

然后，模型在权责发生原则下，整理出公司未来年度的利润表。其中，

利润 = 保费收入 + 投资收益 − 死亡、退保、年金和满期给付
− 费用支出 − 佣金支出 − 保户红利支出 − 责任准备金提转差
− 保险监管费和保险保障基金 − 税收

责任准备金提转差 = 本年度末责任准备金 − 上年度末责任准备金

资产负债表的预测包含两个部分。预测资产时，

测试区间内各时间段末的资产 = 上期期末的资产 + 当期的资产变化

并假定无外部交易引起的资本变化。

其中，当期的资产变化 = 当期的负债变化 + 当期利润

预测负债时，

测试区间内各时间段末的负债 = 上期期末的负债 + 当期的负债变化

其中，当期的负债变化 = 当期的责任准备金提转差 + 当期的其他负债变化

最后，在上述所有模型预测结果的基础上，公司对其未来的偿付能力水平进行预测。未来的最低偿付能力要求仍按保监会的具体要求算出。假设测试区间内资产认可比例与报告期末的认可比例一致，并在此前提下，根据各时间段末的预测资产水平，得到对应的认可资产。认可负债的预测只考虑责任准备金负债、独立账户负债和资本性负债等对认可负债有重大影响的科目。对于其他负债部分，如有，则可假设测试时间段内其占认可负债的比例与报告期末同。预测的认可资产和认可负债间的差额，即预测实际资本。其与公司最低偿付能力要求之间的比例，即预测的偿付能力充足率。

预测需在基本情形和不利情形下进行。基本情形是指保险公司在未来最有可能发生的情景。保险公司应当利用自身经验数据及行业现有信息，

结合对未来趋势合理的预测，建立基本情形下各预测假设的最优估计。不利情形是指保险公司未来有可能发生的、会对偿付能力产生严重不利影响的情景。一般来说，不利情景发生的概率较低，但一旦发生就会对保险公司的偿付能力带来严峻的考验。保险公司所设置的不利情景应具有一定的连续性和一致性，且足以反映其经营过程中的重大风险。

通过在这些情形下对公司财务状况的合理预测，保险公司可了解其资本抵抗风险打击的能力，即实际资本的充足性。这一点与经济资本框架下的资本充足性概念一致，只是在描述和技术处理上有所不同。经济资本主要使用不利情形发生的概率而不是情形本身来描述其严重性。这一性质使得我国现阶段在决定性模型下的偿付能力要求成为我国资本管理体系向经济资本框架靠拢的一个里程碑。

动态偿付能力测试的不利情形分为必测和自测两类。必测不利情景由保监会确定。现阶段的必测不利情景包括：（1）将基本情景中的投资收益率假设减少 50bp，退保率增长 50%，保户红利支出水平增长 10%，和（2）基本情景中的投资收益率假设减少 50bp，新业务保费收入增长 50%，费用支出增加 10%。保监会在必要时可对必测不利情形进行调整，以更恰当的反映行业可能面临的重大风险。自测不利情景由保险公司自行确定。公司应根据自身业务结构、历史经验以及对未来市场环境的预期等确定至少一种自测不利情景。应选择最能反映公司重大风险的情景作为自测不利情景。

动态偿付能力结果如下：

（1）基本情景如表 10 - 2 所示。

表 10 - 2

项　目	行　次	报告年度末	报告年度后第一年末	报告年度后第二年末	报告年度后第三年末
年初资产	(1)	411 240	331 925	368 196	435 791
年度内资产变化	(2)	-79 316	36 272	67 594	97 471
年末资产	(3) = (2) + (1)	331 925	368 196	435 791	533 262
认可资产比例	(4)	99.250%	99.250%	99.250%	99.250%
认可资产	(5) = (3) × (4)	329 435	365 435	432 522	529 262
责任准备金	(6)	13 948	55 712	113 892	188 285
独立账户负债	(7)	263 592	249 700	243 363	243 658
资本性负债	(8)	0	0	0	0
其他负债	(9)	12 731	14 197	16 480	19 560
认可负债	(10) = (6) + (7) + (8) + (9)	290 270	319 610	373 735	451 503
实际资本	(11) = (5) - (10)	39 165	45 825	58 787	77 759
最低资本	(12)	11 348	18 757	26 902	36 508
偿付能力溢额	(13) = (11) - (12)	27 817	27 068	31 884	41 251
偿付能力充足率	(14) = (11)/(12)	345%	244%	219%	213%

(2) 必测不利情景（一）如表 10－3 所示。

表 10－3

项　　目	行　　次	报告年度末	报告年度后第一年末	报告年度后第二年末	报告年度后第三年末
年初资产	(1)	411 240	332 353	340 783	378 021
年度内资产变化	(2)	－78 887	8 430	37 237	63 378
年末资产	(3)＝(2)＋(1)	332 353	340 783	378 021	441 399
认可资产比例	(4)	99.250%	99.250%	99.250%	99.250%
认可资产	(5)＝(3)×(4)	329 861	338 227	375 186	438 089
责任准备金	(6)	13 951	51 327	99 706	163 954
独立账户负债	(7)	268 056	231 205	209 106	193 589
资本性负债	(8)	0	0	0	0
其他负债	(9)	12 781	12 932	14 154	16 295
认可负债	(10)＝(6)＋(7)＋(8)＋(9)	294 788	295 464	322 966	373 837
实际资本	(11)＝(5)－(10)	35 073	42 763	52 219	64 251
最低资本	(12)	11 348	18 757	26 902	36 508
偿付能力溢额	(13)＝(11)－(12)	23 725	24 006	25 317	27 743
偿付能力充足率	(14)＝(11)/(12)	309%	228%	194%	176%

(3) 必测不利情景（二）如表 10－4 所示。

表 10－4

项　　目	行　　次	报告年度末	报告年度后第一年末	报告年度后第二年末	报告年度后第三年末
年初资产	(1)	411 240	332 313	377 644	458 314
年度内资产变化	(2)	－78 927	45 331	80 670	117 202
年末资产	(3)＝(2)＋(1)	332 313	377 644	458 314	575 517
认可资产比例	(4)	99.250%	99.250%	99.250%	99.250%
认可资产	(5)＝(3)×(4)	329 821	374 812	454 877	571 200
责任准备金	(6)	13 835	64 629	133 268	222 897
独立账户负债	(7)	264 198	252 076	248 904	248 604
资本性负债	(8)	0	0	0	0
其他负债	(9)	12 955	14 531	17 499	21 519
认可负债	(10)＝(6)＋(7)＋(8)＋(9)	290 988	331 236	399 671	493 020
实际资本	(11)＝(5)－(10)	38 833	43 576	55 206	78 181
最低资本	(12)	11 348	18 757	26 902	36 508
偿付能力溢额	(13)＝(11)－(12)	27 485	24 818	28 303	41 673
偿付能力充足率	(14)＝(11)/(12)	342%	232%	205%	214%

此外，保险公司需要按保监会要求披露使用的模型、相关假设制定和主要的预测结果。但保监会不以保险公司的动态偿付能力测试结果作为实施监管措施的依据。测试结果为监管机构及保险公司的管理层提供了对未来突发情况的有效预警机制，有助于相关各方尽早对风险做好准备，未雨绸缪，防患于未然。在金融工程概念和先进的计算机技术不断渗透入保险市场的今天，成熟发达市场的参与者与监管者早已开始动态的观察和管理偿付能力的问题。和他们相比，我国现行的动态偿付能力测试不论在框架、方法还是结果分析和应用等方面都存在着很大的局限和不足。例如，在确定模型测试情景时，对于可分散之保险风险的不利偏差的设定，与其基于统计假设检验的理论基础相距尚远；而对于经济相关情景的设立，往往缺乏与实际经济环境间的一致性，较为主观。使用之精算模型尚且粗简，不足以反映公司管理层和投资部门的决策以及投保人的行为风险。对于模型中引入的近似，其对结果的影响程度也无客观评判标准。若测试结果没有重大问题，则直接被一些公司束之高阁，其中有用的信息未被萃取而加以利用，使得不断发展的报告体系反而成为公司的一个成本和维护负担。如此等等，都急需引起行业之注意，在日后的实践中加以修正和改进。

我国保险市场和技术虽仍处于发展初期，但随着改革开放的深入，资本市场的不断放开给我们带来了越来越多的外来挑战，督促着我们学习和追赶国际领先理念及技术的步伐。从这个意义上说，我国所实行的动态偿付能力测试就是对原来的静态监管的有效补充和丰富，使我们在学习和追赶的道路上更进了一步，对我国风险管理水平的提高和风险监管体系的完善有着极为重要的意义。

§10.2　其他国家偿付能力监管体系介绍

10.2.1　美国

美国保险监督官协会（National Association of Insurer Commission，NAIC）早在 1974 年就开始推广并实施一套关于保险公司财务数据的收集分析系统——保险监管信息系统（Insurance Regulatory Information System，IRIS）。这是其在 1971 年的早期预警系统上逐步发展和完善起来的。NAIC 根据保险公司提供的年度法定财务报表确定 12 个 IRIS 指标①。每年计算这些指标以发现所有监管对象中需要重点监控的目标。

IRIS 系统包括两个阶段：统计阶段和分析阶段。在统计阶段中，计算

① 我国保监会在早期进行偿付能力监控管理借鉴了若干个相关的 IRIS 指标。

机根据公司年报中的关键财务数据计算各指标值并将结果与相应的正常范围比对。NAIC 定期公布 IRIS 指标的浮动范围以及业内均值。所有美国保险公司每年的财务报表都要经过 IRIS 统计阶段。NAIC 将根据一定标准①判断公司是否可以通过统计阶段。未通过的公司将进入分析阶段。分析阶段中，政府的保险监管部门抽调专门的专家小组，重新分析公司年报和 IRIS 指标，并根据分析结果给出不同优先级别，代表不同的财务状况和需要重点监控的程度。第一优先级公司财务糟糕需要重点监控，非优先级公司则无需特殊监控。除了供监督官使用外，IRIS 统计阶段得到的各种指标比率还每年被编制成册，向社会公布，而分析阶段的结果则是非公开的。

对于年保费收入超过 5 000 万美元且至少在 17 个州开展业务的大型保险公司，NAIC 除进行 IRIS 分析外，还进行财务分析和偿付能力追踪系统（Financial Analysis and Solvency Tracking，FAST）分析。FAST 更关注于防范大公司可能出现的偿付能力问题。与 IRIS 相比，FAST 更严格、更完善。FAST 包括 25 个指标，并且为每一个考核指标制定定量标准，而不是像 IRIS一样只进行判断“正常”或“不正常”的定性分析。而且，较之于 IRIS只依赖当前一期财务数据的考核方式，FAST 利用了保险公司最近 5 年的财务报告比率和财务报告中特别项的历史数据进行分析，考察其在观测期间内的财务状况变化情况，以衡量保险公司的偿付能力。Grace Harrington 和 Klein 在 1998 年和 1999 年的研究发现，FAST 系统完全能有效地满足早期预警目标，在 FAST 系统 3 年前提出过警告的公司中，有 80% 的公司最后都破产了②。

尽管 FAST 分析对 IRIS 系统的内容和形式都作出了较大的补充和丰富，但这两种方法在本质上都未将公司的偿付能力状况联系到具体的风险根源上。作为全球金融行业的一个主要的“实验室”，美国金融和资本市场的不断创新为重要参与者之一保险公司的偿付能力管理带来的新的挑战。1999 年美国通过《金融服务现代化法案》。这部著名的法案废除了延续半个世纪的《格拉斯—斯蒂格尔法》，重新允许金融行业的混业经营。保险公司更多的产品和经营方式创新得到认可，NAIC 的职责被改变和扩充③，强化了其对保险公司偿付能力的监管，力求保险公司偿付能力得以有效维持。

为此，NAIC 提出并发展了 RBC 标准。RBC 借鉴巴塞尔协议对商业银行资本充足性的要求，在法定偿付能力要求的基础上，以评估其资本是否

① 无法通过该阶段的原因可能为：（1）4 个或 4 个以上的指标超正常范围；（2）盈余调剂指标显著增加或减少；（3）对某一分支机构的投资大于公司的总盈余；或（4）NAIC 根据自己的判断和一些特殊考虑，认为该公司应该进入分析阶段。

② 资料来源：戴娟：“借鉴国际经验加强保险监管体系的建设”，《保险研究》，2004 年第 5 期。

③ NAIC 由此从一个由各州保险监督官组成的民间协会变成联邦一级的保险监管机构。

足以支撑整体业务经营为目标，考虑了保险公司面临之不同风险的特性来规定资本要求①。RBC 标准使保险公司的资本与风险紧密联系。风险越大，资本要求就越高。反之亦然。这种互动的管理方式因人而异地增强了保险公司吸收风险的能力，给予保险公司充分自由的同时，加强了监管的有效性。

RBC 评估采用的是风险因子法模型。NAIC 将保险公司的风险分成五个大类：（1）C0 类为附属机构投资资产风险，主要是指某些附属机构资产投资的违约风险；（2）C1 类为资产风险，包括了资产违约减值及其他投资风险；（3）C2 类为保险风险也称定价风险，指定价和承保时设定的死亡、疾病、退保、费用等假设与实际业务反映出的发生率不符，通常特指实际发生率较之假设更为不利；（4）C3 类为市场风险也称利率风险或资产负债匹配性风险，主要指保险公司由于资产和负债的不匹配或对市场利率环境的敏感性不同，导致在市场利率变动时，资产和负债的相应的变化不能互抵，引起实际资本的不利变动；（5）C4 类为业务风险，通常指公司由于管理不当或其他运营过失产生的财务损失风险。在计算风险资本金时，上述四大类风险被进一步细分。每一个细分风险类都有相应的暴露载体。这些通常都是准备金、保费等可以从财务报表上直接找到的项。然后基于相应的风险系数，得到每一个细分风险类对应的风险资本额。最后，基于不相关的风险对应之资本额采用平方根法、而高度相关的风险对应之资本额直接相加的原则，计算出全公司的风险资本总额。

RBC 鼓励保险公司风险分散。公司分散风险的行为可通过风险资本要求调整加以肯定。保险公司将公司的总调整资本②与调整后的最低风险资本相比较，得到 RBC 比率。每年 3 月 15 日前，保险公司需要向注册州的监督官呈报风险资本报告。内容包括公司的最低风险资本、实际资本以及 RBC 比率等。各州保险监管机构根据这些计算结果，将公司分成 5 个等级，分类监管。RBC 比率超过 200% 的保险公司被认为偿付能力充足，监管机构无需采取任何行动。RBC 比率介于 150% 至 200% 之间的公司需在 45 天内向监管机构递交一份详尽的解释报告，说明偿付能力不佳的原因，并陈述改进计划。当 RBC 比率降至 100% 到 150% 之间时，保险公司在递交行动计划并加以改进的同时，还需接受监管机构对其进行的财务检查。当 RBC 比率介于 70% 到 100% 之间时，保险公司将被置于监管机构的监控之下。虽公司仍有一定的自由决定权，但监管机构有权采取重整或清算保险公司等

① 中国台湾地区借鉴美国的经验于 2003 年 7 月开始实行 RBC 标准，收到了良好的效果。

② NAIC 将人寿/健康保险公司的实际资本确定为公司的总调整资本，它等于以下五项之和：（1）公司的资本与盈余；（2）资产评估准备金；（3）自设的投资准备金；（4）红利负债的 50%；（5）附属公司金额。

行动。当 RBC 比率低于 70% 时，保险公司被强制监控，监管部门接管保险公司。

RBC 堪称当前最完善的偿付能力评估模型之一，但它仍只能评估某一时点的资本充足性。为使整个评估体系更为全面，NAIC 颁布了包括准备金充足性规定、资产充足性规定、资本充足性规定等在内的一系列的规定，以关注保险公司风险管理的各个方面。在资产充足性规定和之后的其他相关规定中都要求保险公司进行资产充足性分析（Asset Adequacy Analysis，AAA）。AAA 采用现金流测试（Cash Flow Testing，CFT）等方法评估公司用于支持准备金的资产以决定其准备金和资产的充裕程度。现金流测试在不同的情景下预测公司未来资产和负债的资金流入及流出量，考察其匹配程度，协助决策者和监管者更好地了解公司的财务状况。

与中国的动态偿付能力测试类似，美国的现金流测试情形也包括必测情形和公司自测情形。必测情形中规定了利率环境的七种较为极端的变化，就是著名的纽约七假设，如表 10－5 所示。

表 10－5　　　　美国资产充足性测试：必测利率情景

情景#	情景描述
1	保持当前利率不变
2	在未来十年中每年增长 0.5%，然后保持不变
3	在未来五年中每年增加 1%，在随后的五年中每年降低 1%，然后保持不变
4	立刻升高 3%，然后保持不变
5	在未来十年中每年降低 0.5%，然后保持不变
6	在未来五年中每年降低 1%，在随后的五年中每年增加 1%，然后保持不变
7	立刻降低 3%，然后保持不变

除纽约七假设外，NAIC 还常会增加测试情景，包括死亡率假设变动、退保率假设变动或变额年金产品的部分领取假设变动等。现金流测试通常通过一定的精算软件平台完成。在完成现金流量测试后，公司的委任精算师需要签署一份精算意见备忘录，在给定公司用以支持准备金的资产前提下，从其专业角度来评判其准备金对相对其负债是否充分。如果计提之准备金不充分，保险公司则需要增提附加精算准备金。监管部门通过这些精算报告来了解各公司的运营情况，预防可能发生的风险。在有必要时监管部门会仔细的审阅所收到的报告并采取一定的监管措施，例如要求公司提供更为详尽的信息等。

10.2.2　加拿大

作为美国近邻的加拿大，金融业的监管理念和美国有几分相似。他们一起经历了 20 世纪 80 年代金融和保险业的震荡。国际竞争的加剧和两家国内银行的倒闭使加拿大政府意识到寻求一种更有效的风险管理方式已刻不容缓。1987年，加拿大成立了其最主要的联邦金融监管机构金融监管办公室（the Office of the Superintendent of Financial Institutions，OSFI）。其前身是加拿大的银行监管总署和保险部，综合监管加拿大的金融行业。加拿大保险监管委员会（Canadian Council of Insurance Regulators，CCIR）通过制定样本法使各省的保险监管内容尽量一致。

加拿大很早就意识到风险分类和动态监管的重要性和必要性。20世纪80年代中叶加拿大就开始了风险资本金的研究和实施。随后OSFI发布了根据不同风险而设定的最小持续资本和盈余要求（Minimum Continuing Capital and Surplus Requirement，MCCSR）。这是一个基于过去财务信息进行资本评估和计提的偿付能力要求体系。寿险公司的资本金要求可由MCCSR比率来描述。这个比率等于公司可用资本除以最低资本的倍数，即：

$$\text{MCCSR 比率} = \text{可用资本} / \text{MCCSR} \times 100\%$$

MCCSR全面考虑了公司资产层面和负债层面的各种风险。在资产方面，主要评估了违约风险及其他原因造成的减值风险。根据每项资产的风险大小，乘以风险因子来决定其相应的资本金要求。风险因子取值范围从保单贷款和本国国债对应的0%到B级以下债券对应的16%，随风险升高而升高。在负债方面，分别考虑了四个风险类型：（1）死亡、疾病及退保风险，（2）利率边际之定价风险，（3）利率环境变动风险，计算与利率边际定价风险类似，及（4）独立账户风险。前三类负债风险的大小大都可由其对应的风险因子反映。第四类负债风险则不同，它包含了经济环境和投资市场的系统性风险，不可以通过增加业务共同分担的原则进行分散。公司除用风险因子评估外，还可使用随机模型来计算。但模型必须满足加拿大精算师协会（Canada Institution of Actuaries，CIA）的特定要求及获得OSFI的许可。

保险公司的可用资本由两个层级组成。一级资本是永久的，无须被用于冲抵收益，权益次于保单持有人和其他债权人，是质量最高的资本成分。二级资本质量不如一级资本，但可增强公司的资本实力，往往不具有满足一级资本的某些特性。

保险公司的MCCSR比率目标是150%。当低于这一目标时，OSFI可能会要求公司提供更详尽的财务报告。若MCCSR比率低于120%，OSFI便有权要求公司缩小规模或停止承保新业务。

始于20世纪80年代的金融动荡刚平息后不久，加拿大精算师协会就意识到这样一个相对静态的管理模式对于寿险业的风险管理来说是不充分的，因此，提出了相应的更新要求。1990年，他们率先提出了动态偿付能力测试的概念，并建议OSFI要求所辖保险机构强制执行。OSFI接受了这一建议，在1992年的《保险公司法》中要求各保险公司以动态偿付能力测试结果为基础编制保险公司的财务前景报告。1998年，动态测试要求被进一步的完善和统一。CIA正式提出了动态资本金充足性测试要求取代原先的动态偿付能力测试。新测试规定自1999年1月起实施。CIA在1999年6月发布了动态资本充足性测试的操作手册，同时涵盖寿险和非寿险公司。测试中，保险公司需在多个情景下测试未来的财务情况。测试区间建议为5年。测试情景包括基本情景和多个不利情景。

精算师根据死亡率、疾病率、费用、利率等的最优估计假设设立基本情景，测试未来五年公司的财务状况，包括MCCSR比率。预测模型始于公司在测试年度元月一日的资产和负债，过程还需包括公司未来的新业务发展规划。如果精算师认为使用的新业务发展规划不合实际，新保保费收入目标很可能无法实现，则基本情景预测应在披露前提下适当修正。

不利情景在精算师审阅了公司所面临的所有风险后决定，用以描述可能对公司财务带来的最不利影响的风险。公司将使用与基本情景中一样的精算模型，测试公司在不利情景下未来的资产、负债及其他财务指标。不利情景须至少包括10种，如表10－6所示。

表10－6　　加拿大资本充足性测试：不利情景

情景	情景描述
1	死亡率恶化
2	疾病率恶化
3	持续率（或退保率）恶化
4	资产、负债现金流不匹配
5	资产减值
6	相比公司的新业务规划，递增、平稳或递减的新业务销售情况
7	费用支出情况恶化
8	分保对象偿付能力不足或其他情况导致分保合约终止
9	监管或其他政策风险
10	表外风险

此外，对于其他可预料的及可能恶化公司财务状况的不利情景，精算师也必须加测，以量化公司相应风险的大小。

不利情景间可能的组合也必须列入公司的考虑范围。精算师还需要考虑不利情景产生的连锁反应。比如，利率环境突然上升时，保单持有人可能作出的反应及公司管理层的对策等。

若测试区间内保险公司在基本情景下能满足最低资本金要求，并在所有测试情景下都可以履行其责任，则其财务状况是令人满意的。公司未能通过某一不利情景测试时，精算师必须主动寻求公司在该情景下的应对策略，以通过模型测试，来保证公司有适当的方法管理这一潜在风险。很多加拿大公司内部会使用更高的测试标准。他们要求 MCCSR 比率在任何测试情景下都高于 OSFI 的最低要求。

所有动态资本充足性测试的结果和报告都是非公开的，只供监管部门和公司的管理层使用。动态资本充足性测试报告一式三份，分别呈交 OSFI、公司董事会及公司管理层。OSFI 要求公司精算师与董事会审计委员会之间至少每年有一次会议，讨论动态资本充足性测试的结果。OSFI 也通过对公司递交的动态资本充足性测试报告来分析辖内保险公司所面临的风险。例如，他们曾基于分析结果，就扣取固定死亡保费的万能产品面临的退保风险表达过一定的担忧。

10.2.3 澳大利亚

澳大利亚是唯一一个处于南半球的主要金融市场。其保险行业，不论从总保费收入还是保险深度和保险密度等角度来看，都处于世界之前列。相比美国市场，澳大利亚保险市场集中度非常之高。前四大保险集团控制着主要的市场份额①。澳大利亚保险监管体系年轻但成熟。保险公司和监管者没有历史包袱，可以很快地把最新的风险控制理念转换成应用，实施最先进的管理技术手段，更好地适应现代金融业的需要。澳大利亚的早期保险法规有《1945 年人寿保险法》、《1973 年保险法》②、《1984 年保险合同法》等。20 世纪 90 年代，政府对某些法规作出了重大的调整和完善，在 1995 年出台了新《人寿保险法》，把澳大利亚保险市场的监管水平提高到了一个新的层次。1998 年 7 月 1 日澳大利亚财政部成立了澳大利亚审慎监管局（Australian Prudential Regulation Authority，APRA），统一监管银行、财产保险、再保险公司、人寿保险、互助会和养老基金③，为其制定规则，力求做到安全、效率、竞争、中立等各目标的平衡和统一。

APRA 对寿险公司的监管主要根据《1995 年人寿保险法》进行。由政府任命的精算专业人士组成寿险精算标准委员会（Life Insurance Actuarial Standards Board，LIASB）在该法案规定下制定具有法律约束力的保险精算标准，包括负债厘定和资本金要求等。在资本要求上，LIASB 要求寿险公司采取双重标准。偿付能力标准旨在保证偿付能力的充沛，而资本充足性标准则在持续运营前提下保证公司财务的可靠性。2002 年 3 月澳大利亚颁布了偿付能力标准和资本充足性标准的计算方法。

同美国和加拿大一样，现金流模型在澳大利亚保险公司的监管及评估

---

① 前四大保险集团包括：IAG、Suncorp - Promina、QBE、Allianz 集团。

② 主要适用于一般保险。

③ 与加拿大类似，澳大利亚并没有专门的保险监管机构。

体系中广泛使用。不管是偿付能力标准还是资本充足性标准，都从基本情景测试开始。基本情景测试中，负债以澳大利亚著名的服务边际法评估，而资产以市场价值为基础评估。然后，通过不利情景测试来量化影响公司资产和负债评估的各种风险。资产充足性要求和偿付能力要求计算中所需考虑的风险是一样的，如表 10－7 所示。

表 10－7　　澳大利亚偿付能力和资本充足性要求考虑的风险

	负　债
1	均值的错误估计
2	假设均值的不利变化
3	围绕均值向不利方向的统计波动
4	假设统计分布意料外之变化
	资　产
1	不利的市场变动
2	资产清算变卖风险
3	关联企业资产重复计算风险
4	资产集中度风险
5	违约风险
6	流动性风险
7	精算师认为的其他对公司有特殊影响的综合性资产风险

在情景测试中，资本充足性要求评估所使用的假设一般比偿付能力要求评估所使用的假设更为保守，所以，资本充足性要求往往比偿付能力要求更高。

评估模型及过程都有相应的规范指引。以资本充足性要求计算为例，评估过程涵盖资本充足性负债、其他负债、不利情景造成的由于公司资产负债不匹配而产生的弹性准备金、非认可资产准备金以及新业务准备金评估，分八个步骤完成：

第一步：评估资本充足性负债（Capital Adequacy Liability，CAL）。首先计算每一张有效保单的资本充足性负债，然后根据产品分类加总。计算一般通过“未来法”来实现，与评估最优估计负债（Best Estimate Liability，BEL）的方法类似，只是改为使用资本充足性要求相应的假设并考虑当前和未来的红利给付。

第二步：评估当前的解约价值。计算每一张有效保单当前的解约价值，并根据产品分类加总。解约价值是在保单持有人自愿解约时公司需支付的金额，所以精算师必须充分考虑保单持有人的期望。当前的解约费用不得低于依据偿付能力标准计算的最低解约价值。

第三步：决定最低当前解约价值，为第一步及第二步结果中之大者。

第四步：加上包括法定公司基金中属于债权人的其他负债。但不包括公司发行的次级债。

第五步：在上步结果之上，计入弹性准备金。弹性准备金是针对资本市场中可能出现的不利于公司的变动而提取的一块额外负债。有时也被称作匹配性准备金（Mismatch Reserve）或现金流量测试增提准备金。弹性准备金可通过现金流测试模型计算。公司首先需要确定法定基金中的许可资产。然后基于这些资产，通过模型确定原先评估结果基础上需新增的数额，以使公司可在所测试的不利情景中，仍满足其所有的保单负债及其他负债。不利情景需涵盖的与资本市场相关的假设至少有 16 个。

第六步：加上非认可资产准备金，等于

（一）为持有的应被谨慎监管的子公司或关联公司股份而提取的准备金；

（二）公司资产集中度风险准备金之和。

第七步：比较偿付能力要求计算结果与上步计算结果，并取大。

第八步：加入新业务准备金，即保险公司为未来新保业务而在法定基金中增提的数额。增提部分必须在综合考虑现有业务资本金和新利润的前提下使公司未来三年的偿付能力预测结果满足因新业务发展假设而带来的更高要求。

偿付能力要求评估包括偿付能力负债、其他负债、封闭基金操作费用准备金、不利情景造成的由于公司资产负债不匹配而产生的弹性准备金，以及非认可资产准备金。计算过程与资本金充足性评估类似，只是假设不同。

保险公司的偿付能力要求评估结果必须在财务年报中向公众披露，而资本充足性评估结果不需公开，只需包括在精算师每年向公司的管理委员会和 APRA 提交的《财务状况报告》中。APRA 通过报告中的描述的资本金状况，借助概率及影响评级的预警系统（Probability And Impact Rating System，PAIRS）来评定公司风险。PAIRS 会发现公司的风险并预测该风险的影响，并给出公司的评级。然后，APRA 将依照管理型监督和反馈系统（Supervisory Oversight And Response System，SOARS）决定监管行为。

法定基金高于资本充足性要求的保险公司，被认为有能力保持持续稳定的经营，只需接受正常的持续的审慎性审查。当保险公司的法定基金低于资本充足性要求但高于偿付能力要求时，公司虽有偿付能力，但运营失败的风险升高。APRA 会向保险公司发出早期预警，可能提高审慎监察级别，监视公司的运作，甚至采取一系列限制性措施。当公司的法定基金低于偿付能力要求时，表明其资产已不足以满足到期债务，公司缺乏偿付能力。APRA 有权采取更严厉的措施，包括接管公司的法定基金，甚至勒令公司重组或停业。

公司的内部要求大都比两个法定要求更高。保险公司通常会在法定资本要求之上增持目标盈余。由于是内部要求，目标盈余没有标准的计算方法，每家公司根据自身的资本管理方式决定，因人而异。例如，可在2000个随机产生的未来股票投资回报率情景下重新计算法定资本要求，并将目标盈余设定在98%置信度下可满足法定资本要求的水平。虽然目标盈余不属于法定要求的一部分，但APRA最近向市场透露，称希望每家公司在其《财务状况报告》中包含有关目标盈余的讨论。

10.2.4 新加坡

新加坡在1965年独立后，很快成为了亚太地区金融业最发达的地区。其保险业也一直处于高速发展的阶段。特别是在20世纪70和80年代，新加坡寿险业实收保费更以每年20%的复合率增长。飞速的发展凸显了监管的重要。为满足金融混业经营的要求，新加坡金融管理局（Monetary Authority of Singapore，MAS）对银行、保险和证券业实行统一的管理，主要的负责机构是金融监管司，下属六个职能部门。其中和保险公司直接相关的是保险署。保险署认为，保险公司监管中最重要的一点，就是偿付能力。保险署的监管行为主要在《2004年保险（资本和估值）法规》、《2004年保险（会计和报告）法规》、《新加坡金融管理局319号通知：寿险保单负债的评估》以及2004年10月《关于新加坡寿险基金风险暴露的委任精算师操作手册草案》的指导下进行。

在现行的监管体制下，新加坡寿险公司的资本金必须同时满足新加坡基金偿付能力要求（Fund Solvency Requirement，FSR）和资本充足性要求。公司分类评估其寿险业务，产品被分成非分红产品、分红产品和投资连结性产品，区别对待。在进行评估时，公司需要考虑不同产品管理过程中遇到的各种风险。对于非分红业务而言，主要风险包括精算师使用的死亡、疾病、退保、分销费用、管理费用等最优估计假设与实际经验间的偏差。精算师通过在更保守的假设下重新计算负债来量化这些风险暴露。值得注意的是，计算时所使用的折现率没有对应的风险因子，评估始终采用久期相近国债的收益率来折现。投连业务风险因子与非分红业务大同小异。而对于分红业务而言，其风险可进一步归结至保证给付部分和非保证给付部分。保证给付部分的风险用与非分红业务类似的方法加以考虑。非保证给付部分的风险包括公司的资产无法支持未来的保户红利派发等。为评估该风险，精算师首先使用预计的未来分红业务账户的收益率来折现所有保证给付及非保证给付对应的负债，然后和原先保证给付部分的计算结果取大。此外，资产方面主要考虑了固定收益投资的违约风险和地产及股权投资的波动性风险，增提风险准备金用以承担95%置信度下固定收益投资的违约损失[①]和地产及股权的投资减值损失。资产的集中度风险、外币汇率风险、交易对手风险和信用风险也需要通过特定的风险准备金来体现。

为满足上述资本评估要求，保险公司必须保证其公司财力（Financial Resources，FR）超过新加坡总风险资本要求（Total Risk Requirement，TRR）。除分红业务账户外，公司的财力定义为账户中资产超过所支持负债的余额。对分红业务账户来说，财力由两个部分构成：盈余账户结存和非保证型给付准备。总风险资本要求的计算和 RBC 大体相似，首先分类评估，然后汇总。C1 类风险资本为保险风险而设，所有寿险公司使用现金流测试的方法，通过对死亡率、疾病率、费用率、退保率等不利假设情景的测试确定。C2 类风险资本为资产组合而设，涵盖债券、股权、外汇及资产负债匹配度等风险。C3 类风险资本考虑了资产种类和交易对手的集中度风险，公司的总风险资本即 C1、C2 和 C3 类风险资本之和。

每年，各公司的评估结果和偿付能力状况会于精算师报告中呈交监管机构。MAS 审阅所有的报告后，将报告中数据与往年的结果相比较。预警系统根据报告内容分析出各种财务指标以及可能的财务状况恶化。新加坡《保险法案（Insurance Act Cap 142）》赋予监管部门广泛的管理权力，包括勒令补充资本金、出售现有业务，甚至接管并清算。如果公司的报告显示其财务指标有恶化趋势，MAS 会要求其在指定时间内采取必要的改善措施。若公司未响应该要求，MAS 可暂停其承保新业务的权利。每份精算师报告的摘要将被公开，而完整的报告是保密的。

10.2.5　英国

这一章，我们从美国开始，介绍了部分世界主要保险市场的偿付能力监管体系，自东到西，最后一站将停留在英国。老牌资本主义国家和国际性金融中心的地位为英国保险业的发展提供了得天独厚的优势。英国的现代保险业始于 16 世纪。目前，英国是欧洲最大的保险市场，也是世界第三大保险市场。作为现代保险制度的发源地，英国保险不仅历史悠久，而且机制健全完善。早在 1870 年，英国就颁布了《人寿保险公司法》。1982 年，英国更新了 1909 版《保险公司法》。随着金融业的现代化，2000 年 6 月英国皇室批准通过了《2000 年金融服务及市场法案》。金融服务局（Financial Services Authority，FSA）[②] 便是根据该法案成立，基于风险控制的监

① 根据它们的信用评级来决定。

② 根据英国 1982 年《保险公司法》，英国贸易与工业部负责对普通保险公司和人寿保险公司进行监督管理。英国 1986 年《金融法》又将贸易与工业部对保险公司的某些监管权交给英国证券与投资委员会。1998 年前，英国政府的贸工大臣享有对保险业实行全面监督和管理的权力，具体监管机构为贸工部下属的保险局。但后来，英国金融监管格局发生了大变动。在《2000 年金融服务及市场法案》后，新成立的英国金融服务监管局成为集银行、证券、保险三大监管职能的综合监管机构。

管原则，对英国的银行业、证券业和保险业等进行统一监管。

FSA 对保险业的管理以偿付能力额度监管为核心，为保险公司提出了四个层次的资本要求，通常从低到高依次为：最低资本金要求（Minimum Capital Requirement，MCR）、强化资本金要求（Enhanced Capital Requirement，ECR）、自我资本评估（Individual Capital Assessment，ICA）以及资本要求指引（Individual Capital Guideline，ICG）。

英国偿付能力额度监管要求如图 10－2 所示。

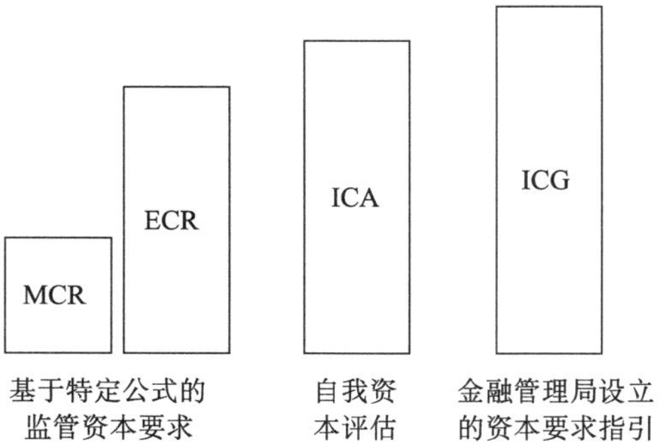

图 10－2　英国偿付能力额度监管要求

最低资本金要求借鉴了 20 世纪 70 年代制定的欧洲偿付能力一号要求的简单公式。寿险公司的最低偿付能力等于长期保险资本要求（Long Term Insurance Capital Requirement，LTICR）和弹性资本要求（Resilience Capital Requirement，RCR）之和。长期保险资本要求包括：公司承担投资风险的产品的数学准备金之 3%，再保合约可最多抵扣 85%；公司承担费用风险的产品的数学准备金之 1%，再保合约可最多抵扣 85%；公司不承担费用风险的产品的净管理费用之 25%；所有产品在险资本之 0.3%，再保合约可最多抵扣 50%；以及终身健康险所产生长期保险资本要求，计算方法与非寿险同。此外，通过增持弹性资本，公司资产在各压力测试情景下都可以满足负债的要求。

近代金融业之大发展推动了保险的创新，也为保险公司的风险管理带来了前所未有的挑战。欧洲很快意识到了偿付能力一号要求的简单公式并不能胜任量化保险公司风险之职。大家普遍认为一号要求的标准太低了。因此，很多欧洲的监管者，包括 FSA，都非正式地希望保险公司持有至少两倍于最低偿付能力的要求，某些承保业务的要求甚至更高。即便如此，也未能完全克服偿付能力一号规定的各种缺陷。2000 年 12 月，英国公平人寿保险①的保证利率养老金险产品出现了问题，以至停止承保新业务，给市

① 世界上成立时间最早的相互人寿保险组织。

场带来了强烈的冲击。随后出现的独立保险公司危机进一步伤害了保险市场。为了积极挽救这种局面，FSA 在 2001 年 11 月开始改革保险监管体制，引入了更为审慎的监管方式。

FSA 于 2003 年 8 月底推出了以强化资本要求为基础的新寿险业偿付能力监管体系。强化资本要求由最低资本要求和分红保险资本（With Profit Insurance Capital Component，WIPCC）组成。只有拥有超过 5 亿英镑分红保单负债的公司才需要计算分红保险资本，所以其余公司的强化资本要求就等于他们的最低资本要求。分红保险资本计算采用"英国双峰估值法（Twin Peaks）"。其中的"双峰"分别指的是"监管峰值（Regulatory Peak）"和"真实峰值（Realistic Peak）"。"监管峰值"代表了对公司在合同中保证给付部分产生的负债的谨慎评估。它由数学准备金、弹性资本要求和长期保险资本需求组成。数学准备金中包含了预防未来不利经验变动的隐性边际。弹性资本要求与长期保险资本要求和最低资本要求下的计算方法一致。"真实峰值"中不仅包括了对保险合同中保证给付部分的预期负债的评估，还包括了对红利等非保证给付部分的公允评估。此外，"真实峰值"中还包括显性的风险边际，以预防未来实际市场及经济环境与预计不符的风险。分红保险资本即"真实峰值"和"监管峰值"之差，不得小于 0。

强化资本要求是公司进行自我资本评估和 FSA 资本要求指引评估的起点。所有公司都需进行自我资本评估。公司根据其业务的实质、规模、复杂性及风险考察风险资本，需要考虑保险风险、市场风险、信用风险、运营风险、流动性风险和集中风险。其中运营风险、流动性风险和集团风险不包含在强化资本要求的考虑范围内，所以，自我资本评估结果往往比强化资本要求更高。对于这些风险，公司应进行敏感性测试和压力测试以确定其所需资本强度。由于所有极端情况一起发生的概率微乎其微，所以在确定总资本要求时，若将针对各种风险的压力测试结果相加，会过于保守。如果公司有涵盖多个风险因子的联合统计分布，则蒙特卡罗法可用来计算总资本需求。如果没有可靠的联合统计分布，则应简化模型。比如，对于基本不相关的风险因子所产生的资本需求，可采用平方根法则汇总；而对于高度相关的风险因子产生的资本需求，则可直接相加，最终得到公司的总资本需求。此外，FSA 对公司的资本整合、风险管理和治理结构也有着相关的要求。

公司完成自我资本评估后，将结果与强化资本要求作比较，并就比较结果发表看法。这是 FSA 了解公司风险特性的主要途径之一。FSA 还将实地走访各公司，以收集公司风险管理架构的信息。这些信息会协助 FSA 颁布他们对某一公司的资本要求指引。资本要求指引依据在 99.5% 的置信度下公司成功经营一年所需的财力而制定①。若FSA认为公司存在于其自我资本评估中未得到充分合理反应的风险，便有权要求公司执行比其自我资本评估水平更高的资本要求指引。资本要求指引一般通过强化资本要求的特定倍数来表示，在金融管理局下一次审核该公司资本情况前持续有效。

公司的最低资本要求和强化资本要求评估的结果是公开的，但自我资本评估结果和资本要求评估结果指引是保密的。FSA法规中要求未达到最低资本要求的公司立刻通知金融管理局并提交一份重筑合理资本状况的计划。若公司未满足资本要求指引，也必须通知FSA，公司须进行解释并提供资本状况改进计划。若公司认为环境之改变使得FSA颁布的资本要求指引不再适合公司现状，也须提出充分解释。FSA对违反资本要求指引的公司采取的措施多种多样，但本着同错同罚的原则。若公司不接受金融服务局的资本要求指引，在FSA与其达成进一步协议之前，会考虑强制公司执行。

10.2.6 欧盟偿付能力二号要求（Solvency II）

除英国之外，在欧洲大陆的邻居们也意识到了欧洲偿付能力一号规定中的缺陷。为了适应现代金融业的监管要求，偿付能力二号应运而生。欧盟委员会和理事会于2000年颁布了金融服务行动计划（Financial Services Action Plan），旨在建立对整个金融服务行业的谨慎监管体系，并在此基础上加速欧洲金融市场的一体化建设。按这一计划的要求，欧盟委员会下属保险委员会拟定了欧洲偿付能力二号工程（Solvency Ⅱ Project），来建立一套适应保险市场现实需要和发展趋势的全新偿付能力监管体系。委员会极力避免其过分复杂，以便统一成员国的保险监管规范，提高欧洲保险市场的运行效率。偿付能力二号着眼于风险的管理，并借鉴了“巴塞尔协议”的“三支柱”框架，移植其中适用于保险业的概念和方式，来搭建偿付能力监管的新体系。

第一根支柱为定量风险评估，包含了资产负债评估、精算准备金、自由资金、资本要求及投资规则等。第一支柱以国际财务报告准则所定义的公允价值为原则，资本要求包括最低资本要求（Minimum Capital Requirement，MCR）和偿付能力资本要求（Solvency Capital Requirement，SCR）。最低资本金要求保证了在必要时及时的管制干预；偿付能力资本要求则须足以应对200年一遇事件带来的损失，即统计上置信度在99.5%的一年风险敞口。欧洲大部分国家现行的偿付能力体系经过技术上的调整、完善和

① 若根据公司的经营实际延长评估区间则可相应降低置信度，比如在97.5%的置信度下成功经营五年需要的财力。

统一后都可并入到第一支柱中。

第二支柱为定性风险管理，包括审慎的监管评价、公司内部治理及可靠的风险管理等，以弥补第一支柱中仅考虑定量因素而产生的资本要求的片面性。监管审查程序（Supervisory Review Process，SRP）是第二支柱的关键。审查遍及企业运作的各个方面，监管机构将全面评估保险公司风险管理和内控的效果和力度。合格的保险公司应建立起一套与风险特征相一致的内部模型，并时刻关注模型和参数的有效性，强调尾部风险对模型选择和校验的影响。在内部模型基础上，设立风险及偿付能力评估程序，衡量公司的总体偿付能力。若监管机构发现公司内部模型存在缺陷或风险管理系统不健全，则有权敦促保险企业采取包括追加资本在内的预防性措施予加以纠正。

第三支柱强调了信息披露要求，包括监管报告和公众披露等，旨在为保险公司带来市场力量的监督和管理。保险公司必须在年报中简明扼要地披露包括最低资本要求和偿付能力资本要求在内的偿付能力及财务状况。保险公司向监管机构递交的报告应涵盖可能影响监管机构决策的任何信息。通过第三支柱下充分透明的信息披露，包括保户、投资者、合作伙伴在内的所有市场参与者都有能力评估保险公司的业务发展、财务状况、管理水平和内控制体系等。市场同时鼓励第三方咨询机构对保险公司的财务和风险状况进行独立的评估，作为相关各方决策之依据及参考。

欧洲偿付能力二号要求如图10－3所示。

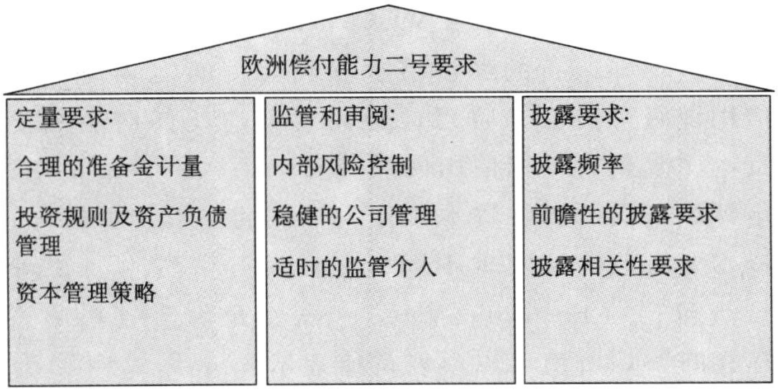

图10－3　欧洲偿付能力二号要求

偿付能力二号要求在欧洲各国尚处于讨论和实施开展阶段，还有很多理论和操作层面的问题亟待解决。风险整合、资本的激励相容、适合于保险公司业务和风险的公允价值度量、预警系统的建立、中小保险公司利益的考量等问题就是其中几例。这些问题的解决不仅有助于一个高效、统一、审慎、公平的保险监管体系在欧洲市场的成功实施，更为包括我国在内的正在摸索保险市场合理的法制化发展道路的各新兴市场国家提供了宝贵的经验。

§10.3 经济资本简介

10.3.1 经济资本的定义及框架

我们在此节之前介绍的资本要求都和监管要求相关，我们可称之为监管性资本要求。和监管性资本要求不同，保险公司的经济资本（Economic Capital，EC）是指公司内部为了实现某些战略目标而希望持有的资本水平，用以对抗公司在实现该战略目标过程中可能会遇到的风险。很多时候，经济资本也被称作内部资本。顾名思义，公司无义务向外界透露该资本目标的具体内容。当公司未能达到经济资本目标时，也无需通知监管者。虽然公司会希望能尽快恢复到满意的目标资本水平，但不需要通过立刻注资来实现。经济资本是成熟保险公司资本管理的重要组成部分。

早期的经济资本概念和商业银行的信用评级方式密切相关，是统计理论和金融技术的一次有意义的结合。经济资本的引入使信用评级不再只停留在定性分析阶段，特定的评级可以被转化成为一定的破产概率。这为投资者的决策提供了更可靠的依据。如果评级对象希望维持一定的信用评级，公司需要在其最优估计负债之上提存足够的资本金，使得其在未来特定时间跨度内出现偿付能力问题的概率小于特定预设值。例如，维持 AA 的信用评级，需要的资本金必须足以在 99.96% 的概率下保证公司未来一年的偿付能力。这部分资本即银行的经济资本。当公司的实际资本无法达到这一目标时，其信用评级可能会被降低，但只要不违反任何法规要求，公司不必立刻增提资本回复到其目标信用评级。对于未打算申请信用评级的公司，也可以用特定评级所需的经济资本额作为自己的资本管理目标。

和法定资本要求或会计资本不同，在计算经济资本时，所有的资产和负债须用其经济价值（Economic Value）或公允价值（Fair Value）评估。当市场价值存在时，该价值可以市场价值表示。

随着世界范围内金融一体化的进程以及保险行业内部的发展，经济资本这个银行业风险和资本管理的理念很快被保险公司借鉴。虽然保险公司中申请获取信用评级的比例远小于银行业，但这并不妨碍保险公司把这种量化风险的先进资本管理方式移植到自身运营中来。对于已有信用评级或有意获得信用评级的那部分保险公司，经济资本可采用银行业类似的定义，即为保持一定的信用评级水平而要求保险公司所持有的资本。但对于剩余大部分公司，却还尚未统一业内公认的经济资本的定义。美国精算师协会（Society of Actuaries，SoA）在 2002 年关于经济资本进行了调研。77 家受访公司对经济资本的定义可以归为三个大类。部分公司定义经济资本为特定时间跨度内和风险承受度下，公司保持特定偿付能力标准所需的盈余。另一些公司抛开偿付能力标准，仅从资产和负债的公允价值出发，定义经济资本为特定时间跨度和风险承受度下，保险公司为满足未来所有的给付义务所持有资产之市值须超过负债公允价值的部分。还有一些公司通过现金流和损益表来定义经济资本。他们把经济资本定义为特定时间跨度和风险承受度下，保险公司为应对未来所有的现金流出、资产减值和负债升高等财务影响所需持有的盈余额度。

可以看到，所有定义中都包含了条件“特定风险承受度”。在现行保险公司的经济资本框架下，涵盖的风险被主要分成四类。第一类是保险风险。指保险公司为产品定价和厘定准备金时可能对未来的风险估计不足，致使保费或准备金无法有效覆盖未来各种索赔给付发生的频率或程度，从而使公司遭受财务损失的风险。保险风险又可具体细分为死亡风险、疾病风险、退保风险和长寿风险[①]等。第二类是市场风险。资产价格的持续变化、利率环境波动或汇率浮动都可能导致公司的财务损失。有些市场异动的影响是直接的，比如公司持有的股票缩水。另一些的影响是间接的。若保险公司资产和负债的不匹配，则利率环境的变化将转化成它们价值差额的变化，进而变成账面上的盈亏。由于保险公司拥有大量的固定收益头寸，资产负债的匹配性风险成为市场风险的重要组成部分之一。第三类是信用风险。若市场认为债务方或交易对手违约的可能性变大，该金融工具的市场价格将受打击，从而给投资者带来损失。信用风险主要包括违约风险和降级风险。最后一类是运营风险，包括公司由于有效内部流程的缺失或实施不当、系统不健全、人员工作疏漏、玩忽职守等原因引起的财务损失的风险。某些外部原因造成的风险，如商业欺诈、骗保、电脑系统崩溃等也属此类。除上述四类外，若有其他风险和公司未来的经营成败紧密相关，也应在经济资本的评估过程中充分的考虑。

经济资本风险框架如图 10 -4 所示。

在承受度上，部分保险公司和银行业的定义也会稍有不同。银行通常使用风险敞口的做法，即取损失分布的特定分位点。保险公司除采用风险敞口的做法外，有些还进一步的采用了条件尾部期望（Conditional Tail Expectation，CTE）的概念，表示若公司出现偿付能力问题时预计的损失大小。VaR 和 CTE 的计算都需要引入随机模型的技巧。

较之银行业，由于保险公司风险的复杂度和随机技术发展的相对滞后，随机模型技术对于绝大部分保险机构来说仍未成熟。因此很多保险公司在

---

① 主要针对年金型产品。

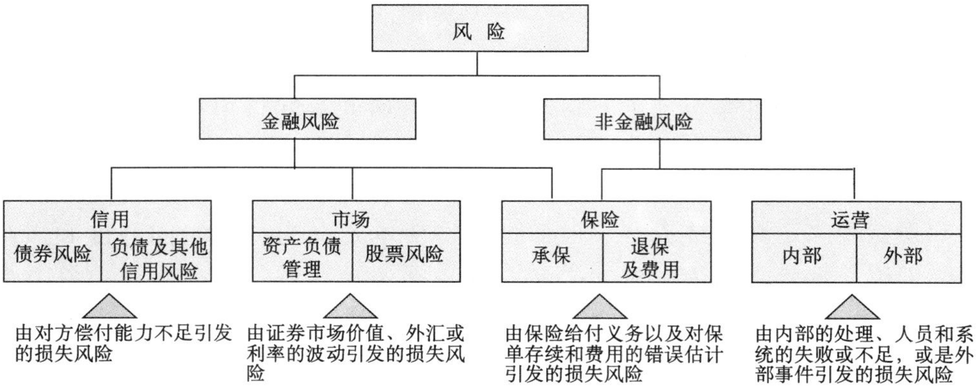

图 10－4 经济资本风险框架

定义特定风险承受度时采用了近似。从统计角度来看，VaR 和 CTE 都是为了衡量小概率的极端事件给公司带来的财务危机。在近似方法下，保险公司通过直接定义这些小概率事件，来对公司未来的财务状况进行压力测试。经济资本目标则为压力测试下公司为保持持续经营所需的资本的大小。举例来说，若公司的经济资本目标是在 99.5% 的概率下保持一年财务稳健，则公司精算师可根据历史数据分析和对未来的专业判断定义各种两百年一遇的灾难性情况，并在这些情景下利用模型对公司财务进行评估，以得到公司度过灾难所需持有的资本金额，作为经济资本目标的近似。不同风险事件的联合作用也需要考虑在情景设置中。

在确定经济资本目标时，公司有权自主选择最符合自身业务特性的风险因子进行评估。在评估过程中，保险业界只有一些原则性共识，给予了保险公司在实施上充分的自由。这和很多法定资本要求或信用评级机构的资本要求不同，使得经济资本更能反映公司的具体风险。通过把不利影响量化，公司成功地将这些不同质的风险比较、整合，合并成统一的资本需求。于是公司的资本消耗便与在日常运营的业务实质建立起了直接的联系，使公司的资本运用和管理更为高效。所以，较之于现行主流的偿付能力要求，经济资本是更广泛、更全面、更有利于保险公司风险管理的资本要求。同样起源于巴塞尔二号协议，欧盟偿付能力二号要求与经济资本也具有极大的相似性。可以预见，在不远的将来，经济资本将成为全球各地保险监管机构进行偿付能力监管的一个主要发展方向。

10.3.2 经济资本的主要计算方法

经济资本的计算原则必须服从于其定义。本节中，我们将沿用商业银行对经济资本原始定位，充分结合保险公司实际，来讨论经济资本的计算问题。假定保险公司的经济资本目标为使其保单负债达到某一较高的信用评级水平（如AA级）所需要的最小的经济盈余（Economic Surplus）。也就是说，若保险公司的实际经济盈余大于其经济资本目标，则在模型评估区间内，出现财务问题以致保单负债无法按合同清偿的概率将小于该信用评级对应的破产概率。

计算从评估日公司资产和负债的公允价值出发。它们在未来的价值也需以公允价值计量。公司的经济盈余即其资产和负债的公允价值之差。任何金融工具的公允价值都是客观存在的，不受具体会计制度或其他偿付能力要求的影响。在一个完全高效的市场上，公允价值可由金融工具的市场价值表示。计算依赖于一个关于保险公司未来财务状况的预测模型。模型应考虑所有可能会影响公司履行保单合同能力及财务状况的风险。对于风险引起的任何不确定性，精算师必须给出科学而审慎的假设估计。这些估计应建立在对公司、行业及市场的准确和客观认识基础上，并且如实反映精算师的专业判断及公司管理层关于市场变化的应对决策。经济资本的确定和分配也必须依据风险进行，反映风险特性和暴露大小。

抛开公司计算机的软硬件环境限制及精算技术团队的能力限制不谈，一个完全随机的模型被认为是实现上述目标的最理想解决方案。1993年VaR概念的诞生是随机模型应用于经济资本计算的理论基础。VaR是损失分布上的特定分位点。JP摩根公司将该概念首次成功用以市场风险的衡量，在直观上反映了为使公司累计损失大于某限额的概率小于特定水平所需的资本量。随着统计技术和金融市场的进一步融合，一些保险公司在VaR之外还引用了CTE的概念。它反映了当公司累计损失超过该限额时，预期损失的大小。在同样的置信水平之下，CTE比VaR更为保守。

在完全随机模型中，所有可显著影响公司未来财务状况的风险因子（如利率、股指价格、地产市值等）的取值由经济情景发生器（Economic Scenario Generator，ESG）提供。ESG大都由一些专业的提供商研发。一套经济情景包含很多组具体的情景。每个情景代表了一种这些风险因子未来可能出现的情况。模型将这些风险因子相互联系，并引入了合理的互动，最终计算出在这组经济情景下预测的公司财务状况。重复该流程直至模型遍历整套经济情景。然后将预测的公司未来损失的现值从大到小排序。根据置信水平要求选取出最大的那些损失现值。它们中的最小值即公司损失的VaR，均值即CTE。在计算结果中减去公司的损失现值期望，便可得到公司的经济资本目标。

表10－8为随机模型下99.5%置信水平下的经济资本。

表 10－8

500 个经济情景下实际资本的公允价值，降序排列如下：

1	6 707.40	39	4 910.54	77	4 305.89	115	3 970.82	153	3 615.24
2	6 585.90	40	4 851.08	78	4 288.06	116	3 897.30	154	3 609.23
3	6 515.15	41	4 781.18	79	4 287.87	117	3 894.10	155	3 608.44
4	6 405.65	42	4 764.15	80	4 282.44	118	3 891.92	156	3 558.35
5	6 073.95	43	4 756.00	81	4 275.25	119	3 891.71	157	3 557.23
6	6 058.09	44	4 752.27	82	4 271.46	120	3 873.22	158	3 546.43
7	6 044.34	45	4 736.40	83	4 271.22	121	3 867.84	159	3 545.53
8	5 983.76	46	4 714.45	84	4 242.53	122	3 860.18	160	3 527.71
9	5 923.86	47	4 689.81	85	4 209.53	123	3 856.62	161	3 515.28
10	5 905.26	48	4 687.11	86	4 195.33	124	3 855.23	162	3 508.85
11	5 903.12	49	4 683.46	87	4 191.38	125	3 852.67	163	3 499.97
12	5 847.54	50	4 678.41	88	4 187.86	126	3 849.23	164	3 487.05
13	5 832.91	51	4 673.20	89	4 186.26	127	3 840.10	165	3 478.91
14	5 821.62	52	4 670.54	90	4 175.31	128	3 833.77	166	3 472.92
15	5 816.98	53	4 619.74	91	4 171.36	129	3 825.32	167	3 456.72
16	5 727.05	54	4 584.00	92	4 169.96	130	3 810.84	168	3 444.77
17	5 719.91	55	4 580.37	93	4 156.33	131	3 805.89	169	3 420.99
18	5 621.70	56	4 555.37	94	4 144.44	132	3 802.30	170	3 417.04
19	5 602.98	57	4 543.64	95	4 141.34	133	3 792.73	171	3 415.77
20	5 470.45	58	4 535.81	96	4 139.28	134	3 778.61	172	3 402.70
21	5 421.74	59	4 534.98	97	4 127.49	135	3 761.22	173	3 396.11
22	5 393.13	60	4 512.01	98	4 101.63	136	3 758.01	174	3 394.12
23	5 387.51	61	4 507.17	99	4 101.61	137	3 756.87	175	3 371.37
24	5 350.99	62	4 495.51	100	4 092.2	138	3 742.89	176	3 370.86
25	5 306.68	63	4 475.37	101	4 077.53	139	3 738.01	177	3 353.50
26	5 295.09	64	4 468.50	102	4 076.33	140	3 722.42	178	3 350.05
27	5 287.31	65	4 430.73	103	4 074.41	141	3 712.26	179	3 339.62
28	5 261.12	66	4 428.08	104	4 034.07	142	3 706.41	180	3 332.08
29	5 228.88	67	4 416.91	105	4 031.11	143	3 672.48	181	3 330.42
30	5 179.04	68	4 411.86	106	4 020.80	144	3 664.13	182	3 320.01
31	5 126.42	69	4 396.26	107	4 007.39	145	3 662.89	183	3 314.99
32	5 113.43	70	4 383.44	108	4 004.11	146	3 658.81	184	3 306.04
33	5 097.12	71	4 373.85	109	3 992.39	147	3 657.89	185	3 294.10
34	5 090.76	72	4 360.92	110	3 991.44	148	3 656.56	186	3 279.90
35	5 077.33	73	4 344.67	111	3 988.79	149	3 653.54	187	3 279.48
36	5 061.50	74	4 325.36	112	3 985.23	150	3 635.90	188	3 273.44
37	4 997.70	75	4 324.96	113	3 984.17	151	3 621.21	189	3 267.36
38	4 973.73	76	4 315.67	114	3 975.95	152	3 618.57	190	3 231.73

续表

191	3 192.20	230	2 893.70	269	2 601.93	308	2 355.67	347	1 971.24
192	3 187.87	231	2 876.19	270	2 576.76	309	2 346.09	348	1 970.07
193	3 178.60	232	2 848.50	271	2 569.11	310	2 340.10	349	1 956.96
194	3 172.58	233	2 848.01	272	2 557.68	311	2 326.27	350	1 944.31
195	3 160.05	234	2 837.52	273	2 556.56	312	2 323.14	351	1 929.82
196	3 155.02	235	2 830.69	274	2 550.78	313	2 320.87	352	1 927.94
197	3 144.60	236	2 827.71	275	2 544.80	314	2 284.66	353	1 927.89
198	3 135.81	237	2 821.98	276	2 541.28	315	2 273.79	354	1 912.34
199	3 117.84	238	2 806.29	277	2 540.78	316	2 267.21	355	1 885.23
200	3 112.80	239	2 795.20	278	2 539.71	317	2 251.56	356	1 880.46
201	3 110.14	240	2 792.28	279	2 535.76	318	2 246.02	357	1 877.87
202	3 101.34	241	2 786.40	280	2 532.34	319	2 226.60	358	1 876.56
203	3 095.32	242	2 785.37	281	2 529.97	320	2 199.48	359	1 858.04
204	3 069.80	243	2 781.14	282	2 525.75	321	2 192.85	360	1 850.48
205	3 061.54	244	2 777.49	283	2 522.23	322	2 190.26	361	1 833.97
206	3 061.14	245	2 767.06	284	2 493.70	323	2 178.97	362	1 832.43
207	3 036.70	246	2 758.14	285	2 484.87	324	2 165.25	363	1 831.98
208	3 036.67	247	2 754.73	286	2 477.92	325	2 160.82	364	1 829.34
209	3 027.25	248	2 748.60	287	2 471.73	326	2 158.98	365	1 821.74
210	3 017.62	249	2 736.77	288	2 460.22	327	2 133.04	366	1 817.51
211	3 017.53	250	2 736.52	289	2 452.58	328	2 129.67	367	1 805.32
212	3 003.75	251	2 734.40	290	2 437.90	329	2 124.91	368	1 798.72
213	2 995.31	252	2 732.07	291	2 425.65	330	2 115.52	369	1 745.91
214	2 992.05	253	2 715.88	292	2 425.29	331	2 093.88	370	1 742.26
215	2 984.13	254	2 714.09	293	2 420.99	332	2 085.75	371	1 739.41
216	2 968.09	255	2 713.52	294	2 418.64	333	2 081.82	372	1 737.86
217	2 958.42	256	2 711.44	295	2 413.80	334	2 076.89	373	1 734.09
218	2 937.37	257	2 705.16	296	2 412.88	335	2 074.14	374	1 727.30
219	2 934.87	258	2 704.89	297	2 405.14	336	2 067.56	375	1 724.82
220	2 930.79	259	2 695.75	298	2 402.69	337	2 066.22	376	1 614.82
221	2 930.08	260	2 689.61	299	2 397.59	338	2 066.10	377	1 612.38
222	2 926.91	261	2 679.15	300	2 394.84	339	2 060.69	378	1 606.35
223	2 922.45	262	2 654.83	301	2 392.50	340	2 047.95	379	1 604.00
224	2 918.42	263	2 651.96	302	2 387.30	341	2 042.47	380	1 591.57
225	2 914.11	264	2 633.94	303	2 386.48	342	2 037.93	381	1 577.94
226	2 912.10	265	2 631.33	304	2 385.99	343	2 029.02	382	1 567.75
227	2 905.67	266	2 618.82	305	2 383.06	344	2 015.73	383	1 563.30
228	2 898.11	267	2 617.72	306	2 376.84	345	1 997.61	384	1 509.66
229	2 897.19	268	2 607.77	307	2 356.50	346	1 995.41	385	1 469.47

续表

386	1 460.94	409	1 304.08	432	1 035.45	455	736.11	478	67.38
387	1 456.82	410	1 293.81	433	1 019.94	456	706.12	479	65.60
388	1 448.41	411	1 286.11	434	1 013.25	457	651.03	480	(2.76)
389	1 444.13	412	1 285.11	435	1 005.15	458	647.85	481	(5.60)
390	1 439.13	413	1 284.43	436	995.39	459	643.94	482	(18.38)
391	1 420.92	414	1 273.07	437	987.65	460	635.88	483	(21.18)
392	1 419.54	415	1 235.93	438	981.37	461	635.00	484	(76.43)
393	1 418.19	416	1 226.39	439	980.09	462	608.93	485	(101.24)
394	1 404.90	417	1 197.19	440	975.97	463	576.75	486	(216.94)
395	1 394.86	418	1 190.59	441	958.37	464	512.12	487	(256.89)
396	1 392.55	419	1 167.04	442	947.73	465	458.48	488	(280.67)
397	1 389.79	420	1 154.85	443	937.79	466	455.16	489	(357.26)
398	1 386.81	421	1 152.28	444	906.58	467	413.33	490	(475.94)
399	1 372.00	422	1 129.25	445	905.73	468	283.20	491	(545.70)
400	1 369.51	423	1 123.43	446	895.18	469	270.51	492	(566.96)
401	1 340.06	424	1 112.59	447	895.13	470	252.59	493	(574.61)
402	1 335.25	425	1 091.60	448	841.09	471	242.40	494	(574.68)
403	1 330.33	426	1 090.38	449	839.81	472	220.10	495	(631.28)
404	1 322.63	427	1 080.91	450	839.12	473	218.90	496	(918.98)
405	1 320.39	428	1 071.82	451	813.49	474	202.86	497	(1 121.42)
406	1 318.88	429	1 069.11	452	775.65	475	182.78	498	(1 259.60)
407	1 317.70	430	1 045.83	453	768.89	476	175.23	499	(1 490.71)
408	1 304.81	431	1 042.64	454	751.11	477	141.42	500	(1 498.94)

其分布如图 10－5 所示。

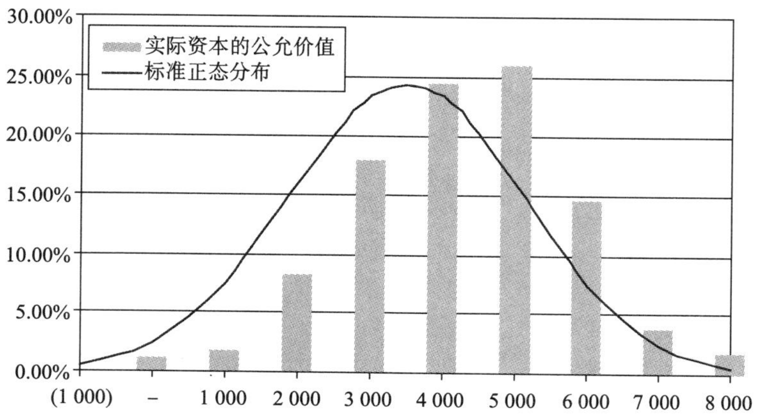

图 10－5

99.5%的实际资本的公允价值为上表中第 497.5 顺位之值，可通过第 497 顺位及 498 顺位插值产生。

$$VAR_{99.5\%} = \frac{-1\ 121.42 + (-1\ 259.60)}{2}$$
$$= -1\ 190.51$$

则所需的经济资本为 1 190.51。

考虑到购买 ESG 的成本，有些保险公司采用了内部简化处理，将对未来风险因子的模拟结合到精算模型之中。对于每个模型涵盖的风险因子，公司假定其不确定的未来取值服从统计分布。在模型中，通过一个服从该分布的随机数来代表这一风险因子。每次运算时，模型首先产生随机数的样本值，然后基于样本值预测公司未来的财务情况。这样的计算方法被称作随机变量法。

考虑风险因子间的相关性，在确定公司总经济资本时，进一步可以分成两种方法。第一种是对每个风险因子进行单独的评估。每次预测过程中只有一个随机数产生样本，其余风险因子对应的变量取最优估计值。计算出所有单个风险因子对应的风险资本数额。后将所有这些风险资本额汇总。在汇总时考虑各风险因子之间的风险分散或互抵关系。第二种方法直接假设了各风险因子间的相关性。通过确定它们的联合概率分布，每次生成一组互相关联的样本值来进行财务预测。

虽然随机变量法省去了公司购买 ESG 的费用，但是使公司暴露于更大的模型风险之下。保险公司采用该方法时，必须保证其内部拥有一个技术力量足以和专业服务商媲美的模型团队，有能力准确地校验每个风险因子的统计分布模型及它们之间的相关性。即使这样，保险公司也很难保证其内部开发的随机经济情景得到市场、投资者或分析师的认可。

在公司尚无条件建制和维护完善的随机模型时，在降低精度要求的前提下，可采用非随机方式近似。其中最常用的一种就是压力测试法。该方法在上一节中已作描述。若公司的经济资本目标设定在99.5%的置信水平，精算师可以通过一系列 200 年一遇的极端事件对公司财务进行压力测试，以算出使公司在这些极端环境中维持经营所需的资本量，作为经济资本。该方法有两个内在缺陷：一是决定极端事件时的主观性；二是涵盖的极端风险事件的完整性。采用该方法时完全依赖于精算师的经验和专业知识，故现大都只供演示使用。

风险因子法是另一常用的非随机方法。和美国的 RBC 计算的公式类似，保险公司首先分类风险，然后为各类风险找到相应的暴露载体，如准备金、保费、风险保额等。针对每类风险，保险公司评估相应的风险资本率，使得风险资本率乘以暴露载体后所得到的风险资本与单独评估该风险时得到的经济资本目标足够接近。最后，将各类风险资本额汇总，并考虑风险之间的相关性，得到近似经济资本目标。

频繁评估经济资本目标的保险公司往往使用风险因子方法作为随机模型的必要补充。由于运行随机模型对软硬件资源的占用都非常之高，时间较长，保险公司可选择只在年底进行。公司得到随机模型的结果后，便可校验风险因子法公式，得到相应的风险资本率。在以后的一年内评估经济资本目标时，则采用该组风险资本率作为风险因子法的参数。该方法所面临的最大风险来源于年内经济环境的巨大改变，比如急剧的升息或降息等。在软硬件条件允许的前提下，公司可以通过提高风险资本率的校验频率来降低该风险。也可以设立适当的应急模型更新机制，当极端市场状况出现时，重新校验参数。

相比上述两种方法外，其他的非随机经济资本模型不甚普遍。统计法是过去使用的最为广泛的一种非随机方法。保险公司基于历史样本数据，结合精算师的专业判断，通过曲线拟合，正态化测试区间内公司的累计损失分布，并求出其均值及方差。然后，基于正态分布表将破产概率转换为单边的偏移距离，作为经济资本目标的近似。和随机变量法一样，公司亦可首先计算每类风险的资本目标，然后根据相关性假设汇总；或者可假设多个风险的联合损失分布，直接推导出经济资本目标。若可以进一步假设公司资产和负债的公允价值在测试区间服从指数正态分布，则资本要求可以直接通过公式求得。分红险中红利部分可被认为是一个看涨期权。公司在资不抵债时可以申请破产保护，这是股东的看跌期权。所以公司的总头寸组合为资产、负债、一个看涨期权空头和一个看跌期权多头。在假设投资回报符合正态分布时该投资组合的价值可以轻而易举通过 Black Scholes 公式算出。而经济资本目标也可以通过调整头寸组合的行权价格后通过同样的公式得到。所以，调整行权价格后的公司看跌期权多头也被称作公司的偿付能力卖权。

统计法下经济资本的近似。公司通过相关模型模拟结果及近似假设，认为其实际资本的市场公允价值的期望为 3 000 万元。在各种可能情形下，公允价值将以 1 775 万元为标准差围绕其期望呈正态分布。标准正态分布表如表 10 –9 所示。

表 10 –9　　标准正态分布表

$N(x)$	0	1	2	3	4	5	6	7	8	9
99.90	3.09023	3.12139	3.15591	3.19465	3.23888	3.29053	3.35279	3.43161	3.54008	3.71902
99.80	2.87816	2.89430	2.91124	2.92905	2.94784	2.96774	2.98888	3.01145	3.03567	3.06181
99.70	2.74778	2.75888	2.77033	2.78215	2.79438	2.80703	2.82016	2.83379	2.84796	2.86274
99.60	2.65207	2.66061	2.66934	2.67829	2.68745	2.69684	2.70648	2.71638	2.72655	2.73701

续表

$N(x)$	0	1	2	3	4	5	6	7	8	9
99.50	2.57583	2.58281	2.58991	2.59715	2.60453	2.61205	2.61973	2.62756	2.63555	2.64372
99.40	2.51214	2.51807	2.52408	2.53019	2.53640	2.54270	2.54910	2.55562	2.56224	2.56897
99.30	2.45726	2.46243	2.46766	2.47296	2.47833	2.48377	2.48929	2.49488	2.50055	2.50631
99.20	2.40892	2.41350	2.41814	2.42283	2.42758	2.43238	2.43724	2.44215	2.44713	2.45216
99.10	2.36562	2.36975	2.37393	2.37814	2.38240	2.38671	2.39106	2.39545	2.39989	2.40438
99.00	2.32635	2.33012	2.33392	2.33775	2.34162	2.34553	2.34947	2.35345	2.35747	2.36152

则 99.50% 置信水平下，公司的实际资本的公允价值将大于 $-1\ 572.10$（$=3\ 000-2.57\ 583\times1\ 775$）万元

所以，公司在该统计置信水平下的经济资本需求近似为 1 572.10 万元。

10.3.3 经济资本在保险公司应用

随着保险公司风险管理理论和实践的不断发展以及计算机软硬件水平的提高，原先被认为极其繁复的经济资本评估正越来越紧密的融入保险公司的日常运营和战略管理中去。对于成熟的大型国际性保险公司而言，经济资本目标几乎影响着公司发展的方方面面。但总体而言，其应用可分四类：风险管理、资本管理、公司管理以及与监管者或信用评级机构的沟通。

经济资本目标为各种非同质风险提供了一个一致的评估和管理平台。通过定义风险为相应极端事件给公司财务造成损失，经济资本使原先风险背后的统计学概念有了统一的财务内涵。公司将财务上各种风险的暴露额、可能损失程度以及损失承受能力目标集中于同一个数量化的指标，即经济资本目标。不光可以为全公司计算，也可以分产品单独计算，甚至只针对某一经营措施的结果进行计算，以决定是否采取这一措施。基于这个指标，保险公司各业务线、各部门以及各经营措施给公司带来的风险和回报一目了然。公司可以进一步规定各单元所能消耗的经济资本的上限，作为其风险限额，以量化风控过程和成果。虽然各单元面临的风险本质上各不相同，但经济资本将它们置于同一指标下管理。经济资本消耗上限摒弃了公司各单元的发展平均化，既鼓励公司去吸收更好的风险、赚取更安全的利润，又有效地避免了管理不公之嫌。

特别是在平衡负债管理和资产管理时，由于它们风险的本质不同，公司往往很难作出一个公允的决定以最大化公司回报。负债主要面临非系统性风险而资产风险为系统性风险。仅从负债面角度考虑，最理想的情况是资产完全匹配于负债。但是，这目标并不实际，且金融工程理论告诉我们现有业务产生的超额投资收益大都来源于资产和负债不匹配的部分。资产负债的匹配性要求越高，投资灵活度和可能产生的超额投资收益就越低，但负债越

安全。通过设置投资部门所能消耗的针对利率风险的经济资本上限可以有效地平衡这个选择。这个上限决定了公司所能承受的最大的匹配性风险。在此风险限制下，投资部门可以自由地优化投资组合以赚取更高的回报。

由于保险公司的资本数量不得小于法定资本要求，若其经济资本目标小于法定要求，则说明其资本使用尚不充分，内部风险额度未被完全有效的利用。公司应考虑吸收更多的风险，以提高总体利润水平，直至经济资本目标等于或略微超过法定要求。这样，公司的风控方法、限制及成效才能通过其资本额度充分反映。

既然经济资本框架下，风险同时决定了利润和资本额，那保险公司将风险转换为利润的效率便可通过其资本获得的回报率来反映。可以以公司的经济资本为分母计算风险调整后的资本回报率（Risk Adjust Return on Capital，RAROC）。公司可以基于此回报率来设定未来的经营目标，以保证利润和风险的兼顾。同样，保险公司也可以计算各单元的 RAROC。这一指标同时包含了该单元线为公司带来的利润及风险增加额，因而被认为是更公平有效的业绩衡量标准。部门或业务的发展速度和投入资本密切相关。通过这个统一指标的比较，公司可以更好地制定未来发展的策略，合理分配有限的资本资源，使资本流动到最合适的地方去，避免了发展的平均化。

这一管理理念也可以结合到公司的新产品定价及利润测试中去。新产品所占用的经济资本也可类似由其风险来决定。这部分资本占用产生的成本必须作为定价因素的一部分，来计算该产品的利润率是否可以满足公司的目标。要是答案是肯定的，那么公司就值得去投资资本推广这一新产品。

保险公司的并购计划也可进行相同的评估。若并购后基于新经济资本的 RAROC 高于公司原来的回报率，则该并购交易给公司带来的回报与其带来的风险相比是值得的，交易增加了资本的盈利能力。反之，若并购后的 RAROC 低于公司原先的回报率，则从资本层面上来看该交易是不值得的，侵蚀了原有的资本盈利能力。

股东的风险和回报最终来自于管理层的决定和操作层面的执行力。绩效评估可以解释 RAROC 的来源。公司对各单元的绩效评估也需考虑风险和回报。这是经济资本融入公司管理的一个重要方式。很多欧洲的保险公司通过计算其内含价值（Embedded Value，EV）的变动来评估过去一年各盈利单元的表现。越来越多的美国公司也逐渐认可了这一方法。在内含价值中，有一项成本便来源于资本占用。但随着公司对风险和回报的认识愈发深入，他们慢慢开始使用经济资本代替法定资本作为载体来计算这项成本。如今，许多大型欧洲公司进一步发展和计算了市场一致性内含价值（Market Consistent Embedded Value，MCEV）。该内含价值单独反映了公司所承受的市场风险，使之更接近于公司的经济价值。计算逻辑本质上与经济资本概念一致，所以在计算中使用经济资本来反映资本成本更为恰当。但是当这两者在一个模型中计算时，不可避免的遇到了嵌套随机模型（Nested Stochastic Model，或 Stochastic on Stochastic）的问题。好在近年来计算机技术的飞速发展已帮助很多大型保险集团解决了这一难题。

【例 10－17】 经济资本与市场一致性内含价值（MCEV）整合模型实例[①]（见图10－6）。

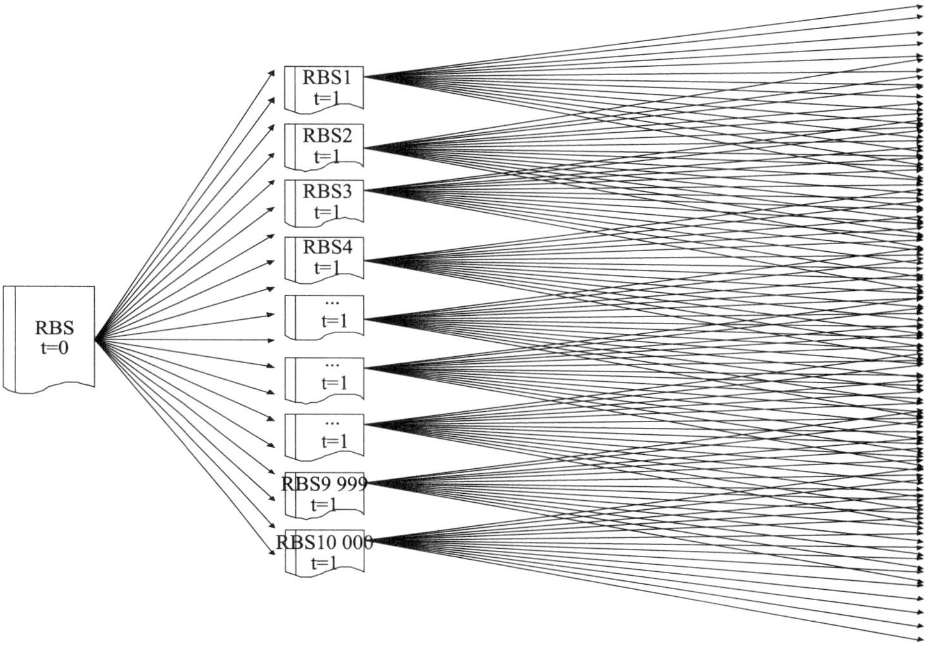

图 10－6

绩效评定之后就是对于优秀单元和员工的奖励。从理论上说，用基于经济资本的 RAROC 作为奖励依据是最全面合理的。但是由于其内在的复杂性以及向非专业人员解释时的困难度，如今尚只有极少数的公司采用该方法，故不赘述。

经济资本除却在风险管理、公司管理、资本管理和日常营运管理中的作用外，还担负着与其他专业人士沟通的重责。公司通常可使用经济资本目标向监管部门解释其风控操作的合理性。更多的保险公司利用其经济资本评估过程来与信用评级机构交流。由于信用评级模型和经济资本模型本质上的一致性，这样的解释往往更能受到评级机构的欢迎，有助于评级机

① 图中，RBS 指公司在现实世界中与市场相一致的资产负债表。通过经济情景产生器，公司首先模拟出在经济资本评估周期内的实际经济情景路径。然后以每条实际经济情景末端为新的起点，模拟出未来在风险中性的市场一致性条件下的经济情景路径。这些风险中性的与市场一致的经济情景路径将被用以计算公司的与市场一致的内涵价值，进而其负债的公允价值。由于嵌套随机模拟所带来的模型复杂性可见一斑。

构了解公司风险的实质及其管理手段和效果，协助公司得到更好的评级。

10.3.4 保险公司在现有经济资本框架下面临的主要挑战

虽然经济资本概念在金融行业存在已久，但是对于保险而言，仍是一个处于发展中的技术。商业银行多年的实施和应用经验使经济资本的理论框架更为成熟和完善。但是，由于保险公司本身风险的复杂性，这些理论框架在保险公司的具体实施遇到了不少的挑战。缺乏统一的定义就是其中的一个难题。

很多金融控股集团下的保险公司或者有银行参股的保险公司往往会采用和银行一样的定义。但定义要求资产和负债都以公允价值计价。这在负债面给保险公司带来了不少问题。由于保险负债无流通市场，其公允价值很难确定。有些公司使用在最优估计下未来负债现金流的现值来表示。当其资产的市值小于该现值时，即被认为出现了技术上的偿付能力问题，虽然其实际账面也许仍表现出财务稳定。这种计算方式被称作技术破产法（Probability of Ruin），本质上和 VaR 类似。若在此模型下取 CTE 作为经济资本，则该方法被称作技术破产成本法（Economic Cost of Ruin，ECOR）。

也有些保险公司使用随机情景下税后法定利润的现值来表示，则经济资本可以定义为税后法定利润现值期望与其分布特定分位点之间的距离。分位点的选取决定于公司的目标破产概率。然而，不同公司对税后法定利润的理解又出现了分歧。选择大致可以分为三类。有些公司使用未分配利润。但是很多公司在计算经济资本时并不假设任何利润会在资本账户中累积，所以他们选择了释放利润。这样计算出的经济资本假定每年所有的可分配利润都将回馈给股东。由于失去了未分配利润账户的平滑作用，该方法得出的利润现值分布更为分散，随机过程收敛较慢。也有公司选择预期利润。这种定义假定了一个与经济情景无关的利润分配金额，与现实脱节很大。很多情况下，仅被作为释放利润法的一个近似来使用。

不同的经济资本定义和计算方法使得公司结果间的比较失去了意义，让投资者和分析师在决定时无所适从。此外，在业界讨论一致性方法时，各公司往往各执己见，这也阻碍了保险行业推进经济资本研究及实施的进度。很多研发能力欠缺的中小型公司只能长久观望。

保险公司风险的复杂性所带来的计算瓶颈是他们面临的另一个问题。和银行相比，保险公司负债的合同种类更多，包含的保证给付内容或选择权结构可能更为庞杂，很难通过定义几个同质的子数据库（Homogenous Data Pool）①来

① 通常为所有数据的一个子集，包含的合同被认为风险特征一致，所以整个子数据库可以用同一个模型点来代替，以简化模型。

简化模型。即便采用了数据编组（Data Grouping）或者分层抽样（Stratified Sampling）等技术，一个精算模型所需涵盖的数据模型点也往往有几万到几百万之多。在一台计算机上运算要几天甚至几个星期才能得到最终收敛的结果。这样的速度是公司无法接受的。一些风控完善的银行需要在一天之中完成两个评估周期，以逐日关注市场变化，在机会闪现或市场突然恶化时迅速地作出反应。保险公司若也以此作为最终目标，必须提高运算效率。有能力的保险集团通过在全球建立若干个包含上百台电脑和服务器的计算机群利用网格运算来缩短计算时间。这需要保险公司网络系统及所使用的精算软件支持分布式计算，其实施和维护成本是极其昂贵的。这些成本成为阻碍经济资本模型在全球保险公司中普遍实施的一个重要的原因。

此外，经济资本充分考虑了公司在业务和地域间的风险分散。但风险分散带来的资本效率的提高很难在各单元或子分公司间分摊。这仍是世界范围内热烈讨论的一个话题，至今尚无结论。

虽然有上述种种困难，但欧洲偿付能力二号要求已在保险公司偿付能力立法方面为经济资本的普及和统一作出了一次重大的尝试。欧盟立法机关的认可和大力推动必定会带来经济资本评估在保险公司风险控制体系中的突破性发展。我国保险监督管理委员会于 2010 年 11 月初印发的《人身保险公司全面风险管理实施指引》中，也明确要求：“经济资本方法应成为公司内部使用的核心风险计量工具。公司应运用经济资本方法计量公司所承受的风险，并持续改进计量方法，积极探索先进的风险计量实践，不断提高风险计量的科学性和准确性。”及“对于近期设立风险管理委员会、建立风险管理信息系统和运用经济资本方法确有困难的公司，应最晚在 2013 年 10 月 1 日前设立风险管理委员会，建立风险管理信息系统，并从 2014 年开始在提交的年度全面风险管理报告中运用经济资本方法计量公司所承受的风险。”两大保险市场监管部门的这些发展经验必将令上述问题的解决指日可待。

§10.4　保险公司内部资本及偿付能力管理

10.4.1　寿险公司内部资本管理和配置简介

保险公司的运作处处需要资本。除却保证现有业务的偿付能力，保险公司和其他企业一样，不管在产品研发、销售、管理，还是长短期投资上，都需要资金支持，需要公司对他们的经营活动提供资本。一般情况下，资本流入越多，则该单元发展越快。对于集团公司来说，不光集团部门自身有资本需求，各子分公司都希望可以得到集团更多的资本投入以加快其发展速度。

资本是一种昂贵而稀缺的资源。公司各方面的资本需求之间难免产生矛盾。其资本管理和配置直接决定了公司的偿付能力、市场生存能力和业务扩张能力。现有业务不同产品线之间的资本分配需要保险公司平衡决断，新业务发展和有效业务稳定之间，也需要公司作出选择。一个正在成长的公司希望把更多的资本投入到新产品开发及市场宣传中去。市场占有迅速提升，保单数量和保费收入不断刷新纪录，这些都是令管理层欣喜的事情。但是新保业务的快速增长很快就会给年轻的公司带来偿付能力压力。若用以支持有效业务的缓冲资本不够，公司便会陷入偿付能力困境。之前努力树立的快速发展的市场形象即会被蒙上阴影。所以，保险公司的内部资本管理对其发展有着至关重要的作用。

资本分配和管理中最重要的环节就是制定资本预算。保险公司考虑所有可以使用的资本，设立希望通过资本运用实现的经营战略，然后制定相应资本分配方案，并定期评估资本使用效果。对于普通企业，比如制造业公司，该过程往往比较直接。公司首先投资购买生产要素，然后生产并销售产品。需要资金量可根据生产要素价格确定。现金流先出后进，易于计算出风险和投资回报率。对于保险公司而言，情况会复杂得多。公司收到保费确认保单有效后，计提准备金。公司自有资金也同时参与到业务中去，满足法定偿付能力和公司的资本要求。公司利用总资本进行投资，赚取回报。公司的投资决策发生在业务产生之后。业务的数量和质量及投资风险决定了偿付能力资本的大小。在保险事件发生时，公司按照合约条款赔付。投资项目的成败直接影响到公司是否有足够的资金满足合同规定的给付要求。保险业务现金流入流出的顺序倒置，业务规模很难事前确定，所以公司资本的投资量也更难控制。

保险公司在法定偿付能力之上可根据战略自行决定内部偿付能力要求，也可以在不同发展阶段采用不同的偿付能力目标。所以，在最低要求之上，保险公司有决定资本参与度和参与时间的自由度。在做资本预算时，保险公司应把握这种自由度来管理资本分配和使用中的不确定性。在审慎的原则下均衡各种资本需求，使公司业务安全稳健的发展。

保险公司的自由度主要可以总结为三个问题：发展什么样的业务，为业务持有多少资本，以及如何管理所有的资本。在商讨现有业务发展及新产品时，保险公司根据市场需求决定提供什么样的风险保障，及为吸收这些风险收取多少保费并从中计提多少准备金。在准备金之上，公司根据法定要求及内部目标决定资本支持，一起构成支持承保业务的总资本。保险公司全面考虑资产选择、组合及避险工具的使用，以决定如何管理这些总资本。流动性要求、信用评级要求及资本盈利要求都应包含在考虑范围之内。这些都会影响公司的偿付能力额度和要求及未来的业务发展方向。这三个问题是相互关联的。

10.4.2　公司内部资本和偿付能力管理方式

保险公司的内部资本和偿付能力管理关系到所有保户和投资者的利益。保险公司应在偿付能力评估的基础上，借助于各种风险管理手段，努力提高资本的盈利能力。在进行资本预算和管理时，公司应时时秉承审慎原则，综合考虑各种因素，统筹规划，适时评估修正，使资本使用全面服务于公司业务发展速度和业务安全等战略目标。

偿付能力是公司内部资本管理中的首要考虑因素和基本要求。公司的认可资本额度必须始终大于法定偿付能力要求，否则将面临各种监管性惩罚。很多保险公司还有自己的内部偿付能力目标，这是其资本管理体系成熟的一个重要标志。如果说准备金是为预计未来给付所准备的资金储备，则偿付能力资本便是用以抵御各种不确定性风险的屏障。当风险事件聚集产生大量超预期理赔需求影响准备金之充足性时，公司的偿付能力资本就受到了考验，股东资本投资的安全性也随之降低。

内部偿付能力资本目标评估没有统一的标准，公司可使用监管性资本、风险资本（Risk Capital，RC）或经济资本作为其基础。内部技术尚不成熟的公司，大都采取监管性资本要求的特定倍数作为内部资本目标。该倍数高于法定要求，以反映公司的谨慎管理程度。该方法不要求额外的精算模型，省却了一大笔人员和技术投入，但只能作为公司管理战略的粗略近似，在具体风控过程中发挥的作用有限。资本成本，常基于资本回报率计算，与具体风险脱节较大。风险资本可看作一个保护其资产价值的一个卖权（Put Option）。行权价格等于公司的负债价值。一些较保守的公司也会将行权价格提升至负债价值加上法定偿付能力要求。公司亦可使用风险资本作为内部资本和偿付能力管理目标。但在计算时，保险公司假设了该卖权的存在性，与现实不符。一些公司于是在理论卖权价值上增加部分资本要求以反映现实和理论的不同。采用经济资本模型作为内部资本管理和偿付能力目标的公司，常引用 VaR 的概念。具体方法差别迥异，但都于经济资本一节中详述，故不重提。

不管公司以何种偿付能力资本模型作为基础，都必须切实反应公司自身的风险特性以及管理思路。必须考虑所有风险，并根据不同时期、不同市场、不同经济环境的特点，有所侧重。不能闭门造车，要兼顾其他市场参与者对于风险的看法和认识，并把这些看法和认识结合公司自身特点转化为量化的指标，评估资本需求。根据评估结果决定资本配置及优化方案，协助风控部门全面的管理公司风险，提高资本的使用效率和安全性。

风险控制和资本管理相辅相成。偿付能力二号要求更是把风险管理和资本需求的关系直接列入了保险立法的考虑范围。风险管理在与内部资本结合之后，从原来的稍显空洞的统计理论变为了和股东和管理层利益密切相关的公司运作手段，目的明确，操作性得以加强。风控措施也从原来的高高在上，慢慢落实和深入到了各部门的具体工作实际中去。不管是精算、投资，还是资产负债管理部门，在运作时都需要考虑风控的需求，一同维护公司和保户的利益。

精算部是负债管理的主力。其新业务开发定价和现有业务评估的职能都直接决定了保险公司负债的内容和充足性。在决定新产品保费时，精算人员应考虑新产品对公司整体风险的影响：是否引入了新的风险，是否分散了原有风险？然后将这些风险特性转换为资本需求，把使用成本反映到保费中去。在管理现有业务时，精算部门应首先保证公司准备金的充足性，建立起良好的准备金管理机制和科学的管理流程。在必要时应对准备金进行补充。包括我国在内的很多国家要求当公司的毛保费准备金大于整体准备金时必须增提。毛保费准备金通常在最优估计假设下进行，对公司假设设立的准确性提出了较高的要求。

投资部是公司资本增值的有力保证。资本增值不仅是投资者的要求，也是满足负债偿付能力的必要条件之一。投资部门应制定合理的投资目标、策略和方针，并以此作为资金运用的指导。必须对公司的风险承受范围作出明确的定义。投资目标必须以承受之风险为基础进行调整。应定期对投资结果进行评估。评估过程中不光要有回报率的计算，更要根据投资方针中的信用水平、流动性、资产配置上限等要求综合评定风险。要避免逐项资产的孤立评判，应充分考虑各资产间的相关性，在投资组合的基础上作出全面判断。评估结果应量化，以结合具体责任人员的业绩考核，避免投资人员一味地追求高回报而忽略了风险控制，损害保户和股东的利益。

资产负债匹配性管理部门是公司负债和资产之间的纽带。匹配的资产和负债价值在市场变化时将同向运动且变动金额互抵，不殃及资本。所以，资产和负债的匹配程度越高，市场波动给资本盈余造成的影响就越小，公司出现偿付能力问题的可能性就越低，所需的偿付能力资本就越少，资本成本也就可以更大程度的优化。所以资产负债匹配性管理是保险公司内部资本管理的重中之重。

20 世纪 80 年代利率环境的剧烈波动给很多保险公司带来了财务压力，也催生了一系列资产负债匹配管理理论在保险公司的应用。现金流匹配和久期匹配就是其中两例。21 世纪伊始的互联网泡沫恰逢美国变额年金市场的大发展。2002 年泡沫破裂给这些投资型合约带来了致命的打击。痛定思痛，也带来了资产负债匹配管理技术的又一次飞跃。很多金融工程领域的概念，比如动态避险策略等，被纷纷引入到保险公司的风险管理中来。我国的保险市场发展较晚，但也经历过由于资产和负债独立管理而带来的问题。现在仍令很多保险公司头痛的高利率保单便是一个例子。

如今，保险公司在进行资产负债匹配性管理时，使用技术的选择范围已十分广泛。但公司必须充分考虑其具体情况，避免理论脱离实际。在制定投资计划时，必须考虑对应负债业务的结构特点、周期、久期、回报和流动性等要求。投资部门和精算部门必须积极沟通，通力合作，努力消除由于两部门独立运作、沟通不畅造成的摩擦性资本浪费。

此外，公司还必须建立完善的资本使用及补充机制。在宏观层面，通过资本约束来引导合适的发展战略和整体经营规划。在微观层面，注重产品间风险的分散。对于严重恶化公司风险特征、大量消耗公司资本的产品要坚决地改善甚至停售，决不能由于其暂时的巨大保费收入而听之任之。公司应建立包括战略投资伙伴、资本募集渠道、债券发行等一系列应急融资计划。在面临突如其来的财务危机时，可使用这些计划帮助公司渡过难关。公司应定期和计划伙伴沟通，确保这些计划在公司陷入困境时仍具有效性。

综上所述，偿付能力和盈利能力是资本管理的两个目标，而风险管理正是协调和实现这两个目标的有效手段。在进行内部资本和偿付能力管理时，必须在确保了偿付能力和流动性要求之后，将资本引导至最有利于股东长期利益的地方，引导至盈利能力强的地方。对于高速发展的中小型保险公司来说，管理层要把经营目标从追求市场占有率和保费增长率逐步转换到资本安全盈利上来，从对销售业绩负责变为对保户负责、对股东负责。

10.4.3 通过发行次级债进行的偿付能力补充

随着金融市场的发展，保险公司进行资本补充的方法也日趋多样。除引入新股东或向现有股东募集以外，如今，保险公司还可以通过发行次级债的方式来强化其偿付能力。在我国，自 2004 年起，保险公司便可在经批准后定向发行期限在 5 年以上（含 5 年），本金和利息的清偿顺序列于保单责任和其他负债之后，但列于公司股权资本之前的特殊公司债券，即次级债。

次级债，顾名思义，具有债券融资的普遍特征。第一是其期限性。与其他债券类似，次级债的发行方需要在一定的时限内还本付息。第二是回报特征。次级债本金和利息支付方式在发行时确定，即对于投资方而言，属于固定收益型投资。但其与其他普通债券的最大不同之处，就在于其次级性。保险公司只有在确认偿还次级债本息后的偿付能力充足率不低于 100% 的前提下，才能偿付本息。当保险公司由于偿付能力或其他原因无法按期支付利息或本金时，债权人无权向法院申请对公司进行破产清算。

这种本息偿还的非保证性，使得作为固定收益型融资方式的次级债同时具有股本融资的特征。因此，各国监管部门在对保险公司进行偿付能力评估时，大都按照一定的标准将次级债列为附属资本。这为保险公司快速进行偿付能力补充、调整和优化资本结构提供了极大的灵活和便利。公司所有者在有效地完成了融资行为的同时，既不会像引入新股权投资那样稀释其自身的利益和控制权，也不会像发行其他高级别债券那样带来更为繁重的债务负担。其本息偿付的特点，使保险公司的偿付能力得到极大的改善，从负债和资本面有效地对冲资产面的系统性风险。所以，自其面世之日起，以次级债融资的方式便得到了许多国际大型保险公司的青睐，如瑞士再保险、美国纽约人寿等保险业巨头都发行了大量的次级债。在我国，泰康人寿在2004年11月首次发行了保险公司次级债，规模为13亿元，期限6年。随后，太平人寿、新华人寿、天安保险等也相继发行了金额分别为15亿元、13.5亿元和4.3亿元的次级债①。

而在另一方面，对于投资者而言，次级债为其带来比其他固定收益型投资工具大得多的投资风险，因此，为吸引投资者的目光，次级债在发行时往往会提供比其他债券更为丰厚的回报。而监管部门也对保险公司次级债的发行做出严格的要求，以稳定市场环境，保护投资者。在发行后，发行方还应就债务偿还、提前赎回、延期等事项及时向监管部门报告，并接受监管部门对次级债发行所募集资金的使用监管。

值得注意的是，次级债的发行虽然可为偿付能力出现问题的公司提供短期解决方案，但并未就保险公司内部造成偿付能力不足的问题提供长期有效的解决良方，可谓治标不治本。偿付能力问题不是一个短期问题，其背后的根源很可能在于公司管理和策略上的深层次问题。若公司一味的依赖于通过次级债发行的方式解决偿付能力问题，而不从其实际运营的方向和有效性及合理性等方面入手，只是饮鸩止渴，拖延了问题的爆发，更会隐藏问题的根源，累计问题的影响，最后使公司陷入无法挽回的财务窘境，损害股东和保户的利益，危害金融体系的稳定。

因此，为防范可能由保险公司次级债引发的金融市场风险，我国保险监督管理委员会在2010年12月21日专门发布了《保险公司次级定期债务管理办法（征求意见稿）》（以下简称《征求意见稿》），较之之前的管理条例，该征求意见稿进一步要求保险公司次级债的发行主体：（1）开业时间超过三年；（2）上一年度末的动态偿付能力预测在基本情景下未来一年内偿付能力充足率可能低于100%，及（3）上一年度实现盈利。通过次级债发行募集到的资金，《征求意见稿》还要求其计入附属资本的金额不得超过公司净资产的50%。并且，保险集团（或控股）公司不得募集次级债。

---

① 资料来源：许敏敏、唐清峰："论我国保险公司次级债融资"，《会计之友》，2007年第10期上。

这些规定严格了公司的发行条件，明确了管理和使用流程，进一步完善了我国次级债市场的规范，在加速其改革的同时，巩固了它的稳定。通过其盈利要求，增强了资本市场对于保险公司发行次级债的信心，提升了次级债发行方之形象，从而加快融资速度，降低融资成本，更好地发挥次级债雪中送炭的职能，为急需帮助的公司提供了有力的资金支持，助其早日渡过难关。通过动态偿付能力的要求，限制了发行主体，使其他条款所提供的政策支持和市场便利不至于被滥用，而成为某些公司进行政策、财务或资本套利的工具。前后规定的变革充分体现了我国保险市场治理和政策发展的历程和方向。从最早"一刀切"式的简单的管理方式，逐步演变成为如今有针对性的差异化监管，既有放开、也有控制，既解决了经营个体之短期问题，又不会给市场整体埋下长期隐患。通过监管部门的政策指引和保驾护航，密切了保险公司与投资者的互动和联系，进一步深化了我国资本市场的改革，促进了市场的稳定和繁荣。

10.4.4　我国公司在内部资本管理中的特殊考量

自改革开放以来，我国的保险市场获得了突飞猛进的发展。从原先的市场单一、产品简单、国有独资企业占绝对主导变为了如今服务种类丰富、行业细分明确、各种所有制公司百花齐放的局面。但不可否认的是，和世界成熟市场相比，我国的保险市场在专业技术和监管上仍有很大差距。我国保险市场起步较晚、基础薄弱。虽市场体系已初步形成，但仍不规范。市场主体竞争力有待加强。大部分保险公司依旧无法摆脱保费收入至上的粗放型增长模式，风险控制及资本盈利能力未在企业管理中得到充分的重视。保险监管体制框架已经建成，但内容尚未完全。较之快速发展的保险业和日益复杂的风险防范任务，监管思想、制度及能力还存在着很大不适应。公司有差异的风险控制和内部资本管理体系未在监管层面得到相应的认可。管理层的工作成果无法转变为公司和投资者的利益回报，从而使公司在完善资本运作及风控体制的工作上缺乏内在的动力。

保险公司的内部资本管理是金融理论和实践结合的一项复杂的系统工程。借助信息科学新一轮的技术革命，西方各发达保险市场先后在这方面做出了不同的尝试和努力，取得了不小的成绩。这其中，金融市场背后的学院支持功不可没。只有在理论引导下的实践才是最有效的。相比他们之间合作，我国的保险机构与学术资源之间的联系尚较为松散。大学和其他科研院校中保险精算专业的教育和研究历史较短。虽近年来已取得不小的进步，但在一些与资本管理相关联的领域仍涉足较浅。在中国保险市场不断发展的今天，薄弱的科研支持逐渐变成了实施先进管理技术时的瓶颈。这瓶颈一方面体现为理论的相对落后，与实际需要和客观经济环境的脱节；

另一方面体现为特殊管理人才的匮乏。导致很多保险公司在进行风险控制和内部资本管理时，只能照搬国外公司的技术和经验，在错误中探索与本公司实际情况的结合方式，摸着石头过河，步伐缓慢，成本过高。

为了适应新形势下保险发展的需要，广大教育科研机构应大力加强对保险、风险控制、资本管理等专业领域的投入和引导，深入研究，扩大交流。充分利用中国在世界金融市场中不断提高的地位，吸引国际型保险公司来华分享他们在资本管理方面的技术和成果。从他们的成功中汲取经验，在他们的失败里总结教训。解放思想，立足实际，锐意进取，开拓创新。紧密结合我国特殊的国情和市场需要，将国际先进的理论、技术及经验扎根到我国自身的经济环境和公司架构中去。为保险公司的长远发展提供可靠的技术和人才保障。

保险公司也应根据自身特点和长远发展战略，积极部署计划，调整经营和管理结构。充分利用理论研究领域各种成果，将它们转换成为公司资本健康盈利的源泉和动力。保险公司是经营风险的特殊金融机构，其经营的好坏不仅关系到投资方个体的成败，更关系到广大保户的福祉与期望、关系到金融市场的稳定以及人民群众对我国金融体系的信赖程度。这就要求保险公司通过资本约束和引导切实加强风险管理，坚持防范风险不放松，努力做到内控严密、运营安全。公司的内部资本管理和分配要始终紧扣风险和回报的双重标准，坚决摒弃将资本投入与保费收入挂钩的粗放型增长模式。公司管理层应对自身业务的风险有完整和充分的认识。通过合理的资本运作和管理强化保险公司吸收风险、化解风险、帮助保险消费者度过困境的社会职能。

偿付能力是保险公司履行该社会职能的最有力的保障。由于资本力量的推动，关于偿付能力资本管理的研究和应用正呈现百舸争流、一日千里之势。我国的资本市场和金融体制仍处于探索发展初期，各种软硬件环境及外部市场条件都不成熟。在这样的背景下，一味的引入超前的华而不实的理念，结果反而适得其反。国内保险公司在进行偿付能力管理时，一方面要打开思路，充分吸收国际先进的经验和技术；另一方面更要立足当前，牢牢把握公司自身的特点与不足。这就要求公司的管理者，特别是有高学历背景的技术管理人员，应杜绝急功近利之思想，从实际出发，脚踏实地，一步一个脚印，从公司风险管理和内部资本使用的基本问题抓起，建立适当的资本约束机制，在细节问题上做到标准化、规范化，以夯实公司风险及资本管理基石，避免先进技术成为空中楼阁。同时，管理者也要树立长远眼光，关注国际前沿，重视公司技术积累，积极引导和教育公司股东及其他人员，鼓励他们转变思路，为未来这些先进的偿付能力及资本管理技术在保险公司中的实施和推广做好准备。

在保证偿付能力的前提下，公司应注重资本长期的、持续性的盈利能力。正确处理速度、规模、质量、效益的关系，力求它们的有机统一。保险公司要通过资本约束和偿付能力管理积极调整和优化产品结构，探索管理创新，突出自身发展特色和市场定位。应避免在无资本管理模型时常犯的资本投入跟随市场取向的错误，把资本大量投入到当前最热门的产品领域，与其他公司开展保费竞争，加大公司的风险。应通过资本约束机制引导健康的产品开发及营销机制，着重投资公司有着专业技能和竞争性优势的保险领域，把自身擅长的领域做大做好。应吸收优质风险、规范经营、精细化管理，降低管理和保险成本，提高承保业务的盈利水平及公司的资本回报，从而提高企业的核心竞争力。在保证偿付能力的同时保证资本盈利，做到社会效益和经济利益的相互促进、共同提高。

在保险监管方面，我国要逐步建立并完善以偿付能力、公司治理和市场披露为支柱的健全的现代保险监管框架。不断提高监管的科学性和有效性，加强法规制度建设和市场调控监督。监管者应始终将保险公司的偿付能力标准放在首位，完善各项偿付能力指标及相应的监督措施；调整各业务分类的不同要求，使资本要求与业务风险特性相一致；强化保险公司的资本约束，努力做到所辖公司资本充足；处理好监管与发展的关系，促进保险市场健康稳定的发展。

保险市场的参与者众多，差别迥异，有着不同的目标、专长、职能分工及资本背景。对于他们的监管也不能一概而论。监管机构应继续全面的大力推行差异化监管体系，根据所辖公司风险程度的高低进行分类，提出不同的资本要求和管理指标，采取针对性的监管措施。这种针对性监管方式既可以完善监管体系中预警机制，也可以为保险企业提供科技投资和技术研究的内在动力。

对不同风险程度和资本金充足率的公司采取不同的披露要求，准确的暴露公司的风险隐患。对于应特别关注的公司，甚至可以采取跟踪报告制度，在风险演变成财务损失之前发现其源头，亡羊补牢。对于地域性、周期性及个体突发性风险，可通过该差异化监管机制，首先关注处于风险中心的保险公司，密切追踪他们的应对措施及成效，紧急部署防控预案，一方面避免整体金融市场不必要的恐慌，另一方面避免局部风险蔓延为全国性和行业性的风险。

差异化监管可协助监管机构扶优限劣，鼓励和促进保险公司建立更健全的资本管理和约束机制。促使公司在制定发展战略、经营规划、设计产品及资本运用时，首先考虑对偿付能力的影响及对资本的消耗。对于内部资本管理和风控体系完善、偿付能力充沛的公司，通过差异化监管将他们的审慎管理理念和方式变为宽松资本金要求从而予以肯定[1]，将这些核心竞争优势切实的转换成为经济利益。对于风险控制和内部资本管理做得不好的公司，完善和细化问责制度。最终强化整个市场优胜劣汰的自我完善机制，促进保险业的健康发展。

2008年的全球金融危机，在为全球资本市场带来新的思考和挑战的同时，也为我国保险业的资本管理和监管方式带来了宝贵的经验和新的要求。它提醒我们，国内的保险行业并不能独立于国际市场的风浪。金融危机直接增加了境外投资的难度，保险机构在境外投资区域和产品的选择方面余地进一步缩小，投资风险增大。跨国金融保险集团在国内的营业机构或参股企业引发了风险的跨境传递，波及国内市场。国际保险巨头在金融危机中的狼狈表现在部分发达国家和地区严重影响了社会公众对金融业的信心。这种忧虑通过铺天盖地的传媒网络向国内传播，势必降低保险需求、诱发退保增加。面对当前复杂多变的经济金融形势，我国保险公司、监管机构、科研院所及其他市场相关方应积极思考，总结各方经验教训，在不断的学习和实践中提高自身素质，主动应对来自各方的挑战。应始终把防范风险作为各项任务之首及重中之重，通过行政监督和内部资本管理完善风控体系，在偿付能力基础上寻求资本盈利，努力提高我国保险企业素质及在国际市场上的地位和竞争力。

主要参考文献

【1】 保险公司偿付能力报告编报规则——问题解答第1号。

【2】 保险公司偿付能力报告编报规则——问题解答第2号。

【3】 保险公司偿付能力报告编报规则——第7号投资连结保险。

【4】 保险公司偿付能力报告编报规则——第6号认可负债。

【5】 戴娟："借鉴国际经验加强保险监管体系的建设"，《保险研究》，2004年第5期。

【6】 许敏敏、唐清峰："论我国保险公司次级债融资"，《会计之友》，2007年第10期。

【7】 保险公司偿付能力报告编报规则第11号：动态偿付能力测试。

【8】《保险公司偿付能力报告编报规则第11号：动态偿付能力测试（人寿保险公司）》实务指南。

① 欧洲偿付能力二号要求框架在这方面作出了明确的规定。公司的内部资本管理和风险控制机制必须反映在其资本模型之中。通过内部模型审批流程（Internal Model Approval Process，IMAP），监管者要求公司的风控操作与资本模型相互关联，甚至合为一体。风险控制好的公司，内部资本模型计算出的资本金要求就低；风险控制不好的公司，则资本金要求就高。若公司的资本模型无法按偿付能力二号要求反映其内部风控措施，则公司很有可能会面临更高的惩罚性资本要求。

第11章　风险管理

学习目的

- □ 认识保险公司面临的主要风险，包括金融市场风险、保险风险、营运风险和战略风险等
- □ 掌握资产负债管理的具体内容和过程，包括资产负债管理的基本原理和用途、资产负债管理模型等实务考虑
- □ 掌握再保险的相关知识，包括传统再保险的基本种类和财务再保险及其实务考虑
- □ 掌握企业风险管理的主旨及发展趋势，包括企业风险管理对公司的重要性，企业风险管理涵盖的内容，如何建立有效的企业风险管理流程和组织架构等

作为现代金融服务业的一个重要组成部分，保险公司的功能已经从早期的简单风险保障提供者逐步转变为全面的财务规划提供者。保险公司的日常运作也由传统的核保核赔更多地渗透到了其他金融领域。经营的多样性，随之而来的便是风险的多样性和复杂化。所有这些都使得风险管理对于保险公司来说越来越重要，也是保险行业近年来越来越关注风险管理的一个重要原因。

风险管理是一个公司识别、评估和有效控制其面临的从产品到投资、从营运到财务等各项风险的能力。风险管理的实质包括对保险公司日常经营过程中所面临的各项风险的认识、理解、平衡和控制。它不仅依赖于有效的技术分析手段和工具，公司的风险管理体系和流程也同时起着至关重要的作用。

§11.1　保险公司主要风险概述

任何问题得以有效解决和管理的基本前提便是对于问题的全面认识。对于保险公司风险管理，也让我们从全面认识保险公司面临的风险开始。

通常，保险公司面临的主要风险可以分为：金融市场风险、保险风险、营运风险和战略风险等。本章节旨在对保险公司面临的主要风险做一个基本的介绍，尤其是金融市场风险和保险风险。

11.1.1 金融市场风险

保险公司的资金运作是保险公司日常运作的重要内容，也是保险公司利润的一个重要来源。作为金融市场的参与者，保险公司必然面临金融市场的各项风险。另一方面，满足保单负债给付要求是保险公司资产管理最重要也是最本质的考虑因素。这一特性决定了金融市场风险对于保险公司而言，不仅来源于资产本身，同时也包括资产与负债关联性所带来的风险。简而言之，我们在讨论保险公司的风险时，应始终不忘记将两者一并考虑。

保险公司面临的金融市场风险包括利率风险、信用风险、汇率风险、流动性风险和权益投资风险等。

1. 利率风险

利率风险指市场利率变化对资产和负债的影响所导致的可能损失的风险。

持有资产的满期与保单利益给付责任在时间上的不匹配会造成保险公司面临未来不确定的市场利率环境下的赎回投资（Disinvestment）和再投资（Reinvestment）行为风险。当负债现金流较之所持有的资产满期期限更长时，保险公司面临再投资风险，即如果当时的市场处于较低的利率环境，再投资无法获得所期望的投资收益率；当负债现金流短于所持有的资产满期期限，保险公司面临赎回投资的风险，即如果当时的市场处于较高的利率环境，公司只能以一个较低的市价赎回投资，以满足负债现金流要求，结果带来资本损失。

此外，市场利率的变化也会导致与资产和负债所包含的一些期权相关的风险。资产方面，市场利率的变化会触发资产方的购买选择权（Call Option），所持有的债券可能被提前赎回，进而进一步缩短持有资产的期限。负债方面提供给客户的退保选择权相当于卖出选择权（Put Option）。

综上所述，无论是市场利率本身的变化以及市场利率变化所连带发生的资产和负债两方面的变化，都有可能导致保险公司最终获得的实际投资收益低于期望的投资收益，甚至低于给予客户的保证利益。因此，利率风险的防范对于保险公司而言尤为重要，它也是保险公司资产负债管理的核心问题。

2. 信用风险

信用风险指第三方不能或不愿履行约定债务的风险，包括资产损失风险、资产过度集中风险和交易对手风险等。

在投资资产方面，交易对手存在因自身财务状况不能履行契约约定的给付责任的情形，比如，在债券发行人破产的情况下，相应的债券可能只值其账面价值的小部分，甚至损失全部价值。保险公司的投资资产种类构成一般较为广泛，包括国债、金融债、企业债等。不同的资产种类所面临的资产损失风险也各不相同。

此外，资产过度集中投资于某个特定发行人或行业，会使得保险公司的风险过度暴露于这些特定的发行人或行业，从而放大了可能的负面影响。例如，过度地投资于某个发行人，虽然现在看来此发行人的信用状况良好，发生财务危机的可能性微小，但是一旦负面情况发生，其财务影响就可能是实质性的，比如，2008 年金融危机时莱曼兄弟的例子。

再保险接受人不履行再保险合同约定的债务，也是保险公司所面临的主要交易对手风险之一。

3. 汇率风险

对于主要业务都是以单一币种（比如，人民币）为基础的公司，汇率风险可能不是一个主要风险。然而，随着保险公司海外投资的增多，汇率风险也是一个值得关注的问题。汇率的波动给保险公司带来的风险通常可表现为以下两种方式：

如果公司的资产和负债存在着币种不匹配，那么汇率的波动和变化会影响到资产负债表相关的公司实际资本数额。譬如，对于外资保险公司，如果其注册资本金以美金存款的形式存在，那么人民币对于美金的升值会减小注册资本金在资产负债表的实际确认金额，从而对公司的偿付能力状况带来负面影响。当然，影响的大小和程度取决于资产和负债的币种不匹配的程度。

如果产品设计允许保费以人民币支付，保险利益按约定金额以其他币种支付的情况，那么汇率风险是产品开发和产品管理过程中必须考虑的一个重要问题。

4. 流动性风险

流动性风险指保险公司不能及时履行相关现金支付责任的风险。

由于绝大多数的保险产品都提供退保金给付，且退保金的给付时间基本取决于客户的要求，保险公司一般并无强制手段可以控制。这一特性也决定了流动性风险是保险公司必须考虑的一个重要问题，尤其在一些特定的环境下。

挤兑风险通常发生在保险公司信用评级被降级或其他负面的公众消息导致的保单持有人恐慌而引发的同时大规模退保的情况。此时，保险公司往往会发现其现金流来源，无论是短期借贷还是资产的变现，较之正常情况下变得更为困难，这一点在金融危机时期会表现得尤为突出。即使公司最后可以成功完成短期借贷或是通过资产的变现来及时缓解短期的现金流紧张状况，最终也可能是伴随着较高的借贷成本或资产变现带来的损失。

另一方面，如果保险公司为了防范挤兑风险而过多地持有一些流动性较高的资产，比如，银行存款等，可能的结果是投资收益率的降低，这也就是通常所说的流动性过剩的风险。因此，保险公司如何决定最优的流动性管理也是相当重要的。

5. 权益投资风险

股票和基金等权益类投资的市场价值存在很大的波动性。股票市场的下跌可能给保险公司带来巨大的损失。如果产品设计不提供公司与客户分担投资风险的机制，那么过高的权益类投资比重会给公司带来很大的风险，尤其当公司没有充足的资本金用于抵御市场波动的情形下，问题会变得更加严重。

11.1.2 保险风险

保险风险通常也被称为定价风险，主要表现为实际经验结果与产品定价预期的差异可能带来损失的风险。风险可能源于实际经验的波动带来的不确定性，也可能源于错误的或不恰当的定价假设。死亡率、疾病发生率和退保率等假设根据以往经验数据的概率统计结果获得，通常来讲，样本数量越大，随机波动性就越小。

另一方面，新近的核保核赔及合同条款等的变化都可能导致过去经验与未来经验存在差异。与此同时，经济环境、医疗技术和人们的生活习惯的改变也给确定定价假设带来挑战。

当保险公司进入一个新的市场或新的销售渠道时，产品定价风险就显得格外重要，因为公司通常缺乏相关的经验分析数据。

1. 死亡/长寿风险

死亡率的不确定性主要来自流行病以及生活方式的广泛改变，这些都会导致未来死亡经验恶化，进而导致保险保障类产品的定价不足。与此相类似，医疗保障和社会条件的持续改进会带来寿命的延长，也对保险公司提供年金类给付的保险合同带来长寿风险（Longevity Risk）。

2. 疾病风险

疾病发生率的不确定性主要来自两个方面：首先，生活方式的改变会导致未来发病率经验恶化，如癌症发病率。其次，医疗技术的发展和被保险人享有的医疗设施覆盖率的提高会提前诸如以手术为诊断依据的重大疾病的确诊时间，导致重大疾病等给付提前。如果当期的发病率假设没有适当反应这些长期趋势，这两个方面最终都会导致产品定价不足。

3. 退保风险

退保率受宏观经济、可替代金融工具、市场竞争等因素的影响，存在不确定性。不同的产品和不同的销售渠道所表现的退保率特性也不尽相同。客户的选择性退保，不仅有可能加剧保险公司面临的利率风险，同时也可能提高公司面临的死亡和疾病风险。

4. 巨灾风险

巨灾风险指由不可预期的或时间不确定的事件可能带来的短期内的重大损失的风险，比如，地震和台风等自然灾害，也包括其他可能导致众多死亡赔付的重大事故，如坠机等。巨灾风险虽然发生的机率微小，但是其对保险公司短期内的财务影响可能是巨大的。保险公司除了持有额外资本以防范巨灾风险之外，巨灾再保险安排也是一个有效的手段。

5. 负债嵌入期权风险

保险产品本身嵌入期权的风险往往是定价过程中容易被忽略的因素，比如，产品所提供的最低利率保证的成本到底有多大。虽然期权定价模型在这方面提供了一些定量分析的工具，但是保险公司过去运用得并不多。产品开发时就意识到可能包含的嵌入期权风险是相当重要的。

11.1.3　营运风险

营运风险指保险公司在日常运作过程中，由于不完善的业务资讯系统、运营问题、内控缺口，不诚信行为可能带来的非预期的损失的风险，包括市场行为风险、诉讼风险，合规风险、人力资源风险等。

11.1.4　战略风险

战略风险指保险公司所面临的产品管理风险、销售渠道管理风险、市场竞争风险、监管风险和公司声誉风险等。

§11.2　资产负债管理

11.2.1　资产负债管理的基本原理和用途

如前文所述，保险公司面临的风险不仅来自于它所持有的资产和负债，同时也来自于资产与负债两者之间的联动关系。资产负债管理（Asset - Liability Management，ALM）就是将资产与负债的管理纳入到同一个体系中进行考虑，从而更系统、有效地评估和管理相应的风险。

资产负债管理是制定、执行、监督和调整资产和负债相关的战略，以实现一个给定的风险承受能力和约束条件下的财务目标的持续的过程。保险公司通过资金运作来满足保单负债要求，资产负债管理对于保险公司健全的财务管理显得尤为重要。

资产负债管理最广泛的用途之一就是用来监督和管理保险公司的利率风险。如前文所述，市场利率的变化会给保险公司带来赎回投资和再投资的风险。通过建立资产负债管理模型可以综合考虑负债及其所对应的资产在各利率情景下的现金流情况，运用久期匹配、现金流测试和现金流匹配等分析方法，监督和管理资产负债匹配状况，从而实现实际投资回报满足负债要求的最终目标。

由于资产负债管理提供了将资产和负债同时考量的平台，资产负债管理也从最初的利率风险监督，逐渐地被越来越多地运用到其他决策制定中。

资产负债管理通过衡量每个决策以及各个决策之间的相互作用对于保险公司财务结果的影响，使得公司管理层能够做出最优的战略选择，例如：

- 对于某一产品或业务线的投资策略的制定或调整；
- 公司的成长速度及相应的资本金要求；
- 公司偿付能力状况预测和资本管理等。

资产负债管理的合理运用能够帮助公司管理层综合各方面因素后做出最明智的选择，能够帮助公司管理层确定优先事项和管理重点。

此外，公司如果建立了完善的资产负债管理体系，对于监管机构、评级机构、投资者而言，都无疑传递了一个良好的信号。

11.2.2 资产负债管理面临的挑战

虽然资产负债管理为保险公司的风险管理和决策提供了一个强大的分析平台，但是多方面的因素也决定了资产负债管理的成功运用并非轻而易举，这也由我们所需要解决的问题的复杂性而决定。资产负债管理的核心是要能够同时反映资产和负债在不同资本市场变化情况下的影响，为不同的战略考虑提供定量的分析，以达到管理风险的目的。然而，保险公司的负债是相当复杂的，用来支持这些负债的资产的复杂程度也不容小觑，无论是资产模型还是负债模型的建立都是一项艰巨的任务。资产负债管理考量的基础的确定、分析工具和平台的选择以及结果的沟通和运用都是资产负债管理过程中面临的挑战。

1. 考量的基础

既然作为一个定量分析的工具，以什么标准作为考量的基础是一个必须考虑的问题。最常用的考量资产和负债间动态关系的基础就是通过衡量资产和负债相应现金流的经济价值（Economic Value）。经济价值较为真实地反映了真实世界资产与负债的动态关系。对于在市场上交易的资产而言，经济价值就是市场价值。对于保险负债而言，公允价值（Fair Value）是其经济价值的基础。

除了经济价值作为资产负债管理的考量基础外，法定基础和财务报告基础要求也是资产负债管理不能忽略的考量基础。法定基础和相关的资本金要求影响公司财务结构，对公司的投资和运作都可能有一定的限制。另一方面，财务报告基础是公司在资本市场价值的一个主要决定因素。

2. 分析工具和平台

资产负债管理另一个主要挑战是分析工具和平台的选择。如前所述，投资风险的定量分析和不同资产负债管理策略的评估要求需要预测和计算未来的资产和负债现金流和价值。由于资产和负债，以及两者之间联动的复杂性，对于用来建立资产负债模型的模型建立和运算能力都提出了非常高的要求，远远超过了传统的日常财务报告要求。

好在目前一些主流的专用精算分析软件都基本上提供了这样的一个分析平台。然而，在软件和硬件工具都具备的情况下，资产负债管理分析仍然是一项复杂的、消耗时间的艰巨任务。保险公司资产和负债的复杂性给资产负债管理模型的建立在实务操作中带来了很多挑战。有时候我们不得不在可操作性和精确性上基于实务操作的考虑，做出取舍。具体资产和负债的建模考虑将在后面的章节中予以介绍。

3. 结果的沟通和运用

分析结果的恰当沟通和运用是资产负债管理的另一个挑战，同时也是有效资产负债管理的一个重要环节。我们往往会碰到这样的误区，技术人员很乐衷于建立复杂的模型，也得到了大量的分析数据。然而当公司管理层审阅这些结果时，往往不能轻易地明白这些分析数据到底对公司意味着什么，更谈不上如何运用它作出相关的决策了。这种情况无疑是一种不幸，我们花了如此之大的气力，换来的只是随便看看的结果。我们相信这也是每一个为此付出劳动的人所不愿看到的结果。如果公司管理层能够真正地体会到资产负债管理可以给风险管理和其他战略决策带来的益处的话，这也可以确保资产负债管理相关项目可以得到公司在资源上持续的支持。

11.2.3　资产负债管理模型

1. 资产负债建模概述

虽然资产负债管理的基本理念使得保险公司在决策制定过程中能够同时考虑资产和负债两个方面的影响，使资产和负债的决策得到协调，但是在具体的执行和运用过程中，一个强大而有效的资产负债分析平台的建立起着至关重要的作用。这个分析平台的建立过程，也就是我们通常说的资产负债建模的过程。

资产模型的基本功能包括计算和预测各种情景下资产组合所对应的现金流、市场价值（Market Value）、账面价值（Book Value）等相关内容。资产模型对未来的预测应当能够将公司既定的投资与再投资策略反映在模型中。负债模型的基本功能包括计算和预测各种情景下保单所对应的负债现金流、准备金和资本要求等非现金流负债相关内容。资产负债建模就是将资产模型与负债模型包含在一个模型平台中，并在模型中充分考虑资产与负债之间的联动性。资产负债模型的价值正是在于能够考量资产与负债在各种情景下交互作用后的综合结果。

模型的本质是对复杂而多样的真实世界的一种简化手段。因此，无论我们所建立的模型有多么的复杂，建模过程本身仍然是一个决定简化的过程。好的建模过程能够很好地完成权衡各项简化的成本与效益的任务。在展开资产与负债具体建模考虑之前，我们之所以强调这一点，是希望大家能够意识到成本（即精确性的降低）与效益（即人力、物力和时间要求的降低）的权衡是建模实务中非常重要的一环，也是建模的“艺术”所在。

2. 资产模型的具体建模考虑

资产模型的运用在除保险以外的其他金融领域本身就有着广泛的运用。资产模型建模的复杂程度主要取决于被模拟的金融资产的复杂性。各类金融资产的模型建立本身就值得很多篇幅去讨论。本章节关于资产模型的考虑主要还是侧重于资产与负债的联动性要求。

（1）投资策略的考虑。根据负债的特性不同，用以支持负债的资产有着相配套的投资策略，包括确定的资产组合（国债、企业债和股权投资等的比例分配）以及各资产类别所能接受的信用考虑、流动性考虑、久期考虑和满期考虑。当保单负债方表现为净现金流入的情况时，投资策略是资产模型用以决定为净现金流入需要购买的相应具体资产类别的指引。资产模型在预测中是否能够有效地模拟既定的投资策略是资产模型建模的一个重要环节。

（2）可投资资产的考虑。即使在确定了投资策略后，考虑到真实世界可以获得的相应资产种类的多样性，我们在实务中，特别是在对未来情景预测的实务中，没有必要去模拟可能的所有资产。这个时候，一份简化的、能够反映既定投资策略的可投资资产的列表往往是可行的方法。

（3）对利率变化的考虑。利率及未来利率的变化是资产模型必须考虑和反映的一项内容。资产模型对利率变化的考虑可以分为两个层次：第一层次为能够预测和计算既定利率变化情况下资产的现金流和价值状况（接受假设）；第二层次则是能够提供随机的利率情景预测（生成假设）。

（4）负现金流策略的考虑。处理负现金流的策略也是资产模型在建模过程中必须考虑的一个重要内容。当保单负债方表现为净现金流出，并且超出了资产方的资产现金流入时，负债与资产的综合状况就表现为整体的负现金流情形。应对负现金流的情形，保险公司通常有借款和出售资产两种策略。虽然公司的实际策略受当时的市场状况影响会有所不同，然而资产模型的建模应最大限度地反映公司可能的策略，并综合考虑相关的监管限制。

借款的策略对于暂时的现金流短缺是合适的。借款可以是公司向外部借款，也可以为公司内部不同账户间的借款。无论对于何种借款策略，资产模型应当能够合理反映借款所产生的成本。

当预期的现金流短缺为持续性的或者长期的，出售资产的策略就显得更为恰当。公司在出售资产时通常有一些既定的原则，比如，先出售有最大资本利得的资产或先出售将接近满期的资产等。资产模型应当能够合理反映既定的资产出售原则以及所出售资产相应的市场价值。

3. 负债模型的具体建模考虑

其实负债模型对我们来说一点都不陌生，精算师的大部分工作都是在建立负债的模型，例如，产品定价的资产负债份额方法就是一个新产品的负债模型、毛保费准备金的计算是一个对于有效保单的负债模型、经验分析与精算假设的确定也是为负债模型提供需要的参数。所不同的是，资产负债模型对负债建模的要求更高。

从资产负债管理的角度，负债模型的具体建模必须考虑以下几个方面：

（1）非保证保单利益的考虑。对于保单负债包含非保证保单利益的情况，负债模型对非保证保单利益的预测应当反映相应的市场利率情景、资产价值变化以及可能的管理层决定。这样的非保证保单利益包括但不局限于保单红利、万能账户结算利率等。

（2）保单持有人行为的考虑。保单持有人行为也是资产负债管理中负债模型需要考虑的因素。市场利率环境的改变和公司管理层的决定（例如，保单红利和万能账户结算利率的变化等）都可能影响到保单持有人的行为，特别是退保行为。

特别的，当采用随机利率模型（Stochastic Interest Model）时，上述非保证保单利益和保单持有人行为在负债模型的考虑，需要通过一些设定的公式和假设在模型中实现，即动态负债模型。建立动态负债模型也是负债建模过程中最具挑战性的内容，出于成本和效益的考虑，我们很多时候也需要对负债模型作出简化假设。

负债模型建模的一个常用的简化方法就是负债分组和样本选择（Grouping and Model Point Selection），即在负债模型中用一个样本点（Model Point）来代替此分组中的其他样本。负债分组和样本选择的基本想法是：在将保单按照某个特定的属性进行分组后，同一分组中的保单具有相当的同质性，我们可以通过选择一个合适的样本点来代表分组中的其他样本，获得接近的计算结果。好的建模过程也包括了合适的负债分组和样本选择，当然很多时候这也并非一个易于完成的任务。

虽然随着计算机软、硬件条件的飞速发展，我们已经可以在较短的时间内完成以前可能需要几天才能完成的运算量，但是随着随机模型的运用和多情景测试的要求，对计算能力的要求也在不断提高。负债分组和样本选择的简化方法可以大大减少模型的样本点个数，它对于受计算机运算能力和运行时间限制较大的负债模型的帮助是巨大的。

下面我们就介绍一些负债模型建模过程中常见的负债分组和样本选择考虑：

（1）年龄分组。年龄分组是将某个年龄段内的所有相同保单用一个年龄代替，比如，投保年龄 43 - 47 岁都用投保年龄 45 岁在模型中表示。年龄分组对减少运算量一般有很好的效果。年龄分组的最大优点是其方法的一致性和连贯性。

（2）生效日分组。最常见的生效日分组方法是将某个特定月份生效的保单生效日都假定在这个月份的月中，比如，15 日。当保单在该月份中明显地非均匀分布时，也可以根据具体的分布状况确定样本的生效日选择。生效日的按月分组也可以扩展为按季度分组或按年度分组。当然进一步的模型简化随之而来的是模型准确性的牺牲。

（3）产品分组。产品分组是将一些占比较小的产品在模型中采用与其相似的主要产品代替。当采用了年龄分组和生效日分组后模型样本数量仍然不能符合模型运算能力的要求时，产品分组是可以考虑的模型简化方法。与年龄分组和生效日分组相比，产品分组在模型准确性上会有较大的牺牲，模型样本的选择通常也是一个反复试验的过程。因此，产品分组对模型准备和维护的要求较高。保证所采用的分组方法在不同评估时点的连贯性，也是保证模型结果前后一致的一个重要因素。

4. 模型校验（Model Validation）

考虑到资产负债模型简化假设在建模过程中的普遍运用，为确保模型的完整性和结果的准确性，模型校验是建模过程中保证模型有效性的一个不可忽视的环节。在实务中，模型校验主要可分为静态校验（Static Validation）和动态校验（Dynamic Validation）两类方法。

（1）静态校验（Static Validation）。静态校验是通过比较模型预测的起始点的模型输出数据和可获得的实际相关统计或财务报告数据来判断模型的可靠性。一般比较的数据包括但不局限于保单件数、年化毛保费（Annualized Gross Premium）、总保额、准备金数额和资产价值等。模型输出数据和实际的数据拟和程度越高，则模型的准确性和完整性就越有保证。

静态校验对于验证模型的准确性提供了多方面的保证。对于有效业务的负债模型，保单件数、年化毛保费和总保额的校验，可确保没有保单在模型的计算过程中意外出错或遗漏；起始点准备金数额的验证，不仅可以保证模型样本的完整性，而且还可以确保模型中准备金计算的准确性和模型简化的合理性。例如，采用年龄分组简化后得到的准备金总额与实际未考虑年龄分组计算结果的比较可用来检验年龄分组简化的合理性。

如果模型输出数据和实际的数据相差较大，则可确定模型存在一定的问题，比如，模型存在一些错误使得部分产品无法产生结果。如果保单件数一致，但模型输出的准备金与实际报告的准备金相差较大，则很有可能是模型中准备金的计算方法或者准备金假设有错误；如果模型采用了分组的简化假设，那么分组简化假设的合理性也是可能产生差异的一个原因。在排除了准备金计算方法或者准备金假设的错误前提下，我们就需要重新考虑所采用的分组简化假设。

当然模型输出数据和实际的数据完全一致也不能保证模型一定是可靠的。这是因为静态校验只是验证了单一时间点的结果，它并不能保证未来时间点预测结果的可靠性，比如，涉及未来现金流预测的死亡率，退保率及投资收益的变量设定和假设的准确性，就无法通过静态校验来得到检验，这也是静态校验的局限性。

（2）动态校验。为了弥补静态校验的缺陷，模型需要进行第二类校验，即动态验证。动态校验是通过对模型预测的结果与实际经验结果（比如，实际财务数据）的比较，来判断模型预测的可靠性。例如，我们采用上一年末的有效业务数据对本年度结果进行预测，并对模型预测结果与本年度实际经验结果进行比较。当模型预测结果与实际经验结果或趋势存在较大差异时，我们就有必要对模型进行进一步的检查。

对于上述两种校验方法，静态校验可认为是资产负债表的验证，而动态校验可认为是损益表的验证。例如，相对于静态校验比较准备金和资产的存量，动态校验则是关注准备金的增量、相关负债和资产现金流。

实践中可以在公司整体层面进行动态校验。如果数据支持的话，也可以在业务线层面进行动态校验。如果动态校验的结果与实际经验结果比较一致，则模型、整体假设及其预测结果就有较高的可信度。相对于静态校验，动态校验更可以确保模型的可靠性，然而这一点经常在实践中被忽略了。

（3）其他校验。当受数据限制，静态校验和动态校验都难以进行时，最有效的校验方法就是仔细地检查计算过程，谨慎地选择假设以及分析结果的合理性。

11.2.4　资产负债匹配管理的一些方法

前文中我们已提到金融市场风险，特别是利率风险是保险公司面临的主要风险之一，恰当的资产负债匹配管理能够有效地帮助保险公司抵御面临的资产负债不匹配所带来的风险。

资产负债的不匹配可以表现为资产现金流在时间上与负债现金流的不

匹配、资产现金流在数额上与负债现金流的不匹配和资产价值的变化与负债价值的变化的不匹配等。下面我们介绍一些资产负债匹配管理的常见方法及其在实务运用中的考虑。

1. 现金流匹配（Cash Flow Matching）

现金流匹配是一种最“朴素”的资产负债匹配想法。当负债现金流完全确定时，我们可以通过资产配置使得资产的现金流与负债现金流完全吻合。本书第三章“资产负债管理简介”部分就给出了这样的一个数字示例。然而在真实世界中，完全的现金流匹配是非常困难的。

首先，最远负债现金流的期限可能比当前可获得资产的最长期限更长，这种情况使得长期负债（例如，超过 30 年）的完全现金流匹配几乎成为不可能。

其次，所配置资产的违约或提前支付都会打破原有的完全匹配，这个时候我们就需要重新配置资产。完全现金流匹配无论是对资产配置的限制，还是对资产重新配置的要求都会加大资产配置的机会成本，对整个资产组合的投资收益带来影响。

再次，完全确定的负债现金流本身就是一种理想的状态。现实中负债现金流不仅受保险风险的不确定性的影响，如死亡率、疾病发生率和退保率等，而且也受利率变化的影响。当负债现金流与资产配置时的初始预期发生显著偏差时，我们同样需要对资产进行重新配置。

最后，期缴产品的负债现金流在保单初期会表现为正净现金流入（保费收入大于保险利益和费用支出）的情况并可能持续若干年。对于这部分未来的正净现金流入如何在现金流匹配中加以考虑，同样不是一个简单的问题。

综合上述原因，现金流匹配的资产负债匹配方法在保险公司实务运用中并不常见，有限的运用也主要针对一些特定的保单组合的资产配置，例如，趸缴的、保障期限不超过 10 年的保单组合。

2. 久期匹配（Duration Matching）

久期匹配是资产负债匹配管理必然会提及的方法，那么让我们先简单总结一下常见的久期相关概念的定义。

（1）麦考利久期（Macaulay Duration）。

$$MacDuration(i) = \frac{\sum_{t=0}^{n} t \cdot v^t \cdot CF(t)}{\sum_{t=0}^{n} v^t \cdot CF(t)}$$

其中，$CF(t)$为时刻 t 的净现金流，$v = 1/(1+i)$，i 为折现利息率。

麦考利久期通常也可以“通俗”地理解为以现金流现值为权重的加权平均现金流期限。这也是“久期”的概念在很多场合与“期限”概念等同使用的一个原因。

（2）修正久期（Modified Duration）。

$$ModDuration(i) = \frac{\sum_{t=0}^{n} t \cdot v^{t+1} \cdot CF(t)}{\sum_{t=0}^{n} v^{t} \cdot CF(t)} = \frac{MacDuration(i)}{1+i}$$

如果我们定义 $PVCF(i)$ 为折现利息率 i 下的现金流现值，$PVCF(i) = \sum_{t=0}^{n} v^{t} \cdot CF(t)$，那么修正久期也可以由下面数学上的一个定义给出：

$$ModDuration(i) = -\frac{d(PVCF(i))/di}{PVCF(i)}$$

相比麦考利久期的“通俗”理解，修正久期在数学解释上更为“专业”，它可以理解为现金流现值关于折现利息率 i 变化的变化率。对于一个小幅度的折现利息率变化，现金流现值的变化率可以通过下面的公式近似获得：

$$现金流现值变化率 = \frac{\Delta PVCF(i)}{PVCF(i)} = -ModDuration(i) \times \Delta i$$

下面是一些关于久期计算的数字示例：

折现利息率 = 5.00%

时刻 t	t 时刻负债现金流	t 时刻负债现金流现值	$t \times t$ 时刻负债现金流现值
1	20.00	19.05	19.05
2	30.00	27.21	54.42
3	35.00	30.23	90.70
4	30.00	24.68	98.72
5	40.00	31.34	156.71
6	50.00	37.31	223.86
7	60.00	42.64	298.49
8	70.00	47.38	379.03
9	80.00	51.57	464.12
10	100.00	61.39	613.91
合计		372.81	2 399.01

麦考利久期 = 6.4350

修正久期 = 6.1286

折现利息率	折现利息率变化	预测合计现金流现值变化率	预测合计现金流现值	实际合计现金流现值	预测偏差百分比
5.01%	0.01%	-0.06%	372.5769	372.5770	-0.00003%
5.25%	0.25%	-1.53%	367.0934	367.1518	-0.01590%
5.50%	0.50%	-3.06%	361.3815	361.6131	-0.06404%
6.00%	1.00%	-6.13%	349.9576	350.8693	-0.25983%

相对于现金流匹配比较每个时刻的资产与负债现金流，久期提供了一个单一的指标来衡量未来现金流现值随折现率变化状况的属性，这使得资产配置在实务层面更易于执行。当资产的修正久期与负债的修正久期相当时，小幅度的折现利息率变化对资产现金流现值和负债现金流的影响也是相当的。然而，久期匹配并不意味着现金流的匹配。在久期匹配的情况下，现金流仍然可能存在相当程度的不匹配，流动性风险依旧不能被忽略。

久期从它的数学定义不难发现是关于折现利息率 i 的一个函数，它仅仅反映了资产或负债现金流在一个特定折线利息率 i 下的局部属性。资产久期与负债久期在折现利息率 i 下相等，并不意味着在折现利息率 j 下也一定相等。因此，随着利率的变化，久期匹配也存在着重新平衡的要求。此外，通过上面的示例，我们也不难发现当折现利息率的变化范围较小时，用修正久期预测的现金流折现值与实际值越接近。

另一方面，我们上面这些关于久期的定义和计算都假定了现金流不随折现利息率变化，即 $CF(t)$ 而不是 $CF(t,i)$。然而真实世界的现金流，特别是负债现金流都是随利率变化而变化，因此，有时候也采用下面的公式计算有效久期（Effective Duration）：

$$EffDuration(i)=\frac{PVCF(t,i-\Delta i)-PVCF(t,i+\Delta i)}{2\cdot\Delta i\cdot PV(t,i)}$$

在负债久期的计算实务中，我们还会碰到的另一个问题就是负的负债现金流的情况，它其实普遍存在于期缴保单的保单初期。对于负债现金流正负同时的情形，再尝试用等同于期限的概念而不是变化率的概念去理解久期就会带来误读，因为这种情形下计算得到的久期可能远长过保单期限，也可能是一个负数。下面就是一个5年缴费10年期两全保险的例子。

保单生效时

折现利息率 =5.00%

时刻 t	保费收入	保险利益和费用支出	t 时刻负债现金流	t 时刻负债现金流现值	$t\times t$ 时刻负债现金流现值
0	200.00	100.00	-100.00	-100.00	0.00
1	200.00	20.00	-180.00	-171.43	-171.43
2	200.00	20.00	-180.00	-163.27	-326.53
3	200.00	20.00	-180.00	-155.49	-466.47
4	200.00	20.00	-180.00	-148.09	-592.35
5	0.00	20.00	20.00	15.67	78.35
6	0.00	20.00	20.00	14.92	89.55
7	0.00	20.00	20.00	14.21	99.50
8	0.00	20.00	20.00	13.54	108.29
9	0.00	20.00	20.00	12.89	116.03
10	0.00	950.00	950.00	583.22	5 832.18
合计				-83.82	4 767.12

麦考利久期 = −56.8759

修正久期 = −54.1675

第 2 保单年度末

折现利息率 = 5.00%

时刻 t	保费收入	保险利益和费用支出	t 时刻负债现金流	t 时刻负债现金流现值	$t\times t$ 时刻负债现金流现值
0	200.00	20.00	−180.00	−180.00	0.00
1	200.00	20.00	−180.00	−171.43	−171.43
2	200.00	20.00	−180.00	−163.27	−326.53
3	0.00	20.00	20.00	17.28	51.83
4	0.00	20.00	20.00	16.45	65.82
5	0.00	20.00	20.00	15.67	78.35
6	0.00	20.00	20.00	14.92	89.55
7	0.00	20.00	20.00	14.21	99.50
8	0.00	950.00	950.00	643.00	5 143.98
合计				206.84	5 031.06

麦考利久期 = 24.3231

修正久期 = 23.1649

对于上面这种情形，我们有时也会将负债现金流入与负债现金流出分开来分别计算久期。在上例中，保单生效时未来保费的修正久期为 1.81，未来保险利益和费用支出的修正久期为 7.50。

久期匹配归根到底只是提供了一种便于衡量的资产负债匹配的手段，而不是资产负债匹配管理的最终目的。资产负债匹配管理的很多方面是简单的久期匹配概念所不能涵盖的。随着资产负债模型的建模能力的不断提高，全方位地考虑资产负债匹配的影响已越来越多地在实务中得到运用。例如，现金流测试就是一种通过模拟资产与其对应的负债在各种利率情景下的现金流状况，来判断资产及其相应的现金流是否能够满足负债现金流的要求的方法。

最后，我们要指出的是资产负债匹配管理同样不能忽略资产与负债的评估方法的影响，这一点对评估资产负债表结果显得特别重要。例如，资产的计价方式，市值还是摊余成本；准备金的评估利率是否随市场利率变化等。以我国偿付能力体系为例，法定最低准备金的评估利率基本不受市场利率变化的影响，然而，除持有至到期外的资产以市场价值计量，这就引起了负债的价值确定与资产价值确定的不匹配。这些情况所带来的影响也是资产负债匹配管理中不能忽略的一面。

11.2.5 有效的资产负债管理的重要因素

保险公司资产负债管理能力取决于众多综合因素。经验告诉我们，实践中下面这些因素会使得资产负债管理更为有效。

1. 获得公司管理层的认同

公司管理层必须能够理解资产负债管理对于公司短期财务结果和长期发展能力的重要关联性。前面提到资产负债管理经常会运用到一些较为复杂的数学指标，这些复杂的指标对于公司到底有什么影响，往往是公司管理层不易理解的内容。成功的资产风险管理能够将资产负债管理的具体实践与公司的未来前景联系起来，从而使得公司管理层可以理解和认同资产负债管理的重要性。这也是保证资产负债管理作为保险公司风险管理的重要方面，可以得到管理层持续支持的重要因素。

2. 明确职责

资产负债管理不仅涉及到资产负债表的资产方和负债方，同时也涉及到公司的其他决策流程。因此，资产负债管理在执行过程中会涉及到公司的多个部门和相关人员，包括但不局限于投资部门、财务部门、精算部门和产品开发部门等。除资产负债管理相关工作外，这些部门的相关人员在日常工作中一般都有自己的工作职责，资产负债管理的主要负责人必须能够平衡资产负债管理对各部门相关人员的要求与他们各自的日常工作职责之间的关系，做到每一个相关成员都充分理解自己对于整个过程的重要性以及所扮演的角色和承担的责任。简而言之，资产负债管理是一项真正意义上的多方合作的任务。

3. 充分利用已有的资产负债管理平台

出于监管的要求，比如，准备金充足性测试、现金流测试和动态偿付能力分析等，多数的保险公司一般都已经花费了一定的时间和资源建立了相应的分析系统。虽然这些监管要求可能与预期的资产负债管理衡量标准存在差距，但是保险公司仍然可以充分利用这些已有的现金流预测平台，在其基础上花费相对较少的额外资源，来建立起更为强大的平台作为公司自身的资产负债管理用途。这样也最大限度地整合了资源，可以同时满足外部监管报告和公司内部管理分析的要求。

4. 选择最合适的衡量标准

资产负债匹配的风险一般通过所选择的定量指标来反映，比如，久期（Duration）和风险敞口（Value at Risk）等。所选择的量化分析指标对于特定的资产负债管理目标应该是直接的、没有争议的。

5. 确保及时、有效的后续措施

一般而言，通过资产负债分析所确定的量化指标为公司风险管理提供了一定的依据，比如，对公司投资策略和资产配置的调整可以延长资产久期，以缓解资产负债久期不匹配带来的利率风险。有效的资产负债管理应确保及时、有效的后续措施得以真正实施，做到从定量分析环节到具体风险缓解执行环节的自然延伸。

§11.3 再 保 险

11.3.1 再保险作为风险管理工具的运用

再保险是保险公司主要的风险管理手段之一，除了防范经验波动给公司带来的不利影响之外，再保险也是公司财务管理的有效工具。可以这么说，再保险在保险公司风险管理中的运用和作用是多方面的。以下就是对这些运用的一些介绍和讨论。

1. 保险风险转移

保险风险转移是再保险安排最常见的目的。较高的风险集中于个别被保险人或个别事件都可能导致短期内的大额理赔，对保险公司的财务状况带来冲击。

传统的溢额再保险安排就是将承保的单个被保险人的死亡或重大疾病风险超过公司自留额的部分进行分保。通过溢额再保险安排，公司将实际承担的单个被保险人风险控制在不超过自留额的水平，以防范单个保险人发生保险事故的不确定性可能对公司财务状况带来的冲击。

除了传统的溢额再保险安排，巨灾保险再安排也是保险公司限制和转移巨灾风险的有效手段。通过巨灾再保险安排，保险公司可以缓解和防范单一事故所引发的集中理赔对公司财务状况的冲击。巨灾再保险安排的责任范围通常限制在由明确定义下的巨灾事故所引发的意外死亡赔付，包括坠机、地震等，一般不包括疫情、战争、起义等原因。一般而言，巨灾再保险安排也会将一些特殊团体除外，比如运动队、航空公司工作人员等经常暴露于同一交通的团体。所有这些都是保险公司在安排巨灾再保险方面应该考虑的因素，因为它也会影响到公司的日常核保要求。

此外，短期健康保险的比例分保也是保险公司转移医疗保险理赔风险的常用手段，尤其是新产品针对的是一个经验缺乏或风险不确定的市场的时候。

当然，再保险也可以被用作退保风险转移的工具，不过这在实务中并不常见。

2. 新产品开发

当保险公司开发新产品或进入新业务线而本身又缺乏足够的经验积累

和经验数据时，此时，再保险公司往往是公司最好的合作伙伴之一。凭借着自身的经验数据积累和分析，以及在核保核赔方面的专业知识，再保险公司可以在新产品的设计、定价以及核保核赔规则的制定方面给予公司很大的帮助。此外，再保险公司本身会承担新产品风险的部分份额，保险公司也部分转移了新产品风险的不确定性。

这样的再保险安排在产品创新方面表现得尤为常见。以国内市场为例，再保险公司就在重大疾病产品（特别是多重理赔重大疾病产品）、高端团体医疗保险产品的开发上表现得非常积极和活跃。

对于保险公司而言，一方面有不断地寻求产品创新的要求，另一方面又面临自身不熟悉的风险。新产品开发时的来自再保险公司的支持与合作，无疑给保险公司带来了更多的业务机会，同时也提供了有效的风险管理的手段。

3. 核保协助

在今天，再保险公司仍然被认为是核保方面的专家。很多保险公司都使用由再保险公司提供的核保手册，同时再保险公司也给予保险公司在核保核赔方面很多的培训。当保险公司在核保过程中对某一个特定案例的核保决定存在困难，往往可以征询再保险公司的意见。特别地，当个案的保险风险金额超过一定的额度时，保险公司也可以向多家再保险公司寻求临时分保（Facultative Reinsurance）安排，在获得他们的核保建议的同时，将一定比例甚至大部分的风险分给再保险公司。通过临时分保安排，保险公司可以承保的风险范围就得到了扩大，在增加业务承保能力的同时，也有效地管理了潜在的风险。

因此，保险公司同多家再保险公司保持核保方面的良好关系，对于满足业务线的一些复杂案例的核保需求也是非常有效的手段。

4. 财务和资本管理

再保险安排本身部分或全部转移了一定的风险，准备金和偿付能力额度要求也相应降低。与此同时，再保险安排也可以改变公司的利润实现模式。所有这些都可能对保险公司的财务和资本状况带来影响。事实上，通过改变再保险安排的具体条件和特性，保险公司可以达到多种不同财务管理目标包括利润管理、资本管理、税务管理等，这样的安排通常也被称为财务再保险。财务再保险的具体内容将在后面的章节中进行介绍。需要特别留意的是，由于财务再保险安排的多样性以及它对公司财务结果的影响，财务再保险越来越多地受到监管机构的关注。

11.3.2 传统再保险

虽然再保险安排的用途和形式是多样的，我们仍然可以将它们分为两个大类：传统再保险和财务再保险。

传统再保险以保险风险的转移为主要目的，被广泛运用于人寿保险、健康保险和年金保险。传统再保险的具体安排可能是合同自动分保，也可能是临时分保安排。比例分保和非比例分保的形式都存在。

传统再保险安排的主要形式可以分为：一年期可续保安排、共同保险安排和修正共同保险安排。

1. 一年期可续保安排（Yearly Renewable Term Insurance）

一年期可续保安排，是以转移死亡风险和疾病风险为目的的溢额再保险的主要形式。一年期可续保安排再保险费率采用风险保险费的形式，一般与所分保业务的原费率没有直接关联。比如，原保单可能是一个含有生存给付利益的两全保险合同，其溢额再保险表现为一年期可续保的定期寿险形式。因此，一年期可续保安排有时也被称为风险保费再保险安排。一年期可续保安排的分保额度并非与所分保业务的原保额直接相关，而是依赖于所分保业务在相应年度的实际净风险保额（Net Amount at Risk，"NAAR" or "NAR"）。

一年期可续保安排的相关计算可以分为以下步骤：

（1）风险保额的确定。风险保额定义为分保业务的原保额扣除计提的相应的准备金的数额。通常情况下，风险保额的计算采用法定责任准备金作为基础。

风险保额反映了保险事故发生对公司的实际财务净影响。例如，某被保险人所持有的保单原死亡保额合计为 200 万元，在评估日公司已为这些保单计提了准备金 50 万元。那么一旦被保险人发生死亡，保险公司在赔付死亡保险金 200 万元的同时，释放了 50 万元的准备金。此事故给公司带来的实际的净资产影响为 150 万元。

虽然风险保额的定义是很直接的，对各种情形甚至是一些复杂的情况，准确地计算也是可以获得的，但是在具体实务中，保险公司和再保险公司双方从实务操作的考虑，往往也会约定对一些情况的简化处理，例如：

①对于短期的意外伤害保险，由于准备金的抵扣对风险保额的影响很小，实务中往往在风险保额的确定时忽略准备金的影响；

②对于豁免保险费等利益，由于风险保额的确定相对较为复杂，实务中采用一个约定的因子乘数，避免逐单的详细计算也是一种常见的方法。

（2）分保额度的确定。实际的风险保额被确定后，根据具体的再保险安排条件和协议，分保额度的确定由两种常见方法：固定自留比例法和固定自留额度法。

固定自留比例法，公司的自留额度是实际风险保额的一个固定比例，这个比例在保单最初生效时确定。以前述事例为例，最初的保险金额为 200

万元，准备金为0。如果公司的自留额度限制为100万元，那么这张保单的自留比例就在最初被确定为100/200 = 50%，对应的分保比例为100% - 50% = 50%，并在以后年度不变。相应的，在评估日此保单的分保额度为（200 - 50）×50% = 75万元。

固定自留额度法，公司的自留额度是一个固定的金额并保持不变。以前述事例为例，在评估日此保单的分保额度为（200 - 50）- 100 = 50万元。

表11 - 1给出了固定自留比例法和固定自留额度法下的不同实际自留额与分保额的比较：

表11 - 1　固定自留比例法和固定自留额度法下的不同实际自留额与分保额的比较

单位：元

保单年度（期初）	分保前			固定自留比例法			固定自留额度法		
	死亡保额	准备金	风险保额	自留比例	自留额	分出保额	自留比例	自留额	分出保额
1	2 000 000	0	2 000 000	50%	1 000 000	1 000 000	50%	1 000 000	1 000 000
2	2 000 000	250 000	1 750 000	50%	875 000	875 000	57%	1 000 000	750 000
3	2 000 000	500 000	1 500 000	50%	750 000	750 000	67%	1 000 000	500 000
4	2 000 000	1 000 000	1 000 000	50%	500 000	500 000	100%	1 000 000	0
5	2 000 000	1 500 000	500 000	50%	250 000	250 000	100%	500 000	0

（3）再保险保费的计算。一年期可续保安排的再保险费率通常区分年龄、性别和保单年度。再保险费率或相应的再保险佣金反映核保的选择效应。分保额度乘以所对应的再保险费率就得到了对应的再保险保费。

实务中，再保险费率的核算有年缴的方式，也有月缴的方式。年缴的方式在保单周年日缴付下一保单年度的年再保险保费。月缴的方式根据当月的实际分保额度缴付当月的月再保险保费。年缴的方式由于提前预付了一整年的保费，当保单状态发生变化时，比如退保，需要对再保险核算做出相应的调整。月缴的方式则在一定程度上简化了管理上的步骤。

一年期可续保安排通常提供依赖于实际经验结果的纯益手续费返还（Profit Refund or Profit Commission）的条款。

以下是一个纯益手续费返还核算的实例：

单位：元

A）收入：		=	31 273
	1　再保险费	=	22 061
	2　转回未赚保费责任准备金	=	9 192
	3　转回未决赔款责任准备金	=	20
B）支出：		=	16 000
	1　再保险赔付款	=	2 087
	2　再保险佣金	=	836

3	提存未赚保费责任准备金	=	11 030
4	提存未决赔款责任准备金	=	25
5	再保险管理费用（ =［A. 1 + A. 2 – B. 3］* 10%）	=	2 022
6	以前年度累积亏损结转	=	0
C）	再保险利润（损失）= A）– B）	=	15 273
D）	再保险纯益手续费返还（ = C * 50%）	=	7 637

2. 共同保险安排（Coinsurance）

在共同保险安排下，再保险分出部分采用与相关的原保险合同完全相同的形式。再保险公司从分出公司收到所承担业务份额相应比例的毛保费收入，并且支付相应比例的保单约定的死亡给付、生存给付以及退保金给付等所有保险利益给付。与此同时，再保险公司提供再保险佣金（Reinsurance Commission or Expense Allowance）给分出公司，用来补偿分出公司为相应比例的业务所发生的佣金和相关营业费用支出等。

需要注意的是，视具体的再保险协议约定，再保险佣金可能与分出公司实际发生的费用相同，也可能不同。再保险佣金与实际发生费用在时间点上的差异就会产生“财务调节”的效果。

在共同保险安排下，再保险公司在收到相应比例的毛保费收入的同时，需要建立属于自己责任部分的保单责任准备金。再保险公司完全承担其责任部分的风险，包括实际的死亡、疾病、退保经验较差和投资回报不足可能带来的损失。

共同保险安排主要运用在定期寿险、短期意外伤害和健康保险等没有现金价值或现金价值较低的业务的再保险安排上。

视具体的再保险协议约定，共同保险安排也可能提供依赖于实际经验结果的纯益手续费返还。

3. 修正共同保险安排（Modified Coinsurance or“Mod – Co”）

修正共同保险安排在再保险安排的形式上与共同保险安排基本相同，主要区别在于准备金的处理。修正共同保险安排下，相关分出业务所对应的准备金仍然留存于分出公司，构成分出公司的一项负债。相应的，再保险公司在收到相应比例的毛保费和支付相关的保险利益给付的同时，需要向分出公司提供扣除投资收益要求后的准备金增加部分的资金。

修正共同保险安排主要运用在产生现金价值的业务的再保险安排上。分出公司优先考虑修正共同保险安排一方面是希望将分出业务准备金对应的资产留存于公司进行投资运作，另一方面是认为自身公司可获得的投资回报优于再保险公司要求的回报率。

修正共同保险准备金调整（Mod – Co Reserve Adjustment）是以修正共同保险方式的再保险安排的一项重要元素。修正共同保险准备金调整通过以下方式确定：

期末保单责任准备金

减：期初保单责任准备金

减：期初保单责任准备金利息

如果上述结果为正数，再保险公司需支付相应的金额给分出公司；如果上述结果为负数，分出公司需支付相应的金额给再保险公司。修正共同保险准备金调整的计算频率视具体的再保险协议约定，可以是每个会计年度，也可以是每个季度。

用来确定准备金利息的利率，也就是通常所说的修正共同保险利率（Mod – Co Interest Rate），是决定修正共同保险再保险安排成本和投资风险转移程度的重要因素。

除修正共同保险安排外，资产保留的共同保险安排（Coinsurance with Funds Withheld）也是共同保险安排的另一种常见衍生产品。资产保留的共同保险安排与共同保险安排的区别在于用以支持分出业务部分的准备金的资产仍然留存于分出公司代为管理。与修正共同保险安排相同，分出公司需要按协议约定支付这部分资产所对应的投资收益给再保险公司。

表 11 – 2 给出了关于共同保险安排、修正共同保险安排和资产保留的共同保险安排的比较。

表 11 – 2　　关于共同保险安排、修正共同保险安排和资产保留的共同保险安排的比较

再保险安排形式	再保部分准备金	相应的资产
共同保险安排	再保险公司	再保险公司
修正共同保险安排	分出公司	分出公司
资产保留的共同保险安排	分出公司	再保险公司

11.3.3 财务再保险

通过前面的介绍，我们不难发现再保险安排在转移风险的同时，也可以改变保险公司的利润实现模式，并且影响保险公司相应的准备金和偿付能力额度要求，给保险公司的财务和资本状况带来影响。我们通常所说的财务再保险安排就是指在风险转移的同时，伴有一定的财务管理目标的再保险安排。保险公司的财务管理目标包括利润管理、资本管理、税务管理等。

财务再保险的具体再保险安排形式是多样的，它可以是前述传统再保险所采用的任何形式之一，也可以是在它们基础上的衍生。一项财务再保险安排的实际“财务调节”效果除了与再保险佣金的设计有着密切的关系之外，同时也受相关准备金和偿付能力监管规定对于再保险业务具体处理的影响。

下面介绍一些常见的财务再保险安排形式和主要考虑因素。

（1）长期险风险保额的一年期可续保安排。长期险风险保额的一年期可续保安排将特定的长期险业务的风险保额以一年期可续保（Yearly Renewable Term，YRT）的方式分出。由于不确定的风险赔付经验转换成了确定的再保险风险保费，公司在转移风险的同时牺牲了获取核保利润的机会。另一方面，风险保额的降低也减小了最低偿付能力额度要求，可以提高公司的偿付能力充足率。

在一般传统再保险安排的情况下，公司根据自身的风险承受能力确定合适的风险自留额度，以达到风险转移和核保利润获得的一个权衡。当公司面临较大的偿付能力压力并且短时间内又难以获得外部的资本支持时，短时期内临时增加风险保额的分出额度就会释放部分最低偿付能力额度要求，也是一个缓解偿付能力压力的选择。

（2）共同再保险安排和修正共同再保险安排。对于短期险业务的共同再保险安排或修正共同再保险安排本身就一定程度上降低了短期险业务的自留保费或自留赔付款数额，即短期险业务的最低偿付能力额度要求，从而有助于缓解偿付能力压力。

此外，如前文所述，共同再保险安排和修正共同再保险安排视具体的再保险协议约定，再保险佣金与公司实际发生费用在时间点上的差异就产生了“财务调节”的效果。因此，以共同再保险安排或修正共同再保险安排为再保险安排形式的财务再保险，再保险佣金的设计是一个非常重要的考虑因素。再保险佣金可以是所分出业务的实际发生费用的提前支付，也可以是其未来利润的提前支付。再保险佣金的不同考虑和设计会带来不同的“财务调节”效果。

如果再保险佣金的设计包含了再保险公司对分出业务未来利润的提前支付，具体的利润提前支付的数额一般由再保险公司对该业务的价值评估确定，比如，内含价值的一个成数（50%）；具体的提前支付形式由双方根据具体协议而定，可以在首个再保险年度，也可以在若干再保险年度。

公司在考虑财务再保险安排的具体形式时，必需紧密联系自身实际的业务结构和不同形式可能带来的财务影响的强弱程度。除了再保险安排形式之外，以下几点也是财务再保险安排重要的考虑因素：

（1）财务再保险成本。财务再保险成本也是财务再保险安排的一个重要考虑因素。只有充分了解了财务再保险的成本，才能更有效地评估具体财务再保险安排的可行性，并判断是否与公司的资本规划相吻合。

不同的再保险安排形式，其再保险成本的体现也不尽相同，有些对于分出公司而言是明确的，而有些则是暗含的。以前述再保险佣金包含对未来利润提前支付的共同再保险安排或修正共同再保险安排为例，有些协议对于这部分提前支付的数额有一个每年资本成本（资本回报率）的明确约定，有些则暗含在再保险公司对未来利润的共享中。

此外，对于分出业务准备金对应的资产留存于分出公司的再保险安排，再保险公司对这部分资产的投资回报率要求也是一个重要的财务再保险成本考虑因素。

（2）公司税务状况。财务再保险安排影响了公司的利润，必然会对公司的税务状况产生影响。相应的，财务再保险安排的实际税后结果也会影响到财务再保险安排的实际“财务调节”效果。

如果公司累积了滚存的税务亏损并且即将满期，那么再保险佣金的提前支付效应对有效地利用这部分税务亏损会起到帮助；相反，再保险佣金的提前支付效应将导致当年所得税支出大幅度提高，那么此财务再保险安排的税后效果将被大打折扣。

（3）监管要求。由于财务再保险安排的多样性以及它对公司财务结果的影响，财务再保险越来越多地受到监管机构的关注。没有显著风险转移成分的再保险安排通常是不被监管机构所接受的。

综上所述，我们考虑财务再保险安排，在满足监管要求的同时，必需充分了解公司自身的业务结构、选择合适的再保险形式并且财务再保险成本和再保险安排的税务影响应当符合公司长期业务发展战略和资本规划需求。

11.3.4 我国再保险安排的监管

考虑到再保险安排对于保险公司经营管理（特别是风险管理）的重要性以及再保险安排本身的多样性，再保险安排通常也是保险监管机构的监管重点之一。再保险安排的监管一般包含再保险接受人资质的要求、再保险关联交易的监管、再保险安排定期报告和信息披露要求等方面的内容。下面我们就介绍一下我国再保险安排监管在这些方面的具体要求。

1. 再保险接受人资质的要求

我国再保险安排监管对于再保险分出公司选择再保险接受人的要求包括信用评级、资本金、偿付能力等方面，具体而言包括：

在订立签署再保险合同时，合约再保险业务的首席接受人或最大份额接受人应为国有独资、国有控股保险公司或者最新财务实力评级至少符合标准普尔（S&P）评级不低于 A－、A. M. Best 评级不低于 A－、穆迪（Moodys）评级不低于 A3、惠誉（Fitch）评级不低于 A－要求之一；合约再保险业务的其他接受人应为国有独资、国有控股保险公司或者最新财务实力评级至少符合标准普尔（S&P）评级不低于 BBB、A. M. Best 评级不低于B++、穆迪（Moodys）评级不低于Baa、惠誉（Fitch）评级不低于BBB要求之一。

在再保险合同的存续期内，如果再保险接受人的财务实力评级连续3年未达到上述要求，再保险分出公司应当考虑采取适当措施降低风险。

再保险接受人的实收货币资本金不得低于2亿元人民币或等值货币，并且当合约再保险业务的首席接受人或最大份额接受人为非专业再保险机构时，其实收货币资本金不得低于10亿元人民币或等值货币。

再保险接受人的偿付能力应当符合公司注册地监管当局关于偿付能力的有关规定，再保险分出公司应及时了解再保险接受人的偿付能力状况。

再保险接受人在再保险合同起期的前2个会计年度无重大违法违规行为。

2. 再保险关联交易的监管

《中华人民共和国外资保险公司管理条例（国务院令第336号）》和《再保险业务管理规定（保监会令［2010］8号）》明确规定“除中国保监会批准外，外资保险公司不得与其关联企业从事再保险业务”。换而言之，外资保险公司与其关联企业的再保险交易必须申报中国保监会的审批，具体申报材料包括：

（1）申请函；

（2）关联企业所在地、注册地、适用税率、主营业务介绍（尤其是再保险业务）；

（3）关联企业的公司章程和近3年的年报；

（4）关联企业所在国家或者地区有关主管当局对其当年符合偿付能力标准的证明；

（5）关联企业经由标准普尔（S&P）、穆迪（Moodys）或A. M. Best的最新评级。

中国保监会的审查原则和标准包括：

（1）关联企业符合所在国家或者地区偿付能力标准；

（2）关联企业近3年没有重大违法违规行为；

（3）关联企业具有健全的内部管理制度；

（4）符合中国保险监会关于再保险业务管理的有关规定。

特别地，外资保险公司应当严格按照《外资保险公司与其关联企业从事再保险交易的审批项目实施规程》的要求，于每年第四季度向中国保监会履行与其关联企业从事再保险交易的审批手续，申报下年度再保险关联企业的材料。

3. 再保险安排定期报告和信息披露要求

根据《再保险业务管理规定（保监会令［2010］8号）》等相关再保险规定，我国再保险安排的定期报告和信息披露要求主要包括：

（1）对危险单位的划分方法；

（2）具体再保险安排以及当年度的变动情况，包括新增的或者有变动的再保险合约文本复印件、直接分出业务的再保险接受人名称及份额、资本金、信用评级、所在国家或地区等内容；

（3）巨灾风险安排方案的单独备案要求；

（4）航空意外险的再保险安排的单独披露要求；

（5）再保险业务经营情况，包括再保险业务规模、手续费以及摊回、赔款以及摊回等分入、分出两方面内容；

（6）总精算师或精算责任人签署的、有关再保险业务的各类准备金提取办法和金额；

（7）重大保险赔案（人身伤亡赔付3 000万元人民币以上）及其再保险安排情况、再保险政策的重大调整等情况。

此外，经保监会批准的外资保险公司与其关联企业的再保险交易，外资保险公司要求在合约再保险合同生效后一个月内向中国保监会上报再保险合同简要文本；同时，在每个季度结束后一个月内，上报与关联企业签订的临分再保险合同简要文本。我国再保险关联交易的相关监管信息披露要求还包括询价过程以及对手的报价情况、选择关联企业的原因以及每一个关联企业再保险交易的单独统计信息等。

§11.4 企业风险管理简介

11.4.1 企业风险管理概念

企业风险管理（Enterprise Risk Management，ERM）是近年来对于金融服务机构的热门话题，在不同的场合和领域都或多或少地会被提及。那么什么是企业风险管理呢？它与我们通常所说的传统风险管理又有何区别？

企业风险管理是协调风险管理的过程，它更加着重于组织中不同部门之间的协作，以达到全方面管理组织所可能面对的各方面风险。企业风险管理提供了一个有效管理不确定性、应对风险和把握随之而来的机会的管理架构。

有别于传统的风险管理做法，企业风险管理的概念体现了风险管理应渗透到整个企业组织的理念，并强调是一个持续的过程。企业风险管理的目的是通过理解企业面临的主要风险对企业可能带来的冲击和影响，来更好地管理企业的风险暴露，将其控制在企业管理层所期望的水平。通过企业风险管理架构，企业可以识别、评估、控制、衡量和监测各种风险和机遇，来达到实现企业的战略目标和财务目标的目的。

简而言之，企业风险管理是一个组织整体的风险管理，是传统风险管理的延伸。

企业风险管理对公司的作用包括：

（1）使企业战略与风险偏好保持一致；

（2）将公司的成长、风险和回报联系起来；

（3）提高风险应对能力；

（4）减少运营中的意外和所带来的损失；

（5）管理企业范围内的风险；

（6）意识到公司可能的机遇并采取相应的行动；

（7）有效的资源调配。

近年来监管要求和评级机构要求的发展也使得企业风险管理对于保险公司变得越来越重要。

监管要求，监管机构已经越来越多地关注保险公司的内部治理结构。作为保险公司综合管理风险的管理架构，企业风险管理的概念在保险公司的建立和推广已逐步成为监管的要求。保险公司内部也逐步建立起协调企业风险管理的专职风险管理部门。

评级机构要求，评级机构近年来也越来越多地关注与企业风险管理有关的主题。对于评级机构，保险公司是否建立健全的风险管理体系是一个相当重要的考虑因素。评级机构的关注点也从资产负债管理、投资风险管理、产品定价风险管理等，逐步延伸到企业风险管理的层面。

此外，不断加强的财务报告披露要求、公司管理透明度要求和日益加剧的竞争环境都提升了企业风险管理的重要性。

11.4.2 企业风险管理基本框架和主要内容

企业风险管理的基本框架可以分为四个主题：风险控制（Risk Control）、战略风险管理（Strategic Risk Management）、巨灾风险管理（Catastrophic Risk Management）和风险管理文化（Risk Management Culture）。

1. 风险控制（Risk Control）

风险控制是识别、监测、限制、避免、抵御和转移风险的过程。风险控制的主要目的是将公司的自留风险保持在与公司的风险偏好和战略规划相适应的水平。

风险控制的运用可以是在一个部门或是一个单位。当然风险控制普遍运用于整个企业组织会更加有效。

风险控制过程包括以下几个方面：

（1）识别风险，风险的识别可以是自下而上的，也可以是自上而下的。

（2）风险评估，根据已有信息和管理者的判断可以决定各项风险的发生频率和严重程度。通过对风险发生频率和严重程度的分析可以确定那些优先级较高的风险。对于确定的风险，指派专人作为该项风险的负责人。

（3）监测风险，明确各项确定的风险的相关信息，建立定期的监测和汇总报告流程。

（4）风险限额，对于各项确定的风险，确定风险限额。

（5）风险规避，风险规避一般可通过产品设计、投资策略和运营程序来实现。

（6）抵御风险，风险的抵御一般可通过风险管理程序来实现，比如，资产负债管理可以用来抵御市场利率变化带来的风险。

（7）转移风险，再保险是保险公司常用的转移风险的手段。

2. 战略风险管理（Strategic Risk Management）

战略风险管理是公司的战略决策反映风险和风险资本的过程。战略风险管理的通常目标是最大程度地优化组织的风险调整后的结果（Risk Adjusted Results），即在不同的战略选择中找到与风险水平相当的最佳回报。

不同于风险控制，战略风险管理只有普遍运用于整个企业组织才是有效的，不然，无法保证企业作为一个整体可以获得最佳的风险调整后的回报。

风险控制流程与战略风险管理一起运用，以确保战略计划在执行过程中公司所保留的风险不超过预期的风险水平。

战略风险管理包括以下几个方面：

（1）经济资本（Economic Capital）考量。

（2）风险调整的产品定价，即产品定价反映相应的经济资本成本及预期收益的可能的波动。

（3）资本预算，基于经济资本考量的业务规划所需的资本要求。

（4）风险调整业绩衡量（Risk Adjusted Performance Measurement，RAPM），业务规划的财务结果的考量基于风险调整的基础。

3. 巨灾风险管理（Catastrophic Risk Management）

巨灾风险管理是预见和防范可能威胁到企业生存能力的极端事件的过程。

巨灾风险管理通过预见可能摧毁企业的潜在灾难，以达到制定相应的应急方案来减小灾难可能给企业带来的损失的目的，并通过对环境的监测，建立起对灾难有效的预警机制。

巨灾风险管理包括以下几个方面：

（1）趋势分析，通过趋势分析观察可能意味着出现负面状况的信号。

（2）压力测试，通过压力测试确定极端情况可能对公司的影响。涉及的影响可以包括财务方面的、公司声誉方面的、监管方面的和信用评级方面的等。

（3）应急方案，对于压力测试的某些情景或是趋势分析显示的可能的不利状况，公司制定相应的一系列针对性的详细行动计划。当极端事件真正发生时，公司可以最快地作出行动，使损失降低到最小。

（4）主动的巨灾风险管理，当突发事件来临时，有效、清晰地与利益相关者及媒体沟通。

（5）巨灾风险转移，巨灾风险转移可以是通过巨灾保险的形式，也可以是资本市场的方式。

4. 风险管理文化（Risk Management Culture）

风险管理文化反映了一个企业通常面对、处理风险的方法。良好的企业风险管理文化会将企业风险管理理念自觉地纳入到各项管理决策中。在一个良好的企业风险管理文化氛围中，整个公司的管理团队都能够认识公司的风险承受能力、风险管理过程和对风险的预期回报。

风险管理文化包括以下几个方面：

（1）风险评估，识别和定量公司所有可能的风险。

（2）最佳实践，找到适合于公司的最佳风险管理实施方法。

（3）管理层的支持。

（4）有效的沟通，风险报告的结果能够及时、有效地在相关部门之间进行沟通。任何成功和失败的经验教训都能得到讨论和总结。

（5）持续、不断地强化风险管理的重要性。

11.4.3　有效的企业风险管理和精算师的角色和作用

有效的企业风险管理核心理念包括以下几点：

“过程”（Process），企业风险管理对于企业而言是一个持续的过程，而非一时的行为。公司应在整个企业范围内有组织、有系统地建立起企业风险管理架构。

“组织”（Organization），企业风险管理强调风险管理在整个组织层面来考量。管理架构的建立应渗透到整个企业范围；风险的识别和管理应将组织可能面临的所有重大风险包含在内。

“风险和机遇”，企业风险管理目的不是简单地规避或最小化风险，而是通过有效的风险管理手段找到企业恰当的“风险与回报”定位创造价值，从而达到企业的战略目标和财务目标。

随着日益复杂和快速变化的商业环境，保险公司对合格企业风险管理人才可谓是求贤若渴。联系到企业风险管理需要综合考虑企业所面临的各方面的风险，包括衡量单个独立的风险以及不同风险之间的相互关联和作用，所有这些都要求风险管理人才对保险公司各个环节的运作和潜在的风险有非常清楚的了解和认识。

精算师无疑是符合上述要求的理想人选。凭借着良好的专业技术背景，精算师不仅是保险相关风险定量分析的专家，也有着了解和掌握其他风险管理的能力。在企业风险管理架构中，精算师凭借着其对公司风险的全面了解，完全可以担当起企业风险管理领域的领导者。

精算师职业的发展也让我们看到了这一变化。为满足企业风险管理领域对精算师的需求，北美精算师协会（SOA）已专门设立了一项新的国际认证 Chartered Enterprise Risk Analyst（CERA），以培养专门的企业风险管理人才。

主要参考文献

【1】 David B. Atkinson & James W. Dallas, *Life Insurance Products and Finance*, Society of Actuaries, 2000.

【2】 John E. Tiller, Jr. & Denise Fagerberg Tiller, *Life*, *Health & Annuity Reinsurance*, *second edition*, ACTEX, 1995.

【3】 Anson J. Glacy, Jr, & Andres E. Vilm, *Life INsurance Accounting*, *Fourth Edition*, *IASA*, 2001.

【4】 AAA, *Mapping of Life Insurance Risk*, *AAA Report to NAIC*, 2002.

【5】 Moody's Investor Service, *Moody's Looks at Risk Management & the New Life Insurance Risks*, *October* 2000.

【6】 Swiss Re, *Asset-Liability Management for Insurers*, Sigma, No. 6/2000.

【7】 SOA, Enterprise Risk Management Specialty Guide, May 2006.

第 12 章　利源分析和红利分配

学习目的

- ☐ 了解公司利润的来源
- ☐ 掌握利源分析的目的以及利源分析过程要考虑的因素
- ☐ 熟悉我国法定会计报告和 US GAAP 下的利源分析
- ☐ 了解分红业务的发展以及监管
- ☐ 熟悉分红账户的设立和管理，清楚红利分配的方式和来源
- ☐ 掌握红利分配的政策，熟悉市场上存在的典型红利分配方案

§12.1　保险公司利润来源

保险公司与传统公司不同，其经营的是人身风险相关的保险产品，利润的来源也相对比较复杂。从产品定价的角度出发，保险公司利润来源于预期利润、经验损益以及其他。预期利润是指保险公司在产品开发时预期将来能得到的利润；经验损益主要包括由于实际经验和定价经验不一致引起的损益，一般主要由死亡、退保、费用和投资等引起；其他利润来源主要包括公司的资本产生的投资收益、税金、评估方法或假设的变动等。以下具体介绍以上利润来源。

保险公司根据市场的需求设计出不同类型的保险产品，然后设定死亡率、退保率、费用以及投资收益率等一系列假设进行利润测试，这些假设一般基于公司实际经验、行业经验或者长期的最优估计；同时，公司根据产品的类型、风险、销售渠道以及长期发展策略等设定合理的利润率目标；如果利润测试的结果满足预期的利润率目标，公司则在市场上销售该保险产品。但是产品销售之后，实际财务报表中的利润受很多不确定性因素的影响，与产品开发时的利润会有差异。财务报表的利润为保险公司收取的保费，扣除支付的赔款、退保金、生存给付、准备金的提转差以及维持经营需要支付手续费及佣金、营业税金、业务及管理费用等，最后加上公司投资收入、再保收益、汇兑收益等。定价时的死亡、退保、费用以及利率假设与实际的经验会有所偏差，尤其是利率假设，由于市场环境一般波动比较频繁，差异更是不可避免。另外，公司的资本金也会产生相应的投资收益，该收益不会在定价中反映；公司缴纳的税金受很多因素的影响，在

定价中也很难全面反映；评估方法或者假设的变动也会改变利润在不同年度的出现情况。

§12.2 利源分析的基本原理和主要财务体系下的应用

12.2.1 利源分析的目的

利源分析有助于保险公司理解利润的来源，是比较有用的分析工具，保险公司可以利用利源分析报告来实现以下目的：

1. 无论对于公司内部的管理层、外部投资者、监管部门还是评级机构，利源分析报告都可以充当有效的沟通工具。利源分析报告提供了除损益表以外的更多信息，这些信息可以帮助进一步理解公司的利润。另外当公司利润变动比较大时，通过利源分析报告可以发现利润变动的主要原因，从而有利于解释利润的变动。

2. 利源分析报告可以应用于定价、核保和风险管理中。不同业务利润的来源差别很大，通过不同业务线的利源分析，可以帮助确定哪些因素对于该业务线是重要的，这有利于保险公司的经营，包括从产品的定价、销售过程中的核保以及售后的风险管理。

3. 利源分析报告有助于评估假设的设定。比如若公司可以自己根据经验制定死亡评估假设，对于传统产品来说，若评估假设和实际经验接近，死差益就比较小，否则死差益就比较大。若评估基础是基于最优估计，通过死差益保险公司可以判断评估假设与实际经验的差别，有助于以后评估假设的设定。

4. 利源分析报告可以作为辅助工具提高保险公司的财务数据的正确性。通过不同年度利润来源的比较，以及对于每个利源项目和异常情况的分析，在帮助解释利润的同时，也可以发现一些错误，比如准备金计算中错误、一些不合理的假设、不合理的会计数字等，从而帮助加强公司财务管理的能力。

12.2.2 利源分析介绍

利源分析是对实际利润的来源进行分析和量化的过程。利源分析所要分析的利润是损益表中的利润，一般会把业务利润和资本利润分开进行分析，不会考虑所得税。利源分析与资产负债的评估基础是紧密相连的，是损益表的另外一种表述方式，但是它包含更多额外的信息，使得大家对利润有更进一步的认识，因此利源分析报告越来越受到大家的重视。

利源分析的过程比较复杂，要产生一个好的利源分析报告，不仅仅需要强大的精算队伍，也需要财务、投资和IT等部门的支持，另外还需要比较完善的保单数据管理系统、财务系统、精算评估系统等提供数据的支持。如果没有这些支持，利源分析报告很难发挥作用。另外在进行利源分析报告时，还需要注意考虑以下因素：

（1）利源分析报告应该容易被理解，根据使用的对象，保险公司需要选择合适的表述方式，使之真正成为一个有效的沟通工具。利源分析报告的使用对象可能是公司的精算人员、管理层、监管部门、投资者和评级机构等，其使用目的可能有所差别，因此利源分析报告的详细程度可能也有所不同。公司的精算人员为了定价或者设定评估假设等目的，会有比较详细的利源分析，比如可能会把死差益中死亡、疾病、残疾等引起的差异进一步进行分拆；对于公司管理层，需要利用利源分析报告理解利润、进行业绩评估和用于公司管理等，会要求适度详细的利源分析报告，比如可能根据公司的组织架构和管理模式，把利源分析报告划分为不同的业务线；而对于监管部门，更倾向于采用行业统一的格式和方法以利于比较和监管，同时从大原则出发，只关注于主要的指标；对于投资者和评级机构，公司根据想要传递的信息，提供合适的方式去表述利源分析的结果。

（2）确保利源分析报告的及时性和连贯性。若利源分析不及时或者不连贯，可能会面临信用等级降低的风险，或者监管机构的监管措施。另外，如果公司的管理层得不到及时、连贯的信息，很难利用其进行决策以及业绩评估等，其作用将会大打折扣。

（3）不同年度利源分析方法应该保持一致，一致的利源分析方法有助于解释不同年度利润的变化。

（4）与要分析会计利润中准备金评估基础与方法保持一致，否则会增加利源分析的复杂性，减少其实用价值。

（5）需要理解利源项目的含义，利源分析背后所蕴含的假设。这样便于理解利源分析报告的局限性，从而更好地利用利源分析报告的结果。

在进行利润来源分析时，基于报告的目的和要求，公司可以从定价假设或者评估假设出发，本书主要从评估假设出发进行利源分析。利源分析可以基于不同的会计准则，比如可以基于美国通用会计准则（US General Accepted Accounting Principle，US GAAP）和加拿大通用会计准则（Canadian General Accepted Accounting Principle，CGAAP）等，目前我国利源分析报告基于法定会计准则。在不同会计准则下，资产和负债评估方式都不相同，评估方法的差别可能导致利润分析方法不一样，有时某个差益定义可能不一样，利源分析报告的格式可能也有所差别。另外，即使利源项目的定义基本相似，但在分析时其内在蕴含的精算假设可能差别很大。因此不同会计准则下，利源分析报告的直接比较意义并不是很大。在后面两节我们将重点介绍中国法定会计准则和 US GAAP 下的具体利源分析的方法。

12.2.3 我国法定会计报告下的利源分析

保监会于 2009 年 11 月下发《关于印发〈精算报告〉编报规则的通知》（以下简称编报规则），要求保险公司从 2009 年开始进行利源分析，目前利源分析是精算报告的一个重要组成部分。以前的精算报告编报规则基于红利分配的需求，只对分红业务进行利源分析。修订后的精算报告编报规则扩大了利源分析的范围和利源分析的项目，同时对利源分析的方法、报告披露的内容和格式都有相关的规定。利源分析中具体的利源项目分为死差益、利差益、费差益、退保差益、再保差益、评估差益和其他差益，具体报告格式见表 12－1。编报规则对于每个利源项目的组成都有详细的描述，其中一个报表的报告格式如下供大家参考。

表 12－1

	利源分析报告
1. 死差益	
2. 利差益	
3. 费差益	
4. 退保差益	
5. 再保差益	
6. 评估差益	
7. 其他差异	
8. 团体短险综合利润	
9. 实际税前利润＝1＋2＋……＋7＋8	

以下主要介绍死差益、利差益、费差益和退保差益这四个主要的利润来源。另外由于传统寿险/分红保险和万能/投连保险产品性质差别比较大，利润分析的方法也差别比较大，因此以下分开来讲述。

1. 传统寿险/分红寿险

以下主要从原理上介绍利润来源，从准备金计算和实际利润的出发推导和解释以便于大家理解。本书对一些科目进行了简化的处理，比如不考虑红利、失效、税金等；另外一些科目处理方式与精算报告稍微有所不同，比如生存给付等。所以最后的表述可能与编报规则中有差别，但是总体的计算是一致的。

（1）法定责任准备金。我国法定责任准备金的计算公式如下：

$$\text{保险准备金}_t = [(\text{保险准备金}_{t-1} + \text{净保费}(\text{Net Premium}, \text{NP}) - \text{生存给付}_{t-1}) \times (1 + \text{评估利率}_t) - \text{死亡赔付}_t \times (1 + \text{评估利率}_t/2)]/(1 - \text{死亡率}_t)$$

这里保险利益不考虑残疾/疾病，假定死亡发生在第 t 个保单年度中，生存给付$_{t-1}$发生在第 $t-1$ 保单年度末，保险准备金在 0 时刻（即保单签发时）为 0。因此保险准备金$_t$ 为第 t 个保单年度末生存给付前的准备金因子。以上准备金公式中的生存给付和死亡赔付均基于评估假设，为预期的生存给付和死亡给付。评估利率和死亡率为预期利率和预期死亡率。

（2）实际利润。第 t 个保单年度的实际利润的计算公式如下：

$$\begin{aligned}
\text{实际利润}_t = & \text{毛保费} - \text{实际营业费用}_t - \text{实际佣金及手续费}_t - \text{实际退保支出}_t - \text{实际死亡赔付}_t - \text{实际生存给付}_{t-1} \\
& - [\text{保险准备金}_t \times (1 - \text{实际退保率}_t - \text{实际死亡率}_t) - \text{保险准备金}_{t-1}] \\
& + [(\text{毛保费} - \text{实际佣金及手续费}_t - \text{实际生存给付}_{t-1} + \text{保险准备金}_{t-1}) \times \text{实际利率}_t - (\text{实际死亡赔付}_t + \text{实际营业费用}_t) \times \text{实际利率}_t/2]
\end{aligned}$$

假定毛保费（Gross Premium，GP）、佣金及手续费发生在第 t 保单年初，退保发生在第 t 保单年末，死亡和营业费用发生在第 t 保单年度中。此处保险准备金$_t$ 为第 t 保单年度生存给付前的准备金因子，不是 t 年度末的有效准备金。至于生存给付，因为第 t 个保单年度的生存给付已经含在准备金因子中，所以现金流中没有实际生存给付$_t$，另外第 $t-1$ 个保单年度末生存给付后的准备金为保险准备金$_{t-1}$ − 实际生存给付$_{t-1}$，因此准备金的提转差为：[保险准备金$_t$(1 − 实际退保率$_t$ − 实际死亡率$_t$) − (保险准备金$_{t-1}$ − 实际生存给付$_{t-1}$)]，所以以上实际利润中生存给付为第 $t-1$ 个保单年度末的生存给付。

根据（1）中准备金的计算公式，可以进一步得到：

$$\begin{aligned}
& \text{保险准备金}_t \times (1 - \text{实际退保率}_t - \text{实际死亡率}_t) - \text{保险准备金}_{t-1} \\
& = \text{保险准备金}_t \times (-\text{实际退保率}_t - \text{实际死亡率}_t) + \text{保险准备金}_t \times \text{预期死亡率}_t + \text{净保费} - \text{预期生存给付}_{t-1} \\
& \quad + [(\text{净保费} - \text{预期生存给付}_{t-1} + \text{保险准备金}_{t-1}) \times \text{预期利率}_t - \text{预期死亡赔付}_t \times (1 + \text{预期利率}_t/2)]
\end{aligned}$$

因为生存给付$_{t-1}$为第 $t-1$ 个保单年度末的生存给付，因此

$$\text{预期生存给付}_{t-1} = \text{实际生存给付}_{t-1}$$

根据以上，第 t 个保单年度实际利润的计算公式可以进一步表述为：

$$\begin{aligned}
\text{实际利润}_t = & (\text{毛保费} - \text{净保费} - \text{实际营业费用}_t - \text{实际佣金及手续费}_t) - (\text{实际死亡赔付}_t - \text{保险准备金}_t \times \text{实际死亡率}_t - \text{预期死亡赔付}_t + \text{保险准备金}_t \times \text{预期死亡率}_t) \\
& - (\text{实际退保支出}_t - \text{保险准备金}_t \times \text{实际退保率}_t) \\
& + [(\text{毛保费} - \text{实际佣金及手续费}_t - \text{实际生存给付}_{t-1}
\end{aligned}$$

$+$ 保险准备金$_{t-1}$）× 实际利率$_t$ −（实际死亡赔付$_t$ + 实际营业费用$_t$）× 实际利率$_t$/2]

−[（净保费 − 预期生存给付$_{t-1}$ + 保险准备金$_{t-1}$）× 预期利率$_t$ − 预期死亡赔付$_t$ × 预期利率$_t$/2）]

（3）利源项目。根据（2）中实际利润公式可以得到：

死差益 = − 实际赔付支出 + 死亡引起的准备金释放 + 预期赔付支出 − 预期死亡引起的准备金释放

退保益 = − 实际退保金额 + 退保引起的准备金释放

费差益 = 毛保费 − 净保费 − 实际营业费用 − 实际佣金及手续费

利差益 = 实际投资收益 − 预期投资收益

需要注意以上释放的责任准备金含因生存给付（含满期给付）释放的准备金。

【例 12－1】 某保险公司 2008 年度的利润如表 12－2，如果净保费收入为 750 万元，退保引起的准备金释放为 400 万元，死亡引起的准备金释放为 50 万元。根据评估假设，预期死亡为 120 万元，预期投资收益为 150 万元。请计算退保差益和费差益，并且计算根据准备金计算预期死亡引起的准备金释放。

表 12－2 单位：万元

保费收入	1 000
死亡	100
退保	300
生存给付	200
上年度末的准备金	4 000
本年度末的准备金	4 190
投资收益	300
营业费用	200
佣金以及手续费	100
利润	210

解：

（1）退保差益 = − 退保给付 + 退保引起的准备金释放

= −300 + 400

= 100（万元）

（2）费差益 = 毛保费 − 净保费 − 营业费用 − 佣金及手续费

= 1 000 − 750 − 200 − 100

= −50（万元）

（3）基于评估假设的年度末准备金

= 期初准备金 + 预期投资收益 + 净保费 − 生存给付 − 预期死亡

= 4 000 + 150 + 750 − 200 − 120

= 4 580（万元）

（4）期末准备金

= 基于评估假设的年度末准备金 − 退保引起准备金释放 + 预期死亡引起的准备金释放 − 实际死亡引起的准备金释放

因此，

预期死亡引起的准备金释放 = 60（万元）

2. 万能或者投连保险

对于万能或者投连产品，保险公司向客户收取初始费用、买入卖出差价、风险保险费、保单管理费等费用，用于支付佣金、营业费用、死亡赔付、持续奖金等。对于万能产品，公司还会赚取投资收益和支付给保户结算利息之间的差益。万能和投连产品费用结构自然形成了利润，相对传统产品来说，万能和投连的利源分析比较简单和直接。因此以下不再从准备金计算公式和实际利润出发来推导不同的利源项目，而是直接给出死差益、退保差益、利差益和费差益四个主要利源分析项目的公式。另外本书简化一些项目，不考虑万能账户平滑准备金，持续奖金支出全部归入费差益，因此与精算报告中的利源项目的计算方式可能会有所差异，但总体计算方法是一致的。

（1）死差益 = 风险保费 - 超过账户价值之外的赔付支出

（2）退保差益 = 退保时保单释放单位准备金/账户准备金 - 退保金

（3）利差益 = 投资收益 - 支付保户结算利息

（4）费差益 = 万能、投连初始费用 + 万能、投连保单管理费 + 投连买入卖出差价 + 投连资产管理费 - 手续费及佣金支出 - 业务及管理费 - 应缴营业税金及附加 - 万能、投连持续奖金支出 - 万能非账户准备金提转差 - 投连非单位准备金提转差

【例 12-2】 某保险公司的万能业务 2008 年的经营状况如表 12-3，计算死差益、退保差益、利差益和费差益。

表 12-3　　单位：万元

	2008 年
初始费用（1）	1 000
保单管理费用（2）	50
风险保费（3）	300
退保费用（4）	100
持续奖金（5）	200
死亡赔付（6）	200
营业税金及附加（7）	100
业务及管理费（8）	600
手续费及佣金（9）	300
非账户准备金提转差（10）	100
投资收益（11）	800
支付给保户的结算利息（12）	700
利润(1) + … + (4) - (5) - … - (10) + (11) - (12)	50

解：

（1） 死差益 = 风险保费 − 超过账户价值之外的赔付支出
= 300 − 200
= 100 （万元）

（2） 退保差益 = 退保费用
= 100 （万元）

（3） 利差益 = 投资收益 − 支付保户结算利息
= 800 − 700
= 100 （万元）

（4） 费差益 = 万能险初始费用 + 万能保单管理费 − 手续费及佣金支出 − 业务及管理费 − 应缴营业税金及附加 − 万能持续奖金支出 − 万能非账户准备金提转差
= 1 000 + 50 − 300 − 600 − 100 − 200 − 100
= − 250 （万元）

12.2.4 US GAAP 下的利源分析

在 US GAAP 下，目前对利源分析报告还没有相关的监管要求，因此保险公司可以不做 US GAAP 下的利源分析报告。但是我们前面谈到利源分析报告是有效的利润分析和沟通工具，公司管理层、投资者和评级机构越来越重视该报告，因此关于 US GAAP 下的利源分析有很多相关的讨论，一些保险公司在年报中也披露利源分析。但是保险公司进行利源分析报告目的不同，另外可能受到系统、数据、方法复杂性等限制，因此报告表述格式、分析方法可能会不一样，利源项目的定义可能也会存在一些差别。以下将简单介绍 FAS60/FAS97LP 传统产品和 FAS97UL 产品的一种可能利源分析方法和报告表述格式，以便于大家理解。

1. 传统产品（FAS60/FAS97LP）

对于 FAS60/FAS97LP 的产品，其评估假设基于最优假设，同时包含不利偏差。评估假设包括利率假设、死亡率/疾病发生率等假设、退保假设以及费用假设。需要注意费用在 US GAAP 下被划分为四类：首年可递延的费用（First Year deferrable expense，FYDE）、首年不可递延的费用（First Year non deferrable expense，FYNDE）、维持费用（maintenance expense，ME）、间接管理费用（overhead），其中首年不可递延的营业费用和其他营业费用不被包括在准备金的计算中。评估假设在保单签订年度确定下来，以后年度如果能够通过毛保费准备金测试，则评估假设不会更改。每个会计年度，针对当年度的新业务都会设定相应的评估假设。

基于最优假设的利润是利润摊销基础的一个固定比例加上不利偏差

(PAD) 的释放，对于这部分利润，很难找到一种合理的方法将其分到费用、死亡、退保等因素，因此一种利源分析方法引入预期利润的概念。另外，基于最优假设的预期利润比较难以得到，而且会增加利源分析的复杂性，一般公司可能把基于评估假设的利润作为预期利润。实际经验与评估假设之间的偏差引起利润被称为经验损益。把公司资本产生的投资收益，因评估假设、方法变动、管理层决策对利润的影响单独列示。管理层决策可能包括公司收购引起费用假设的变动、终止某项业务等。因此，一种利源报告表述格式见表 12－4。

表 12－4

	有效业务	新业务	总计
1. 预期利润			
2. 经验损益			
——死亡损益			
——费用损益			
——利率损益			
——退保损益			
3. 资本收益			
4. 其他差益			
5. 评估假设、方法变动以及管理层决策的影响			
6. 实际税前利润 =1 +2 +⋯ +5			

准备金包括以下三种类型：保险利益准备金 (benefit reserve, BR)、递延获取成本资产 (deferred acquisition cost, DAC) 以及延迟利润准备金 (deferred profit liability, DPL)（其中延迟利润准备金仅适用于 FAS97LP)。准备金的计算公式如下：

(1) 保险利益准备金。保险利益准备金的计算公式为：

$$\text{保险利益准备金}_t = [(\text{保险利益准备金}_{t-1} + \text{保险利益净保费} - \text{生存给付}_{t-1}) \times (1 + \text{责任准备金评估利率}_t) - \text{退保支出}_t - (\text{死亡赔付}_t + \text{维持费用}_t) \times (1 + \text{责任准备金评估利率}_t/2)]/(1 - \text{退保率}_t - \text{死亡率}_t)$$

这里假设保险利益不考虑残疾/疾病等，假定死亡发生在第 t 个保单年度中，退保发生在第 t 个保单年度末，生存给付$_{t-1}$发生在第 $t-1$ 个保单年度末。保险利益准备金在 0 时刻，即保单签发时为 0。因此第 t 个保单年度末的准备金因子为生存给付前的准备金。其中：

保险利益净保费(benefit premium, BP) = 保险利益摊销因子 × 毛保费

保险利益摊销因子 =（退保支出的现值 + 死亡赔付的现值 + 维持费

用的现值 + 生存给付的现值)/毛保费的现值

(2) 递延获取成本资产。递延获取成本资产的计算公式为:

递延获取成本资产$_t$ = [(递延获取成本资产$_{t-1}$ - 递延获取成本的评估保费 + 首年可递延的费用 + 可递延佣金及手续费$_t$) × (1 + 责任准备金评估利率$_t$)]/(1 - 退保率$_t$ - 死亡率$_t$)

假定可递延佣金及手续费发生在第 t 个保单年度初,这里递延获取成本资产在 0 时刻,即保单签发时为 0,另外只有在 0 时刻公式中才有首年可递延的费用。其中:

递延获取成本的评估保费(expense premium, EP) = 递延获取费用摊销因子 × 毛保费递延获取费用摊销因子 = (首年可递延的费用的现值 + 可递延佣金及手续费的现值)/毛保费的现值

(3) 延迟利润准备金 (FAS97LP)。延迟利润准备金的计算公式为:

延迟利润准备金$_t$ = [(延迟利润准备金$_{t-1}$ + 利润净保费 - 利润摊销因子 × 保险金额$_t$) × (1 + 责任准备金评估利率$_t$)]/(1 - 退保率$_t$ - 死亡率$_t$)

这里延迟利润准备金在 0 时刻,即保单签发时为 0。其中:

利润摊销因子 = 利润净保费的现值/保险金额的现值

利润净保费(profit premium, PP) = 保费 - 保险利益净保费 - 递延获取成本的评估保费

(4) 预期利润。预期利润是基于准备金评估假设的利润,因此预期保险利益支出、预期可递延佣金及手续费、预期维持费用、预期退保率、预期死亡率和预期利率等与准备金评估假设中对应的项目相同。第 t 个保单年度 FAS60 预期利润的计算公式为:

预期利润$_t^{FAS60}$ = 毛保费 - 首年可递延的费用 - 预期维持费用$_t$ - 预期可递延佣金及手续费$_t$ - 预期退保支出$_t$ - 预期死亡赔付$_t$ - 预期生存给付$_{t-1}$

- [保险利益准备金$_t$ × (1 - 预期退保率$_t$ - 预期死亡率$_t$) - 保险利益准备金$_{t-1}$]

+ [递延获取成本资产$_t$ × (1 - 预期退保率$_t$ - 预期死亡率$_t$) - 递延获取成本资产$_{t-1}$]

+ [(毛保费 - 首年可递延的费用 - 预期可递延佣金及手续费$_t$ - 预期生存给付$_{t-1}$ + 保险利益准备金$_{t-1}$ - 递延获取成本资产$_{t-1}$) × 预期利率$_t$ - (预期死亡赔付$_t$ + 预期维持费用$_t$) × 预期利率$_t$/2]

= (1 - 保险利益摊销因子 - 递延获取费用摊销因子)

$$\times 毛保费 \times (1 + 预期利率_t)$$

假定毛保费、佣金及手续费发生在第 t 保单年初，退保发生在第 t 保单年末，死亡和维持费用发生在第 t 保单年度中。此处准备金$_t$ 为第 t 保单年度的准备金因子，不是 t 年度末的有效准备金。至于生存给付，因为第 t 个保单年度的生存给付已经含在准备金因子中，所以现金流中没有生存给付$_t$，另外第 $t-1$ 个保单年度末生存给付后的准备金为保险利益准备金$_{t-1}$ − 预期生存给付$_{t-1}$，因此保险利益准备金的提转差为：[保险利益准备金$_t$ ×(1 − 预期退保率$_t$ − 预期死亡率$_t$) −(保险利益准备金$_{t-1}$ − 预期生存给付$_{t-1}$)]，所以以上预期利润中生存给付为第 $t-1$ 个保单年度末的生存给付。

同理可以推导出对于 FAS97 的预期利润为

$$预期利润_t^{FAS97} = 利润摊销因子 \times 保险金额_t \times (1 + 预期利率_t)$$

（5）经验损益。第 t 个保单年度 FAS60 实际利润的计算公式为：

$$\begin{aligned}实际利润_t = {} & 毛保费 - 首年可递延的费用 - 首年不可递延的费用 - \\ & 实际维持费用_t - 间接管理费用_t - 实际佣金及手续费_t \\ & - 实际退保支出_t - 实际死亡赔付_t - 实际生存给付_{t-1} \\ & - [保险利益准备金_t \times (1 - 实际退保率_t - 实际死亡率_t) - 保险利益准备金_{t-1}] \\ & + [递延获取成本资产_t \times (1 - 实际退保率_t - 实际死亡率_t) - 递延获取成本资产_{t-1}] \\ & + [(毛保费 - 首年可递延的费用 - 首年不可递延的费用 - 实际佣金及手续费_t - 实际生存给付_{t-1} + 保险利益准备金_{t-1} - 递延获取成本资产_{t-1}) \times 实际利率_t - \\ & (实际死亡赔付_t + 实际维持费用_t + 间接管理费用_t) \times 实际利率_t/2]\end{aligned}$$

以上现金流的发生时间假设与预期利润相同。

另外，由于实际生存给付$_{t-1}$为 $t-1$ 年保单年度末，因此：

$$实际生存给付_{t-1} = 预期生存给付_{t-1}$$

因此，

$$\begin{aligned}& 实际利润_t - 预期利润_t \\ = {} & (-首年不可递延的费用 - 实际维持费用_t - 间接管理费用_t - 实际佣金及手续费_t + 预期维持费用_t + 预期可递延佣金及手续费_t) \\ & + [-实际退保支出_t + 预期退保支出_t + (保险利益准备金_t - 递延获取成本资产_t) \times (实际退保率_t - 预期退保率_t)] \\ & + [-实际死亡赔付_t + 预期死亡赔付_t + (保险利益准备金_t - 递延获取成本资产_t) \times (实际死亡率_t - 预期死亡率_t)]\end{aligned}$$

+[(毛保费 - 首年可递延的费用 - 首年不可递延的费用 - 实际佣金及手续费$_t$ - 实际生存给付$_{t-1}$ + 保险利益准备金$_{t-1}$ - 递延获取成本资产$_{t-1}$) × 实际利率$_t$ - (实际死亡赔付$_t$ + 实际维持费用$_t$ + 间接管理费用$_t$) × 实际利率$_t$/2]

-[(毛保费 - 首年可递延的费用 - 预期可递延佣金及手续费$_t$ - 预期生存给付$_{t-1}$ + 保险利益准备金$_{t-1}$ - 递延获取成本资产$_{t-1}$) × 预期利率$_t$ - (预期死亡赔付$_t$ + 预期维持费用$_t$) × 预期利率$_t$/2]

因此：

死亡损益 = - 实际赔付支出 + 死亡引起的准备金释放 + 预期赔付支出 - 预期死亡引起的准备金释放

退保损益 = - 实际退保金额 + 退保引起的准备金释放 + 预期退保支出 - 预期退保引起的准备金释放

费差损益 = - 首年不可递延的费用 - 实际维持费用 - 间接管理费用 - 实际佣金及手续费 + 预期维持费用 + 预期可递延佣金及手续费

利率损益 = 实际投资收益 - 预期投资收益

对 FAS97LP 同样也可以推导出以上损益公式。以上释放的准备金含生存给付引起的准备金释放。

【例 12-3】 某保险公司 2008 年度销售产品 A，A 为 FAS60 的产品。在 2010 年度内，2008 年销售的 A 产品的收入及支出如表 12-5，其中保险利益净保费为 800 万元，递延获取成本的评估保费为 100 万元，评估利率为 3.5%。

表 12-5 单位：万元

保费收入	1 000
死亡	100
退保	300
生存给付	200
投资收益	300
营业费用	200
佣金以及手续费	100

(1) 计算预期利润；

(2) 根据评估假设，预期死亡赔付为 120 万元，预期死亡引起的准备金释放为 60 万元，预期退保支出为 200 万元，预期退保引起的准备金释放为 250 万元，预期维持费用为 50 万元，预期可递延佣金及手续费支出为 120 万元。实际死亡引起的准备金释放为 40 万元，退保引起的准备金释放为 400 万元。计算死亡损益、退保损益以及费用损益。

解：

(1) 预期利润 = (保费收入 - 保险利益净保费 - 递延获取成本的评估保费) × (1 + 评估利率)

= (1 000 - 800 - 100) × (1 + 3.5%)

=103.5（万元）

（2）死亡损益 = －实际赔付支出 + 死亡引起的准备金释放 + 预期赔付支出 － 预期死亡引起的准备金释放

= －100 +40 +120 －60

=0（万元）

（3）退保损益 = －实际退保金额 + 退保引起的准备金释放 + 预期退保支出 － 预期退保引起的准备金释放

= －300 +400 +200 －250

=50（万元）

（4）费差损益 = －首年不可递延的费用 － 实际维持费用 － 间接管理费用 － 实际佣金及手续费 + 预期维持费用 + 预期可递延佣金及手续费

= －200 －100 +50 +120

= －130（万元）

2. 万能和投连产品（FAS97UL）

不同公司利源分析方式可能会不一样，其中一种利源报告表述格式见表 12－6。分析方法与中国法定会计报告下利源的分析方式相类似，只是准备金提取的方法不一样。因此以下不再详细介绍，只是列出主要利源项目的计算公式。

表 12－6

	有效业务	新业务	总计
1. 死差益			
2. 退保差益			
3. 利差益			
4. 费差益			
5. 其他差益			
6. 资本收益			
7. 评估假设、方法变动以及管理层决策的影响			
8. 实际税前利润 =1 +2 +… +6 +7			

（1）死差益 = 风险保费 － 超过账户价值之外的赔付支出

（2）退保差益 = 退保时保单释放单位准备金 － 退保金，即退保时公司收取的退保费用。

（3）利差益 = 实际投资收益 － 支付给保户结算利息

（4）费差益 = 万能、投连初始费用 + 万能、投连保单管理费 + 投连买入卖出差价 + 投连资产管理费 － 手续费及佣金支出 － 营业费用 － 应缴营业税金及附加 － 万能、投连持续奖金支出 － 准备金的提转差

FAS97UL 的评估假设需要基于最新的最优假设，因此其评估假设每年都可能会发生变动；并且每次计算准备金时，历史信息都要更新为实际数字，这些都会引起准备金的变动，这种准备金变动对利润的影响反映在评估假设、方法变动以及管理层决策的影响项目中，不反映在费差益中。

§12.3 寿险公司分红账户的设立和管理

12.3.1 分红保险介绍

分红保险是指保险公司将分红保险业务的可分配盈余，按一定比例，向保单持有人进行分配的人寿保险产品。保单红利的实质是将保户缴付的保险费，在满足保单的保证利益的同时，由保险公司努力经营而产生的盈余返还给保户，其数额不是固定的。保险公司经营好时，所返还的红利就多。与传统产品相比，分红保险除了有保证利益外，还有非保证利益——红利。因此对于投保人来说，分红产品兼备保障和投资的功能，能够抵御部分的通货膨胀。对于保险公司，分红产品抵御了未来可能与定价假设出现重大差异的风险，也可以在某种程度上规避一定的风险。

目前市场上的分红保险主要包括现金红利、增额红利。现金红利法是以年度现金分红的方式分配红利。在现金红利法下，保单持有人可以选择以现金支取红利、抵缴保费、将红利留存公司累积生息、购买缴清保额等方法支配现金红利。现金红利的选择比较灵活，可以满足客户对红利的多种需求。增额红利法以增加保险金额的方式分配红利。保单持有人在发生保险事故、期满或退保时以保额或退保金的形式领取分配到的红利。增额红利由年度增额红利、特殊增额红利和终了红利三部分组成。年度增额红利每年以一定的比例增加保险金额。特殊增额红利只在一些特殊情况下，如资本市场出现异常表现或政府税收政策变动时将红利一次性地增加保险金额。终了红利一般为已分配红利或总保险金额的一定比例，将部分保单期间内产生的盈余递延至保单终止（比如退保、死亡或者满期等）时进行分配，减少了保单期间内红利来源的不确定性，使每年的红利水平趋于平稳。英国寿险公司通常采用这种红利分配方法。

我国从 2000 年开始销售分红保险，其后一直保持快速稳定的增长趋势，目前分红险已成为寿险业的主流产品。为了规范分红保险市场，使分红保险得以持续、健康、顺利地发展，针对分红保险保监会陆续出台了相关的规定和办法。截至 2010 年，适用的主要规定和办法有《分红保险管理暂行办法》、《人身保险新型产品信息披露管理办法》和《个人分红保险精算规定》等。《分红保险管理暂行办法》自 2000 年开始施行，作为第一个与分红相关的办法，其对分红保险业务做了一个基本的规范，包括分红保险的特征、红利分配的方式、分配盈余的比例等，同时还规定分红业务必须分设账户，独立核算，该办法的出台对分红市场的健康发展有着积极和深远的影响。随着分红业务的发展，为了进一步规范分红保险市场和防止销售误导，保监会又于 2001 年出台了《人身保险新型产品信息披露管理暂行办法》，2002 年针对销售过程中存在的问题，保监会陆续出台了一些规范性文件。2009 年，保监会颁布了《人身保险新型产品信息披露管理办法》，整合了以往规范措施，取代 2001 年的《人身保险新型产品信息披露管理暂行办法》。该办法细化了分红险产品说明书的内容，要求必须进行风险提示，披露产品基本特征、红利分配、利益演示、犹豫期和退保等内容；细化了利益演示的具体要求，规定了演示的要素、内容、披露期限等；规定保险公司应当向投保人提供红利通知书，披露分红政策、红利分配额度等内容。2003 年保监会颁布了《人身保险新型产品精算规定》，明确规定了分红保险只可以采取终身寿险、两全保险或年金保险的形式。另外还从精算的角度规定了分红保险定价时的预定利息率、预定死亡率、预定附加费用率以及准备金的提取基础；另外规定保险公司可分配盈余的确定应当有一个客观的标准，遵循一贯性的原则，需要提取分红保险特别储备等。

12.3.2 分红账户的设立和管理

1．分红账户的设立

根据保监会的相关规定，经营分红保险业务的公司必须为分红业务设立单独账户，独立核算，并且每年需要提交分红业务的专题财务报告和利源分析报告等。但保监会并未要求分红保险的资产与其他保险的资产分割开来，因此各个保险公司在分红账户的设立和管理方式不一样。根据保险公司资产管理方式的不同，主要存在三类分红账户：名义账户、完全的独立账户和非完全独立的账户。

名义账户指分红资产与其他资产合并一起统一管理，分红业务现金流管理、资产投资管理等方面均与公司非分红业务一起运作，只是在记账的时候再将分红保险的资产和投资收益率按一定方法剥离开来，满足记账的要求，分红资产只存在于账面形式。在新企业会计准则下，资产的分类决定了资产价值的确认和计量标准。这一变化对分红账户资产的会计处理与核算提出了更高的要求，即对分红账户资产的管理不能仅局限于投资收益的分摊，同时还需确定归属于分红账户的各项资产的实际资产品种及其所对应的会计标准，因此名义账户在新的会计准则下增加了财务管理的难度。但是当分红业务规模不大时，保险公司采取名义账户的方式管理分红资产，有利于其投资策略的实施，从而增加分红账户投资收益率。

完全的独立账户指分红资产与其他资产完全分割开来，建立专门的分红账户，将与分红保险相关的所有收入（包括保费和投资收益）和支出（包括保险赔付支出、代理人展业成本以及公司行政管理成本等）全部纳入该账户，并将账户中的资产按照分红保险对应的投资策略进行单独投资。分红业务资金购置资产，其投资收入直接划归分红账户。完全的独立账户有助于分红账户的日常管理和运作，避免资产和投资收益等一些项目的分拆。但是如果分红业务规模不大，对分红业务建立独立的账户，会增加投资成本，投资策略实现起来也比较困难。特别是分红业务规模较小时，分红账户现金流很可能为负，引起一些不必要的资产出售，对分红业务造成投资损失，若与其他资产合并起来，可以减少这种情况的发生。

非完全的独立账户即对分红保险业务虽设立了实质意义上的单独账户，但是并未做到分红账户资产完全独立于其他资产，比如存在特定的专属于股东的部分，其对应的投资收益等仍然需采用一定的分摊方法获得。因此分红账户的管理相对于完全的独立账户要复杂。

2. 分红账户的管理

分红账户的日常管理主要包括现金流的管理、投资和资产管理。

在现金流管理过程中，现金流大体可以归为三类：直接归属于分红保险的现金流、间接的现金流以及分红账户和非分红账户之间的转入转出。直接归属于分红保险的现金流不需要任何分拆直接进入分红账户，其主要包括保费收入、直接归属于分红业务的资产产生的收益、保险利益支出（比如退保、满期和死亡给付等）、直接佣金支出、营业税金及附加等所有直接收支项目。间接的现金流需要在分红账户和非分红账户之间进行分拆，一般包括间接佣金、费用、投资收益。不同的保险公司对间接现金流分拆的方法不一样，但是无论采用什么样的方法，保险公司都须保证所采用分摊方法的合理性和连贯性，并保证所采用的方法不损害保单持有人的利益。以下将简单介绍一种间接现金流的常用分摊方法：

（1）间接佣金。包括给代理人或者代理机构的津贴、奖励等，一般津贴和奖励是基于代理人或者代理机构的直接佣金或者可以用直接佣金来近似的其他指标（比如保费收入），因此一些保险公司用直接的佣金作为分摊基础。

（2）费用。包括员工工资、出差、租金、办公费用、广告等，费用的分摊仅针对间接费用，可以直接认定为分红险的费用直接归属分红险，无需进行分摊；仅对与分红险有关的费用进行分摊，与分红险无关的费用不参与分摊。公司可以采用合理的方法对间接费用进行分摊，在分摊的过程中要避免费用的重复记入或者遗漏。例如，一些公司基于分红险单位成本和分红险的统计数据（保费、保单件数、保额）计算分红险应承担的费用，分红保险的单位成本来自于最近的费用分析结果，费用分析一般会有所滞后，因此单位成本还需要根据实际的费用作相应的调整，基本调整方法如下：将所有业务费用成本因子乘以相应时期的统计指标，就可以得到在相应时期的预计费用，然后对单位成本因子用以下因子进行调整：当期所有业务实际费用/当期所有业务预计费用。

（3）投资收益。对于完全独立的账户，分红资产与非分红资产完全分离，因此不需要对投资收益进行分摊。而对于名义账户和非完全独立的账户，分红资产与非分红资产不能完全分离，需要对与分红险有关的资产产生的投资收益进行分摊，与分红险无关的资产产生的投资收益不参与分摊。如果每月进行投资收益的分摊，那么投资收益分摊时首先需要确定月初分红资产在每类资产中所占的比例，然后确定每个月除投资收益之外的净现金流，最后根据月初的资产、除投资收益之外净现金流、投资收益和分红投资策略可确定月末的资产。

【例 12 –4】 某保险公司根据 2009 年的费用分析得到费用成本因子如表 12 –7 所示。

表 12 –7

首年费用成本因子	长期险	短期险
保额（‰）	1.5	
保费（%）	25	15
每件保单	50	10
全年费用成本因子		
保费（%）	2	7
每件保单	100	30

2010 年的需要分摊的费用 6 000 万元，保费收入和保单件数的信息如表 12 –8 所示。

表 12 –8

单位：元

业务统计 \ 业务类型	长期险	其中长期险（分红）	短期险
新业务保险金额	1 000 000 000	100 000 000	
新业务保费收入	60 000 000	20 000 000	40 000 000
新业务保单件数（件）	10 000	2 500	80 000
全年保费收入	260 000 000	80 000 000	100 000 000
平均有效保单件数（件）	150 000	50 000	250 000

那么 2010 年度预计费用 = 费用成本因子 × 相应的统计指标

= (1 000 000 000 × 1.5/1 000 + 60 000 000 × 25/100 + 10 000 × 50 + 260 000 000 × 2/100 + 150 000 × 100) + (40 000 000 × 15/100 + 80 000 × 10 + 100 000 000 × 7/100 + 250 000 × 100)

= 58 500 000 (元)

因此

调整因子 = 60 000 000/58 500 000

所以

分红业务分摊的费用 = 费用成本因子 × 相应的统计指标 × 调整因子

= (100 000 000 × 1.5/1 000 + 20 000 000 × 25/100 + 2 500 × 50 + 80 000 000 × 2/100 + 50 000 × 100) × 60 000 000/58 500 000

= 12 179 487 (元)

分红账户与非分红账户除了红利之外，还会有一些其他的转入转出，由于可操作性和可获得性等限制，不同的公司转入转出的项目可能会有所不同。比如有的公司把效力中止的分红保单的负债转到非分红账户，而有的公司则不进行该操作。在转入转出的过程若涉及负债在分红账户与非分红账户的转移，资产也要相应地发生转移。不同公司有些转入转出项目采用的计算方法可能会有所不同，但是公司需要确保计算方法的合理性以及不同年度的一致性。

分红账户与非分红账户之间转入转出主要是由于保单变化所引起的，如险种更改、保单状态变化等。例如投保人申请把分红保险产品转换为非分红保险产品，分红账户负债减少，同时需要从分红账户转移资产到非分红账户。保单状态变化则主要包括减额付清、效力终止和豁免保费等保单状态变更等所引起的转入转出，相应的转入转出金额可以根据变更时保单责任准备金或者其他合理的方法确定，但需要保证方法的一致性。例如对于有些保险公司，若投保人将分红保险变更为减额付清保险，减额付清保险将不再参与分红，在分红保险变更为减额付清保险时，将其对应的保单责任准备金记入非分红账户，与此同时把等值于保单责任准备金的资产金额从分红账户转入非分红账户。根据保险合同，若分红保险效力终止，投保人不能再申请复效，即分红保单不可能再重新生效并参与以后的分红。因此一些公司把这部分效力终止分红保单对应的应付赔付款记入非分红账户，应付赔付款的金额为效力终止分红保单的现金价值，与此同时把等值于应付赔付款的金额从分红账户转入非分红账户。豁免保险费附加合同附加于分红保险，当出现分红保险费被豁免的情形时，根据豁免保险费附加合同的保险利益，投保人将不再缴纳分红保险的保险费，因此在分红保险费被豁免时，需要从非分红账户转移资产到分红账户。

§12.4　红利分配的原理及方法

12.4.1　红利分配介绍

1. 红利分配的方式和来源

分红保险盈余主要来源于利差、费差与死差，退保、合同终止等有时也能带来一些利润。确认盈余来源并将之以合理的方式分配是分红保险经营和监管的基础。

按照盈余分配来源分类，分红分配的方式主要有两差分红、三差分红和全差分红。两差分红只分利差与死差；三差分红分利差、费差与死差；对于全差分红，可能产生盈余的所有来源全部参与分配，即无论是死差、利差、费差还是退保、投资资产增值等都列入分红保单持有人能够分享的保单盈余部分。若采用两差分红或者三差分红，保险公司需要对分红账户进行利源分析，确定要分配的利润，然后根据可分配的利润进行分红。根据监管规定，不管哪种红利分配方式，分配给保单持有人的红利比例不得低于 70%。目前市场上有的保险公司每年维持固定的红利分配比例，但是不同的分红产品可能分红比例不同，另外一些公司采用变动的红利分配比例。

2. 红利分配的政策

分红政策是由公司内部制定的，一般需要管理层和董事会批准，在进行分红时公司所要遵循和考虑的基本原则。公司管理层需要对分红政策有清楚的认识，并且要确保不同年度分红政策的一致性，在进行任何分红政策的变动之前，都需要进行讨论并评估可能的影响。对于不同的公司，由于分红业务发展状况不同，经营理念和公司的发展策略有差异，因此分红政策也不相同。但是一般来讲，分红政策应当遵循以下一般原则：符合相关的监管规定；考虑保单持有人的合理预期；确保分红的可持续性，运用平滑机制确保分红的平滑性；保单持有人与公司股东之间的利益平衡；确保分红的公平性。

（1）符合相关的监管规定。根据监管规定，保险公司的分红比例不能低于 70%，并且红利分配将不会严重影响公司的偿付能力。另外，若保险公司根据红利演示水平确定红利分配的基础，分红演示水平需要符合相应的监管规定，保险公司销售材料中的低、中和高三档分红示例，其对应的投资收益不得高于3%、4.5%和6%。

（2）满足保单持有人合理预期。分红保险的特征是定期分红，同时红利具有不确定性。但是在分红产品销售时，销售材料中的分红示例、产品示例以及产品说明，使得投保人购买分红保单时，对未来的红利水平建立了某种预期。保险公司在制定红利分配政策和进行红利分配时，应该充分考虑并且满足保单持有人的合理预期。满足保单持有人的合理预期是分红保险经营管理的重点，能够促进分红保险业务长期健康发展，同时有助于防范化解误导风险，是解决保单持有人和保险公司利益冲突的有效手段。

另外，为了引导保单持有人建立合理分红预期并提供能够满足保单持有人的合理预期，保险公司需要有比较完善的经营。在开发分红产品时，要根据公司的发展策略，结合公司的经营状况和经济环境，给出切合实际的分红示例。在销售过程中，对代理人或者机构进行销售培训，向客户提示风险和红利不确定性，避免销售过程中承诺高投资回报，引导投保人建立合理的分红水平预期。在保单签发后，保险公司要结合分红业务的负债属性，做好资产负债匹配管理，制定适当的投资策略，避免投资收益与市场利率出现大的偏差。因为一般来讲，保单持有人的预期与经济环境紧密相连，当经济环境比较好时，保单持有人一般预期更多的分红，若投资收益与市场利率差别比较大，公司很难满足投保人的合理预期。

（3）分红的可持续性和平滑机制。分红产品与传统的保险产品最大的区别是分红产品有分红，投保人一般会预期一个持续性的红利。但是分红业务每年的可分配盈余可能并不稳定，比如分红产品前期有较大的费用支出（佣金、广告费、核保费用等），一般会产生当年度负的可分配盈余，另外投资市场也存在着很多的不确定性，当市场环境比较好时，分红业务的投资收益就比较高，可能当年度会产生比较高的可分配盈余。为了维持一个可持续性的分红，保险公司需要运用平滑机制，根据对未来经济、资本市场及分红险种经营状况的预期制订分红方案。所谓平滑机制就是，保险公司根据经营状况和对未来的预期，调整每个年度派发的红利，以保证未来红利的可持续性和平滑性，在可分配盈余比较高的年度，将部分盈余留存至未来发放，或者在没有可分配盈余的情况下，仍然派发红利，以满足保单持有人的合理预期，派发红利的损失可以在后续年度弥补。

另外，保险公司需要保证未来红利的平稳性，避免大起大落。一般来讲，公司处于一个竞争的市场环境，为了扩大市场规模或者迫于市场的压力，保险公司希望支付有竞争力的分红水平。在分红业务经营比较好的年度，倾向于给比较高的分红，然而高的分红水平可能是很难持续的，有些时候也会误导保单持有人的预期，加大公司经营压力；在经营不好的年度，不得不派发比较低的红利，导致红利变动比较大。同时在红利比较低的年份，保险公司会有比较差的客户关系，需要向保单持有人做大量的解释工作，而且客户更容易退保，影响公司的经营稳定性。

因此保险公司通过合理运用分红政策中的平滑机制，将分红水平稳定到一个长期可持续的水平上，避免大起大落，可保持公司的稳定健康经营。使得保险公司既能通过保持具有竞争力的保单红利支付来满足公司与保单持有人的短期利益需求，又能使分红政策符合公司的长期经营战略并提升其持续经营能力，实现公司与保单持有人的长期利益目标。

（4）保单持有人与公司股东之间的利益平衡。对于一些公司，每年可分配盈余的分配比例在满足监管规定的情况下可能都会变动，另外一些公司，每年可分配盈余的分配比例则比较固定，有时为了提高市场份额，提高产品竞争力，可能会特别开发分配比例较高的产品。如何有效管理保单持有人与保险公司股东之间的关系，不同的保险公司根据自己发展策略和经营理念，可能采用不同的方式。然而在分红政策制定中，最重要的是使可分配盈余的确定遵循客观性、一贯性的原则，合理平衡年度间保单持有人与股东的利益分配。

（5）红利分配的公平性。为了推动分红业务的长期健康发展，兼顾各方利益，红利分配应体现公平性、合理性。在约束公司实现红利分配的公平性方面，监管机构建立了两项制度：一是要求保险公司根据不同保单对于盈余的贡献大小进行分配；二是要求将保证分红公平性作为总精算师的职责。

需要注意的是，红利分配的公平性是相对公平，绝对公平是做不到的。实践中，虽然逐单确定分红率最为理想，但在实际红利分配中很难执行，所以保险公司一般采用合理分组方式进行适当简化处理。保单持有人之间的红利分配一般随产品类型、交费方式、交费期限、保险期限、投保年龄、性别等保单信息的不同而不同，基本反映了保单持有人对分红账户的贡献度，从而保证分配的公平性。在公司实务处理中，公平性要求遵循相关监管文件规定。公平性不仅体现在同一分红保险账户内各个投保人之间的公平，还体现在分红保险投保人与一般账户投保人之间的公平、分红保险产品费用分摊的合理性以及与一般账户中公司自由资金之间在核算投资收益方面的公平等。

12.4.2　市场上典型红利分配方案

实际红利分配方案的确定是一个复杂的过程，需要考虑以下一些因素：

（1）需要了解公司的分红业务状况以及以往公司的红利分配情况。保险公司可能存在几个分红账户，不同的分红账户分红比例和投资策略可能都不一样，相应分红账户的运营结果可能会差别很大。不同渠道销售的分红产品可能会有很大差别，比如银行渠道销售的分红产品大多是趸缴产品，而且保险期间比较短，在红利分配时需要特别考虑。另外若大批的分红保单即将满期，保险公司也需要特别考虑红利分配的额度，以确保整个保险期间分配的红利，满足保单持有人的合理预期。保险公司要确保红利的持续性和稳定性，以往的红利分配情况是分配红利时的重要参考。

（2）保险公司需要考虑分红分配年度的市场环境、分红账户的可分配盈余、同行业其他公司的红利分配水平以及监管规定是否变动。对于市场环境，公司需要看股票市场、债券市场、银行的定期存款利率等，若市场环境比较好，投资收益率相对以往普遍比较高，相应地我们可以预料投保人会预期相对比较高的分红。

（3）要考虑公司的可分配盈余，分红分配的多少最终还是要取决于分红账户的可分配盈余，如果没有可分配盈余或者可分配盈余比较低，尽管公司依然会派发红利，但是红利分配水平不会很高。

（4）公司的分红策略以及同行业的分红水平。不同的公司由于分红账户盈余、经营理念或者投资策略的不同，对红利策略可能会不一样。若公司分红账户盈利比较好或者公司投资发展策略比较激进，对红利水平的定位可能是处于行业领先地位；若公司分红账户盈利中或者投资发展策略比较保守，对红利水平的定位可能是行业平均水平。公司处于一个竞争的市场环境，不管公司分红政策以及如何定位分红水平，同行业的红利分配水平都是分配红利时重要的参考。但在参考行业水平时需要考虑红利分配方式的差别，有的公司是两差分红，有的则是三差或者全差分红。

（5）如果分红监管规定发生变化，保险公司需要评估对红利分配的影响，必要时要相应调整红利分配。

（6）公司需要根据既定的分红政策，保持分红政策的一致性和连续性。

综合考虑以上的因素，基于合理的红利计算方法，可以确定最终的分红分配金额，以及提存的分红特别储备。

根据保监会颁发的《分红保险专题财务报告编报规则》，目前实务中主要存在以下四种典型的红利方案。

1. 根据分红保险产品销售时宣传的保单红利演示水平为基础确定保单红利分配水平，分项、逐单计算红利分配数额。采用这种方式确定保单红利分配水平的保险公司，一般会以各险种或各类产品销售时宣传的红利演示水平为基础确定向保户分配的利差、死差、费差（如果分配费差）的分配因子，分项、逐单计算红利分配数额，再加总计算得出向保户分配的利差、死差、费差（如果分配费差）总额，然后根据公司确定的向保户和公司的分配比例，倒算出向公司分配的保单红利总额和总的可分配盈余，再与分红保险的实际利润进行比较（如果是分两差，则可以是和计算出来的两差盈余作比较），计提分红保险特别储备。具体步骤如下；

【例 12－5】 甲公司目前销售 A、B、C、D、E 5 个分红保险产品，红利来源是利差和死差。其中产品 A、B 采用现金分红方式分配红利，产品 C、D、E 采用增额红利方式分配红利。公司以各产品销售时宣传的红利演示水平为基础决定保单红利分配方案。公司披露信息如下：

本公司主要以各分红保险产品销售时宣传的红利演示水平为基础，结合当期实际经营业绩，确定保单红利实际分配水平。公司各分红产品红利演示水平分为“高”、“中”、“低”三档。

（1）保单红利分配水平的确定。由于 2007 年投资业绩较好，分红保险业务利润大幅度增长，为满足保户分红预期，结合市场分红水平，公司决定在“高”档红利演示水平的基础上确定分红方案。公司参照银行同期 5 年定期存款税后收益水平，经过测算，将保单红利评估使用的投资收益率确定为 8%，保单红利评估使用的死亡率采用 100% 的《中国人寿保险业经验生命表（2000—2003）》。

（2）保单红利支出、可分配盈余、分红保险特别储备的计算。分红保单利差计算公式为：

$$I = (V_0 + P)(i' - i)$$

式中：I 指该张保单享有的利差；V_0 指按评估基础计算的上一保单期末准备金，其中不包括上一保单期末的生存给付金金额；P 指按评估基础计算的净保费；i' 指公司确定的保单红利评估使用的投资收益率，2007 年确定为 8%；i 指评估利率。

分红保单死差计算公式为：

$$D = (q - q')(S - V_1)$$

式中：D 指该张保单享有的死差；q 指评估死亡率，采用 100% × CL（2000—2003）；q′指实际经验死亡率；S 指死亡保险金；V_1 指按评估基础计算的保单期末准备金。

另外，对于以增额红利方式分配红利的分红险保单，公司同样在“高”档红利演示水平的基础上确定分红方案。分配方案如表 12－9 所示。

表 12－9

产品名称	缴费类别	年度红利率	终了分红率					
		2007 年	保单年度满 1 年	保单年度满 2 年	保单年度满 3 年	保单年度满 4 年	保单年度满 5 年	保单年度满 6 年
产品 C	趸缴	0.9%				0.90%	1.10%	1.30%
	期缴	0.9%						
产品 D	趸缴	1.20%				2.50%	3.00%	3.50%
产品 E	趸缴	1.3%	0.50%	0.70%	1.00%	1.10%	1.20%	1.30%

每张保单增额红利成本（即红利保额对应的净保费）的计算公式为：

$RB_t \times A$

式中：RB_t 为该保单在 t 时刻分配到的增额红利保额；A 为按照评估基础计算的在 t 时刻购买原保单责任的趸缴净保费费率。

根据上述公式，在逐单计算每张保单应享有的利差、死差的基础上，加总得出：分配给保户的利差总额为 6.5 亿元；分配给保户的死差总额为 0.5 亿元；分配给保户的保单红利小计为 7（=6.5+0.5）亿元。

假设公司决定向保户分配的比例为 70%，因此，可分配盈余为 10（=7/70%）亿元；分配给公司的保单红利为 3（=10－7）亿元。

假设公司当年分红保险利差和死差实际盈余（用产品设计时的预定费用代替实际费用计算得出）为 15 亿元，并且期初分红保险特别储备余额为 0，则期末分红保险特别储备为 5（=15－10）亿元。

2. 根据市场保单红利分配水平确定公司保单红利分配水平，以分红保险责任准备金为基数计算保单红利数额。采用这种做法的公司，根据同期市场上同业的保单红利分配水平确定公司的保单红利分配水平和分配比率，以分红保险期末责任准备金数额为基础计算得出向保户分配的红利数额，然后倒算出向公司分配的红利数额和可分配盈余。经与分红保险实际利润比较（如果是分两差，则可以与计算出来的两差盈余作比较），计算得出分红保险特别储备。

【例 12－6】 乙保险公司目前销售两个分红保险产品，都采用现金分红方式分配红利，红利来源均为所有利润。公司根据市场水平确定公司保单红利分配水平，并以分红保险责任准备金为基数计算应当分配的红利数额。公司披露信息如下：

本公司根据 2007 年市场同业的保单红利分配水平确定公司的保单红利分配水平，以分红保险责任准备金为基数计算红利分配数额。

（1）保单红利分配水平的确定。根据市场信息的分析和测算，2007 年同业保单红利分配水平大致为分红保险责任准备金的 7%～8%，公司决定将保单红利分配水平确定为分红保险责任准备金的 7.5%。

（2）保单红利支出、可分配盈余、分红保险特别储备的计算。2007 年 6 月 30 日的分红保险责任准备金为 150 亿元。经计算得出：向保户分配的保单红利为 11.25（=150×7.5%）亿元。

假设公司决定向保户分配的比例为 75%，因此，可分配盈余为 15（=11.25/75%）亿元；分配给公司的保单红利为 3.75（=15－11.25）亿元。

假设公司当年分红保险实际利润为 25 亿元，并且期初分红保险特别储备余额为 0，则期末分红保险特别储备为 10（=25－15）亿元。

3. 通过资产负债匹配方法确定保单红利分配方案。采用这种做法的公司，首先会确定一个保单红利分配的“基础方案”。一般情况下，会将产品开发时确定的“中等”红利演示作为最初的“基础方案”。在以后的各年度，则会以上一年度的分配方案作为“基础方案”，将当年的保单红利分配的大致水平确定为：“基础方案” ×X%。然后在不同的“X%”水平下对分红保险账户中的资产和负债进行评估、比较，最终确定一个能够保证评估后的资产略大于负债、并且各年度分红水平比较平稳的分红方案，将此“X%”水平下的方案最终确定为当年的分红方案。在确定分红方案后，可以计算出应当向保户分配的保单红利，然后倒算出向公司分配的保单红利、可分配盈余，再和分红保险业务实际利润相比，计算出分红保险特别储备。具体保单红利分配水平的确定包括以下步骤：

【例 12－7】 丙保险公司以资产负债匹配方法来确定分红保险的保单红利分配方案。公司披露信息如下：

本公司分红保险产品红利来源为全部利润，通过对分红保险账户的资产及负债进行评估的方法确定本年度保单红利分配方案。

（1）保单红利分配水平的确定。首先确定一个保单红利分配的“基础方案”，这个“基础方案”应当反映公司对未来分红保险业务发展的展望及分红保险客户的理性预期。在产品开发时，公司将该产品未来预期可分配的红利水平分为“高”、“中”、“低”三个档次，并反映在红利演示例中。公司将产品开发时确定的“中等”红利水平作为最初的“基础方案”。在以后的各年度，则以上一年度的分配方案作为“基础方案”，在此基础上进行调整，将当年的保单红利分配的大致水平确定为：“基础方案” ×X%。确定了分配方案后，公司会对不同“X%”水平下的分红保险账户中的资产和负债进行评估，找到能够保证评估后的资产略大于负债、而且各年度分红水平比较平稳的“X%”数值，最终确定当年的分红方案。

步骤一：在确定 2007 年分红保险保单红利分配方案时，公司将 2006 年的保单红利分配方案设定为“基础方案”。

步骤二：评估分红账户资产。公司分红账户资产的评估方法不同于在编制（汇总）会计报表时采用的方法。在评估时，固定收益类资产以摊余成本计量，权益类资产以成本计量，不确认未实现资本利得或损失。经评估，2007 年 12 月 31 日分红账户资产价值为 11 亿元。

步骤三：评估分红保险账户负债。公司采用毛保费准备金评估方法及对死亡率、退保率、费用率及未来的投资收益率的最优估计假设评估分红保险账户负债。测算后的 4 个不同“X%”水平下的分红保险账户负债如表 12－10 所示。

表 12 - 10

“基础方案”的百分比（X%）	分红账户的负债（亿元）
100%	8
110%	8.9
120%	10
130%	11.2

步骤四：确定分红保险账户资产可支持的分红方案对应“基础方案”的百分比（X%）。

公司希望评估后的分红保险账户资产/负债水平保持在 100% ~110% 之间。经测算，4 个不同“X%”水平下的资产负债状况如表 12 - 11 所示。

表 12 - 11

“基础方案”的 X%	评估后分红保险账户资产（亿元）	评估后分红保险账户负债（亿元）	资产/负债
100%	11	8	137.5%
110%	11	8.9	123.6%
120%	11	10	110%
130%	11	11.2	98.2%

因此，公司将“X%”确定为 120%。

（2）保单红利支出、可分配盈余、分红保险特别储备的计算。

根据确定的“基础方案 ×120%”的保单红利分配方案，经计算得出：

向保户分配的保单红利为 1 亿元，假设公司决定向保户分配的比例为 80%，因此，可分配盈余为 1.25（=1/80%）亿元；分配给公司的红利为 0.25（=1.25 - 1）亿元。

假设公司当年分红保险实际利润为 2 亿元，并且期初分红保险特别储备余额为 0，则期末分红保险特别储备为 0.75（=2 - 1.25）亿元。

4. 按照红利利源分析结果确定红利分配方案。采用这种做法的公司，首先计算出当年分红保险业务的利差、死差、费差等实际盈余，然后综合考虑过去和未来的保单红利分配水平，计提分红保险特别储备，进而确定当年的实际可分配盈余。在此基础上，确定向保户和公司的分配比例，计算出应当分配给保户和公司的保单红利数额。

【例 12 - 8】 丁保险公司分红保险业务保单红利来源为利差和死差，公司按照利源分析结果确定保单红利分配方案。公司披露信息如下：

本公司分红保险业务按照利源分析结果确定保单红利分配方案。

（1）保单红利分配水平、保单红利支出、可分配盈余等的确定。

2007 年分红保险业务利差盈余为 12.4 亿元，计算过程如表 12－12 所示。

表 12－12

项　目	2007 年数额（亿元）
分红业务投资收入	72
投资收益	31
公允价值变动损益	14.35
可供出售资产公允价值变动损益	26.50
其他收入	0.15
分红业务投资支出	6
投资业务费用	1
营业税金及附加	2
业务及管理费	3
其他支出	0
分红业务净投资收益	66
减：评估要求的年投资收益	53.6
利率因素损益额	12.4

分红保险业务死差盈余为 1.8 亿元，保单死差盈余计算公式为：

$$D=(q-q')(S-V_1)$$

式中：D 指分红保险业务的死差盈余；q 指评估死亡率，采用 100%×CL（2000—2003）；q'指实际经验死亡率；S 指死亡保险金；V_1 指按评估基础计算的保单期末准备金。

根据上述计算结果，2007 年公司利差和死差盈余总计为 14.2（＝12.4＋1.8）亿元。

假设公司分红保险特别储备期初余额为 0，为了保持保单红利分配水平的平稳增长，公司结合过去分配水平以及未来预计分配水平，公司计提分红保险特别储备 7 亿元，则 2007 年可分配盈余为 7.2 亿元。

公司决定按照 70% 的比例向保户分配保单红利，则：应向保户分配的保单红利为 5.04（＝7.2×70%）亿元；应向公司分配的保单红利为 2.16（＝7.2×30%）亿元。

主要参考文献

【1】 Bruce L. Wallach, *Earning by Source Reporting and Analysis*, KPMG Life Actuarial Insights March, 2009.

【2】 丁昶："中国分红保险的机理与制度框架"，《保险研究》，2009 年第 6 期。

【3】 《分红保险专题财务报告编报规则》，保监发［2009］5 号。

第 13 章　寿险公司价值衡量

学习目的

- □ 了解衡量寿险公司价值的内含价值（embedded value，EV）法
- □ 了解内含价值法的计算原理以及具体实务操作
- □ 了解内含价值的运用
- □ 了解传统内含价值与市场一致性内含价值（market consistent embedded value，MCEV）的主要区别及优劣
- □ 了解市场一致性内含价值的基本概念及计算

§13.1　传统内含价值

13.1.1　传统内含价值的产生及定义

传统内含价值大约在 20 世纪 70 年代起源于英国，用于防止对寿险公司的恶意收购。因为基于法定会计准则的评估方法低估了寿险公司的价值，使得一些出乎预料的恶意收购发生。而应用内含价值评估方法之后，寿险公司的评估价值大大提高。其后，内含价值法迅速流传到欧洲、加拿大等国家和地区，主要用于兼并与收购时评估人寿保险公司的价值。2005 年 9 月 22 日，中国保险监督管理委员会（以下简称“保监会”）下发《关于印发〈人身保险内含价值报告编制指引〉的通知》，首次明确内含价值法在国内的应用。

很多人可能会问，为什么不直接使用财务报表中的股东净资产呢？假如我们要收购可口可乐公司，那么我们需要做的就是对他们的现有资产作一个评估，然后加上一个商誉就行了。那么人寿保险公司有什么不一样呢？

这主要是由于人寿保险的长期性以及会计核算制度的局限性而导致的。实际上，一张长达几十年的人寿保单的利润应该在这张保单终了的时候才能准确核算出来。但是在会计上，我们需要按会计年度逐年核算业务的利润并记入会计报表。于是精算师通过提取责任准备金的方法，对未来的支出做一个预估，并通过准备金的提转差来反映未来支出的变动。由于会计的审慎性原则，责任准备金的估计通常都比较保守，这会使得利润的释放延后。另外，在销售人寿保险时，由于涉及到核保、出单的费用以及对销

售人员的奖励，通常前几年的费用和佣金都会较高，但产品设计时又不可能在前几年收取较高的保费，因此在头几年的时候通常会有较高的亏损。甚至出现一种矛盾就是一家销售业绩越好、且保单终身价值越高的保险公司，发展期间的亏损就越厉害，发展期间的股东净资产越少。这个时候如果使用账面净资产作为价格基准来收购，则大大低估了该寿险公司的实际价值。因此，内含价值方法就被创造出来，作为对财务报表中数据的补充。从某种角度来说，内含价值可以视为将现有业务未来实际价值考虑在内的一种“修正后股东净资产”。

不过要注意的是，内含价值是作为一个独立报告存在的，仅作为对财务报表的一种补充。但它本身并不是一种会计制度。在任何会计报表中都没有一个会计科目叫做内含价值或者有效业务价值（value of in-force, VIF）。

内含价值的定义：

内含价值 = 调整后的股东净资产 + 扣除持有要求资本的成本后的有效业务价值

而：调整后的股东净资产 = 自由盈余（free surplus，FS）+ 评估日持有的要求资本（required capital，RC）

所以：内含价值 = 自由盈余 + 评估日持有的要求资本 + 扣除持有要求资本的成本后的有效业务价值（value of in – force after cost of capital）

在以下章节中，我们将一一为大家介绍各个部分的定义及计算方法。

13.1.2　传统内含价值的组成及计算

1. 调整后的股东净资产

这里所说的调整，就是将公司的账面资产做一个重新评估，更真实地反映评估日的股东净资产，因此其中所涉及到的调整项与内含价值报告的目的相关。通常如果是用于内部报告用途的内含价值报告，所涉及的调整项不会很多。但如果是兼并与收购，那么调整项就会比较严格，需要准确反映被收购公司实际的股东利益。通常所涉及的调整包括：

（1）资产的市价调整。根据保监会《人身保险内含价值报告编制指引》的要求，内含价值的计算需使用“对应的资产的市场价值”。在中国现行的财务制度中，对金融性资产的分类有三种：持有至到期（held – to – maturity）型金融资产、交易（trading）型金融资产以及可供出售（available for sale）型金融资产。其中交易型以及可供出售型金融资产均是以市场价值（market value，MV）入账，无需再做额外市价调整。而被划分为“持有至到期”的金融资产是按照摊余成本法计价的，因此在计算内含价值的时候，需要对“持有至到期型金融资产”进行市价重估，举例如下：

【例 13－1】 资料如表 13－1 所示。

表 13－1

资产负债表项目	市价（亿元）	账面价值（亿元）	市价调整－税后（假设税率为25%）（亿元）
持有至到期型金融资产	105	95	7.5＝(105－95)×(1－25%)
交易类金融资产	200	200	0
可供出售型金融资产	300	300	0
其他资产	100	100	0
资产总计	705	695	7.5
负债	550	550	0
股东净资产	155	145	7.5

注：以上假设其他资产并无市价调整项。

可以看到，由于对持有至到期型金融资产的市价调整，在计算内含价值时股东净资产增加了 7.5 亿元。

其他类似的调整包括不动产的市价重估。

需要特别注意的是经过市价重估后的资产，在为其设定投资收益率时一定要使用市场利率（market rate）。本章第二节中“内含价值的关键假设”部分，更详细地阐述了资产计价方法与投资收益率假设之间的匹配问题。

（2）准备金中归属于股东价值的调整。对于分红账户，按照中国保监会的相关规定，在必要的时候需要提取分红特别储备。有些公司在提取分红特别储备的时候是将分红账户作为一个整体来提取准备金，并没有区分其中归属于保单持有人和归属于股东的部分。例如，假如公司按照规定为整个账户提取了 100 元的分红特别储备，并且公司的分红策略是在保单持有人和股东之间按照 7：3 的比例进行红利分配，那么这 100 元中其实只有 70 元是公司对保单持有人的负债，而另外 30 元则是会逐渐释放给股东的红利。因此，在计算内含价值时，需要将这 30 元将从负债中释放出来，作为股东的净资产处理。

总结一下，以上调整的目的，是为了保证股东净资产完全反映了归属于股东的价值，而把会计处理中有可能暂时置于负债的会计项目进行必要调整。

（3）调整项的税务。所有针对净资产的调整项都必须考虑到公司所得税的影响。因此最后的净调整额＝调整额×（1－税率）。但有的公司在会计记账的时候就已经剔除了税收因素，这里需注意不要重复计算所得税的影响。

2. 扣除持有要求资本的成本后的有效业务价值

顾名思义就是公司在评估日已持有的生效保单能为公司带来的价值，

不过需要扣除持有要求资本的成本。这是一个经济价值的概念，即这些有效业务未来能为股东带来的盈余以一定风险贴现率（risk discount rate，RDR）贴现到评估日的精算现值。

计算扣除持有要求资本的成本后的有效业务价值分成两步：第一步是计算扣除持有要求资本的成本前的有效业务价值；第二步再计算持有要求资本的成本，前者减后者就是扣除持有要求资本的成本后的有效业务价值。

即：

$$\frac{持有要求资本的成本}{后的有效业务价值}=\frac{持有要求资本的成本}{前的有效业务价值}-\frac{持有要求}{资本的成本}$$

而其中：

$$持有要求资本的成本前的有效业务价值=\sum\frac{税后收入}{(1+风险贴现率)^t}$$

（持有要求资本的成本将在下文中谈及）

我们用以下这个例子来说明有效业务价值的计算：

【例 13－2】 假设一张 5 年缴费保险期限为 10 年的两全险，保单生效日为 2007 年 7 月 1 日，我们在 2009 年 12 月 31 日来评估这张保单还能为保险公司带来多少价值？

第一步：计算评估日后每一年的税后收入，并由此得到扣除持有要求资本的成本前的有效业务价值（见表 13－2）。

表 13－2　　单位：元

评估日期	保费收入 (1)[a]	投资收入 (2)[a]	保险利益支出总和 (3)[a]	佣金及费用支出总和 (4)[a]	准备金提转差 (5)[a]	税前收入 (6)=(1)+(2)－(3)－(4)－(5)	所得税 (7)=(6)×25%[b]	税后收入 (8)=(6)－(7)
2009 年 12 月 31 日								
2010 年 12 月 31 日	672.8	96.9	115.7	40.6	591.9	21.4	5.3	16.0
2011 年 12 月 31 日	639.1	122.7	111.6	38.8	581.4	30.0	7.5	22.5
2012 年 12 月 31 日	0.0	133.6	169.2	23.9	(111.1)	51.7	12.9	38.8
2013 年 12 月 31 日	0.0	131.2	55.9	23.1	13.3	38.8	9.7	29.1
2014 年 12 月 31 日	0.0	131.8	57.3	23.2	13.4	37.9	9.5	28.4
2015 年 12 月 31 日	0.0	132.4	58.7	23.3	13.4	36.9	9.2	27.7
2016 年 12 月 31 日	0.0	133.0	60.1	23.4	13.5	35.9	9.0	27.0
2017 年 12 月 31 日	0.0	66.7	3 061.5	13.7	(3 024.4)	15.9	4.0	11.9

说明：(a) 本示例中所用的保费、投资收入、保险利益支出、佣金及费用以及准备金数据是根据一定的精算假设而计算得到的现金流，仅供参考，其计算原理及过程不在本章内容内。

(b) 25% 只是一个假设。关于所得税率的假设请参见本章“内含价值的关键假设”。并且该方法假设税收准备金与计算内含价值所使用的准备金方法一致。

假设风险贴现率为12%，则这张保单扣除持有要求资本的成本前的有效业务价值为：

$$\text{扣除持有要求资本的成本前的有效业务价值}=\frac{16}{(1+12\%)}+\frac{22.5}{(1+12\%)^2}+\cdots\cdots+\frac{11.9}{(1+12\%)^8}=125.53(\text{元})$$

第二步：计算评估日的持有要求资本的成本。

3. 持有要求资本的成本

持有要求资本的成本是内含价值中一个不可或缺的因素。那为什么我们要考虑持有要求资本的成本呢？这就要回到内含价值的定义上来。内含价值考虑的是一家寿险公司未来可分配收益的现值。可分配收益，顾名思义就是可以分配给股东的盈利。那么是不是公司今年账面上赚了1 000元，在不需要扩大再生产的前提下，就可以把这1 000元盈利全部分配给股东呢？不是。各个国家的保险监管机构都会有偿付能力的要求。寿险公司必须首先要满足偿付能力的要求才能把多余的钱分配给股东。否则就会出现一边给股东分红，一边要求股东注资的矛盾现象出现。

回到我们刚才的例子，假如公司账面上赚了1 000元，但基于评估日各类资产、负债的状况，监管机构提出的要求资本比上一年多了200元，那么公司就最多只能分配1 000－200＝800元给股东。同样的道理，假如监管机构提出的要求资本比上一年少了300元，那么理论上公司就可以释放以前计提的要求资本，从而给股东分红1 000＋300＝1 300元。（请注意这只是理论上的结果，具体能否超额分配红利还要看国家监管机构的要求）

这个成本从经济学的角度来说，就是股东因为要满足偿付能力的要求而投入资金的机会成本。公式为：

$$\text{持有要求资本的成本}=\sum\frac{\text{要求资本的投资税后净收益}}{(1+\text{风险贴现率})^t}-\sum\frac{\text{要求资本的提转差}}{(1+\text{风险贴现率})^t}-\text{评估日的要求资本}$$

还是用上面的例子来说明：

【例13－3】 假设一张5年缴费保险期限为10年的两全险，保单生效日为2007年7月1日，我们在2009年12月31日来评估这张保单的持有要求资本的成本。假设与持有要求资本有关的各项现金流如表13－3所示。

则这张保单的持有要求资本的成本为：

$$\text{持有要求资本的成本}=\frac{(20.8)}{(1+12\%)}+\frac{(19.6)}{(1+12\%)^2}+\cdots\cdots+\frac{123.3}{(1+12\%)^8}-76.3=(47.38)(\text{元})$$

表 13－3　　　　单位：元

评估日期	要求资本 (9)	要求资本提转差 (10) ＝Δ (9)	要求资本的投资收益 (11)＝(9)×投资收益率	要求资本的投资收益税收 (12)＝(11)×25%[a]	要求资本净影响 (13)＝－(10)＋(11)－(12)
2009 年 12 月 31 日	76.3				
2010 年 12 月 31 日	100.0	23.7	3.8	0.9	(20.8)
2011 年 12 月 31 日	123.3	23.3	4.8	1.2	(19.6)
2012 年 12 月 31 日	118.8	(4.4)	5.3	1.3	8.5
2013 年 12 月 31 日	119.4	0.5	5.3	1.3	3.4
2014 年 12 月 31 日	119.9	0.5	5.3	1.3	3.4
2015 年 12 月 31 日	120.4	0.5	5.3	1.3	3.4
2016 年 12 月 31 日	121.0	0.5	5.3	1.3	3.5
2017 年 12 月 31 日	0.0	(121.0)	3.1	0.8	123.3

说明：(a) 25% 只是一个假设。关于所得税率的假设请参见本章“内含价值的关键假设”。并且该方法假设税收准备金与计算内含价值所使用的准备金方法一致。

即为了维持这张保单而持有的要求资本，对股东们来说的经济成本为 47.38 元。

（1）持有要求资本成本的主要考虑因素。

①偿付能力充足率。

偿付能力充足率＝实际资本/法定最低要求资本。即股东为了满足法定偿付能力的要求，到底投入了多少资本。根据保监会的规定，按照偿付能力充足率把公司分为三类（见表 13－4）。

表 13－4

类别	偿付能力充足率	可能的监管措施
不足类公司	低于 100%	√ 责令增加资本金或者限制向股东分红 √ 限制增设分支机构、限制业务范围、责令停止开展新业务 √ ……
充足 I 类公司	在 100% ～150% 之间	√ 中国保监会可以要求充足 I 类公司提交和实施预防偿付能力不足的计划 √ 存在重大偿付能力风险的，中国保监会可以要求其进行整改或者采取必要的监管措施
充足 Ⅱ 类公司	高于 150%	√ 存在重大偿付能力风险的，中国保监会可以要求其进行整改或者采取必要的监管措施

从表 13－4 可以看到，倘若偿付能力低于 100%，公司在向股东分配盈余时就有可能受到监管机构的限制。因此很多公司会有一个内部偿付能力额度充足率的要求，比如把充足率保持在 120% 的水平。这样在计算持有要

求资本的成本的时候，我们就不能直接用根据偿付能力要求的公式计算出的偿付能力额度了，而是要在这个基础上乘以120%，以计算得到每一个评估时点的要求资本。也就是表13－3中的第（9）项，都要乘以120%。

②要求资本的投资收益率。这个投资收益率是为满足偿付能力要求而持有要求资本的预计投资收益率，大部分公司把股东资金纳入一般账户进行投资管理，与分红账户和独立账户的管理区分开。因此在设定要求资本的投资收益率时，要注意它与所对应寿险业务的投资收益率未必是同一个假设。另外，我们计算的是净收益率，所以税收因素不能忽略。

第三步：计算扣除持有要求资本的成本后的有效业务价值。

方法一：

$$\begin{gathered}\text{扣除持有要求资本的}\\\text{成本后的有效业务价值}\end{gathered}=\begin{gathered}\text{扣除持有要求资本的}\\\text{成本前的有效业务价值}\end{gathered}-\begin{gathered}\text{持有要求}\\\text{资本的成本}\end{gathered}$$

$$=125.53-47.38$$

$$=78.16(\text{元})$$

方法二：

我们也可以换个方法来计算扣除持有要求资本的成本后的有效业务价值。把例13－2和例13－3中的两张表合在一起，我们就得到了以下可分配收益（distributable earning，DE）的计算结果（见表13－5）。

表13－5

评估日期	税后收入 (8)=(6)-(7)	要求资本 (9)	要求资本提转差 (10)=Δ(9)	要求资本的投资收益 (11)=(9)×投资收益率	要求资本的投资收益税收 (12)=(11)×25%	可分配收益 (13)=(8)-(10)+(11)-(12)
2009年12月31日		76.3				
2010年12月31日	16.0	100.0	23.7	3.8	0.9	(4.8)
2011年12月31日	22.5	123.3	23.3	4.8	1.2	2.9
2012年12月31日	38.8	118.8	(4.4)	5.3	1.3	47.2
2013年12月31日	29.1	119.4	0.5	5.3	1.3	32.5
2014年12月31日	28.4	119.9	0.5	5.3	1.3	31.8
2015年12月31日	27.7	120.4	0.5	5.3	1.3	31.1
2016年12月31日	27.0	121.0	0.5	5.3	1.3	30.4
2017年12月31日	11.9	0.0	(121.0)	3.1	0.8	135.2

说明：(a) 25%只是一个假设。关于所得税率的假设请参见本章“内含价值的关键假设”。并且该方法假设税收准备金与计算内含价值所使用的准备金方法一致。

$$\begin{gathered}\text{扣除持有要求资本的}\\\text{成本后的有效业务价值}\end{gathered}=\frac{(4.8)}{(1+12\%)}+\frac{2.9}{(1+12\%)^2}+\cdots\cdots$$

$$+\frac{135.2}{(1+12\%)^{8}}-76.3=78.16(\text{元})$$

用公式来表示，即：

$$\text{扣除持有要求资本的成本后的有效业务价值}=\sum\frac{\text{可分配收益}}{(1+\text{风险贴现率})^{t}}-\text{评估日的要求资本}$$

（2）有效业务价值关注点。以上介绍了有效业务价值的计算原理。在实务中，除了精算假设外，有效业务价值的计算还需要注意以下几点：

①它仅包括“有效”业务的价值，既不包括已经退保的、失效的保单可能带来的经济收益（比如保单可能复效），也不包括保险公司未来可能签发新保单而产生的经济价值。

②有效业务价值一般是把这些业务未来所有年份的可分配收益贴现回来。但也有些保险公司出于建模的考虑，设定一个年限（比如 20 年或 50 年），其后的可分配收益就不再考虑。

③有效业务理论上应该包括保险公司的所有有效业务。但很多保险公司有多达数百个产品，而且个别产品的业务量较小，如果为所有的产品都建立精算模型从实践上考虑比较浪费资源。因此在实践中，通常不是所有的有效业务都会严格通过精算建模的方式来计算其价值。精算师可以通过一些近似方法合理估算未建模业务的内含价值。

④准备金的评估方法。由于可分配收益的定义，所以准备金的计算方法要与计算股东分红时所使用的准备金方法一致。由于股东分红所使用的准备金通常都是以偿付能力为基础的，监管机构一般会对其有所要求，所以这个方法通常也被称为法定准备金方法。很多国家（包括中国在内）都有数套准备金计算方法以及评估假设用于不同的目的，因此我们一定要确保基于该套准备金方法所计算得到的利润是可用于股东分红的。

⑤对于一年可续保业务，例如常见的一年短期意外、健康险业务，各家公司在处理方法上也存在差异。有的保险公司把短期险视为一年期业务，没有续期保费，而以后每一年续保时都视为新业务处理。也有公司把可续保的短期险视为长期业务，因为它们的退保也符合大数法则，有规律可循，可以遵循长期险的方法来设定退保率假设。但要注意在这种处理方法下，计算新业务价值时就要区分新业务和续期业务，以避免重复计算。

⑥精算建模过程中还有一些细节，例如死亡、退保、满期、红利给付等现金流发生的时间点等因素，也可能会对结果产生一定影响。为保证不同产品的利润可比性，在建模时需尽量与公司的运营实践相一致，并保证前后一致。

4. 内含价值

有了调整后的股东净资产以及扣除持有要求资本的成本后的有效业务价值，内含价值的计算就很容易了。假设公司在 2009 年 12 月 31 日的调整后股东净资产为100元，则公司于2009年12月31日的内含价值为：

内含价值 = 调整后的股东净资产 + 扣除持有要求资本的成本后的有效业务价值

= 100 + 78.2 = 178.2（元）

5. 新业务价值

一套完整的内含价值计算体系中，还有一个重要的指标就是一年新业务价值（以下简称“新业务价值”，value of new business，VNB）。

内含价值衡量的是公司在评估时点的价值存量，对于评估一家公司来说仅仅知道这个指标还远远不够，股东还需要知道的是公司管理层创造价值的能力。于是就引入了新业务价值的概念，用来衡量公司在过去一年新增加的价值。

新业务价值的计算原理和公式与前面所述的有效业务价值是完全一致的，唯一的区别就在于所涵盖的业务范围不一样。有效业务价值涵盖了在评估日的有效业务，而新业务价值涵盖的是过去一年新增加的业务。

方法一：

$$\text{扣除持有要求资本的成本后的新业务价值} = \sum \frac{\text{新业务税后收入}}{(1+\text{风险贴现率})^{t}} - \text{新业务持有要求资本的成本}$$

方法二：

$$\text{扣除持有要求资本的成本后的新业务价值} = \sum \frac{\text{新业务可分配利润}}{(1+\text{风险贴现率})^{t}}$$

（请注意公式里没有“评估日的要求资本”这个减项，为什么呢?）

举个例子来说明新业务价值的计算。

【例13-4】 假设一张5年缴费保险期限为10年的两全险（带重疾给付），保单生效日为2009年7月1日，它的新业务价值计算过程如下：

第一步：计算这张保单所有保单年度的税后收入，如表13-6所示。

表13-6

保单年度	保费收入 (1)[a]	投资收入 (2)[a]	保险利益支出总和 (3)[a]	佣金及费用支出总和 (4)[a]	准备金提转差 (5)[a]	税前收入 (6)=(1)+(2)-(3)-(4)-(5)	所得税 (7)=(6)×25%[b]	税后收入 (8)=(6)-(7)
1	626.4	14.1	55.4	314.1	278.2	(7.3)	(1.8)	(5.5)
2	529.1	27.3	70.7	70.7	306.1	108.8	27.2	81.6
3	472.9	43.3	78.0	25.7	387.3	25.2	6.3	18.9
4	434.2	59.2	107.4	19.5	362.1	4.4	1.1	3.3

续表

保单年度	保费收入 (1)[a]	投资收入 (2)[a]	保险利益支出总和 (3)[a]	佣金及费用支出总和 (4)[a]	准备金提转差 (5)[a]	税前收入 (6)=(1)+(2)-(3)-(4)-(5)	所得税 (7)=(6)×25%[b]	税后收入 (8)=(6)-(7)
5	398.3	73.1	135.2	18.1	313.3	4.8	1.2	3.6
6	0.0	68.8	52.7	0.2	4.4	11.5	2.9	8.6
7	0.0	69.0	54.9	0.2	5.0	8.9	2.2	6.7
8	0.0	69.2	57.4	0.2	5.6	6.0	1.5	4.5
9	0.0	69.4	60.1	0.2	6.4	2.8	0.7	2.1
10	0.0	69.7	1 738.5	0.2	(1 668.3)	(0.6)	(0.2)	(0.5)

说明：(a) 本示例中所用的保费、投资收入、保险利益支出、佣金及费用以及准备金数据是根据一定的精算假设而计算得到的现金流，仅供参考，其计算原理及过程不在本章内容内。

(b) 25%只是一个假设。关于所得税率的假设请参见本章“内含价值的关键假设”。并且该方法假设税收准备金与计算内含价值所使用的准备金方法一致。

第二步：计算所有保单年度的可分配收益（这里我们使用的是第二种方法，读者也可以用第一种方法来试算一下），其过程如表 13-7 所示。

表 13-7

保单年度	税后收入 (8)=(6)-(7)	要求资本 (9)	要求资本提转差 (10)=⊿(9)	要求资本的投资收益 (11)=(9)×投资收益率	要求资本的投资收益税收 (12)=(11)×25%[a]	可分配收益 (13)=(8)-(10)+(11)-(12)
1	(5.5)	12.8	12.8	0.6	0.1	(17.9)
2	81.6	23.9	11.1	1.1	0.3	71.4
3	18.9	38.9	15.0	1.7	0.4	5.2
4	3.3	53.3	14.5	2.3	0.6	(9.5)
5	3.6	65.9	12.5	2.9	0.7	(6.8)
6	8.6	66.1	0.2	2.8	0.7	10.5
7	6.7	66.3	0.2	2.8	0.7	8.5
8	4.5	66.5	0.2	2.8	0.7	6.4
9	2.1	66.7	0.3	2.8	0.7	3.9
10	(0.5)	0.0	(66.7)	2.8	0.7	68.4

说明：(a) 25%只是一个假设。关于所得税率的假设请参见本章“内含价值的关键假设”。并且该方法假设税收准备金与计算内含价值所使用的准备金方法一致。

第三步：计算这张保单的新业务价值，假设风险贴现率为 12%：

$$新业务价值=\frac{(17.9)}{(1+12\%)}+\frac{71.4}{(1+12\%)^{2}}+\cdots\cdots+\frac{3.9}{(1+12\%)^{9}}+\frac{68.4}{(1+12\%)^{10}}=69.93(元)$$

在贴现时间的选择上，也有公司选择使用半年贴现，即假设所有新业务的现金流在一年的时间内是均匀发生，而不是在年底一次发生的。

也就是说，公司销售这张保单，股东在出单的那一天预计将可以赚取 69.93 元的净价值。尽管这张保单在账面上的首年亏损为 5.5 元。

新业务价值关注点

对于新业务价值可以有两种理解：一种是在现有业务价值的基础上"增加的"价值；一种是完全把新业务视为独立业务来计算其价值。这两种方法的区别主要体现在如何处理某些公司层面的变量上。以税收为例，由于新业务往往在前几年会有亏损，站在公司层面上，新业务的亏损是可以抵扣有效业务利润所形成的税收，从而产生了"负的税收"。第一种理解下，这种负的税收效应是需要反映在新业务价值计算中的；而第二种理解下，这种税收效应是忽略不计的。实务中，以第一种理解居多。

值得注意的是，这里的新业务价值，是指在评估年度内的曾经生效过的、且没有在犹豫期内退保的所有新业务，无论其在评估日是否生效。比如一张 2009 年 1 月 31 日生效的保单，于 2009 年 12 月 25 日退保，在计算 2009 年新业务价值时，这张保单将被包括在内。但是在计算截止 2009 年 12 月 31 日的有效业务价值时，这张保单就不包括在内，因为它在评估日当天不是"有效"的。

另外，新业务价值计算的是每张新保单在生效日当天价值的总和，也就是每张新保单从缴纳第一次保险费开始的所有可分配收益的现值。例如，有一张保单是 2009 年 1 月 31 日生效的，另外一张保单是 2009 年 6 月 6 日生效的，那么新业务价值就是第一张保单在 1 月 31 日的价值与第二张保单在 6 月 6 日的价值之和。在精算实务中，我们可以把所有新业务的生效日都设定为评估日后一天，然后计算它们在评估日当天的价值。比如我们把所有新业务的保单生效日都设定为 2010 年 1 月 1 日，并在 2009 年 12 月 31 日计算所有新保单的价值。也有保险公司采用一种近似的方法，就是假设当年的新保单在一年内均匀生效，那么平均生效日就是 7 月 1 日。

6. 内含价值敏感性测试

传统的内含价值评估是一种确定性（deterministic）的计算方法，所使用的假设都是"最优估计"（best estimate）。但实际情况与"最优估计"假设必然会有一定差异。为了更好地了解内含价值对各种关键假设的敏感程度，就需要做一些敏感性分析，即将主要的假设进行一定的变化，然后看看内含价值的结果对这些假设变化的敏感程度。最常见的敏感性分析情景包括：

- 投资收益率假设增/减 50 个基点；
- 死亡率/重疾发生率/损失率增/减 10%；
- 退保率假设增/减 10%；
- 维持费用（maintenance expense，ME，其定义请参照第二节中费用假设部分）假设增/减 10%；
- 通货膨胀率增/减一定幅度；
- 风险贴现率增/减一定幅度；
- 要求资本增/减一定幅度。

通过仔细分析敏感性测试结果，首先可以帮助精算师校验主要计算结果的准确与否。例如在假设本身变化幅度不大的情况下，有效业务价值对各种假设的增加或减少的敏感程度是基本对称的。如果发现异常，则很可能是计算本身有错误。又例如，在产品形态类似的情况下，分红险通常对投资收益率的敏感程度会小于非分红产品，因为无论是投资收益的增加还是减少，都能以保单分红作为“缓冲”，从而减少对股东收益单方面的影响。另外，敏感性分析有助于管理层了解公司现有业务的风险程度，从而做出能够减少公司业务风险的决定。

继续用例 13－2 中的数据，但我们针对费用及佣金做敏感性分析，把维持费用分别增减 10%，得到以下两种结果：

情景一：维持费用增加 10%（见表 13－8）。

表 13－8

评估日期	保费收入 (1)	投资收入 (2)	保险利益支出总和 (3)	佣金及费用支出总和 (4)	准备金提转差 (5)	税前收入 (6) = (1) + (2) − (3) − (4) − (5)	所得税 (7) = (6) ×25%	税后收入 (8) = (6) − (7)
2009 年 12 月 31 日								
2010 年 12 月 31 日	672.8	96.9	115.7	44.5	591.9	17.5	4.4	13.2
2011 年 12 月 31 日	639.1	122.7	111.6	42.5	581.4	26.3	6.6	19.7
2012 年 12 月 31 日	0.0	133.6	169.2	26.2	(111.1)	49.4	12.3	37.0
2013 年 12 月 31 日	0.0	131.2	55.9	25.4	13.3	36.5	9.1	27.4
2014 年 12 月 31 日	0.0	131.8	57.3	25.5	13.4	35.6	8.9	26.7
2015 年 12 月 31 日	0.0	132.4	58.7	25.7	13.4	34.6	8.7	26.0
2016 年 12 月 31 日	0.0	133.0	60.1	25.8	13.5	33.6	8.4	25.2
2017 年 12 月 31 日	0.0	66.7	3 061.5	15.1	(3 024.4)	14.5	3.6	10.9

$$\text{扣除持有要求资本的成本前的有效业务价值} = \frac{13.2}{(1+12\%)} + \frac{19.7}{(1+12\%)^2} + \cdots\cdots + \frac{10.9}{(1+12\%)^8} = 115.34(\text{元})$$

与原有效业务价值125.53元相比，维持费用增加10%导致扣除持有要求资本的成本前的有效业务价值变化额为 -10.2元，变化幅度为 -8.1%。

情景二：维持费用减少10%（见表13-9）。

表13-9

评估日期	保费收入 (1)	投资收入 (2)	保险利益支出总和 (3)	佣金及费用支出总和 (4)	准备金提转差 (5)	税前收入 (6) = (1) + (2) - (3) - (4) - (5)	所得税 (7) = (6) ×25%	税后收入 (8) = (6) - (7)
2009年12月31日								
2010年12月31日	672.8	96.9	115.7	36.8	591.9	25.2	6.3	18.9
2011年12月31日	639.1	122.7	111.6	35.1	581.4	33.7	8.4	25.3
2012年12月31日	0.0	133.6	169.2	21.5	(111.1)	54.1	13.5	40.5
2013年12月31日	0.0	131.2	55.9	20.8	13.3	41.1	10.3	30.8
2014年12月31日	0.0	131.8	57.3	20.9	13.4	40.2	10.0	30.1
2015年12月31日	0.0	132.4	58.7	21.0	13.4	39.2	9.8	29.4
2016年12月31日	0.0	133.0	60.1	21.1	13.5	38.3	9.6	28.7
2017年12月31日	0.0	66.7	3 061.5	12.3	(3 024.4)	17.2	4.3	12.9

$$\text{扣除持有要求资本的成本前的有效业务价值} = \frac{18.9}{(1+12\%)} + \frac{25.3}{(1+12\%)^2} + \cdots\cdots + \frac{12.9}{(1+12\%)^8} = 136.04(\text{元})$$

与原有效业务价值125.53元相比，维持费用减少10%导致扣除持有要求资本的成本前的有效业务价值变化额为10.2元，变化幅度为8.1%。

比较两种情景下的结果可以看到，费用的增减变化对有效业务价值的影响幅度几乎是完全对称的。

7. 内含价值的关键假设

根据上面的例子，我们可以看到内含价值的计算是基于一系列假设之上的，可想而知结果对假设的依赖性很高。根据保监会《人身保险内含价值报告编制指引》中的要求，“未来现金流的预测假设应当采用最优估计，满足连续性和一致性原则。相关经验数据可以来自公司内部，也可以来自公司外部。”根据这一原则，适用于内含价值计算的假设应该是一个“最有可能发生”的长期假设，而不是保守估计。

因此，在设定假设的时候，有几点必须要考虑到：

- 公司的实际经验以及发展趋势；
- 行业的实际经验以及发展趋势；
- 报告的目的。由于合并报表的需要，很多合资公司需要向国外的母公司报告内含价值，因此，很多关键假设的确定就要符合母公司的要求；
- 精算师的最佳判断，尤其是在比较缺乏经验数据的时候；
- 假设与模型之间的关系；等等。

下面我们就逐一讨论计算内含价值所需的各项假设：

（1）死亡率。死亡率假设通常按照保单年度来确定，表示成基准生命表的一定比例，同时考虑核保因素，一般表示如表 13－10 所示。

表 13－10

产品类别	性别	基准生命表	第 1 保单年度	第 2 保单年度	第 3 保单年度	第 4 保单年度及以后
A	男	CL1*	50%	60%	70%	90%
A	女	CL2*	40%	50%	65%	80%
……			……	……		

*：CL1/CL2 即《中国保险业经验生命表》（CL00－03）中的男、女非年金表。

①生命表。中国保险行业有一张根据行业数据得到的《中国保险业经验生命表》（CL00－03），各家寿险公司基本都是以此为基础进行死亡率的分析及假设。不过，这套表中并没有男、女混合生命表，也没有区分吸烟、非吸烟人群的不同死亡率，并且只有一张终极表（ultimate table），没有终极——选择表（select and ultimate table）。一般情况下，这套生命表可以满足寿险公司的大部分要求。但如果公司希望推出一些特殊的产品，则需要根据产品的实际情况对基础生命表进行调整，或者从再保险公司那里获取相应的数据。

②死亡率假设。死亡率假设中最关键的一点在于反映核保因素。所谓核保因素，是指由于保险公司在签发保单时有较为严格的核保流程，可以把一些不合格的风险筛选出去，因此在保单承保初期发生死亡理赔的概率要低于平均水平。但随着时间的逐渐推移，初期筛选的效果会慢慢消逝。因此我们通常会看到死亡率的假设呈现一个逐年上升到最后稳定的模式。

另外，由于医学的进步，绝对死亡率有逐年下降的趋势。通过比较《中国保险业经验生命表》90－93 表以及 00－03 表，我们可以看到在短短 10 年的时间内，88 岁前无论男女，死亡率都有显著的下降。由于人寿保险的业务经常在 30 年以上，所以死亡率长期下降的趋势通常也会考虑在内。

为保证模拟的准确性，计算内含价值所用假设的结构通常会与死亡率经验的结构保持一致。如果死亡率经验分析是建立在保额基础上，则精算模型及假设也会基于保额的基础来搭建，否则就有可能造成很大的偏差。通常最常见的死亡率假设是以保单数为基础的。

从建模来看，死亡率通常假设在月中发生，但也可以假设在年末发生。也有些精算软件的模型可以做到连续发生。

③影响死亡率的因素。中国现有的主要产品中，由于储蓄部分占比较高，因此价值对死亡率并不敏感。但是对于定期寿险这种风险保额较高的产品，对死亡率就相当敏感。通常来说，一家公司如果想管理好死亡率风险，只能通过严格核保的方式。

（2）重疾发生率（morbidity）。与死亡率类似，重疾发生率假设通常表示成基准重疾发生率表的一定比例，同时考虑核保因素，常见的重疾发生率选择因子假设如表 13 – 11 所示。

表 13 – 11

产品类别	性别	基准重疾发生率表	第 1 保单年度	第 2 保单年度	第 3 保单年度	第 4 保单年度及以后
A	男	××××	50%	60%	70%	90%
A	女	××××	40%	50%	65%	80%
……			……	……		

①基准重疾发生率表。迄今为止，中国保险行业还没有一张行业的基准重疾发生率表。因此通常各家寿险公司都是从再保险公司获取基准重疾发生率表。而再保公司的重疾发生率表通常来源于再保公司累积的大量数据。

②重疾发生率假设。在核保因素上，重疾发生率也有与死亡率类似的模式。

与死亡率略有不同的是，由于环境污染的恶化、现代生存压力的增大以及医学诊断技术的提高，重疾发生率有逐年上升的趋势。因此，对于保险期限比较长的人寿保险业务，通常会假设一个重疾发生率的恶化率（deterioration rate）。在实际操作中，为简化模型，另外一种方式就是在现有的经验基础上把重疾发生率假设定得略为保守。但对恶化率的假设还需要考虑产品本身的特点。现在中国保险市场上，寿险公司通常保留了针对重疾产品调整费率的权利。这样一来，重疾恶化率对产品利润的影响就有限，那我们对于恶化率的假设就可以限制在一定的范围内。

同样为保证模拟的准确性，重疾发生率假设的结构需与经验分析的结构保持一致。最常见的重疾发生率假设也是以保单数为基础的。

（3）退保率。退保率假设是所有的假设中比较重要的一环。一方面是因为通常情况下，产品的利润对退保率相对比较敏感。另外影响退保率的因素也比较多，既包括宏观经济环境，也包括渠道特点及公司内部对销售流程的控制与管理，属于寿险公司部分可控的因素之一。

在目前中国市场上，最常见的退保率假设分为以下三种：

①保单退保：即整张保单全部退保。常见的保单退保率假设如表 13－12 所示。

表 13－12

产品	渠道	第 1 保单年度	第 2 保单年度	第 3 保单年度	第 4 保单年度	第 5 保单年度及以后
A	银保	25%	15%	10%	7%	5%
B	银保	×	×	×	×	×
C	个险	×	×	×	×	×
D	团险	×	×	×	×	×

②保费退保：某些投资型产品允许客户在满足一定条件时暂时不缴纳保费，但保单依然保持有效。保费退保会降低客户留在保险公司的资金余额的增长速度，从而影响保单利润，因此需要对此作假设。保费退保的假设形式与保单退保假设类似。

③部分退保：某些投资型产品允许客户进行部分退保。与保费退保类似，部分退保会减少客户留在保险公司的资金余额，从而影响保单的利润，因此也需要对此做假设。部分退保的假设形式也与保单退保假设类似。

以上三种退保率假设并不是互相排斥的，对于某些产品，为更好地拟合保单持有人的行为，可能三种类型的假设都会使用。

通常我们观察到的都是保单在前期退保较高，而过了一定年限之后会趋于稳定。但某些产品设计很容易导致退保率在某一个“窗口期”激增。比如投资连结或万能产品一般都会有 5 年左右的退保惩罚期，通常这个期限结束后退保率都会激增。

退保率可以假设成在月中均匀发生，但更多的是假设在年终，即下次缴费前退保。一般来说，退保率都是以保单年度为时间单位的。

（4）佣金/手续费率。佣金/手续费是指支付给销售人员或渠道的销售费用，因此该假设需要准确反映各渠道的销售特点，下面就逐一渠道介绍：

①个人代理业务（个险）。指通过代理人来进行销售的业务。这部分业务只需要支付给代理人佣金，除此以外并无其他与销售直接相关的费用。个险佣金率假设包括直接佣金率及间接佣金（commission override，OR）率。直接佣金率比较简单，通常就是产品的实际佣金率。而间接佣金中要包含给代理人的绩效奖金和组织利益等，通常表示为直接佣金的一定比例（常见为 60% ~100%）。而越是成熟的公司，这个比例通常会越低，最终会稳定在由公司代理人管理基本法架构所决定的水平上。

②佣金超支（overrun）率。间接佣金率的假设一般都基于公司的实际经验，因为它与公司的代理人管理组织结构和基本法息息相关。但现阶段

大量的中国寿险公司都处于初期，因此在代理人体系上都有大量的前期投入，导致费用往往大于基本法设计时预计的长期、稳定的间接费用率。此时，我们可以在假设长期、稳定的佣金水平基础上，再增加一个逐年降低的间接佣金超支率假设，表示为间接佣金的一定比例。例如，公司长期、稳定的间接佣金率为70%（即间接佣金是直接佣金的70%），而在未来5年内，预计间接佣金超支率如表13－13所示。

表13－13

第1年	第2年	第3年	第4年	第5年
200%	150%	100%	50%	0%

则间接佣金率假设＝长期假设×（1＋佣金超支率），按照70%的间接佣金率计算下来，未来5年的间接佣金率假设如表13－14所示。

表13－14

第1年	第2年	第3年	第4年	第5年
210%	175%	140%	105%	70%

③银行保险。银行保险的业务特点是基本直接支付手续费给银行，除此以外没有所谓的“间接”手续费，所以手续费假设一般就表示为简单的手续费率，例如表13－15。

表13－15

第1年	第2年
20%的保费	10%的保费

④团险。团险的业务特点与个险更为类似，很多公司也会有间接佣金率的假设，但也有公司直接假设一个打包的“变动费用”率，其形式与银行保险的手续费率类似。

⑤其他渠道。随着中国市场保险深度和密度的不断提高，寿险公司在渠道建设方面也进行了大量的探索，市场上也出现了除以上三大主要销售渠道之外的新兴渠道，包括网络营销、电视营销、电话营销等等。无论是什么渠道，设定佣金/手续费率（包括间接佣金率及超支率）的要点，就是希望未来的假设能真实反映公司的实际经营情况。

（5）营业费用。营业费用的假设非常重要，同时这也可能是实务操作中各家公司差异最大的假设。常见的三种营业费用假设包括与保费挂钩的费用、件均费用（per policy expense）和与保额相关的费用，件均理赔、件均退保等的费用假设也比较常见，举例如表13－16所示。

表 13－16

	个险	银保	团险
获取费用			
——件均费用	150	150	50
——保费占比	20%	5%	0
——保额占比	0.8%	0.8%	0
维持费用			
——件均费用	50	30	30
——保费占比	2%	1%	0
——件均理赔	20	20	30
——件均退保	20	20	30

当然，具体使用什么样的假设要看每家公司的实际情况。根据各家公司销售模式、产品类别等不同情况，有公司会区分长期险与短期险，也有公司会区分险种类别，例如健康险和意外险。但每一家公司都会区分获取费用（acquisition expense）与维持费用。那么什么是获取费用呢？顾名思义，就是保险公司为“获取”一张新保单而发生的直接费用，主要包括销售费用、核保费用（有时还可能涉及体检费）、保单录入系统等等的费用（请注意支付给代理人的首年佣金在佣金项目中，而不在费用项目中），这些都是在签发保单时发生的前期营业费用。而维持费用，是指保险公司为了“维护”一张保单而发生的直接费用，包括客户服务的费用、理赔的费用、寄送分红通知书、进行保单评估等的后期管理费用。

之所以要将费用与保费或保单等驱动因子挂钩，是为了更准确地反映费用性质。比如有些签发保单的费用，例如打印、寄送等就与这张保单的保费多少无关，因此需要与保单件数挂钩。而一些其他的费用，例如销售激励、销售管理等就可以直接与保费多少挂钩。一家经营稳定的公司，费用假设来源于公司的费用经验。通过分析经验，把费用分摊到保单或保费等驱动因子上，然后通过预测驱动因子的变化，就能真实反映公司未来的费用。

特别值得注意的是，由于内含价值只包括“有效业务”的价值，而根据上面的定义，“获取费用”只在签发保单时发生，保单一旦生效之后所发生的费用都算做“维持费用”，因此内含价值的计算只需要考虑维持费用。

但在计算一年新业务价值的时候，由于我们计算了新业务从签发到满期期间内所有的价值，因此也需要考虑“获取费用”。

同学们在学习其他章节的时候，可能也会有“获取费用”和“维持费用”的定义。名字虽然一样，但是使用的地方不同，其内涵是可能不一样的。例如在中国会计准则下计算准备金的时候，这些费用是可以不包括公司的间接管理（overhead）费用的。但是在计算内含价值的时候，由于我们最终要得到对公司的估值，所以必须要将公司的全部费用考虑在内。

①通货膨胀率。由于寿险保单的长期性，所以通货膨胀对费用的影响不能忽略。通常我们只假设固定金额类的费用受通货膨胀的影响，而与保费相关的费用不受此影响。

②营业费用超支。中国的人寿保险业是一个新兴的行业，大量的公司处于高速扩张时期。铺设营销网点、雇用员工都需要大量的前期投入，这些前期投入不可能反映在业务的定价中（因为定价所使用的是公司长期、稳定的费用水平，而且要考虑产品的竞争性），因此就会产生暂时性的营业费用超支，即实际发生的营业费用超过了根据精算假设计算出来的“可用”营业费用。但营业费用超支只能是一个暂时的现象，一旦公司进入稳定发展期，营业费用超支就必然逐渐消失，否则说明公司的定价不足。

因此，对于大部分的中国寿险公司，在计算内含价值时都会出现“营业费用超支”这个项目。其计算非常简单，即：

营业费用超支＝预计公司未来实际发生的费用－预计根据未来业务和精算假设计算得到的“可用费用”

如前所述，由于内含价值仅包括“有效业务”的价值，仅涉及维持费用。为保持统一，计算内含价值时的营业费用超支仅仅指维持费用的超支部分，所以也有公司把放入内含价值的营业费用超支叫做“维持费用超支”。

那有没有“获取费用超支”呢？当然也有，获取费用的超支在计算一年新业务价值的时候需要考虑。同样的，随着公司发展进入稳定期，获取费用超支也会逐渐消失。

（6）赔付率。赔付率是针对短期险而言的。各家寿险公司都会根据产品特点、公司实际情况来分组进行经验分析，因此这个假设主要根据公司的实际经验来确定。赔付率的假设一般表示成毛保费的一定比例，常见的赔付率假设如表 13－17 所示。

表 13－17

产品类别	渠道	赔付率
短期意外险	个险	20%
短期住院医疗险	个险	70%
……	团险	

也有一些产品会以事故的绝对发生率来表示，例如住院发生率等。

（7）投资收益率。投资收益率假设是所有假设中最重要的假设。这个假设主要需要考虑公司的资产组合以及各类资产的预计收益率。考虑到不同账户（即一般账户、分红账户、万能账户、投连账户等公司用来管理不同产品类别而设立的账户）的监管要求不一样，它们的资产组合可能不一样，所以投资收益率的假设通常都是分账户的。

①资产组合。一般公司对每个账户都有一个目标资产构成，即公司综

合考虑产品定价策略和内部投资管理等因素下，希望达到的长期、稳定的资产组合。但由于实际操作以及市场波动等原因，每一个评估日的资产组合不可能与目标资产组合完全一致（长期来看，公司的资产组合应该是围绕着目标资产组合上下波动的）。以某账户为例，公司提供了如表 13－18 所示的信息。

表 13－18

资产类别	评估日资产组合	目标资产组合
现金及银行存款	10%	5%
国债（10 年期）	30%	40%
企业债	40%	45%
股票及基金	10%	5%
房地产	10%	5%
总计	100%	100%

在制定假设的时候，通常会以评估日的资产组合为起点，逐步过渡到目标资产组合。

②各类资产收益率。即每类资产的预计收益率。既可以假设为一个均衡的收益率，也可以假设成近期收益率以及长期、稳定的远期投资收益率。

为与资本的市价计价法相一致，在设定对应的资产收益率时，需使用与市场价值相匹配的市场利率（market rate，MR）假设，以真实反映该资产未来能带来的收益情况。

实践中，在设定市场利率假设时，由于中国的资本市场并不活跃，除了国债有较大的交易量外，很多企业债/金融债的交易性都很差，因此很难从市场中获得真正的市场利率。因此较为常见的做法是从市场中获得国债的市场利率，即所谓的无风险利率（risk free rate，RFR），然后根据不同资产类别的风险情况，往上加一定的风险溢价（risk spread）。表 13－19 列示了各类资产的即期收益率、远期收益率。

表 13－19

资产类别	即期收益率	远期收益率
现金及银行存款	2%	2.5%
国债（10 年期）	3.05%	3.5%
企业债/金融债[a]	4.05%	4.5%
股票及基金	8%	8%
房地产	7%	7%

说明：（a）此处假设企业债与 10 年国债之间的利差为 100 个基点，仅供示例。实务中需根据实际情况作出调整。

有了预计资产组合和各类资产的预计收益率，我们就能得到投资收益率假设了。

③实务变通。实务中，出于缺乏市场价格和提高效率等原因，并不是每一次的内含价值评估都会做市价重估，很多公司会直接使用资产的账面价值。这里需要说明的是，这一实务变通的运用一般局限于公司内部报告，以兼并收购或上市报告为目的的情形不采用此种方法。此时在设定投资收益率假设时，以市场价值入账的资产所对应的资产收益率应是市场利率；而以账面价值（book value）入账的资产所对应的资产收益率则应为账面收益率（book rate），即如表 13－20 所示。

表 13－20

资产计价方法	对应投资收益率
市场价值法	市场利率
账面价值法	账面收益率

举个简单的例子来说明市场利率与账面收益率之间的区别：

【例 13－5】 面值为 1 000 元的 10 年期债券于 2009 年 1 月 1 日发行，票面年利率是 4%，市场利率也是 4%，那么发行价就是 1 000 元，投资者以 1 000 元购买该债券后，每年将获取 40 元的收益，账面收益率为 4%。

到了 2010 年 1 月 1 日，由于市场利率提高到 4.5%，这张债券的市价将变为 963.66 元（假设第一年 40 元的利息已经派发完成），但账面成本价依然是 1 000 元。那么我们在估算这张债券的未来收益时，有以下两种情况：

a. 公司使用了成本计价法，即该债券在财务报表中的成本为 1 000 元，那么对应的收益率就应该是账面收益率 4%，这样能计算出未来每年的收益为 40 元，9 年后收回本金 1 000 元。

b. 公司如果使用了市价计价法，即该债券在财务报表中的成本为市价 963.66 元，那么对应的收益率就应该是市场利率 4.5%，按这个收益率计算出来的资产在 9 年后才能增值到 1 000 元。

假如公司用市价 963.66 元计价，但是使用 4% 的账面收益率作为投资收益率假设，那么可以预测 9 年后这张债券仅仅能收回本金 948 元，而不是应该收回的 1 000 元。

通过这个例子可以看出，如果使用的投资收益率与资产计价方法不匹配，就无法准确估计未来的收益情况。

在使用账面收益率时，由于资产的投资期限通常没有寿险保单的期限长，就还需要公司对资产满期后做出再投资的假设。

④投资收益率。根据分别设定的资产组合以及资产收益率，我们就可以获得该账户的投资收益率，如表 13－21 所示。

表 13－21

资产类别	评估日资产占比	即期收益率	目标资产占比	远期收益率
现金及银行存款	10%	2%	5%	2.5%
国债（10 年期）	30%	3.05%	40%	3.5%
企业债	40%	4.05%	45%	4.5%
股票及基金	10%	8%	5%	8%
房地产	10%	7%	5%	7%
总计	100%	4.24%	100%	4.30%

需要值得关注的是资产收益率假设应是净收益率，所涉及的投资费用要从毛收益中扣去。另外，市场利率已经通过活跃的市场交易反映了流动性风险、违约风险等，但账面收益率往往还需要扣减掉违约风险成本，以获得与市场利率同一口径的投资收益率。

⑤新业务投资收益率。以上所讲的设定投资收益率的方法更多关注截至评估日公司的存量投资。为区分新业务带来的增量投资面临的不同市场环境、甚至不同的资产配置比例，有公司在制定投资收益率时，会单独制定一套适用于新业务的投资收益率，以反映过去一年增量投资的收益率情况。其设定方法与存量投资的投资收益率假设类似。

（8）保单分红。分红产品是中国市场上最常见的产品。与非分红产品相比，这类产品需要一个额外的保单分红的假设。保单分红假设取决于公司的分红策略、公司的实际经营情况，以及客户的分红预期。根据《人身保险新型产品精算规定》中的规定，“保险公司每一会计年度向保单持有人实际分配盈余的比例不低于当年可分配盈余的 70%。”由于中国寿险市场上大多数分红产品均为现金分红的产品，即当年可分配盈余的一定比例以现金的形式在股东/客户之间进行分配，因此在计算的时候只需要通过保单分红假设将保单红利作为一种保险利益反映在现金流中就可以了。

在 2009 年以前的财务制度中有“分红特别储备”这一项。虽然其具体的计算方法不在本章的学习内容中，但如何在内含价值中反映这种准备金的价值呢？对此，保监会并没有相关的详细规定。在实务中，根据分红特储的提取方法，出现了各种的处理方法，包括：

①视分红特储为某种保户及股东共有的资产，按照保户与股东的红利分配比例，直接体现在股东净资产中。例如某公司有分红特储 100 元（假设分红特储的计提是税前金额），保户与股东的红利分配比例为 7∶3，公司的税率为 25%，则直接将 22.5 元（＝30 元×（1－25%））的税后分红特储反映在股东净资产中。

②假设分红特储将在未来一段时间（比如 10 年）内逐渐释放。其释放方法既可以是均匀释放，也可以是与未来每年实际分红额成一定比例释放。

③实务中，保单分红和分红特储还有一种更为复杂的处理方法。此时保单分红并不考虑公司未来每年的实际盈利情况，而是按照既定的分红政策进行。此种方法的理论依据是，保户并不在乎公司每年的实际盈利情况，而基于买保险时的分红演示对未来的分红有一定预期。公司应该尽量去满足这种分红预期。采用此种处理方法需要做大量的测算，以保证根据公司内含价值假设计算出来的可分配盈余能支持某种既定分红政策。此时分红特储在测算中则被视为支持未来保单分红的一种储备。

（9）结算利率（credit rate，CR）（账户管理费等）。对于万能型产品，还需要一个结算利率（也就是公司给万能产品保单持有人的“存款利率”）假设。最常见的方式是在万能账户投资收益率的基础上，假设一个结算利差，即公司预计能够从万能账户中赚取的利差（类似于银行赚取的存贷差），然后结算利率＝万能账户的投资收益率－结算利差。

对于投资连接型产品，所有的投资风险都由保户承担。公司不再赚取利差，主要利润来源是收取的账户管理费，因此需要有一个账户管理费的假设，通常就是公司现行的管理费标准，例如每年1.5%的账户余额。

（10）再保险。寿险行业为分担风险，主要的再保险形式包括比例分保以及溢额再保险，通常对产品利润的影响都不大。为准确起见，比例分保通常可以在模型中严格按照再保险合同的条款来模拟再保险支出。但对于溢额再保险，由于其模拟较为复杂，而且对产品利润的影响极小，在实务中很多公司都是假设一个再保险净支出，例如假设保费的0.2%为再保险净支出。

（11）税收及其他支出。保险行业的主要税种包括营业税及企业所得税，可根据相关税法的规定在模型中直接反映。

现行企业所得税为应税利润的一定比例（现行税率是25%），但由于应税利润与账面利润之间有一定的差异，所以不能严格按照内含价值模型所计算得到的扣除持有要求资本的成本前税前利润的25%来计算所得税支出，在实务中常用的做法有两种：

①有效税率法。根据税法的规定，某些费用不能在税前列支（即不能抵税），例如超出一定额度的工资和超出一定额度的佣金和手续费等；而部分收入也无需缴纳所得税，其中最常见的就是国债的利息收入。因此，部分公司会根据实际缴纳的税款占账面利润的比例计算一个有效税率，并假设将来此税率也适用。这种方法是一种简化的近似方法，优点是可以直接应用在内含价值模型所得到的扣除持有要求资本的成本前税前利润上。但这种方法的局限性就是对于还处在亏损期的企业不适用，因为公司还没有开始纳税，也就不存在有效税率。另外，随着公司资产组合的不断变化，在免税收入与不能税前列支费用的相互作用下，公司的有效税率并不是一个稳定的数值。

由于免税收入的抵税效果通常更大，因此有效税率通常低于现行的企业所得税率 25%。

②应税所得法。与有效税率法不同，应税所得法是通过直接计算应税利润来计算所得税支出。由于对应税利润影响最大的就是免税收入，所以公司通常会通过分析资产组合来计算多少比例的投资收入不进入应税利润。以我们在计算投资收益率假设时所使用的例子来看（见表 13－22）：

表 13－22

资产类别	目标资产组合	远期收益率	投资收入占比
	(1)	(2)	(3) = (1) × (2)/4.30%
现金及银行存款	5%	2.5%	2.9%
国债（10 年期）	40%	3.5%	32.6%
企业债	45%	4.5%	47.1%
股票及基金	5%	8%	9.3%
房地产	5%	7%	8.1%
总计	100%	4.30%	100%

通过以上分析我们可以看到，公司 32.6% 的投资收入都来自于免税的国债收入，因此我们可以假设投资收益额的 32.6% 是免税的，把这部分收入从内含价值模型中所得到的扣除持有要求资本的成本前税前利润就可以算出应税利润，再乘以企业所得税率 25% 就可以计算出所得税支出了。

这种方法的好处是可以更为准确地计算应税利润。但这同样是一种简化的方法，没有考虑其他对应税利润影响偏小的因素，例如不能税前列支的工资、佣金及手续费等。如果想提高精确度，可以在此基础上做进一步的假设，例如假设总费用的一定比例不能在税前列支，等等。

另外，大量的中国寿险企业还处于亏损状态，所以不需要马上开始缴纳企业所得税。这就需要分析预测公司从哪一年开始缴纳企业所得税，再以此为起点用以上方法计算所得税支出。

除了税收之外，寿险公司另一项比较大的支出就是保险监管费以及保险保障基金支出，现行的费用标准如表 13－23 所示。

表 13－23

产品类别	保险保障基金（毛保费百分比）
短期意外及健康险	0.80%
有保证的长期险	0.15%
无保证的长期险	0.05%
产品类别	保险监管费（毛保费百分比）
短期意外险	0.17%
短期健康险	0.16%
长期寿险	0.09%
长期健康险	0.08%

对这两种费用的计算比较简单，直接放入模型中就可以了。

（12）计算年限。内含价值是未来一定年限的可分配收益贴现到评估日的精算现值。一般来说，长期险都计算到保单结束。对于短期险，很多公司只计算它未来一年的价值。不过也有公司因为短期险有续保的特点，把它们作为长期险来处理，计算其未来10年或20年的可分配收益现值。要注意的是，第一种处理方法是把每一年所有的短期险（无论是续保还是新业务）都视为新业务，因此在计算一年新业务价值的时候要把所有的短期险业务包含在内。而第二种方法中，续保的短期险业务已经包括在“有效业务价值”中了，在一年新业务价值中就不能再重复计算这部分的短期险业务。

（13）风险贴现率。风险贴现率是内含价值中最重要的假设。本质上，风险贴现率顾名思义就是考虑这家公司所面临的风险之后，股东所需要的风险溢价，因此是一项非常需要主观判断的假设。甚至在收购及兼并项目中，这个假设并不是由精算师来确定的，而是由买卖双方根据市场形势来确定的。所以，与其说它是一个精算假设，不如说这更多的是一个交易决定，是买卖双方讨价还价的结果。

如果去探求风险贴现率的理论依据，尽管有很多限制条件及批评，但资本资产定价模型（Capital Asset Pricing Model，CAPM）依然是最为广泛接受的用于计算风险贴现率的模型，即风险贴现率 = 无风险贴现率 + $\beta\times$市场风险溢价，其中 β 为公司的股票对市场变化的反映程度。$\beta>1$ 即表明该公司股价变化的幅度大于市场平均幅度。市场风险溢价则反映了市场整体对投资于股票所需要的风险溢价要求。

而影响风险贴现率的因素如下：①系统风险：包括国家风险、市场整体风险溢价水平等；②公司规模：一般来说业务规模越大，我们认为公司经营结果会越稳定，即风险越小，股东所需要的风险溢价也就越小；③内部管理：内部管理越规范，风险越小；④业务质量：业务质量越高，风险越小；⑤资产质量：资产质量越高，风险越小。

有债务时的风险贴现率

中国寿险发展的前期，资本金来源基本都是股东自有资本，因此对于风险贴现率的理解比较简单，即股东的要求收益率。2006年，随着《保险公司次级定期债务管理暂行办法》的颁布，次级债也可以用于满足偿付能力要求，也就是具有了“资本”的功用。但由于次级债的成本是固定的，且远远低于股东自有资本的要求收益率，因此可以起到降低公司整体资金成本的作用。严格从经济价值的角度来说，公司在计算传统内含价值时需要使用“加权平均资金成本”，用这个平均资金成本作为未来的风险贴现率来计算业务价值。简单举例说明如下：

【例 13 - 5】 假设公司自有资金为 15 亿元，股东的要求收益率为 12%。次级债为 5 亿元，利率为 4%（还需要注意，利息支出可以抵税，所以还具有税收利益，这里的 4% 是考虑了税收利益之后的净利率［净利率 = 利息成本 ×（1 - 企业所得税率）］）。那么公司的加权平均资金成本为：

$$(15 \times 12\% + 5 \times 4\%)/(15 + 5) = 11.0\%$$

那么，公司最终使用的风险贴现率应为 11%，而不是 12%。

在实务操作中，加权平均资金成本的计算会有更多复杂的因素，例如股东的自有资本和债务之间的比例实际上在不停变化。因此为简单起见，也有公司直接把债务带来的资金成本降低反映在持有要求资本的成本的降低上。这些公司在计算持有要求资本的成本时，不再使用足额的要求资本，而是减去其中由债务来满足的金额。例如要求资本为 100 元，债务为 30 元，那么在计算持有要求资本的成本时，仅使用 70 元作为要求资本，这种方法也是被认可的。

【例 13 - 6】 沿用例 13 - 3 中的数据，但假设公司于 2010 年 1 月 1 日发行了 20 元为期 7 年的次级债，最后偿还日期为 2016 年 12 月 31 日，利率为 5.5%。此时，持有要求资本的成本计算如表 13 - 24 所示。

表 13 - 24　　　　单位：元

评估日期	要求资本 (9)	次级债（净认可部分）(9.5)[a]	要求资本提转差 (10) = Δ((9) - (9.5))	次级债利息支出 (10.5) = (9.5) × 次级债利率 × (1 - 25%[b])	要求资本的投资收益 (11) = (9) × 投资收益率[c]	要求资本投资收益的税收 (12) = (11) × 25%[b]	要求资本净影响 (13) = -(10) - (10.5) + (11) - (12)
2009 年 12 月 31 日	76.3	0.0					
2010 年 12 月 31 日	100.0	20.0	3.7	0.8	3.8	0.9	(1.7)
2011 年 12 月 31 日	123.3	20.0	23.3	0.8	4.8	1.2	(20.5)
2012 年 12 月 31 日	118.8	16.0	(0.4)	0.8	5.3	1.3	3.6
2013 年 12 月 31 日	119.4	12.0	4.5	0.8	5.3	1.3	(1.4)
2014 年 12 月 31 日	119.9	8.0	4.5	0.8	5.3	1.3	(1.4)
2015 年 12 月 31 日	120.4	4.0	4.5	0.8	5.3	1.3	(1.4)
2016 年 12 月 31 日	121.0	0.0	4.5	0.8	5.3	1.3	(1.4)
2017 年 12 月 31 日	0.0	0.0	(121.0)	0.0	3.1	0.8	123.3

说明：(a) 根据《关于印发〈保险公司偿付能力报告编报规则——问题解答第 2 号：次级债、可转换债券、股票和境外外汇投资资产〉的通知》中的相关规定，次级债被认可作为要求资本的百分比随着债务剩余年限减少而减少，具体请参见该文。

(b) 25% 只是一个假设。关于所得税率的假设请参见本章“内含价值的关键假设”。并且该方法假设税收准备金与计算内含价值所使用的准备金方法一致。

(c) 为更清楚地演示次级债对公司持有要求资本的成本的影响，本示例中忽略了次级债资金带来的投资收益。读者将 (10.5) 栏改为次级债投资收益与利息支出之间的净差额即可。

则此时这张保单的持有要求资本的成本为：

$$\text{持有要求资本的成本} = \frac{(1.7)}{(1+12\%)} + \frac{(20.5)}{(1+12\%)^2} + \cdots\cdots + \frac{123.3}{(1+12\%)^8} - (76.3-0) = (44.78)$$

与发行次级债之前47.38元的持有要求资本的成本相比，发行次级债使得公司的持有要求资本成本降低了2.6元，即股东的价值增加了2.6元。

13.1.3 传统内含价值变动分析

除了敏感性分析，另一种常见的分析就是内含价值的变动分析，也就是逐项拆分内含价值从上一评估时点增/减到本次评估时点的原因。简化的内含价值变动分析如表13－25所示。

表13－25

编号	项　　目	对股东净值的影响	对有效业务价值的影响
1	期初内含价值		
2	新业务价值		
3	期望收益		
4	实际经验与假设之间的偏差（=4.1+4.2）		
4.1	－投资收益		
4.2	－经营类假设		
5	精算假设变化（=5.1+5.2）		
5.1	－经营类假设变动		
5.2	－经济类假设变动		
6	资本注入/股息支出		
7	其他		
8	期末内含价值=（1+2+3+4+5+6+7）		

下面将一一介绍每个项目：

1. 新业务价值

与期初评估相比，期末评估时所涵盖的业务范围不同，涵盖了当期签发的新业务，所以公司的内含价值会自然变化。新业务价值是影响内含价值变动的一项重要因素，它记录了所有新业务在评估日当天价值的总和。但是在实务中各家公司有不同的方法，下面就列举两种最常见的方法：

第一种方法是使用新保单生效时的假设，也就是在计算一年新业务价值时所使用的假设。如果采用这种做法，生效日到评估日期间实际经验与假设之间的偏差则需要在以下“实际经验与假设之间的偏差”项目中反映出来。

第二种方法是使用评估日的假设。这种做法等于是把生效日到评估日之间的实际经验考虑在内，很直观地反映了新业务对内含价值（其计算基于评估日）的影响，使变动分析比较简单。

2. 期望收益

回忆一下内含价值的组成，自由盈余 + 评估日持有的要求资本 + 扣除持有要求资本的成本后的有效业务价值（可分配收益的现值）。

【例 13－7】 沿用例 13－2 和例 13－3 中的数据（见表 13－26）。

表 13－26 单位：元

评估日期	税后收入 (8) = (6) － (7)	要求资本 (9)	要求资本提转差 (10) = Δ(9)	要求资本的投资收益 (11) = (9) × 投资收益率	要求资本的投资收益税收 (12) = (11) × 25%	可分配收益 (13) = (8) － (10) + (11) － (12)
2009 年 12 月 31 日		76.3				
2010 年 12 月 31 日	16.0	100.0	23.7	3.8	0.9	(4.8)
2011 年 12 月 31 日	22.5	123.3	23.3	4.8	1.2	2.9
2012 年 12 月 31 日	38.8	118.8	(4.4)	5.3	1.3	47.2
2013 年 12 月 31 日	29.1	119.4	0.5	5.3	1.3	32.5
2014 年 12 月 31 日	28.4	119.9	0.5	5.3	1.3	31.8
2015 年 12 月 31 日	27.7	120.4	0.5	5.3	1.3	31.1
2016 年 12 月 31 日	27.0	121.0	0.5	5.3	1.3	30.4
2017 年 12 月 31 日	11.9	0.0	(121.0)	3.1	0.8	135.2

公司于 2009 年 12 月 31 日：

$$\text{扣除持有要求资本的成本后的有效业务价值} = \frac{(4.8)}{(1+12\%)} + \frac{2.9}{(1+12\%)^2} + \cdots\cdots + \frac{135.2}{(1+12\%)^8} - 76.3 = 154.5 - 76.3 = 78.2(\text{元})$$

股东净资产 = 100 元，即由 76.3 元的要求资本与 23.7 元的自由盈余组成的。

$$\text{内含价值} = 100 + 78.2 = 178.2(\text{元})$$

我们把公式重新写一下，76.3 元的要求资本前后抵消，可以看到：

$$\text{内含价值} = \left[\frac{(4.8)}{(1+12\%)} + \frac{2.9}{(1+12\%)^2} + \cdots\cdots + \frac{135.2}{(1+12\%)^8}\right] + 23.7 = 154.5 + 23.7 = 178.2(\text{元})$$

前面中括号中的部分，我们暂且把它称为“可分配收益资产”。下面我们逐个来看各个项目随着时间的推移对内含价值变动的影响是多少。

自由盈余是保险公司的“余粮”，不用于支持任何业务，这一部分资产也不存在未来收益贴现。由于有投资收益率的存在，因此它的期望收益 = 期初自由盈余 × 投资收益率。

可分配收益资产是未来收益的现值，因此这一部分资产我们预计的收益率其实就是风险贴现率，每年可分配收益资产的期望收益 = 期初可分配收益资产 × 风险贴现率。

因此从原理上来说，期望收益 = 期初自由盈余 × 投资收益率 + 期初可分配收益资产 × 风险贴现率。

我们用一个简化的例子来验证这个公式是正确性。

【例 13－8】 假如公司在 2010 年没有任何新业务，实际的各种现金流与假设完全一样（则实际收益应该等于期望收益），且自由盈余的收益为 0，那么公司这一年的实际收益是多少呢？我们先来看看按照上面的公式计算得到的期望收益：

$$\text{期望收益} = 23.7 \times 0 + 154.5 \times 12\% = 18.5(\text{元})$$

这个结果是否正确呢？公司 2010 年年底的实际内含价值是多少呢？我们还是分别来看看两个组成部分的价值是多少：

$$\text{2010 年年底调整后的股东净资产} = \text{2009 年底调整后的股东净资产} + \text{2010 年的账面盈利} = 100 + \text{业务的税后收入} + \text{要求资本的税后收入} + \text{自由盈余的税后收入} = 100 + 16 + (3.8 - 0.9) + 0 = 118.9(\text{元})$$

$$\text{扣除持有要求资本的成本后的有效业务价值} = \frac{2.9}{(1+12\%)} + \frac{47.2}{(1+12\%)^2} + \cdots + \frac{135.2}{(1+12\%)^7} - 100 = 77.8(\text{元})$$

公司于 2010 年 12 月 31 日的内含价值 = 118.9 + 77.8 = 196.7 （元）

内含价值在 2010 年的实际收益 = 196.7 − 178.2 = 18.5 （元）

= 期望收益 18.5 （元）

与用公式计算出来的结果一致。

以上是假设公司没有新业务的情况下，如果有当期签发的新业务，其计算原理与有效业务完全一样，只不过期初的要求资本为零，在此就不再赘述。

3. 实际经验与假设之间的偏差

以上的例子中，我们假设实际经验与假设完全吻合，因此有效业务价值释放 16 元，同时税后的实际利润达到 16 元。但这在实际经营中几乎是不可能的。例如我们假设投资收益会有 96.9 元，但实际可能达到了 100 元。那么有效业务价值的释放还是按照假设的 16 元，但实际的税后利润就会增加到约 18 元，内含价值因此就会比预期中的多。

在实务中，实际经验与假设之间的偏差通常需要逐项拆分到各项因素，包括投资、费用、退保率、死亡率/发病率等。逐项分拆可以帮助公司管理层了解经营的优、劣势，也可以帮助精算人员分析精算假设是否真实反映了公司的实际经营情况。技术上，分析实际经验与假设之间的偏差，尤其是逐项拆分到各项因素，需要精算人员逐项使用实际经验来替换模型中所使用的假设，然后再计算经验对内含价值的影响有多大，因此是变动分析中较为耗时的部分。举例说明：

【例13－9】 沿用例13－4中的数据，但假设第一年公司的投资收益率为4.5%，而不是原来预计的4.25%。将原模型中的第一保单年度的投资收益率改为4.5%，重新运算模型，得到更新后的现金流为表13－27、表13－28。

表13－27

保单年度	保费收入 (1)[a]	投资收入 (2)[a]	保险利益支出总和 (3)[a]	佣金及费用支出总和 (4)[a]	准备金提转差 (5)[a]	税前收入 (6)=(1)+(2)－(3)－(4)－(5)	所得税 (7)=(6)×25%[b]	税后收入 (8)=(6)－(7)
1	626.4	14.9	55.4	314.1	278.2	(6.5)	(1.6)	(4.9)
2	529.1	27.3	70.7	70.7	306.1	108.8	27.2	81.6
3	472.9	43.3	78.0	25.7	387.3	25.2	6.3	18.9
4	434.2	59.2	107.4	19.5	362.1	4.4	1.1	3.3
5	398.3	73.1	135.2	18.1	313.3	4.8	1.2	3.6
6	0.0	68.8	52.7	0.2	4.4	11.5	2.9	8.6
7	0.0	69.0	54.9	0.2	5.0	8.9	2.2	6.7
8	0.0	69.2	57.4	0.2	5.6	6.0	1.5	4.5
9	0.0	69.4	60.1	0.2	6.4	2.8	0.7	2.1
10	0.0	69.7	1 738.5	0.2	(1 668.3)	(0.6)	(0.2)	(0.5)

说明：(a) 本示例中所用的保费、投资收入、保险利益支出、佣金及费用以及准备金数据是根据一定的精算假设而计算得到的现金流，仅供参考，其计算原理及过程不在本章内容内。

(b) 25%只是一个假设。关于所得税率的假设请参见本章“内含价值的关键假设”。并且该方法假设税收准备金与计算内含价值所使用的准备金方法一致。

$$\text{新业务价值}=\frac{(17.2)}{(1+12\%)}+\frac{71.4}{(1+12\%)^2}+\cdots\cdots+\frac{3.9}{(1+12\%)^9}$$

$$+\frac{68.4}{(1+12\%)^{10}}=70.50(\text{元})$$

因此，由于投资收益所导致的实际经验与假设之间的偏差为70.50－69.93＝0.57（元）

对于其他因素的偏差分析，方法完全一样。通常偏差分析按照假设从

表 13-28

保单年度	税后收入 (8) = (6) - (7)	要求资本 (9)	要求资本提转差 (10) = Δ(9)	要求资本的投资收益 (11) = (9) × 投资收益率	要求资本的投资收益税收 (12) = (11) ×25%[a]	可分配收益 (13) = (8) - (10) + (11) - (12)
1	(4.9)	12.8	12.8	0.6	0.2	(17.2)
2	81.6	23.9	11.1	1.1	0.3	71.4
3	18.9	38.9	15.0	1.7	0.4	5.2
4	3.3	53.3	14.5	2.3	0.6	(9.5)
5	3.6	65.9	12.5	2.9	0.7	(6.8)
6	8.6	66.1	0.2	2.8	0.7	10.5
7	6.7	66.3	0.2	2.8	0.7	8.5
8	4.5	66.5	0.2	2.8	0.7	6.4
9	2.1	66.7	0.3	2.8	0.7	3.9
10	(0.5)	0.0	(66.7)	2.8	0.7	68.4

说明：(a) 25% 只是一个假设。关于所得税率的假设请参见本章“内含价值的关键假设”。并且该方法假设税收准备金与计算内含价值所使用的准备金方法一致。

重要到次要的顺序来进行，但所有的变量都分析完之后，其偏差之和一般不可能正好等于实际的总偏差，其差异部分则被放入其他项。

4. 精算假设变化

整套内含价值的计算都建立在精算假设的基础上，所以精算假设的变化自然会引起内含价值的变化。尽管计算内含价值所使用的假设通常是一种长期、稳定的假设，但调整也是必不可少的。例如投资收益率为了与资产计价方式保持一致，在不同的评估时点都会调整。在实务中，精算假设变化引起的价值变动通常会拆分到“经济类”，包括投资、风险贴现率的变化所引起的价值变动，以及“运营类”，包括费用、退保率、死亡率/发病率假设的变化等所引起的价值变动。

在技术上，分析与拆分精算假设变化引起的价值变动需要将旧假设放入新模型中重新运算，然后与新假设运算得到的结果进行比较。

5. 其他

除以上所介绍的最常见的变动分析项目外，导致内含价值变动的因素还有很多，包括：

- 精算模型的变化。精算工作本身是一个不断进步的过程，精算师们会不断地去调整、改进自己的模型，这将不可避免地影响计算结果。因此大部分公司会首先用新的模型将去年的数据重新运算一次，然后将两次计算所得的差异放入内含价值的期初调整中。

- 派股息或者有资本注入。这将直接导致股东净资产的变化。
- 汇率变动，它会直接影响公司外币资产的价格，从而影响股东净资产。
- 兼并与收购，倘若公司发生了兼并与收购，内含价值统计范围发生了改变，也会影响公司价值。
- 其他。这通常是一个平衡项，用来记录所有没有在前面各项中反映出来的价值变动。这个项目可以用来校验前面的变动分析是否正确。如果这个项目数值过大，说明我们还遗漏了一些重大变化或者前面的计算有误。

13.1.4 传统内含价值的用途

上面介绍了内含价值的计算原理以及一些实务操作。可以看到，内含价值不仅包含了现有的股东净资产，还包括了现有业务能带来的价值，因为这也是公司拥有的一部分“资产”，只不过传统的会计方法无法反映这一部分“资产”的价值。但是，正如本章开头所述，内含价值本身并不是一个会计项目，而是作为传统会计项目的补充而披露的财务信息。由于内含价值方法更准确地评估了寿险公司全部资产的价值，因此它最常见的用途就是用于兼并与收购（包括上市评估）。这里我们要引入一个进一步的概念——评估价值（appraisal value，AV，也有人称为“经济价值”（economic value））。

评估价值

评估价值 = 内含价值 + 商誉

以上在介绍内含价值的概念时，可以看到我们所评估的是公司已有全部资产的价值。假如我们要收购可口可乐公司，对他们的已有资产作评估之后发现价值 1 亿美元，那么你出价 1 亿美元，可口可乐公司会愿意卖给你吗？答案肯定不会。因为只要有可口可乐这个品牌和管理团队在，即使他们损失了所有的资产，最终他们还是能够为股东创造新的价值。这种潜在的价值或者说创造价值的能力我们称为商誉。商誉是指能在未来期间为企业经营带来超额利润的潜在经济价值，是企业整体价值的组成部分。因此，在收购可口可乐的例子中，尽管他们现在的资产只价值 1 亿美元，但假如要收购他们，就要付出高得多的价格。

回到寿险公司的评估上来，如果你想要收购一家保险公司，那么仅仅用内含价值显而易见是不够的，同样也要加上商誉。在保险行业中，最常使用的方法是用一年新业务价值乘以资本化系数（capitalization factor，CF）的方法来评估商誉。那么如何评估资本化系数呢？

影响资本化系数的几个因素

1. 市场影响：在市场的不同阶段，受宏观经济以及投资者对整个投资市场的判断，即使是对同一家被评估公司，资本化系数都会有较大的波动。这种波动类似于股票价格的波动。

2. 公司自身的业务增长能力：根据商誉的定义，它衡量的是管理层创造未来超额价值的能力。因此，假如公司的业务结构不变，那么未来业务增长越快，则商誉越高，也就是资本化系数越高。让我们用一个例子来说明，假如评估日为2009年12月31日，未来20年的业务增长率如表13－29所示。

【例13－10】

表13－29

年度	业务增长率预计 (1)	累积因子 (2) ＝ $(2)_{t-1}$ × (1＋(1))
2009		1.0
2010	50.0%	1.5
2011	40.0%	2.1
2012	30.0%	2.7
2013	20.0%	3.3
2014	10.0%	3.6
2015	5.0%	3.8
2016	5.0%	4.0
2017	5.0%	4.2
2018	5.0%	4.4
2019	5.0%	4.6
2020	5.0%	4.8
2021	5.0%	5.1
2022	5.0%	5.3
2023	5.0%	5.6
2024	5.0%	5.9
2025	5.0%	6.2
2026	5.0%	6.5
2027	5.0%	6.8
2028	5.0%	7.1
2029	5.0%	7.5

假设风险贴现率为12%，则资本化系数为：

$$\text{资本化系数} = \frac{1.5}{(1+12\%)} + \frac{2.1}{(1+12\%)^2} + \cdots\cdots + \frac{7.5}{(1+12\%)^{20}} = 28.11$$

假设2009年的一年新业务价值为200万元，则这间公司的商誉为：200×28.11 =5 622（万元）

根据这个理论，通常公司规模越大，由于其增长性通常会降低，则资本化系数会越小。使用这种方法评估时，通常会考虑未来10～20年的新业务增长。在欧洲这种较为成熟、增长率非常低的保险市场，我们通常见到的资本化系数都在10以内（在以上例子中，只要我们把未来20年的增长率预计降低为2%，则重新计算的资本化系数将降低为8.6）。

3. 业务结构的变化。以上例子中，由于我们以2009年一年新业务价值为基数，其隐含假设是未来20年的业务结构或者说新业务利润率不变。如果预计公司的业务结构会发生重大改变，例如公司的营销策略将发生改变，则可以在计算资本化系数时把这些因素也考虑在内。另外，我们通常会使用与计算内含价值相同的风险贴现率，但也有些时候由于未来新业务的增长有更高的不确定性，亦即更高的风险，我们也可以使用更高的风险贴现率来计算资本化系数。

4. 评估目的：在兼并与收购中，由于买卖双方的立场和对公司未来的增长潜力预计通常不一样，通常情况下对资本化系数的估算会有较大差异。

5. 是否与收购方存在协同效力：在兼并与收购中，公司股东的改变可能会影响公司的战略或在某一方面的优劣势，这些因素也需要考虑在内。

6. 其他因素等。由于内含价值方法比财务报表更能准确反映保险公司的真实价值，中国的保险监管机构也要求各寿险公司上报内含价值，以用于评估整个行业的发展。另外，越来越多的公司用内含价值来作为评估公司管理绩效的重要指标，包括在产品定价时使用新业务价值利润率作为主要利润指标。

§13.2　市场一致性内含价值简介

13.2.1　市场一致性内含价值的由来

在上一节中，我们讨论了传统内含价值的定义以及计算方法。可以看到，传统内含价值方法相比于传统财务报表能够更准确地反映保险公司的价值，而且其计算并不复杂，这也是为什么到今天，传统内含价值法在全球范围内依然是最主要的评估手段的原因之一。

但是传统内含价值法也有它的缺陷，主要为：

（1）所有对未来的预估，包括死亡、退保、投资收益等，都是建立在确定性假设（即所谓的最优估计假设）的基础上的。即使有敏感性分析，也无法准确告知投资者这些假设实现的可能性有多大，亦即无法准确地估计这个确定性价值的风险。

(2) 假设所有的假设之间都是相互独立的，并不会互相影响。但实际上，很多假设之间是相互影响的。比如对于投资型产品来说，退保率就和投资收益率有比较明显的关系。

(3) 风险贴现率的设定过于主观，投资者无法评估是否准确反映了公司的风险。而且内含价值对此假设非常敏感，因此很容易受报告方的操控。

(4) 没有考虑保单中嵌入期权的价值。例如万能产品提供给客户的最低保证结算利率，只要确定性的最优估计假设大于此保证，则该保证对于保险公司来说就是零成本。但是学过金融的人都知道，任何保证都是有价值的。

(5) 由于以上问题，即便是在保险行业内部都很难横向比较各公司的价值，更加无法与金融行业内其他类型的公司进行比较。在整个金融业内部，尽管同样是金融产品之一，但保险的评估方法比较特殊，无法与其他金融工具进行比较。

为了弥补以上的问题，2001 年 12 月，英国的保险人协会公布了计算长期保险内含价值的指引。2004 年 5 月，欧洲 CFO 论坛（一个由 20 家欧洲主要保险组织财务总监构成的组织）发布了《欧洲内含价值指引》（European Embedded Value，EEV），以提高各家保险公司财务报告的一致性及透明度。这家组织内的保险公司都同意从 2005 年年底开始按照欧洲内含价值的原理来计算及披露内含价值报告。2009 年 10 月，CFO 论坛又发布了《市场一致性内含价值指引》（以下简称“《指引》”），进一步推动了内含价值计算。简单来说，无论是欧洲内含价值还是市场一致性内含价值，都主要是为了克服上述传统内含价值方法的缺陷。欧洲内含价值与市场一致性内含价值相比，区别并不显著，在此不再赘述。

对于传统内含价值无法反映嵌入期权成本的问题，《指引》明确说明“金融期权与保证会减少有效业务的价值”，并且要求使用“随机模拟（stochastic）技术”来考虑这部分成本的时间价值。对于传统内含价值风险贴现率的问题，《指引》明确说明要使用“参考利率”。那么，市场一致性内含价值的定义是什么呢？

13.2.2 市场一致性内含价值的组成与计算

按照《指引》的规定，市场一致性内含价值 = 自由盈余 + 评估日持有的要求资本 + 有效业务价值（这部分也可以被视为是一种能产生未来收益的公司资产，我们暂且把它称为“业务资产”）。

可以看到，从公式上来说，市场一致性内含价值与传统内含价值是完全相同的。简单来说，两者之间的主要区别在于资产（这里的资产是一个广义的概念，包括业务资产）的计价方式。

1. 股东净资产

在介绍传统内含价值中的调整后股东净资产时，我们曾经提到资产计价方法需要与投资收益率假设保持一致。假如投资收益率假设使用了账面收益率，则资产计价方法就不应再做市价重估，而应以成本法计价。但在市场一致性内含价值框架下，所有资产都必须使用市价计价法。所以自由盈余和评估日持有的要求资本都必须反映对应资产的市价。除此之外，在这一部分市场一致性内含价值与传统内含价值并无大的区别。

2. 有效业务价值

我们再来看一下有效业务价值。在市场一致性内含价值的框架下，有效业务价值的定义如下：

有效业务价值 = 未来利润的现值 - 金融期权与保证的时间成本（time value of financial options and guarantees）- 持有要求资本的成本 - 剩余不可套期保值风险的成本（cost of residual non hedgeable risks）

下面我们逐项进行说明：

（1）未来利润的现值。保险业务现金流的计算原理基本与传统内含价值一致，但在几个关键假设中有明显区别：

①投资收益率。在市场一致性内含价值的框架中，投资收益率不再是对未来投资收益率的最优估计，而是根据负债现金流的币种、期限和流动性确定的“参考利率”。而所谓的参考利率（更多时候被称为无风险利率），一般就是对应币种的掉期交易收益率曲线（swap yield curve）。因为金融市场掉期交易量巨大，极难人为操控，因此这条收益率曲线就体现了金融市场对无风险利率的预期。保险公司在参考这条收益率曲线时，需要额外考虑的因素就是货币以及负债的流动性。不过《指引》中并未就此给出明确的方法，因此大部分公司都直接使用收益率曲线进行预测。

②贴现率。在市场一致性内含价值的框架中，贴现率也等于“参考利率”。

③保单分红。由于保单分红是建立在投资收益率基础之上的，投资收益率降低为无风险利率，通常保单分红也会随之改变。

【例 13-11】 依然使用我们在介绍传统内含价值时的例 13-2 来说明（见表 13-30）。

$$\text{扣除偿付能力成本前的有效业务价值} = \frac{(32.4)}{(1+1.5\%)} + \frac{(19.4)}{(1+1.5\%)\times(1+2.45\%)} + \cdots\cdots + \frac{14.4}{(1+1.5\%)\times(1+2.45\%)\times\cdots\cdots\times(1+4.72\%)}$$

$$= 43.97(\text{元})$$

表 13－30 单位：元

评估日期	保费收入	无风险利率	投资收入	保险利益支出总和	佣金及费用支出总和	准备金提转差	税前收入	所得税	税后收入
	(1)	(1.5)	(2)	(3)	(4)	(5)	(6)＝(1)＋(2)－(3)－(4)－(5)	(7)＝(6)×25%[c]	(8)＝(6)－(7)
2009 年 12 月 31 日									
2010 年 12 月 31 日	672.8	1.50%	32.3	115.7	40.6	591.9	(43.2)	(10.8)	(32.4)
2011 年 12 月 31 日	639.1	2.45%	66.8	111.6	38.8	581.4	(25.9)	(6.5)	(19.4)
2012 年 12 月 31 日	0.0	3.47%	103.0	169.2	23.9	(111.1)	21.1	5.3	15.9
2013 年 12 月 31 日	0.0	3.70%	107.9	55.9	23.1	13.3	15.5	3.9	11.6
2014 年 12 月 31 日	0.0	4.30%	125.9	57.3	23.2	13.4	32.0	8.0	24.0
2015 年 12 月 31 日	0.0	4.20%	123.5	58.7	23.3	13.4	28.1	7.0	21.1
2016 年 12 月 31 日	0.0	4.46%	131.8	60.1	23.4	13.5	34.8	8.7	26.1
2017 年 12 月 31 日	0.0	4.72%	70.0	3 061.5	13.7	(3 024.4)	19.1	4.8	14.4

说明：(a) 这里示例的无风险利率是远期一年利率。取决于模型中的贴现方法，可能需要将给定的收益率曲线做必要转换。其原则就是把对应期限的现金流用对应期限的收益率来进行贴现。

(b) 本示例中所用的保费、投资收入、保险利益支出、佣金及费用以及准备金数据是根据一定的精算假设而计算得到的现金流，仅供参考，其计算原理及过程不在本章内容内。

(c) 25% 只是一个假设。关于所得税率的假设请参见本章“内含价值的关键假设”。并且该方法假设税收准备金与计算内含价值所使用的准备金方法一致。

(2) 持有要求资本的成本。其计算类似于扣除持有要求资本的成本前的有效业务价值，投资收益率与贴现率均使用无风险利率，示例如下：

【例 13－12】 资料如表 13－31 所示。

表 13－31 单位：元

评估日期	要求资本	要求资本提转差	要求资本的投资收益	要求资本的投资收益税收	偿付能力净影响
	(9)	(10)＝Δ(9)	(11)＝(9)×投资收益率	(12)＝(11)×25%[a]	(13)＝－(10)＋(11)－(12)
2009 年 12 月 31 日	76.3				
2010 年 12 月 31 日	100.0	23.7	1.3	0.3	(22.7)
2011 年 12 月 31 日	123.3	23.3	2.6	0.7	(21.3)
2012 年 12 月 31 日	118.8	(4.4)	4.1	1.0	7.5
2013 年 12 月 31 日	119.4	0.5	4.3	1.1	2.7
2014 年 12 月 31 日	119.9	0.5	5.0	1.3	3.2
2015 年 12 月 31 日	120.4	0.5	4.9	1.2	3.2
2016 年 12 月 31 日	121.0	0.5	5.3	1.3	3.4
2017 年 12 月 31 日	0.0	(121.0)	3.3	0.8	123.4

说明：(a) 25% 只是一个假设。关于所得税率的假设请参见本章“内含价值的关键假设”。并且该方法假设税收准备金与计算内含价值所使用的准备金方法一致。

$$偿付能力成本=\frac{(22.7)}{(1+1.5\%)}+\frac{(21.3)}{(1+1.5\%)\times(1+2.45\%)}+\cdots\cdots+\frac{123.4}{(1+1.5\%)\times(1+2.45\%)\times\cdots\cdots\times(1+4.72\%)}-76.3=(8.63)$$

可以看到相比于传统内含价值计算得到的47.38元，市场一致性内含价值框架下的持有要求资本的成本更低。这是因为我们使用的贴现率更低了，因此要求资本在未来的释放对现在的影响会更明显，同时要求资本的“机会成本”（用投资收益率与贴现率之间的差异来衡量）实质上是降低了。

（3）金融期权与保证的时间成本。这里特别强调时间成本，是因为期权与保证的“内在成本”（intrinsic value）已经体现在有效业务的现金流中。还用万能产品常见的“保证最低结算利率”为例，假如结算利率低于该最低保证利率，那么账户将按照最低保证利率来累积，而这一点在计算有效业务价值时已经被考虑在内。

这个项目试图量化“嵌入”在保险合同中的期权与保证的成本。在金融领域中，期权定价一直都是个很难的课题，也没有定论哪种方法是最合适的。因此，在实务中，现在通常为大家所使用的方法为：

$$\begin{matrix}金融期权与保\\证的时间成本\end{matrix}=\begin{matrix}按照随机模拟模型所得\\可分配收益现值的均值\end{matrix}-\begin{matrix}按照确定性假设所得\\的可分配收益现值\end{matrix}$$

这里我们先介绍一下什么是随机模拟模型。

①随机模拟模型。为符合《指引》的规定，并随着计算机技术的发展，很多公司开始采用随机模拟模型来计算市场一致性内含价值，即采用计算机技术来计算大量情景（通常至少是5 000个）下的结果分布。

这种技术最关键之处就在于如何产生大量的经济情景。一个经济情景，是指各种不同资产的一种回报率组合，例如股票盈利/亏损多少，利率变化多少等等。一般来说，一个情景会包括一条收益率曲线以及对应各年度股票指数的波动，有了这两类数据，大部分金融资产的未来市场价值就可以被预测出来，于是就可以得到公司资产的投资收益率。

情景的生成通常是以现有的无风险利率曲线为起点，再通过产生随机数，并经过技术处理得到的，中间需要大量的参数进行修正。需要注意的是，进行随机模拟运算的目的是了解未来结果在基于最优估计情景基础下可能的波动，如果整个随机模拟的情景与最优估计情景都没有任何关系，那么我们就无从谈起最优估计情景下的金融期权与保证的时间成本了。所以整个情景生成的过程需要非常专业的金融知识，甚至因此形成了一个行业。在欧洲，有一些专门销售经济情景的公司，如Barrie & Hilbert，很多欧洲的保险公司都是他们的客户。以下是一个记录经济情景文件的例子（见

表 13－32）。

表 13－32

情景编号	年份	利率
1	2009	2.73
1	2010	3.28
……	……	……
1	2049	7.34
2	2009	2.73
2	2010	2.84
……	……	……

②随机模拟应用。下面，我们就用一个简化的例子来说明如何运用随机模拟模型。

【例 13－13】 依然用例 13－2 中的数据，不过这次我们看看两个不同情景下的结果。先来看看最优估计情景（见表 13－33、表 13－34）。

表 13－33 单位：元

评估日期	保费收入 (1)	无风险利率 (1.5)	投资收入 (2)	保险利益支出总和 (3)	佣金及费用支出总和 (4)	准备金提转差 (5)	税前收入 (6)＝(1)＋(2)－(3)－(4)－(5)	所得税 (7)＝(6)×25%[b]	税后收入 (8)＝(6)－(7)
2009 年 12 月 31 日									
2010 年 12 月 31 日	672.8	1.50%	32.3	115.7	40.6	591.9	(43.2)	(10.8)	(32.4)
2011 年 12 月 31 日	639.1	2.45%	66.8	111.6	38.8	581.4	(25.9)	(6.5)	(19.4)
2012 年 12 月 31 日	0.0	3.47%	103.0	169.2	23.9	(111.1)	21.1	5.3	15.9
2013 年 12 月 31 日	0.0	3.70%	107.9	55.9	23.1	13.3	15.5	3.9	11.6
2014 年 12 月 31 日	0.0	4.30%	125.9	57.3	23.2	13.4	32.0	8.0	24.0
2015 年 12 月 31 日	0.0	4.20%	123.5	58.7	23.3	13.4	28.1	7.0	21.1
2016 年 12 月 31 日	0.0	4.46%	131.8	60.1	23.4	13.5	34.8	8.7	26.1
2017 年 12 月 31 日	0.0	4.72%	70.0	3 061.5	13.7	(3 024.4)	19.1	4.8	14.4

说明：(a) 本示例中所用的保费、投资收入、保险利益支出、佣金及费用以及准备金数据是根据一定的精算假设而计算得到的现金流，仅供参考，其计算原理及过程不在本章内容内。

(b) 25% 只是一个假设。关于所得税率的假设请参见本章"内含价值的关键假设"。并且该方法假设税收准备金与计算内含价值所使用的准备金方法一致。

表 13－34　　　　单位：元

评估日期	税后收入	要求资本	要求资本提转差	要求资本的投资收益	要求资本的投资收益税收	可分配收益
	(8) = (6) － (7)	(9)	(10) = ⊿(9)	(11) = (9) × 投资收益率	(12) = (11) × 25%[a]	(13) = (8) － (10) + (11) － (12)
2009 年 12 月 31 日						
2010 年 12 月 31 日	(32.4)	100.0	23.7	1.3	0.3	(55.1)
2011 年 12 月 31 日	(19.4)	123.3	23.3	2.6	0.7	(40.7)
2012 年 12 月 31 日	15.9	118.8	(4.4)	4.1	1.0	23.4
2013 年 12 月 31 日	11.6	119.4	0.5	4.3	1.1	14.3
2014 年 12 月 31 日	24.0	119.9	0.5	5.0	1.3	27.3
2015 年 12 月 31 日	21.1	120.4	0.5	4.9	1.2	24.3
2016 年 12 月 31 日	26.1	121.0	0.5	5.3	1.3	29.5
2017 年 12 月 31 日	14.4	0.0	(121.0)	3.3	0.8	137.8

说明：(a) 25% 只是一个假设。关于所得税率的假设请参见本章“内含价值的关键假设”。并且该方法假设税收准备金与计算内含价值所使用的准备金方法一致。

$$\text{可分配收益的贴现值} = \frac{(55.1)}{(1+1.5\%)} + \frac{(40.7)}{(1+1.5\%)\times(1+2.45\%)} + \cdots\cdots + \frac{137.8}{(1+1.5\%)\times(1+2.45\%)\times\cdots\cdots\times(1+4.72\%)} = 111.68(\text{元})$$

情景一（见表 13－35、表 13－36）：

表 3－35　　　　单位：元

评估日期	保费收入	无风险利率	投资收入	保险利益支出总和	佣金及费用支出总和	准备金提转差	税前收入	所得税	税后收入
	(1)	(1.5)	(2)	(3)	(4)	(5)	(6) = (1) + (2) － (3) － (4) － (5)	(7) = (6) × 25%[b]	(8) = (6) － (7)
2009 年 12 月 31 日									
2010 年 12 月 31 日	672.8	1.00%	21.5	115.7	40.6	591.9	(54.0)	(13.5)	(40.5)
2011 年 12 月 31 日	639.1	1.50%	40.9	111.6	38.8	581.4	(51.8)	(13.0)	(38.9)
2012 年 12 月 31 日	0.0	2.00%	59.4	169.2	23.9	(111.1)	(22.5)	(5.6)	(16.9)
2013 年 12 月 31 日	0.0	2.50%	72.9	55.9	23.1	13.3	(19.5)	(4.9)	(14.6)
2014 年 12 月 31 日	0.0	3.00%	87.8	57.3	23.2	13.4	(6.0)	(1.5)	(4.5)
2015 年 12 月 31 日	0.0	3.50%	102.9	58.7	23.3	13.4	7.5	1.9	5.6
2016 年 12 月 31 日	0.0	4.50%	133.0	60.1	23.4	13.5	35.9	9.0	27.0
2017 年 12 月 31 日	0.0	4.50%	66.7	3 061.5	13.7	(3 024.4)	15.9	4.0	11.9

说明：(a) 本示例中所用的保费、投资收入、保险利益支出、佣金及费用以及准备金数据是根据一定的精算假设而计算得到的现金流，仅供参考，其计算原理及过程不在本章内容内。

(b) 25% 只是一个假设。关于所得税率的假设请参见本章“内含价值的关键假设”。并且该方法假设税收准备金与计算内含价值所使用的准备金方法一致。

表 13-36　　单位：元

评估日期	税后收入	要求资本	要求资本提转差	要求资本的投资收益	要求资本的投资收益税收	可分配收益
	(8) = (6) - (7)	(9)	(10) = Δ(9)	(11) = (9) × 投资收益率	(12) = (11) × 25%[a]	(13) = (8) - (10) + (11) - (12)
2009年12月31日		76.3				
2010年12月31日	(40.5)	100.0	23.7	0.8	0.2	(63.5)
2011年12月31日	(38.9)	123.3	23.3	1.6	0.4	(60.9)
2012年12月31日	(16.9)	118.8	(4.4)	2.4	0.6	(10.7)
2013年12月31日	(14.6)	119.4	0.5	2.9	0.7	(13.0)
2014年12月31日	(4.5)	119.9	0.5	3.5	0.9	(2.4)
2015年12月31日	5.6	120.4	0.5	4.1	1.0	8.2
2016年12月31日	27.0	121.0	0.5	5.3	1.3	30.4
2017年12月31日	11.9	0.0	(121.0)	3.1	0.8	135.2

说明：(a) 25%只是一个假设。关于所得税率的假设请参见本章"内含价值的关键假设"。并且该方法假设税收准备金与计算内含价值所使用的准备金方法一致。

$$\text{可分配收益的贴现值} = \frac{(63.5)}{(1+1.0\%)} + \frac{(60.9)}{(1+1.0\%)\times(1+1.5\%)} + \cdots\cdots + \frac{135.2}{(1+1.0\%)\times(1+1.5\%)\times\cdots\cdots\times(1+4.5\%)} = 5.79(\text{元})$$

情景二（见表13-37、表13-38）：

表 13-37　　单位：元

评估日期	保费收入	无风险利率	投资收入	保险利益支出总和	佣金及费用支出总和	准备金提转差	税前收入	所得税	税后收入
	(1)	(1.5)	(2)	(3)	(4)	(5)	(6) = (1) + (2) - (3) - (4) - (5)	(7) = (6) × 25%[b]	(8) = (6) - (7)
2009年12月31日									
2010年12月31日	672.8	2.00%	43.1	115.7	40.6	591.9	(32.4)	(8.1)	(24.3)
2011年12月31日	639.1	3.40%	92.7	111.6	38.8	581.4	0.0	0.0	0.0
2012年12月31日	0.0	4.94%	146.7	169.2	23.9	(111.1)	64.8	16.2	48.6
2013年12月31日	0.0	4.90%	142.8	55.9	23.1	13.3	50.5	12.6	37.9
2014年12月31日	0.0	5.60%	164.0	57.3	23.2	13.4	70.1	17.5	52.6
2015年12月31日	0.0	4.90%	144.1	58.7	23.3	13.4	48.7	12.2	36.5
2016年12月31日	0.0	4.42%	130.6	60.1	23.4	13.5	33.6	8.4	25.2
2017年12月31日	0.0	4.94%	73.2	3 061.5	13.7	(3 024.4)	22.4	5.6	16.8

说明：(a) 本示例中所用的保费、投资收入、保险利益支出、佣金及费用以及准备金数据是根据一定的精算假设而计算得到的现金流，仅供参考，其计算原理及过程不在本章内容内。

(b) 25%只是一个假设。关于所得税率的假设请参见本章"内含价值的关键假设"。并且该方法假设税收准备金与计算内含价值所使用的准备金方法一致。

表 13－38

单位：元

评估日期	税后收入	要求资本	要求资本提转差	要求资本的投资收益	要求资本的投资收益税收	可分配收益
	(8) = (6) − (7)	(9)	(10) = Δ(9)	(11) = (9) × 投资收益率	(12) = (11) × 25% [a]	(13) = (8) − (10) + (11) − (12)
2009 年 12 月 31 日		76.3				
2010 年 12 月 31 日	(24.3)	100.0	23.7	1.7	0.4	(46.7)
2011 年 12 月 31 日	0.0	123.3	23.3	3.6	0.9	(20.5)
2012 年 12 月 31 日	48.6	118.8	(4.4)	5.9	1.5	57.4
2013 年 12 月 31 日	37.9	119.4	0.5	5.7	1.4	41.6
2014 年 12 月 31 日	52.6	119.9	0.5	6.6	1.6	57.0
2015 年 12 月 31 日	36.5	120.4	0.5	5.8	1.4	40.3
2016 年 12 月 31 日	25.2	121.0	0.5	5.2	1.3	28.6
2017 年 12 月 31 日	16.8	0.0	(121.0)	3.4	0.9	140.3

说明：(a) 25% 只是一个假设。关于所得税率的假设请参见本章“内含价值的关键假设”。并且该方法假设税收准备金与计算内含价值所使用的准备金方法一致。

$$\text{可分配收益的贴现值} = \frac{(46.7)}{(1+2.0\%)} + \frac{(20.5)}{(1+2.0\%)\times(1+3.4\%)} + \cdots\cdots + \frac{140.3}{(1+2.0\%)\times(1+3.4\%)\times\cdots\cdots\times(1+4.94\%)}$$

$$= 221.11(\text{元})$$

$$\text{金融期权与保证的时间成本} = \text{按照随机模拟模型所得可分配收益现值的均值} - \text{按照确定性假设所得的可分配收益现值}$$

$$= (-5.79 + 221.11)/2 - 111.68 = -4.02(\text{元})$$

在上两个情景中，我们仅仅改变了投资收益率，而其他相关的现金流并没有改变。但是由于这个保险产品保证了最后的满期给付，因此产生了保证成本。

以上例子中，仅仅假设了两个情景。对于多个情景的计算，其原理是相同的，只不过需要把计算过程重复数千次。由于运算量巨大，出于计算时效性的考虑，随机模拟模型通常并不是原来的精算模型，而是在原来模型的基础上做一些简化，以提高运算速度。

在随机模拟模型中，还可以加入各种假设之间的关系，即所谓动态假设。例如，我们可以假设退保与投资收益率呈一定相关性。在不同的情景中，不同的投资收益率可以对应不同的退保率假设。投资收益率高的情景中，退保率将会降低。而投资收益率低的时候，退保率将会提高。

（4）剩余不可套期保值风险的成本。这里所谓的不可套期保值的风险，理论上应包括以上计算中所有未得以体现的风险，既包括金融风险，也包括非金融风险。对于一家保险公司来说，这包括死亡率/发病率、信息技术、法律、运营等没有合适的套期保值工具来规避的风险。但是，由于这种风险本身很难量化，因此《指引》也未要求、而且市场上也没有形成统一的方法来进行计算。常见的方法包括：

- 直接将这部分成本表示成扣除持有要求资本的成本前的有效业务价值的一定比例；
- 对于有自己的内部方法来计算经济资本（economic capital，EC）的公司，可以直接将这部分成本表示成公司经济资本的一定比例；
- 直接将这部分成本表示成持有要求资本的成本的一定比例；
- 在无风险利率的基础上增加一定的风险溢价，再次计算扣除持有要求资本的成本前的有效业务价值，它与原价值之间的差异，就是剩余风险成本。

13.2.3 市场一致性内含价值与传统内含价值的主要差异

（1）传统内含价值的计算是确定性的，而市场一致性内含价值则必须通过随机模拟模型来进行计算。这对公司的精算建模水平提出了更高的要求，在保证准确的前提下简化模型，否则无法进行大量的运算。

（2）传统内含价值对风险的考量是“隐性”的，是通过“风险贴现率”来实现的。而市场一致性内含价值中不再有风险贴现率的概念，而是明确地把风险成本拆分成金融期权与保证的时间成本以及剩余不可套期保值风险的成本来反映公司经营风险。

（3）市场一致性内含价值的计算原理假设公司无法赚取风险溢价，也就是说在金融市场中，所谓“风险与收益并行”。公司能赚取更多的收益是因为公司承担了更多的风险。如果把风险的因素剔除掉，那么每家公司赚取的收益率就应该是相同的，即“无风险利率”。

（4）综合以上两点，可以看到，市场一致性内含价值更偏向于把保险产品的投资部分当成一种金融工具来进行评估和计价，这样大大提高了保险与其他金融产品的可比性。

（5）从产品角度来说，两种评估方法应用在不同的产品类型上将会产生不同的影响。例如对于传统和万能产品，现代寿险公司的主要收入来源于投资收益率与结算利率（对于传统产品即定价利率）之间的利差，这种利差在传统内含价值评估方法中是被认可的。但是在市场一致性内含价值框架中，公司无法在投资上赚取溢价，因此这一类产品的业务价值通常在市场一致性内含价值评估中处于相对劣势。而对于投资连结这一类产品，公司并不承担投资风险，主要收入来源于保险公司的管理费，由于贴现率的降低，反而在市场一致性内含价值评估中处于相对优势。因此，不同评估方法的应用将会导向公司针对不同类型产品的开发和投入。

13.2.4　发展中的市场一致性内含价值

在实务中，市场一致性内含价值的应用越来越广泛。尤其在欧洲，大公司已经纷纷开始对外公布市场一致性内含价值结果。而在兼并与收购活动中，公司也会准备两套内含价值报告结果，互为参考，使收购方对公司的价值与风险有更全面的认识。但事实上，市场一致性内含价值这个概念本身也处在不断发展过程中，并且也不断有人提出各种质疑声，包括：

（1）对于很多金融市场交易量不大的国家，比如中国，如何确定无风险利率曲线？这个问题随着新兴市场占全球保险业的比重越来越大，也变得越来越突出。

（2）即使是在金融发达国家，关于"无风险利率"的争议也没有停止过。《指引》中明确说明需要考虑负债现金流的"货币、期限和流动性"来选取无风险利率。对于不流动的负债，还可以在掉期交易收益率曲线的基础上增加一定的流动性溢价。但是《指引》并没有指出何谓"不流动"？如何增加流动性溢价？

（3）对于剩余不可套期保值风险的成本如何核算？至今为止没有统一的方法，更加无法进行公司间的横向比较。

（4）对于金融期权与保证的时间成本，技术上来说，它所使用的模型必须与计算内含价值其它部分的模型一致，这样才有意义。但是通常用于计算内含价值的精算模型并不能用于进行随机模拟运算，否则运行速度根本无法满足现实的要求。能进行随机模拟运算的模型通常都要进行大量的简化和近似，那么如何保证简化后模型与原来模型的一致性？

（5）随机模拟技术是否真的足够反映未来的风险？2008 年发生的金融危机就是一个最好的例证。这个发生在现实中的经济情景，随机模拟有没有考虑到？甚至还有人提出，由于保险公司所使用的随机情景基本源于同一来源，这样会造成整个行业对风险的估算趋同，从而导致整个行业的风险集中。

不过相信随着计算机技术的发展以及我们对以上这些问题的深入思考，评估人寿保险业务价值的方法将会不断地改进。

主要参考文献

【1】《中国保险监督管理委员会关于印发人身保险内含价值报告编制指引的通知》，保监发（2006）83 号。

【2】《中国保险监督管理委员会关于印发人身保险新型产品精算规定的通知》，保监发（2003）67 号。

【3】《中国保险监督管理委员会关于印发保险公司偿付能力管理规定的通

知》，保监发（2008）号。

【4】 *European Embedded Vajue Principles*, CFO Fgrum, May 2004.

【5】 *Markct Consistent Embedded Vahe Prineiples*, CFO Forum, June 2008.

第 14 章　精算财务审核的职业准则

学习目的

- □ 明确精算师的基本行为准则
- □ 了解公司财务评估精算师的角色和责任
- □ 了解审计精算师的角色和责任
- □ 了解公司的财务精算评估流程及风险控制措施

§14.1　精算师的角色和责任

14.1.1　精算师的基本行为准则

精算师作为保险精算方面的专门人才，从事着为保险公司提供产品定价、财务评估、再保险安排、红利制定等诸多方面的专业咨询及服务。在精算行业逐步发展及完善并最终成为一门科学的过程中，精算领域逐渐形成了自己的文化及职业标准。北美、欧洲及日本等精算科学较为发达的国家的精算学会制定并不断完善自己的精算职业行为准则。而在中国这个精算科学日益发展的国度里，中国保监会及中国精算师协会也在逐步借鉴西方发达国家的经验，建立和规范中国精算师的操守及行为准则，具体表现在：

（1）从 1999 年开始，中国保监会及中国精算师协会逐步建立中国精算师考试制度，考生需要完成一系列的资格考试才能最终成为一名专业的中国精算师；

（2）为了规范精算师在中国境内开办的保险公司的职能，明确中国精算人员特别是高级精算管理人员的行为操守，中国保险监督管理委员会在 2007 年出台《保险公司总精算师管理办法》；

（3）为了促进中国的精算工作人员特别是中国精算协会会员能够不断地学习精算知识，完善精算技能，中国精算师协会于 2009 年出台了中国精算师协会会员再学习计划；

（4）中国精算师协会于 2010 年下半年正式颁布《中国精算师协会会员职业道德守则》，规范中国精算师协会精算师、准精算师及精算从业人员的道德及行为准则。

无论是《中国精算师协会会员职业道德守则》，还是《北美精算学会职业行为准则》或《英国精算师职业行为准则》，这些准则无一例外地对精算从业人员的职业操守做了要求和约束。让我们来逐一解读这些准则：

（1）专业服务。如上文所述，精算师是保险精算方面的专门人才，在精算相关领域，通过对精算专业知识的学习、精算能力的培养和精算经验的积累，不断地完善和提高自己是精算师最根本的责任，也是精算师职业价值最根本的体现。精算师一般通过参加职业资格认证获得相应国家精算师协会赋予并授权使用的精算师资格。如北美精算师资格、英国精算师资格、中国精算师资格等。

精算师应热爱精算事业，遵守国家法律、法规。精算师应熟悉、掌握并遵守适用的法律法规以及精算专业标准。

（2）职业诚信。精算师应当以诚信的原则、专业的能力和认真的态度提供精算服务。精算师的诚信有助于提高精算师的职业声誉，履行对公众的职业责任。职业诚信是对雇主、对服务对象、对保单持有人、对保险监管机构的职业诚实，具体表现在对于各项精算工作都能做到基于自己精算能力及判断的公平和公正。

（3）资格标准。在很多情况下，精算师只有在具备一定资格和达到相应的资格标准后才能提供职业服务。例如，只有具备一系列条件如相应精算师资格、工作年限等，才可以在中国保险公司担任总精算师的资格并行使相应权利，履行相应义务。

（4）专业标准。精算师在中国提供职业服务时，有责任了解中国适用的精算专业标准及相关领域专业标准。精算师在其工作中必须遵守这些专业标准，并了解和掌握专业标准的最新变动情况。精算师应保证他所提供的或由其指导的职业服务符合适用的专业标准。例如，在中国保险公司工作的评估精算师应该掌握中国新企业会计准则及相应准备金评估要求，在此基础上与公司财务部合作编制公司财务年报。

（5）责任通报。精算师在提供职业报告时，应该清楚地注明精算师对该报告的服务范围及相应责任。精算师在提供精算服务时可以使用其他的资料来源，并不需要为该资料的准确性和完备性负责。但在使用该资料时，必须说明该资料的来源及其工作结果对该来源资料的依赖程度和敏感程度。精算师在职业报告中应对所有引用资料来源的范围做出说明。任何一份书面的职业报告必须由对其负责的精算师署名签字。

（6）收入披露。由于精算师向委托人（即现在的或将来的客户或雇主）提供职业服务，精算师或精算师所在公司可以通过这些服务获得直接的或间接的收入，精算师应该就这些方面向该委托人作出全面及时的汇报。

（7）处理利益冲突。精算师不应该提供存在实际的或潜在的利益冲突的职业服务，除非精算师服务的公正性不会受到损坏，并且已经就冲突情况向所有已知的利益方汇报；并且所有已知的利益方已经明确表示同意该精算师提供服务。

这里，精算师服务的利益方指的是有机会选择精算师并且可以与精算师就资格、工作和建议问题进行直接交流的委托人（即现在或将来的客户或雇主）。

如果精算师知道某利益方的利益同与精算师工作相关的其他利益方的利益之间有重大冲突，精算师应该向各利益方说明这些冲突。精算师同时还应在相关的职业报告中给出合适的披露或限制条件。

（8）工作成果的控制。当精算师有理由相信他们的工作成果可能被用于欺诈、违法或逃避法律责任时，该精算师不应提供职业服务。当精算师的工作成果可能被另一方使用并影响第三方时，精算师应该认识到这些工作成果可能被错误引用、错误解释的风险，并采用合理的步骤来保证工作成果被清楚、公正地陈述，正如上述“5. 责任通报”所规定的，精算师应对自己的工作成果、职业报告负责。

（9）保密。精算师不应该向另一方透露其向委托人（即现在或将来的客户或雇主）提供职业服务而获得的“机密信息”，除非获得该客户或雇主的授权或者有相应的法律规定要求这样做。这里，“机密信息”指的是与精算师向委托人提供职业服务时获取的在公共场合不能获得的信息。这些信息可能包括所有权性质的信息、法律禁止报告的信息或精算师有理由相信委托人不愿泄露的信息。

（10）礼貌与合作。精算师提供职业服务时应该有礼貌，应该为了委托人（即客户或雇主）的利益与他人合作。

精算师之间在选择精算假设和精算方法时，可能会出现不同意见。对这些不同意见的讨论，不论是在精算师之间直接进行，还是体现在精算师对其他精算师的工作进行评议后呈交给委托人的报告中，都应该客观而礼貌地进行。

精算师在工作或雇佣过程中可能遇到一种情况，即向委托人推荐不同于其他精算师意见的备选意见，并解释支持这个备选意见的原因，以及采纳该备选意见将能满足委托人的最大利益。精算师应该在对其他精算师尊重和礼貌的前提下向委托人推荐这个备选意见。

这里需要注意的是，委托人有自由选择专业咨询人员的无可争辩的权利。精算师可以向任何提出要求的委托人提供服务，即便已经有其他精算师就同一事务向该委托人提供了服务。如果精算师收到向委托人提供职业服务的邀请，而该精算师知道，或有理由相信有其他精算师就同一事务已经提供了或正在提供职业服务，那么慎重的做法是，该精算师应向其他精算师咨询以便更充分地完成委托，并作出判断是否接受职业服务的邀请。

这位预期新聘或增聘的精算师应该就这类咨询征得委托人的同意后开展工作。当委托人同意后，原精算师可以因为整理和移交相关信息而索取合理的报酬，这些相关信息包括相关数据、工作文件。原精算师不必提供具有所有权性质的项目，如计算机程序。

（11）广告及商业活动。当精算师知道或应该知道有关精算服务的广告或商业活动是虚假的或有误导作用时，他不应参与这类广告或商业活动。这里的“广告”包含了任何通过媒介（包括口头交流）的信息传播过程，直接或间接地影响个人或公司决定是否需要精算服务或者是否选择某个特定的个人或公司提供精算服务。

（12）纪律处分。若精算师在执业过程中，存在涉嫌违法、违纪、违规等违反本守则的行为，任何人士有权向相关精算师协会职业道德纪律处分委员会（以下简称纪律处分委员会）投诉。纪律处分委员会核查属实后，将视事件的严重程度给予训诫、业内通报批评、公开谴责、暂停会员资格、取消会员资格等处分，并向保险监管机构报备处分决定。

14.1.2 公司财务评估精算师的角色和责任

作为寿险公司财务评估精算师，他的最重要的责任是保证公司财务报告中的精算相关内容的准确性和合理性。为达此目的，财务评估精算师的主要工作应该集中在如下方面：

（1）深入了解公司整个财务精算评估过程，从必需精算数据的获取到最终精算结果在公司财务报告的反映，财务评估精算师都应该有全面的了解和掌握。

（2）洞察评估过程每个环节可能存在的风险及这些风险对公司财务精算评估的危害程度。

（3）对每个环节存在的风险制订相应的风险控制方案，将风险控制在可以接受的合理范围之内。这里，需要指出的是风险控制方案的有效合理性。大家都知道，风险无处不在，而将所有风险完全清除有时将花费大量的人力、物力。事实上，在某些领域将风险完全清除也是不切实际的。所以，评估精算师应该基于自己的经验和判断，筛选对最终财务报告影响大的风险作为重点风险加以控制。上述工作应与公司管理层及审计精算师充分交流。

（4）将对每个评估环节的风险控制方案进行整合并形成该评估环节的完整内控措施，并将其作为该评估环节中必不可少的一部分，逐步形成完善的、有效率的、可操作的公司财务评估流程。

（5）在制定公司财务评估流程中，应该完全符合与财务评估相关的财务准则、精算准则及国家法律法规的要求。

（6）将现有财务评估流程及其中的内控措施备案待检。采用合理的指标定期评价现有财务评估流程及内控措施，并将评价结果备案待检。

（7）以诚实的职业态度，礼貌与合作的工作作风处理管理层任何的问讯和检查，配合外部审计精算师对财务评估流程及最终精算财务评估结果的审查。

（8）按照相应法律法规的要求，在财务报告或其他精算报告中申明精算师对该报告制作过程的责任，申明精算师对精算相关评估结果准确合理性的评价，及需要披露的精算模型及方法。在许多报告中，评估精算师的签名是必不可少的。在中国现行监管体系下，总精算师是保险公司最高评估精算师，总精算师的签名在公司许多财务报告和精算报告中是必需的。

（9）定期评价公司整个财务评估流程和内控措施，检查是否有新的风险出现，针对新的风险建立相应的风险控制方案，并更新财务评估流程和内控措施。

14.1.3　审计精算师的角色和责任

审计精算师是被保险公司（客户）聘用对保险公司财务报告中精算相关内容进行审计并对财务报告精算相关内容发表外部独立精算专业观点的精算师。这里，审计精算师需要明确尽管其受聘于保险公司，但是其并非代表保险公司（客户）的利益。相反地，审计精算师进行的是对保险公司的独立审计。为了保证保险公司财务报告客观公正地反映公司的财务现状，保险公司股东、保单持有人、债权方、合作方、监管机构能够对公司财务现状有全面充分的了解，审计精算师应对公司财务报告发表客观、公正的权威观点。

审计精算师能对财务报告精算相关内容发表外部独立精算专业观点，特别是最终申明财务报告精算相关内容准确合理，并符合相关会计、精算法律法规，审计精算师必须事先获取大量支持及证据证明公司整个财务精算流程合理有效，从而自己可以作出安全、公正的职业判断。这样一来，审计精算师如何安排和执行整个审计过程来获得这些证明公司整个财务精算流程合理有效的支持和证据是财务审计能最终成功的关键。

下面简要介绍审计精算师对公司财务报告进行审计的步骤：

1. 详尽规划整个审计的过程，并与保险公司沟通整个审计计划。这时，一张详尽的工作计划表对于审计精算师和保险公司安排以后工作都是极为有益的。在审计精算师准备审计计划过程中，审计精算师应该了解如下信息：

（1）保险行业概况、经济形势、适用的法律法规等宏观信息；

（2）公司的主要业务、组织架构、运营模式、资本状况及营销渠道；

（3）最近一年公司发生的较大的运营变化及其可能的对财务报告的影响；

（4）公司管理层对整个财务评估流程的初步评价。

这些信息的获取对于审计精算师合理安排整个审计计划是很有帮助的。

2. 详尽了解公司财务评估流程，包括了解每个环节可能存在的风险，及公司相应的内控措施；

3. 评估公司评估精算师的对整个财务评估流程的安排，检查这样的安排能够起到降低风险发生可能性及降低风险发生严重程度的目的。

4. 评估公司评估精算师是否有效地执行了整个财务评估流程，达到控制风险、确保财务保险相关精算内容准确合理的目的。

对于这里的第三点和第四点，审计精算师一般设计如下方法进行评估：

（1）向公司评估精算师或具体精算员工问询，检验大家对评估工作的理解和认识；

（2）检查公司整个财务评估流程的文件备案，了解具体细节；

（3）具体观察某些内控措施的执行情况；

（4）具体抽取一些保单，检查其从保单原始数据的获取到最终精算评估结果向公司财务部的上报的全部流程。

5. 最终形成对公司整个财务评估流程的设计到执行有效性和合理性的判断，以及对财务报告精算相关内容准确合理性的判断，制作审计报告，陈述审计观点，并与保险公司管理层交流，形成一致意见后，向外部发布审计报告。

审计精算师是在整个财务精算审计中表现出两个特征：

（1）专业性：审计精算师应该具备足够的精算知识及精算经验，能从容处理精算审计过程中遇到的技术问题；

（2）独立性：在整个审计过程中，审计精算师应该明确自己的角色，他不是公司的评估精算师或者是公司聘请的咨询精算师，要为公司设计并执行整个财务精算评估流程；他也不能站在公司的立场上，作为公司利润的支持者和辩护人。他应该站在客观公正的立场上，独立地审计和检查保险公司的工作，最终发布独立审计报告。

在财务精算审计过程中，审计精算师应该把握重要性原则。对于一些不重要的风险，或是对于一些设计得不够合理和完备的内控措施，但其对财务报告的影响非常小，或是对于一些财务报告上数量级非常小的精算数据，审计精算师可以在整个审计过程中忽略对其的审计，或花费相对较小的精力对其进行审计，而将大部分人力物力花费在重要的风险及内控措施上。

§14.2　财务精算评估流程及风险控制措施

在财务精算评估流程中，针对每个环节存在的风险制订相应的风险控制方案，将风险控制在可以接受的合理范围之内，是评估精算师的重要工作。下文将介绍保险公司的财务精算评估流程、具体评估流程中存在的风险及相应的风险控制方案。

寿险公司财务精算评估一般分为如下步骤：（1）从公司业务系统下载精算原始数据；（2）根据适用的会计准则、精算准则为公司产品建立合适的精算模型；（3）为精算模型准备合适的假设；（4）在精算系统中计算每张有效保单的准备金；（5）精算数据的上报及财务报告中精算数据的检查。

14.2.1　精算原始数据的下载

精算部需要在公司电脑部的支持下从公司业务系统中下载公司保单信息，必不可少的保单信息包括：保单序列号、产品名称、保险金额、缴费方式、缴费金额、保单状态、保单生效日期、被保险人生日、被保险人性别、被保险人职业等级、被保险人身体状况等级等，有了这些保单信息，评估精算师才能开始评估工作。业务系统中保单信息的准确性一般由公司运营部负责，运营部有一系列的内控措施保证保单信息质量，如保单信息录入系统时的独立人员检查、业务系统自动纠错、定期抽样检查等。作为公司一般内控流程，评估精算师在获得保单信息时，需要从运营部获取运营部对公司业务系统数据准确性的申明，然后开始后续评估工作。

为了保证业务数据在下载过程的准确性和完整性，精算部要求电脑部准备一份公司业务系统中保单信息的总结报告，报告内容是评估时点公司业务系统中的保单总额、保单总保险金额、保单总年缴保费等信息。精算部从公司业务系统下载完保单信息之后，在下载的保单信息数据库中计算保单总额、保单总保险金额、保单总年缴保费等信息，并与从电脑部获得的保单信息总结报告核对，若两者完全一致，说明整个业务数据下载过程准确无误，没有保单遗漏。

14.2.2　精算模型的建立

公司需要对每个有效保险产品、每张有效保单进行准备金评估。评估精算师根据适用的会计准则、精算准则，为每个产品建立合适的精算评估方法，并在精算系统中建立合适的精算模型。

在中国法定最低准备金评估体系下，在每个产品向中国保监会报备过程中，产品的法定最低准备金评估方法需要在精算报告中披露，并由公司总精算师签字确认。根据中国新企业会计准则的要求，公司每个产品在公司财务年报的准备金提取方法需要在年报披露，并由公司总精算师签字确认。

根据确定的准备金评估方法，精算评估人员需要在精算评估系统中建立相应的精算评估模型。随着保险业的发展及精算科学的发展，许多公司的精算评估人员借助现代化的精算软件进行精算评估程序开发、精算评估系统维护的工作。在电脑程序开发领域，已经有了一套成熟的程序开发流程。利用精算软件进行开发和维护精算评估系统时，遵守该程序开发流程，可以使得：（1）整个开发和维护工作有条不紊；（2）相关职能人员工作目标明确，各司其职；（3）避免人员越权操作，造成对核心精算评估系统的破坏；（4）保证公司核心信息的安全。

让我们来看一下精算评估系统程序开发流程中的硬件环境要求、人员安排要求及工作流程。

精算评估系统程序开发流程中需要有三个硬件环境：程序开发环境、程序测试环境、程序工作环境。这三个硬件环境相互物理独立，只有获得相应权限的工作人员才能登陆这三个硬件环境，进行软件操作。

在整个精算系统程序开发过程中，有这样几类工作人员：

1. 精算评估系统使用者。即精算评估人员。他们提出新的精算程序开发需求，在精算程序开发完成后，对最终开发结果进行检查。精算评估系统使用者是精算评估系统输出结果的使用者，但其无权限登陆程序开发环境、程序测试环境和程序工作环境。

2. 精算程序开发人员。在程序开发环境中有读、写权限；在程序测试环境中无读写权限；在程序工作环境中有读权限，无写权限。他们在程序开发环境中具体编写程序，完成对原精算程序的修改，备案所有程序修改，输出精算程序开发结果。

3. 精算程序测试人员。在程序开发环境中有读权限、无写权限；在程序测试环境中有读、写权限；在程序工作环境中无读、写权限。程序测试人员根据程序开发人员的程序修改备案，在程序测试环境中对原程序重新进行一遍修改，得到与程序开发人员一致的精算开发结果，从而保证程序开发人员对系统的修改与程序开发人员的工作备案的一致性。

4. 精算程序操作人员。在程序开发环境中无读、写权限；在程序测试环境中有读权限，无写权限；在程序工作环境中有读、写权限。精算程序操作人员在程序工作环境中按照精算评估系统使用者的要求运行开发完成的最新的精算程序，获得精算结果，将精算结果提供给精算评估系统使用者。

5. 精算系统经理。负责指挥整个精算程序开发的具体工作。精算系统经理本身可以作为精算程序开发人员，在程序开发环境中有读、写权限；在程序测试环境中无读、写权限；在程序工作环境中有读权限，无写权限。

在了解了精算评估系统程序开发流程中的硬件环境要求及人员要求之后，我们来看精算评估系统程序开发的具体流程：

1. 精算评估系统使用者提出精算程序开发需求并通知精算系统经理，精算系统经理要求程序开发人员利用其在程序工作环境中的只读权限获取当前最新的精算程序。

2. 精算程序开发人员根据精算评估系统使用者的要求，在精算系统经理的指导下、在程序开发环境中对当前最新的精算程序进行程序开发，备案所有程序修改，输出精算开发结果，向精算系统经理汇报。

3. 得知精算程序修改完成后，精算系统经理通知精算程序测试人员。

4. 精算程序测试人员利用其在程序开发环境中的只读权限，获取当前最新的精算程序及精算程序开发人员的程序修改备案，根据该备案在程序测试环境中对当前最新的精算程序重新进行一次修改，得到与程序开发人员一致的精算开发结果。否则，通知精算程序开发人员检查其工作，回到步骤2。精算程序测试人员在获得与程序开发人员一致的精算开发结果后，向精算系统经理汇报。

5. 精算系统经理检查精算程序开发人员与精算程序测试人员的工作，检查通过后，通知精算评估系统使用者检查。由于精算开发结果一般是准备金评估结果，精算评估系统使用者一般采用的检查方式是由其他的精算评估人员（不同于精算程序开发人员）在其他的工作环境中独立地计算准备金评估结果，与精算程序开发人员的开发结果复核。精算评估系统使用者检查通过后，通知精算系统经理。

6. 精算系统要求精算程序操作人员利用其在程序测试环境中的只读权限，获取修改完成的精算程序作为当前最新的精算程序，放置在程序工作环境，并根据精算评估系统使用者的要求，随时运行精算程序，获取精算结果。

这里，需要强调的是，精算程序测试人员和精算程序操作人员其实并不需要由精算人员担当，只需有精算软件的操作经验即可。特别地，许多公司的精算程序操作人员由独立的电脑部人员担当，这样可以更好地保持与精算评估系统使用者即精算评估人员的工作独立性。

为了进一步保证精算模型的准确性，精算评估人员的定期检查及评估精算师的最终审核是常用的措施。在每个财务年度末，评估精算师一般会安排对公司有效保单及新产品的年度进行再审核，审核步骤包括基于最新会计准则、精算准则对每个有效产品准备金提取方法的检查及相应精算模型的检查。

为了保证整个精算评估系统更新的合理和有序，一张记载着所有对系统更新的“精算评估系统更新次序表”是十分必要的。这张表应当记载包括系统更新的日期、程序更新的目的、具体程序更新的内容等。这张精算系统更新次序表一般由精算系统经理维护。

同时，为了维护精算评估系统，保证精算系统内容不会丢失和损坏，对精算评估系统及精算程序应该建立版本备份和存档的机制。

14.2.3 精算假设的设定

评估精算师需要根据合适的会计准则、精算准则为相应的产品准备合适的假设，这里的假设包括贴现率假设、死亡率假设、重疾发生率假设、退保率假设、费用率假设等。对于不同的会计准则、精算准则，适用的假设不尽相同。在一些准则要求下，选取的假设已经由准则完全确定；在另一些准则要求下，选取的假设可能是基于公司实际经验和未来预期的最优估计；而还有一些准则可能要求选取的假设是在最优估计的基础上增加一定的风险边际。这里，公司实际经验通过公司的历史经验分析获得。而从实际经验到精算评估选取的实际假设，不同的评估精算师很可能有不同的见解。这里，为了保证评估假设选取的合理性及与适用性相应的会计准则、精算准则，资深精算师的检查是必不可少的控制措施。而这里，公司总精算师应对最终选取的精算假设负责，并在年终财务报告、精算报告中解释精算假设的确定方法。

14.2.4 精算准备金的计算

精算评估人员需要在精算系统中对从公司业务系统中下载的每一张有效保单在精算评估系统中计算他们的准备金。为了保证精算评估系统确实为每一个产品的每张有效保单都计算了相应的准备金，精算评估系统输入输出控制必不可少。具体而言，基于从公司业务系统中下载的有效保单数据库，精算评估人员可以获得精算评估系统中每个精算模型所涉及产品的有效保单统计信息，包括有效保单总数、有效保险金额总数、有效年缴保费总数。而有效保单数据库同时作为精算评估系统的数据输入，精算评估人员可以从对应的精算评估系统数据输出中获得每个精算模型所涉及产品的有效保单统计信息。从两个不同渠道获得的有效保单统计信息应该完全一致。这样，精算评估系统对于每一张有效保单都有相应的准备金计算结果输出。

对于一些短期保险产品，准备金评估方法可能是未赚毛保费法。这时，一张工作表就可以完成准备金的计算，而评估精算师需要保证这些短期保险产品用来计算准备金的保费收入与公司财务记录的保险收入的一致性。

对于精算系统输出的准备金数额，精算评估人员将其总结成为在友好界面下的精算准备金报告，并上报公司财务部，为其最终生成公司财务报告。

为了确保精算准备金报告上的准备金总额涵盖公司所有业务系统中的

所有产品，评估精算师需要进行准备金总额检验。这时，评估精算师基于自己对公司业务的了解，从不同精算评估系统中直接抽取不同业务系统的各种产品的准备金数额并加总，并保证该总额与精算准备金报告上的准备金总额完全一致。

在准备金计算过程中，有经验的精算师也会通过其他一些控制措施检验准备金数额的合理性，例如：

1. 准备金变化分析

对于长期传统保险及长期分红保险的法定最低准备金计算，由于其评估方法是修正制方法，可以通过下述准备金变化分析的方法判断准备金结果的合理性：

预期期末准备金 = 期初准备金 + 评估净保费 − 年金给付 − 生存现金给付 − 满期给付 − 死亡给付 − 退保给付 + 当期评估利息

“预期期末准备金”应该与“实际期末准备金”较为接近。这里，年金给付、生存现金给付、退保给付金额可以从公司财务部获得（见表 14 − 1）。

表 14 − 1　准备金变化分析　单位：万元

科　目	数　额	序　号	数据来源
年初准备金	2 755 135	(1)	精算评估结果
首年期缴保费收入	20 422	(2)	财务部
首年趸缴保费收入	12 673	(3)	财务部
续年期缴保费收入	108 748	(4)	财务部
首年期缴准备金比率	61.6%	(5)	精算评估系统
首年趸缴准备金比率	95.8%	(6)	精算评估系统
续年期缴准备金比率	93.2%	(7)	精算评估系统
评估净保费	126 020	(8) = (2) × (5) + (3) × (6) + (4) × (7)	
年金给付	6 820	(9)	财务部
生存现金给付	7 638	(10)	财务部
满期给付	2 592	(11)	财务部
死亡给付	4 640	(12)	财务部
退保给付	20 713	(13)	财务部
给付总额	42 402	(14) = (9) + (10) + (11) + (12) + (13)	
平均评估利率	3.21%	(15)	精算评估系统
评估利息	91 143	(16) = (1) × (15) + (8) × (15) /2 − (14) × (15) /2	
期望年末准备金	2 929 896	(17) = (1) + (8) − (14) + (16)	
实际年末准备金	2 933 754	(18)	精算评估结果
差异	(3 858)	(19) = (17) − (18)	
差异比率	−0.13%	(20) = (19) / (18)	

2. “给付 + 准备金变化率” 分析

对于有效业务及新业务规模相对稳定、缴费方式较为固定的传统保险业务线，评估精算师可以计算“给付 + 准备金变化率”。这里，

给付 + 准备金变化率 =（年金给付 + 生存现金给付 + 死亡给付 + 退保给付 + 期末准备金 − 期初准备金）/保费收入

随着投保人的缴费，评估净保费转化成准备金，形成资产与负债、“给付 + 准备金变化率”公式的分子和分母的相互匹配。同时，随着年金给付、生存现金给付、死亡给付及退保给付等给付的发生，提取的准备金转化成相应的保险利益给付，形成“给付 + 准备金变化率”公式的分子组成部分的相互抵消。因此，“给付 + 准备金变化率”在不同会计年度一般保持相对稳定。

3. 简单赔付率

对于业务规模较为稳定，产品理赔率较为稳定的短期保险产品，用未赚毛保费法提取其准备金时，其简单陪付率一般较为稳定。这里，

简单陪付率 =（当期赔付金额 + 当期未决赔款准备金的增加）/（保费收入 − 当期保单准备金的增加）

14.2.5 精算数据的上报

在精算准备金报告上报财务部之后，为了保证财务部准确地将精算数据反映在公司财务报告上，精算评估人员应检查财务报告上的精算相关数据，并通知财务部确认，然后财务部完成公司最终财务报告。

从表 14 − 2 中可以看出，公司评估精算师是如何保证提取的准备金涵盖公司所有产品及如何检查财务报告上的精算准备金的。

表 14 − 2　　寿险责任准备金的核查　　单位：万元

业务系统	产品类型	精算评估系统	准备金数额
OLAS	个人非分红传统寿险保单责任准备金	Prophet − A	1 738 491
OLAS	个人分红寿险保单责任准备金	Prophet − B	970 144
OLAS	个人万能保险、投资连结保险——非单位准备金	Prophet − C	2 324
OLAS	个人一年期寿险保单责任准备金	Excel − A	3 828
OLAS	个人次标准体准备金	Foxpro − A	486
OLAS	个人自动垫缴保费（现金价值不足以垫缴当期保费）	Foxpro − B	229
OLAS	个人效力中止准备金	Foxpro − C	9 392
COMPASS	团体定期寿险	Excel − B	1 499
RPAS	团体万能保险、投资连结保险——非单位准备金	Excel − C	124
寿险责任准备金总额			2 726 516
公司财务报告上的精算寿险责任准备金			2 726 516
差异			0

附　录

中英文词汇对照表

编号	英文原文	中文翻译	章节
1	Acquisition cost	获取成本	第 4 章、第 6 章、第 9 章、第 13 章
2	Activity based costing	作业成本法	第 6 章
3	Adverse selection	逆选择	第 6 章
4	After - tax solvency earning	税后偿付能力收益	第 7 章
5	After - tax stock earning	税后股东收益	第 7 章
6	Amortization of deferred acquisition costs	递延的获取成本的摊销	第 7 章
7	Anniversary - to - anniversary study	保单年度研究	第 6 章
8	Annualized gross premium	年化毛保费	第 11 章
9	Annuity certain	保证领取期限的年金	第 1 章
10	Appointed actuary	委任精算师	第 9 章
11	Appraisal value	评估价值	第 13 章
12	Asset Adequacy Analysis, AAA	资产充足性分析	第 10 章
13	Asset - Liability Management, ALM	资产负债管理	第 11 章
14	Australian Accounting Standards Board, AASB	澳大利亚会计准则委员会	第 9 章
15	Australian Prudential Regulation Authority, APRA	澳大利亚审慎监管局	第 9 章、第 10 章
16	Australian Securities and Investment Commission, ASIC	澳大利亚证券和投资管理委员会	第 9 章
17	Australian Securities and Investments Commission Act 2001	《2001 年澳大利亚证券及投资委员会法》	第 9 章
18	Available for sale	可供出售型	第 13 章
19	Available - for - sale financial assets	可供出售金融资产	第 9 章
20	Benefit premium	保险利益净保费	第 12 章
21	Benefit reserve	保险利益准备金	第 7 章、第 12 章
22	Best estimate	最优估计	第 9 章、第 13 章
23	Best Estimate Liability, BEL	最优估计负债	第 9 章、第 10 章
24	Bid - ask spread	买入卖出的价差	第 6 章

续表

编号	英文原文	中文翻译	章节
25	Book value	账面价值	第 3 章、第 11 章
26	Book yield	账面收益率	第 13 章
27	Brain storming	头脑风暴	第 1 章
28	Breakeven interest, BEI	收支平衡利率	第 4 章，第 7 章
29	Breakeven Year	收支平衡年度	第 7 章
30	Broken heart syndrome	心碎症候群	第 6 章
31	Calendar year study	日历年度研究	第 6 章
32	Call option	购买选择权	第 11 章
33	Canada Institution of Actuaries, CIA	加拿大精算师协会	第 10 章
34	Canadian Council of Insurance Regulators, CCIR	加拿大保险监管委员会	第 10 章
35	Canadian General Accepted Accounting Principle, CGAAP	加拿大通用会计准则	第 12 章
36	Capital Adequacy Liability, CAL	资本充足性负债	第 10 章
37	Capital Asset Pricing Model, CAPM	资本资产定价模型	第 6 章
38	Capitalization factor	资本化系数	第 13 章
39	Cash flow matching	现金流匹配	第 3 章、第 11 章
40	Cash Flow Testing, CFT	现金流测试	第 10 章
41	Cash surrender option	现金退还选择权	第 9 章
42	Catastrophic risk management	巨灾风险管理	第 11 章
43	Chartered Enterprise Risk Analyst (CERA)	企业风险管理国际认证	第 11 章
44	Coinsurance	共同保险安排	第 11 章
45	Coinsurance with Funds Withheld	资产保留的共同保险安排	第 11 章
46	Commissioner's Reserve Valuation Method, CRVM	保险监督官准备金评估方法	第 9 章
47	Conditional Tail Expectation, CTE	条件尾部期望	第 10 章
48	Contingent asset	或有资产	第 9 章
49	Contingent liabilities	或有负债	第 9 章
50	Contractual cashflows	合约性现金流	第 9 章
51	Convertible	可转换性	第 6 章
52	Corporations Act 2001	《2001 年公司法》	第 9 章
53	Cost effectiveness	成本效益	第 1 章
54	Cost of capital	持有要求资本的成本	第 7 章、第 13 章
55	Cost of capital approach	资本成本法	第 9 章

续表

编号	英文原文	中文翻译	章节
56	Cost of residual non – hedgeable risks	剩余不可套期保值风险的成本	第 13 章
57	Credit risk or default risk	信用风险或违约风险	第 6 章
58	Credited rate	结算利率	第 13 章
59	Current estimate	当前估计	第 9 章
60	Current fulfillment value	当前履约价值	第 9 章
61	Current yield	现行的投资收益率	第 6 章
62	Data grouping	数据编组	第 10 章
63	Day – one gain	首日利得	第 9 章
64	Decreasing term insurance	减额定期寿险	第 1 章
65	Default risk	违约费用	第 6 章
66	Deferrable acquisition cost	可递延的保单获取成本	第 9 章
67	Deferrable and non – deferrable	可递延与不可递延	第 6 章
68	Deferred Acquisition Cost, DAC	递延获取成本资产	第 6 章、第 12 章
69	Deferred Profit Liability, DPL	延迟利润准备金	第 12 章
70	Deferred tax liability	递延税负债	第 7 章
71	Deposit component	储蓄部分	第 9 章
72	Deterioration rate	恶化率	第 13 章
73	Deterministic (assumptions)	确定性（假设）	第 13 章
74	Development expense	发展费用	第 6 章
75	Disclosure	披露	第 9 章
76	Discount Rate	折现率	第 7 章
77	Discretionary Participating Feature, DPF	相机参与分红特性	第 9 章
78	Discussion Paper Preliminary Views on Insurance Contracts	保险合同会计计量标准讨论稿	第 9 章
79	Disintermediation risk	资金游离风险	第 4 章
80	Disinvestment	赎回投资	第 11 章
81	Distributable earning	可分配收益	第 13 章
82	Dual status	双重状况	第 4 章
83	Duration	久期	第 11 章
84	Duration Matching	久期匹配	第 3 章、第 6 章、第 11 章
85	Dynamic Financial Analysis, DFA	动态财务分析	第 3 章
86	Dynamic validation	动态校验	第 11 章
87	Earnings reserve	收益准备金	第 7 章

续表

编号	英文原文	中文翻译	章节
88	Economic Capital, EC	经济资本	第 3 章、第 10 章、第 11 章
89	Economic cost of ruin	技术破产成本法	第 10 章
90	Economic Scenario Generator, ESG	经济情景发生器	第 10 章
91	Economic surplus	经济盈余	第 10 章
92	Economic value	经济价值	第 10 章、第 11 章
93	Effective duration	有效久期	第 11 章
94	Embedded derivatives	嵌入型衍生金融产品	第 9 章
95	Embedded options and guarantees	嵌入期权及保证	第 9 章
96	Embedded value	内含价值	第 7 章、第 10 章、第 12 章
97	Enhanced Capital Requirement, ECR	强化资本要求	第 10 章
98	Enterprise Risk Management, ERM	企业风险管理	第 11 章
99	Equity	权益	第 9 章
100	Establishment fees received at commencement	可用获取费用	第 9 章
101	European Embedded Value	欧洲内含价值	第 13 章
102	Exact matching	严格匹配	第 6 章
103	Expense Allowance, EA	费用津贴	第 9 章
104	Expense overrun	费用超支	第 9 章
105	Expense premium	递延获取成本的评估保费	第 12 章
106	Expense reimbursement allowances	费用补偿津贴	第 6 章
107	Explanations of recognised amounts	解释确认金额	第 9 章
108	Explicit and current estimate	显性的当前估计	第 9 章
109	Explicit margins	显性边际	第 9 章
110	Extended term insurance	展期定期险	第 6 章
111	Facultative reinsurance	临时分保	第 11 章
112	Fair value	公允价值	第 10 章、第 11 章
113	Financial Analysis and Solvency Tracking, FAST	财务分析和偿付能力追踪系统	第 10 章
114	Financial instruments	金融工具	第 9 章
115	Financial Resources, FR	公司财力	第 10 章
116	Financial Services Action Plan	欧洲金融服务行动计划	第 10 章
117	Financial Services Authority, FSA	英国金融服务局	第 10 章
118	First year deferrable expense	首年可递延的费用	第 12 章

续表

编号	英文原文	中文翻译	章节
119	First year non - deferrable expense	首年不可递延的费用	第 12 章
120	First - to - die	最早死亡产品	第 4 章
121	Fitch	惠誉	第 11 章
122	Flexible Premium Deferred Annuity, FPDA	灵活缴费型延期年金	第 4 章
123	Focus group	焦点小组	第 1 章
124	Free surplus	自由盈余	第 13 章
125	Full Preliminary Term, FPT	一年期完全修正法	第 9 章
126	Fund Solvency Requirement, FSR	新加坡基金偿付能力要求	第 10 章
127	General Accepted Accounting Principle, GAAP	通用会计准则	第 11 章
128	Gross Premium Valuation, GPV	毛保费评估	第 9 章
129	Gross Premium, GP	毛保费	第 12 章
130	Grouping and model point selection	分组和样本选择	第 11 章
131	Guaranteed liabilities	保证利益负债	第 9 章
132	Guaranteed minimum death benefit	最低死亡保证利益给付	第 6 章
133	Guaranteed minimum maturity benefit	最低满期保证利益给付	第 6 章
134	Held for trading	为交易而持有	第 9 章
135	Held - to - maturity investments	持有至到期投资	第 9 章
136	Hold to maturity	持有到期	第 13 章
137	Homogenious Data Pool	同质子数据库	第 10 章
138	Horizon Matching	时期匹配	第 3 章
139	Hurdle rate	门槛利率	第 7 章
140	Illustration actuary	演示精算师	第 8 章
141	Immunization	资产免疫	第 6 章
142	Inadmissible assets reserve	非认可资产准备金	第 9 章
143	Increasing term insurance	增额定期寿险	第 1 章
144	Incremental cost	增量成本	第 9 章
145	Indirect commission	间接佣金	第 13 章
146	Individual Capital Assessment, ICA	自我资本评估	第 10 章
147	Individual Capital Guideline, ICG	资本要求指引	第 10 章
148	Insurance Act	《保险法》	第 9 章
149	Insurance contracts	保险合同	第 9 章
150	Insurance Regulatory Information System, IRIS	保险监管信息系统	第 10 章
151	Insurance risk	保险风险	第 9 章
152	Insured event	保险事件	第 9 章
153	Interest spread	利息差额	第 8 章

续表

编号	英文原文	中文翻译	章节
154	Interest year method, IYM	年投资回报率方法	第 4 章
155	Internal Model Approval Process, IMAP	内部模型审批流程	第 10 章
156	International Accounting Standard Committee, IASC	国际会计标准委员会	第 9 章
157	International Accounting Standard, IAS	国际会计准则	第 9 章
158	International Accounting Standards Boards, IASB	国际会计准则理事会	第 9 章
159	International Association of Insurance Supervisors, IAIS	国际保险监督官协会	第 10 章
160	International Financial Reporting Interpretation Committee, IFRIC	国际财务报告解释委员会	第 9 章
161	International Financial Reporting Standards, IFRS	国际财务报告准则	第 9 章
162	Intrinsic value	内在价值	第 13 章
163	Investment contracts	投资合同	第 9 章
164	Joint accident risk	联合事故风险	第 6 章
165	Juvenile lien	未成年人保额留置	第 4 章
166	Lapse supported	失效支持	第 4 章、第 6 章
167	Lapse supported product	失效支持的产品	第 5 章
168	Level term insurance	保险金额固定的定期寿险	第 1 章
169	Liability	负债	第 9 章
170	Liability Adequacy Test, LAT	负债充足性测试	第 9 章
171	Life annuity certain and continuous	保证及终身年金	第 4 章
172	Life Insurance Act 1995	《1995 年寿险法案》	第 9 章
173	Life Insurance Actuarial Standards Board, LIASB	寿险精算标准委员会	第 9 章、第 10 章
174	Life insurance contract	人寿保险合同	第 9 章
175	Life Investment Contract	人寿投资合同	第 9 章
176	Liquidity risk	流动性风险	第 6 章
177	Loans and receivable	贷款和应收款项	第 9 章
178	Long Term Insurance Capital Requirement, LTICR	长期保险资本要求	第 10 章
179	Longevity risk	长寿风险	第 11 章
180	LPS 2.04 Solvency Standard	《LPS 2.04 偿付能力标准》	第 9 章

续表

编号	英文原文	中文翻译	章节
181	LPS 3. 04 Capital Adequacy Standard	《LPS 3. 04 资本充足性标准》	第 9 章
182	Macaulay duration	麦考利久期	第 11 章
183	Macro pricing method	宏观定价法	第 5 章
184	Maintenance expense	维持费用	第 6 章、第 12 章、第 13 章
185	Margin	边际	第 4 章、第 9 章
186	Margin at inception	初始边际	第 9 章
187	Margin on Service, MoS	服务边际法	第 9 章
188	Marginal pricing	边际成本定价	第 6 章
189	Marginal Pricing Methodology	边际成本定价方法	第 5 章
190	Market Consistency	与市场价格尽可能一致的	第 9 章
191	Market consistent embedded value, MCEV	市场一致性内含价值	第 7 章、第 10 章、第 13 章
192	Market consistent valuation	基于市场价值的评估方法	第 7 章
193	Market or interest – rate risk	市场风险或利率风险	第 6 章
194	Market rate	市场利率	第 13 章
195	Market value	市场价值	第 3 章、第 11 章
196	Market Value Adjustment, MVA	市值调整特性	第 6 章
197	Market value margin	市场价值边际	第 7 章
198	Measurement objective	计量目标	第 9 章
199	Minimum Capital Requirement, MCR	最低资本要求	第 10 章
200	Minimum Continuing Capital and Surplus Requirement, MCCSR	最低连续资本和盈余要求	第 3 章、第 10 章
201	Mismatch reserve	匹配性准备金	第 10 章
202	Mod – Co interest rate	修正共同保险利率	第 11 章
203	Mod – Co reserve adjustment	修正共同保险准备金调整	第 11 章
204	Model point	样本点	第 11 章
205	Model validation	模型校验	第 11 章
206	Modified Coinsurance or "Mod – Co"	修正共同保险安排	第 11 章
207	Modified duration	修正久期	第 11 章
208	Monetary Authority of Singapore, MAS	新加坡金融管理局	第 10 章

续表

编号	英文原文	中文翻译	章节
209	Moodys	穆迪	第 11 章
210	Morbidity	疾病发生率	第 13 章
211	Mortality improvement scale	死亡率降低因子	第 6 章
212	National Association of Insurer Commission, NAIC	美国保险监督官协会	第 10 章
213	Nested stochastic model	嵌套随机模型	第 10 章
214	Net Amount at Risk, "NAAR" or "NAR"	净风险保额	第 11 章
215	Net Premium, NP	净保费	第 12 章
216	New Business Strain	新业务压力	第 4 章、第 7 章、第 8 章
217	New money rate	新投资可获得的收益率	第 6 章
218	New purchase rate	新资金投资利率	第 4 章
219	Non – hedgeable risk	不可对冲的风险	第 7 章
220	Organization	组织	第 11 章
221	Overhead	间接管理费用	第 6 章、第 9 章、第 12 章
222	Overrun	超支	第 13 章
223	Per policy expense	件均费用	第 14 章
224	Preferred/Non – Preferred	优选类别/非优选类别	第 6 章
225	Present value	现值	第 9 章
226	Presentation	列报	第 9 章
227	Preservation of total deaths	总死亡率守恒	第 6 章
228	Pre – tax solvency earnings	税前偿付能力收益	第 7 章
229	Probability And Impact Rating System, PAIRS	概率及影响评级的预警系统	第 10 章
230	Probability of ruin	技术破产法	第 10 章
231	Process	过程	第 11 章
232	Product classification	合同的定义和分类	第 9 章
233	Profit carrier	利润载体	第 9 章
234	Profit margin	利润边际	第 4 章、第 7 章、第 9 章
235	Profit premium	利润净保费	第 12 章
236	Profit refund or profit commission	纯益手续费返还	第 11 章
237	Provision for Adverse Deviation, PAD	为不利偏差所作的预留	第 6 章
238	Provision for deferred taxes	递延税准备	第 7 章

续表

编号	英文原文	中文翻译	章节
239	Provisions	准备	第 9 章
240	Put option	卖出期权	第 9 章、第 11 章
241	Realistic peak	真实峰值	第 10 章
242	Recognition and Measurement	确认和计量	第 9 章
243	Reduced paid – up, RPU	减额付清	第 6 章
244	Regulatory peak	监管峰值	第 10 章
245	Reinsurance commission or expense allowance	再保险佣金	第 11 章
246	Reinvestment	再投资	第 11 章
247	Reinvestment risk	再投资风险	第 6 章
248	Related intangible assets	相关无形资产	第 9 章
249	Required capital	要求资本	第 7 章、第 13 章
250	Resilience Capital Requirement, RCR	弹性资本要求	第 10 章
251	Resilience reserve	弹性准备金	第 9 章
252	Return on Asset, ROA	资产回报率	第 7 章
253	Return on Capital, ROC	资本回报率	第 7 章
254	Return On Equity, ROE	权益回报率	第 7 章
255	Revenue	收入	第 9 章
256	Reverse mortgage annuity	反向抵押贷款金	第 4 章
257	Risk Adjust Return on Capital, RAROC	风险调整后的资本回报率	第 10 章
258	Risk adjusted performance measurement, RAPM	风险调整业绩衡量	第 11 章
259	Risk adjusted results	风险调整后的结果	第 11 章
260	Risk Based Capital, RBC	风险资本金	第 3 章、第 10 章
261	Risk capital	风险资本	第 10 章
262	Risk control	风险控制	第 11 章
263	Risk Discount Rate, RDR	风险贴现率	第 6 章
264	Risk free rate	无风险利率	第 13 章
265	Risk management culture	风险管理文化	第 11 章
266	Risk margin	风险边际	第 7 章、第 9 章
267	Risk spread	风险溢价	第 13 章
268	S&P	标准普尔	第 11 章
269	Scenario	情景	第 1 章
270	Scenario testing	特定情节测试分析	第 5 章
271	Second – to – die	最后死亡保险	第 4 章

续表

编号	英文原文	中文翻译	章节
272	Security Market Line, SML	证券市场线	第 6 章
273	Select and ultimate table	选择终极表	第 13 章
274	Selection factor	选择效应	第 6 章
275	Sensitivity testing	敏感性分析	第 5 章
276	Significant insurance risk	重大保险风险	第 9 章
277	Single Premium Deferred Annuity, SPDA	趸缴保费延期年金	第 4 章、第 6 章
278	Single status	单一状况	第 4 章
279	Society of Actuaries, SoA	北美精算师协会	第 10 章
280	Solvency Capital Requirement, SCR	偿付能力资本要求	第 10 章
281	Solvency II	偿付能力二号要求	第 10 章
282	Solvency II Project	欧洲偿付能力二号工程	第 10 章
283	Standing Advisory Council, SAC	准则咨询委员会	第 9 章
284	Static validation	静态校验	第 11 章
285	Statutory	法定基础	第 11 章
286	Stochastic	随机模拟	第 13 章
287	Stochastic interest model	随机利率模型	第 11 章
288	Strategic risk management	战略风险管理	第 11 章
289	Stratified sampling	分层抽样	第 10 章
290	Stress testing	压力测试方法	第 5 章
291	Structured settlement market	结构化清算市场	第 4 章
292	Super standard	超标准风险	第 6 章
293	Supervisory Oversight And Response System, SOARS	管理型监督和反馈系统	第 10 章
294	Supervisory Review Process, SRP	监管审查程序	第 10 章
295	Survival table	生存表	第 6 章
296	Swap yield curve	掉期交易收益率曲线	第 13 章
297	Tailor made	量身定做	第 6 章
298	Target capital adequacy ratio	目标资本充足率	第 7 章
299	the Office of the Superintendent of Financial Institutions, OSFI	金融监管办公室	第 10 章
300	Time to maturity	到期时间	第 6 章
301	Time value	时间价值	第 9 章

续表

编号	英文原文	中文翻译	章节
302	Time value of financial options and guarantees	金融期权与保证的时间成本	第 13 章
303	Total quality management	总质量控制	第 6 章
304	Total Risk Requirement, TRR	新加坡总风险资本要求	第 10 章
305	Trading（asset）	交易型	第 13 章
306	Trustees of the International Accounting Standards Committee Foundation	国际会计准则委员会基金会的受托人	第 9 章
307	Twin peaks	英国双峰估值法	第 10 章
308	Two – tiered	双轨（Two – Tiered）年金	第 4 章
309	Ultimate lapse	终极失效率	第 5 章
310	Ultimate table	终极表	第 13 章
311	Unbundle	拆分	第 9 章
312	Units refund annuity	单位返还年金	第 4 章
313	US General Accepted Accounting Principle, US GAAP	美国通用会计准则	第 6 章、第 9 章
314	Value at Risk, VaR	风险敞口	第 5 章、第 10 章、第 11 章
315	Value of in – force	有效业务价值	第 13 章
316	Value of in – force after cost of capital	扣除持有要求资本的成本后的有效业务价值	第 13 章
317	Value of new business, VoNB	新业务价值	第 7 章、第 13 章
318	Value of Supporting Asset, VSA	支持资产价值	第 9 章
319	Variable expense	可变成本	第 9 章
320	With Profit Insurance Capital Component, WIPCC	分红保险资本	第 10 章
321	Worst scenario	最差情景	第 6 章
322	Yearly renewable term insurance	一年期可续保安排	第 11 章
323	Yearly Renewable Term, YRT	一年期可续保	第 11 章
324	Yield to maturity	满期回报率	第 1 章
325	Zero – based budgeting	零基数预算法	第 6 章

特别鸣谢

中国精算师资格考试用书《个人寿险与年金精算实务》得以顺利出版，得到了部分保险公司、高等院校及精算咨询机构的鼎力相助，在此特别鸣谢以下单位与个人（排名不分先后）为本书所作出的贡献。

单位名称：中国平安人寿保险股份有限公司

个人名单：魏春平、杨彦芝、唐丽琴、李静华、程琦、彭南刚、彭乐、叶芳